# 석각을 통해 본 동아시아 고중세 사회
중국 고중세 석각자료 연구

홍승현 주편

〈역주자〉

- 주 편  **홍승현**_창원대 부교수
- 역주자  **권민균**_부경대 시간강사
         **김성희**_한양대 시간강사
         **소현숙**_원광대 초빙교수
         **양진성**_충북대 조교수
         **이진선**_동국대 박사수료
         **조재우**_동국대 박사수료

## 석각을 통해 본 동아시아 고중세 사회
중국 고중세 석각자료 연구

2018년 12월 3일 초판 1쇄 인쇄
2018년 12월 5일 초판 1쇄 발행

지은이 ■ 홍승현 주편
펴낸이 ■ 정용국
펴낸곳 ■ (주)신서원
주소 : 서울시 서대문구 냉천동 260 동부센트레빌 아파트 상가동 202호
전화 : (02)739-0222 · 3   팩스 : (02)739-0224
신서원 블로그 : http://blog.naver.com/sinseowon
등록 : 제300-2011-123호(2011.7.4)
ISBN 978-89-7940-555-2 93910
값 26,000원

신서원은 부모의 서가에서 자녀의 책꽂이로
'대물림'할 수 있기를 바라며 책을 만들고 있습니다.
잘못된 책이 있으면 연락주세요.

# 석각을 통해 본 동아시아 고중세 사회

## 중국 고중세 석각자료 연구

홍승현 주편

신서원

책 머 리 에


　2014년 늦가을, 역사 자료로서 석각 자료의 가능성을 타진하기 위한 작은 모임이 청파동 숙명여대 앞에서 있었다. '석각 자료의 가능성 타진'이라 했지만 이 말에는 다분히 과장이 섞여 있다. 참석했던 우리 대부분이 앞으로 진행할 독회의 내용과 수준에 대해 정확하게 이해하지 못하고 있었을 뿐 아니라 구체적인 계획도 없었다. 막연히 자료가 부족한 동아시아 고중세사 연구에 의미가 있을 것이라고 생각했던 것 같다. 지금 생각하면 어떻게 그 모임이 이루어졌는지 모르겠다.
　아주 솔직히 그날 모였던 우리들은 대체로 막다른 골목에 처해있었다. 누구는 학위 후 긴 시간을 시간 강사로 전전해야 하는 상황에 지쳐있었고, 누구는 마음먹은 대로 진행되지 않는 학위 논문 때문에 쩔쩔매고 있었다. 혹 학위 논문 집필을 반쯤은 포기한 사람도 있었고 고단한 공부를 이제 그만 두어야 할지를 고민하는 이도 있었다. 이제 막 학위를 받은 이는 앞으로 무엇을 할 것인지 막막해 하던 차였다. 이렇게 모두는 학문적인 돌파구와 그를 마련할 의지와 추진력이 절실했고, 공동 작업이 주는 심리적 안정감과 지속적인 연구 활동을 위한 학문적 동질감이 필요했다. 그래서 우리가 시작하려는 독회는 학문적으로 독창적이며 진지해야 했고, 구성원들은 성실해야 했으며 서로를 무한히 신뢰해야 했다.
　당시 한국사 연구자들을 중심으로 유민(遺民) 묘지(墓誌)가 연구에 이용되고는 있었지만 아직 석각 자료 그 자체에 천착하여 그것이 가진 역사자료로서의 가치와 가능성을 탐색하는 본격적인 연구는 시작되기 전이었다. 또한 중국과 일본의 연구들이 있기는 했지만 주로 원문 복원에 치중하고 있는 중국의 연구나 주석(注釋) 작업이 주인 일본의 연구는 석각들의 원형과 그 역사적 전개를 확인하고 유형화하려는 우리 독회의 연구 목표와는 거리가 있었다. 각문(刻文)의 뜻을 파악하는 데 주력했던 기존의 연구들은 각문에 투영된 역사적 상황들을 확인하고자 하는 우리의 의도를 충족시켜주지 못하였다. 우리는 석각들이 가진 구조를 분석하고자 하였고, 그 과정에서 석각의 성격과 내용이 파악될 수 있다고 믿었다. 석각 자료가 정형화된 글이라면 그것을 독해하는 어느 정도는 공식화된 방법들을 찾을 수 있을 것이라고 생각하였다. 또한 석각들이 우리에게 사료에 나와 있지 않은 또 다른 역사상을 보여줄 것이라고 여겼다.

　매 달 두 번씩의 독회가 진행되며 역주(譯註)하고자 하는 석각(石刻)들이 선별되었고, 그것들을 독해하는 방법들이 모색되었다. 만날 때마다 석각에 대한 해제(解題)를 작성하는 방법이 달라졌다. 어떤 방식이 그 석각이 가진 성격을 가장 잘 드러낼 수 있을까 하는 고민들은 해제의 내용을 풍부하게 하였다. 아니, 다소 번잡하지 않은가 하는 생각이 들 정도로 해제의 내용이 늘어났다. 우리는 더 많은 정보가 그 석각의 성격을 명징(明澄)하게 할 수 있을 것이라 믿었다. 해제에 주석을 달았고 주석에는 다시 각주를 이용한 설명이 부가되었다. 석문(釋文)의 표기 역시 한 번에 정해진 것은 아니다. 복수의 면을 이용하여 입체적으로 간각(刊刻)된 석각을 글자로만 설명해야 하였기에 행 바꿈, 글자의 결락, 평궐(平闕) 등을 어떻게 표기해야 할 것인가를 고민하였다. 더하여 이체자(異體字)를 확인하는 작업에 지나치게 긴 시간이 소요되면서 지치기도 하였다. 역시 석문에 주석이 달렸으며, 여기에도 각주가 사용되었다. 원문의 표점에 따라 역문(譯文)을 작성하는 것도 쉽지 않았다. 역문을 의역(意譯)하여 가독성을 높일 것인가, 아니면 가능한 원문을 직역(直譯)하고 주를 이용하여 내용에 대한 이해를 심화시킬까를 두고 의견이 분분하였다. 한 번에 결정된 것은 없었다. 몇 번씩의 시행착오가 있었으며 이 때문에 범례만 만들다 말겠다는 푸념도 나왔다.

〈동아시아석각연구회〉라는 이름의 연구회는 이러한 좌충우돌 속에서 만들어졌다. 한 달에 두 번 모임을 가지면서 조금씩 자리가 잡혀갔다. 한국사 전공자들이 결합하고, 동양사 박사과정생도 모임에 합류하면서 연구회가 모양새를 갖춰가기 시작하였다. 석각 종류에 따라, 혹은 제작된 시대에 따라 담당자들이 결정되었다. 지상에 세워진 한비(漢碑)를 담당하는 연구자(권민균·박선희), 지하에 설치한 자료 중 매지권(買地券)과 진묘문(鎭墓文)을 담당하는 연구자(홍승현), 불교 석각인 조상기(造像記)를 담당하는 연구자(소현숙·정재균)가 정해졌다. 묘지는 위진남조(魏晉南朝)(양진성), 북조(北朝)(김성희·홍승현), 수당(隋唐)(이진선·조재우) 등 시대별로 전공자들이 담당하였다. 한국 쪽 석각은 한국사 연구자(이성제·정재윤)들이 담당하였다. 학위를 받았든, 준비 중이든, 학기 중이든 상관없이 모두가 발표하는 방식을 채택하였다. 지금 생각하면 학위 논문을 준비하던 연구자와 학기 중이었던 연구자에게는 다분히 폭력적인 방법이었을 것 같다. 하지만 그 때는 공동 연구라는 이름에 걸맞게 어느 누구도 방관자가 될 수 없다는 굳은 의지의 실현이라 생각했다. 독회를 위해 여러 학교, 혹은 찻집을 전전하면서도 누구도 싫은 내색을 하지 않았다. 그리고 그 시간이 모여 2015년 여름에는 어설프게나마 결과물이 나왔다.

「중국(中國) 고중세(古中世) 석각자료(石刻資料) 해제(解題) 및 역주(譯註) I」이라는 제목으로 묘비와 묘지에 대한 작업물이 『중국사연구』 96집에 실렸다. 이 책을 기획하며 다시 살펴보니 완성된 체계를 아직 확정하지 못하였던 초기 연구회의 사정이 고스란히 들어있는 것 같아 부끄러울 따름이다. 그 이후로도 역주의 결과물들이 차례로 공저 혹은 개인의 이름으로 발표되었다. 조금씩 나아지기는 했지만 여전히 미숙한 부분들이 존재하였다. 그 때는 정말 용감무쌍하게도 조악하고 정돈되지 못한 글들을 잘도 발표한 것 같다. "무식하면 용감하다."는 말은 우리를 위해 있는 말 같다. 당시 용기를 내어 결과물들을 발표할 수 있었던 것은 아무래도 여러 선생님들의 관심과 격려 때문이었을 것이다. 그 관심과 격려가 큰 힘이 되었다. 물질적으로는 동북아역사재단의 소규모 학회 지원 프로그램이 도움이 되었다.

  2015년 11월, 연구회가 주축이 되어 기획한 공동 연구가 한국연구재단의 지원을 받게 되면서 연구회는 또 한 번 도약하게 되었다. 여기에는 중국학자인 조초(趙超) 선생님과 연구회 성원 외에 당대사(唐代史) 전공자인 김호 선생이 참여하여 연구의 모범을 보여주었다. 우리가 열심히 해서 성과를 냈다고 생각했지만 알게 모르게 언제나 많은 분들에게 도움을 받고 있었음이다. 두 분 연구자분들에게는 이 자리를 빌려 다시 한 번 감사를 드린다. 이 공동 연구는 역주에 치중하던 연구회에게 역사 자료로서 가공된 석각 자료를 어떻게 이용할 것인가 하는 점을 고민하게 해 준 계기가 되었다. 석각 자료 그 자체에 매몰되지 않고 그것이 가진 역사학 자료로서의 가치와 가능성을 확인할 수 있었던 시간이었다.

  2017년에는 동북아역사재단의 지원을 받아 석각 자료가 정형화되어 가는 과정을 복원하고 그것이 동아시아 석각 문화에 미친 영향을 파악하는 작업에 착수하였다. 신자료의 발굴이라는 이름하에 재단의 지원을 받아 석각 자료의 원형과 그것의 동아시아적 유전(流傳)을 살펴보고자 한 기획이었다. 각 자료의 원형이라 할 수 있는 초기 석각과 그것의 정형화를 보여주는 석각들이 선별되었으며, 그것으로부터 영향을 받은 한국의 석각들이 추가로 선정되었다. 동아시아 석각 자료에 대한 연구회 나름의 계보를 확정할 수 있는 기회가 될 수 있다는 생각을 하였다. 그러나 이제야 말할 수 있지만 이 작업은 연구회에게는 약이자 독이 되었다. 많은 분량으로 인해 작업에 과부하가 생겼다. 결국 포기하는 이가 나왔으며 그 분량을 다른 회원이 감당하면서 역주에 쫓겨 석각 자료에 대한 계보를 확정한다는 최초의 목적을 진지하게 생각할 수 없게 되었다.

사업이 연구회를 추동한 것은 사실이다. 모두가 제 몫의 석각을 역주하면서 어렴풋이나마 석각을 분석하고 해석하는 방법에 눈을 떠갔다. 석각의 시대적 특성이라든지, 각문의 구조라든지, 정형화된 문서를 읽는 방법에 대해 나름의 기준들을 정립해 갔다. 그러나 우리들은 여전히 풋내기였고 설익은 초심자들이었다. 성과를 내야 한다는 조급증으로 개인차를 염두에 두지 않은 채 무리하게 사업을 진행했다는 혐의를 부인할 수 없다. 우리는 어떤 면에서 공동 연구의 실패라고 평가할 수 있는 이 작업을 통해 학문이라는 것이 느린 걸음으로 쉼 없이 가야만 하는 길이라는 것을 알았고, 공동 연구의 모범이라는 것이 모두의 희생 없이는 이루어질 수 없다는 것도 깨달았다. 그래서 잠시 걸음의 속도를 늦추고 지나온 길을 돌아보고, 가야할 길을 발돋움하여 살펴보기로 하였다.

이 책은 그 쉼 없는 길에서 잠시 속도를 조절하고 앞뒤를 살피며 서로가 서로의 어깨를 두들겨 주기 위해 기획되었다. 이것이 우리의 포기나 좌절로 비춰지지 않았으면 좋겠다. 누구는 그 길을 걷는 동안 학위를 받았고 누구는 취직을 했으며, 혹은 미루어 두었던 학위 논문을 거의 완성시켰고 혹은 자신이 가야 할 길을 확신하게 되었다. 그리고 모두가 지난한 이 끝없는 학문의 길을 기꺼이 함께 가기로 하였다. 이 모든 것이 서로에 대한 무한한 신뢰의 결과인지, 아니면 독회 때마다 즐거웠던 뒤풀이의 결과인지 굳이 헤아리지 않기로 한다.

이 책에 실린 해제와 역주들은 동북아역사재단의 지원을 받고 작업했던 석각을 제외하고 지난 5년여 동안 연구회에서 함께 작업했던 것들이다(재단의 지원을 받고 작업한 것들은 별도의 지면을 통해 소개될 예정이다). 이미 잡지를 통해 발표된 것도 있고, 이 지면을 통해 처음 소개되는 것들도 있다. 잡지에 실렸던 것 중에서 기존 견해와는 다른 새로운 입장에 의해 재정리된 것들도 있다. 지난날의 실수를 굳이 드러내지 않아도 되었지만 잘못된 것을 고치는 것을 부끄러워하지 않기로 하였다. 책은 석각을 성격에 따라 묘기류(墓記類), 묘비, 송덕비(頌德碑)·기공비(紀功碑), 묘지, 매지권, 진묘문, 조탑기(造塔記)·조상비로 구분한 후, 시대 순에 따라 배열하는 방식으로 구성하였다. 석각들의 각기 다른 성격을 분명히 하면서도 그 역사적 전개를 확인할 수 있는 방법이라고 생각하였다. 독자들의 혹독한 평가와 무한한 격려를 기다릴 뿐이다.

 마지막으로 특별한 감사를 전하고자 한다. 공주대 정재윤 선생님께 큰 도움을 받았다. 2015년부터 1년 반 동안 매번의 독회마다 공주에서 서울로 올라오시는 수고를 마다하지 않으셨다. 공동 연구를 기획할 때 기꺼이 연구 책임자가 되어 주셨다. 중국 답사 때는 중국사 연구자들의 편의를 봐주시느라고 정작 본인의 관심사를 둘째로 미루어 두셨다. 정 선생님과 함께 그 힘든 길을 묵묵히 동행해 준 박윤우 선생에게는 말로 할 수 없는 우의(友誼)를 느꼈다. 박사 과정에 들어가 열심히 공부하고 있다는 소식에 모든 성원들이 기뻐했음을 전하고 싶다. 개인 사정으로 독회를 그만 두었지만 항상 연구회를 염려해주시는 박선희 선생님께도 고마움과 안부를 전한다. 마지막으로 이성제 선생님께 감사드린다. 길게 감사의 말을 적지 않아도 우리 모두가 항상 감사해하고 있다는 것을 충분히 알고 계실 것이라 생각한다. 시도 때도 없이 험한 말을 쏟아내는 괴팍한 후배를 항상 보듬어 주는 선생님의 아량에 회원 모두가 경의마저 느끼고 있음을 알아주시기 바란다.

 신서원과는 두 번째 작업이다. 돈도 안 되는 인문학 책, 그것도 아무도 안 볼 것 같은 석각에 대한 해제와 역주문을 엮은 책을 기꺼이 내 주겠다 하셨다는 이야기를 듣고 한편으로 기쁘면서도 걱정이 앞섰다. 정용국 사장님께 감사를 전한다. 이 복잡하고도 부족한 글들이 세상에 나와 조금이라도 제 몫을 한다면 그 공은 전적으로 편집을 맡아주신 정서주 선생님에게 있다. 성원들과 신서원 사이를 바쁘게 오가며 모든 일을 차질 없이 처리한 권민균 선생이 써야 할 머리말을 염치없게 그것도 개인적인 감상에 치우쳐 써서 미안한 마음이 있다. 성원 모두를 대신하여 감사를 전한다. 자랑스러우면서도 부끄럽고, 아쉬우면서도 속이 다 후련하다.

                          모든 역자를 대신하여 정병산 아래서
                                          홍승현 씀.

## 일러두기

1. 석각의 제목은 〈왕조명 + 연호(서력) + 묘주명 + 석각종류(묘기, 묘비, 송덕비·기공비, 묘지, 매지권, 진묘문, 조탑기·조상기)〉의 형태로 표기했다. 연구자에 따라 명명한 석각명은 해제에서 설명했다.

2. 해제의 구성은 다음과 같다.
   ① 제목 ② 각석시기 ③ 출토시기 및 장소 ④ 소장처 ⑤ 재료 ⑥ 외형 및 행 글자 수
   ⑦ 탁본 유무 혹은 〈탁본사진〉이나 〈실물사진〉 수록 상황 ⑧ 題跋 ⑨ 著錄 ⑩ 설명
   ⑪ 관련 연구

3. 해제에서 인용한 문헌은 제목만으로 표기하거나 필요에 따라 (저자, 연도, 쪽수)의 형태로 표기다. 생략된 서지사항은 文尾의 〈참고문헌〉에서 밝혔다.

4. 원문에서 줄 바꿈은 'ㅣ'로, 지명·인명은 밑줄로, 책 이름은 斜體로 표시했다.

5. 석각 원문을 확인할 수 없는 경우 한 글자일 경우 '□'로, 여러 글자의 경우 글자 수에 따라 '□□□…'로 표시했다. 몇 글자인 모를 경우 '⊏'로 표시했다.

6. 본문에서 연구자가 필요하다고 판단한 경우 한자로 표기했다.

7. 원문에 없는 내용을 역주에서 보충할 경우 모두 대괄호'[ ]'를 사용했다.

8. 석각의 所藏處 및 目錄類 著錄, '拓本' 및 '題跋' 등은 처음 인용한 경우를 제외하고 약칭을 사용하기도 했다. 약칭은 다음과 같다.

   1) 所藏處 및 目錄類 著錄 略稱
      國圖: 國家圖書館 碑帖菁華
      京: 京都大学人文科学研究所所藏石刻拓本資料 文字拓本
      中研: 中央研究院數位文化中心 典藏台灣·拓片·石刻部
      國編: 국사편찬위원회 한국고대금석문자료집

   2) 題跋 및 著錄 略稱
      萃編: [淸] 王昶, 『金石萃編』
      石題: 楊殿珣 編, 『石刻題跋索引(增訂本)』, 『石刻史料新編 1輯』, 臺北: 新文豊, 1977.
      石史: 林榮華 校編, 『石刻史料新編 1-4輯』, 臺北: 新文豊, 1986.
      北拓: 北京圖書館金石組 編, 『北京圖書館藏中國歷代石刻拓本滙編』, 鄭州: 中州古籍, 1989.

차례

책머리에 5
일러두기 12

# 墓記
## 묘 기

### 〈新天鳳三年(16)萊子侯刻石〉　21
〈신 천봉 3년(16) 내자후 각석〉

### 〈後漢建武二十八年(52)三老諱字忌日記〉　26
〈후한 건무 28년(52) 삼로 휘자기일기〉

### 〈後漢永建三年(128)王孝淵墓銘〉　36
〈후한 영건 3년(128) 왕효연 묘명〉

# 墓碑
## 묘 비

### 〈前漢河平三年(前26)麃孝禹刻石〉　49
〈전한 하평 3년(기원전26) 표효우 각석〉

### 〈後漢永初七年(113)張禹碑〉　53
〈후한 영초 7년(113) 장우 비〉

## 頌德碑·紀功碑
송 덕 비 · 기 공 비

〈後漢中平三年(186)張遷碑〉　　　　　　　　　　81
〈후한 중평 3년(186) 장천 비〉

〈唐麟德元年(664)劉仁願紀功碑〉　　　　　　　106
〈당 인덕 원년(664) 유인원 기공비〉

## 墓誌
묘 지

〈後漢延平元年(106)馬姜墓誌〉　　　　　　　　141
〈후한 연평 원년(106) 마강 묘지〉

〈後漢元嘉元年(151)繆宇墓誌〉　　　　　　　　152
〈후한 원가 원년(151) 무우 묘지〉

〈後漢延熹八年(165)繆紆墓誌〉　　　　　　　　159
〈후한 연희 8년(165) 무우 묘지〉

〈西晉永平元年(291)菅洛墓誌〉　　　　　　　　171
〈서진 영평 원년(291) 관락 묘지〉

〈西晉永康元年(300)張朗墓誌〉　　　　　　　　185
〈서진 영강 원년(300) 장랑 묘지〉

〈北魏延興二年(472)申洪之墓誌〉　　　　　　　　206
　〈북위 연흥 2년(472) 신홍지 묘지〉

〈北魏延興四年(474)司馬金龍妻欽文姬辰墓誌〉　229
　〈북위 연흥 4년(474) 사마금룡 처 흠문희진 묘지〉

〈北魏延興五年(475)元理墓誌〉　　　　　　　　239
　〈북위 연흥 5년(475) 원리 묘지〉

〈北魏太和元年(477)宋紹祖墓誌〉　　　　　　　248
　〈북위 태화 원년(477) 송소조 묘지〉

〈北魏太和八年(484)司馬琅琊康王司馬金龍墓表〉　253
　〈북위 태화 8년(484) 사마낭야강왕 사마금룡 묘표〉

〈北魏太和八年(484)楊衆度磚誌〉　　　　　　　258
　〈북위 태화 8년(484) 양중도 전지〉

〈北魏太和十六年(492)蓋天保磚誌〉　　　　　　265
　〈북위 태화 16년(492) 개천보 전지〉

〈北魏延昌三年(514)高琨墓誌〉　　　　　　　　272
　〈북위 연창 3년(514) 고곤 묘지〉

〈北魏神龜二年(519)文昭皇后高照容墓誌〉　　　279
　〈북위 신구 2년(519) 문소황후 고조용 묘지〉

〈北魏劉賢墓誌〉　292
　〈북위 유현 묘지〉

〈武周久視元年(700)袁公瑜墓誌銘〉　315
　〈무주 구시 원년(700) 원공유 묘지명〉

## 買地券
### 매지권

〈後漢建初六年(81)糜嬰買地券〉　371
　〈후한 건초 6년(81) 미영 매지권〉

〈後漢延熹四年(161)鍾仲游妻買地券〉　377
　〈후한 연희 4년(161) 종중유 처 매지권〉

〈後漢建寧四年(171)孫成買地券〉　386
　〈후한 건녕 4년(171) 손성 매지권〉

〈孫吳黃武四年(225)浩宗買地券〉　393
　〈손오 황무 4년(225) 호종 매지권〉

〈孫吳神鳳元年(252)孫氏買地莂〉　405
　〈손오 신봉 원년(252) 손씨 매지별〉

〈孫吳五鳳元年(254)黃甫買地券〉　　　　　　　　　412
　〈손오 오봉 원년(254) 황보 매지권〉

〈孫吳永安五年(262)彭盧買地券〉　　　　　　　　　417
　〈손오 영안 5년(262) 팽로 매지권〉

〈東晉咸康四年(338)朱曼妻薛氏買地券〉　　　　　425
　〈동진 함강 4년(338) 주만 처 설씨 매지권〉

〈劉宋元嘉十年(433)徐副買地券〉　　　　　　　　　431
　〈유송 원가 10년(433) 서부 매지권〉

## 鎭墓文
### 진 묘 문

〈後漢永平三年(60)鎭墓文〉　　　　　　　　　　　　455
　〈후한 영평 3년(60) 진묘문〉

〈後漢陽嘉二年(133)曹伯魯鎭墓文〉　　　　　　　464
　〈후한 양가 2년(133) 조백로 진묘문〉

〈後漢熹平二年(173)張叔敬鎭墓文〉　　　　　　　472
　〈후한 희평 2년(173) 장숙경 진묘문〉

## 造塔記·造像記
조 탑 기 · 조 상 기

〈北魏神瑞元年(414)淨悟法師舍利塔記〉　　　　483
　〈북위 신서 원년(414) 정오법사 사리탑기〉

〈北凉承陽二年(426)馬德惠造塔記〉　　　　　　493
　〈북량 승양 2년(426) 마덕혜 조탑기〉

〈北凉太緣(太延)二年(436)程段兒造塔記〉　　　499
　〈북량 태연 2년(436) 정단아 조탑기〉

〈劉宋元嘉二十五年(448)□熊造像記〉　　　　　506
　〈유송 원가 25년(448) □웅 조상기〉


게재지 일람　514

색인　517

# 墓記

## 묘기

# 〈新天鳳三年(16)萊子侯刻石〉[1]

〈신 천봉 3년(16) 내자후 각석〉

홍승현

【 解題 】

①〈萊子侯刻石〉, 〈西漢萊子侯刻石〉, 〈萊子侯封田刻石〉, 〈萊子侯瞻族戒石〉, 〈天鳳刻石〉 ②新 天鳳 3년(16) 2월 13일 ③淸 嘉慶 22년(1817) 顔逢甲 등이 山東省 鄒縣 남쪽 臥虎山에서 출토 ④鄒城 孟廟 ⑤石 ⑥길이 38㎝·너비 63㎝(탁본 기준). ■7행, 매 행 5자. 隸書 ⑦〈탁본〉京大 KAN0004X; 北圖 顧18; HOLLIS number 9623082 〈탁본 사진〉『書道全集 二 中國 2 漢』; 『北京圖書館藏 中國歷代石刻拓本滙編 1册』; 『漢代石刻集成 圖版·釋文篇』; 『漢碑全集』; 『漢魏六朝碑刻校注 第一册』; 『秦漢刻石選譯』 ⑧『八瓊室金石補正』; 『十二硯齋金石過眼錄』; 『息柯雜著』; 『函靑閣金石記』; 『枕經堂金石書畫題跋』; 『寶鴨齋題跋』; 『金石續編』 ⑨『八瓊室金石補正』; 『(增訂)寰宇貞

---

1) 필자는 2015년 6월 발표한 「中國 古中世 石刻資料 解題 및 譯註Ⅰ」(洪承賢·朴善姬·梁鎭誠 공저) 중 〈墓碑 3種〉에서 본 石刻을 墓碑로 이해하였으나, 〈동아시아 석각 연구회〉의 독회를 통해 封土境界石으로 고쳐 이해하게 되었다. 이하 解題 및 譯註는 이에 따라 진행하였다. 여기서는 넓은 의미의 墓記類(혹은 題記類)에 포함하여 수록하였다.

石圖』;『漢碑全集』;『中國書法全集 7-秦漢石刻 卷1』;『漢魏六朝碑刻校注 第1冊』;『漢代石刻集成 圖板·釋文篇』;『中國歷代名碑釋要 上』;『秦漢刻石選譯』;『濟寧全漢碑』;『北京圖書館藏 中國歷代石刻拓本滙編 1冊』⑩묘비로도 보지만 封土境界石으로 보는 연구자도 있다⑪徐三玉,「西漢石刻文字初探」,『文物』1964-5.

【 解 題 註 】

1 『漢代石刻集成 圖版·釋文篇』과『北京圖書館藏 中國歷代石刻拓本滙編 1冊』의 기록이다.2) 그러나『書道全集 二 中國 2 漢』에서는 탁본 기준 길이 39.4cm·너비 45.5cm로 표기하였고,3) 하버드 옌칭도서관의 경우 탁본 기준 길이 38cm·너비 63.5cm로 표기하였다.4) 한편『秦漢刻石選譯』에서는 석각을 기준으로 길이 49cm·너비 69.5cm로 표기하였다.5)

2 『十二硯齋金石過眼錄』의 題跋에 인용된 최초 발견자들의 題記에 따르면 그들은 '封'을 '封田'으로 해석하여 이 석각을 봉토 경계석으로 이해하였음을 알 수 있다.6)『八瓊室金石補正』역시 이 견해를 따랐다.7) 최

---

2) 永田英正 編,『漢代石刻集成 圖版·釋文篇』(京都: 同朋舍, 1994), 8쪽; 北京圖書館金石組 編,『北京圖書館藏 中國歷代石刻拓本滙編 1冊』(鄭州: 中州古籍, 1989: 1997), 19쪽.
3) 下中邦彦 編,『書道全集 二 中國 2 漢』(東京: 平凡社, 1969), 178쪽.
4) http://hollis.harvard.edu/primo_library/libweb/action/search.do;jsessionid
5) 李楷,『秦漢刻石選譯』(北京: 文物, 2009), 10쪽.
6) [清]汪鋆,「萊子侯刻石」,『十二硯齋金石過眼錄』(『石刻史料新編 1輯 10冊』(臺北: 新文豊, 1977) 수록), "嘉慶丁丑秋, 滕七四老人顏逢甲·同郡孫生容·王輔·仲緒山得此於臥虎山前, 蓋封田贍族, 勒石戒子孫者. 近二千年未泐, 亦無知者, 可異也. 逢甲記, 生容書."
7) [清]陸增祥,『八瓊室金石補正』(『石刻史料新編 1輯 6冊』(臺北: 新文豊, 1977) 수록), 4040-4044쪽.

근 이 石刻을 봉토 경계석으로 보는 대표적인 연구자로는 李櫹을 들 수 있다. 그는 石文의 '封'이 田界인지, 祭壇인지, 무덤인지 정확하지 않다고 하였지만 결국 '封土의 標記'로 해석하였다.[8] 구성을 살펴보면 ❶刻日 ❷(墓主?)姓名 ❸刻石 목적 ❹동원 인력 ❺종결 문언으로 이루어져 일반적인 묘비의 구성과는 차이가 있음을 알 수 있다. 여기서는 봉토 경계석으로 보았다.

【 釋 文 】

始建國 天鳳」三年二月十」三日, 萊子侯」爲支人爲封,」 使偖❶子食,❷ 等」用百余人, 後」子孫毋壞敗.

【 釋 文 註 】

❶ 偖:『金石續編』에서는 '諸'의 異體字로 보았고,[9]『八瓊室金石補正』과 『漢魏六朝碑刻校注』에서는 '偕'로 읽었다.[10]『漢代石刻集成 圖版·釋文篇』에서는 儲의 省文으로 보았다.[11]

❷ 食:『漢魏六朝碑刻校注』과『八瓊室金石補正』에서는 '食'으로 보았고,[12] 『漢代石刻集成 圖版·釋文篇』과『秦漢刻石選譯』에서는 '良'으로 보았다.[13]

---

8) 李櫹, 앞의 글, 13쪽.
9) [淸]陸耀遹,『金石續編』(『石刻史料新編 1輯 4册』(臺北: 新文豊, 1977) 수록), 3010쪽.
10) [淸]陸增祥, 앞의 글, 4041쪽; 毛遠明 校注,『漢魏六朝碑刻校注 第一册』(北京: 線裝書局, 2008), 25쪽.
11) 永田英正 編, 앞의 글, 8쪽.
12) 毛遠明 校注, 앞의 글, 25쪽; [淸]陸增祥, 앞의 글, 4041쪽.
13) 永田英正 編, 앞의 글, 8쪽; 李櫹, 앞의 글, 13쪽.

【譯文】

[新] 天鳳**❶** 3년(16) 2월 13일, 萊子侯**❷**가 族人**❸**들을 위해 封**❹**을 만들었다. 여러 아들들로 하여금 먹고 사는 방편으로 삼게 함에 백여인이 평등하게 사용할 수 있게 하였다. 이후 자손들은 파괴하지 말지어다.**❺**

【譯文註】

**❶** 天鳳[始建國天鳳]: '始建國'과 '天鳳' 둘 다 王莽이 건국한 新의 연호다. 시건국은 9~13년, 천봉은 14~19년에 해당한다. 두 개의 연호를 적은 이유는 분명치 않으나 '天鳳三年'이라는 기년이 각석된 것에 따르면 '始建國'은 불필요하다. 李檣은 이것을 당시 인민들이 時政에 어두웠던 증거라며 당시인들이 '시건국'을 국호로 이해한 것으로 해석하였다. 즉 국호 + 연호 + 날짜를 쓰는 습관에 의해 연호 앞에 국명으로 이해한 '시건국'을 쓴 것으로 이해하였다.14) 여기서는 '시건국'을 생략하고 해석하였다.

**❷** 萊子侯[萊子侯]: 萊子侯는 人名으로 읽을 경우 萊를 姓으로 子侯를 字로 볼 수 있다. 사서 안에서는 霍去病 아들의 字가 子侯였음이 확인된다. 한편 내자후를 封號로 보면 萊는 册封받은 地名이 되고 子侯가 封號가 된다. 그러나 侯國의 이름으로서 萊와 봉호로서 子侯를 사서에서 찾을 수 없었다. 따라서 내자후를 이름으로 보는 것이 타당할 것으로 생각하였다.

**❸** 族人[支人]: 支庶를 의미한다. 즉 族이다.

**❹** 封[封]: 封墳(『中國古代陵寢制度史硏究』),15) 田界(『十二硯齋金石過眼

---

14) 李檣, 앞의 글, 13쪽.
15) 楊寬, 『中國古代陵寢制度史硏究』(上海: 人民, 2003), 156쪽.

錄』),16) 祭壇(『金石續編』)17) 등으로 보고 있다. 여기서는 전계로 보아 이 석각을 봉토 경계석으로 보았다.

5 파괴하지 말지어다[毋壞敗]: 초기 석각에 등장하는 종결 文言 중의 하나로 석각 보존에 대한 당부의 말이다.

## 【참고문헌】

[淸]方朔, 『枕經堂金石書畵題跋』(『石刻史料新編 2輯 19冊』 수록), 臺北: 新文豐, 1979.
[淸]徐樹鈞, 『寶鴨齋題跋』(『石刻史料新編 2輯 19冊』 수록), 臺北: 新文豐, 1979.
[淸]楊鐸, 『函靑閣金石記』(『石刻史料新編 2輯 6冊』 수록), 臺北: 新文豐, 1979.
[淸]楊翰, 『息柯雜著』(『秦漢石刻題跋輯錄』 수록), 上海: 上海古籍, 2009.
[淸]汪鋆, 『十二硯齋金石過眼錄』(『石刻史料新編 1輯 10冊』 수록), 臺北: 新文豐, 1977.
[淸]陸耀遹, 『金石續編』(『石刻史料新編 1輯 4冊』 수록), 臺北: 新文豐, 1977.
[淸]陸增祥, 『八瓊室金石補正』(『石刻史料新編 1輯 6冊』 수록), 臺北: 新文豐, 1977.

宮衍興 編著, 『濟寧全漢碑』, 濟南: 齊魯書社, 1990.
藤原楚水 編, 『(增訂)寰宇貞石圖』, 東京: 興文社, 1939.
毛遠明 校注, 『漢魏六朝碑刻校注 第一冊』, 北京: 線裝書局, 2008.
北京圖書館金石組 編, 『北京圖書館藏 中國歷代石刻拓本滙編 1冊』, 鄭州: 中州古籍, 1989: 1997.
山東省博物館·山東省文物考古硏究所編, 『山東漢畵像石選集』, 濟南: 齊魯書社, 1982.
徐三玉, 「西漢石刻文字初探」, 『文物』 1964-5.
徐玉立 主編, 『漢碑全集』, 鄭州: 河南美術, 2006.
楊寬, 『中國古代陵寢制度史硏究』, 上海: 人民, 2003.
永田英正 編, 『漢代石刻集成 圖版·釋文篇』, 京都: 同朋舍, 1994.
劉正成 主編, 『中國書法全集 7-秦漢石刻 卷1』, 北京: 榮寶齋, 1993.
李楷, 『秦漢刻石選譯』, 北京: 文物, 2009.
彭興林 編著, 『中國歷代名碑釋要 上』, 濟南: 山東美術, 2011.
下中邦彦 編, 『書道全集 二 中國 2 漢』, 東京: 平凡社, 1969.

---

16) [淸]汪鋆, 앞의 글, 7796쪽.
17) [淸]陸耀遹, 앞의 글, 3008쪽.

# 〈後漢建武二十八年(52)三老諱字忌日記〉[1)]

〈후한 건무 28년(52) 삼로 휘자기일기〉

홍승현

【 解題 】

①〈三老諱字忌日記〉,■〈三老碑〉②後漢 建武 28년(52) ③淸 咸豊 2년(1852). 浙江省 餘姚縣 客星山 ④杭州 西泠印社 ⑤石 ⑥長方形. 높이 90.5cm・너비45cm(원석 기준).■ 우 4단 좌 1단 구성. 우 각 단 4~6행, 매 행 4~9자. 隷書 ⑦〈탁본〉北圖 軸329; 京大 KAN0067X 〈탁본 사진〉『書道全集 二 中國 2 漢』;『漢代石刻集成 圖板・釋文 篇』;『中國歷代名碑釋要 上』;『漢魏六朝碑刻校注 第一冊』;『漢碑全 集』;『中國書法全集 7-秦漢石刻 卷1』;『秦漢刻石選譯』;『北京圖書館 藏 中國歷代石刻拓本滙編 1冊』⑧『有萬憙齋石刻跋』;『八瓊室金石 補正』;『結一廬遺文』;『函靑閣金石記』;『雪堂金石文字跋尾』;『校碑 隨筆』⑨『八瓊室金石補正』;『(增訂)寰宇貞石圖』;『漢碑全集』;『中

---

1) 필자는 2015년 6월 발표한「中國 古中世 石刻資料 解題 및 譯註 I」(洪承賢・朴善姬・梁鎭誠 공저) 중〈墓碑 3種〉에서 본 石刻을 墓碑로 이해하였으나,〈동아시아 석각 연구회〉의 독회를 통해 墓記(혹은 題記)로 고쳐 이해하게 되었다. 이하 解題 및 譯註는 이에 따라 진행하였다.

國書法全集 7-秦漢石刻 卷1』;『漢魏六朝碑刻校注 第一冊』;『漢代石刻集成 圖板・釋文篇』;『中國歷代名碑釋要 上』;『秦漢刻石選譯』;『漢碑集釋』⑩銘辭가 기술되어❸ 정형화❹된 최초의 묘비로 지목되고 있는 것 중 하나다.❺ 그러나 題記로 분류하기도 한다❻ ⑪方愛龍, 「東漢・三老諱字忌日碑」,『杭州師範學院學報(社科版)』 2008-1; 胡迪軍,「≪漢三老諱字忌日碑≫散記」,『書法』2012-5.

## 【 解 題 註 】

❶ 제목은 현재 일반적으로 통용되고 있는 〈三老諱字忌日記〉를 그대로 사용하였다. 墓碑의 제목은 '墓主의 이름 + 碑' 혹은 '官職 + 묘주의 이름 + 비' 형태로 지어지는데, 이 석각의 경우 묘주의 관직과 이름이 있음에도 불구하고 〈三老諱字忌日記〉라는 이름으로 통용된다. 이것은 이 석각이 後漢代 유행했던 死者에 대한 追念과 頌德을 목적으로 한 일반적인 묘비와는 달리 先祖의 諱와 忌日을 후손에게 기억시키는 것을 목적으로 했다는 점을 부각시킨 것으로 보인다. 따라서 이 석각을 墓碑로 이해하는 것은 부적절해 보인다.

❷ 『漢魏六朝碑刻校注』에 따른 것으로『漢代石刻集成 圖板・釋文篇』에서는 원석 기준 높이 89㎝・너비48㎝로 보았다.2) 『書道全集 二 中國 2 漢』에서는 탁본 기준으로 79.5㎝・너비37㎝로 보았다.3)

❸ 흔히 정형화된 墓碑의 구성 요소 중 가장 중요하게 여기는 것이 바로 銘辭다. 명사는 墓主에 대한 정보를 기록하고 있는 序와는 달리 묘주의

---

2) 永田英正 編,『漢代石刻集成 圖版・釋文篇』(京都: 同朋舍, 1994), 18쪽.
3) 下中邦彦 編,『書道全集 二 中國 2 漢』(東京: 平凡社, 1969), 178쪽.

功業을 表彰하기 위해 韻文으로 작성되었다. 그런데 〈三老諱字忌日記〉에서 보이는 頌辭는 이후 등장하는 명사와는 달리 분명한 운문의 형태를 띠고 있지는 않다.

4 묘비의 정형화에 대해서는 아직 연구자들 사이에 이견이 존재하지만 대략 ①碑額, ②諱, ③字, ④本籍, ⑤家系, ⑥品行, ⑦官歷을 중심으로 하는 履歷, ⑧卒年月日, ⑨享年, ⑩追贈, ⑪葬日 혹은 立碑日, ⑫銘辭를 그 정형화의 구성 요소로 보고 있다.[4]

5 참고로 정형화된 최초의 묘비로 지목된 것들[5]과 그 구성 요소를 표로 정리하면 다음과 같다.[6]

| | ① 碑額 | ② 諱 | ③ 字 | ④ 本籍 | ⑤ 世系 | ⑥ 品行 | ⑦ 官歷 | ⑧ 卒年 | ⑨ 享年 | ⑩ 追贈 | ⑪ 葬日 | ⑫ 銘辭 |
|---|---|---|---|---|---|---|---|---|---|---|---|---|
| 三老諱字忌日記 (52) | × | ○ | ○ | × | ○ | × | × | × | × | ○ | × | × |
| 謁者景君墓表 (114) | × | × | × | ○ | × | × | × | ○ | × | × | × | ○ |
| 國三老袁良碑 (131) | × | ○ | ○ | ○ | ○ | × | ○ | ○ | ○ | × | × | ○ |
| 北海相景君碑 (143) | ○ | × | × | ○ | × | ○ | ○ | ○ | × | × | × | ○ |
| 武斑碑 (147) | ○ | ○ | ○ | × | ○ | ○ | ○ | ○ | × | × | × | ○ |
| 劉修碑 (171) | × | ○ | ○ | × | × | ○ | ○ | ○ | ○ | × | × | ○ |

---

4) 窪添慶文,「墓誌の起源とその定型化」,『立正史學』105(2009), 2쪽.
5) 李德品「論東漢墓碑文的發展分期」,『遵義師範學院學報』11-3(2009), 34쪽에서 소개한 최초의 묘비로 지목된 석각들을 대상으로 하였다.
6) 표는 洪承賢,「墓碑의 출현과 後漢末 墓碑銘의 定型化」,『中國古中世史研究』35(2015), 298-299쪽에 게재된 〈표 2〉를 부분 인용하였다.

6 〈三老諱字忌日記〉를 묘비가 아닌 묘기로 보는 이유 중 하나는 刻文에 석각의 제작자가 등장하고 제작의 이유 및 후세에 대한 당부가 등장한다는 점이다. 이해를 위해 넓은 의미의 묘기에 포함되는 畫像題記 하나를 제시하면 다음과 같은데, ❶諱 ❷字 ❸卒年卒日 ❹世系 ❺頌辭(정형화되기 전의 銘辭) ❻建碑者 ❼건비의 목적 ❽후세에 대한 당부로 이루어져 있는 〈三老諱字忌日記〉와 많은 부분이 비슷하다. "〈永和六年食堂畫像題記〉: (左段) 永和四年四月申朔卄七日壬戌(**卒年卒月卒日**), 桓㚖(**墓主**)終亡, 二弟文山, 叔山(**制作者**), 悲哀治此食堂(**記念物**), 到六年正月卄五日畢成(**기념물의 완성일**), 自念悲 (右段) 通, 不受天祐少終, 有一子男伯志, 年三歲却, 到五年四月三日終(**가족 관계**), 俱歸皇[泉], 何時復會, 慎勿相忘, 傳後世子孫, 令知之(**기념물 제작의 목적 및 후세에 대한 당부**)."

【 釋文 】

(右一段) 三老諱通, 字小父,」庚午忌日,」祖母失諱, 字宗君,」癸未忌日. (右二段) 掾諱忽, 字子儀,」建武十七年, 歲在辛」丑, 四月五日辛卯忌日.」母諱捐, 字謁君,」建武卄八年, 歲在壬」子, 五月十日甲戌忌日. (右三段) 伯子玄曰大孫,」次子但曰仲城,」次子紆曰子淵,」次子提餘曰伯老,」次子持侯曰仲雍,」次子盈曰少河. (右四段) 次子邯曰子南,」次子士曰元士,」次子富曰少元,」子女曰无名,」次女反曰君明. (左段) 三老德業赫烈, 克命先己, 汁稽履仁,❶ 難名兮, 而右九孫. 日月虧代, 猶元風力射.」邯及所識祖諱, 欽顯後嗣. 蓋春秋義, 言不及尊, 翼上也. 念高祖至九子未遠, 所諱」不列, 言事觸忌, 貴所出嚴及□.❷ 敬曉末孫, 冀副祖德焉.

## 【釋文註】

**1** 석각이 비교적 완전한 상태로 남아 있기에 釋讀에 이견이 별로 없는 상태다. 『八瓊室金石補正』과 『漢魏六朝碑刻校注』에서는 '仁'을 '化'로 읽었다.7)

**2** 대부분의 연구자가 판독하지 못하였으나 『書道全集 二 中國 2 漢』에서는 '焦'로 보았고8) 『漢魏六朝碑刻校注』에서는 '焉'으로 보았으며,9) 『秦漢刻石選譯』에서는 翼'으로 볼 수 있을 것이라 하였다.10) 확정하기 힘든 상태다.

## 【譯文】

[祖父] 三老**1**의 이름**2**은 通이고 字**3**는 小父로 庚午日이 忌日이다. **4** 祖母의 이름은 알지 못하고 자는 宗君으로 癸未日이 기일이다. 掾**5**이셨던 부친의 이름은 忽이고 자는 子儀로 建武 17년(41) 辛丑年 4월 5일 辛卯日**6**이 기일이다. 모친의 이름은 捐이고 자는 謁君으로 건무 28년(52) 壬子年 5월 10일 甲戌日**7**이 기일이다. 큰 아들의 이름은 玄이고 자는 大孫이다. 둘째 아들의 이름은 但이고 자는 仲城이다. 셋째 아들의 이름은 紆고 자는 子淵이다. 넷째 아들의 이름은 提餘**8**고 자는 伯老다. 다섯째 아들의 이름은 持侯고 자는 仲雍이다. 여섯 째 아들의 이름은 盈이고 자는 少河다. 일곱째 아들의 이름은 邯이고 자는 子南이다. 여덟째 아들의 이름은

---

7) [淸]陸增祥,『八瓊室金石補正』(『石刻史料新編 1輯 6冊』(臺北: 新文豊, 1977) 수록), 4045쪽; 毛遠明 校注,『漢魏六朝碑刻校注 第一册』(北京: 線裝書局, 2009), 34쪽.
8) 下中邦彦 編,『書道全集 二 中國 2 漢』(東京: 平凡社, 1969), 179쪽.
9) 毛遠明 校注, 앞의 글, 34쪽.
10) 李楷,『秦漢刻石選譯』(北京: 文物, 2009), 20쪽.

士고 자는 元士다. 아홉째 아들의 이름은 富고 자는 少元이다. 딸은 无名이다.❾ 둘째 딸의 이름은 反이고 자는 君明이다. 조부이신 삼로의 德과 功業❿은 밝게 빛나고 성대하도다. 사명을 완수하기 위해 분투하심을 자신의 몸보다 먼저로 삼으셨으며⓫ 잘 살피시고 자애로우셨으니⓬ [그 위대함을] 말로 표현할 수 없을 정도구나. [그 분의 신령이] 아홉 명의 손자를 보우하신다.⓭ 많은 시간이 흘렀건만⓮ 여전히 선조의 덕택은 후대에까지 미친다.⓯ 일곱째 손자인 한이 조부의 이름을 알게 되어, 후손들에게 공경하게 하고 환히 알게 하고자⓰ [이 비를 세운다]. 대개『春秋』의 의리❶❼는 선조의 이름을 말하지 않은 것이 선조를 공경하는 것이다.⓲ [그러나 생각건대] 조부이신 삼로로부터 우리 아홉 손자가 멀리 떨어지지 않았으니 [이름]을 드러내지 않는다면⓳ [후세가] 말과 행동에 금기를 범하게 될 것이다.⓴ 우리들 出自한 바의 위엄과 □를 귀중히 여기며, 정중히 후손들에게 이르노니 바라건대 선조의 덕행에 부합하도록 하라.

【譯文註】

❶ 三老[三老]: 周代에 설치했다고 하는 三老五更에서 유래한 것으로 알려져 있다.[11] 漢高祖 2년(前205) 지방 행정 조직인 鄕에 50세 이상 덕망 있는 자를 선발하여 三老로 삼고 교화를 담당하게 하였다. 또한 鄕三老 중에서 1인을 선발하여 縣三老로 삼았다.[12] 이는 建碑者 조부의 관

---

11) 『禮記』, 「文王世子」, "適東序, 釋奠於先老, 遂設三老·五更·群老之席位焉."[鄭玄注: 三老五更各一人也, 皆年老更事致仕者也, 天子以父兄養之, 示天下之孝悌也. 名以三五者, 取象三辰五星, 天所因以照明天下者.]

직으로『漢代石刻集成 本文篇』에서는 이를 鄕三老로 보았다.

2 이름[諱]: 부모나 손위 사람의 이름을 부르는 것을 꺼린다는 것에서 유래하여 죽은 이의 생전의 이름을 의미하게 되었다.

3 字[字]: 고대에는 이름과 字를 모두 사용하였는데, 자는 흔히 인품을 나타낸다고 여겼다. 顔之推에 따르면 이름은 본인이 죽으면 부르는 것을 피했지만, 자는 손자 대에는 氏로 삼을 수 있었다고 한다.[13]

4 庚午日이 忌日이다[庚午忌日]: 조부모 이후 서술되어 있는 부모의 경우 연월이 서술된 것과는 달리 조부와 조모의 경우 날만 기록되어 있다. 이에 대해 高文은『春在堂隨筆』의 의견에 따라 曆術에 대해 잘 알지 못했던 민간에서 사망일을 정확하게 알지 못함으로써 발생한 일로 추정하였다.[14] 忌日은 부모나 조부모와 같은 親屬의 사망일을 말한다.[15] 그날에는 음주나 음악의 연주와 같은 일을 꺼리기에 기일이라 한다.

5 掾[掾]: 고대 官府에서 일을 나누어 보좌하던 관리의 통칭. 흔히 단독으로 掾으로만 표기될 경우에는 縣의 掾을 지칭한다고 보기도 한다.[16]

6 建武 17년(41) 辛丑年 4월 5일 辛卯日[建武十七年, 歲在辛丑, 四月五日辛卯]: 建武라는 연호는 중국 역사상 모두 여섯 차례 등장한다. 후한 光武期(25~56), 西晉 惠帝期(304), 東晉 元帝期(317), 後趙 石虎期(335~348), 西燕 慕容忠期(386), 南齊 明帝期(494~498). 이 중 건무 17년(41)과 28년(52)이 있는 것은 광무제 시기 뿐이다. 그런데 광무제 건무 17년 4월 5일은『二十史朔閏表』에 따르면 庚午日에 해당하여 辛卯日이라는 비문과 부합하지 않는다.

---

12) 『漢書』卷1,「高祖紀」, "擧民年五十以上, 有脩行, 能帥衆爲善, 置以爲三老, 鄕一人. 擇鄕三老一人爲縣三老, 與縣令丞尉以事相敎, 復勿繇戍."
13) 『顔氏家訓』,「風操」, "古者, 名以正體, 字以表德. 名終則諱之, 字乃可以爲孫氏."
14) 高文,『漢碑集釋』(鄭州: 河南人民, 1997), 2-3쪽.
15) 『禮記』,「祭義」, "君子有終身之喪, 忌日之謂也."[鄭玄注: 忌日, 親亡之日.]
16) 高文, 앞의 글, 3쪽; 李楷,『秦漢刻石選譯』(北京: 文物, 2009), 19쪽.

7 건무 28년(52) 壬子年 5월 10일 甲戌日[建武卄八年, 歲在壬子, 五月十日 甲戌]: 『二十史朔潤表』에 따르면 건무 28년 5월 10일은 庚子日에 해당하여 甲戌日이라는 비문과 부합하지 않는다.

8 提餘[提餘]: 뒤에 나오는 持侯와 더불어 提餘만이 두 자 이름이다. 각석된 모든 사람들의 이름이 單字인 것은 당시 王莽이 전국에 두 자 이름을 금지했던 것에서 기인한 것으로 보인다.[17] 따라서 提餘와 持侯라는 두 자 이름은 특별한 경우로 생각된다.

9 딸은 无名이다.[日无名]: 다른 자식들의 경우 이름과 자가 모두 기술된 것에 따라 이름이 없다로 해석할 수도 있겠으나 '日'이라는 표현으로 인하여 이름 혹은 자가 无名인 것으로 해석하였다.

10 德과 功業[德業]: 德業은 덕과 공업을 의미한다.[18]

11 사명을 완수하기 위해 분투하심을 자신의 몸보다 먼저로 삼으셨으며[克命先己]: 자신보다 우선하여 일을 奉行하는 것을 의미한다. 여기서 '克'은 완성을 의미하는 것으로 생각된다.[19]

12 잘 살피시고 자애로우셨으니[汁稽履仁]: '汁'은 '協' 또는 '叶'과 통한다.[20] '稽'는 '考'를 의미한다.[21] '汁稽'는 잘 생각한다는 의미다.

13 아홉 명의 손자를 보우하신다[而右九孫]: '右'는 '佑' 또는 '祐'와 통한다. '九孫'은 '伯子玄' 이하 삼로의 아홉 명의 손자를 말한다.

14 많은 시간이 흘렀건만[日月虧代]: 해와 달이 차고 이지러지고를 반복함을 의미한다. 여기서는 긴 시간이 흐른 것을 말하는 것으로 생각된다.

---

17) 『漢書』卷94下, 「匈奴傳」, "時, 莽奏令中國不得有二名, 因使使者以風單于, 宜上書慕化, 爲一名, 漢必加厚賞."
18) 『易』, 「繫辭上」, "顯諸仁, 藏諸用. 鼓萬物而不與聖人同憂, 盛德大業, 至矣哉. 富有之謂大業, 日新之謂盛德."
19) 『左傳』, 「宣公八年」, "冬十月己丑, 葬我小君敬嬴, 雨, 不克葬.[杜預注: 克, 成也.] 庚寅, 日中而克葬."
20) 『周禮』, 「秋官・司寇・鄕士」, "汁日音協, 本亦作協."
21) 『管子』, 「弟子職」, "旣拚反立, 是協是稽."[尹知章注: 協, 合也. 稽, 考也. 謂合考書義也.]

**15** 여전히 선조의 덕택은 후대에까지 미친다[猶元風力射]: '元風'은 상서롭고 좋은 遺風을 의미한다. 선조의 훌륭한 유풍이 먼 후손에게까지 미친다는 의미로,『漢代石刻集成 本文篇』에서는 후세까지도 일족이 번영할 것이라는 의미로 해석하였다.

**16** 후손들에게 공경하게 하고 환히 알게 하고자[欽顯後嗣]: '欽'과 '顯' 모두 사역의 의미로 사용되었다. '後嗣'는 후세를 의미한다.

**17** 『春秋』의 의리[春秋義]: 여기서 말하는 『春秋』의 의리란 『穀梁傳』에서 宋의 군주와 함께 살해된 孔父의 이름을 孔子가 쓰지 않은 것을 찬미하며 尊屬의 이름을 피한 것을 말한다.[22]

**18** 선조를 공경하는 것이다[翼上也]: '翼'은 공경함이다.[23] '上'은 선조를 의미한다.

**19** 이름을 드러내지 않는다면[所諱不列]: '所諱'를 『漢碑集釋』에서는 이름과 기일이라고 해석하였지만[24] 문맥상 이름으로 생각된다.

**20** 말과 행동에 금기를 범하게 될 것이다[言事觸忌]: '觸忌'는 선조의 諱나 字를 사용하는 것으로 생각된다.


## 【참고문헌】

[後漢]班固 撰·[唐]顔師古 注,『漢書』, 北京: 中華書局, 1997.

[春秋]左丘明 傳·[晉]杜預 注·[唐]孔穎達 正義,『春秋左傳正義』, 北京: 北京大, 2000.

---

22) 『穀梁傳』,「桓公二年」, "二年, 春, 王正月, 戊申. 宋督弑其君與夷, ㅇ桓無王, 其曰王, 何也? 正與夷之卒也. 及其大夫孔父. ㅇ孔父先死, 其曰及, 何也? 書尊及卑, 春秋之義也. 孔父之先死, 何也? 督欲弑君, 而恐不立, 於是乎先殺孔父. 孔父閑也. 何以知其先殺孔父也? 曰, 子旣死, 父不忍稱其名; 臣旣死, 君不忍稱其名. 以是知君之累之也. 孔, 氏; 父, 字諡也. 或曰, 其不稱名, 蓋爲祖諱也. 孔子故宋也."

23)『詩』,「小雅·彤弓之什·六月」, "有嚴有翼."[毛傳: 翼, 敬也.]

24) 高文, 앞의 글, 4쪽.

[漢]鄭玄 注・[唐]孔穎達 疏, 『禮記正義』, 北京: 北京大, 2000.
[漢]毛亨 傳・[漢]鄭玄 箋・[唐]孔穎達 疏, 『毛詩正義』, 北京: 北京大, 2000.
[漢]鄭玄 注・[唐]賈公彦 疏, 『周禮注疏』, 北京: 北京大, 2000.
[曹魏]王肅 注・[唐]孔穎達 疏, 『周易正義』, 北京: 北京大, 2000.
[晉]范寧 集解・[唐]楊士勛 疏, 『春秋穀梁傳注疏』, 北京: 北京大, 2000.

黎翔鳳 撰・梁運華 整理, 『管子校注』, 北京: 中華書局, 2006.
王利器 撰, 『顔氏家訓集解』, 北京: 中華書局, 2007.

[清]陸增祥, 『八瓊室金石補正』(『石刻史料新編 1輯 6册』 수록), 臺北: 新文豊, 1977.
[清]傅以禮, 『有萬憙齋石刻跋』(『石刻史料新編 3輯 38册』 수록), 臺北: 新文豊, 1986.
[清]楊鐸, 『函青閣金石記』(『石刻史料新編 2輯 6册』 수록), 臺北: 新文豊, 1979.
[清]朱學勤, 『結一廬遺文』(『清代詩文集彙編』 수록), 上海: 上海古籍, 2010.
[民國]方若, 『校碑隨筆』(『石刻史料新編 2輯 17册』 수록), 臺北: 新文豊, 1979.
[民國]羅振玉, 『雪堂金石文字跋尾』(『石刻史料新編 3輯 39册』 수록), 臺北: 新文豊, 1986.

高文, 『漢碑集釋』, 開封: 河南人民, 1997.
藤原楚水 編, 『(增訂)寶宇貞石圖』, 東京: 興文社, 1939.
毛遠明 校注, 『漢魏六朝碑刻校注 第一册』, 北京: 線裝書局, 2009.
方愛龍, 「東漢・三老諱字忌日碑」, 『杭州師範學院學報(社科版)』 2008-1.
北京圖書館金石組 編, 『北京圖書館藏 中國歷代石刻拓本滙編 1册』, 鄭州: 中州古籍, 1989: 1997.
徐玉立 主編, 『漢碑全集』, 鄭州: 河南美術, 2006.
永田英正 編, 『漢代石刻集成 圖板・釋文篇』, 京都: 同朋社, 1994.
永田英正 編, 『漢代石刻集成 本文篇』, 京都: 同朋社, 1994.
窪添慶文, 「墓誌の起源とその定型化」, 『立正史學』 105, 2009.
李檣, 『秦漢刻石選譯』, 北京: 文物, 2009.
劉正成 主編, 『中國書法全集 7-秦漢石刻 卷1』, 北京: 榮寶齋, 1993.
李德品 「論東漢墓碑文的發展分期」, 『遵義師範學院學報』 11-3, 2009.
陳垣, 『二十史朔閏表』, 北京: 中華書局, 1992.
彭興林, 『中國歷代名碑釋要 上』, 濟南: 山東美術, 2011.
下中邦彦 編, 『書道全集 二 中國 2 漢』, 東京: 平凡社, 1969.
胡迪軍, 「≪漢三老諱字忌日碑≫散記」, 『書法』 2012-5.
洪承賢, 「墓碑의 출현과 後漢末 墓碑銘의 定型化」, 『中國古中世史研究』 35, 2015.

# 〈後漢永建三年(128)王孝淵墓銘〉

〈후한 영건 3년(128) 왕효연 묘명〉

홍승현

【解題】

①〈王孝淵墓碑〉,〈永建三年殘碑〉,〈東漢殘碑〉,〈王孝淵墓銘〉 ②後漢 永建 3年(128) ③1966년 四川省 郫縣 犀浦에서 발굴된 무덤 안 ④四川省博物館 ⑤石 ⑥長方形. 높이 255㎝(혹은 232)■· 상부 너비 91㎝· 하부 너비 96㎝· 두께 23㎝. 정면 상부에는 朱雀과 서 있는 남자와 여자의 상, 꿇어앉은 여자의 상이 조각되어 있으며, 碑陰에는 伏羲, 女媧, 주작, 玄武, 蟬蜍가, 측면에는 青龍과 白虎가 浮彫되어 있다.■ 총13행. 매 행 20~24자로 不等. 隸書 ⑦〈탁본사진〉「四川郫縣犀浦出土的東漢殘碑」;『漢代石刻集成 圖板·釋文篇』;『四川歷代碑刻』;『漢碑全集』;『漢魏六朝碑刻校注 第一册』;『中國書法全集 7-秦漢石刻 卷1』 ⑧없음 ⑨「四川郫縣犀浦出土的東漢殘碑」;『漢代石刻集成 圖板·釋文篇』;『四川歷代碑刻』;『漢碑全集』;『漢魏六朝碑刻校注 第一册』;『中國書法全集 7-秦漢石刻 卷1』 ⑩1966년 사천성 비현 서포에서 토양 개량 공사 중에 발견된 5기의 무덤 중 하나에서 발견되었다. 묘 안에서는 '直百五

銖'라는 蜀漢의 화폐가 출토되어 三國 시대 묘라고 추정되기도 하였다. 이 경우 삼국 시대 묘 안에 후한 시기 묘비가 매립되어 있는 상태가 된다.❸ ⑪謝雁翔,「四川郫縣犀浦出土的東漢殘碑」,『文物』1974-4; 張勳燎·劉磐石,「四川郫縣東漢殘碑的性質和年代」,『文物』1980-4.

## 【 解 題 註 】

❶ 「四川郫縣犀浦出土的東漢殘碑」의 謝雁翔은 높이를 255cm로,『漢碑全集』의 湯保良은 232cm로 적기하였다.1)

❷ 碑陽 상부와 碑陰의 浮彫는 墓碑의 관습과는 거리가 있다. 본문 중에 '立碑'라는 표현이 등장하고 구성 요소 상에서도 묘비와 거의 흡사하여 (❶紀年-卒年卒日 ❷墓主 관직과 성명 ❸家系 ❹墓主의 업적 ❺刻石의 목적 ❻銘辭 ❼紀年-建碑日 ❽관용어-吉祥句 ❾工匠의 성명) 일반적으로 이 石刻을 묘비로 구분하기는 하지만, 후한 중후기 墓記, 墓誌, 묘비가 서로 영향을 주고받으며 제작된 것을 생각해보면2) 이 석각을 묘기 혹은 묘지로 구분하는 것도 가능할 것이다. 특히 "羊吉萬歲子孫官貴."와 같이 자손을 위한 吉祥語는 전형적인 묘기에 등장하는 글귀라는 점에서 이 석각을 묘비의 영향을 받은 묘기로 볼 수 있지 않을까 한다.

❸ 이에 대해 永田英正은 삼국 시기 조영된 무덤 안에 어떤 형태로든지 漢

---

1) 謝雁翔,「四川郫縣犀浦出土的東漢殘碑」,『文物』1974-4, 67쪽; 徐玉立 主編,『漢碑全集』(鄭州: 河南美術, 2006), 386쪽.
2) 墓記·墓碑·墓誌의 상호 관련성에 대해서는 洪承賢,「漢代 墓記·墓碑·墓誌의 출현과 상호 관련성」,『中國古中世史硏究』42(2016)를 참조.

碑가 2차 사용된 것이라 보았다. 한편 謝雁翔은 이것이 王孝淵의 무덤이나(즉 후한 시기 무덤) 이후 무덤에 문제가 생기면서 삼국 시기 화폐가 흘러 들어간 것으로 보았다.3)

【 釋文 】

<u>永初二年七月四日丁巳</u>, 故縣功曹, 郡掾□□**❶**<u>孝淵</u>卒. 嗚呼□**❷**<u>孝</u>之先, 元□**❸**關東, □**❹**<u>秦</u>□**❺**益, 功爍縱橫. 漢徙豪傑, 遷□□」梁, 建宅處業<u>汶山</u>之陽. 崇譽□□,**❻** □與比功,**❼** 故刊石紀, □」德**❽**所行, 其辭曰:」 惟<u>王孝淵</u>, 嚴重毅□.**❾** □懷慷慨.**❿** …」□□. 清約節儉, 進退應名.**⓫** □□□□,**⓬** 稱其□□.**⓭** …」 䜩學□發, □□…」璧參之□, 兩伯□□. □□公墳, 造墓門□□□□□ …」 敬恍燿立. □俾□□, □功□□, □□承哀. □□踰□ …」思, 相□偏□, 維將盪盪, 隆崇□大.**⓮** 協同建石,**⓯** 立碑□□.**⓰**」 爰示後世, 台台勿忘. 子子孫孫, 秉承久長.」 <u>永建</u>三年六月始旬丁未, 造此石碑, 羊吉萬歲, 子孫官貴.」 工人<u>張伯嚴</u>主.**⓱**

【 釋文註 】

**❶** 대부분의 연구자들이 '郡掾' 뒤로 결락한 글자를 두 글자로 파악하여 '□□孝淵卒'이라고 읽었다. 그러나 『漢魏六朝碑刻校注』에서는 '□□王孝淵卒'이라고 읽었다.4) 탁본의 판독 상 '孝' 앞에 '王'이 있는 것으로 읽는 것이 어려워 여기서는 따르지 않았다.

---

3) 永田英正 編, 『漢代石刻集成 本文篇』(京都: 同朋社, 1994), 46쪽; 謝雁翔, 앞의 글, 69쪽.
4) 毛遠明 校注, 『漢魏六朝碑刻校注 第一册』(北京: 線裝書局, 2009), 118쪽.

2️⃣ 嗚呼 뒤로 생략된 글자에 대해 대부분의 연구자들은 한 글자로 보아 □를 사용하였으나, 『漢代石刻集成 圖板·釋文篇』은 '匚'를 사용하여 결락 글자가 한 글자 이상인 것으로 보았다.5) 탁본의 판독 상 한 글자 이상으로 보는 것이 힘들다고 여겨 이 견해를 취하지 않았다.

3️⃣ 『漢魏六朝碑刻校注』는 '元'을 옛날 '原'이라 하며 결락된 글자를 '鄕'으로 보았다.6) 문맥상 '고향'이라고 해석한 것이다. 이와는 달리『漢代石刻集成 圖板·釋文篇』은 '紬'로 보았다.7) 문맥상 'おこる[起(こ)る. 시작하다. 일어나다]'의 '紬'로 읽은 것으로 생각된다. 그러나 탁본 상으로는 확인이 불가능하다.

4️⃣ 대부분의 석문이 결락된 글자를 판독하지 못하였다. 오직『漢代石刻集成 圖板·釋文篇』만 '喪秦'으로 판독하였다.8) 이 경우 '진을 멸망시키는 데'로 해석된다.

5️⃣ 『漢代石刻集成 圖板·釋文篇』은 결락된 글자를 '獨'로,9) 『漢魏六朝碑刻校注』는 '禍'로 읽었다.10)

6️⃣ 결락된 두 글자를 『漢代石刻集成 圖板·釋文篇』은 '休□'로 보았고,11) 『漢魏六朝碑刻校注』는 '林苑'으로 보았다.12)

7️⃣ 결락된 한 글자를 『漢代石刻集成 圖板·釋文篇』은 '昌'으로 보았고13) 『漢魏六朝碑刻校注』는 '莫'으로 보았다.14) 여기서는 "~의 공에 비견된

---

5) 永田英正 編, 『漢代石刻集成 圖板·釋文篇』(京都: 同朋社, 1994), 70쪽.
6) 毛遠明 校注, 앞의 글, 118쪽.
7) 永田英正 編, 앞의 글, 70쪽.
8) 永田英正 編, 앞의 글, 70쪽.
9) 永田英正 編, 앞의 글, 70쪽.
10) 毛遠明 校注, 앞의 글, 118쪽.
11) 永田英正 編, 앞의 글, 70쪽.
12) 毛遠明 校注, 앞의 글, 118쪽.
13) 永田英正 編, 앞의 글, 70쪽.
14) 毛遠明 校注, 앞의 글, 118쪽.

다."로 해석하여 부정사로 본 후자의 견해를 따르지 않았다. 한편 『四川歷代碑刻』은 '比'를 '叱'로 보았다.[15]

8 『四川歷代碑刻』에서는 '惠'로 보았다.[16]

9 대부분의 연구가 '嚴重毅□'로 보았으나 『漢魏六朝碑刻校注』에서는 '嚴己毅仁'으로 추정하였다.[17] 이에 따르면 '己'와 '仁'이 서로 상대되고 '仁'은 '人'과 통하여 "자기에게는 엄격하고 남에게는 의연하였다."라는 의미가 되는데, 여기에서는 이 견해를 취하지 않았다.

10 여기부터 '爰示後世' 앞까지 결락된 글자들이 많다. 『四川歷代碑刻』은 이 부분을 판독하지 않았고, 『漢碑全集』과 『漢魏六朝碑刻校注』는 판독에 차이가 크다. 여기에서는 『漢代石刻集成 圖板·釋文篇』의 판독을 따른다. 이하 차이를 어느 정도 확인할 수 있는 것만을 적시한다.

11 『漢魏六朝碑刻校注』는 '進退應□'로 판독하였다.[18]

12 『漢魏六朝碑刻校注』는 '□□□福'으로 판독하였다.[19]

13 『漢魏六朝碑刻校注』는 '莫□□□'로 판독하였다.[20]

14 『漢魏六朝碑刻校注』는 '□□隆榮'으로 판독하였다.[21]

15 『漢魏六朝碑刻校注』는 '大協同歸'로 판독하였다.[22]

16 『漢魏六朝碑刻校注』는 '石立□顯'으로 판독하였다.[23]

17 『漢魏六朝碑刻校注』는 '主'를 판독하지 않았다.[24]

---

15) 高文·高成剛 編, 『四川歷代碑刻』(成都: 四川大, 1990), 13쪽.
16) 高文·高成剛 編, 앞의 글, 13쪽.
17) 毛遠明 校注, 앞의 글, 118쪽.
18) 毛遠明 校注, 앞의 글, 118쪽.
19) 毛遠明 校注, 앞의 글, 118쪽.
20) 毛遠明 校注, 앞의 글, 118쪽.
21) 毛遠明 校注, 앞의 글, 118쪽.
22) 毛遠明 校注, 앞의 글, 118쪽.
23) 毛遠明 校注, 앞의 글, 118쪽.
24) 毛遠明 校注, 앞의 글, 118쪽.

## 【譯文】

[後漢] 永初 2년(108) 7월 4일 丁巳,[1] 縣功曹[2]와 郡掾[3]을 역임했던 [4] … 孝淵이 卒하였다. 오호 … 孝의 선조는 처음에는 關東[5]에서 … 秦을 … 더해지니 功이 사방에 빛났도다. 漢이 豪傑을 이주시킴에,[6] … 梁[7]으로 이주하였다. 岷山의 남쪽[8]에 집을 짓고 안락하게 거주하며 家業을 이루었다.[9] … 을 기리고 찬미하니 … 와 공이 비견된다. 따라서 돌에 새겨 기념한다. …德이 행해진 바, 辭로써 말한다. "왕효연은 엄격하고 신중하며 의연하고 … 강개함을 품었다. … 청렴하고 검약하며 절제하고 검소하였으며, 나아가고 물러남이 명분에 걸맞았다. … 그를 … 라고 칭하였다. 진실함을 세우고 … 드러내어 … 璧參의 … 兩伯은 … 公의 무덤을 … 墓門을 만들었으니 … 아득하니[10] 밝게 세워졌다. … 하도록 하여 … 功이 … 슬픔을 받들어 … 더욱 … 생각한다. 서로 … 치우치니, 오직 장차 광대하여[11] 융숭하고 … 크리라. 힘을 합하여 돌을 세우고 碑를 세워 … 이에 후세에 보여줄지니 기뻐하며[12] 잊지 말라. 자자손손 오래도록 받들라." 永建 3년(128) 6월 10일 丁未,[13] 이 石碑를 만드니 만세토록 상서롭고 길하며,[14] 자손은 귀한 관직에 오르리라. 工人 張伯嚴이 주관하였다.[15]

## 【譯文註】

[1] 後漢 永初 2년(108) 7월 4일 丁巳[永初二年七月四日丁巳]: 墓主인 王孝淵이 사망한 卒年卒日이다. 그런데 『二十史朔閏表』에 따르면 永初 2년 7월 4일은 戊辰이고, 윤7월 4일은 戊戌로 그해 干支와 맞지 않는다. 영

초 2년 7월 丁巳日은 윤7월 23일에 해당한다. 永初는 後漢 安帝의 첫 번째 연호로 107~113년이다.

2 功曹[功曹]: 漢代 郡守 및 縣令 아래 설치되었던 관직명. 功曹史. 人事 주관자이나 인사 이외에도 郡政과 縣政에 참여하여 기록의 업무를 담당하였던 군수와 현령의 總務官이다. 지금까지의 연구에 따르면 지역 토착 豪族 중 유력한 자가 공조에 임명되어, 사실상의 掾史 임명권을 행사하였다.[25]

3 郡掾[郡掾]: 郡掾屬, 즉 郡守 휘하의 屬吏를 의미한다.『西漢會要』「職官三」에 따르면『漢書』에 등장하는 군의 掾屬으로는 다음이 있다. 別駕, 主簿, 書佐, 功曹, 議曹, 賊曹掾, 結曹掾, 賊捕掾, 五官掾, 門下掾, 門下督, 郡掾祭酒, 郡文學, 郡文學史, 郡文學卒史, 學經師, 宗師, 舍人, 史, 從史, 諸曹史, 右曹掾史, 太守卒史, 五經百石卒史, 直符史, 獄史, 獄小吏, 小史, 督郵, 督郵掾, 督郵書掾, 都吏, 少府, 守屬, 給事太守府, 司空. 그러나 후한 말 〈巴郡太守張納碑〉의 碑陰에 따르면 行丞事從掾位, 主記掾, 錄事掾, 上計掾, 文學主事掾, 從掾位, 尉曹掾, 金曹掾, 漕曹掾, 法曹掾, 集曹掾, 兵曹掾, 比曹掾, 待事掾, 文學主事掾, 奏曹史, 戶曹史, 戶令史, 獻曹史, 辭曹史, 賊曹史, 右賊曹史, 結曹史, 右金曹史, 左金曹史, 左倉曹史, 右漕曹史, 法曹史, 右集曹史, 右兵曹史, 比曹史, 中部督郵, 南部督郵, 監市掾, 中部案獄, 府後督盜賊 등이 보여 매우 방대한 조직 체계였음을 알 수 있다. 이에 대해『後漢書』「百官志」가 인용하는『漢官』에 따르면 河南尹의 員吏가 900인을 넘었다고 한다(漢官曰:「河南尹員吏九百二十七人, … 」).

4 郡掾을 역임했던[故郡掾]: 사료에서는 군연들을 '郡中士大夫'로 표현하였다(『後漢書』卷62,「陳寔傳」). 增淵龍夫에 따르면 이들은 대부분이

---

25) 增淵龍夫,「所謂東洋的專制主義と共同體」,『一橋論叢』47-3(1962), 278쪽; 東晉次,『後漢時代の政治と社會』(名古屋: 名古屋大, 1995), 264-265쪽.

지역의 大姓 혹은 豪族들이다.[26]

5 關東[關東]: 關東은 일반적으로 戰國 중기 이후 函谷關과 崤山 동쪽의 六國을 지칭하는 용어로 사용되었다. '關東'이란 표현이 등장하기 이전에는 '山東'이 동방 6국을 지칭하는 용어로 사용되었다.[27]

6 漢이 豪傑을 이주시킴에[漢徙豪傑]: 『史記』에 따르면 前漢 건국 후에 전국의 豪傑과 諸侯 등 彊族을 수도 부근으로 이주시켰다는 기록이 등장한다.[28] 좀 더 구체적인 기록은 「高祖本紀」에 등장하는데, 이에 따르면 고조 9년(前198)에 楚와 齊의 귀족들을 關中으로 이주시켰다.[29] 그러나 좀 더 상세한 사건의 전말을 전하는 「劉敬傳」의 기록에 따르면 그 대상자가 초와 제의 귀족들 뿐 아니라 六國의 후예와 귀족들을 모두 망라하고 있음을 알 수 있다.[30] 따라서 관동의 왕효연 집안이 徙民된 것도 고조 9년의 일이라고 생각된다. 다만 왕효연의 집안은 사료에 등장하는 '관중'이 아닌 '蜀'지역에 사민되어 차이를 보이고 있다.

7 梁[梁]: 『禹貢』에서 구획한 九州 중 梁州를 이르는 것으로 생각된다. 지금의 陝西, 四川 분지, 漢中 및 雲南·貴州의 일부분이 포함된다. 사천으로 이주하게 된 사정을 의미하는 것으로 보인다.

8 岷山의 남쪽[汶山之陽]: '汶山'은 지금의 四川省 郫縣 북쪽의 岷山을 말한다. 『史記』에는 이 문산으로 사민을 했던 선례가 등장한다.[31]

---

26) 增淵龍夫, 앞의 글, 276쪽.
27) 邢義田, 「試釋漢代的關東·關西與山東·山西」, 『食貨復刊』 13-1·2(1983); 許富文, 「漢代 中央과 地域의 相互關係 研究-특히 關中 및 山東과 西北地域을 중심으로」, 서강대 박사학위논문(1998)을 참조.
28) 『史記』 卷129, 「貨殖列傳」, "漢興, … 而徙豪傑諸侯彊族於京師."
29) 『史記』 卷8, 「高祖本紀」, "是歲, 徙貴族楚昭·屈·景·懷·齊田氏關中."
30) 『史記』 卷99, 「劉敬列傳」, "臣願陛下徙齊諸田, 楚昭·屈·景·燕·趙·韓·魏後, 及豪桀名家居關中."
31) 『史記』 卷129, 「貨殖列傳」, "秦破趙, 遷卓氏. 卓氏見虜略, 獨夫妻推輦, 行詣遷處. 諸

**9** 안락하게 거주하며 家業을 이루었다[處業]: 『漢書』「溝洫志」에는 '處業'에 대한 顔師古의 주석이 보인다(處業, 謂安處之使得其居業).

**10** 아득하니[俶恍]: '俶恍'은 '惝恍'·'惝怳'과 같다. 희미하고 어렴풋하다는 뜻이다.[32]

**11** 광대하여[盪盪]: 넓고 큰 모양, 광대한 모양이다.[33]

**12** 기뻐하며[台台]: '台台'는 '怡怡'와 같다. 기뻐하고 즐거워하는 모습이다.[34]

**13** 永建 3년(128) 6월 10일 丁未[永建三年六月始旬丁未]: 비석이 각석된 일자다. 그런데 후한 順帝 영건 3년 6월 丁未日은 9일로, 비석의 날자와 다르다.

**14** 상서롭게 길하며[羊吉]: '羊'은 통상 '祥'과 통한다. 일반적으로는 '吉祥'인데, 여기서는 도치되었다.

**15** 공인 장백엄이 주관하였다[工人張伯嚴主]: 장백엄은 이 비석을 만들었던 공인의 이름이다. 『漢代石刻集成 圖板·釋文篇』은 '主'를 '감독 책임자'로 해석하였는데, 그 견해를 따랐다.

## 【참고문헌】

[前漢]司馬遷 撰·[劉宋]裴駰 集解·[唐]司馬貞 索隱·[唐]張守節 正義, 『史記』, 北京: 中華書局, 1997.
[後漢]班固 撰·[唐]顔師古 注, 『漢書』, 北京: 中華書局, 1997.
[後漢]趙曄 撰, 『吳越春秋』, 北京: 中華書局, 1985.

---

遷虜少有餘財, 爭與吏, 求近處, 處葭萌. 唯卓氏曰: 「此地狹薄. 吾聞汶山之下, 沃野, 下有蹲鴟, 至死不飢. 民工於市, 易賈.」 乃求遠遷."

32) 『楚辭』, 「遠游」, "視儵忽而無見兮, 聽惝怳而無聞."

33) 『漢書』 卷25下, 「郊祀志下」, "及言世有僊人, 服食不終之藥, … 聽其言, 洋洋滿耳, 若將可遇; 求之, 盪盪如係風捕景,[顔師古注: 盪盪, 空曠之貌也.] 終不可得."

34) 『吳越春秋』, 「勾踐歸國外傳」, "葛不連蔓棻台台, 我君心苦命更之."

[劉宋]范曄 撰・[唐]李賢等 注, 『後漢書』, 北京: 中華書局, 1997.
[宋]徐天麟 撰, 『西漢會要』, 北京: 中華書局, 1955.

陳子展 撰, 『楚辭直解』, 上海: 復旦大, 1997.

高文・高成剛 編, 『四川歷代碑刻』, 成都: 四川大, 1990.
東晉次, 『後漢時代の政治と社會』, 名古屋: 名古屋大, 1995.
毛遠明 校注, 『漢魏六朝碑刻校注 第一冊』, 北京: 線裝書局, 2009.
謝雁翔, 「四川郫縣犀浦出土的東漢殘碑」, 『文物』 1974-4.
徐玉立 主編, 『漢碑全集』, 鄭州: 河南美術出版社, 2006.
永田英正 編, 『漢代石刻集成 圖板・釋文篇』, 京都: 同朋社, 1994.
永田英正 編, 『漢代石刻集成 本文篇』, 京都: 同朋社, 1994.
劉正成 主編, 『中國書法全集 7-秦漢石刻 卷1』, 北京: 榮寶齋, 1993.
張勛燎・劉磐石, 「四川郫縣東漢殘碑的性質和年代」, 『文物』 1980-4.
增淵龍夫, 「所謂東洋的專制主義と共同體」, 『一橋論叢』 47-3, 1962.
陳垣, 『二十史朔閏表』, 北京: 中華書局, 1992.
許富文, 「漢代 中央과 地域의 相互關係 研究-특히 關中 및 山東과 西北地域을 중심으로」, 서강대 박사학위논문, 1998.
刑義田, 「試釋漢代的關東・關西與山東・山西」, 『食貨復刊』 13-1・2, 1983.
洪承賢, 「漢代 墓記・墓碑・墓誌의 출현과 상호 관련성」, 『中國古中世史研究』 42, 2016.

# 墓碑

## 묘비

# 〈前漢河平三年(前26)麃孝禹刻石〉

〈전한 하평 3년(기원전26) 표효우 각석〉

홍승현

【解題】

①〈麃孝禹刻石〉,〈麃孝禹碑〉,〈河平石碣〉,〈麃孝禹闕〉,〈漢麃孝禹石闕〉 ②前漢 河平 3년(前26) 8월 1일 ③淸 同治 9년(1870) 山東省 費縣 平邑鎭(현재 평읍현)에서 宮本昻·劉恩瀛이 발견 ④山東省博物館 ⑤石 ⑥圓首形. 길이 133cm·너비 44.5cm(탁본 기준). 2행, 매 행 8자. 隸書 ⑦〈탁본〉京大 KAN0002X; 北圖 軸309 〈탁본 사진〉『書道全集 2』;『北京圖書館藏 中國歷代石刻拓本滙編 1冊』;『漢代石刻集成 圖版·釋文篇』;『漢魏六朝碑刻校注 第一册』;『中國歷代名碑釋要 上』⑧『八瓊室金石補正』;『十二硯齋金石過眼錄』;『息柯雜著』;『函靑閣金石記』;『校碑隨筆』;『集古求眞』⑨『八瓊室金石補正』;『(增訂)寰宇貞石圖』;『漢碑全集』;『中國書法全集 7-秦漢石刻 卷1』;『漢魏六朝碑刻校注 第一册』;『漢代石刻集成 圖板·釋文篇』;『山東漢畵像石選集』;『中國歷代名碑釋要 上』;『北京圖書館藏 中國歷代石刻拓本滙編 1冊』⑩後漢 시기 墓碑가 처음 등장했

> 다는 일반론에 맞서 楊寬에 의해 최초의 묘비로 거론되는 石刻이
> 다.❷ ⑪徐三玉,「西漢石刻文字初探」,『文物』1964-5.

【 解 題 註 】

❶ 『漢代石刻集成 圖版・釋文篇』, 8쪽의 기술이다. 『北京圖書館藏中國歷代石刻拓本滙編 1冊』, 14쪽에는 탁본 기준 길이 132㎝・너비 43㎝으로 되어 있다. 전자는 京都大 소장 탁본을 근거로 한 것이다.

❷ 窪添慶文은 정형화된 묘비의 구성 요소를 다음과 같이 규정하였다. ①碑額 ②諱 ③字 ④本籍 ⑤家系 ⑥品行 ⑦官歷을 중심으로 하는 履歷 ⑧卒日 ⑨享年 ⑩追贈 ⑪葬日 혹은 立碑日 ⑫銘辭.¹⁾ 이 규정에 따른다면 ❶刻日(葬禮日) ❷本籍 ❸(墓主)姓名만으로 구성된 이 석각은 묘비라고 보기 힘들 것이다.²⁾ 그러나 최초의 묘비가 무덤 앞에 세워져 단지 무덤이 누구의 것인지를 알려주는 墓表의 성격을 띠고 있었음을 염두에 두면³⁾ 標識의 성격을 갖고 있는 이 석각을 묘비로 보는 것에는 문제가 없을 것이다.

---

1) 窪添慶文,「墓誌の起源とその定型化」,『立正史學』105(2009), 2쪽.
2) 范邦瑾은 이 石刻에는 墓碑의 원형이라고 할 수 있는 豊碑의 흔적인 穿이 없으며 크기 역시 묘비보다 훨씬 작다고 하였고, 내용면에서도 墓主의 事迹에 대한 서술 및 頌辭가 없는 것을 들어 墓碑라 할 수 없다고 하였다. 그는 楊寬이 제시한 각석을 墓碣로 보았다. 그에 따르면 묘갈은 위가 작고 아래가 큰, 정상부는 원형이고 밑 부분은 평평한 석각이다. 范邦瑾,「東漢墓碑溯源」,『華夏考古』1991-4, 94쪽.
3) 墓碑의 기원과 역할에 관해서는 洪承賢,「墓碑의 출현과 後漢末 墓碑銘의 定型化」,『中國古中世史硏究』35(2015), 290-296쪽을 참조.

【釋文】

河平三年八月丁亥[1] 平邑□[2]里 麃孝[3]禹[4]

【釋文註】

[1] 『漢魏六朝碑刻校注』에서는 '亥'자 이후 글씨를 각석한 흔적이 있다고 보고 '卒'자와 유사하다고 하였다.[4]

[2] 판독이 분명하지 않은 이 글자에 대해『山東漢畵像石選集』은 '平邑□里'를 '平邑成里'로 읽었고,[5] 『校碑隨筆』과 『中國書法全集 7』, 『漢魏六朝碑刻校注』에서는 '平邑侯里'로 읽었다.[6]

[3] 孝: 楊寬은 이 각석을 〈麃季禹刻石〉이라고 하여, 대부분의 연구자들이 '孝'로 읽는 것과 달리 '季'로 보았다.[7]

[4] 禹: 『十二硯齋金石過眼錄』에서는 '象'으로 보았다.[8]

【譯文】

[前漢] 河平[1] 3년(前26) 8월 1일, 平邑□里[2] 麃孝禹.

---

4) 毛遠明 校注,『漢魏六朝碑刻校注 第一冊』(北京: 線裝書局, 2008), 10쪽.
5) 山東省博物館·山東省文物考古研究所 編,『山東漢畵像石選集』(濟南: 齊魯書社, 1982), 39쪽.
6) [民國]方若,『校碑隨筆』(『石刻史料新編 2輯 17冊』(臺北: 新文豊, 1979) 수록), 12431쪽; 劉正成 主編,『中國書法全集 7-秦漢石刻 卷1』(北京: 榮寶齋, 1993), 463쪽; 毛遠明 校注, 앞의 글, 10쪽.
7) 楊寬,『中國古代陵寢制度史硏究』(上海: 上海人民, 2003), 155-156쪽.
8) [淸]汪鋆,『十二硯齋金石過眼錄』(『石刻史料新編 1輯 10冊』(臺北: 新文豊, 1977) 수록), 7796쪽.

## 【譯文註】

■ 河平은 前漢 成帝의 두 번째 연호로 기원전 28~26년에 해당한다.
■ 平邑□里[平邑□里]: 전한 시기 東海郡에 속했으며 『漢書』 「王子侯表」에 따르면 魯孝王의 아들 敞이 平邑侯에 封해진 곳이다. 따라서 결락된 □는 '侯'일 가능성이 높다고 생각한다. 지금의 산동성 平邑縣에 比定된다.

## 【참고문헌】

[清]楊鐸, 『函青閣金石記』(『石刻史料新編 2輯 6冊』 수록), 臺北: 新文豊, 1979.
[清]楊翰, 『息柯雜著』(『秦漢石刻題跋輯錄』 수록), 上海: 上海古籍, 2009.
[清]汪鋆, 『十二硯齋金石過眼錄』(『石刻史料新編 1輯 10冊』 수록), 臺北: 新文豊, 1977.
[清]陸增祥, 『八瓊室金石補正』(『石刻史料新編 1輯 6冊』 수록), 臺北: 新文豊, 1977.
[民國]歐陽輔, 『集古求眞』(『石刻史料新編 1輯 11冊』 수록), 臺北: 新文豊, 1977.
[民國]方若, 『校碑隨筆』(『石刻史料新編 2輯 17冊』 수록), 臺北: 新文豊, 1979.

藤原楚水 編, 『(增訂)寰宇貞石圖』, 東京: 興文社, 1939.
毛遠明 校注, 『漢魏六朝碑刻校注 第一冊』, 北京: 線裝書局, 2008.
范邦瑾, 「東漢墓碑溯源」, 『華夏考古』 1991-4.
北京圖書館金石組 編, 『北京圖書館藏 中國歷代石刻拓本滙編 1冊』, 鄭州: 中州古籍, 1989; 1997.
山東省博物館・山東省文物考古硏究所 編, 『山東漢畵像石選集』, 濟南: 齊魯書社, 1982.
徐三玉, 「西漢石刻文字初探」, 『文物』 1964-5.
徐玉立 主編, 『漢碑全集』, 鄭州: 河南美術, 2006.
楊寬, 『中國古代陵寢制度史硏究』, 上海: 人民, 2003.
永田英正 編, 『漢代石刻集成 圖版・釋文篇』, 京都: 同朋舍, 1994.
劉正成 主編, 『中國書法全集 7-秦漢石刻 卷1』, 北京: 榮寶齋, 1993.
窪添慶文, 「墓誌の起源とその定型化」, 『立正史學』 105, 2009.
彭興林 編著, 『中國歷代名碑釋要 上』, 濟南: 山東美術, 2011.
洪承賢, 「墓碑의 출현과 後漢末 墓碑銘의 定型化」, 『中國古中世史硏究』 35, 2015.

# 〈後漢永初七年(113)張禹碑〉

〈후한 영초 7년(113) 장우 비〉

권민균

【 解 題 】

①〈漢故安鄕侯張公碑〉·〈張禹碑〉 ②後漢 安帝 永初 7年(113) 9월 乙卯日 ③偃師市 서남쪽 20km 高龍鎭의 한 西晉 墓 속[1] ④偃師商城博物館 ⑤靑石 ⑥길이 120㎝, 너비 72㎝. 정면에 隸書체로 16행이 새겨져 있고, 한 행당 25字임[2] ⑦「張禹碑與東漢皇陵」(『湖南科技學院學報』27-4) ⑧없음 ⑨「張禹碑與東漢皇陵」(『湖南科技學院學報』27-4) ⑩〈張禹碑〉는 현재까지 발견된 후한 墓碑 가운데 비주의 지위가 높은 묘비 가운데 하나다. 비문 내용이 『後漢書』「張禹列傳」 내용과 대체로 일치한다. 다만 이 묘비에는 『後漢書』에 기재되어 있지 않은 장우의 出生年과 享年을 알 수 있는 중요한 정보를 담고 있다. 즉 〈張禹碑〉에 장우의 享年이 76년으로 나와 있으므로 이를 통해 장우가 기원후 38년에 태어났다는 사실을 알 수 있다. 이 밖에도 장우의 官歷을 상세히 확인할 수 있는 내용도 보인다. 따라서 〈張禹碑〉와 「張禹列傳」의 내용을 종합하고, 『東觀漢記』 등 자료로 보완한다면 張禹의 年譜를 보다 상세히 구성할

수 있을 것이다 ⑪ 趙振華·王竹林(2006),「〈張禹碑〉與洛陽東漢皇陵」,『湖南科技學院學報』27 4期; 王竹林·朱亮,「東漢安鄕侯張禹墓碑硏究-兼談東漢南兆域陵墓的有關問題」,『西部考古第一輯紀念西北大學考古學專業成立五十周年專刊』, 西安: 三秦, 2006.

【 解 題 註 】

■ 1993년 偃師商城博物館이 中友電力公司의 발전소 기초 공사에 참여하여 공사에 앞서 기초 고고조사를 실시하던 중, 언사시 서남쪽 20km 지점에 위치한 高龍鎭에서 西晉시기 묘 1기를 발굴하였다. 이 묘에는 墓門이 설치되어 있었는데, 이 묘문을 조사한 결과 張禹碑로 밝혀졌다. (趙振華·王竹林,「〈張禹碑〉與洛陽東漢皇陵」,『湖南科技學院學報』4期 (2006))

② 표면이 매우 거칠고, 비 側面·背面에는 각석이 없다. 西晉시기 墓門으로 쓰이면서 비가 파손되어, 우측 윗부분 6자, 우측 아랫부분 1자, 좌측 윗부분에서 아래까지 51자를 확인할 수 없다. 현재 331자 확인 가능하다.

【 釋 文 】

[惟][永][初]■七年八月卄五日己丑公薨, 遺孤傷懷, 悲慕嘆息. 昔有□」□,②□❸率❹休德, 哀而不宣, 母以垂則. 乃割情心, 府述所哀. 追公建迹,」□❺自趙擧; 入侍紫宮, 出司二州. 敦德配哉, 嘉政四流; 述職行縣, 至」于海偶. 前人所艱, 靡不悉周; 幽隱得理, 帝命宣休. 至儉

不煩, 克忌」毋疇; 百姓歌迹, 東征西思. 明試以功, 乃宰卞邳; 推誠上省, 教民度」財. 斥逐貪叨, 爲民除灾; 興利萬頃, 衆有黍儲; 功猶姬棄, 東土賴之.」德音昭聞, 入遷農官; 典國淵海, 上下以安. 事如薙爾, 不迷其煩; 臨」朔交刺, 聖人所嘆. 而公處之, 糸矓不干; 四海會同, 商人說驢」國用」□❻盈, 戎狄允平. 命爲太尉, 掌司天官; 日月光澤, 星辰順行. 賢人顯□,❼野毋逸民; 五載之間, 邊竟方安. 延平之際, 榮拜太傅; 冢❽宰之任,」□□□□❾若涉淵水, 臨事而懼; 封爵安鄕, 忠誠是報. 居高思危, 滿」□□□; □□□□, 謝病退去. 七十有六, 构疾不豫. 聖朝閔悼, 兩宮」□□; □□□□, □□悉備. 薨亡之日, 二使親吊, 哀憧咨嗟; 贈選祕」□, □□□□. [永][初][七]❿載, 九月乙卯, 祀行東征, 度宅成陽, 左陵之濱.」□□□□, □□□□, □□成周, 永不忘君. 推公行迹, 與彼同勤. 孤」□□□, □□□□. □□□□, □□□□.

## 【釋文註】

■ [惟][永][初]: 이 세 글자는 비 파손으로 인해 석독이 불가능하다. 張禹는 永初 元年(107)년에 安鄕侯에 봉해지고 太尉에 제수되었다가, 永初 7年(113)에 사망하였다.[1] 그러므로 '七年' 앞에 반드시 '永初' 두 글자가 있어야 한다. 그리고 묘비 첫머리에 대체로 발어사로 '惟'를 쓰는데 이는 〈北海相景君碑〉등 여러 묘비에서 확인할 수 있다. 그러므로 확인할 수 없는 세 글자는 '惟永初'가 분명하다.

---

1) 『後漢書』卷44, 「張禹列傳」, "永初元年, 以定策功封安鄕侯, 食邑千二百戶…五年, 以陰陽不和策免. 七年, 卒于家."

❷ □□: 2글자를 확인할 수 없다. 다만 이 자리에 '聖賢' 또는 '賢人' 등 의미를 가진 단어가 쓰였을 가능성이 높다.

❸ □: 1글자를 확인할 수 없다. 다만 다음에 나오는 동사 '率'을 보조하는 보조동사의 역할을 하는 글자일 가능성이 높다.

❹ 率: 趙振華·王竹林은 '年'으로 석독하였다. 그러나 '年'으로 석독할 경우 의미가 분명하지 않다. '率'로 석독하는 것이 타당하다.

❺ □: 비석이 파손되어 1글자를 확인할 수 없다. 趙振華·王竹林은 이 글자를 '初' 혹은 '始'일 것으로 추측하였다. 이 의견에 동의하지만 일단 비워 둔다.

❻ □: 이 글자는 비각 파손으로 인해 보이지 않는다. 趙振華·王竹林은 문맥을 따져 '充'자일 것으로 추측하였다.

❼ □: 비각 파손으로 인해 알아 볼 수 없다. 문맥상 '位', '名', '揚', '達' 등이 들어갈 수 있겠으나 확정할 수 없다. 다만 다음 구절에 '은거하는 인재가 없게 되었다.'라는 내용이 보이므로, '位'가 들어가는 것이 가장 합당하다.

❽ 冢: 趙振華·王竹林은 '衆'으로 석독하였다. 글자의 형태와 문맥을 고려하여 '冢'으로 석독하였다.

❾ □□□□: 비각이 파손되어 글자를 확인할 수 없다. 다만 문맥상 지위가 매우 높고, 책임이 무거운 冢宰의 직임을 꾸며주는 내용이었을 가능성이 매우 높다.

❿ [永][初][七]: 이 부분은 비각이 파손되어 내용을 확인할 수 없다. 다만 다음 글자가 '載'이므로, 장우가 사망한 해에 관한 정보일 것이다. 따라서 '永初七' 세 글자를 보충하였다.

## 【譯文】

(정면)

영초 7년(113) 8월 25일 기축일에 공이 사망하였다.[1] 홀로 남은 아들[2]이 상심하여 구슬피 공을 그리며 탄식하네. 옛날 … 이[3] 아름다운 덕을 … 실천하였네.[4] 상심한 채 하나하나 자세히 기록해 두지 않아, 본보기를 전할 방법이 없었네.[5] 이에 그리운 마음 접어둔 채, 이 슬픈 마음 서술한다네.[6] 공이 세운 공적을 회고해 보면, … 에 공은 조에서 등용되었네.[7] 황궁에 들어가 황제를 모시고, 외직으로 나가 두 주를 다스렸네.[8] 넉넉한 은택이 하늘의 뜻에 맞아, 아름다운 정치가 사방으로 퍼졌네.[9] 직무를 수행하면서 현을 다니다 바닷가에 이르기도 하였네.[10] 前人이 어려워했던 일도 두루 자세히 살폈네.[11] 은거하던 인재가 이치를 펼치게 되자 황제께서 명을 내려 아름다운 정치를 현양하였네.[12] 지극히 검소하게 하면서도 백성을 번거롭게 부리지 않았고, 악행을 끊어낼 때는 차별을 두지 않았네.[13] 백성이 공적을 찬송하였고, 인근지역 백성도 자신들을 다스려주기 바랐네.[14] 황제께서 공의 공적을 공정히 검증하시어 공이 하비를 다스리게 되었네.[15] 상의 보살펴주심에 정성으로 화답하여 백성을 가르치고 재물을 관리하였네.[16] 탐욕스런 관리를 쫓아내어 백성의 재앙을 없애 주었네.[17] 버려진 넓은 땅에서 수확을 거두게 하여 백성의 창고를 넉넉히 해주었네.[18] 공적이 후직에 버금가 동토 백성이 공에게 의지하였네.[19] 훌륭한 명성이 황제 귀에 들어가 공이 대사농에 제수되었네.[20] 천하의 물산을 관장하자 상하가 합당하게 여겼네.[21] 직무를 수행하면서 핵심을 잘 파악하여, 까다로운 일도 판단을 잘하였네.[22] 임조·

삭방에서 잇달아 이민족 소요가 일어나자, 황제께서 탄식하셨네. [23] 공이 이 일을 처리하면서 직언하되 정사에 참견하지 않았네. [24] 천하가 화합하였고 상인도 기뻐하였네. [25] 나라 경비가 넉넉하였고, 이민족도 참으로 잠잠하였네. [26] 황제께서 태위에 임명하여 공이 천관(天官)을 관장하였네. [27] 해·달이 빛을 잃지 않고, 별자리가 질서를 잃지 않았네. [28] 능력있는 사람이 자리에 올라, 인재가 재야에 은거하지 않았네. [29] 공이 재직하고 5년 만에 변경이 안정되었네. [30] 연평 연간에 영예롭게도 태부에 제수되었네. [31] 총재의 직임 … [높고도 엄중했네]. [32] 깊은 못을 건너듯 조심하였고, 큰일에 임하여 두려워하듯 신중하였네. [33] 안향후에 봉해지자 오직 충성으로 보답하였네. [34] 높은 지위에 올라 위태로운 미래를 생각하였고 차고 넘치면 …. [35] …, 병을 핑계로 사직하고 자리에서 물러났네. [36] 76세에 질병으로 편안하지 못하였네. [37] 황제께서 위문하고, 양궁께서 … 하였네. [38] …, [예우를] 모두 갖추었네. [39] 돌아가시는 날, 황제께서 두 신하를 보내 직접 조문하였네. [40] 황제께서 애통해 하며 깊이 탄식하였네. 나라에서 … 를 보내어, … 하였네. [41] [영초 7년] 9월 을묘일에 사행이 동쪽으로 가서 성 남쪽에 못자리를 정했는데 황제릉 좌측이라네. [42] …, [남으로] … 가 보이고, … [북으로] 성주가 훤히 보이니 영원토록 임금을 잊지 않겠네. [43] 공의 행적을 회고하자니 이처럼 부지런하였네. 홀로 남은 [아들들] …, …. [44] ….

## 【譯文註】

1. 영초 7년(113) 8월 25일 기축일에 공이 사망하였다[[惟][永][初]七年, 八月卄五日己丑 公薨]: 『後漢書』「張禹列傳」에는 "七年, 卒于家."2)라고 기록되어 있어, 장우가 사망한 달과 날을 묘비를 통해서 보충할 수 있다.

2. 홀로 남은 아들[遺孤]: 장우의 아들에 대한 기록은 『後漢書』「張禹列傳」에서 살펴볼 수 있다. 기록에 따르면 첫째가 張盛이고, 둘째가 張曜이다.3) '孤'는 부친을 여읜 아들을 말한다.4)

3. 옛날 … 이[昔有□□]: 파손되어 석독이 불가능한 '□□' 두 글자는 분명히 특정 인물을 지칭하는 내용일 것이다. 다만 그 인물이 누구인지는 알 수 없다.

4. 아름다운 덕을 … 실천하였네[□率休德]: '…' 부분은 '率'을 꾸며주는 보조동사 '밝다[昭]', '아름답다 혹은 훌륭하다[茂]' 따위로 보충한다면 자연스럽다. 다만 파손된 부분이라서 글자를 확인할 수 없다. '休德'은 대체로 성인·현인 혹은 제왕의 덕을 지칭할 때 쓰는 말이다.5)

5. 상심한 채 하나하나 자세히 기록해 두지 않아, 본보기를 전할 방법이 없었네.[哀而不宣 毋以垂則]: '不宣'은 대체로 서신의 끝에 쓰는 관용어로서 '하나하나 자세히 설명할 수 없어서 이만 줄인다'는 의미이다. '垂'는 '후세에 전하다'라는 의미이다.6)

6. 이에 그리운 마음 접어둔 채, 이 슬픈 마음 서술한다네.[乃割情心, 府述

---

2) 『後漢書』 卷44, 「張禹列傳」.
3) 『後漢書』 卷44, 「張禹列傳」, "除小子曜爲郎中. 長子盛嗣."
4) 『孟子』, 「梁惠王下」, "老而無妻曰鰥, 老而無夫曰寡, 老而無子曰獨, 幼而無父曰孤, 此四者, 天下之窮民而無告者."
5) 『國語』, 「齊語」에 "有人居我官, 有功休德."라는 내용이 있다. 韋昭는 '休'를 '美'로 풀이하였다.
6) 『尙書』, 「微子之命」에 "功加於時, 德垂後裔."라는 내용이 보인다. 여기서 '垂'는 '전하다'의 의미로 쓰였다.

墓碑 묘비 59

所哀]: 슬퍼하기만 하고 덕을 서술하지 않으면 후손에게 훌륭한 공적을 전할 수 없으므로 일단 슬퍼하는 마음은 접어 두겠다는 말이다. '府述'의 '府'는 '俯(머리를 숙이다)'와 통하며 '謙辭'이다.

7 공이 세운 공적을 회고해 보면, 공은 조에서 등용되었네[追公建迹, □自趙擧]: 『後漢書』「張禹列傳」에 따르면 張禹의 조부 張況이 한단에서 郡吏, 元氏令, 涿郡太守, 常山關長을 지내다 전사하였고, 부친 張歆은 河內郡 汲縣 현령으로 사망하였다. 부친 사망 이후, 장우가 河內郡 汲縣에 머물렀는지, 趙國에 돌아왔는지 불분명하지만, 『後漢書』기록에 "부친이 돌아가시자 급현 관리가 전후로 수백만의 부의금을 보냈지만 받지 않았다. 그리고 전택을 백부에게 양도하고 백부에게 몸을 의탁했다.[父卒, 汲吏人賻送前後數百萬, 悉無所受. 又以田宅推與伯父, 身自寄止.]"라는 기록과 "조에서 등용되었다."라는 〈張禹碑〉의 기록을 종합해 볼때, 부친 사후, 장우는 고향 趙國에 돌아와 자신의 재산을 모두 백부에게 양도하고 백부를 모신 일로 明帝 영평 8년(65)에 효렴에 등용되었을 것이다.7) 『後漢書』「張禹列傳」에 기재된 장우의 출신 "趙國 襄國縣"은 조부 때로부터 이어오던 籍貫으로 보인다.

8 황궁에 들어가 황제를 모시고, 외직으로 나가 두 주를 다스렸네.[入侍紫宮, 出司二州]: '자궁(紫宮)'은 '제왕의 宮禁'을 말한다. 『後漢書』기록에는 장우가 조정에서 일한 기록이 보이지 않는다. 『東觀漢記』에 "명제는 장우가 法理에 통달하여 장석지의 풍모가 있다고 하여 등급을 뛰어넘어 정위에 제수하였다."8)라는 기사가 보이는데, '入侍紫宮'이란 장

---

7) 『後漢書』卷44, 「張禹列傳」, "張禹字伯達, 趙國襄國人也. 祖父況族姊爲皇祖考夫人, 數往來南頓, 見光武. 光武爲大司馬, 過邯鄲, 況爲郡吏, 謁見光武. 光武大喜, 曰: '乃今得我大舅乎!' 因與俱北, 到高邑, 以爲元氏令. 遷涿郡太守, 後爲常山關長. 會赤眉攻關城, 況戰歿. 父歆, 初以報仇逃亡, 後仕爲淮陽相, 終於汲令. 禹性篤厚節儉. 父卒, 汲吏人賻送前後數百萬, 悉無所受. 又以田宅推與伯父, 身自寄止. 永平八年, 擧孝廉, 稍遷; 建初中, 拜楊州刺史."

우가 정위가 된 일을 가리키는 말이다. '외직으로 나가 두 주를 다스렸다[出司二州]'라는 말은 장우가 건초 연간(76~83)과 원화 2년(85)에 각각 楊州刺史와 兗州刺史에 제수된 일을 가리킨다.9)

**9** 넉넉한 은택이 하늘의 뜻에 맞아, 아름다운 정치가 사방으로 퍼졌네.[敦德配哉, 嘉政四流]: '配'는 '配天'을 줄인 말이다. 즉, "넉넉한 덕으로 하늘과 짝한다."라는 말인데, 이 말은 유가경전에 자주 보이는 표현이다. 『書』「君奭」편에 "故殷禮陟配天, 多歷年所."라는 표현이 보이는데 蔡沈은 이 문장을 "옛날 은나라 선왕이 마침내 덕으로 하늘과 짝하여 나라를 오래토록 누렸다(故殷先王終以德配天, 而享國長久也)."라고 풀이하였다. 비문의 표현과 일치한다. '嘉政'은 '善政'과 같은 말이다.

**10** 직무를 수행하면서 현을 다니다 바닷가에 이르기도 하였네.[述職行縣, 至于海偶]: '述職'은 '제후가 천자를 朝覲하여 職守를 보고한다.'10)는 의미와 '공무를 수행하다.'11)라는 두 가지 의미가 있다. 이 비문에서는 '외직에서 공무를 수행하다.'라는 의미로 해석할 수 있다. '偶'는 '隅'와 통하는 글자이다. 『書』「君奭」에 "我咸成文王功於不怠, 丕冒海隅出日, 罔不率俾."라고 하였는데, 여기서 '海隅'는 천자의 은택과 가르침이 미치는 '태양이 떠오르는 땅의 끝(德教大覆冒海隅日所出之地)'을 말한다.

**11** 前人이 어려워했던 일도 두루 자세히 살폈네.[前人所艱, 靡不悉周]:

---

8) 『東觀漢記』傳11, 「張禹」, "張禹, 字伯達, 作九府吏, 爲廷尉府北曹吏, 斷獄處事執平, 爲京師所稱. 明帝以其明達法理, 有張釋之風, 超遷非次, 拜廷尉."
9) 『後漢書』卷44, 「張禹列傳」, "永平八年, 舉孝廉, 稍遷. 建初中, 拜楊州刺史.", "元和二年, 轉兗州刺史, 亦有清平稱."
10) 『孟子』, 「梁惠王下」, "天子適諸侯曰巡狩, 諸侯朝於天子曰述職. 述職者, 述所職也." 『맹자』의 용례에 따르면 천자가 제후에게 가는 것을 '巡狩'라고 하며, 제후가 천자에게 가는 것을 '述職'이라고 한다.
11) 『淮南子』, 「主術訓」, "是以中立而遍, 運照海內, 群臣公正, 莫敢爲邪, 百官述職, 務致其公跡也."

'前人'은 앞서 이 직무를 맡았던 선임자를 말한다.

**12** 은거하던 인재가 이치를 펼치게 되자 황제께서 명을 내려 아름다운 정치를 현양하였네.[幽隱得理, 帝命宣休]: 『尙書』 「堯典」에 "현명한 자를 밝히며, 재야에 숨은 인재를 천거하라(日明明, 揚側陋)."12)라고 하였는데, '幽隱'은 '側陋'와 같은 말로, 은거하는 인재를 말한다. '은거하던 인재가 이치를 펼치게 하다'라는 말은 『상서』의 앞 구절과 의미가 통한다. 『後漢書』 「郎顗傳」에 "개원하고서 은둔한 인재를 구하고, 方正한 인재를 등용하고, 재능있는 자를 부르고, 특별한 계책을 가진 인재를 널리 채용하며 충언·직간의 길을 열었다(改元更始, 招求幽隱, 擧方正, 徵有道, 博采異謀, 開不諱之路)."13)라는 용례가 보인다. '이치를 펼친다'라는 말은 '능력을 발휘한다'라는 말이다. '休'는 '休功', '休業', '休名'의 줄임말로 황제가 공의 '아름다운 명성' 혹은 '아름다운 정치'를 宣揚했다는 말이다.

**13** 지극히 검소하게 하면서도 백성을 번거롭게 부리지 않았고, 악행을 끊어낼 때는 차별을 두지 않았네.[至儉不煩, 克忌毋疇]: 『禮記』 「經解」에 "검소하고 공경하면서도 백성을 번거롭게 하지 않는 것은 『禮』보다 더 철저히 지켰다(恭儉莊敬而不煩, 則深於『禮』者也)."14)라는 내용이 보인다. '克忌'의 '克'은 '剋'와 통하며 '끊어내다'의 의미로 풀었다. '忌'는 '憎惡' 즉 '미워하는 일'을 말한다. '疇'는 '類'와 통한다. '毋疇'는 차별을 두지 않았다는 의미이다.

---

12) 『尙書』, 「堯典」, "帝曰, '咨! 四岳. 朕在位七十載, 汝能庸命, 巽朕位?' 岳曰, '否德忝帝位.' 曰, '明明揚側陋.'"
13) 『後漢書』 卷30下, 「郎顗列傳」, "臣以爲戌仲已竟, 來年入季, 文帝改法, 除肉刑之罪, 至今適三百載. 宜因斯際, 大蠲法令, 官名稱號, 輿服器械, 事有所更, 變大爲小, 去奢就儉, 機衡之政, 除煩爲簡. 改元更始, 招求幽隱, 舉方正, 徵有道, 博採異謀, 開不諱之路."
14) 『禮記』, 「經解」, "其爲人也, 溫柔敦厚而不愚, 則深於≪詩≫者也. 疏通知遠而不誣, 則深於≪書≫者也. 廣博易良而不奢, 則深於≪樂≫者也. 潔靜精微而不賊, 則深於≪易≫者也. 恭儉莊敬而不煩, 則深於≪禮≫者也. 屬辭比事而不亂, 則深於≪春秋≫者也."

**14** 백성이 공적을 찬송하며 인근지역 백성도 자신들을 다스려주기 바랐네.[百姓歌迹, 東征西思]: '迹'은 '跡'과 통하며 '業績' 또는 '事蹟'의 의미로 쓰였다.15) 『尙書』「太甲 中」에 "이윤이 머리를 조아리며 말하기를 '스스로를 갈고 닦아 은택이 진실로 백성에게 도움이 된다면 밝은 군주입니다. 선왕께서 곤궁한 백성을 자식처럼 아끼자 백성이 그 명에 감복하여 모두 기뻐하였습니다. 그리고 땅을 가진 이웃이 「우리 임금을 기다리니, 임금께서 오시면 우리를 처벌하지 않으리라.」라며 기대합니다. 왕께서는 당신의 덕에 힘쓰고, 당신의 선조를 살피는데 게을리 하지 않기를 바랍니다(伊尹拜手稽首曰, '修厥身, 允德協于下, 惟明后. 先王子惠困窮, 民服厥命, 罔有不悅. 並其有邦厥鄰, 乃曰, 「徯我后, 后來無罰.」王懋乃德, 視乃厥祖, 無時豫怠).'라고 하였고,『孟子』「滕文公下」에, "[탕이 정벌을 갈로부터 시작하여, 열 한번 공격하니 천하에 대적할 자가 없었다. 동쪽을 향해 공격하니 서이가 원망하고, 남쪽을 향해 공격하니 북적이 원망하면서 '어찌 우리는 나중 공격하시는가'라고 하며, 백성이 큰 가뭄에 비를 기다리는 것과 같았다. 장사하러 가는 자들이 그치지 않았고, 밭 매는 자들도 그대로 밭을 매었다. 그 임금을 처벌하고 백성을 위로하는 것이, 때 맞춰 비 내리는 것과 같아 백성이 크게 기뻐하였다. 尙書에 '우리 임금을 기다린다. 임금이 오시면 우리를 처벌하지 않으리라.'라고 하였다(湯始征自葛載, 十一征而無敵於天下, 東面而征, 西夷怨, 南面而征, 北狄怨, 曰: '奚爲後我.' 民之望之, 若大旱之望雨也. 歸市者弗止, 芸者不變, 誅其君弔其民, 如時雨降, 民大悅. 書曰: '徯我后, 后來, 其無罰')."하였는데, 비문의 '東征西思'는 『尙書』와 『孟子』의 이 문구와 의미가 통한다.

**15** 황제께서 공의 공적을 공정히 검증하시어 공이 하비를 다스리게 되었

---

15) 『尙書』,「武成」, "至於大王, 肇基王跡."

네.[明試以功, 乃宰下邳]:『尙書』「舜典」에 "오년에 한 번 巡守하였고, 여러 제후는 4년마다 조회하러 오게 하였다. 널리 상주하게 하고, 공적으로 공정하게 시험하여 수레와 옷을 내렸다(五載一巡守, 群后四朝. 敷奏以言, 明試以功, 車服以庸)."라는 내용이 보인다. 비문의 '明試以功'은 『尙書』의 이 문구에서 인용하였다. 『후한서』 기록에 따르면, 張禹는 元和 3年(86)에 兗州刺史에서 下邳 相으로 옮겼다.16) 후한시기 王國에는 2千石 관리인 傅 1인과 相 1인을 두었는데, 『後漢書』 本注에 따르면, 傅는 國王을 善으로 이끄는 일을 관장하였는데, 국왕은 傅에 대해 스승의 예로 대하였으며 신하처럼 부리지도 않았다. 그리고 相은 郡의 太守처럼 실질적 집정을 담당했다.17) 『후한서』 「郡國志」에 따르면 下邳는 前漢 武帝때 臨淮郡으로 설치되었다가, 後漢 明帝 永平 15年(72)에 下邳國으로 고쳤다고 한다.

**16** 상의 보살펴주심에 정성으로 화답하여 백성을 가르치고 재물을 관리하였네.[推誠上省, 教民度財]: '推誠'은 정성을 다한다는 말이다. '上省'의 '上'은 당시의 皇帝 즉 章帝를 가리킨다. 이 단락 '백성을 가르치고 재물을 관리하였다.'라는 말은 장우가 下邳 相에 부임하여 한 일을 말한다.

**17** 탐욕스런 관리를 쫓아내어 백성의 재앙을 없애 주었네.[斥逐貪叨, 爲民除灾]: 관리 戴閏을 처벌한 일을 말한다. 이 일에 대해서는 『후한서』「장우열전」에, "공조사 戴閏은 太尉의 掾吏를 지낸 자인데 군 내에서 권력을 앞세워 준동하였다. 그가 작은 죄를 짓자, 장우는 그에게 스스로 서현 옥에 출두하게 한 다음 법에 따라 처벌하였다. 이때부터 장리 이하가 모두 숙연히 업무를 임했다."18)라고 기록되어 있고, 『東觀漢記』

---

16) 『後漢書』卷44, 「張禹列傳」, "元和二年, 轉兗州刺史, 亦有淸平稱. 三年, 遷下邳相."
17) 『後漢書』志第28, 「百官5」, "皇子封王, 其郡爲國, 每置傅一人, 相一人, 皆二千石. 本注曰: '傅主導王以善, 禮如師, 不臣也. 相如太守. 有長史, 如郡丞.'"

에도 이 일이 기록되어 있다.[19]

**18** 버려진 넓은 땅에서 수확을 거두게 하여 백성의 창고를 넉넉히 해주었네.[興利萬頃, 衆有黍儲]: 『後漢書』 「張禹列傳」에, "徐縣 북쪽 경계 포양둑 주변에 비옥한 토지가 많았으나 황폐하여 일굴 수 없었다. 장우가 토지를 개간하기 위해 水門을 열고 물을 끌어대어 마침내 경작 가능한 토지 수 백경을 마련했다. 관리와 백성을 통솔하여 이 토지를 빌려두어 경작하게 하고 장우 자신도 열심히 노력하여 곡식을 매우 많이 수확하였다. 이웃 군 가난한 백성 약 1천여 호가 귀부하여 가옥이 줄지어 섰고 그 곁에는 시장이 섰다. 이후에도 약 1천여 경 개간하여 백성이 풍족해 졌다."[20]라고 하였는데, 이 일을 말한다.

**19** 공적이 후직에 버금가 동토 백성이 공에게 의지하였네.[功猶姬棄, 東土賴之]: '姬棄'는 周의 시조 后稷의 성명이다. 전설에 따르면, 후직의 어머니 姜嫄이 巨人의 발자국을 밟고 나서 임신하여 낳았다. 상서롭지 못하다 하여 거리에 버려졌는데 소나 말이 밟지 않고 피해 다녔고, 다시 얼음 위에 버려졌는데 새들이 와서 깃털로 보호하였다 한다. 버렸다가 다시 거두어 왔으므로 이름을 '棄'라 하였다. 자란 뒤 堯 임금이 그에게 농사를 관장하는 后稷에 제수하고 邰 땅에 봉했다고 한다.

**20** 훌륭한 명성이 황제 귀에 들어가 공이 대사농에 제수되었네.[德音昭聞, 入遷農官]: '德音'이란 '좋은 명성'을 의미한다.[21] '農官'이란 고대에 농사를 관장한 관직으로 여기서는 공이 大司農에 올랐음을 의미한다.

---

18) 『後漢書』 卷44, 「張禹列傳」, "功曹史戴閏, 故太尉掾也, 權動郡內. 有小譴, 禹令自致徐獄, 然後正其法. 自長史以下, 莫不震肅."
19) 『東觀漢記』 傳11, 「張禹」, "閏當從行縣, 從書佐假車馬什物. 禹聞之, 令直符責問, 閏具以實對. 禹以宰士惶恐首實, 令自致徐獄."
20) 『後漢書』 卷44, 「張禹列傳」, "徐縣北界有蒲陽坡, 傍多良田, 而堙廢莫修. 禹爲開水門, 通引灌漑, 遂成孰田數百頃. 勸率吏民, 假與種糧, 親自勉勞, 遂大收穀實. 鄰郡貧者歸之千餘戶, 室廬相屬, 其下成市, 後歲至墾千餘頃, 民用溫給."
21) 『詩』, 「豳風·狼跋」, "公孫碩膚, 德音不瑕."

장우는 和帝 永元 6年(94)에 大司農에 제수되었다가 나중에 太尉에 제수되었다.²²⁾ 大司農은 卿1人으로 中2千石이다. 속관으로 丞1人, 副丞1人이 있는데 각각 比1千石과 6百石이다.²³⁾ 『通典』에 "舜이 제위를 섭정할 때 棄에게 后稷의 일을 담당하게 하였다. 周에서는 太府 下大夫가 되었다. 秦에서는 理粟內史로서 곡물과 재화를 관장하였다. 漢 景帝는 大農令으로 고쳤고, 武帝 太初연간 초에 大司農으로 고쳤다. 황제 식사에 제공하는 곡식과 가축을 관장하였으며, 군국의 諸倉, 農監, 都水 65官이 소속되었다. 후한 시기 대사농은 동전, 곡식, 황금, 비단을 관장하였다. 군국이 각 계절의 上月 초하루에 錢穀簿를 대사농에게 보고하는데, 체납되거나 다 거두지 못한 것을 각각 갖추어서 구별하였다. 변경지역 郡의 여러 官 중에서 調度를 청하는 자가 있으면 모두 응답하여 대어주고 손실이 많고 수익이 적으면 여분을 서로 취하여 채워준다. 전한시기에 국군의 염관·철관이 모두 司農 소속이었는데, 후한 시기가 되면 모두 군현에 소속시켰다. 建安 연간에 大農으로 고쳤다."²⁴⁾라고 하였다.

**21** 천하의 물산을 관장하자 상하가 합당하게 여겼다.[典國淵海, 上下以安]: '淵海'는 천하의 물산이 나는 곳을 비유한 것이다. 『後漢書』「百官志」에 "후한시기 대사농은 동전, 곡식, 황금, 비단 등을 관장한다."라고 하였는데, '淵海'란 동전, 곡식, 황금, 비단 등 모든 물산을 가리킨다.

**22** 직무를 수행하면서 핵심을 잘 파악하여, 까다로운 일도 판단을 잘 하

---

22) 『後漢書』卷44,「張禹列傳」, "永元六年, 入爲大司農, 拜太尉, 和帝甚禮之."
23) 『後漢書』志第26,「百官3」, "大司農, 卿一人, 中二千石."
24) 『通典』,「職官8」, "舜攝帝位, 命棄爲后稷. 周則爲太府下大夫. 秦爲理粟內史, 掌穀貨. 漢景帝更名大農令, 武帝太初初, 更名大司農. 掌九穀六畜之供膳羞者, 凡郡國諸倉·農監·都水六十五官皆屬焉. 後漢大司農掌諸錢穀金帛, 郡國四時上月旦見錢穀簿, 其逋未畢, 各具別之. 邊郡諸官請調度者, 皆爲給報, 損多益寡, 取相給足. 初, 郡國鹽官·鐵官並屬司農, 中興皆屬郡縣. 建安中爲大農."

였네.[事如薙爾, 不迷其煩]: '薙'은 '풀이 뭉쳐서 나는 모양'을 가리킨다. 바로 다음에 '不迷其煩'이라는 표현이 나온 것처럼, 어려운 일을 복잡하게 처리하지 않고, 핵심을 잘 잡아서 혼란에 빠지지 않게 했다는 말을 '뭉쳐나는 풀(薙)'을 빗대어 이야기했다.

**2.3** 임조·삭방에서 잇달아 이민족 소요가 일어나자, 황제께서 탄식하셨네.[臨朔交刺, 聖人所嘆]: '臨朔'은 '臨洮와 朔方'을 가리킨다. 和帝 永元 9年(97) 윤8월에 羌族 미당이 8,000명을 이끌고 隴西로 들어와, 내지의 강족과 군대를 합쳐 보병·기병 3만을 마련하여 漢 군대를 물리치고 大夏 현장을 죽인 일이 있었다.25) 이 때 漢도 군대 3만을 보내 토벌하게 하였는데, 이 전투가 臨洮 남쪽 高山에서 있었다. 이에 앞서 和帝 永元 6년(94) 가을 7월에, 내지에 거주하던 匈奴 20만이 반란을 일으켜 관리와 백성을 죽이고 약탈하였고, 삭방을 거쳐 막북으로 건너가려고 한 사건이 있었다.26) '交刺'은 잇달아 이민족의 병난이 일어났다는 사실을 가리킨다. '聖人'은 황제에 대한 尊稱이다.27) 이민족의 반란이 잇달아 일어나자 황제가 탄식했다는 의미이다.

**2.4** 공이 이 일을 처리하면서 직언하되 정사에 참견하지 않았네.[而公處之, 糸矓不干]: '糸'는 語氣辭이다. 趙振華·王竹林은 『龍龕手鑒』에 근거하여 '矓'을 '直'으로 풀었다.28) 『後漢紀』에 "태위를 지낸 이고·두교가 직언으로 정사에 참견하여[直言干政] 마침내 해를 입자 모든 사람이 상심하였다."29)라는 기록이 보인다. '糸矓不干'이란 '직언하되 황제의

---

25) 『資治通鑑』, 「漢紀四十」, 孝和帝 永元9年條.
26) 『資治通鑑』, 「漢紀四十」, 孝和帝 永元6年條.
27) 『禮記』, 「大傳」, "聖人南面而治天下, 必自人道始矣."; 『韓非子』 「外儲說右下」, "是以聖人不親細民, 明主不躬小事." 『禮記』와 『韓非子』 둘 다 '聖人'을 '君主'의 의미로 썼다.
28) 趙振華·王竹林, 「〈張禹碑〉與洛陽東漢皇陵」, 『湖南科技學院學報』 27 4期(2006).
29) 『後漢紀』, 「桓帝紀」, "故太尉李固·杜喬以直言干政, 遂見殘滅, 賢愚傷心."

정사에 지나치게 참견하지 않았다(直言而不干政).'라는 의미일 것이다. 앞서 언급한 '이민족의 반란'에 張禹가 의견을 개진한 사실은 史書에서 찾아볼 수 없다.

**25** 천하가 화합하였고 상인도 기뻐하였네.[四海會同, 商人說驩]: '四海'란 '天下'와 같은 말이다.30) 商人은 다투기를 잘 하는데, 이러한 상인도 기뻐할 만큼 직무를 잘 수행했다는 말이다.

**26** 나라 경비가 넉넉하였고, 이민족도 참으로 잠잠하였네.[國用□盈, 戎狄允平]: '國用'은 국가가 비축한 경비를 말한다. 『禮記』「王制」에 "총재가 국가 예산을 마련할 때에는, 반드시 연말에 오곡이 모두 들어온 다음에 국가예산을 제정한다(冢宰制國用, 必於歲之杪. 五穀皆入, 然後制國用)."라는 내용이 보인다. '戎狄'은 서융인 강족과 북적인 흉노를 가리킨다. '允'은 부사로서 '信' 혹은 '實'의 의미와 같다. 다만, 『後漢書』本傳에 "장우는 永元 6年 大司農이 되었고, 太尉에 제수되었다. 和帝가 매우 예우했다."31)라는 기록만 있어서, 장우가 大司農에 근무했던 6년간 행적에 대해서는 분명히 나오지 않는다.

**27** 황제께서 태위에 임명하여 공이 天官을 관장하였네.[命爲太尉, 掌司天官]: 「和帝紀」에 따르면 張禹는 永元 12年(100) 9월 丙寅일에 大司農에서 太尉로 승진하였다.32) 『唐六典』 太尉條에 '太尉'의 관직 유래에 대해 잘 설명하고 있다.33) 『한서』 「백관표」에, "태위는 秦官이다"라고 하였는데,34) 응소는 "위에서 아래를 안정시키는 것을 '尉'라 한다"라고 설명하였다.35) 漢 初에 태위를 설치하기도 하고 없애기도 했는

---

30) 『尙書』, 「大禹謨」, "文命敷於四海, 祗承于帝." 여기서 '四海'는 '天下'의 의미로 쓰였다.
31) 각주 23) 참고.
32) 『後漢書』 卷4, 「和帝本紀」, "九月戊午, 太尉張酺免. 丙寅, 大司農張禹爲太尉."
33) 김택민 주편, 『역주 당육전(上)』(서울: 신서원, 2003), 99-101쪽.
34) 『漢書』 卷19上, 「百官公卿表上」.
35) 위 『漢書』 권19上, 「百官公卿表上」, "太尉·秦官"란 말에 대한 顔師古 注에서 "自

데, 노관36)·주발37)·관영38)·주아부39)·전분40)이 모두 태위가 된 적이 있다. 무제 원수 4년(前119)에 大司馬를 두어,41) 태위의 직에 해당하게 하였다. 후한 광무제 건무 27년(51)에 대사마를 없애고, 다시 태위를 설치하여 태복이던 조희를 이로 삼으니, 태위가 司徒·司空과 함께 三公이 되었다.42) 영제 말에 유우가 대사마가 되었지만43) 태위는 예전과 같이 존속해서, 이 두 직이 처음으로 함께 두어졌다. 한의 제도에서는 삼공의 府가 9경을 나누어 관할하였는데, 태위는 태상·위위·광록 3경을 관할하였다.44) 삼공은 다 관속을 두었고, 봉록은 매달 350斛이었다. 헌제 건안 13년(208)에 삼공의 관을 없애고, 승상을 두었다.45) 太尉는, 천하 兵事의 功課를 관장하며, 연말에 考課(殿最)를 상주하여 상벌을 시행하였다. 그리고 郊祀에 亞獻으로 참여하고, 大喪때에는 南郊에서 諡號를 고하는 일을 담당하였다. 나라에 大造 혹은 大疑가 있으면 司徒·司空과 함께 의논하였다. 나라에 지나친 일이 있으면 두 公과 함께 간쟁하였다.46) '天官'이란 '天官冢宰'를 가리킨다.『周禮』'天官冢宰'條에 "왕이 나라를 세울 때에 방위를 따져서 자리를 정하고, 都城을 건설하고 논밭을 구획 정리하며, 관직을 설치하여 직무를

---

上安下曰尉, 武官悉以爲稱"이란 應劭의 말을 전한다.
36)『漢書』卷34,「盧綰傳」참조.
37)『漢書』卷40,「周勃傳」참조.
38)『漢書』卷41,「灌嬰傳」참조.
39)『漢書』卷40,「周亞夫傳」참조.
40)『漢書』卷52,「田蚡傳」참조.
41)『漢書』卷19上,「百官公卿表上」, 太尉條 참조.
42)『通典』卷19,「職官1」, 三公條;『晉書』권24,「職官」, 太尉·司徒·司空條 참조.
43)『後漢書』卷73,「劉虞列傳」.
44)『後漢書』志25,「百官2」, 右屬衛尉條 주석 참고.
45)『後漢書』卷9,「獻帝紀」, 丞相條 참고. 이후 곧 바로 丞相이 된 자가 바로 曹操이다.
46)『後漢書』志第24,「百官1」, "太尉, 公一人. 本注曰, '掌四方兵事功課, 歲盡即奏其殿最而行賞罰. 凡郊祀之事, 掌亞獻. 大喪則告諡南郊. 凡國有大造大疑, 則與司徒·司空通而論之. 國有過事, 則與二公通諫爭之.'"

나누어 백성의 표준으로 삼는다. 이에 천관총재를 세우고, 천관총재가 그 속관을 거느리고 나라의 다스림을 관장하게 하여, 왕이 나라를 다스리는 것을 보좌하게 했다."⁴⁷⁾라고 하였다. 天官은 百官의 우두머리이다.

**28** 해·달이 빛을 잃지 않고, 별자리가 질서를 잃지 않았네.[日月光澤, 星辰順行]: 『尙書』「周官」에, "太師·太傅·太保를 세웠는데, 바로 '三公'이다. 道를 논하고 나라를 다스리며 음양을 조화롭게 다스린다. 삼공의 관은 모두 갖출 필요 없이 해당하는 인물이 있을 경우에 둔다. … 총재는 나라의 다스림을 관장하고 백관을 총괄하여 천하를 다스린다."⁴⁸⁾라고 하였다. 이른바 '論道官'으로서 張禹가 직무를 잘 수행했음을 말해 두는 구절이다.

**29** 능력있는 사람이 자리에 올라, 인재가 재야에 은거하지 않았네.[賢人顯□, 野毋逸民]: 『尙書』「虞書·大禹謨」에 훌륭한 정치의 지표로서 '野無遺賢'이라는 표현이 보인다.⁴⁹⁾ 이 말은 '뛰어난 사람이 모두 등용되어 민간에 남은 인재가 없다'는 의미이다. 비문의 내용은 『尙書』의 이 문구와 일치한다. '逸民'은 '遺賢', 즉 '은거하는 인재'를 말한다.⁵⁰⁾

---

47) 『周禮』,「天官冢宰」, "惟王建國, 辨方正位, 體國經野, 設官分職, 以爲民極. 乃立天官冢宰, 使帥其屬而掌邦治, 以佐王均邦國."
48) 『尙書』,「周書·周官」, "立太師·太傅·太保, 玆惟三公. 論道經邦, 燮理陰陽. 官不必備, 惟其人. 少師·少傅·少保, 曰三孤. 貳公弘化, 寅亮天地, 弼予一人. 冢宰掌邦治, 統百官, 均四海."
49) 『尙書』,「虞書·大禹謨」, "曰若稽古大禹, 曰文命, 敷於四海, 祗承于帝. 曰, '后克艱厥后, 臣克艱厥臣, 政乃乂, 黎民敏德.' 帝曰, '俞! 允若玆, 嘉言罔攸伏, 野無遺賢, 萬邦咸寧. 稽于衆, 舍己從人, 不虐無告, 不廢困窮, 惟帝時克.' 益曰, '都, 帝德廣運, 乃聖乃神, 乃武乃文. 皇天眷命, 奄有四海爲天下君.'"
50) 『論語』,「微子」에 "逸民으로 伯夷·叔齊·虞仲·夷逸·朱張·柳下惠·少連이 있다." 라고 하였는데, 이에 대하 何晏은 "逸民이라는 것은 절조 높은 행동으로 범속과 다른 사람[節行超逸也]"이라고 해설하였다. 그리고 『漢書』「律曆志」에 "周衰官失, 孔子陳後王之法, 曰, '謹權量, 審法度, 修廢官, 擧逸民, 四方之政行矣.'"라는 내용이 보이는데, 顔師古는 '逸民'에 대해서 "덕이 있으나 은거하는 사람[有德而隱處者]"이라고 해

**30** 공이 재직하고 5년 만에 변경이 안정되었네.[五載之間, 邊竟方安]: 永元 12年(100)에 태위에 제수되어 延平元年(106)에 太傅로 옮겼으므로 張禹가 太尉에 재직한 기간은 6년이다. 後漢시기 太尉는 삼공 가운데 首位에 위치했다. 후한 195년 사이에 太尉가 76차례(66名) 바뀌는데, 그 임기는 대체로 짧다. 대체로 2년에서 1년 재직하는 것이 보통이고, 6개월, 2~3개월, 심지어 1개월조차 재직하지 못하는 자도 있었다. 이에 비해 張禹는 太尉직에 매우 오래 재직했던 셈이다. 光武帝·明帝 때 趙熹가 두 차례에 걸쳐 19년, 和帝 때 宋由가 7년, 張酺가 8년, 安帝 때 馬英이 7년 재직했을 뿐이다.[51] 後漢 후기로 갈수록 임기가 더욱 짧아지는데, 이는 災害로 三公을 策免하는 일이 전반기에 비해서 더욱 심해졌기 때문이다. 『後漢書』·『東觀漢記』에는 張禹가 太尉로서 北宮에서 留守하던 일을 기록하고 있다. 和帝 永元 15年(103), 和帝가 園廟에 제사지내기 위해 남쪽으로 순행 나가자 장우가 太尉 兼衛尉로서 留守하였다.[52] 『東觀漢記』에, "화제가 園廟에 제사지내기 위해 남쪽으로 순행나가자 張禹가 太尉로서 北宮에서 留守하였다. 太官이 조석으로 음식을 보냈다. 의장용 창이나 의례용 제기를 하사하고, 아들 盛을 郎에 제수하였다."[53]라고 하여 보다 자세히 적고 있다. 장우는 북궁에서 유수하며, 황제가 江陵에 幸行할 것이란 소식을 듣고, 위험을 무릅쓰고 험하고 먼 곳까지 가서는 안 된다고 생각하여 驛馬로 간언서를 올렸다. 이 간언서에 대해서 和帝가 화답하였는데, 朝報에 "원묘 제사를 마치고 남쪽으로 장강에 예를 올리다가 마침 군의 공의 상소를 보았다. 漢水에서 수레를 돌려 돌아갈 것이다."라고 답하고서 바로 돌아왔고, 장우

---

설하였다.
51) 黃致遠·黃今言,「東漢太尉系年錄」,『江西師範大學學報(哲學社會科學版)』43 6期(2010).
52) 『後漢書』卷44,「張禹列傳」, "十五年, 南巡祠園廟, 禹以太尉兼衛尉留守."
53) 『東觀漢記』傳11,「張禹」, "和帝南巡祠園廟, 張禹以太尉留守北宮, 太官朝夕送食, 賜關登具物, 除子男盛爲郎."

에게 상을 내렸다고 한다.54) '竟'은 '境'과 통한다. '邊境'의 의미이다.

**31** 연평 연간에 영예롭게도 태부에 제수되었네.[延平之際, 榮拜太傅]: '延平'은 殤帝의 연호로, 106년이다. 다음 황제인 安帝가 이 연호를 4개월 사용하였고, 107년에 永初로 개원하였다. 『後漢書』에 "張禹가 연평 원년(106)에 太傅로 옮기고, 尙書가 올린 문서를 관장하였다.55) [延平元年, 遷爲太傅, 錄尙書事.]"56)라고 기록되어 있다. 그리고 상제의 모친인 등태후는 장우를 금중에 머물게 하면서 매우 각별히 대했다고 한다.57) 袁宏의 『後漢紀』에는 이 기사가 '元興元年(105)'조에 보인다. '元興'은 105년 4월부터 12월까지 사용된 연호이며, 화제를 이은 상제가 이 해 12월에 황제에 오른 후 남은 기간 동안 이 연호를 사용하였다. 殤帝는 황제 등극 후 곧 바로 장우를 太傅에 제수하고 尙書가 올린 문서를 관장하게 했다. 太傅는 『後漢書』「百官志」에, "太傅는 上公 1인이다."라고 하였다. 本注에 "'善'으로 나라를 이끄는 일을 관장하였는데, 늘 두지는 않았다. 광무제가 卓茂를 태부로 삼았다가 그가 죽자 이 관직을 없앴다. 그 후, 등극하는 황제는 즉위 하자마자 태부를 두어 尙書가 올리는 사안을 관장하게 하였고, 그가 죽으면 관직을 없앴다."58)라고 하였다. 張禹 역시 殤帝가 즉위하자마자 등태후에 의해 태부에 제수되었다.

---

54) 『後漢書』卷44,「張禹列傳」, "聞車駕當進幸江陵, 以爲不宜冒險遠, 驛馬上諫. 詔報曰, '祠謁旣訖, 當南禮大江, 會得君奏, 臨漢回輿而旋.' 及行還, 禹特蒙賞賜."
55) 김택민,「전한대의 尙書와 領・平尙書事 - 중국고대국가의 정책결정기구 성립과 관련하여」, 『중국고중세사연구』 11(2004). 錄尙書事의 기능과 의미에 대해서 상기 논문을 참고할 수 있다.
56) 『後漢書』卷44,「張禹列傳」, "延平元年, 遷爲太傅, 錄尙書事."
57) 『後漢書』卷44,「張禹列傳」, "鄧太后以殤帝初育, 欲令重臣居禁內, 乃詔禹舍宮中, 給帷帳牀褥, 太官朝夕進食, 五日一歸府. 每朝見, 特贊, 與三公絶席."
58) 『後漢書』志第24,「百官1」, "太傅, 上公一人. 本注曰, '掌以善導, 無常職. 世祖以卓茂爲太傅, 薨, 因省. 其後每帝初即位, 輒置太傅, 錄尙書事, 薨, 輒省."

**32** 총재의 직임 … [높고도 엄중했네][冢宰之任, □□□□]: 『周禮』에 따르면 '冢宰'는 '天官冢宰'로서 나라의 다스림을 총괄하는 엄중한 자리이다.59) 비각 파손으로 인해 석독할 수 없는 네 글자는 冢宰라는 직임이 자리가 높고 책임이 엄중한 자리라는 것을 강조하는 내용일 것이다.

**33** 깊은 못을 건너듯 조심하였고, 큰 일에 임하여 두려워하듯 신중하였네.[若涉淵水, 臨事而懼]: 『詩』「小雅·小旻」에 "전전긍긍하기를, 마치 깊은 못 앞에 선 듯, 매우 얇은 얼음을 밟듯이 하였다(戰戰兢兢, 如臨深淵, 如履薄冰)."60)라고 하였고, 『論語』「泰伯」에서, 병에 걸린 曾子가 여러 제자를 권면하면서 『詩』의 이 구절을 인용하기도 하였다.61) '若涉淵水'는 여기서 인용한 문구이다. 그리고 『論語』「述而」에, 三軍을 얻으면 누구와 함께 할 것이냐고 질문했던 子路에게 孔子는 "반드시 일에 임해서는 두려워하는 듯이 하고, 의논하는 것을 좋아하면서 일을 이루는 사람"62)과 함께 할 것이라고 하였는데, '臨事而懼'는 여기서 인용한 문구이다.

**34** 안향후에 봉해지자 오직 충성으로 보답하였네.[封爵安鄉, 忠誠是報]: 張禹는 永初元年(107)에 安帝의 定策功臣으로서 安鄉侯에 봉해지고 식읍 1천 2백 호를 받았다. 이 때 太尉 徐防과 司空 尹勤도 함께 侯에 봉해졌다. 그러나 이 해 가을에 도적떼의 횡행과 물난리로 서방·윤근은 자리에서 면직되었지만 張禹는 다시 太尉에 제수된다.63) 安帝 永初 3

---

59) 【역문주】 **27** 참고.
60) 『詩』,「小雅·小旻」, "不敢暴虎, 不敢馮河. 人知其一, 莫知其他. 戰戰兢兢, 如臨深淵, 如履薄冰."
61) 『論語』,「泰伯」, "曾子有疾, 召門弟子曰, '啟予足! 啟予手!『詩』云,「戰戰兢兢, 如臨深淵, 如履薄冰.」而今而後, 吾知免夫! 小子!'"
62) 『論語』,「述而」, "子謂顔淵曰, '用之則行, 舍之則藏, 唯我與爾有是夫!' 子路曰, '子行三軍, 則誰與?' 子曰, '暴虎馮河, 死而無悔者, 吾不與也. 必也臨事而懼, 好謀而成者也.'"
63) 『後漢書』卷44,「張禹列傳」, "永初元年, 以定策功封安鄉侯, 食邑千二百戶, 與太尉徐防·司空尹勤同日俱封. 其秋, 以寇賊水雨策免防·勤, 而禹不自安, 上書乞骸骨, 更拜太尉."

年(109)에 장우는 태위로서 寒朗을 博士에 천거했다는 기록이 보인다.64) 『漢書』「地理志」에 따르면 전한시기 安鄉은 鉅鹿郡의 20개 현 가운데 하나이다.65)

**35** 높은 지위에 올라 위태로운 미래를 생각하였고, 차고 넘치면 ···.[居高思危, 滿□□□]: 『春秋左氏傳』에, 魏絳이 晉 悼公에게 "평안할 때에도 위태로움을 생각해야 합니다. 생각하면 방비를 할 것이고 방비를 하면 재난이 없을 것입니다. 감히 이 말을 법으로 삼으십시오(居安思危, 思則有備, 有備無患, 敢以此規)."라고 간언하였는데, '居高思危'는 여기서 따 온 말이다. 높은 지위에 있으면서도 항상 조심했다는 말이다. 두 번째 구절은 비각이 파손되어 확인할 수 없다. '가득 차다'라는 '滿'자로 시작되므로, 문맥상 "가득차면 손해를 초래하고, 덜어주면 이익을 얻는다. 이것이 바로 天道이다(滿招損, 謙受益, 時乃天道)."66)라고 한 『尚書』의 구절을 인용했을 것으로 생각되지만 분명하지 않다.

**36** ···, 병을 핑계로 사직하고 자리에서 물러났네.[□□□□, 謝病退去]: 『後漢書』기록에 따르면, 張禹는 영초 5년(111)에 음양이 조화롭지 못하다는 이유로 면직되었다.67)

**37** 76세에 질병으로 편안하지 못하였네.[七十有六, 构疾不豫]: '不豫'란 높이는 대상이 병에 걸려 편하지 못하다는 의미이다. 後漢 何休는 "天子가 병이 있으면 '不豫'라 일컫고, 諸侯는 '負茲'라 일컫고, '大夫'는 '犬馬'라 일컫고, 士는 '負薪'이라 일컫는다(何氏云, 天子有疾稱不豫, 諸侯

---

64) 『後漢書』卷41, 「寒朗列傳」, "永初三年, 太尉張禹薦朗爲博士, 徵詣公車, 會卒, 時年八十四."
65) 『漢書』卷28上, 「地理志」.
66) 『尚書』, 「虞書·大禹謨」, "三旬, 苗民逆命. 益贊于禹曰, '惟德動天, 無遠弗屆. 滿招損, 謙受益, 時乃天道. 帝初于歷山, 往于田, 日號泣于旻天, 于父母, 負罪引慝. 祗載見瞽瞍, 夔夔齋慄, 瞽亦允若. 至誠感神, 矧茲有苗.'"
67) 『後漢書』卷44, 「張禹列傳」, "五年, 以陰陽不和策免."; 卷5, 「孝安帝紀」, "己丑, 太尉張禹免. 甲申, 光祿勳李脩爲太尉."

稱負茲, 大夫稱犬馬, 士稱負薪)."⁶⁸⁾라고 하였다.

**38** 황제께서 위문하고, 양궁께서 … 하였네.[聖朝閔悼, 兩宮□□]: '聖朝'는 황제로서 安帝를 가리킨다. '兩宮'은 太后와 皇后를 가리킨다. 즉 鄧太后(?~121)와 恭愍皇后 李氏(?~115年)이다. 兩宮에 東宮을 포함시키기도 하는데, 당시 태자 즉, 이후의 順帝(115~144)는 아직 태어나지 않았다.

**39** …, [예우를] 모두 갖추었네.[□□□□, □□悉備]: 비각이 파손되어 내용을 알 수 없지만, 질병에 걸린 張禹에 대해서 온 나라가 예우를 다했다는 내용일 것이다. '悉備'는 '모두 갖추었다'라는 말이다.

**40** 돌아가시는 날, 황제께서 두 신하를 보내 직접 조문하였네.[薨亡之日, 二使親吊]: "영초 7년(113), 장우가 자택에서 사망하자 황제가 사신을 보내 조문하였다."라는 기록이 『後漢書』에 보인다.⁶⁹⁾

**41** 나라에서 … 를 보내어, … 하였네.[贈選祕□, □□□□]: 비각이 파손되어 내용을 확인할 수 없다. 다만 문맥상 나라에서 장례용품을 제공했다는 내용일 것이다.

**42** [영초 7년] 9월 을묘일에 사행이 동쪽으로 가서 성 남쪽에 묫자리를 정했는데 황제릉 좌측이라네.[[永][初][七]載, 九月乙卯, 祀行東征, 度宅成陽, 左陵之濱]: 祀行이 동쪽으로 갔다고 했는데, 실제로 이 석비는 낙양성 동남쪽에서 출토되었다. 뒤에 이어 나오는 '成陽' 역시 城 남쪽을 가리킨다. '度宅'은 묫자리를 정한다는 뜻이다. 趙振華・王竹林은 장우가 배장된 '황제릉'에 대해서, 동한 낙양성 남쪽의 6陵 가운데, 明帝 顯節陵, 章帝 敬陵, 和帝 愼陵, 殤帝 康陵 가운데 하나일 가능성이 있는데, 장우가 화제와 상제의 대신이었으므로 이 두 陵 가운데 하나일 것이라고 추측하였다.⁷⁰⁾

---

68) 『爾雅註疏』卷4, 「釋宮第五音義」 참고.
69) 『後漢書』卷44, 「張禹列傳」, "七年, 卒于家. 使者弔祭."
70) 趙振華・王竹林, 「張禹碑與東漢皇陵」, 『湖南科技學院學報』 27 4期(2006).

**43** …, [남으로] … 가 보이고, … [북으로] 성주가 훤히 보이니 영원토록 임금을 잊지 않겠네.[□□□□, □□□□, □□成周, 永不忘君]: 장우의 묘에서 보이는 풍경을 서술한 내용이다. '成周'는 東周로 東漢이 낙양에 도읍하기 이전에 이곳을 도읍으로 정했다.

**44** 홀로 남은 [아들들] …, …[孤□□□, □□□□]: 이 부분은 파손되어 정확한 내용을 알 수 없지만, '孤' 한 글자로 두 아들에 대한 정보라는 것을 알 수 있다. 장우의 큰아들은 張盛으로 張禹의 작위를 이었고, 작은 아들은 張曜로 郞中이 되었다.[71]

## 【참고문헌】

[戰國]毛亨 傳·[後漢]鄭玄 箋·[唐]孔穎達 疏,『毛詩正義』, 北京: 北京大, 1999.
[戰國]左丘明 傳·[晉]杜預 注·[唐]孔穎達 正義,『春秋左傳正義』, 北京: 北京大, 1999.
[前漢]孔安國 傳·[唐]孔穎達 疏,『尙書正義』, 北京: 北京大, 1999.
[前漢]公羊壽 傳·[後漢]何休 解詁·[唐]徐彦 疏,『春秋公羊傳注疏』, 北京: 北京大, 1999.
[曹魏]王弼 注·[唐]孔穎達 疏,『周易正義』, 北京: 北京大, 1999.
[後漢]鄭玄 注·[唐]孔穎達 疏,『禮記正義』, 北京: 北京大, 1999.
[後漢]鄭玄 注·[唐]賈公彦 疏,『周禮正義』, 北京: 北京大, 1999.
[後漢]趙岐 注·[宋]孫奭 疏·[整理]廖名春·劉佑平,『孟子注疏』, 北京: 北京大, 1999.
[曹魏]何晏 注·[宋]邢昺 疏,『論語注疏』, 北京: 北京大, 1999.
[晉]郭璞 注·[宋]邢昺 疏,『爾雅注疏』, 北京: 北京大, 1999.
[唐]李隆基 注·[宋]邢昺 疏,『孝經注疏』, 北京: 北京大, 1999.

[春秋]左丘明 撰,『國語』, 上海: 上海古籍, 1998.
[前漢]司馬遷 撰,『史記』, 北京: 中華書局, 2002.
[後漢]班固 撰,『漢書』, 北京: 中華書局, 2002.
[後漢]劉珍·班固 等,『東觀漢記校注』, 北京: 中華書局, 2008.
[南朝 宋]范曄 撰,『後漢書』, 北京: 中華書局, 2002.
[唐]房玄齡 等撰,『晉書』, 北京: 中華書局, 2002.
[唐]杜佑 撰·王文錦·劉俊文 等點校,『通典』, 北京: 中華書局, 1988.

---

[71] 『後漢書』卷44,「張禹列傳」, "除小子曜爲郞中. 長子盛嗣."

[宋]司馬光, 『資治通鑑』, 北京: 中華書局, 2010.
[淸]孫星衍 等輯, 『漢官六種』, 北京: 中華書局, 1990.

郭宏濤·周劍曙 編著, 『偃師碑志選粹』, 鄭州: 中州古籍, 2014.
김택민 주편, 『譯註 唐六典』, 서울: 신서원, 2003.
劉文典 撰, 『淮南鴻烈集解』, 北京: 中華書局, 1989.
柴新勝·馬發喜 編著, 『洛陽與中國書法』第1卷, 鄭州: 河南美術, 2006.

河南省文化局文物工作隊, 「河南現存的漢碑」, 『文物』1964-5.
王竹林·朱亮, 「東漢安鄕侯張禹墓碑硏究-兼談東漢南兆域陵墓的有關問題」, 『西部考古第一輯紀念西北大學考古學專業成立五十周年專刊』, 西安: 三秦, 2006.
趙振華·王竹林, 「〈張禹碑〉與洛陽東漢皇陵」, 『湖南科技學院學報』27, 2006-4.
김택민, 「전한대의 尙書와 領·平尙書事 - 중국고대국가의 정책결정기구 성립과 관련하여」, 『중국고중세사연구』11, 2004.
黃致遠·黃今言, 「東漢太尉系年錄」, 『江西師範大學學報(哲學社會科學版)』43, 2010-6.

# 頌德碑
# 紀功碑

## 송덕비·기공비

# 〈後漢中平三年(186)張遷碑〉

〈후한 중평 3년(186) 장천 비〉

권민균

【解題】

①〈漢故穀城長蕩陰令張君表頌〉, 〈湯陰令張遷表頌〉, 〈張遷碑〉, 〈張遷表頌〉, 〈張遷碑表〉 ②後漢 中平 3年(186) 2月 ③明初 山東 東平縣 출토 ④山東省 泰安 岱廟 ⑤靑石 ⑥길이 314㎝, 너비 106㎝. 碑額은 篆書 12字. 2행. 碑文은 隸書 16행. 매 행 42자[1] ⑦〈탁본 사진〉『北京圖書館藏 中國歷代石刻拓本滙編1册』, 『中國書法全集·秦漢刻石』, 『漢代石刻集成·圖版釋文篇』, 『漢碑全集』 ⑧『元牘記』, 『寶鴨齋題跋』, 『跋宋拓蕩陰令張遷表訟』, 『跋明拓蕩陰令張遷表訟』, 『金薤琳琅』, 『曝書亭金石文字跋尾』, 『隸辨』, 『金石文字記』, 『兩漢金石記』, 『授堂金石文字續跋』, 『山左金石志』, 『金石萃編』, 『古墨齋金石跋』, 『潛硏堂金石文跋尾』, 『激素飛淸閣評碑記』, 『漢隸拾遺』, 『平津讀碑記』, 『山東金石志』, 『漢魏碑考』, 『集古求眞』 ⑨『兩漢金石記』, 『金石萃編』, 『山東秦漢碑刻』, 『漢碑集釋』, 『漢代石刻集成』 ⑩〈장천비〉는 장천이 곡성장에서 탕음령으로 옮겨

간 후 곡성의 吏民이 세운 일종의 공덕비로 〈曹全碑〉와 함께 초기 '去思碑'에 해당한다. 또한 書法史에서 차지하는 비중이 크다. 비문의 서체는 篆書體와 隸書體가 서로 그 구조에 영향을 주고받아 서법사에서 새로운 기풍을 열었다고 평가받는다. 顧炎武가 『重跋明拓蕩陰令張遷表訟』에서 이 石刻에 대해 의문을 제기한 이후 진위를 비롯한 문제에 대한 연구도 이루어지고 있다 ⑪程章燦,「讀〈張遷碑〉志疑」,『文獻』2期(2008); 程章燦,「讀〈張遷碑〉再志疑」,『文獻』3期(2009); 吳朝陽·晉文,「讀〈張遷碑〉辨疑-與程章燦先生商榷」,『文史哲』1期(2011); 李檣,「再談〈張遷碑〉之眞僞」,『杞芳堂讀碑記』, 西冷印社(2014); 張明·李靈力,「〈張遷碑〉相關問題考辨」,『中國國家博物館館刊』12期(2015); 胡湛,「〈張遷碑〉與諸漢碑比較研究」,『中國書法』16期(2015); 張明,「〈張遷碑〉的發現及其流傳問題考辨」,『榮寶齋』3期(2015); 蔡副全·熊雙平,「〈張遷碑〉真僞辨」,『書法研究』1期(2018).

【 解 題 註 】

**1** 頌文 말미(제 13행)와 연월(제 14행)의 사이에 1행의 공간이 있다. 공간 맨 끝에 한 글자가 있지만 어떤 글자인지 확인할 수 없다. 비석 背面은 隸書 3段으로 구성되어 있다. 상단과 중단은 모두 19행, 하단은 3행이다.

## 【釋文】

(篆額) 漢故穀城長蕩陰令張君表頌

(正面)

君諱遷, 字公方, 陳留己吾人也. 君之先出自有周, 周宣王中興, 有張仲. 以孝友爲行, 披覽『詩·雅』, 煥知其祖. 高帝龍興, 有張良, 善用籌策, 在帷幕之內, 決勝負千里之外, 析珪於留. 文景之間, 有張釋之. 建忠弼之謨. 帝游上林, 問禽狩所有. 苑令不對, 更問嗇夫, 嗇夫事對. 於是進嗇夫爲令, 令退爲嗇夫. 釋之議爲不可, 苑令有公卿之才, 嗇夫喋喋小吏, 非社稷之重. 上從言. 孝武時, 有張騫, 廣通風俗, 開定畿寓. 南苞八蠻, 西羈六戎, 北震五狄, 東勤」九夷, 荒遠旣殯, 各貢所有. 張是輔漢, 世載其德, 爰旣且▇於君. 蓋其繾綣, 纘戎鴻緒, 牧守相係, 不殞高問. 孝弟於」家, 中舊於朝. 治京氏『易』, 聰麗權略, 藝於從畋.❷ 少爲郡吏, 隱練職位, 常在股肱. 數爲從事, 聲無細聞. 徵拜[郞中], 除」穀城長. 蠶月之務, 不閉四門, 膡正之僚, 休囚歸賀. 八月筭民, 不煩於鄉. 隨就虛落, 存恤高年. 路無拾遺, 犁種宿」野. 黃巾初起, 燒平[城]市, 斯縣獨全, 子賤孔蔑, 其道區別. 『尙書』五敎, 君崇其寬, 『詩』云愷悌, 君隆其恩. 東里潤色, 君」垂其仁. 邵伯分陝, 君懿于棠. 晉陽珮瑋, 西門帶弦, 君之體素, 能雙其勛. 流化八基, 遷蕩陰令. 吏民頡頏, 隨送如」雲. 周公東征, 西人怨思. 奚斯讚魯, 考父頌殷. 前喆遺芳, 有功不書, 後無述焉. 於是刊石豎表, 銘勒萬載. 三代以」來, 雖遠猶近, 『詩』云舊國, 其命惟新」. 於穆我君, 旣敦旣純. 雪白之性, 孝友之仁. 紀行來本, 蘭生有芬. 克岐有兆, 綏御有勛. 利器不覿, 魚不出淵. 國之」良幹, 垂愛在民. 蔽沛棠樹, 溫溫恭人. 乾道不繆, 唯淑是親. 旣多受祉, 永享南山. 千祿无彊, 子子孫孫」.

□

惟中平三年, 歲在攝提, 二月震節, 紀日上旬. 陽氣厥枂, 感思舊君. 故吏韋萌等, 僉然同聲, 貟師孫興, 刊石立表」, 以示後昆. 共享天祚, 億載萬年.

(背面)
(上段)
故安國長韋叔珍錢五百.」 [故從事韋]□□錢五百.」 故從事韋元雅錢五百.」 故從事韋元景錢五百.」 故從事韋世節錢五百.」 故守令韋叔遠錢五百.」 故守令范伯犀.」 故吏韋金石錢二□.」 [故督]郵范齊公錢五百.」 [故]吏范文宗錢千.」 故吏范世節錢八百.」 故吏韋府卿錢七百.」 故吏范季考錢七百.」 故吏韋伯臺錢八百.」 故吏范德寶錢八百.」 故吏韋公僙錢五百.」 故吏范定國錢七百.」 故吏韋閏德錢五百.」 故吏孫升高錢五百.」

(中段)
故吏韋公逴錢七百.」 故吏韋排仙錢四百.」 故吏范巨錢四百.」 故吏韋義才錢四百.」 故吏韋補節錢四百.」 故吏韋元緒錢四百.」 故吏韋容人錢四百.」 故從事原宣德錢三百.」 故吏韋公明錢三百.」 故吏范成錢三百.」 故吏韋輔世錢三百.」 故吏范國方錢三百.」 故吏韋伯善錢三百.」 故吏范奉祖錢三百.」 故吏韋德榮.」 故吏范利德錢三百.」 故吏韋武章.」 故吏驕叔義.」 故吏韋宣錢三百.」

(下段)
故吏韋孟光錢五百.」 故吏韋孟平錢三百.」 故守令韋元考錢五百.」

【釋文註】

① 旣且: '曁'의 誤記이다. 즉 비석에 글자를 새기면서 '曁'字의 상하를 나누어 각각 '旣'와 '且'를 따로 썼다고 보았다.[1] 후한 光和 4년(181)에 세워진 〈後漢凉州刺史魏元丕碑〉에 '奚曁於君'라는 표현이 보인다.

② 畋: 석각에서 왼 쪽 '田' 부분이 훼손되어 명확하지 않다. '畋'의 사전적 의미는 '땅을 고르고 씨를 뿌리다, 사냥하다'라는 의미이다. 吳玉搢은 문맥상 "從政이지 從畋이 아니다"[2]라고 하며, 『논어』「雍也」에 보이는 "求는 재주가 많으니, 정치를 하는데 무슨 어려움이 있겠는가(求也藝, 於從政乎 何有)."에서 쓰인 '從政'과 같은 의미로 보았다. 이에 대해 翁方綱은 "精拓本과 舊拓本을 서로 비교해 볼 때 분명하게 '畋'이지 '政'이 아니다"라고 하였다. 옹방강의 의견에 따른다.[3]

【釋文】

(碑額) 한 고 곡성장 탕음령 장군 표송(漢故穀城長蕩陰令張君表頌)
(正面) 君은 諱가 遷이고, 字가 公方이다. 陳留郡 己吾縣① 사람이다. 군의 선조는 周에서 나왔다. 周 宣王이 中興했을 때, 張仲이 효성과 우애로 이름이 났다.② 『詩』「小雅」를 펼쳐 읽어보면 그 선조를 잘 알 수 있다. 漢 高祖가 일어났을 때,③ 장량④이 있었다. 장량은 계책을 잘 써서 막사에 앉아서 천리 밖 전쟁의 승패를 예측했다.⑤ 후에 留 땅에 봉해져 제후가 되었다.⑥ 文·景帝 시대에

---

1) 顧炎武, 『金石文字記』卷1; 王念孫, 『漢隷拾遺』.
2) 吳玉搢, 『金石存』.
3) 비의 撰文에 대한 심사가 명확히 이루어지지 않은 상태에서 비각이 이루어 진 것으로 추측할 수 있다(翁方綱, 『兩漢金石記』).

는 張釋之가 있었다.[7] 장석지는 진심어린 보필의 모범을 세웠다. [8] 문제가 상림원[9]을 유람하다 禽獸의 수를 물어본 일이 있었다. 苑令[10]이 대답하지 못하자 다시 嗇夫[11]에게 물었는데 색부가 사안마다 대답을 잘 하자, 색부를 원령에 등용하고 원령은 색부로 강등시켰다. 장석지가 옳지 않다고 하며, 원령에게는 公卿의 자질이 있지만 색부는 평범한 하급관리[小吏][12]라서 사직의 중임을 맡길만한 자질이 아니라고 간쟁하였고 문제가 그의 말을 따랐다. 武帝 때에는 張騫[13]이 있었다. 먼 지역과 소통하여 그들의 풍속을 알렸고, 변경을 개척하여 안정시켰다. 남으로 八蠻을 포용하고, 서로 六戎을 회유하고, 북으로 五狄에게 위엄을 떨치고, 동으로 九夷를 위로하자,[14] 아득히 먼 곳에 있는 부족도 臣服하였고[15] 자신들이 가진 産物을 바쳤다. 張氏가 漢을 도왔고[16] 대대로 그 덕이 쌓였다. 이에 그 공덕이 군[장천]에게까지 이르렀다.[17] 그 후손이 대업을 계승하여[18] 州牧・太守[19]가 계속해서 나왔고, 가문 명성을 실추하지 않았다.[20] 집안에서는 부모와 어른께 효성과 공경을 다했고, 조정에서는 충직하고 올곧았다.[21] 京氏『易』[22]을 공부하여, 權道와 謀略에 밝았고,[23] 정치에 재능이 있었다. 젊은 시절, 郡吏[24]가 되었는데 職位의 업무를 매우 잘 판단하여[25] 늘 군수를 보좌하는 股肱의 자리에 있었다.[26] 여러 번 從事[27]가 되었는데, 조금도 좋지 않은 소문이 나지 않았다. 徵召되어 郎中[28]에 임명되고, 穀城縣長[29]에 제수되었다. 누에 치는 달 임무는 [동서남북] 사방 문을 닫지 않는 것이었고,[30] 臘月・正月 제사 지낼 무렵에는[31] 말미를 얻어 고향에 간 죄수가 돌아와 하례했다.[32] 팔월에 호구 조사 후 산부를 징수할 때에는[33] 鄕民을 번거롭게 하지 않았다. 수시로 촌락에 나가 노인을 위로하고 구제했다.<sup>34</sup> 그러자 백성이 길에 떨어진 물건을 줍지 않았고, 밭 갈고 씨 뿌리며 들에서 밤을 보내기도 했다.<sup>35</sup> 黃巾이 봉기하여 城市를 불태웠지만<sup>36</sup> 이 縣만은 홀로 온전했다. 군은 子賤과 孔蔑처럼 그 도가 달랐다.<sup>37</sup> 『尙書』 五敎 가운데 君은 '관대함'을 중시했고,<sup>38</sup> 『詩』에서 '愷悌君子[화락한 군자]'를 노래했는데, 군은 그 恩德을 높이 샀다.<sup>39</sup> 東里 子産이 잘 潤色했는데, 군은 그 仁德을 베풀었고,<sup>40</sup> 周 召伯이 陝을 나누어 다스리며 甘棠에서 선정을 베풀었는데, 군은 소백보다 더 훌륭했다.<sup>41</sup> 晉陽 董安于는 느긋한 성정을 다스리려고 가죽을 차고 다녔고, 西門豹는 급한 성정을 다스리려고 활시위를 허리에 찼는데,<sup>42</sup> 군은 이 두 사람의 성정을 모두 지녔다.<sup>43</sup> 곡성현에서 교화를 베푼 지 8년 만에,<sup>44</sup> 군이 蕩陰縣<sup>45</sup> 縣令으로 옮겨가게 되었다. 현의 관리·백성이 앞 다투어 나와,<sup>46</sup> 따라가며 송별하는 자가 구름처럼 많았다. 이는 마치 周公이 東征하려 할 때 서쪽의 사람들이 원망하며 슬퍼하는 것과 같았다.<sup>47</sup> 魯 公子 奚斯가 「魯頌」을 지어 魯를 찬미하고,<sup>48</sup> 宋 正考父가 「商頌」을 지어 殷을 노래했다.<sup>49</sup> 이렇게 전대 哲人이 美德을 남겨주었는데<sup>50</sup> 그 공적을 기록하지 않는다면 후세에는 더 이상 표현할 방법이 없을 것이다. 이에 돌에 새겨 表를 세우니 새겨진 글귀는 만년 동안 전해질 것이다. 夏·商·周 三代가 먼 과거지만 오히려 가까이 느껴지니, 이는 『시』에서 "周가 비록 오래된 옛 나라이지만 오히려 그 命은 새롭다"라고 한 것과 같다.<sup>51</sup> 아! 아름다운 우리 君이여, 敦篤하고 착실하다. 白雪 같이 순수한 성품이여, 효성스럽고 우애로운 仁德이여. 君의 행적을 기록하여 그 근본을 구해보니, 난초가 본래부터 향기를 가진 것과 같다. 어릴 적부터 식견이 있어 훌륭한 사람이 될 조짐이 있었고, 백성을 위로하고 다스려 공을 세웠다. 나라에 이로운 보물은 보여주어서는 안 되고, 물고기는 못을 벗어나지 않는다. 나라의 동량이여, 백성에게 은택을 베풀었다. 무성한 감당나무여, 온화하고 공손한 사람이여. 천도는 어긋나지 않아서 오직 선한 사람을 가까이 한다. 이미 많은 복 받으셨으니 이 복을 남산처럼 영원히 누리소서. 자자손손 영원히 福祿을 누리소서.

...

중평 3년(186), 해(歲)는 攝提인 寅에 해당하고,[5.2] 이월은 천둥·번개가 시작되는 驚蟄의 절기이고,[5.3] 日로는 上旬에 해당된다. 陽氣가 천하에 분산되어 퍼지는데,[5.4] 우리는 떠난 옛 縣長인 君을 그리워한다. 吏로서 함께 활동했던 韋萌 등이 일제히 제의하여,[5.5] 석공 孫興에게 청하여[5.6] 각석하고 비를 세워 후대[5.7]에 보여주고자 한다. 하늘이 내리는 복[5.8]을 모두 함께 누리며 억만년 동안 변치 않으리라.

(背面)
(上段)
安國 縣長을 지낸 韋叔珍 500전. 從事를 지낸 韋□□ 500전. 從事를 지낸 韋元雅 500전. 從事를 지낸 韋元景 500전. 從事를 지낸 韋世節 500전. 守令을 지낸 韋叔遠 500전. 守令을 지낸 范伯犀. 관리를 지낸 韋金石 200전. 督郵를 지낸 范齊公 500전. 관리를 지

낸 范文宗 1,000전. 관리를 지낸 范世節 800전. 관리를 지낸 韋府卿 700전. 관리를 지낸 范季考 700전. 관리를 지낸 韋伯臺 800전. 관리를 지낸 范德寶 800전. 관리를 지낸 韋公儁 500전. 관리를 지낸 范定國 700전. 관리를 지낸 韋閏德 500전. 관리를 지낸 孫升高 500전.

(中段)

관리를 지낸 韋公逵 700전. 관리를 지낸 韋排仙 400전. 관리를 지낸 范巨錢 400전. 관리를 지낸 韋義才 400전. 관리를 지낸 韋補節 400전. 관리를 지낸 韋元緒 400전. 관리를 지낸 韋容人 400전. 從事를 지낸 原宣德 300전. 관리를 지낸 韋公明 300전. 관리를 지낸 范成 300전. 관리를 지낸 韋輔世 300전. 관리를 지낸 范國方 300전. 관리를 지낸 韋伯善 300전. 관리를 지낸 范奉祖 300전. 관리를 지낸 韋德榮. 관리를 지낸 范利德 300전. 관리를 지낸 韋武章. 관리를 지낸 驪叔義. 관리를 지낸 韋宣 300전.

(下段)

관리를 지낸 韋孟光 500전. 관리를 지낸 韋孟平 300전. 守令을 지낸 韋元考 500전.

## 【譯文註】

1. 陳留郡 己吾縣[陳留 己吾]: 진류군은 兗州刺史部에 속하며, 전한 무제 元狩元年(前122)에 설치된 군이다. 17현을 관할했고, 지금의 河南省 開封市 동남쪽에 위치한다. 기오현은 진류군의 속현으로 지금의 하남성 商丘市 서남쪽에 위치한다.

2 張仲이 효성과 우애로 이름이 났다[有張仲. 以孝友爲行]: 『詩』「小雅·六月」마지막 詩句에 "저 사람은 누구인가 효성스럽고 우애로운 장중이네(侯誰在矣, 張仲孝友)"4)라는 내용이 보인다. 그리고 『毛詩序』에 "6월, 선왕이 북벌했다(六月, 宣王北伐也)."라는 내용도 보인다. 주 선왕의 장군이다.

3 漢 高祖가 일어났을 때[高帝龍興]: 高帝는 한 고조 劉邦이다. 龍興은 제왕이 일어나는 것을 말한다. 후한 揚雄이 지은 「劇秦美新」에, "신이 삼가 엎드려 생각건대, 폐하께서는 지극히 성스러운 덕으로 용이 일어나듯이 일어나[龍興] 제왕의 자리에 오르셨습니다. 삼가 상고 성왕의 道를 밝혀 백성의 부모가 되고 천하의 주인이 되어주십시오(臣伏惟陛下以至聖之德, 龍興登庸, 欽明尙古, 作民父母, 爲天下主)."5)라는 내용이 보인다.

4 장량[張良]: 전국시대 말기 韓 출신이다. 漢의 개국공신으로, 字는 子房이다. 고조 유방의 論功行賞에 의해 留侯에 봉해졌다. 『史記』「留侯世家」에 행적이 실려 있다.

5 계책을 잘 써서 막사에 앉아서 천리 밖 전쟁의 승패를 예측했다[善用籌策, 在帷幕之內, 決勝負千里之外]: 『사기』「留侯世家」에 같은 내용이 보인다.6) '籌策'은 고대에 대나무로 만든 수를 계산하는 도구다. '헤아리다', '계책을 쓰다'의 의미이다.7)

---

4) 尹吉甫 장군이 獵狁을 정벌할 때 종군했던 장수가 지은 노래로, 이 노래에 등장한 장중은 함께 전쟁에 참여했거나 아니면 승리를 축하하는 잔치에 초대됐던 사람으로 여겨진다.
5) 揚雄, 『揚子雲集』, 「上書·劇秦美新」.
6) 『史記』卷55, 「留侯世家」, "漢六年正月, 封功臣. 良未嘗有戰鬪功, 高帝曰:「運籌策帷帳之中, 決勝千里外, 子房功也. 自擇齊三萬戶.」良曰:「始臣起下邳, 與上會留, 此天以臣授陛下, 陛下用臣計, 幸而時中, 臣願封留足矣, 不敢當三萬戶.」乃封張良爲留侯, 與蕭何等俱封."
7) 『戰國策』「魏策」4: 大王已知魏之急而救不至者, 是大王籌筴之臣無任矣. 이 기사에서의 '筴'은 '策'과 같은 의미다.

6 후에 留 땅에 봉해져 제후가 되었다[析珪於留]: 留를 봉읍으로 받고 그 작위의 신표인 珪를 고조 유방과 나누었다는 것으로, 즉 장량이 류후에 봉해졌음을 말한다.8) 留는 장량과 유방이 처음 만난 장소이고, 지금의 江蘇省 沛縣 동남쪽이다.

7 文·景帝 시대에는 張釋之가 있었다[文景之間, 有張釋之]: 堵陽9) 사람으로, 字는 季이다. 문제 때에는 관직이 廷尉에 이르렀고, 경제 때에는 淮南王 相을 지냈다. 『史記』「張釋之列傳」, 『漢書』「張釋之傳」에 행적이 자세하다.

8 장석지는 진심어린 보필의 모범을 세웠다[建忠弼之謨]: 바로 뒤 上林苑에서의 일을 가리킨다. 『사기』「장석지열전」에 보이는데, 장석지가 문제 때 謁者僕射10)직을 맡았을 때 일이다.

9 상림원[上林]: 上林苑은 본래 秦의 舊苑11)이다. 전한 초에는 황폐한 상태였는데 武帝 建元 3年(前138) 새로 증축했다. 元鼎 2년(前115) 水衡都尉를 설치하면서 상림원은 수형도위에 소속되었다.12)

10 苑令[苑令]: 『사기』에는 上林尉13)로 되어 있다.

11 嗇夫[嗇夫]: 鄕에 三老와 함께 嗇夫 등이 있었다.14) 여기에서 색부도 鄕

---

8) 『史記』卷117, 「司馬相如列傳」: "急國家之難, 而樂盡人臣之道也. 故有剖符之封, 析珪而爵." 국가의 위난을 급하게 여겨 인신의 도리를 다하는 것을 기쁘게 생각한다. 그러므로 符를 쪼개는 봉읍을 받고 珪를 나누는 爵을 받는다.
9) 堵陽縣은 남양군에 속하며, 이 현의 치소는 지금의 河南省 方城县 城老城区이다.
10) 秦에서 처음 설치했으며, 郎中令에 속하고, 秩은 比千石이었다. 전한 무제 太初원년 낭중령을 光祿勳으로 고쳤다(『漢書』 志19上, 「百官公卿表」).
11) 『史記』卷6, 「秦始皇本紀」.
12) 『漢書』志19上, 「百官公卿表」.
13) 『史記』卷102, 「張釋之列傳」: "釋之從行, 登虎圈, 上問上林尉諸禽獸簿." 문제 시기의 상림원 官에 대해서는 명확히 알 수 없다. 『사기』「張釋之列傳」의 위의 기사에 대해 사마정이 "漢書表上林有八丞十二尉."라고 설명하고 있는데, 이는 무제 시기이기 때문에 그대로 적용하기 어렵다. 『後漢書』志第26, 「百官3」에서는 상림원을 소부 관할 하에 두고, 令 1인, 丞·尉 각 1인이라 하고 있는데 참고할 만하다.
14) 『漢書』卷19上, 「百官公卿表」: "鄕有三老·有秩·嗇夫·游徼. … 嗇夫職聽訟, 收賦稅."

嗇夫로 보인다.

**12** 색부는 평범한 하급관리[嗇夫喋喋小吏]: '喋喋'은 말이 많은 모양을 말한다. 『사기』에서는 색부에 대해 막힘없이 말을 잘한다는 의미로 '諜諜'·'利口'·'捷給' 등 단어를 써서 강조했다.

**13** 張騫[張騫]: 漢中15) 사람으로, 전한 무제 때 외교가로 활약했다. 두 차례에 걸쳐 西域에 사신으로 다녀왔고, 그 공으로 博望侯에 봉해졌다. 『한서』「장건열전」에서 그 내용이 보인다.

**14** 남으로 八蠻을 포용하고, 서로 六戎을 회유하고, 북으로 五狄에게 위엄을 떨치고, 동으로 九夷를 위로하자[南苞八蠻, 西羈六戎, 北震五狄, 東勤」九夷]: 팔만, 육융, 오적, 구이는 중국의 동서남북 변경지역에 사는 소수 부족 혹은 나라를 통칭하는 표현이다. 『禮記』「明堂位」에 비슷한 표현이 보인다.16) 苞는 包와 통용된다. 羈는 羈의 이체자다.17)

**15** 아득히 먼 곳에 있는 부족도 臣服하였고[荒遠旣殯]: 殯은 賓과 통한다. 『禮記』「曾子問」에 "장사 지내고 돌아와 靈座 앞에 예식을 갖춘 이후에 손님에게 말한다(反葬奠而後辭於殯)."라고 했고, 『國語』「楚語」上에 "만이융적이 복종해 오지 않은지 오래다(蠻夷戎狄, 其不賓也久矣)."라는 기사가 보인다. 殯은 賓, 服 따위의 의미로 쓰이므로 '臣服'의 의미로 보는 것이 타당하다.

**16** 張氏가 漢을 도왔고[張是輔漢]: 是는 '氏'와 통용된다.18)

---

15) 한중군은 秦나라 때 설치되었고, 益州에 속하며 12현을 관할한다(『漢書』 권28上, 「地理志」第8上). 장건은 12현 중 하나인 成固縣 출신이다.(『漢書』 卷61, 「張蹇傳」) 성고는 지금의 陝西省 漢中市 城固縣이다.
16) 『禮記』, 「明堂位」: "九夷之國, 東門之上, 西面北上. 八蠻之國, 南門之外, 北面東上. 六戎之國, 西門之外, 東面北上. 五狄之國, 北門之外, 南面東上."
17) 毛遠明, 『漢魏六朝碑刻異體字典』(北京: 中華書局, 2014), 372쪽.
18) 『孫子』, 「吳問」: "孰爲之次, 智是爲次."

**17** 이에 그 공덕이 군[장천]에게까지 이르렀다[奚旣且於君]: 奚는 발어사로 쓰였다.

**18** 그 후손이 대업을 계승하여[蓋其繵縺, 纉戎鴻緒]: 繵縺은 '계속하여 이어진다'는 의미로서 후손이 계속해서 관직에 올랐음을 말한다.19) 繵은 纏·繞와 통용되는 글자로 '동여매다·휘감다'는 의미이고, 縺도 '실이 얽혀 풀리지 않는다'는 의미이다. 즉 '단연'은 풀려서 끊어지는 것 없이 계속 이어짐으로 해석할 수 있다. 鴻緒는 大業이다.

**19** 州牧·太守[牧守]: 주의 장관을 牧, 군의 장관을 守라 하였는데, 여기에서는 官에 대한 범칭으로 쓰였다.

**20** 가문 명성을 실추하지 않았다[不殞高問]: 殞은 '떨어지다·추락하다'의 隕과 통용된다.20) 問은 聞과 같은 의미로 명성, 평판 등으로 해석할 수 있다.

**21** 조정에서는 충직하고 올곧았다[中謇於朝]: 中은 忠과 통용된다.21) 謇은 본래 '말을 더듬다'는 의미이지만, '정직하다·직언하다·충성스러운 말' 등으로도 쓰인다.

**22** 京氏『易』[京氏『易』]: 전한의 京房이 전한 『易』學이다. 경방(前77~37)은 본래 성이 李이고 자가 君明이다. 孟喜 문인인 焦延壽에게 『역』을 배워 "通變"으로 『易』을 설명했다. 災異를 말하기 좋아했다. 원제 때 박사가 되었다. 『한서』 「예문지」에 그의 저록으로 『孟氏京房』 13편, 『災異孟氏京房』 66편이 있었다고 한다. 『맹씨경방』 3권이 현존한다.

**23** 權道와 謀略에 밝았고[聰麗權略]: 麗는 헤아리다[思]의 의미다.22) 權은

---

19) 高文은 繵縺은 '纏聯', '纏連', '蟬聯' 등과 같은 疊韻語로 이어져서 끊어지지 않는다는 의미이며, 통용될 수 있고, 계속의 의미를 가진다고 한다(『漢碑集釋』(鄭州: 河南大學出版社, 2018), 495쪽.)

20) 劉向, 『列女傳』, "禹爲天子, 而啓爲嗣, 持禹之功而不殞."

21) 『周禮』, 「春官·大司樂」: "以樂德敎國子, 中和祗庸孝友." 鄭玄은 '中'이 '忠'의 의미와 같다고 설명했다.

저울질 한다는 말이다.23) 상황을 가늠하여 헤아린다는 말이다.

24 郡吏[郡吏]: 조정에서 임명한 都尉·郡丞·長史 외에 郡守 스스로 辟除한 속관을 가리킨다.

25 직위의 업무를 매우 잘 판단하여[隱練職位]: 隱은 '판단하다[定]'는 의미다.24) 練은 숙달되었다[熟]의 의미이다.25)

26 늘 군수를 보좌하는 股肱의 자리에 있었다[常在股肱]: '股肱'은 다리와 팔로 좌우에서 보좌하는 신하를 비유하는 말로 쓰인다.

27 從事[從事]: 州郡吏 중 가장 우수한 자를 선발하여 종사로 삼았다는 기록이 보인다.26)

28 郎中[郎中]: 『後漢書』「百官志」에 따르면, 낭중은 光祿勳의 속관으로 車騎, 門戶를 관장하고 侍衛를 담당하며, 봉록은 比三百石이었다. 〈장천비〉의 석문에 대한 注 중에는 낭중을 郎中令의 속관이라 한 것도 있는데,27) 낭중령은 전한 무제 太初 원년(前104)에 광록훈으로 바뀌었다.28)

29 穀城縣長[穀城縣長]: 곡성현은 東郡의 속현이며(『後漢書』「郡國志3」), 지금의 山東省 東阿縣과 東平縣의 사이에 있다. 漢은 萬戶 이상의 현에는 令을, 만호 미만의 현에는 長을 임명했다. 현령의 봉록은 천석에서 육백석이고, 현장의 경우는 오백 석에서 삼백 석이다(『漢書』「백관공경표」). 장천이 현장으로 제수될 당시 곡성현은 만호 미만의 小縣이었다.

30 누에 치는 달 임무는 [동서남북] 사방 문을 닫지 않는 것이었고[蠶月之

---

22) 『小爾雅』, 「廣言」, "麗, 思也."
23) 『孟子』, 「梁惠王 上」, "權, 然後知輕重."
24) 『廣韻』, 「隱韻」, "隱, 安也, 定也."
25) 『漢書』 卷83, 「薛宣傳」, "薦宣明習文法, 練國制度."
26) 『漢書』 卷71, 「雋不疑傳」, "勝之知不疑非庸人, 勝之知不疑非庸人, 敬納其戒, 深接以禮意, 問當世所施行. 門下諸從事皆州郡選吏, 側聽不疑, 莫不驚駭. 至昏夜, 罷去."
27) 俞豊, 『經典碑帖釋文譯注』(上海: 上海書畵出版社, 2012), 93쪽; 王玉池, 『古代碑帖譯注』(北京: 文物出版社, 2010), 146쪽.
28) 『漢書』 卷19上, 「百官公卿表」.

務, 不閉斯門]: 잠월은 누에를 치는 시기이다. 누에 치는 때에는 뽕잎을 즉시 공급해 주어야 하기 때문에 때를 놓치지 않도록 사방의 문을 밤낮으로 열어놓아야 한다.

**3-1** 臘月·正月 제사 지낼 무렵에는[臘正之僚]: 臘은 臘과 같은 字이다. 랍은 12월 즉 섣달에 지내는 제사이기도 하고,29) 납월로 음력 섣달을 가리키기도 한다.30) 正은 정월이다. 都穆은 『金薤琳琅』에서 僚을 '際'로 해석했고, 이후 많은 사람들이 이를 따르고 있다.31) 이에 대해 桂馥은 『跋宋拓漢蕩陰令張遷表頌』에서 僚을 '祭의 異文'으로 보았다. 高文의 『漢碑集釋』에서는 僚를 '祭'字로 파악했다. 漢碑〈孔耽神祠碑〉의 경우 祭를 蔡에 'ß'를 조합한 글자를 쓴 것을 예로 들며, 〈장천비〉에서는 蔡에 'イ'을 조합한 경우로 이해하고 '납제'에 초점을 맞추고 있다. 이 외에 『秦漢石刻選集』과 『漢代石刻集成』도 僚를 '祭'로 보면서, "납월과 정월의 제사"라 해석했다.32)

**3-2** 말미를 얻어 고향에 간 죄수가 돌아와 하례했다[休囚歸賀]: 연말연시 혹은 제사 때 가족과 함께 보낼 수 있도록 죄수들을 한시적으로 가석방 한 사례는 후한에서 그다지 드문 일이 아니었던 것으로 보인다. 『後漢書』「虞延列傳」에 伏祀와 납제에 맞추어 가석방되어 집에 갔던 죄수가 기일에 맞춰 돌아왔다는 기사가 보인다.33)

---

29) 『禮記』,「月令」,"[孟冬之月] … 臘先祖五祀, 勞農以休息之. [孔穎達疏: "臘, 獵也. 謂獵取禽獸以祭先祖五祀也."];『左傳』,「僖公5年」,"宮之奇以其族行, 曰虞不臘矣.〈杜預注: "臘, 歲終祭衆神之名.")〉"
30) 『史記』「陳涉世家」,"臘月, 陳王之汝陰.〈裴駰集解: "臘節在十二月, 故因是謂之臘月也."〉
31) 毛遠明은 『漢魏六朝碑刻異體字典』에서 "僚는 際의 이체자이다."라고 하였다.(毛遠明,『漢魏六朝碑刻異體字典』(北京: 中華書局, 2014), 384쪽.)
32) 高文,『漢碑集釋』(하남대학출판사, 1997), 496-497쪽; 李檣,『秦漢石刻選集』(文物出版社, 2009), 389-392쪽; 永田英正,『漢代石刻集成』(同朋舍, 1994), 262쪽.
33) 『後漢書』卷33,「虞延傳」,"每至歲時伏臘, 輒休遣徒係, 各使歸家, 幷感其恩德, 應期而還."

33 팔월에 호구 조사 후 산부를 징수할 때에는[八月筭民]: 筭은 算과 같다. '八月算民'은 漢에서 고조 4년 이후 8월에 인두세 즉 算賦를 징수하던 것을 말한다(『漢書』「高帝紀上」, "[四年]八月, 初爲算賦.")『후한서』「황후기」는 '八月算人'으로 기술했는데, 이에 대해 李賢은 "팔월에 처음으로 산부를 시행하였으므로, '산인'이라 한다(八月初爲算賦, 故曰算人)."라고 하였다. 또 『古代碑帖譯注』에서는 "計口徵稅하니 이것을 算賦 혹은 算民, 算人이라 한다"34)고 설명한다. 『漢代石刻集成』은 '산민'의 算을 '계산하다, 수를 헤아리다'로 보아 호구조사를 의미하는 것으로 한정했다. "산민"을 징세할 대상을 조사하여 인두세를 징수한 것으로 보인다.

34 수시로 촌락에 나가 노인을 위로하고 구제했다[隨就虛落, 存恤高年]: '虛'는 『說文』에 따르면 '丘'이다. 이에 대해 段玉裁는 '聚'와 같다고 설명했다.35) 그러므로 虛落은 촌락을 가리킨다. 存恤은 위로하고 구제해 주는 것이다. 高年은 고령자 즉 노인을 가리킨다.

35 백성이 길에 떨어진 물건을 줍지 않았고, 밭 갈고 씨 뿌리며 들에서 밤을 보내기도 했다[路無拾遺, 犁種宿野]: 遺는 잃어버린 물건 즉 유실물로 길에 떨어져 있는 물건이다. 犁는 농토를 가는 것이고, 種은 씨를 뿌리는 것이다. 이 두 구절은 縣民들은 남의 물건을 탐내지 않고, 도적이 없어 안심하고 지낼 수 있다는 것을 표현한 것이다.

36 황건(黃巾)이 봉기하여 城市를 불태웠지만[黃巾初起, 燒平[城]市]: 황건은 黃巾起義 또는 黃巾의 亂, 황건적의 난으로 불린다. 후한 靈帝 光和 7年(184)태평도의 교주 張角을 중심으로 일어난 중국 최초 종교형식을 띤 농민반란이며, 이들이 머리에 황건을 썼으므로 황건으로 지칭

---

34) 王玉池, 『古代碑帖譯注』(北京: 文物出版社, 2008), 146쪽.
35) 『說文解字』, 「丘部」, "虛, 大丘也. 古者九夫爲井, 四井爲邑, 四邑爲丘, 丘謂之虛." [段玉裁注; "虛猶聚也, 居也."]

했다. 난은 실패로 끝났지만, 군웅할거와 그 뒤를 잇는 삼국시대를 이끌어 내는 도화선이었다. 碑에서 보이는 起義 초기 모습은 『후한서』 「황보숭전」의 "일시에 함께 일어나 모두 황건을 쓰고 표식으로 삼았으며, 가는 곳마다 官府를 불살랐다(一時俱起, 皆著黃巾爲標幟, 所在燔燒官府)."라는 기사에서 찾아볼 수 있다.

**37** 군은 子賤과 孔蔑처럼 그 도가 달랐다[子賤孔蔑, 其道區別]: 자천과 공멸은 모두 공자의 제자이다. 자천은 이름이 宓不齊이고 字가 子賤이다. 공멸은 공자 형의 아들로 이름은 孔忠이고 자는 子蔑이다. 『사기』 「仲尼弟子列傳」에 자천의 傳은 보이나, 자멸은 孔忠이라는 이름으로만 소개되고, 단지 注를 통해 그가 자천임을 확인할 수 있다. 또한 『공자가어』에도 공충이 아닌 孔弗이며 자가 자천이라고 소개한다. 따라서 「仲尼弟子列傳」의 자천 관련 내용과 공자의 일화에 등장하는 "공자는 자천이 군자임에도 불구하고 다스리는 지역이 작은 것을 애석해 했다"36)라는 내용을 근거로, 자멸을 공충이라는 인물이 아니라 孔은 '공자', 蔑은 '小'로 이해하여 '자천공멸'이 본래의 의미와 멀어지고, 바로 뒤의 '其道區別'의 해석도 모호해진 경우가 발생하기도 했다.37) 유향의 『說苑』에 따르면, 자천과 공멸은 둘 다 벼슬을 하고 있었는데, 공자가 이 둘에게 똑같이 벼슬하면서 얻은 것과 잃은 것을 물었다고 한다. 공멸은 학문, 봉록, 업무에 대해 불만을 토로하며 얻은 것은 없고 잃은 것만 세 가지라고 대답한 반면에 자천은 아직 잃은 것은 없고 얻은 것만 있다고 말하며, 긍정적인 의미부여를 했다.38)

---

36) 『史記』, 卷67, 「仲尼弟子列傳」, "子賤君子哉, 魯無君子, 斯焉取斯. 子賤爲單父宰, 反命于孔子, 曰, 此國有賢不齊者五人, 敎不齊所以治者. 孔子曰, 惜哉不齊所治者小, 所治者大則庶几矣."
37) 『經典碑帖釋文譯注』는 이 부분에 대한 각주 43에서 高文, 『漢碑集釋』; 誰志生의 「〈張遷碑〉釋讀」(載 『東平文史資料』, 1988); 王玉池, 「〈張遷碑〉譯注」(載 『中國藝術報』 2004-10)에서 오류를 일으킨 근거를 밝히고 있다(兪豊, 앞의 책, 94쪽).

38 『尙書』五敎 가운데 君은 '관대함'을 중시했고[『尙書』五敎, 君崇其寬.]: '『尙書』五敎'는 『상서』「舜典」에 보인다. "제가 말했다. 설이여! 백성들은 서로 친하게 지내지 않으며, 다섯 가지 윤리를 따르고 있지 않소. 그대를 사도에 임명하니 다섯 가지 윤리를 공경히 펴는 것은 오직 관대하게 하는 데 달려 있소(帝曰, 契, 百姓不親, 五品不遜. 汝作司徒, 敬敷五敎, 在寬)." 순임금이 설에게 내린 교시의 핵심인 '五敎'만을 따온 것이다. 이 오교의 내용은 대체로 『좌전』 문공 18년 기사를 근거로 父義, 母慈, 兄友, 弟恭, 子孝 등으로 본다.

39 『시(詩)』에서 '愷悌君子[화락한 군자]'를 노래했는데, 군은 그 恩德을 높이샀다[『詩』云愷悌, 君隆其恩]: '愷悌'는 『詩』「大雅·泂酌」에서 "인자한 군자는 백성들의 부모로다(愷悌君子, 民之父母)", "인자한 군자는 백성들의 귀의처라(愷悌君子, 民之攸歸)", "인자한 군자는 백성들의 휴식처(愷悌君子, 民之攸墍)" 등 세 번 나온다. 『좌전, 희공 12년』 "시왈, 개제군자는 신의 수고로움이다(詩曰, 愷悌君子, 神所勞矣)."에서 보이듯, 개제군자는 군자의 최고 경지를 이르는 표현이라 할 수 있다. 백성들의 부모이자, 귀의처이며, 휴식처인 군자는 愷와 悌 즉 '온화함(樂)'으로 백성을 이끌고, '편안함(易)'으로 다독이는 존재이다.39) 개제를 온화함과 편안함으로 해석할 때, 悌 즉 易에는 어렵지 않다는 의미가 함께하여 백성들이 편안하게 여겨 가까이 할 수 있는 성품을 말하고

---

38) 『說苑』卷7, "孔子兄子有孔蔑者, 與宓子賤皆仕, 孔子往過孔蔑問之曰, 自子之仕者, 何得何亡, 孔蔑曰, 自吾仕者, 未有所得, 而有所亡者三, 曰, 王事若襲, 學焉得習, 以是學不得明也, 所亡者一也. 俸祿少, 饘粥不足及親戚, 親戚益疏矣, 所亡者二也. 公事多急, 不得弔死視病, 是以朋友益疎矣, 所亡者三也. 孔子不說, 而復往見子賤曰, 自子之仕, 何得何亡, 子賤曰, 自吾之仕, 未有所亡, 而所得者三, 始誦之文, 今履而行之, 是學日益明也, 所得者一也. 俸祿雖少, 饘粥得及親戚, 是以親戚益親, 所得二也. 公事雖急, 夜勤弔死視病, 是以朋友益親也. 所得者三也. 孔子謂子賤曰, 君子哉若人, 君子哉若人, 魯無君子者, 斯焉取斯."
39) 『毛傳』, "樂以强敎之, 易以說安之, 民皆有父之尊, 有母之親."

있는 것으로 생각된다. 때문에 '개제'를 인자함으로 해석했다. '君隆其恩'은 장천이 개제군자가 베푸는 은혜를 융성하게 하여 선정을 베풀었다는 의미로 보았다.

**40** 東里 子産이 潤色했는데, 군은 그 仁德을 베풀었고[東里潤色, 君垂其仁]: 동리는 일종의 지명이다. 『논어』「헌문」에 따르면, 공자의 제자 子産은 鄭의 대부였는데, 동리에 거처하면서 외교문서를 작성할 때 마지막 단계인 문장을 다듬어 완성시키는 즉 문채를 더하는 潤色을 담당하였다.40) '君垂其仁'의 '垂'는 '베풀다'이다. 용례는 전한 桓寬의 『염철론』「本議」"陛下垂大惠"에도 보인다. 자산이 단지 문채를 더하는 것으로 공적을 삼았다면, 장천은 실제의 정치에서 仁의 선정을 베푼 공적이 있다는 것을 표현한 것이다.

**41** 周 召伯이 陝을 나누어 다스리며 甘棠에서 선정을 베풀었는데, 군은 소백보다 더 훌륭했다[邵伯分陝, 君懿于棠]: '邵'는 '召'와 통용된다. 邵伯은 즉 召公이다. 소공은 주 무왕의 堂弟로 성은 姬이고 이름은 奭이다. '召'를 식읍으로 해서 召伯이라 한다.41) '分陝'은 소공과 주공이 陝을 중심으로 동서를 나누어 다스렸는데,42) 이것을 말하는 것이다. '棠'은 『詩』「召南·甘棠」이 이것이다. 소공이 南巡하며 문왕의 정치를 폈는데, 이 때 감당나무 아래에 머물러 정사를 본 적이 있었다. 소공이 떠난 후 그 곳의 사람들은 그 덕을 생각하며, 나무를 아껴 가지를 치거나 자르지 않고 아꼈다43)고 한다. '君懿于棠'은 장천의 선정이 소공의

---

40) 『論語』,「憲問」, "子曰, 爲命, 神諶草創之, 世叔討論之, 行人子羽, 修飾之, 東里子産, 潤色之."
41) 『毛詩序』, "甘棠, 美召伯也. [箋注: 召伯, 姬姓, 名奭, 食采于召, 作上公, 爲二伯.]"
42) 『春秋公羊傳』,「隱公5年」, "天子三公者何, 天子之相也. 天子之相則何以三, 自陝以東者, 周公主之, 自陝以西者, 召公主之, 一相處乎內."
43) 『詩』,「召南·甘棠」, "蔽芾甘棠, 勿翦勿伐, 召伯所茇. 蔽芾甘棠, 勿翦勿敗, 召伯所憩. 蔽芾甘棠, 勿翦勿拜, 召伯所說. 〈朱熹集傳: 召伯循行南國, 以布文王之政, 或舍甘棠之下. 其後人思其德, 故愛其樹而不忍傷也.〉"

감당에서 행한 선정보다 더 아름답다는 것이다.

**42** 晉陽 董安于는 느긋한 성정을 다스리려고 가죽을 차고 다녔고, 西門豹는 급한 성정을 다스리려고 활시위를 허리에 찼는데[晉陽珮瑋, 西門帶弦]: 이 구절은 『한비자』「觀行」에 보이는데, 그 내용이 비문과 상반된다. "서문표는 성정이 급함으로 허리에 가죽을 차고 다니면서 스스로 느리게 했고, 동안우는 마음이 느긋하여 활를 차고 다니면서 스스로 급하게 했다(西門豹之性急, 故佩韋以自緩, 董安于之心緩, 故佩弦以自急)." 비문의 진양은 동안우를 가리킨다. 진양은 춘추시대 晉나라 趙氏의 읍이다.44) 동안우는 조씨의 가신으로 진양의 邑宰였다.45) 비문의 珮는 佩이며 같은 字이다. 瑋는 '韋'와 통용된다. 비문의 '서문'은 전국시대 魏나라 鄴令이었던 서문표이다. 비문의 帶는 佩와 동의어이다. 『한비자』의 내용에 따른다면, 비문을 "晉陽佩弦, 西門佩韋"로 고쳐야 한다.

**43** 군은 이 두 사람의 성정을 모두 지녔다[君之體素, 能雙其勛]: 『文選』「任昉, 王文憲集序」에 이 비문과 비슷한 내용이 보인다. 즉 "夷雅之體, 無待韋弦"이다. 이에 대해 李善은 "體는 性이다. … 왕공 이아의 성정은 가죽과 활로써 이루어지기를 기다릴 필요가 없다(體性也, … 言王公夷雅之性無代以韋弦以成也)."라고 풀이했다. 여기에서 보듯이 體는 '性' 즉 성정이다. 勛은 勳의 古字로 그 뜻이 훈공이므로, 여기에서는 韋와 弦의 功 즉 급한 성정을 다스리는 '위'와 느긋한 성정을 다스리는 '弦'의 공으로 볼 수 있다. 雙은 '짝이 되다'의 의미이다. 즉 장천이 위 두 사람이 장점을 다 가졌으며, 緩急을 조절할 수 있는 경지인 '中和'에 이르렀다는 의미다.

**44** 곡성현에서 교화를 베푼 지 8년 만에[流化八基]: 流化는 '교화'를 의미

---

44) 『左傳』, 「定公13年」, "秋七月, 范氏中行氏伐趙氏之宮, 趙鞅奔晉陽, 晉人圍之."
45) 劉子, 『和性篇』, "云'晉陽佩瑋, 是以董安于爲佩韋者矣."

한다.46) 朞는 '한 해를 단위로 하여 돌아오는 그 날'의 뜻으로 '朞'와 통용된다. '流化八朞'는 장천이 '곡성현 현장이 된 지 8년'되었다는 말이다.

**45** 탕음현[蕩陰]: 『後漢書』「郡國志」에 따르면, 탕음현은 河內郡에 속한다. 지금의 河南省 安陽市 湯陰縣이다.

**46** 현의 관리·백성이 앞 다투어 나와[吏民頡頏]: '頡頏'은 새가 오르락내리락하는 모양을 형용한 표현이다. 비문은 현리와 현민이 떠나는 장천을 배웅하기 위해 이쪽저쪽에서 분주히 모여드는 모습을 묘사한 것이다. 『시경』「邶風」'燕燕'에 "제비들이 날아가네, 위 아래로 오르락내리락(燕燕于飛, 頡之頏之)."라 했다. 이에 대해 〈傳〉에서 "날아서 오르는 것을 힐이라 하고, 날아서 내려가는 것을 항이라 한다(飛而上曰頡, 飛而下曰頏)"라고 설명했다.

**47** 이는 마치 周公이 東征하려 할 때 서쪽의 사람들이 원망하며 슬퍼하는 것과 같았다[周公東征, 西人怨思]: 『좌전』'僖公4年'의 기사에서, "주나라 주공이 다른 지역으로 옮기려 할 때 해당 지역 백성들이 주공이 떠나는 것을 슬퍼하고 원망했다(古者周公東征則西國怨, 西征則東國怨)."라는 내용을 확인할 수 있다. 이 비문의 주인인 장천을 주공에 비유하고 있다. '思'는 어기조사로, 문장의 끝에 쓰이어 감정을 더해주는 작용을 한다.

**48** 魯 公子 奚斯가 「魯頌」을 지어 魯를 찬미하고[奚斯讚魯]: 해사는 춘추시대 노나라 공자 魚의 字이다. 『左傳』閔公 2年 기사에 해사가 언급되어 있다.47) 三家詩 즉 齊詩·魯詩·韓詩에서는 해사가 魯頌을 지었다고 한다. 班固도 「兩都賦序」에서 "奚斯頌魯"이라 했다. 『詩』「魯頌·閟宮」에 "새 사당 모습이 성대하구나, 해사가 지었노라(新廟奕奕, 奚斯所作)."에 대해 〈毛傳〉은 민공의 廟인 新廟를 해사가 지었다48)고 했다. 즉 해

---

46) 劉向, 『戰國策』, 「序」, "周之流化, 豈不大哉."
47) 『左傳』, "(閔公二年) 使公子魚請, 不許, 哭而往, 共仲曰, 奚斯之聲也."

사가 지은 것은 노송이 아니라 민공의 묘라는 것이다.

**49** 宋 正考父가「商頌」을 지어 殷을 노래했다[考父頌殷]: 정고보는 송나라 대부이다. 송은 주공이 삼감의 난을 평정한 후에 은의 후손인 미자에게 분봉한 나라이다.49) 송나라 대부인 정고보도 송의 후예이다. 三家詩에서 정보고가 商頌을 지었다고 한다. 반면에 〈모전〉에 따르면 商頌을 정고보가 周의 樂師에게 받은 것이라 한다.50)

**50** 전대 哲人이 美德을 남겨주었는데[前喆遺芳]: 喆은 哲과 같다. '前哲'은 전날의 賢者를 의미하고 이는 얼마 전에 곡성현을 떠난 장천을 가리킨다. 芳은 좋은 향기 즉 그가 이곳에서 행한 善政 내지 덕행 등이 떠나고 난 뒤에 사람들에게 미덕으로 남아있는 것을 말한다.

**51** 『시』에서 周가 비록 오래 된 옛 나라이지만 오히려 그 命은 새롭다[『詩』云舊國, 其命維新]: 『시경』「大雅」'文王'의 구절이다. 본래 시에서는 "周雖舊邦, 其命維新"인데, 비문에서 "邦"을 "國"으로 바꾸어 쓴 것은 한 고조 劉邦으로 인해서 避諱한 것이다. 兪樾은 『漢碑四十一條』에서 이 구절의 앞뒤 문맥의 문제를 제기하고 있다. 즉 '於是刊石豎表, 銘勒萬載'의 다음 문장에는 銘辭가 이어져야 하는데, 지금 이 '『詩』云舊國, 其命惟新.'는 문맥에 맞지 않는다는 것이다. 유월은 이 부분이 '前喆遺芳'의 뒤에 와서, 문장이 '奚斯讚魯, 考父頌殷. 前喆遺芳, 三代以來, 雖遠猶近. 『詩』云舊國, 其命惟新. 有功不書, 後無述焉. 於是刊石豎表, 銘勒萬載.'로 되어야, 이제까지의 비문들의 관례에 합치된다고 보았다. 또한 고염무가 『金石文字記』에서 '奚暨于君'이 '奚旣且于君'으로 잘못 각석된 것에 대해 古本을 얻은 호사가들에 의해 重刻된 것이 아닌지 의

---

48) 〈毛傳〉, "新廟, 閔公廟也, 有大夫公子奚斯者, 作是廟也."
49) 『史記』卷38,「宋微子世家」, "周公旣承成王命誅武庚, 殺管叔, 放蔡叔, 乃命微子開代殷後, 奉其先祀, 作微子之命以申之, 國于宋."
50) 『詩』,「商頌序」, "有正考甫者, 得商訟十二篇於周之大師."

심한 부분을 소개하며, 여기에서 보이는 문장 배열의 문제는 아직 제기되지 않았으므로 본인이 밝힌다고 하였다. 이에 대해 『한비집석』은 유월의 견해가 옳다고 하였고, 『경전비첩석문역주』는 참고할 만한 설이라고 했다. 문장 배열이 유월의 說대로라면 "해사와 고보 같은 前喆이 讚頌을 지어 그 공적이 남아 있다"로 해석되어야 한다.

**52** 해(歲)는 攝提인 寅에 해당하고[歲在攝提]: 섭제는 攝提格의 준말이다. 干支의 이름으로 12지 중의 寅에 해당한다. 이때는 태음에서 다시 양으로 옮겨가는 시점이 되기도 한다. 『사기』 「天官書」의 '섭제' 부분, 〈索隱注〉 중에 『爾雅』 「釋天」의 "태음이 寅에 있을 때를 섭제격이라 한다는 내용과 李巡의 "만물이 양기를 타고 일어나므로 섭제격"이라 한다는 설명이 보인다.51) 즉 태음에서 양으로 옮겨가는 시점임을 알 수 있다.

**53** 이월은 천둥·번개가 시작되는 驚蟄의 절기이고[二月震節]: 『예기』 「월령」에 따르면, 이월은 낮과 밤이 나누어지고, 천둥이 소리를 내어 번개가 시작되고, 겨울잠 자던 벌레들이 모두 움직이기 시작한다.52) 따라서 '震節'이다. 즉 겨울에서 깨어나 약동하기 시작하는 달인 것이다.

**54** 陽氣가 천하에 분산되어 퍼지는데[陽氣厥析]: 厥은 문장의 중간에 쓰이는 어조사이다. 枂은 析과 같은 의미이다(『廣韻』「錫韻」, "枂, 析俗字"). 양기가 분산되는 것이니, 천지에 양기가 활동한다는 의미이다.

**55** 일제히 제의하여[僉然同聲]: 僉은 '다, 모두'의 의미이다. 僉然은 모두 함께 하는 상태를 말한다.

**56** 석공 孫興에게 청하여[貰師孫興]: 貰은 雇傭한다는 의미이다. 師는 석공을 지칭한다.

---

51) 『史記』卷27, 「天官書」, "以攝提格歲,〈索隱〉太歲在寅, 歲星正月晨出東方. 案: 『爾雅』"歲在寅爲攝提格". 李巡云, "言萬物承陽起, 故曰攝提. 格, 起也"."
52) 『禮記』, 「月令」, "仲春之節 … 是月也, 日夜分, 雷乃發聲, 始電, 蟄蟲咸動."

**57** 후대[後昆]: 곤은 후손, 후예, 자손이다.53)
**58** 하늘이 내리는 복[祚]: 祚은 祚와 같은 의미이다.

## 【참고문헌】

[戰國]毛亨 傳·[後漢]鄭玄 箋·[唐]孔穎達 疏, 『毛詩正義』, 北京: 北京大, 1999.
[戰國]左丘明 傳·[晉]杜預 注·[唐]孔穎達 正義, 『春秋左傳正義』, 北京: 北京大, 1999.
[前漢]孔安國 傳·[唐]孔穎達 疏, 『尙書正義』, 北京: 北京大, 1999.
[前漢]公羊壽 傳·[後漢]何休 解詁·[唐]徐彦 疏, 『春秋公羊傳注疏』, 北京: 北京大, 1999.
[曹魏]王弼 注·[唐]孔穎達 疏, 『周易正義』, 北京: 北京大, 1999.
[後漢]鄭玄 注·[唐]孔穎達 疏, 『禮記正義』, 北京: 北京大, 1999.
[後漢]鄭玄 注·[唐]賈公彦 疏, 『周禮正義』, 北京: 北京大, 1999.
[後漢]趙岐 注·[宋]孫奭 疏·[整理]廖名春·劉佑平, 『孟子注疏』, 北京: 北京大, 1999.
[曹魏]何晏 注·[宋]邢昺 疏, 『論語注疏』, 北京: 北京大, 1999.
[晉]郭璞 注·[宋]邢昺 疏, 『爾雅注疏』, 北京: 北京大, 1999.
[唐]李隆基 注·[宋]邢昺 疏, 『孝經注疏』, 北京: 北京大, 1999.

[春秋]左丘明 撰, 『國語』, 上海: 上海古籍, 1998.
[前漢]司馬遷 撰, 『史記』, 北京: 中華書局, 2002.
[後漢]班固 撰, 『漢書』, 北京: 中華書局, 2002.
[南朝 宋]范曄 撰, 『後漢書』, 北京: 中華書局, 2002.

新文豊出版社 編, 『石刻史料新編』, 臺北: 新文豊出版社, 1977.
北京圖書館 金石組編, 『北京圖書館藏 中國歷代石刻拓本滙編』, 河南: 中州古籍出版社, 1989.
永田英正, 『漢代石刻集成·圖版釋文篇』, 京都: 同朋舍, 1994.
高文, 『漢碑集釋』, 開封: 河南大學出版社, 1997.
徐玉立, 『漢碑全集』, 鄭州: 河南美术出版社, 2006.
容媛 輯錄, 胡海帆 整理, 『秦漢石刻題跋輯錄』, 上海: 上海古籍, 2009.

程章燦, 「讀〈張遷碑〉志疑」, 『文獻』 2008-2.
程章燦, 「讀〈張遷碑〉再志疑」, 『文獻』 2009-3.
吳朝陽·晉文, 「讀〈張遷碑〉辨疑-與程章燦先生商榷」, 『文史哲』 2011-1.

---

53) 『商書』, 「仲虺之誥」, "垂裕後昆."

李楢,「再談〈張遷碑〉之眞僞」,『杞芳堂讀碑記』, 西泠印社, 2014.
張明·李靈力,「〈張遷碑〉相關問題考辨」,『中國國家博物館館刊』2015-12.
胡湛,「〈張遷碑〉與諸漢碑比較研究」,『中國書法』2015-16.
張明,「〈張遷碑〉的發現及其流傳問題考辨」,『榮寶齋』2015-3.
蔡副全·熊雙平,「〈張遷碑〉真僞辨」,『書法研究』2018-1.

# 〈唐麟德元年(664)劉仁願紀功碑〉

〈당 인덕 원년(664) 유인원 기공비〉

조재우

【解題】

①〈唐劉仁願紀功碑〉,〈平百濟碑〉,〈劉仁願神道碑〉(이하,〈유인원기공비〉로 약칭) ②高宗 麟德 원년(664)으로 추정[1] ③충청남도 부여군 관북리 부소산성에서 발견 ④국립부여박물관 ⑤담흑색 대리석 ⑥螭首形〈螭首〉길이 113.6cm, 너비 133.3cm.〈碑身〉길이 237.9㎝, 두께 30.9㎝.〈龜趺〉망실.[2]〈碑額〉字徑 6cm, 篆書.〈碑文〉字徑 2.4cm, 楷書, 총 34行, 매 行 69字[3] ⑦〈탁본〉국립중앙박물관 덕수3129 및 유리건판 90630, 장서각 No.4200 등.〈탁본사진〉『藏書閣所藏拓本資料集』;『금석문자료』;『韓國金石文集成』.〈원석사진〉『朝鮮古蹟圖譜』⑧『大東金石書』;『金石錄』;『三韓金石錄』;『海東金石苑』;『金石續編』⑨『三韓金石錄』;『海東金石苑』;『金石續編』;『全唐文』;『朝鮮金石總覽』;『朝鮮史』;『韓國金石文大系』;『韓國金石全文』;『譯註 韓國古代金石文』;『韓國古代金石文資料集』;『藏書閣所藏拓本資料集』;『百濟史資料原文集』;『百濟史資料譯註集』;『금석문자료』;『韓國金石文集成』;『한

국고대문자자료연구』』 ⑩당 고종 인덕 원년(664) 백제부흥운동군을 진압한 유인원의 공적을 현창하기 위해 건립한 기공비이다 ⑪葛城末治,「扶餘劉仁願紀功碑」,『朝鮮金石攷』(大阪: 大阪屋號書店, 1935); 胡口靖夫,「鬼室福信と劉仁願紀功碑」,『古代文化』31-2 (1979); 長田夏樹,「百濟鎭將劉仁願の出自について -匈奴系劉氏の系譜」,『神戶外大論叢』32-3(1981); 拜根興,「劉仁願的活動及行迹」, 『七世紀中葉唐與新羅關係研究』(北京: 中國社會科學, 2003); 濱田耕策, 「劉仁願紀功碑の復元と碑の史料價値」,『朝鮮古代史料研究』(東京: 吉川弘文館, 2014); 조재우,「「劉仁願紀功碑」의 해석과 당조의 백제고토 지배방식」,『사림』61(2017) 등.

【 解 題 註 】

■ 〈유인원기공비〉의 건립연대에 대해서는 이견이 있다. 즉 ①(清) 劉喜海의 『海東金石存攷』에서는 현경 5년(660년), ②(朝鮮) 李俁의 『大東金石書』에서는 용삭 3년(663), ③朝鮮史編修會 編,『朝鮮史』에서는 인덕 원년(664)이라고 한다. 이에 대하여 胡口靖夫는 당시 백제부흥운동군의 동향과 유인원의 동정에 대한 분석을 바탕으로 인덕 원년(664년)에 건립되었을 가능성이 높다고 하였는데, 필자 역시 이에 따른다.[1)]

■ 〈유인원기공비〉는 일찍이 임진왜란 무렵에 세로로 절단되었던 것으로 추정된다. 이후 1909년 일본의 關野貞이 〈유인원기공비〉를 조사할 때까지 별다른 보호조치 없이 방치되었던 것으로 보이며, 1916년 절단된

---

1) 조재우,「「劉仁願紀功碑」의 해석과 당조의 백제고토 지배방식」,『사림』61(2017), 101-102쪽.

부분을 콘크리트로 접합하는 보수작업이 이루어져 정확한 너비는 불분명하다.2)

3 〈유인원기공비〉는 비석 표면의 박락으로 인하여 사실상 육안으로 판독이 불가능하다. 다만 1-21행은 기존 석문에 의거하여 대체로 판독이 가능하지만, 유인원의 백제고토에서의 행적을 기록하였을 것으로 추정되는 후반부 22-34행은 전혀 판독이 불가능하다.

4 〈유인원기공비〉의 탁본 판본 및 판독·역주 현황은 조재우, 앞의 글, 104-107쪽 참조.

【釋文】

(碑額) □ 衛 □ 道 □ 上 □

(碑文) 盖聞, 龍躍[1]天衢, 必藉風雲之力, 聖人膺運, 亦待將帥之功, 方·邵□□於[2]□周, 衛·霍[3]馳聲[4]於强漢. 其能繼□歌詠者, 惟在劉將軍乎! 君, 名仁願, 字士元, 雕陰 大斌人也. □土開[5]家, □□」建[6]旟於東國, 分茅錫壤,[7] 王孫杖[8]節於北疆. 三楚盛其衣簪, 六郡[9]稱其軒冕.[10] 分枝布葉,[11] 可[12]略而言. 高祖□, 魏[13]散騎常侍·寧[14]遠將軍·徐州大中正·彭城穆公. 屬魏室不綱, 尔朱陵虐, 東京淪」[15]喪, □□西遷, 陪奉鑾輿, 徙[16]居關內. 尋除鎭北大將軍·持節都督河北諸軍事·綏州刺史, 因[17]官食封, 仍代居之, □鼓□□之, □北州之望. 曾祖平, 鎭北大將軍·朔方郡守·綏州刺史·上開」府儀同三司, 襲爵彭城郡開國公. 祖懿, 周驃騎大將軍·儀同三司, 隨使持節·綏州諸軍事[18]·綏州摠管·綏州刺史·彭城郡開國公. 父大俱, 皇朝使持節·同綏二州摠管·廿四州諸軍」事·綏州刺

---

2) 조재우, 앞의 글, 101-102쪽.

史. 尋遷都督·左武衛將軍·右驍衛大將軍·勝夏二州道行軍摠管·冠軍大將軍·鎭[19]軍大將軍·上柱國, 別封義[20]城郡開國公. 並桂馥蘭芬, 金貞玉潤, 名高大樹, 譽滿[21]詞林, 珪璋」閥閱, 見於斯矣. 君稟度河基, 資靈嶽瀆, 墻宇凝峻, 孝敬日躋, 命偶昌期, 逢時遇主, 欽明啓運,[22] 光宅普天. 太宗文皇帝, 乃聖乃神, 乃文乃武, 并吞六合, 席卷八荒, 博訪羣材, 用康大」夏,[23] 英髦特達, 幽顯必臻.[24] 君以地[25]蔭膏腴, 門承勳業, 令問之譽, 僉議攸歸. 起家爲弘文館學」生,[26][27] □進右親衛□□□□□□□, 旅力□健, 膽氣過人, 嘗從出遊, 手格猛獸,」太宗深歎異之, 特加賞賜, 卽降恩詔, 入仗內供奉. 貞觀十九年, 太宗親駁[28]六軍, 省方遼碣, 千乘雷動, 萬騎雲屯,[29]□□□□, □邐畢[30]集. 而[31]高麗賊臣蓋蘇文, 獨生攜貳,[32]鳩聚亡命」, 招納姦回, 囚其君長, 擧兵稱亂, □率蟻[33]衆, 敢抗王師. 皇赫斯怒, 襲行弔[34]伐, 兵鋒所到, 若破□□, □其遼東·盖牟·□□等十城, □□駐蹕[35]·新城·安地等三陣,[36]虜其[37]大將延壽·惠眞, 俘」其甲卒一十六萬. 君身預戎旃, 手奉羈靮,[38]前茅後殿, 每陣先登. 摧强陷堅, 同於拉朽, 戰勝攻取, □□□□. □賜物乘馬一疋·銀[39]□□□□□□弓二張·大箭三百隻, 並是供奉」御仗, 特加褒異. 遼東行還, 累前後戰勳,[40]超拜上柱國, 別封黎陽縣開國公, 擢授右武衛鳳鳴府左果毅都尉,[41]壓領飛騎於北門長上. 廿一年任行軍子[42]摠管, 隨英國公李勣, 經略延陀, 并迎接車鼻, 安撫九姓鐵勒, 行還改授右□衛郎將, 依舊仗內[43]供奉. 廿二年, 又任子摠管, 向遼東經略, 以公事除名. 其年, 更授右武衛神通[44]府左果毅都尉. 廿三年」, 太宗宮車晏駕, 宗廟社稷, 不可一日無□, 儲皇諒闇, 纂戎繼極,[45]周邦雖舊, 厥政惟新, 凡百庶寮, 勉修其職. 君以勇略見[46]知, 材明被用, 未踰朞月, 又蒙」今上馳使. 永徽二年, 更入鐵勒撫慰,[47] 行□. □勅簡[48] 折衝[49]·果毅强明堪[50]統領者, 隨機處分, 君受□經略, 頻度[51]遼東. 五年, 授蔥山道行軍子摠管, 隨盧國公[52] 程知節, 討□賀魯, 行還從幸」洛陽. 顯慶元年, 遷左驍衛郞將. 二年, 應詔擧文武高第,[53] □進三階, 復入[54]鐵勒安撫. 四年, 入吐谷渾及吐蕃宣勞. 五年, 授嵎夷道行軍子摠管, 隨邢國公 蘇定方, 平破百濟, 執其王扶」餘義慈幷太子隆及佐平·達率以下七百餘人. 自外首領古魯都[55]□奉武[56]□·扶餘生[57]受·延爾普羅等, 並見機而作, 立功歸順, 或入趁[58]絳闕, 或入□□□. 合境遺黎, 安堵如舊, 設官分」職, 各有司存. 卽以君爲都護·兼知留鎭, 新羅王 金春秋, 亦遣小子金泰,[59] 同城固守.[60] 雖夷夏有殊, 長幼懸隔, 君綏和接待, 恩若弟兄, 功業克就, 盖由於□. 然昔周武平殷, 商奄續叛, 漢定[61]西域, 疏勒被圍, 餘風未殄, 人懷草竊,[62] 蠻貊之俗, 易動難安.[63] 況北方逋寇, 元來未附, 旣見雕戈, 東邁錦纜, 西浮妖孼. 侏張仍圖反逆, 卽有僞僧道琛·僞扞率鬼室福信. 出自閭巷, 爲其魁」首, 招集狂狡, 堡據任存, 蜂屯蝟起, 弥山滿谷, 假名盜位, 並號將軍. 隳城破邑, 漸入中部, 堙井刊木, 壞宅焚廬, 所過殘滅, 略無遺噍, 凶威旣逞,[64] 人皆脅從. 布柵連營, 攻圍留鎭, 雲梯俯瞰,[65] 地道旁通, 擊石飛矢, 星奔雨落. 晝夜連戰, 朝夕憑陵, 自謂興亡繼絶, □□□ □□□. 閑然高枕, 不與爭鋒, 堅甲利兵,[66] 以□其弊. 賊等曠日持久, 力竭氣衰, 君乃陰行間諜, 際其卒墮, 搆」□□□, □覉待時, 鑿門開穴, 縱兵掩襲. … □ 栅二城. 時屬窮冬, □ …

## 【釋文註】3)

1. [躍]: 기존 석문에서는 '躍' 혹은 '御'로 보았다. 탁본에 근거하여 '躍'자로 판독한다.
2. [於]: 기존 석문에 의거하여 '於'자를 보충한다.
3. [衛霍]: 기존 석문에 의거하여 '衛霍'을 보충한다.
4. [聲]: 기존 석문에서는 '聲' 혹은 '節'로 보았다. 탁본에 근거하여 '聲'자로 판독한다.
5. [開]: 기존 석문에서는 '開' 혹은 '闢'으로 보았다. 탁본에 근거하여 '開'자로 판독한다.
6. [建]: 기존 석문에서는 '建' 혹은 '達'로 보았다. 탁본에 근거하여 '建'자로 판독한다.
7. [壤]: 기존 석문에서는 '壤' 혹은 '讓'으로 보았다. 탁본에 근거하여 '壤'자로 판독한다.
8. [杖]: 기존 석문에서는 '杖'·'授'·'投' 등의 글자로 보았다. 탁본에 근거하여 '杖'자로 판독한다.
9. [郡]: 기존 석문에서는 '郡' 혹은 '都'로 보았다. 탁본에 근거하여 '郡'자로 판독한다.
10. [稱其軒冕]: 기존 석문에 의거하여 '稱其軒冕'을 보충한다.
11. [分枝布葉]: 기존 석문에서는 '分枝布葉'·'本枝奕葉'·'□枝并葉' 등으로 보았다. 문맥에 의거하여 '分枝布葉'으로 추정한다.
12. [可]: 기존 석문에 의거하여 '可'자를 보충한다.
13. [魏]: 문맥에 의거하여 '魏'자로 추정한다.

---

3) 〈유인원기공비〉의 석문은 탁본을 바탕으로 해제에서 소개한 청대 이래의 제발·저록 및 현대의 연구논저 등을 참조하였다. 단, 개별 석문의 판독을 일일이 밝히지는 않았다.

■14 [寧]: 기존 석문에 의거하여 '寧'자를 보충한다.

■15 [淪]: 기존 석문에 의거하여 '淪'자를 보충한다.

■16 [徙]: 기존 석문에서는 '徙'·'從'·'徒' 등의 글자로 보았다. 탁본에 근거하여 '徙'자로 판독한다.

■17 [北諸軍事綏州刺史因]: 기존 석문에 의거하여 '北諸軍事綏州刺史因'을 보충한다.

■18 [隨使持節綏州諸軍事]: 기존 석문에 의거하여 '隨使持節綏州諸軍事'를 보충한다.

■19 [行軍摠管冠軍大將軍鎭]: 기존 석문에 의거하여 '行軍摠管冠軍大將軍鎭'을 보충한다.

■20 [義]: 기존 석문에서는 '彭'으로 보았지만, 문맥에 의거하여 '義'자로 추정한다.

■21 [滿]: 기존 석문에서는 '滿' 혹은 '播'로 보았다. 탁본에 근거하여 '滿'자로 판독한다.

■22 [昌期逢時遇主欽明啓運]: 기존 석문에 의거하여 '昌期逢時遇主欽明啓運'을 보충한다.

■23 [夏]: 기존 석문에서는 '夏' 혹은 '寶'로 보았다. 탁본에 근거하여 '夏'자로 판독한다.

■24 [臻]: 기존 석문에서는 '臻' 혹은 '隮'로 보았다. 탁본에 근거하여 '臻'자로 판독한다.

■25 [地]: 기존 석문에 의거하여 '地'자를 보충한다.

■26 [議攸歸起家爲弘文館學]: 기존 석문에 의거하여 '議攸歸起家爲弘文館學'을 보충한다.

■27 [生]: 기존 석문에서는 '生' 혹은 '士'로 보았다. 문맥에 의거하여 '生'자로 추정한다.

■28 [馭]: 기존 석문에서는 '馭' 혹은 '馳'로 보았다. 탁본에 근거하여 '馭'자

로 판독한다.

29 [千乘雷動萬騎雲屯]: 기존 석문에 의거하여 '千乘雷動萬騎雲屯'을 보충한다.

30 [邇畢]: 기존 석문에 의거하여 '邇畢'을 보충한다.

31 [而]: 기존 석문에서는 '而' 혹은 '下'로 보았다. 탁본에 근거하여 '而'자로 판독한다.

32 [生攜貳]: 기존 석문에 의거하여 '生攜貳'를 보충한다.

33 [率蟻]: 기존 석문에 의거하여 '率蟻'를 보충한다.

34 [甹]: 기존 석문에서는 '甹' 혹은 '天'으로 보았다. 탁본에 근거하여 '甹'자로 판독한다.

35 [駐蹕]: 기존 석문에 의거하여 '駐蹕'을 보충한다.

36 [陣]: 기존 석문에 의거하여 '陣'자를 보충한다.

37 [虜其]: 기존 석문에 의거하여 '虜其'를 보충한다.

38 [手奉羈靮]: 기존 석문에서는 '手奉羈靮' 혹은 '日奉羈靮'으로 보았다. 문맥에 의거하여 '手奉羈靮'으로 추정한다.

39 [銀]: 기존 석문에 의거하여 '銀'자를 보충한다.

40 [勳]: 기존 석문에서는 '勳' 혹은 '功'으로 보았다. 탁본에 근거하여 '勳'자로 판독한다.

41 [毅都尉]: 기존 석문에 의거하여 '毅都尉'를 보충한다.

42 [子]: 기존 석문에서는 '子' 혹은 '大'로 보았다. 탁본에 근거하여 '子'자로 판독한다.

43 [仗內]: 문맥에 의거하여 '仗內'로 추정한다.

44 [神通]: 기존 석문에 의거하여 '神通'을 보충한다.

45 [諒闇纂戎繼極]: 기존 석문에 의거하여 '諒闇纂戎繼極'을 보충한다.

46 [勇略見]: 기존 석문에서는 '勇略見' 혹은 '沐浴聖'으로 보았다. 탁본에 근거하여 '勇略見'으로 판독한다.

47 [慰]: 기존 석문에서는 '慰'·'尉'·'帥' 등의 글자로 보았다. 문맥에 의거하여 '慰'자로 추정한다.

48 [簡]: 기존 석문에서는 '簡' 혹은 '聞'으로 보았다. 탁본에 근거하여 '簡'자로 판독한다.

49 [折衝]: 기존 석문에 의거하여 '折衝'을 보충한다.

50 [堪]: 기존 석문에서는 '堪' 혹은 '其'로 보았다. 탁본에 근거하여 '堪'자로 판독한다.

51 [度]: 기존 석문에서는 '度' 혹은 '慶'으로 보았다. 탁본에 근거하여 '度'자로 판독한다.

52 [盧]: 기존 석문에서는 '盧'·'雷'·'廬' 등의 글자로 보았다. 탁본에 근거하여 '盧'자로 판독한다.

53 [高第]: 기존 석문에 의거하여 '高第'를 보충한다.

54 [復入]: 기존 석문에서는 '復入'·'復命'·'後入' 등으로 보았다. 문맥에 의거하여 '復入'으로 추정한다.

55 [自外首領古魯都]: 기존 석문에 의거하여 '自外首領古魯都'를 보충한다.

56 [奉武]: 기존 석문에 의거하여 '奉武'를 보충한다.

57 [扶餘生]: 기존 석문에 의거하여 '扶餘生'을 보충한다.

58 [趍]: 기존 석문에서는 '趍'·'走'·'移' 등의 글자로 보았다. 탁본에 근거하여 '趍'자로 판독한다.

59 [亦遣小子金泰]: 기존 석문에 의거하여 '亦遣小子金泰'를 보충한다.

60 [同城固守]: 기존 석문에 의거하여 '同城固守'를 보충한다.

61 [定]: 기존 석문에서는 '定'·'之'·'亡' 등의 글자로 보았다. 탁본에 근거하여 '定'자로 판독한다.

62 [竊]: 기존 석문에서는 '竊' 혹은 '寇'로 보았다. 문맥에 의거하여 '竊'자로 추정한다.

63 [易動難安]: 기존 석문에 의거하여 '易動難安'을 보충한다.

64 [逞]: 기존 석문에 의거하여 '逞'자를 보충한다.
65 [俯瞰]: 기존 석문에 의거하여 '俯瞰'을 보충한다.
66 [堅甲利兵]: 기존 석문에 의거하여 '堅甲利兵'을 보충한다.

## 【譯文】

(碑額) … 衛 … 道 … 上 …[1]
(碑文) 대저 듣건대, 용이 천상으로 비상하려면 반드시 풍운의 힘을 빌려야 하고 성인이 천운을 받으려면 또한 장수의 공적에 의지해야 한다고 하였으니, 方[叔]과 邵[虎]는 … 周에서 … 하였고[2] 衛[靑]과 霍[去病]은 강한 漢에서 널리 명성을 떨쳤다.[3] [이들을] 계승하였다고 노래할 수 있는 자는 오직 劉將軍이로다! 君은 이름이 仁願이고 자가 士元으로, 雕陰 大斌 사람이다.[4] … 가문을 일으켜 …가 東國(즉 洛陽)에서 깃발[旒]을 세웠고,[5] 모토를 분봉받아[6] 王孫이 北疆에서 [旌]節을 쥐었다. 三楚에서는 그 의관과 잠영을 찬양하였고[7] 六郡에서는 그 초헌과 면류관을 칭송하였으니,[8] 갈라져 나간 지엽에 대해서는 대략 말할 수 있을 것이다. 고조 □는 [北]魏의 散騎常侍・寧遠將軍・徐州大中正・彭城穆公이다. 때마침 북위 황실이 기강을 잃어 尔朱[氏]가 침노하여 東京이 함락되고[9] □□가 서쪽으로 파천하자 어가[鑾輿]를 받들어 關內 지역으로 이주하였다.[10] 이윽고 鎭北大將軍・持節都督河北諸軍事・綏州刺史에 제수되어 관직에 따라 食封을 받았고 이어서 대대로 그곳에 거주하며 … 北州의 望[族]이 [되었다].[11] 증조 平은 鎭北大將軍・朔方郡守・綏州刺史・上開府儀同三司로, 彭城郡開國公을 襲爵하였다. 조부 懿는 [北]周의 驃騎大將軍・儀同三司, 隨의

使持節·綏州諸軍事·綏州摠管·綏州刺史·彭城郡開國公이다. 부친 大俱[12]는 皇朝의 使持節·同綏二州摠管·卄四州諸軍事·綏州刺史이다.[13] 이윽고 都督·左武衛將軍·右驍衛大將軍·勝夏二州道行軍摠管·冠軍大將軍·鎭軍大將軍[14]·上柱國[15]을 역임하였고, 별도로 義城郡開國公[16]에 봉해졌다. [고조부터 부친까지는] 모두 계수나무 향기와 난초 내음이 있었고 쇠처럼 곧고 옥처럼 윤이 났으며 명성이 大樹만큼 높고 명예가 詞林에 가득하였으니, 고결한 인품을 갖추고 혁혁한 공적을 세운 가문임이 여기서 드러나는구나![17] 君은 황하의 근원[河基]으로부터 도량을 품부받고 嶽瀆으로부터 정기를 받아 풍채와 도량이 준엄하였고 효성과 공경이 나날이 높아졌다. 우연히 운명이 창성한 시기를 만나 좋은 시절과 훌륭한 군주를 만나게 되었으니, [천자께서는] 삼가고 살펴 태평한 운세를 열고 성덕으로 온 천하를 안정시켰다. 太宗文皇帝는 성스럽고 신묘하시며 문무를 겸비하시어 六合을 병탄하고 八荒을 석권하였다.[18] [아울러] 널리 인재들을 찾아 大夏를 편안히 하였고, 걸출한 인재를 특별히 알아보아 은거한 자나 이름난 자[幽顯]나 반드시 모여들었다. 군은 집안의 고귀한 지위에 힘입어 가문의 훈업을 이었으니, 영예로운 명성은 뭇사람들의 의견과 합치되었다.[19] 起家하여 弘文館學生[20]이 되었고 右親衛[21]로 승진하여···. 완력은 굳세고 담력은 남보다 뛰어나 일찍이 [태종을] 호종하여 유렵할 때 맨손으로 맹수를 격살하니, 태종이 그의 특출함에 깊이 감탄하여 특별히 賞賜를 더해 주고는 바로 恩詔를 내려 仗內供奉으로 들였다. 貞觀 19년(645) 태종이 친히 六軍을 거느리고 遼碣을 순행하니, 千乘이 우레처럼 격동하고 萬騎가 구름처럼 모여 … [멀거나] 가까운 곳에서 모두 모여들었다. 그런데 高麗의 賊臣 [淵]蓋蘇文만이 유독 다른 마음을 품고 망명자들을 모으고 간사한 무리를 불러들여[22] 그 군장을 가두고 거병하여 반란을 일으키고는 개미떼 같은 무리를 이끌고 감히 王師에 대항하였다. 황제께서 크게 노하시어 천명을 받들어 포학한 군주를 토벌하니,[23] 군대의 예봉이 이르는 곳마다 마치 …를 깨뜨리듯 고구려의 遼東·蓋牟···· 등 10城을 [함락시키고][24] 駐蹕·新城·安地 등 3陣을 …하여[25] 그 大將 [高]延壽와 [高]惠眞을 사로잡고[26] 그 갑졸 16만 명을 노획하였다.[27] 군은 몸소 전투[戎旃]에 참여하여 손수 [태종의] 말굴레와 말고삐를 끌며[28] 척후[前茅]나 후군[後殿]이 되어[29] 모든 전투마다 먼저 올랐다. 강한 것을 꺾고 견고한 것을 함락시키길 썩은 나무를 부러뜨리듯이 하였으니, 싸우면 승리하고 공격하면 취하여 …. 하사받은 물품은 乘馬 1疋, 銀 …, 弓 2張, 大箭 300隻이었는데, 이는 모두 供奉御仗이어서 특별히 더 포상하고 우대한 것이었다. 遼東에서 돌아온 뒤 거듭된 그 동안의 전공으로 上柱國에 배수되었고[超拜] 별도로 黎陽縣開國公에 봉해졌으며 右武衛 鳳鳴府 左果毅都尉에 발탁되어[擢授] 北門長上으로 飛騎를 壓領하였다.[30] [정관] 21년(647) 行軍子摠管에 임명되어 英國公 李勣[31]을 따라 薛延陀를 경략하였고, 아울러 車鼻可汗을 영접하였으며, 九姓鐵勒을 안무하였다. 귀환하자 다시 右□衛郎將에 제수되었고, 장내공봉은 이전과 같았다. [정관] 22년(648) 다시 자총관에 임명되어 요동을 경략하다가 공적인 사안으로 除名되었다. 그 해 다시 右武衛 神通府 左果毅都尉에 제수되었다. [정관] 23년(649) 태종이 붕어하자[32] 종묘사직은 하루라도

[군주가] 없을 수 없어[33] 황태자[儲皇]가 거상[諒闇] 중에도 선왕을 이어 제위를 계승하니,[34] "주나라가 비록 오래되었으나 그 정치는 새롭다"[35]고 한 것과 같았고 모든 문무백관들은 그 직무를 힘써 행하였다. 군은 용기와 지략으로 인정을 받았고 재주와 명민함으로 기용되었으니, 한 달도 채 지나지 않아 다시 今上의 부림을 받았다. 영휘 2년(651) 다시 철륵에 들어가 위무하고 …. …칙서를 내려 折衝·果毅 가운데 굳세고 현명하여 통령을 감당할 만한 자를 간점하여 상황에 따라 처리하게 하였으니, 군이 …를 받고 경략하여 여러 차례 요동으로 건너갔다. 5년(654) 蔥山道行軍子摠管에 제수되어 盧國公 程知節[36]을 따라 [阿史那]賀魯를 토벌하였고, 돌아와서 [고종의] 洛陽 행차를 수행하였다. 현경 원년(656) 左驍衛郎將으로 옮겼다. [현경] 2년(657) 조서에 따라 文武高第를 천거하여 [산관] 3계가 승진하였고, 다시 철륵에 들어가 안무하였다. [현경] 4년(659) 吐谷渾 및 吐蕃에 들어가 위로하였다. [현경] 5년(660) 嵎夷道行軍子摠管에 제수되어 邢國公 蘇定方[37]을 따라 百濟를 평정하고 그 왕 扶餘義慈와 太子 [扶餘]隆 및 佐平·達率 이하의 700여 인을 사로잡았다.[38] 이외에 首領 古魯都 □奉武□, 扶餘生受, 延爾普羅 등은 모두 기미를 엿보며 적절한 시기에 행동하여 공을 세워 귀순하였고,[39] 혹자는 궁궐[絳闕]로 달려 들어가기도 하였고 혹자는 …로 들어가기도 하였다. 전 지역의 유민들은 예전처럼 편안히 지냈고, 관직을 설치하고 직분을 나누어 각각 관리[司存]를 두었다. 곧 君을 都護·兼知留鎭[事][40]로 삼으니, 新羅王 金春秋도 小子 金[仁]泰[41]를 보내 같은 성에서 굳게 지키게 하였다. 비록 이적과 중하 사이의 차이는 어른과 아

이만큼이나 현격하지만 군이 편안하고 온화하게 접대하여 은혜가 형제와 같았으니, 공업이 능히 이루어질 수 있었던 까닭은 아마도 [여기서] 말미암았을 것이다. 그러나 옛날 周 武[王]이 殷을 평정하였으나 商奄이 계속해서 반란을 일으켰고[42] 漢이 西域을 평정하였으나 疏勒에서 포위되었던 것은[43] 남은 풍속이 아직 끊어지지 않아 사람들의 마음이 초적과 같았기 때문으로 蠻貊의 풍속은 동요시키기는 쉬워도 안정시키기는 어렵다. 하물며 북방으로 도주한 도적은 원래부터 귀부하지 않았음에랴![44] 雕戈를 보고 난 뒤 동쪽에서는 錦纜이 멀리서부터 [구원하러] 왔고 서쪽에서는 妖孼이 부상하였다.[45] 세력이 강성해지자 이에 反逆을 도모하였으니, 즉 僞僧 道琛과 僞扞率 鬼室福信이 있었다.[46] [이들은] 민간에서 나와 그 수괴가 되었으니, 반란 세력[狂狡]을 불러 모아서 任存[城]을 점거하였다. 벌떼처럼 주둔하고 고슴도치 털처럼 일어나 산골짜기를 가득 채웠고, 이름을 빌리고 지위를 훔쳐 모두 將軍이라 칭하였다. 성읍을 무너뜨리며 점차 中部로 들어와 우물을 틀어막고 나무를 베어냈고 집을 무너뜨리고 농막을 불살랐으며 지나는 곳마다 잔혹하게 죽여 살아남은 자들이 거의 없었으니, 흉악한 위세가 이미 드러나 사람들이 모두 위협에 눌려 복종하였다. 목책을 포진시키고 군영을 연결하여 留鎭[軍]을 포위 공격하니, 雲梯로 굽어보고 地道로 환히 들여다보며 돌을 던지고 화살을 날리는 것이 유성이 떨어지고 비가 내리는 것 같았다. 밤낮을 연달아 싸우고 아침저녁으로 침범하며 스스로 망한 것을 부흥시키고 끊어진 것을 계승한다고 하면서 … 한가로이 베개를 높이 베고 자면서 [그들과] 더불어 창끝을 다투지 않았고, 갑옷을

> 견고히 하고 병장기를 날카롭게 하여 그 해진 부분을 …하였다. 적들이 긴 세월을 헛되이 보내어 세력이 다하고 기세가 쇠락하니, 군이 마침내 은밀히 間諜을 행하여 그 병사들이 태만해졌을 때에 이르러 … 틈을 [보고] 때를 기다려 성문을 뚫고 구멍을 파서 병사를 풀어 엄습하였다. … 柵 2城을 …. 당시 마침 한겨울이어서 …

### 【譯文註】

**1** … 위 … 도 … 상 …[□衛□道□上□]: 篆書로 각석한 碑額의 일부분이다. 현재 '衛'·'道'·'上' 세 글자만 확인된다. (朝鮮) 編者未詳의 『金石錄』에서는 劉仁願의 官銜으로 추정하였는데,[4] 濱田耕策은 적극적으로 해석하여 〈유인원기공비〉의 비액을 '大唐行驍衛郎將·嵎夷道行軍摠管·上柱國·劉仁願紀功之碑銘'이라 추정하였다.[5]

**2** 방숙과 소호는 … 주에서 … 하였고[方·邵□□於□周]: '方·邵'는 周宣王 시기의 賢臣인 方叔과 邵虎를 말한다. 『漢書』「趙充國傳」에는 "옛날 周 宣王 시절에 方·虎가 있었다."라는 내용이 있는데, 이에 대하여 張晏은 "方叔과 邵虎이다."라고 주해하였다.[6] 방숙은 주선왕의 명령을 받아 전차 3천량을 이끌고 玁狁·蠻荊을 정벌하였고, 소호는 召公奭의 후예로 주선왕의 명령을 받아 淮夷를 평정하였다.[7]

---

4) 『金石錄』, "篆額陽文隆起, 俱已磨滅, 唯衛道上三字可見. 當是仁願官銜也."
5) 濱田耕策, 「劉仁願紀功碑の復元と碑の史料價値」, 『朝鮮古代史料研究』(東京: 吉川弘文館, 2014), 174-175쪽.
6) 『漢書』 卷69, 「趙充國傳」, "成帝時, 西羌嘗有警, 上思將帥之臣, 追美充國, 乃召黃門郎楊雄即充國圖畫而頌之, 曰, '… 昔周之宣, 有方有虎, [張晏曰, "方叔·邵虎也"] 詩人歌功, 乃列于雅.[師古曰, "大雅·小雅之詩也"] …'"

③ 위청과 곽거병은 강한 한에서 널리 명성을 떨쳤다[衛·霍馳聲於强漢]: '衛·霍'은 전한 무제 시기의 외척인 衛青(?~前106)과 霍去病(前140~117)을 말한다. 『史記』卷111 및 『漢書』卷55에 열전이 전한다. 위청은 字가 仲卿이며 河東 平陽人이다. 원래 전한 무제의 누이인 平陽公主의 家奴였으나 누이 衛皇后가 무제의 총애를 받으면서 중용되어 大司馬·大將軍을 역임하였고 長平侯에 봉해졌다. 원광 6년(前129)의 흉노 원정을 시작으로 전후 7차례에 걸쳐 무제의 흉노 원정을 지휘하였다. 사후 시호를 烈侯라 하였다. 곽거병은 위청과 위황후의 조카로, 侍中에 임명되었고 冠軍侯에 봉해졌다. 원수 2년(前119)의 흉노 원정을 시작으로 전후 6차례에 걸쳐 위청과 함께 무제의 흉노 원정에 혁혁한 공적을 세웠다.

④ 군은 이름이 인원이고 자가 사원으로 조음 대빈 사람이다[君, 名仁願, 字士元, 雕陰大斌人也]: 劉仁願에 대해서는 『舊唐書』·『新唐書』에 열전이 없어 자세한 사항을 알 수 없는데, 이 〈유인원기공비〉의 기록에서 유인원의 諱·字·本貫을 비롯하여 유인원 가문의 출자까지 알 수 있다.

⑤ … 가문을 일으켜 …가 동국에서 깃발을 세웠고[□土開家, □□建旜於東國]: '建旜'는 『周禮』 「司常」의 "국가에서 크게 사열하면 司馬를 보좌하여 旗物을 구분한다. 왕은 大常을 세우고 … 州里에서는 旟를 세운다."8)라는 것에서 나온 말로, 국가에서 동계 사열할 때 州里에서 용맹과 민첩성의 상징인 새매가 그려진 기를 세우던 것을 말한다. 일반적

---

7) 『毛詩正義』卷10, 「小雅·采芑」; 『毛詩正義』卷18, 「大雅·江漢」.
8) 『周禮注疏』卷27, 「春官宗伯下·司常」, "司常掌九旗之物名, 各有屬, 以待國事. 日月爲常, 交龍爲旂, … 鳥隼爲旟, 龜蛇爲旐, … 及國之大閱, 贊司馬頒旗物. 王建大常, 諸侯建旂, … 州里建旟, 縣鄙建旐, … [鄭玄注, '仲冬教大閱, 司馬主其禮. 自王以下治民者, 旗畵成物之象. 王畵日月, 象天明也. 諸侯畵交龍, 一象其升朝, 一象其下復也. … 州里縣鄙, 鄕遂之官, 互約言之. 鳥隼, 象其勇捷也. 龜蛇, 象其扞難辟害也']".

으로 장수의 출정을 뜻한다. 또한 '東國'은 洛陽을 의미하는데, 『尙書』 「康誥」에는 "周公이 처음 터전을 잡아 새로운 大邑을 東國인 洛에 만들었다."9)고 한다. 여기서는 유인원 가문의 연원을 기술한 부분으로 보이는데, 후술하듯이 유인원 가문이 흉노계 유씨에서 출자하였음을 볼 때 이 구절은 오호십육국 시기 남흉노선우에게서 출자한 前趙의 劉聰이 낙양을 함락시키고 서진 회제를 살해한 '永嘉의 喪亂'을 가리키는 것으로 보인다.

6 모토를 분봉 받아[分茅錫壤]: 제후에게 봉작과 봉토를 수여하는 것을 말한다. 『逸周書』 「作雒」에 의하면, 천자가 제후를 책봉할 때 封土의 방향을 상징하는 색깔의 흙을 白茅로 싸주어 封國의 社壇을 세우도록 하였던 데에서 유래한 것이다.10)

7 삼초에서는 그 의관과 잠영을 찬양하였고[三楚盛其衣簪]: '三楚'는 전국시대 楚의 강역으로, 진한대에는 이를 西楚·南楚·東楚로 구분하였다. 다만, 구체적인 위치에 대하여 『史記』 「貨殖列傳」에는 淮河 북쪽에서부터 沛·陳·汝南·南郡을 '西楚', 彭城 이동의 東海·吳·廣陵을 '東楚', 衡山·九江·江南·豫章·長沙를 '南楚'라고 하였고, 『漢書』 「高帝本紀」의 孟康注에는 江陵이 '南楚', 吳가 '東楚', 彭城이 '西楚'라고 하였다.11) 여기서 '三楚'는 유인원 가문의 세습 봉작지인 彭城을 비유한다.

8 육군에서는 그 초헌과 면류관을 칭송하였으니[六郡稱其軒冕]: '六郡'은 漢의 隴西·天水·安定·北地·上·西河 6郡을 가리키는데,12) 여기서

---

9) 『尙書正義』 卷14, 「康誥」, "惟三月哉生魄, 周公初基, 作新大邑于東國洛, 四方民大和會.[孔安國傳, '初造基, 建作王城大都邑於東國洛汭, 居天下上中, 四方之民大和悅而集會']"

10) 『逸周書彙校集注』 卷5, 「作雒解」.

11) 『漢書』 卷1上, 「高帝本紀一上」, 高祖元年二月條, "羽自立爲西楚霸王, [文穎曰, '『史記』貨殖傳曰, "淮以北沛·陳·汝南·南郡爲西楚, 彭城以東東海·吳·廣陵爲東楚, 衡山·九江·江南·豫章·長沙爲南楚. 羽欲都彭城, 故自稱西楚." 孟康曰, '舊名江陵爲南楚, 吳爲東楚, 彭城爲西楚.' 師古曰, '孟說是也.']"

의 '六郡'은 유인원 가문이 세거하던 綏州를 비유한다.

**9** 때마침 북위 황실이 기강을 잃어 이주씨가 침노하여 동경이 함락되고[屬魏室不綱, 尒朱陵虐, 東京淪喪]: '尒朱'는 尒朱榮을 비롯한 이주씨 일족을 지칭한다. 이주영(493~530)은 字가 天寶, 北秀 容川人이며, 匈奴 稽胡部落의 수령이었다. 무태 원년(528) 胡太后가 孝明帝를 독살하고 幼主를 세우자 '六鎭의 亂'을 진압하는 과정에서 대군벌로 성장한 이주영은 낙양을 함락시키고 胡太后·幼主 및 2천여 인을 살해한 뒤 정권을 장악하였는데, 이를 '河陰의 變'이라 한다. 이후 이주영은 孝莊帝를 옹립하고 都督中外諸軍事·大將軍·兼尙書令·領軍將軍·太原王이 되어 자신의 근거지인 晉陽에서 국정을 전횡하였다. 그 후 영안 3년(530) 이주영이 낙양에 입조하였다가 효장제에게 피살되자, 尒朱世隆·尒朱兆 등의 이주씨 일족이 다시 낙양을 함락시키고 효장제를 살해하였다.[13]

**10** □□가 서쪽으로 파천하자 어가를 받들어 관내 지역으로 이주하였다[□□西遷, 陪奉鑾輿, 徙居關內]: 영안 3년(530) 이주영 사후 그 휘하 장수였던 高歡(496~547)이 이주씨 일족을 격파하고 孝武帝를 옹립하였는데, 이후 효무제가 영희 3년(534) 고환의 폭정을 피해 장안으로 달아나 宇文泰(505~556)에게 의지하면서 북위가 동위·서위로 분열된 일을 가리킨다.

**11** 관직에 따라 식봉을 받았고 이어서 대대로 그곳에 거주하며 … 북주의 망족이 되었다[因官食封, 仍代居之, □鼓□□之, □北州之望]: 『元和姓纂』 '雕陰劉氏'條에는 유인원의 가문이 "綏州에서 대대로 酋望이었다."라고 한다.[14] 따라서 이때의 '北州'는 유인원 가문이 세거하던 綏州

---

12) 『漢書』 卷28下, 「地理志八下」, "漢興, 六郡良家子選給羽林·期門, [師古曰, '六郡謂隴西·天水·安定·北地·上郡·西河.'] 以材力爲官, 名將多出焉."
13) 『魏書』 卷74, 「尒朱榮傳」; 『魏書』 卷75, 「尒朱兆傳」.
14) 『元和姓纂』 卷5, 雕陰劉氏條, "唐左武衛大將軍·綏州總管·義成公大具, 晉右賢王豹之後, 綏州代爲酋望."

를 말한다.

**12** 부친 대구[父大俱]: 유인원의 부친인 유대구에 대해서는 앞서 인용한 『元和姓纂』 '雕陰劉氏'條에 "唐 左武大將軍・綏州總管・義成公 [劉]大俱는 晉 右賢王 豹의 후예이다."라고 한다. 여기서 서진 시기의 右賢王 劉豹는 南匈奴單于 欒提於夫羅의 아들이자 前趙 劉淵의 부친으로, 관련 연구에서는 이를 바탕으로 유인원 가문의 출자를 흉노계로 추정한다.15)

**13** 황조의 사지절・동수이주총관・24주제군사・수주자사이다[皇朝使持節・同綏二州摠管・廿四州諸軍事・綏州刺史]: 유인원의 부친인 유대구와 관련하여 『資治通鑑』 武德七年八月條에는 "[突厥이] 綏州를 노략질하자 刺史 劉大俱가 쳐서 물리쳤다."는 기록이 보이고, 이어서 『資治通鑑』 武德七年九月條에는 "突厥이 綏州를 노략질하자 都督 劉大俱가 격파하고 特勤 3인을 포획하였다."는 기록이 보인다.16) 이를 통해서 유인원의 부친 유대구가 고조 무덕 7년(624) 무렵에 수주자사・수주도독을 역임하였음이 확인된다.

**14** 관군대장군・진군대장군[冠軍大將軍・鎭軍大將軍]: 각 정3품, 종2품 무산관이다. 산관은 실직을 수반하지 않고 단순히 품계의 고하를 표시하던 관직으로, '階' 혹은 '階官'이라고도 불렸다. 문・무산관 각 29계가 있었는데, '관군대장군'과 '진군대장군'은 무산관 29계 가운데 네 번째와 세 번째이다.17)

**15** 상주국[上柱國]: 정2품 훈관이다. 훈관은 군공에 따라 산정되는 '勳轉'

---

15) (淸) 劉喜海가 『海東金石苑』에서 최초로 지적하였는데, 자세한 사항은 長田夏樹, 「百濟鎭將劉仁願の出自について -匈奴系劉氏の系譜」, 『神戸外大論叢』 32-3(1981), 67-71쪽 참조.
16) 『資治通鑑』 卷191, 武德七年七月條, "壬申, 突厥寇忻州, 丙子, 寇幷州, 京師戒嚴. 戊寅, 寇綏州, 刺史劉大俱擊卻之."; 『資治通鑑』 卷191, 武德七年九月條, "癸卯, 突厥寇綏州, 都督劉大俱擊破之, 獲特勒三人."
17) 『唐六典』 卷5, 「尙書兵部」, 兵部郞中・員外郞條.

이라는 독자의 등급에 따라 수여되던 관직으로, 上柱國·柱國·上護軍·護軍·上輕車都尉·輕車都尉·上騎都尉·騎都尉·驍騎尉·飛騎尉·雲騎尉·武騎尉의 12등이 있었다.18) 그러나 당초 대외원정의 증가로 인하여 훈관 수여가 남발됨에 따라 점차 훈관의 처우가 악화되고 가치가 저하되면서 이후에는 일개 병졸까지 최고 훈관인 상주국(정2품)을 수훈하였다.

16 의성군개국공[義城郡開國公]: 정2품 봉작이다. 당의 봉작은 수 개황 연간(581~600)의 제도를 인습하여 王(親王·嗣王), 郡王, 國公, 郡公, 縣公, 縣侯, 縣伯, 縣子, 縣男의 9등작이 있었는데,19) 군공·현공·현후·현백·현자·현남은 각각 某郡개국공·某縣개국공·某縣개국후(이하 동일) 등으로 불리기도 하였으며 이러한 봉작을 가진 사람에게는 봉작의 등급에 따라 식봉의 수여, 영업전의 수여, 과역의 면제 등과 같은 여러 특전이 주어졌다.

17 모두 계수나무 향기와 난초 내음이 있었고 … 여기서 드러나는구나[並桂馥蘭芬, … 見於斯矣]: 이상은 유인원 직계조상의 인품과 가문의 영예를 찬미하는 내용이다. '桂馥'·'蘭芬'·'金貞'·'玉潤'·'珪璋'은 모두 어진 성품을 비유하는 말이고, '名高大樹'·'譽滿詞林'·'閥閱'은 가문의 공적과 영예를 나타내는 표현이다.

18 육합을 병탄하고 팔황을 석권하였다[幷吞六合, 席卷八荒]: '六合'은 天地·四方, 즉 天下를 가리킨다. 『莊子』「齊物論」에는 "六合 밖의 일을 聖人은 살피기만 할 뿐 논하지 않는다."라는 내용이 있는데, 成玄英疏에는 "六合이란 天地와 四方을 이른다."고 하였다.20) '八荒'은 八方의

---

18) 『唐六典』 卷2, 「尙書吏部」, 司勳郞中·員外郞條.
19) 『唐六典』 卷2, 「尙書吏部」, 司封郞中·員外郞條.
20) 『莊子集釋』 卷1下, 「內篇·齊物論」, "六合之外, 聖人存而不論, [疏, '六合者, 謂天地四方也'] 六合之內, 聖人論而不議"

아득히 먼 지역을 가리킨다. 『漢書』「陳勝·項籍傳」의 논찬에는 "君臣이 굳게 지킨 채 周室을 엿보며 天下를 석권하고 宇內를 포괄하며 四海를 망라하고 八荒을 병탄하려는 마음이 있었다."라는 내용이 있는데, 顏師古는 "八荒은 八方의 지극히 먼 지역이다."라고 주해하였다.21)

■19■ 영예로운 명성은 뭇사람들의 의견과 합치되었다[令問之譽, 僉議攸歸]: '令問'은 '令聞'과 같은 의미로, 아름다운 명성이나 명예를 의미한다.22) 『漢書』「匡衡傳」에는 "그러나 뭇 사람들의 의견 중에 아름다운 명성이나 영예가 將軍에게만 없는 것은 무엇 때문입니까?"라는 내용이 있는데, 顏師古는 "令은 善이고, 問은 名이며, 休는 美이다."라고 주해하였다.23)

■20■ 홍문관학생[弘文館學生]: 홍문관은 門下省 예하의 관부로 圖籍의 校正과 生徒의 敎授를 담당하였다. 무덕 연간(618~626) 초에 설치된 修文館이 얼마 지나지 않아 弘文館으로 개칭되었고, 중종 신룡 원년(705) 다시 昭文館으로 개칭되었다가 현종 개원 7년(719) 홍문관으로 복구되었다. 學士(無정원), 學生(30인), 校書郎(2인) 등이 있었는데, 이 가운데 홍문관학생은 京官 職事 3품의 子·孫이나 종3품의 子 가운데 성품과 식견이 총민한 자를 簡選하였다.24)

■21■ 우친위[右親衛]: '親衛'는 三衛의 하나로 관품은 정7품상이다. 南衙諸衛府의 左·右衛와 東宮諸率府의 左·右率府에는 親府·勳府·翊府의

---

21) 『漢書』 卷31, 「陳勝·項籍傳」, "贊曰, '昔賈生之「過秦」曰, "秦孝公據殽函之固, 擁雍州之地, 君臣固守而闚周室, 有席卷天下, 包擧宇內, 囊括四海, 并吞八荒之心."' [師古曰, "八荒, 八方荒忽極遠之地也."]"

22) 『尙書正義』 卷13, 「微子之命」, "王若曰, '猷! 殷王元子, 惟稽古, 崇德象賢. 統承先王, 修其禮物, 作賓于王家, 與國咸休, 永世無窮. 嗚呼! 乃祖成湯, 克齊聖廣淵, 眷佑, 誕受厥命. 撫民以寬, 除其邪虐, 功加于時, 德垂後裔. 爾惟踐修厥猷, 舊有令聞, [汝微子, 言能踐湯德, 久有善譽, 昭聞遠近.] 恪愼克孝, 肅恭神人"

23) 『漢書』 卷81, 「匡衡傳」, "長安令楊興說高曰, '將軍以親戚輔政, 貴重於天下無二, 然衆庶論議令問休譽不專在將軍者何也?' [師古曰, '令, 善, 問, 名, 休, 美也']"

24) 『唐六典』 卷8, 「門下省」, 弘文館條.

속관부가 있었는데, 이 친부·훈부·익부에 편제된 親衛·勳衛·翊衛를 가리켜 '三衛'라고 하였다. '三衛'는 資蔭이 높은 자를 簡點하였고, 특히 親衛는 2품 이상의 子·孫이나 3품 이상의 子에서 선발하였다.[25]

**2-2** 유독 다른 마음을 품고 망명자들을 모으고 간사한 무리를 불러들여[獨生攜貳, 鳩聚亡命, 招納姦回]: '攜貳'는 다른 마음을 품는 것을 뜻하는데, 『國語』 「周語上」에는 "국가의 형법이 [군주의 명령을] 사칭하여 무고하면 백성이 다른 마음을 품는다."고 한다.[26] '姦回'는 간악한 사람이나 행위를 뜻하는데, 『尙書』 「泰誓下」에는 "[紂王이] 간사한 자들을 높이고 믿으며 師保를 추방하고 내쳤다."고 한다.[27]

**2-3** 황제께서 크게 노하시어 천명을 받들어 포학한 군주를 토벌하니[皇赫斯怒, 龔行弔伐]: '皇赫斯怒'는 황제가 크게 분노하였음을 뜻하는 말이다. 『毛詩』 「皇矣」의 "王이 赫然히 노하시어 이에 그 군대를 정돈하였다."라는 구절에서 나온 말이다.[28] '龔行'은 『尙書』 「甘誓」의 "이제 나는 하늘의 벌을 공손히 행할 것이다."[29]라는 구절에서 나온 것으로, 천명을 받들어 징벌을 행한다는 뜻이다. 일반적으로 천자의 용병을 뜻한다.

---

25) 『唐六典』 卷24, 「諸衛府」, 左·右衛條 및 同 卷28, 「太子左右衛及諸率府」, 太子左·右衛率府條.
26) 『國語』 卷1, 「周語上」, "[周惠王]十五年, 有神降於莘, 王問於內史過, 日, '是何故? 固有之乎?' 對曰, '有之. 國之將興, 其君齊明·衷正·精潔·惠和, …. 國之將亡, 其君貪冒·辟邪·淫佚·荒怠·麤穢·暴虐, … 其刑矯誣, 百姓攜貳, …'"
27) 『尙書正義』 卷11, 「泰誓」 下, "王曰, '嗚呼! 我西土君子, 天有顯道, 厥類惟彰. 今商王受, 狎侮五常, 荒怠弗敬. 自絶于天, 結怨于民. … 崇信姦回, 放黜師保, [回, 邪也. 姦邪之人, 反尊信之. 可法以安者, 反放退之.] 屏棄典刑, 囚奴正士, 郊社不修, 宗廟不享, 作奇技淫巧以悅婦人, …'"
28) 『毛詩正義』 卷16, 「大雅·皇矣」, "帝謂文王, '無然畔援, 無然歆羨, 誕先登于岸.' 密人不恭, 敢距大邦, 侵阮徂共. 王赫斯怒, 爰整其旅, 以按徂旅. 以篤于周祜, 以對于天下. [… 文王赫然與其羣臣盡怒曰, 整其軍旅而出, 以卻止徂國之兵衆, 以厚周當王之福, 以答天下鄉周之望]".
29) 『尙書正義』 卷7, 「甘誓」, "今予惟恭行天之罰. [孔安國傳: 恭, 奉也, 言欲截絶之.]"

**24** 고구려의 요동·개모· … 등 10성을 함락시키고[□其遼東·盖牟·□ □等十城]: 『三國史記』·『資治通鑑』·『册府元龜』 등에 의하면, 정관 19년(645) 태종의 고구려 친정 당시 함락되었던 고구려성은 玄菟·橫山·蓋牟·磨米·遼東·白巖·卑沙·麥谷(혹은 夾谷)·銀山·後黃 10城이었다고 한다.30)

**25** 주필·신성·안지 등 3진을 …하여[□□駐蹕·新城·安地等三陣]: 『册府元龜』「帝王部·親征」에 의하면, 고구려의 親城(新城?)·駐蹕·建安에서 있었던 총 세 번의 큰 전투에서 전후로 4만여 급을 참수하였고 고구려의 大將 2인(高延壽, 高惠眞?), 裨將 및 官人·酋帥子弟 3,500인, 兵士 10만 인을 항복시켰다고 한다.31)

**26** 그 대장 고연수·고혜진을 사로잡고[虜其大將延壽·惠眞]: 高延壽와 高惠眞은 정관 19년(645) 6월 당군이 안시성으로 진격하였을 때 이를 구원하기 위해 파견된 고구려의 장수이다. 당시 고연수와 고혜진은 휘하에 고구려와 말갈 군대 15만을 거느리고 안시성 인근의 駐蹕山에서 당군과 격돌하였다. 그러나 이 전투에서 고구려군이 대패하면서 고연수와 고혜진은 당조로 투항하였고, 같은 해 7월 각각 鴻臚卿과 司農卿에 제수되었다. 당시 고연수와 고혜진의 관등 및 관직에 대해 『新唐書』「高麗傳」에서는 北部傉薩 高延壽와 南部傉薩 高惠眞이라고 하고, 『册府元龜』「帝王部·來遠」에서는 位頭大兄·理大夫·後部軍主 高延壽와 大兄·前部軍主 高惠眞이라고 한다.32)

**27** 그 갑졸 16만 명을 노획하였다[俘其甲卒一十六万]: 정관 19년(645) 태종의 고구려 친정 시 노획한 고구려인 포로의 숫자에 대해 『册府元龜』에는

---

30) 『三國史記』卷21, 「高句麗本紀」, 寶藏王四年十月條; 『資治通鑑』卷198, 貞觀十九年十月條; 『册府元龜』卷117, 「帝王部·親征」, 貞觀十九年十月條.
31) 『册府元龜』卷117, 「帝王部·親征」, 貞觀十九年十月條.
32) 『新唐書』卷220, 「高麗傳」; 『册府元龜』권170, 「帝王部·來遠」, 貞觀十九年七月條.

6만 호, 18만 구, 『資治通鑑考異』에는 10만 호, 18만 구라고 한다.33)

**28** 군은 몸소 전투에 참여하여 손수 태종의 말굴레와 말고삐를 끌며[君身預戎旃, 手奉羈靮]: '戎旃'은 軍旗를 뜻하며 이후 전의되어 전쟁이나 군대를 의미하는 말로 사용되었다. 『文選』에 수록된 謝玄暉의 「拜中軍記室辭隋王牋」에는 "[隋王을 따라] 동쪽으로 세 강을 건너고 서쪽으로 일곱 연못에서 배를 띄웠으며, 군대에서는 부지런히 애썼고 연회 때의 이야기는 여유롭게 하였다"라고 한다.34) '羈靮'은 말굴레와 말고삐를 가리키는데, 『禮記』「檀弓下」에는 "柳莊이 말하길, '만일 모든 신하들이 社稷을 지키고 있었다면 임금의 말고삐를 누가 잡고 호종했겠으며, 만약 모든 신하가 호종했다면 누가 社稷을 지켰겠습니까?"라는 내용이 있다.35)

**29** 척후나 후군이 되어[前茅後殿]: '前茅'는 척후를 의미하는 말로, 군대가 출동할 적에 敵이 나타나면 茅로 장식한 깃발을 들어 후방에 알렸던 데에서 유래하였다. 『春秋左傳』宣公十二年條에는 "前軍은 旗를 들고 가면서 불의의 사태를 알린다."고 한다.36) '後殿'은 '殿軍'이라고도 하는데, 군대가 퇴각할 때 대열의 후미에서 적의 추격을 방어하는 부대를 뜻한다.

**30** 북문장상으로 비기를 압령하였다[壓領飛騎於北門長上]: '飛騎'는 玄武

---

33) 『資治通鑑』卷198, 貞觀十九年十月條, "徙遼·蓋·巖三州戶口入中國者七萬人. [『考異』曰: 『實錄』上云, '徙三州戶口入內地者, 前後七萬人', 下癸丑詔書云, '獲戶十萬, 口十有八萬'. 蓋并不徙者言之耳.]"

34) 『六臣注文選』卷40, 「拜中軍記室辭隋王牋」(謝玄暉), "東亂三江, 西浮七澤, 契闊戎旃, 從容讌語."

35) 『禮記正義』卷10, 「檀弓下」, "衛獻公出奔, 反於衛, 及郊, 將班邑於從者而后入. 柳莊曰, '如皆守社稷, 則孰執羈靮而從? 如皆從, 則孰守社稷? 君反其國而有私也, 毋乃不可乎!' 弗果班."

36) 『春秋左傳正義』卷23, 「宣公十二年條」, "蔿敖爲宰, 擇楚國之令典, 軍行, 右轅, 左追蓐, 前茅慮無, [慮, 如今軍行前有斥候蹋伏, 皆持以絳及白爲幡. 見騎賊舉絳幡, 見步賊舉白幡, 備慮有無也. 茅, 明也. 或曰時楚以茅爲旌識.] 中權後勁"

門 북쪽에 주둔하던 左右屯營의 병사를 가리키는 말이다. 정관 12년 (638) 11월 태종은 현무문에 左·右屯營을 설치하고 諸衛將軍에게 통령하게 하였는데, 이 좌우둔영 예하의 衛士를 가리켜 '飛騎'라고 하였다. 이후 고종 용삭 2년(652) 左右屯營이 독립하여 左右羽林軍으로 개칭되었고, 무측천 시기 左右羽林軍에 大將軍을 설치하고 羽林郎 6천 명을 두면서 北衙禁軍의 체계가 갖추어 지게 되었다. '長上'이란 장기 상번한다는 의미로, 北門(즉 현무문)으로 장기 상번하면서 숙위하는 자를 '北門長上'이라고 하였다.

**31** 영국공 이적[隨英國公李勣]: 본명은 徐世勣이지만, 이후 李氏에 賜姓되고 태종의 휘를 避諱하면서 李勣이라 불렸다. 字는 懋功이며, 曹州 離狐人이다. 『舊唐書』 卷67 및 『新唐書』 卷93에 열전이 전한다. 그의 열전에 의하면, 隋末唐初에 본래 李密을 따랐으나 무덕 2년(619) 당조로 귀의하였고, 이후 무덕 연간에 王世充, 竇建德, 劉黑闥 등 수말 군웅을 평정하는 데에 공을 세웠다. 태종이 즉위하자 幷州都督에 제수되었고 정관 3년(629) 通漢道行軍總管에 임명되어 衛國公 李靖과 함께 東突厥을 정벌하는 데에도 큰 공을 세웠다. 정관 11년(637) 英國公에 봉해졌고, 정관 15년(641) 兵部尙書에 임명되었으며, 같은 해 朔州道行軍總管에 임명되어 설연타를 토벌하기도 하였다. 정관 18년(644) 태종의 고구려 원정 당시에는 遼東道行軍大總管에 임명되었고, 정관 20년(646) 설연타 평정에도 참여하였다. 이후 고종 시기 尙書左僕射, 司空, 太子太師 등을 역임하였고, 총장 원년(668) 다시 요동도행군대총관에 임명되어 고구려를 멸망시켰다. 이듬해인 총장 2년(669) 卒하자 太尉로 추증되었고, 昭陵에 陪葬되었으며, 諡號는 '貞武'이다.

**32** 정관 23년(649) 태종이 붕어하자[卅三年, 太宗宮車晏駕]: '宮車晏駕'는 황제의 붕어를 말한다. 『史記』「武安侯田蚡傳」에는 "황상께서는 아직 太子가 없으시고 대왕께서는 가장 현명한데다가 高祖의 손자이시니,

만약 황상께서 붕어하시면 대왕을 황제로 옹립하지 않고 누구를 세우겠습니까?'라고 하는 내용이 있다.37)

3-3 종묘사직은 하루라도 군주가 없을 수 없어[宗廟社稷, 不可一日無□]: 『春秋公羊傳』文公九年條에는 "臣民의 마음으로 따른다면 하루라도 군주가 없을 수 없고, 끝마치고 시작하는 義에 따른다면 한 해라도 두 임금이 있을 수 없다"38)라는 내용이 있다.

3-4 황태자가 거상 중에도 선왕의 업적을 이어 제위를 계승하니[儲皇諒闇, 纂戎繼極]: '諒闇'은 천자가 거상할 때 거처하는 곳, 혹은 천자의 거상을 말한다. 『尙書』「說命」上에는 "王이 亮陰에서 宅憂하기를 3년 동안 하였다."는 내용이 있다.39) '纂戎'은 선대의 큰 업적을 이어받는다는 뜻이고 '繼極'은 제위를 계승한다는 의미이다.

3-5 주나라가 비록 오래되었으나 그 정치는 새롭다[周邦雖舊, 厥政惟新]: 『毛詩』「大雅・文王」에는 "文王이 위에 계시어 아 하늘에 밝게 계시니, 周가 비록 오래된 나라이나 그 천명은 새롭도다."라고 하는 내용이 있다.40)

3-6 노국공 정지절[盧國公程知節]: 본명은 麤金이며 字가 義貞, 濟州 東阿人이다. 凌煙閣 24공신의 1인이다. 『舊唐書』卷68 및 『新唐書』卷90에 열전이 전한다. 그의 열전에 의하면, 隋末唐初에 본래 李密을 따랐으나 이후 당조로 귀의하였다. 무덕 연간(618~626) 秦王 李世民의 휘하에서 宋金剛・竇建德・王世充 등의 수말 군웅을 평정하는 데에 공을 세워 宿

---

37) 『史記』卷107, 「魏其武安侯列傳」, "淮南王安謀反覺, 治. 王前朝, 武安侯爲太尉, 時迎王至霸上, 謂王曰, '上未有太子, 大王最賢, 高祖孫, 卽宮車晏駕, 非大王立當誰哉!' 淮南王大喜, 厚遺金財物."
38) 『春秋公羊傳注疏』卷13, 「文公九年條」, "緣民臣之心, 不可一日無君, 緣終始之義, 一年不二君"
39) 『尙書正義』卷10, 「說命上」, "王宅憂, 亮陰三祀. [亮, 本又作諒.]"
40) 『毛詩正義』卷16, 「大雅・文王」, "文王在上, 於昭于天. 周雖舊邦, 其命惟新"

國公에 봉해졌고, 玄武門의 變에 참여하여 太子右衛率에 배수되었다. 정관 연간(627~649) 瀘州都督, 左領軍大將軍 등을 역임하였고 盧國公으로 改封되었다. 영휘 6년(655) 葱山道行軍大總管에 제수되어 西突厥 阿史那賀魯 원정에 나섰으나 공을 세우지 못하고 돌아와 免官되었다. 얼마 지나지 않아 岐州刺史에 기용되었으나 致仕하였고, 인덕 2년(665) 卒하였다. 사후 驃騎大將軍・益州大都督에 추증되었고, 昭陵에 陪葬되었으며, 시호를 '襄'이라 하였다.

37 형국공 소정방[邢國公蘇定方]: 본명이 烈, 字가 定方이며 冀州 武邑 사람이다. 『舊唐書』 卷83 및 『新唐書』 卷111에 열전이 전한다. 그의 열전에 의하면, 수말당초에 竇建德・劉黑闥을 따랐으나 유흑달이 죽자 귀향하였다. 이후 정관 4년(630) 匡道府 折衝都尉로, 李靖을 따라 東突厥 정벌에 참전하여 左武候中郞將에 제수되었다. 고종 현경 2년(657) 伊麗道行軍大摠管에 임명되어 西突厥 阿史那賀魯를 사로잡아 左驍衛大將軍으로 승진하였고 邢國公에 봉해졌다. 현경 4년(659)에는 思結部 俟斤 都曼의 반란을 진압하여 파미르 고원 이서 지역을 모두 평정하였고, 현경 5년(660)에는 神丘道大摠管에 임명되어 百濟를 멸망시켰다. 건봉 2년(667) 卒하자 幽州都督에 추증되었으며, 시호를 '莊'이라 하였다.

38 백제를 평정하고 그 왕 부여의자와 태자 부여융 및 좌평・달솔 이하의 700여 인을 사로잡았다[平破百濟, 執其王扶餘義慈, 幷太子隆及佐平・達率以下七百餘人]: 백제 멸망 이후 소정방이 장안으로 압송한 백제 포로에 대해서는 기록마다 약간씩 차이가 있는데, ①〈大唐平百濟國碑銘〉에는 그 왕 扶餘義慈, 太子 隆 이외 王[子] [扶]餘孝 등 13인 및 大首領 大佐平 沙吒千福과 國辯成 이하 700여 인이라고 하고, ②『舊唐書』・『新唐書』「百濟傳」에는 義慈王과 太子 隆, 小王 孝와 演 및 僞將(酋長) 58인이라고 하며, ③『三國史記』「百濟本紀」에는 왕과 太子 孝, 王子 泰・隆・演 및 大臣과 將士 88인과 백성 1만 2천 807명이라고 한다.41)

39 모두 기미를 엿보며 적절한 시기에 행동하여 공을 세워 귀순하였고 [並見機而作, 立功歸順.]: '見機而作'은 조짐이나 낌새를 살펴보고 적절한 시기에 행동함을 이르는 말이다. 『易經』 「繫辭傳」에는 "군자는 기미를 보고 일어나서 하루가 마치기를 기다리지 않는다."라고 한다.42)

40 도호·겸지유진사[都護·兼知留鎭]: 고종 현경 5년(660) 백제 멸망 이후 당조가 백제고토에 설치한 기미부주의 통할을 위해 도호부를 설치하였음을 보여주는 내용이다.43)

41 김인태[金泰]: '金泰'는 신라 무열왕의 아들인 金仁泰를 말한다. 『三國史記』 「新羅本紀」에는 무열왕 7년(660) 9월 3일 "郞將 劉仁願이 군사 1만 명으로 泗沘城에서 留鎭하였는데, 王子 仁泰가 沙飡 日原·級飡 吉那와 함께 군사 7천 명을 거느리고 그를 보좌하였다"고 한다.44) 김인태는 무열왕 2년(655) 角粲에 임명되었고, 문무왕 8년(668) 劉仁願과 함께 比列道摠管에 제수되어 고구려 원정에도 참전하였다. 고구려 멸망 이후 이적이 보장왕을 사로잡아 귀환할 때 김인문을 수행하여 입당한 이후로 행적을 알 수 없다.

42 옛날 주 무왕이 은을 평정하였으나 상엄이 계속해서 반란을 일으켰고 [然昔周武平殷, 商奄終叛]: 周武王은 商을 평정한 후 유민들을 통제하기 위해 商 紂王의 아들인 武庚(혹은 祿父)을 상의 도읍인 殷에 분봉하고 자신의 형제들인 管叔·蔡叔·霍叔에게 감시하도록 하였다(三監). 그러나 무왕이 죽고 어린 成王을 대신하여 周公 姬旦이 섭정하자 무경이

---

41) 〈大唐平百濟國碑銘〉; 『舊唐書』 卷199上, 「百濟傳」; 『新唐書』 卷220, 「百濟傳」; 『三國史記』 卷28, 「百濟本紀」, 義慈王二十年條.
42) 『周易正義』 卷8, 「繫辭下」, "君子見幾而作, 不俟終日"
43) 자세한 내용은 조재우, 앞의 글, 116-122쪽 참조.
44) 『三國史記』 卷5, 「新羅本紀」, 太宗武烈王七年九月條, "九月三日, 郞將劉仁願以兵一萬人, 留鎭泗沘城, 王子仁泰與沙飡日原·級飡吉那, 以兵七千副之. 定方以百濟王及王族·臣寮九十三人·百姓一萬二千人, 自泗沘乘船校廻唐. 金仁問與沙飡儒敦·大奈麻中知等偕行."

관숙·채숙·곽숙을 비롯하여 奄·徐 등의 淮夷와 연합하여 반란을 일으켰다(三監의 亂, 혹은 武庚의 亂). 이에 주공이 東征을 단행하여 3년에 걸쳐 이들의 반란을 진압하였다. 이후 주 성왕은 주공의 맏아들인 姬伯禽을 魯侯로 봉하여 商奄의 땅을 통할하게 하였다. 희백금은 노후에 봉해진 후 3년 뒤부터 자신의 치적을 보고하였는데, 주공이 그 지체된 이유를 묻자 희백금이 말하길, "풍속을 바꾸고 예의를 고치는데 3년이 지나고서야 없앨 수 있었습니다."라고 하였다고 한다.[45] 이 구절은 상엄의 고사를 인용하여 백제 유민들의 풍속을 바꾸기 어려웠음을 표현한 것으로 보인다.

**4-3** 한이 서역을 평정하였으나 소륵에서 포위되었던 것은[漢定西域, 疏勒被圍]: 후한 명제 17년(74) 후한 조정은 車師를 정벌한 후 耿恭을 戊己校尉로 삼아 서역을 진무하게 하였는데, 얼마 지나지 않아 무기교위 경공은 北匈奴의 공격을 받고 疏勒城에 고립되었다. 당시 북흉노는 소륵성으로 유입되는 물길을 끊고 소륵성을 포위하였는데, 경공은 산을 파서 우물을 만들고 활을 삶아 먹으면서 흉노의 수만 무리와 대치하였다고 한다.[46] 이 구절은 이러한 경공의 고사를 인용하여 유인원이 백제 부흥군의 공세로 '百濟府城'(즉 泗沘城)에 고립되었던 상황을 표현한 것으로 보인다.

**4-4** 하물며 북방으로 도주한 도적은 원래부터 귀부하지 않았음에랴[況北方逋寇, 元來未附]: '북방으로 도주한 도적'이란 백강전투 이후 고구려로 달아난 부여풍을 가리킨다. 고종 용삭 3년(663) 9월 백강구와 주류

---

45) 『史記』 卷33, 「魯周公世家」, "魯公伯禽之初受封之魯, 三年而後報政周公. 周公曰, '何遲也?' 伯禽曰, '變其俗, 革其禮, 喪三年然後除之, 故遲.'"

46) 『後漢書』 卷19, 「耿恭傳」, "恭以疏勒城傍有澗水可固, [永平十八年]五月, 乃引兵據之. 七月, 匈奴復來攻恭, 恭募先登數千人直馳之, 胡騎散走, 匈奴遂於城下擁絕澗水. 恭於城中穿井十五丈不得水, 吏士渴乏, 笮馬糞汁而飲之. 恭仰歎曰, '聞昔貳師將軍拔佩刀刺山, 飛泉涌出, 今漢德神明, 豈有窮哉'"

성에서 백제부흥군과 왜군이 나당연합군에 대패하자, 부흥운동군의 구심점이었던 부여풍은 단신으로 고구려로 망명하였다. 이후 부여풍은 고종 총장 원년(668) 고구려가 멸망한 뒤 당군에 사로잡혀 嶺南으로 유배되었다.

45 조과를 보고 난 뒤 동쪽에서는 금람이 멀리서부터 구원하러 왔고 서쪽에서는 妖孼이 부상하였다[旣見雕戈, 東邁錦纜, 西浮妖孼]: '雕戈'는 무늬를 조각한 창, '錦纜'은 비단 닻줄, '妖孼'은 흉악한 무리라는 뜻으로, 각기 당군·왜군·백제부흥운동군을 수사적으로 표현한 것이라 생각된다. 즉 소정방 휘하의 당군이 백제를 멸망시킨 뒤 동쪽에서는 왜군이 구원병을 파견하였고 서쪽에서는 백제부흥운동군이 봉기하였다는 의미로 이해된다.

46 즉 위승 도침과 위한솔 귀실복신이 있었다[旣有僞僧道琛·僞扞率鬼室福信]: 道琛과 鬼室福信은 백제부흥운동의 중심인물이다. 『三國史記』에서 확인되지 않는 福信의 姓은 〈유인원기공비〉를 통해 '鬼室氏'였다는 사실이 확인된다. 다만 『日本書紀』에는 '西部 恩率 鬼室福信'이라고 하여 복신의 관등을 扞率이라고 기록한 〈유인원기공비〉의 내용과 차이를 보인다.[47]

【참고문헌】

[漢] 司馬遷 撰, [宋] 裴駰 集解, [唐] 司馬貞 索隱, [唐] 張守節 正義, 『史記』, 北京: 中華書局, 1959.
[漢] 班固 撰, [唐] 顏師古 注, 『漢書』, 北京: 中華書局, 1962.
[宋] 范曄 撰, [唐] 李賢 等注, 『後漢書』, 北京: 中華書局, 1965.
[北齊] 魏收 撰, 『魏書』, 北京: 中華書局, 1974.

---

47) 胡口靖夫, 「鬼室福信と劉仁願紀功碑」, 『古代文化』 31-2(1979).

[後晉] 劉昫 等撰,『舊唐書』, 北京: 中華書局, 1975.
[宋] 歐陽修·宋祁 撰,『新唐書』, 北京: 中華書局, 1975.
[高麗] 金富軾 撰,『三國史記』(이병도 역주), 서울: 을유문화사, 1983.

[魏] 王弼 注, [唐] 孔穎達 疏,『周易正義』(十三經注疏整理委員會 整理), 北京: 北京大, 1999.
[漢] 孔安國 傳, [唐] 孔穎達 疏,『尙書正義』(十三經注疏整理委員會 整理), 北京: 北京大, 1999.
[漢] 毛亨 傳, [漢] 鄭玄 箋, [唐] 孔穎達 疏,『毛詩正義』(十三經注疏整理委員會 整理), 北京: 北京大, 1999.
[漢] 鄭玄 注, [唐] 賈公彦 疏,『周禮注疏』(十三經注疏整理委員會 整理), 北京: 北京大, 1999.
[漢] 鄭玄 注, [唐] 孔穎達 疏,『禮記正義』(十三經注疏整理委員會 整理), 北京: 北京大, 1999.
[周] 左丘明 傳, [晉] 杜預 注, [唐] 孔穎達 正義,『春秋左傳正義』(十三經注疏整理委員會 整理), 北京: 北京大, 1999.
[漢] 公羊壽 傳, [漢] 何休 解詁, [唐] 徐彦 疏,『春秋公羊傳注疏』(十三經注疏整理委員會 整理), 北京: 北京大, 1999.
[淸] 郭慶藩 編, 王孝漁 點校,『莊子集釋』(新編諸子集成), 北京: 中華書局, 1961.
黃懷信 等撰,『逸周書彙校集注』, 上海: 上海古籍, 1995.

[梁] 蕭統 編, [唐] 李善·呂延濟·劉良·張銑·呂向·李周翰 注,『六臣注文選』, 北京: 中華書局, 1987.
[唐] 長孫無忌 等撰,『唐律疏議』, 北京: 中華書局, 1983.
[唐] 李林甫 等撰,『唐六典』(陳仲夫 點校), 北京: 中華書局, 1992.
[唐] 林寶 撰,『元和姓纂』(岑仲勉 校記), 北京: 中華書局, 1994.
[宋] 王溥 撰,『唐會要』, 上海: 上海古籍, 1991.
[宋] 王欽若 等編纂,『册府元龜』(周勛初 等校訂), 南京: 鳳凰, 2006.
[宋] 宋敏求 編,『唐大詔令集』, 北京: 中華書局, 2008.
[宋] 司馬光 編著, [元] 胡三省 音註,『資治通鑑』, 北京: 中華書局, 1956.
[淸] 董誥 等編『全唐文』, 北京: 中華書局, 1983.

[朝鮮] 李俁,『大東金石書』, 서울: 아세아문화사, 1976.
[朝鮮] 編者未詳,『金石錄』, 朴趾源 編,『三韓叢書』(국립중앙도서관 온라인 원문 제공).
[朝鮮] 吳慶錫,『三韓金石錄』, 서울: 아세아문화사, 1981.
[淸] 劉喜海, 劉承幹 補遺,『海東金石苑』, 서울: 아세아문화사, 1981.
[淸] 劉喜海,『海東金石存攷』(『石刻史料新編』1-26 收錄), 臺北: 新文豐, 1977.
[淸] 陸耀遹,『金石續編』(『石刻史料新編』1-5 收錄), 臺北: 新文豐, 1977.

朝鮮總督府 編,『朝鮮古蹟圖譜』4, 京城: 朝鮮總督府, 1917(朝鮮考古資料集成2, 東京: 出版科學總合硏究所, 1981).
朝鮮總督府 編, 『朝鮮金石總覽』上, 京城: 朝鮮總督府, 1919.
朝鮮總督府 編, 『古蹟調査報告: 大正六年度』, 京城: 朝鮮總督府, 1920(朝鮮考古資料集成 15, 東京: 出版科學總合硏究所, 1981).
朝鮮史編修會 編, 『朝鮮史』1-3(新羅統一以前支那史料), 京城: 朝鮮總督府, 1933.
조동원 편, 『韓國金石文大系』2(忠淸南北道編), 이리: 원광대학교출판국, 1981
허흥식 편, 『韓國金石全文』(古代), 서울: 아세아문화사, 1984.
한국고대사회연구소 편, 『譯註 韓國古代金石文』1(高句麗·百濟·樂浪編), 서울: 가락국사적개발연구원, 1992.
국사편찬위원회 편, 『韓國古代金石文資料集』1(高句麗·百濟·樂浪編), 과천: 국사편찬위원회, 1995.
한국정신문화연구원 편, 『藏書閣所藏拓本資料集』1(古代·高麗篇), 성남: 한국정신문화연구원, 1997.
충청남도역사문화연구원 편, 『百濟史資料原文集』1(韓國編), 공주: 충청남도역사문화연구원, 2005.
충청남도역사문화연구원 편, 『百濟史資料譯註集』韓國篇-1, 공주: 충청남도역사문화연구원, 2008.
국립중앙박물관 편, 『금석문자료』❶(삼국시대), 서울: 국립중앙박물관, 2010.
이우태 편, 『韓國金石文集成』3, 안동: 한국국학진흥원, 2014.
권인한 외 편, 『한국고대문자자료연구』백제(하), 서울: 주류성, 2015.

葛城末治, 「扶餘劉仁願紀功碑」, 『朝鮮金石攷』, 大阪: 大阪屋號書店, 1935.
박지현, 「熊津都督府의 성립과 운영」, 『한국사론』59, 2013.
방향숙, 「百濟故土에 대한 唐의 支配體制」, 『李基白先生古稀紀念韓國史學論叢』上, 서울: 일조각, 1994.
拜根興, 「劉仁願的活動及行迹」, 『七世紀中葉唐與新羅關係硏究』, 北京: 中國社會科學, 2003 (원래는 拜根興, 「劉仁願事迹考述試論考-以與新羅關係爲中心」, 『중국사연구』18, 2002).
濱田耕策, 「劉仁願紀功碑の復元と碑の史料價値」, 『朝鮮古代史料硏究』, 東京: 吉川弘文館, 2014(원래는 濱田耕策, 「劉仁願紀功碑の復元と碑の史料價値」, 『年報朝鮮學』14, 2011).
長田夏樹, 「百濟鎭將劉仁願の出自について -匈奴系劉氏の系譜」, 『神戶外大論叢』32-3, 1981.
조재우, 「「劉仁願紀功碑」의 해석과 당조의 백제고토 지배방식」, 『사림』61, 2017.
胡口靖夫, 「鬼室福信と劉仁願紀功碑」, 『古代文化』31-2, 1979.

# 墓誌

## 묘지

# 〈後漢延平元年(106)馬姜墓誌〉

〈후한 연평 원년(106) 마강 묘지〉

양진성

【 解 題 】

①〈賈武仲妻馬姜墓誌〉,〈馬姜墓誌〉,〈賈武仲妻馬姜墓記〉,〈漢賈夫人馬姜墓石記〉,〈漢賈武仲夫人馬姜墓門石記〉,〈賈仲武妻馬姜墓記〉[1] ② 後漢 延平元年(106) ③1929년 洛陽 邙山 王窯村 出土[2] ④未詳 ⑤ 紅沙石[3] ⑥길이(세로) 46cm · 너비 58.5cm(탁본 기준). 15행. 매 행의 글자 수는 2~19자로 일정하지 않음. 隸書 ⑦〈탁본〉北圖 志1 〈탁본 사진〉『北京圖書館藏中國歷代石刻拓本匯編 1册』(이하 北圖 로 약칭);『漢魏南北朝墓誌集釋』;『漢碑全集 1册』;『漢魏六朝碑刻校 注 第1册』;『漢代石刻集成(圖版 · 釋文篇)』⑧『遼居稿』;『積微居小 學金石論叢』⑨『遼居稿』;『積微居小學金石論叢』;『漢碑集釋』;『漢碑 全集 1册』;『漢魏南北朝墓誌彙編』;『漢魏六朝碑刻校注 第1册』;『漢 代石刻集成(圖版 · 釋文篇)』⑩이 석각의 銘文 내에서 '墓誌'라는 표 현은 나오지 않지만 銘文의 내용 구성과 작성 의도 등이 후대의 정형화 된 墓誌의 형식과 일치하기 때문에 墓誌의 기원으로 평가 된다.[4]

### 【 解 題 註 】

■ 徐玉立의『漢碑全集』에서는 이 석각의 題名을 〈賈仲武妻馬姜墓記〉라고 하였다.[1] 그런데 이 석각의 명문 상에서 墓主인 馬姜의 남편은 '賈武仲'으로 되어 있고,『漢碑全集』의 판독문도 "第五子賈武仲卒"이라고 하여 '賈武仲'으로 읽었다. 즉『漢碑全集』의 편자는 석각의 명문 내에서는 墓主의 남편을 '賈武仲'으로 판독하고, 정작 제목을 붙일 때는 '賈仲武'로 바꾸어 표기한 것이다. 이같이 표기를 달리한 이유에 대해서 별도의 설명은 없다. 아마도 이는『漢碑全集』편자의 誤記로 추정된다.

■ 이 석각에 대한 北圖의 해제에 따르면 民國 18년(1929) 낙양에서 原石이 발견된 후, 그 原石은 羅振玉에게 보내졌고, 현재는 이미 훼손되어 버렸다고 하였다.[2] 한편 毛遠明은 이 墓誌의 原石이 현재 洛陽市博物館에 보존 중일 수도 있고, 어쩌면 훼손되었을 수도 있다고 하였다. 이같은 그의 언급으로 보아 그 또한 탁본만 보았을 뿐 原石을 직접 확인하지는 못했음을 알 수 있다. 따라서 현재로서는 原石의 존재 유무를 확인할 길이 없다.[3]

■ 郭玉堂의『洛陽出土石刻時地記』에 따르면 이 석각의 재질은 紅沙石으로 그 크기는 매우 컸는데, 그 형태는 마치 무덤 내의 槨室을 에워싸는 데 사용된 석재인 黃腸石과 유사했다고 한다. 글자는 돌의 한쪽 끝에 새겨져 있었는데, 발견 당시 工人이 글자가 있는 부분만 떼어내고 그 나머지 부위는 버렸다고 한다.[4] 이 같은 기술을 종합하면 이 석각은

---

1) 徐玉立,『漢碑全集 1冊』(鄭州: 河南美術, 2006), 267쪽.
2) 北京圖書館金石組 編,『北京圖書館藏中國歷代石刻拓本匯編 1冊』(鄭州: 中州古籍, 1997), 36쪽.
3) 毛遠明,『漢魏六朝碑刻校注 第1冊』(北京: 線裝書局, 2008), 77쪽.
4) 郭培育·郭培智 主編,『洛陽出土石刻時地記』(鄭州: 大象, 2005), 3쪽. 이 책은 이 석각의 발굴 시점, 발굴 장소, 原石의 발굴 상태에 대한 정보를 담고 있는 최초의 기록이다. 이 책의 원저자는 郭玉堂(1888~1957)으로 그는 1937년 이후에 이 책을 완성했다.

처음부터 독립된 碑石이나 墓誌로서 제작된 것이 아니라 무덤 내부를 구성하는 석재였고, 명문은 이러한 석재의 일부분에 새겨졌을 가능성이 높다. 바로 이러한 이유 때문에 논자에 따라서는 이 석각을 바로 '墓誌'라 명명하지 않고, '墓記', '石記'라고 부르기도 한다.

4 羅振玉은 『遼居稿』에서 이 墓記가 墓誌의 기원이라고 평가했다.[5] 한편 趙超는 이 墓記가 망자의 출신과 그의 자녀들을 서술하고, 망자를 찬미하는 문구를 삽입하였으며 마지막에는 망자의 사망 시점과 葬地를 기록한 점, 그리고 자손들이 망자의 무덤과 그녀의 덕행을 알지 못할 것을 염려하여 이를 각석한 점 등으로 볼 때, 이는 후대의 정형화 된 묘지와 유사하며 최초의 묘지로 볼 수 있다고 하였다.[6] 일반적으로 고대 중국에서 묘지의 체제가 정비된 것은 唐代의 일로 본다.[7] 정형화 된 唐代의 묘지는 그 석각이 무덤 내에 위치하고, 명문은 墓主의 家系와 이력, 사망일과 葬日, 葬地, 그리고 마지막에는 묘주의 공덕을 찬미하는 銘辭로 구성되어 있다. 이러한 정형화 된 묘지의 기본 구성 요소는 본고에서 역주 대상으로 삼은 馬姜의 석각 명문에서도 공통적으로 확인된다. 또한 馬姜의 석각이 무덤 내에 위치하며, 그 명문의 각석 배경이 무덤의 위치와 묘주의 공덕을 알리기 위함이란 점도 후대 묘지의 요건과 일치한다. 따라서 이 석각을 묘지로 분류하는데는 무리가 없다고 판단된다. 이에 이하에서는 이 석각을 '墓誌'라 명명하기로 한다.

---

그리고 1941년에 洛陽大華書報社에서 정식 간행되었다. 본고에서 인용한 판본은 郭玉堂의 曾孫인 郭培育, 郭培智가 原書의 오류를 교정하고, 내용의 일부를 보충한 修訂, 增補版이다.
5) [清]羅振玉, 『遼居稿』, 269쪽.
6) 趙超, 『古代墓誌通論』(北京: 紫禁城, 2003), 43쪽.
7) 羅宗眞, 『六朝考古』(南京: 南京大學, 1994), 154쪽.

## 【釋文】

惟永平❶七年七月廿一日, 漢左將軍特進膠東侯」第五子賈武仲卒, 時年廿九.」夫❷人馬姜, 伏波將軍新息忠成侯之女,」明❸德皇后之姊也. 生四女, 年廿三而賈」君卒.」夫❹人深守高節, 勉勞歷載, 育成幼媛, 光□」祖先. 遂升二女爲」顯❺節園貴人. 其次適鬲侯朱氏, 其」次適陽泉侯劉氏. 朱紫繽紛, 寵」祿盈門, 皆猶」夫❻人. 夫人以母儀之德, 爲宗族之覆. 春秋」七十三, 延平元年七月四日薨.」皇❼上閔悼, 兩宮賻贈. 賜秘器以禮殯. 以」九月十日葬于芒門舊塋. □□子孫, 懼不」能章明, 故刻石紀□

## 【釋文註】

❶ 현재 본문의 첫 세 글자에 해당하는 '惟永平'의 경우, 北圖 初拓本이 아닌 다른 탁본에서는 그 원형을 확인하기 어렵다.8) 이는 이 글자들이 각석된 부분이 떨어져 나갔기 때문이다. 그러나 이 墓誌의 原石을 목격한 馬叔平에 따르면 원래 글자는 파손되지 않은 상태였다고 한다.9) 또한 『洛陽出土石刻時地記』에 따르면 본문의 마지막 두 행을 제외하면 한 글자의 파손도 없는 것으로 되어 있다.10) 아마도 발굴 이후, 운반 과정에서 도입부의 일부가 파손된 것으로 추정된다.

❷ 夫: 이 석각의 명문은 공간상 한 行당 최대 19자까지 기입이 가능하다.

---

8) 徐玉立의 『漢碑全集 1册』에서는 〈賈仲武妻馬姜墓記〉라는 題名으로 해당 墓誌의 탁본을 수록하고 있는데, 여기에 수록된 탁본에서 '惟永平' 부분은 글자가 떨어져 나가 있다.
9) 楊樹達, 『積微居小學金石論叢』(北京: 商務印書館, 2011), 436쪽.
10) 趙萬里, 『漢魏南北朝墓誌集釋』, 35쪽.

그런데 제2행의 경우, '第五子賈武仲卒時年廿九'까지 11자만 새겨져 있고, 그 다음에 이어지는 '夫人'의 '夫'는 행이 바뀌어 제3행의 첫 번째에 위치한다. 이렇게 '夫人'이라는 표기가 나오는 경우, 공간의 여백에 관계없이 행이 바뀌는 것은 이하의 명문에서도 반복된다. 이와 같이 문장 내에서 특정한 단어나 표현이 나오는 경우, 앞의 문장과 바로 이어서 적지 않고 행을 바꾸는 것을 平出이라고 하는데 그 목적은 해당 문구에 대해 경의를 표하기 위함이다. 이 명문에서 '夫人'이라는 단어에 대해 평출을 한 것은 墓主인 馬姜에게 경의를 표하기 위함이다.

**3** 明: 이 글자는 앞 문장의 말미인 '女'자와 바로 이어지지 않고 행이 바뀌었다. 그것은 이 '明'자가 '明德皇后(39~79)'를 의미하므로 문장을 각석할 때, 황후에게 경의를 표하기 위해 평출을 한 것이다.

**4** 夫: 이 글자도 墓主인 馬姜을 가리키는 표현으로 평출의 원칙이 적용되어 앞의 '卒'자와 바로 이어지지 않고 행이 바뀌었다.

**5** 顯: 이 글자는 앞의 '爲'자와 바로 이어지지 않고 행이 바뀌었다. 그것은 이 '顯'자가 후한의 제2대 황제인 明帝(재위 58~75)의 陵인 '顯節陵'을 의미하므로 문장을 각석할 때, 先皇에게 경의를 표하기 위해 평출을 한 것이다.

**6** 夫: 이 글자도 墓主인 馬姜을 가리키는 표현으로 평출의 원칙이 적용되어 앞의 '猶'자와 바로 이어지지 않고 행이 바뀌었다.

**7** 皇: 이 글자는 앞의 '薨'자와 바로 이어지지 않고 행이 바뀌었다. 그것은 이 '皇'자가 當今의 황제를 의미하므로 문장을 각석 할 때, 황제에 대한 경의를 표하기 위해 평출을 한 것이다.

【 譯 文 】

永平[1] 7년(64) 7월 21일 漢의 左將軍・特進・膠東侯[2]의 다섯 번째 아들인 賈武仲이 사망하니 나이 29세였다. 부인인 馬姜은 伏波將軍・信息忠誠侯[3]의 딸로 명덕황후[4]의 자매다. 딸 넷을 낳았고, [그녀의] 나이 23세[5] 때 賈君이 사망하였다. 부인은 고매한 절개를 독실하게 지키면서 여러 세월에 걸쳐 힘써 노력하여, 어린 딸들을 키워내었으니 祖先에 대해 光□를 한 것이다. 마침내 두 딸을 顯節園의 貴人[6]으로 올렸고, 셋째 딸은 鬲侯 朱氏,[7] 넷째 딸은 陽泉侯 劉氏[8]에게 시집을 보냈다. 존귀한 이들[9]이 떠들썩하게 모이고, 은총과 봉록은 문전에 가득하게 되었으니 모두가 부인의 덕택[10]이었다. 부인은 귀감이 될 만한 어머니의 덕으로 宗族들을 아울렀다. 춘추 73세 무렵인 延平[11] 元年(106) 7월 4일에 사망하였다.[12] 皇上[13]께서 애도를 표하시고, 兩宮[14]께서 부의를 내렸다. 秘器[15]를 하사하여 예에 따라 장례를 치르게 하셨다. 9월 10일 芒門에 있는 옛 묘역[16]에 안장하였다. □□자손들에게 [이러한 사실들이] 현창되지 않을까 염려하였기에 돌에 새겨 기록하다. …

【 譯 文 註 】

[1] 永平[永平]: 永平은 後漢 第2代 明帝(재위 58~75)의 연호. 서기 58년에서 75년까지 사용되었다.

[2] 漢의 左將軍・特進膠東侯[漢 左將軍 特進 膠東侯]: 후한의 첫 황제인 光武帝(재위 25~57)부터 2代 明帝에 이르기까지 賈氏 姓을 가진 이로 처음 膠東侯에 봉해진 자는 賈復이 유일하다. 한편 『後漢書』 「賈復傳」에

따르면 그는 南陽 冠軍사람으로 광무제가 처음 거병했을 때 종군하여 여러 차례 무공을 세웠다. 광무제가 정식으로 제위에 오른 다음에는 都護將軍, 執金吾 등을 거쳐 최종적으로 左將軍에까지 올랐다가 은퇴하였다. 은퇴 이후 膠東侯로 봉해졌고, 다시 特進을 추가하였다. 따라서 본문에서 말한 한의 '좌장군·특진·교동후'는 『후한서』의 가복임을 알 수 있다. 가복의 列傳에 따르면 가복은 光武帝 建武 31년(55)에 사망하고 그의 아들 忠이 작위를 계승했다. 이밖에 가복의 아들로는 小子 邯, 감의 아우인 宗 등은 확인되나, 본문의 武仲은 확인되지 않는다.

3 伏波將軍·新息忠成侯[伏波將軍 新息忠成侯]: 『後漢書』「馬援傳」에 따르면 그는 광무제 建武 연간(25~57) 복파장군에 임명되었고, 19년(43)에는 신식후에 봉해졌으며, 25년(49) 武陵의 五溪蠻을 평정하러 갔다가 그곳에서 병사했다. 사후 後漢 章帝 建初 3년(78) 忠誠侯로 추증되었다. 따라서 본문의 '복파장군·신식·충성후'는 마원을 가리키는 것임을 알 수 있다.

4 명덕황후[明德皇后]: 명덕황후(39~79)는 후한 명제의 正宮인 明德馬皇后를 가리킨다. '明德'의 '明'은 '明帝'를 뜻하며, '德'이 황후 사후에 헌정된 시호이다. 『後漢書』「馬皇后紀」에 따르면 그녀의 이름은 미상이다. 그녀는 마원의 小女였는데, 10세 무렵에 이미 부모를 모두 잃은 상태였다. 계모를 모시다가 13세의 나이에 태자궁으로 선발되어 들어갔고, 당시 태자가 광무제의 뒤를 이어 즉위하니 이가 바로 명제이다. 명제가 즉위하자 그녀는 貴人이 되었고, 永平 3년(60) 후궁 가운데서 가장 덕이 뛰어남을 이유로 마침내 황후에 책봉되었다. 성품이 검박하고 조심스러워서 이후의 다른 황후들과 달리 국정에 일체 간섭하는 일이 없었고, 자신의 일족들을 특별히 우대하는 일도 없었다고 한다. 슬하에 자식은 없었다. 76년 章帝(재위 76~88)가 즉위하자 황태후로 받들어졌

고, 장제 建初 4년(79)에 붕어하였다. 이상의 사례를 종합하면 본문 墓誌의 주인공인 馬姜은 후한의 名將인 마원의 딸로 2대 명제의 正宮인 명덕황후와는 자매지간이며, 한편으로는 후한의 개국공신인 가복의 며느리였음을 알 수 있다.

5 23세[廿三]: 본문에 따르면 마강의 남편이 사망한 시점은 영평 7년(64)이고, 당시 마강은 23세라고 하였다. 한편 본문의 말미에 따르면 마강이 사망한 시점은 연평 원년(106)으로 당시 그녀의 나이는 73세라고 하였다. 이를 종합하면 영평 7년 마강은 적어도 31세가 되어야 연평 원년(106)에 73세가 될 수 있다. 즉 마강의 남편인 가무중이 사망했을 당시 마강의 나이가 23세라는 본문의 기록은 성립될 수가 없는 것이다. 이와 관련하여 羅眞玉도 『遼居稿』에서 다음과 같이 말하였다: "가무중은 영평 7년에 사망했는데, 나이가 29세였고, 부인은 당시 23세였다. 그러나 부인의 사망시점으로 추산해 보건데, 영평 7년 부인은 이미 31세였지, 23세는 아닌 것이다. 아마도 이를 작성한 사람의 착오에서 비롯된 것으로 보인다."[11] 이상과 같은 내용으로 보건대, 이 명문을 작성한 사람이 작성 단계에서 '卅一'로 적어야 하는 것을 '廿三'으로 잘못 적었거나, 명문을 刻하는 과정에서 刻人이 '卅'과 '廿'을 혼동했을 가능성 등이 있다.

6 顯節園의 貴人[顯節園貴人]: '顯節'은 후한 명제의 陵號이다. 『後漢書』 「章帝紀」에서 영평 18년(75), "壬戌, 葬孝明皇帝于顯節陵"이라 하였으니, 본문의 '顯節園'은 실은 『後漢書』의 '顯節陵'임을 알 수 있다. 『後漢書』 「皇后紀」 '序言'에 따르면 後漢代의 귀인은 황후 다음가는 후궁으로 후궁들 가운데서 유일하게 爵秩을 가진 존재였다. 마강과 명덕황후는 자매지간으로 마강 쪽이 언니이니 명덕황후의 남편인 명제는 마강

---

11) 羅振玉, 앞의 글, 269쪽.

의 제부가 된다. 따라서 마강의 두 딸의 입장에서 명제는 그들의 이모부가 된다. 馬姜 墓誌의 본문에 따르면 '마침내 두 딸을 현절원의 귀인으로 올렸고[遂升二女爲顯節園貴人]'라 하여 마강이 자신의 두 딸을 명제의 후궁인 귀인으로 보낸 것으로 되어 있으니, 이는 이모부가 조카를 후궁으로 맞이한 셈이 된다.

7 鬲侯 朱氏[鬲侯朱氏]: 후한에서 처음 鬲侯로 봉해진 이는 朱祐이다. 『後漢書』 「朱祐傳」에 따르면 그의 자는 仲先이고 南陽 宛사람으로 광무제와는 동향이다. 광무제를 도와 군공을 세웠기 때문에 건무 13년(37), 격후에 봉해졌고, 24년(48)에 사망하였다. 사후 아들 商이 작위를 계승했고, 상이 죽자 그의 아들인 演이 계승했다. 그런데 주연은 和帝 永元 14년(102)에 巫蠱의 옥사에 연루되어 작위를 박탈당하고 庶人이 되었다. 본 묘지의 주인공인 마강이 사망한 것은 106년의 일이고, 鬲侯라는 작위가 폐지된 것은 102년의 일이니, 마강의 딸이 시집갔다는 격후 주씨는 아마도 주우의 손자인 주연을 가리키는 것으로 보인다. 즉 본문에서 말한 격후 주씨는 주연일 가능성이 높다.

8 陽泉侯 劉氏[陽泉侯劉氏]: 『後漢書』 「郡國志」에 따르면 廬江郡에 陽泉侯國이 위치하는 것으로 되어 있다. 마강의 막내딸은 바로 이 지역의 諸侯에게 시집을 갔음을 알 수 있다. 그러나 그의 성명은 미상이다. 양천은 오늘날 중국의 安徽省 霍邱縣 臨水鄕 일대에 해당한다.

9 존귀한 이들[朱紫]: 後漢書』 「輿服志」에 따르면 公, 侯, 將軍은 모두 지위를 상징하는 기물로 金印을 착용하고 이 금인을 꿰는 끈인 綬는 紫綬로 한다고 하였다. 즉 紫色으로 된 인끈을 사용한다는 것이다. 또한 同書 同志에서는 공과 열후가 타는 수레인 안거의 바퀴에는 붉은색 주칠을 하여 장식을 한다고 하였다("公列侯安車, 朱班輪"). 이상을 종합하면 후한에서 주색, 자색은 오직 공이나 후급의 높은 작위를 가진 이들만이 전용할 수 있는 색임을 알 수 있다. 따라서 본문 원문의 '朱紫'는

당시의 고관대작들을 통칭하고 있음을 알 수 있다.

**10** 부인의 덕택[猶夫人]: 본문 원문의 '猶'는 '由'와 통한다. 『禮記』「雜記」에서 "이를 통해 제사를 지낸다[則猶與祭也]."라 한 것에 대해 漢 鄭玄이 그의 주석에서 "'猶'는 마땅히 '由'로 봐야 한다[猶當爲由]."라 한 것이 바로 이에 해당한다.

**11** 延平[延平]: 後漢 殤帝(재위 106)의 연호로 106년 단 한 해만 사용되었다.

**12** 사망하였다[薨]: 본문의 원문에서는 '薨'으로 되어 있다. 이 명문에서 마강의 남편인 가무중의 죽음은 卒로 표기되었음에 비해 정작 그의 부인인 마강의 죽음은 卒보다 훨씬 위상이 높은 薨으로 표기된 것이다. 이는 그녀가 明帝의 正宮인 명덕황후의 자매임과 동시에, 명제의 두 후궁의 생모라는 점 등이 감안된 것으로 생각된다.

**13** 皇上[皇上]: 4대 和帝(재위 88~105)의 뒤를 이어 즉위한 殤帝 劉隆(105~106)를 가리킨다. 그는 화제의 소생이기는 하지만 그 모친이 누구인지는 미상이다. 그는 민간에 위탁하여 길러졌다. 105년 화제가 붕어했을 때, 그는 태어난 지 고작 100여 일 밖에 되지 않은 상태였다. 화제의 정궁이었던 鄧皇后가 민간에 있던 그를 맞이하여 황제로 세웠다. 따라서 본문에서는 황제가 마강의 죽음을 애도한 것으로 되어있기는 하나, 실제로 태어난 지 100여 일 밖에 되지 않은 갓난아이가 이를 행했을 가능성은 거의 없다. 실제로 애도의 뜻을 표명한 주체는 당시 어린 황제를 대신하여 섭정을 했던 등태후로 이해함이 옳을 것이다.

**14** 兩宮[兩宮]: 당시 황제인 殤帝와 황태후인 鄧太后를 가리킨다.

**15** 秘器[秘器]: 관을 말한다. '秘器'는 '東園秘器'와도 통한다. 漢代 東園은 관서의 명칭으로 황제의 재정을 담당하는 少府 소속의 관서였다. 그런데 이 관서에서는 凶器(상장기물)의 제작을 담당했기 때문에 이곳에서 제작된 기물에 대해서는 '秘器'라고 불렸다. 그리하여 이후 東園秘器는 관을 포함하여 장례에 사용되는 일체의 물품을 일컫는 용어가 되었다.

**16** 芒門에 있는 옛 묘역[芒門舊塋]: 芒은 邙과 통하며 낙양의 芒山을 가리킨다. 北邙山이라고도 한다.『後漢書』「成陽王傳」에 따르면 그는 광무제 건무 11년(35)에 사망하여 낙양의 북망에 묻힌 것으로 되어 있는데, 이것이 북망산에 고관대작을 장례지낸 최초의 기록이다. 이후 광무제의 첫 번째 황후였던 郭氏도 이 지역에 묻혔다. 늦어도 후한대부터는 북망산이 왕공이나 고관들의 묘지로 사용되기 시작한 것으로 보인다. '옛 묘역(舊塋)'은 영평 7년(64)에 사망한 가무중, 즉 마강 남편의 무덤을 가리키는 것으로 추정된다. 가씨 집안에 시집간 마강이 친정인 마씨 집안의 선산에 묻힐 가능성은 낮기 때문이다. 아마도 가무중이 사망하자 왕공이나 고관들이 북망산에 무덤을 조성하는 당시 관행에 따라 명문 출신인 그 역시 북망산의 모처에 묻혔고, 이후 마강도 그곳에 합장되었을 가능성이 높다.

### 【참고문헌】

(劉宋)范曄 撰,『後漢書』, 北京: 中華書局, 1997.
(後漢)鄭玄 注・(唐)孔穎達 疏,『禮記正義』, 北京: 北京大, 2000.

(淸)羅振玉,『遼居稿』(『石刻史料新編 4輯 1冊』收錄), 臺北: 新文豊, 1986.
郭玉堂 著, 郭培育・郭培智 主編,『洛陽出土石刻時地記』, 鄭州: 大象, 2005.
羅宗眞,『六朝考古』, 南京: 南京大學, 1994.
毛遠明,『漢魏六朝碑刻校注 第1冊』, 北京: 線裝書局, 2008.
北京圖書館金石組 編,『北京圖書館藏 中國歷代石刻拓本匯編 1冊』, 鄭州: 中州古籍, 1997.
徐玉立,『漢碑全集 1冊』, 鄭州: 河南美術, 2006.
楊樹達,『積微居小學金石論叢』, 北京: 商務印書館, 2001.
趙萬里,『漢魏南北朝墓誌集釋』(『石刻史料新編 3輯 3冊』收錄), 臺北: 新文豊, 1979.
趙超,『古代墓誌通論』, 北京: 紫禁城, 2003.
趙超,『漢魏南北朝墓誌彙編』, 天津: 天津古籍, 2008.
永田英正 編,『漢代石刻集成(圖版・釋文篇, 本文篇)』, 京都: 同朋, 1994.

# 〈後漢元嘉元年(151)繆宇墓誌〉

〈후한 원가 원년(151) 무우 묘지〉

양진성

【解 題】

①〈繆宇墓誌〉,〈繆宇石刻〉②後漢 元嘉 元年(151) ③1980년 江蘇省 徐州市 邳縣(오늘날의 邳州市) 燕子埠鄕 靑龍山 繆宇墓 ④徐州博物館 藏 ⑤石[1] ⑥方形. 길이(세로) 41cm·너비 51.5cm(탁본 기준). 총 11행. 매 행의 글자 수는 일정하지 않음, 첫 행은 16자, 마지막 행은 7자. 隷書 ⑦〈탁본 사진〉『漢魏六朝碑刻校注 第1冊』;『漢代石刻集成(圖版·釋文篇)』⑧이 석각에 대한 題跋은 없음 ⑨『漢魏六朝碑刻校注 第1冊』;『漢代石刻集成(圖版·釋文篇)』⑩墓誌라는 명칭만 銘文에서 확인되지 않을 뿐 그 내용이 墓主의 生平과 사망, 장례에 대한 정보 및 墓主에 대한 찬사로 구성되어 있다는 점에서 후세의 정형화 된 墓誌와 그 유사함이 지적되며,[2] 이를 墓誌의 기원으로 보고 이에 근거하여 墓誌의 출현 시점을 東漢 中後期까지 소급하는 견해도 있다.[3] ⑪南京博物院·邳縣文化館,「東漢彭城相繆宇墓」,『文物』1984-8.

## 【解題註】

**1** 이 석각은 方形의 碑 형태로 된 별도의 石物이 아닌 무덤의 後室 입구에 위치한 石門 위에 있는 畵像石으로 명문은 畵像의 우측면에 새겨져 있다.

**2** 趙超, 『古代墓誌通論』(北京: 紫禁城, 2003), 44쪽.

**3** 孟國棟, 「墓志的起源與墓志文體的成立」, 『浙江大學學報』43-5(2013), 141쪽. 본 역주에서도 趙超, 孟國棟의 견해에 따라 이 석각을 이하에서는 墓誌라 명명하기로 한다.

## 【釋文】

故彭城相·行長史事·呂守長·<u>繆宇</u>, 字叔異.」嚴嚴繆君, 禮性純淑, 信」心堅明, □□□備. 脩<u>京</u>氏易,**1** 經□□□. 恭儉」禮讓, 恩惠 □□. □□告」□, 念遠近敬簚. 少秉□里,」□□府召, 退辟□□, 執」念閭巷. □相□□, □賢」知命. 複遇坐席, 要帶黑紼.」君以<u>和平</u>元年七月七日物故, <u>元嘉</u>元年三月廿日塟.**2**

## 【釋文註】

**1** 易: 이 부분은 탁본 상으로는 마멸이 극심하여 一劃도 분간할 수 없다. 그러나 이 부분 바로 앞에 새겨진 '京氏'라는 표기는 판독이 가능한데, 후한시대 '京氏'로 시작하는 책은 『京氏易』이 있었다. 이에 본고에서는 '京氏' 이하의 마멸된 부분을 '易'으로 보았다.

**2** 塟: 塟은 葬의 이체자이다.

## 【譯文】

고인인 彭城相·行長史事·呂守長[1]인 繆宇의 자는 叔異이다. 위엄을 갖추신[2] 繆君께서는 몸가짐과 성품[3]은 꾸밈이 없으면서도 담박하셨고, 진실한 마음을 잘 지키셨으며,[4] □□□를 구비하셨다. 『京氏易』[5]을 익히셨고, □□□를 經하셨다. 공손하시고 검소하셨으며 예에 따라 겸허하셨으며 은혜를 □□하셨고, □□告□하시니 멀고 가까운 곳 할 것 없이 공경하고 흠모할 것[6]을 생각하였다. 어린 시절 里□를 잘 지키시어 □□府에서 불러들였으나, 물러나 □□를 피하셨으니[7] 閭巷에 강한 애착을 두셨기 때문이었다. [그러나] □相□□하여 □賢하는 것이 명임을 아시고 다시 자리를 맡으시어 허리에는 검은색의 인끈을 차게 되시었다.[8] 군께서는 和平元年(150)[9] 7월 7일에 세상을 떠나셨으며,[10] 元嘉元年(151)[11] 3월 20일에 장사지내다.

## 【譯文註】

[1] 彭城相·行長史事·呂守長[彭城相 行長史事 呂守長]: 彭城은 오늘날 江蘇省 徐州市일대에 해당한다. 『後漢書』「和帝紀」에 따르면 章和 2년(88) 3월 丁酉에 楚郡을 彭城國으로 개칭하고 六安王을 彭城王에 봉한 것으로 되어 있다. '章和'는 章帝의 마지막 연호이다. 장제는 장화 2년 2월에 붕어했고, 황태자가 같은 달에 즉위하였기 때문에 장화라는 연호를 계속 사용한 것이다. 『後漢書』「百官志」에 따르면 皇子를 왕으로 봉할 때, 분봉해 주는 郡은 國으로 삼고, 1國에 傅와 相 각 1인을 둔다고 하였다. 또한 이에 대한 本注에 따르면 相은 太守와 같고, 長史가 있

는데 이는 郡丞과 같다고 하였다. 漢朝에서의 郡丞은 『漢書』「百官公卿表」에 따르면 郡의 兵馬를 담당한다. 따라서 王國의 長史는 國의 兵馬를 관장하는 관직임을 알 수 있다. '呂守長'의 '呂'는 팽성국 소속의 縣名이다. 『後漢書』「郡國志」에 따르면 彭城國은 彭城 이하 총 8개의 현으로 구성되는데 이 가운데 呂縣이 포함되어 있다. 呂縣은 오늘날의 江蘇省 銅山縣 昌梁集일대에 해당한다. 守長은 郡守와 縣長을 통칭하는 말로 지방관을 가리킨다. 『漢書』「百官公卿表」에 따르면 현의 장관으로는 令이나 長을 두는데, 해당 현의 戶가 1만호 이상일 경우에 令, 1만호에 미치지 못하는 경우 長이라 한다. 따라서 '呂守長'은 곧 呂縣의 장관을 뜻하며 당시 呂縣은 전체 호가 1만호에 미달하는 지역이었을 가능성이 높다. 이상을 종합하면 본 墓誌의 주인공인 繆宇는 팽성국의 행정장관인 相이면서 동시에 國의 兵馬를 관장하는 長史 및 속현 가운데 하나인 呂縣의 장관까지 겸임했음을 알 수 있다.

② 위엄을 갖추신[巖巖]: 본문의 원문은 巖巖으로 이는 높고 높은 모양을 말한다. 『詩』, 「小雅·魯頌·閟宮」에서 "태산이 높고 높으니 노나라가 우러르는 바도다(泰山巖巖, 魯邦所詹)."라 하였고, 『廣雅』「釋詁」에서는 巖은 "바위가 높다란 것이다(巖高也)."라고 하였다. 한편 『詩』, 「小雅·節南山之什·節南山」에서는 "돌이 켜켜이 쌓여 있도다(維石巖巖)."라고 하였는데, 이에 대한 陸德明의 『經典釋文』에 따르면 「節南山」의 '巖巖'은 사본에 따라서는 '嚴嚴'으로 되어 있는 것도 있다고 하였다. 이에 의거할 경우 '巖巖'은 '嚴嚴'과도 통한다. '嚴嚴'은 위엄을 갖춘 모양을 말하니 '巖巖'과 의미상의 차이는 크지 않음을 알 수 있다. 따라서 이상으로 볼 때, 본문의 巖巖은 墓主의 위풍당당한 모습을 표현하기 위해 사용된 것으로 보인다.

③ 몸가짐과 성품[禮性]: 『說文』에 따르면 '禮'는 "이행하는 것이다. 神을 섬겨서 복을 이르게 하는 것이다(履也. 所以事神致福也)."라고 하였고,

'性'은 "사람의 陽氣로 기질이 선한 것이다(人之陽氣性善者也)."라고 하였으니 여기서의 '禮'는 행동, '性'은 기질(또는 품성)을 가리키는 것이라 할 수 있다.

4 진실한 마음을 잘 지키셨으며[信心堅明]: 堅明은 굳게 지키는 것을 말한다. 明은 盟과 통한다. 『詩』, 「小雅・鴻鴈之什・黃鳥」에서 "不可與明"이라 하였는데, 이에 대해 鄭玄은 그의 箋에서 "마땅히 [明]은 盟으로 봐야 한다. 盟은 信이다(當爲盟. 盟, 信也)."라고 하였으니 明은 盟, 信 등과도 통함을 알 수 있다. 따라서 본문에서 '堅明'은 믿음을 굳게 지키는 것을 의미하는 것으로 이해된다.

5 京氏易[京氏易]: 前漢 후기의 유학자인 京房이 전수한 『周易』의 해설서를 말한다. 현재는 『京氏易傳』이라는 題名으로 전하고 있다. 『漢書』「京房傳」에 따르면 그는 災異와 得幸에 밝았고, 자신의 학문을 河東의 姚平, 河南의 乘弘 등에게 전수하였는데, 이들 모두가 나중에 郎, 博士가 되어 마침내 『易』의 해석학으로서 京氏의 學이 있게 되었다고 하였다. 실제로 『漢書』 「藝文志」에 따르면 이미 前漢 宣帝, 元帝무렵에 京氏易을 學官에 배정한 것으로 되어 있고, 『後漢書』 「儒林傳」에 따르면 후한에서도 光武帝가 창업과 동시에 京氏博士를 두어 이를 교수하게 한 것으로 되어 있다. 이후 훗날 후한말의 대학자인 鄭玄도 京氏易을 익혔는데, 이를 통해 京氏易은 전한중기 이래 당시의 士人層 내에서 필수적인 학문의 하나였음을 알 수 있다.

6 공경하고 흠모할 것[敬蘄]: 원문의 '蘄'은 '香'과 통한다. 『儀禮』「士虞禮」에서 '감히 정갈한 희생으로 돼지, 기장을 사용하여(敢用絜牲剛鬣, 香合)'라고 하였는데, 이에 대한 陸德明의 『經典釋文』에 따르면 '香'은 '蘄'으로 되어 있는 경우도 있는데 이는 음이 같기 때문이라고 하였으니 香과 蘄은 서로 통함을 알 수 있다. 따라서 본문의 '敬蘄'은 곧 '敬香'과도 통하며 그 의미는 '공경히 흠향하다' 또는 '공경을 바치다'라는 의

미로 해석할 수 있다.

7. □□府에서 불러들였으나 … 피하셨으니[□□府召, 退辟□□]: 後漢代부터 三公府나 將軍府 또는 州郡의 장관이 관할하고 있는 지역 내의 인재들을 초빙하여 자신의 屬僚로 임명하는 제도가 있었는데 이를 辟召라고 하였다. 원문의 '府召', '退辟'는 묘주인 繆宇가 某府로부터 초빙을 받고도 거기에 응하지 않은 사정을 가리킨다.

8. 허리에는 검은 색의 인끈을 차게 되시었다[要帶黑紼]: '黑紼'의 '紼'은 '紱'과 같다. 『漢書』「丙吉傳」에 따르면 "병길이 질병에 걸리게 되자 상이 사람을 시켜 紼을 더해주고 봉하였다(吉疾病, 上將使人加紼而封之)"라고 하였고 이에 대해 唐 顔師古는 "紼은 印을 메는 끈이다(紼, 繫印之組也)."라고 하였다. 한편 『漢書』「匈奴傳」에서는 흉노의 선우에게 印紱을 주었다고 했고, 이에 대해 顔師古는 "紱이란, 印의 끈이다(紱者, 印之組也)."라고 하였다. 따라서 紼, 紱 모두 실은 같은 기물을 말한 것임을 알 수 있다. 組는 도장에 꿰는 인끈으로 綬라고도 한다. 한편 『廣雅』「釋器」에서는 "紱, 綬也"라고 하였으니 이를 종합하면 紼, 紱, 組, 綬 모두 같은 기물로 도장에 메는 인끈을 가리키는 것임을 알 수 있다. 따라서 본문의 黑紼은 실은 黑綬와 통한다. 『漢書』「百官公卿表」에 따르면 秩이 比二千石以下 比六百石以上의 범위에 드는 관리들은 銅印黑綬를 쓴다고 하였다. 그런데 成帝 綏和元年(前8) 長과 相도 모두 黑綬를 착용하게 했다고 한다. 墓主인 繆宇는 彭城國의 相, 呂縣의 長을 지낸 것으로 되어 있으니 그가 黑紼(또는 黑綬)을 착용하는 것은 『漢書』의 규정과 부합한다. 要는 원래 腰의 古字로 『說文』에서는 要를 "신체의 한 가운데다(身中也)."라고 하였으니 본문에서의 要는 黑紼(또는 黑綬)라는 문맥으로 볼 때, 신체의 일부인 허리를 가리키는 의미로 사용되었음을 알 수 있다. 즉 要帶黑紼은 繆宇가 黑綬를 착용할 수 있는 관직에 올랐음을 상징하는 표현이라 할 수 있다.

⑨ 和平元年[和平元年]: 後漢 第10代 桓帝(재위 147~167)의 연호로 150년(庚寅)에 해당한다. 이 연호는 단 한 해만 사용되었다.

⑩ 세상을 떠나셨으며[物故]: 『漢書』「蘇武傳」에서 "앞서 항복한 사람들은 죽었고, 소무를 따라 돌아온 자들은 9명이었다(前以降及物故, 凡隨武還者九人)."라고 했고, 이에 대해 顔師古는 '物故'란 죽음을 말하는 것으로 사람이 죽어서 鬼物과 마찬가지로 옛 것이 되었음을 말한 것이라고 하였다. 한편 『後漢書』「馬援傳」에 부기된 「馬廖傳」에 따르면 "마예가 마요를 따라 봉국으로 돌아갔으나 형벌을 받은 것 때문에 죽었다(豫隨廖歸國, 考擊物故)."라 했고, 이에 대해 唐 章懷太子는 '物故'의 物은 無이고, 故는 事로 죽음을 말하는 것이라고 주석하였다.

⑪ 元嘉元年[元嘉元年]: 後漢 桓帝의 연호로 151년(辛卯)에 해당한다.

## 【참고문헌】

(後漢)班固 撰, 『漢書』, 北京: 中華書局, 1997.
(劉宋)范曄 撰, 『後漢書』, 北京: 中華書局, 1997.

(前漢)毛亨 傳・(後漢)鄭玄 箋・(唐)孔穎達 疏, 『毛詩正義』, 北京: 北京大, 2000.
(後漢)鄭玄 注・(唐)賈公彦 疏, 『儀禮注疏』, 北京: 北京大, 2000.

(後漢)許愼 撰・(宋)徐鉉 校訂, 『說文解字』, 北京: 中華書局, 2009.
(曹魏)張揖 撰・(淸)王念孫 疏, 『廣雅疏證』, 北京: 中華書局, 2004.
(唐)陸德明, 『經典釋文』, 上海: 上海古籍, 1985.

南京博物院・邳縣文化館, 「東漢彭城相繆宇墓」, 『文物』 1984-8.
孟國棟, 「墓志的起源與墓志文體的成立」, 『浙江大學學報』 43-5, 2013.
毛遠明, 『漢魏六朝碑刻校注 第1冊』, 北京: 線裝書局, 2008.
趙超, 『古代墓誌通論』, 北京: 紫禁城, 2003.
永田英正 編, 『漢代石刻集成(圖版・釋文篇, 本文篇)』, 京都: 同朋, 1994.

# 〈後漢延熹八年(165)繆紆墓誌〉

## 〈후한 연희 8년(165) 무우 묘지〉

양진성

【 解 題 】

①〈繆紆墓誌〉,〈東漢永壽元年徐州從事墓志〉,〈□紅夫婦墓記〉[1] ② 後漢 延熹 8年(165)?[2] ③1982년 江蘇省 徐州市 邳縣(오늘날의 邳州市) 燕子埠鄕 靑龍山 繆紆墓[3] ④未詳 ⑤火成巖[4] ⑥돌로 된 墓門의 문설주석(門楣石).[5] 銘文이 기록된 門楣石의 길이(세로)는 37cm・너비 152cm이며, 이 가운데 銘文의 크기는 길이(세로) 33cm・너비 38cm, 총 17행으로 구성, 매 행의 글자 수는 10~19자로 일정하지 않음. 대략 250자 내외[6] ⑦〈탁본 사진〉李銀德・陳永淸, 「東漢永壽元年徐州從事墓志」, 『文物』 1994-8; 周曉陸, 「繆紆墓誌讀考」, 『文物』 1995-4; 『漢魏六朝碑刻校注 第1冊』 ⑧이 석각에 대한 題跋은 없음 ⑨李銀德・陳永淸, 「東漢永壽元年徐州從事墓志」, 『文物』 1994-8; 周曉陸, 「繆紆墓誌讀考」, 『文物』 1995-4; 『漢魏六朝碑刻校注 第1冊』 ⑩이 墓誌는 墓主의 이름, 관직, 卒年, 葬日 뿐만 아니라 배우자의 사망에 대한 정보도 포함하고 있는데, 이는〈馬姜墓誌〉와 유사한 구성이다. 따라서 이를 근거로 당시 이미 墓葬에

대한 정보를 표기하는 文體가 기본적인 형식을 갖추었을 것으로 추정한다.▣ ⑪李銀德·陳永清,「東漢永壽元年徐州從事墓志」,『文物』 1994-8; 周曉陸,「繆紆墓志讀考」,『文物』 1995-4.

【 解題註 】

▣ 李銀德·陳永清,「東漢永壽元年徐州從事墓志」,『文物』 1994-8(이하 '李陳本'으로 약칭)에서는 명문의 첫 글자인 '繆'를 판독하지 못했기 때문에 墓主의 관직명에 의거하여 '東漢永壽元年徐州從事墓志'라 했고, 또 '繆紆'의 '紆'도 '紅'으로 잘못 판독하였다. 趙超도 그의 저서에서 이 銘文을 '□紅夫婦墓記'라고 명명하였는데, 이는 李銀德·陳永清의 판독을 그대로 수용했기 때문으로 보인다.1) 이후 周曉陸의 「繆紆墓志讀考」,『文物』 1995-4(이하 '周本'으로 약칭)에서는 原石과 初拓本을 비교 대조하여 墓主의 姓인 '繆'를 규명하고 '紅'을 '紆'로 교정하였다.2) 毛遠明의『漢魏六朝碑刻校注』(이하 '毛本'으로 약칭)도 이 묘주의 성명을 '繆紆'로 판독했다.

▣ 墓主인 繆紆는 이 석각의 銘文에 따르면 後漢 桓帝 永壽 2년(156)에 사망했고, 그의 부인은 환제 延熹 8년(165) 10월에 사망했다. 이상의 사실로 볼 때, 이 명문의 각석 시점은 연희 8년 10월 보다는 빠를 수 없을 것으로 생각된다. 그런데 명문에서는 무우부부의 사망과 장례뿐만 아니라 무우 무덤의 이장까지 언급되어 있다. 시간 순서상 무우 무덤의 이장이 마지막의 일인데, 그 시점이 연희 8년인지는 단정할 수 없다.

---

1) 趙超,『古代墓誌通論』(北京: 紫禁城, 2003), 44쪽.
2) 周曉陸,「繆紆墓志讀考」,『文物』 1995-4, 83쪽.

이에 본고에서 표기한 명문의 각석 시점은 현재로서 명문 내에서 확실히 알 수 있는 기년에만 의거하여 잠정적으로 추정한 것임을 밝혀둔다.

3 繆紆의 무덤은 앞서 〈繆宇墓誌〉에서 소개했던 繆宇의 무덤과 마찬가지로 邳縣(오늘날의 邳州市) 靑龍山에서 발견되었으며, 繆宇의 무덤에서 동남쪽으로 불과 120미터의 거리에 위치한다. 繆宇의 경우, 그가 재직했던 지역은 彭城國(오늘날 江蘇 徐州市), 呂縣(오늘날 江蘇 銅山縣)으로 이는 무덤이 위치한 邳縣 靑龍山과는 관련이 없다. 邳縣은 後漢代에 彭城國 소속 8현 가운데 하나인 武原縣에 해당했다. 따라서 繆宇가 재직했던 지역과는 관련이 없는 邳縣에 묻힌 것으로 볼 때, 그가 이 지역 출신일 가능성이 높으며 이는 당대에 유행했던 歸葬故里 풍속에서 기인한 것으로 추정했다.3) 그런데 繆宇 무덤의 조성 시점과 비슷한 시기에 繆紆라는 인물의 무덤이 바로 그 근처에 조성되었으니 이를 통해 繆宇, 繆紆 모두 한 집안 사람임을 알 수 있다. 또한 이들 繆氏는 邳縣(後漢代의 武原縣)을 근거로 한 호족이며 邳縣 靑龍山일대는 繆氏 일족의 공동 매장지였음을 추정할 수 있다.4)

4 汪小烜의 보고에 따르면 이 석각의 재질은 火成巖이다.5)

5 이 石의 우측에 銘文이 기록되어 있는데, 〈繆宇墓志〉와 달리 석의 표면에 畵像은 없다.

6 周本에 따르면 이 墓誌의 전체 글자 수는 256字인데 이 가운데 완전히 망실된 것이 24字이고, 그 나머지는 판독이 가능한 글자라고 하였다.6)

7 趙超, 『古代墓誌通論』(北京: 紫禁城, 2003), 44쪽.

---

3) 南京博物院·邳縣文化館, 「東漢彭城相繆宇墓」, 『文物』 1984-8, 29쪽.
4) 周曉陸, 「繆紆墓志讀考」, 『文物』 1995-4, 87쪽.
5) 汪小烜, 「1990-1999新出漢魏南北朝墓志目錄」, 『魏晉南北朝隋唐史資料 第18輯』(武漢: 武漢大學, 2001), 199쪽.
6) 周曉陸, 앞의 글, 83쪽.

## 【釋文】

[繆]君者諱紆, 字季[高], 爲其徐州[署]❶郡仕, 周竟徐州從事,」[武]原
長行事. [民]四假❷望, 殁年七十一. 永壽元年, 太」歲在乙未, 十二月
丙寅遭疾, 終卒, 至丙申十月.」太歲旋夫周迄于乙巳, 夫人亦七十
一, 七有[閏]」□丁巳, 不起[假]❸疾, 其十❹月葬. 有四子焉.」□□學
問, [競]軌往德. 時已更遷」□□□儀, 或黃或白.❺ [君]性清儉醇,
□」□□舍, 棺□掩身, 衣服因故. □」□□之物, 亦不得葬. 丁寧
夫人, 勿有」□□, 瓦爲藏器, 不❻飭雕文, 從令順□」安[郭]無珍.
造立此冢, 明堂之辛. 石□」□宮,❼ 天地相望. 君王□❽覇, 亡則多
靈.」□神之旌薦, 子孫永奉. 恐五芑後, 有□」□□, 不忘春秋之
義, 改諱辟尊字, 可□」才, 不宜同名也. 時皇漢之芑, 武原」縣屬彭
城, 君父關內侯, 冢在封」□, 日吉地,❾ 造迫, 故徙于茲.

## 【釋文註】

❶ 署: 周本, 毛本에서는 이 부분을 '署'로 판독했고, 李陳本에서는 '客'으로 보았다. 그러나 탁본7) 상으로 '客'의 자형은 확인되지 않으며, 판독이 가능한 획은 상부의 '宀' 과 그 하부로 바로 이어진 '丁'이다. 본고에서는 이같은 필획과 앞뒤 문맥을 고려하여 '署'로 보았다.

❷ 假: 周本, 毛本에서는 이 부분을 '假'로 보았고, 李陳本에서는 '佩'로 보았다. 탁본 상으로 확인 가능한 획은 좌측의 '亻'이며, 그 우측은 '反'에

---

7) 본고에서는 李銀德·陳永清, 「東漢永壽元年徐州從事墓志」, 『文物』1994-8에 수록된 탁본 사진과 毛遠明, 『漢魏六朝碑刻校注 第1冊』(線裝書局, 2008)에 수록된 탁본 사진을 각각 비교, 대조하여 원문을 판독하였다. 두 건의 탁본 사진 가운데 『文物』에 수록된 탁본 사진이 선명도 측면에서 『漢魏六朝碑刻校注』수록 탁본보다 훨씬 양호하다.

가깝다. 양측을 합하면 '仮'의 자형에 가까운데, 이는 곧 '假'의 이체자이다. 만약 이 부분을 '佩'로 판독할 경우, 의미가 통하지 않는다. 이에 본고에서는 이를 '假'로 보았다.

③ 假: 李陳本에서는 이 부분을 '徹'로 보았고, 周本, 毛本은 '假'로 판독하였다. 탁본 상으로 확인 가능한 필획은 '假'의 '亻'획의 우방 하단 부분이다. 이에 의거하여 본고에서는 '假'로 판독하였다.

④ 十: 李陳本, 毛本에서는 이 부분을 '十'으로 판독했고, 周本만 '十一'로 보았다. 그런데 탁본 상으로는 '十' 다음에 이어져야 할 '一'의 자형이나 그 흔적은 없다. 이에 본고에서는 '十'으로 보았다.

⑤ 白: 李陳本, 毛本에서는 이 부분을 '黑'으로 보았고, 周本에서는 '白'으로 보았다. 이 부분은 마멸이 극심하지만 탁본 상으로는 '曰'의 자형은 확인되며, 그 '曰'의 밑으로 이어지는 획은 없다. 이에 본고에서는 이 부분을 '白'으로 보았다.

⑥ 不: 이 부분을 毛本은 '衣', 李陳本은 '葬', 周本은 '不'로 판독했다. 이 부분은 탁본 상으로는 상단의 '一' 획만 확인 가능하다. 그런데 '衣'의 상부에 해당하는 '亠' 획은 확인되지 않으며, 앞서 나온 '衣服因故'의 '衣'자 획과 비교해도 이 부분에는 '亠' 획의 'ヽ'은 없다. 이에 본고에서는 이 부분을 '不'로 보았다.

⑦ 宮: 이 부분을 李陳本, 毛本은 '宮'으로, 周本은 '室'로 판독했다. 이 부분은 탁본 상으로는 '宀'은 분간할 수 있고, 그 아래로는 '口'획의 일부를 확인할 수 있다. 이에 본고에서는 '宮'으로 보았다.

⑧ □: 李陳本은 이 부분을 미상으로 처리했고, 周本은 '眥', 毛本은 '奮'으로 판독했다. 그러나 이 부분은 탁본 상으로는 마멸이 극심하여 一劃도 분간할 수 없다. 이에 본고에서는 미상으로 처리하였다.

⑨ 地: 이 부분을 李陳本, 周本에서는 '位', 毛本에서는 '地'로 판독했다. 탁

본 상으로 이 부분에서는 '地'의 좌방에 해당하는 '土'와 '也' 획의 일부가 확인된다. 이에 본고에서는 이 부분을 '地'로 보았다.

## 【譯文】

繆君의 諱는 紆이고 字는 季高이니 徐州에 의해 郡에 서용돼 벼슬을 하여,[1] [여러 지위를] 두루 거친 끝에 徐州從事,[2] 武原長行事[3]에 이르렀다. 사방의 백성들로부터 우러름을 받다가[4] 71세에 세상을 떠나셨다. 永壽[5]元年(155), 太歲로는 乙未[6] 12월 7일에 병을 앓게 되셨는데, 끝내 [생을] 마치시니 丙申(156) 10월이었다.[7] 태세가 도로 한 바퀴 돌아서 乙巳(165)에 이르자[8] 부인 역시 71세로, 일곱 번째 윤달이 든 丁巳[9]에 큰 병[10]에서 일어나지 못하게 되었고, 10월에 장례를 지냈다. 자식은 네 명을 두었다. □□하게 학문을 했고 열심히 지난날의 덕을 법도에 맞게 지켰다. 시절에 따라 이미 여러 번 자리를 옮기셨고 □□□儀하시니 [그 위용이] 매우 화려하였다.[11] 그러나 군의 성품이 청정하고 검소하며 한결같으시어 □□□숨하시고 棺□는 몸을 가릴 정도로만 하게하고, 의복은 과거에 쓰던 것을 그대로 쓰게 하시었다. □□□하는 물품들 역시 매장하지 못하게 하셨다. 부인에게 경계하길,[12] □□을 쓰지 말며, 흙으로 부장용 기물을 만들되 무늬를 넣어 장식하는 일이 없게 할 것이며 順□대로 따라서 槨에 안치하는 물건은 진기한 것이 없게 하라고 하셨다. 이 무덤을 조성함에 明堂[13]은 서쪽으로 하였다. 돌로 □□한 宮은 천지가 서로를 바라보는 자리다. 군께서 왕성하게 활약하셨으니(?) 돌아가신 다음에도 혼령이 충만하실 것이다. □神에게 제사를 올리는 것을

> 자손들은 영원히 받들지어다. 다섯 세대가 지나고 난 이후[14] □
> □□한 일이 있더라도 『春秋』의 의리를 잊지 말고 휘를 고쳐 尊
> 字를 피하도록 하라.[15] □才라 할 만하니 같은 이름을 쓰는 것은
> 온당치 않기 때문이다. 때는 皇漢의 시절[16] 무원현이 팽성에 속
> 했을 때, 군의 부친은 關內侯[17]로 무덤은 封□에 있는데 [이곳이]
> 吉地라고 하여 근처에 조성하느라 여기로 옮기게 되었다.[18]

## 【 譯 文 註 】

[1] 徐州에 의해 郡에 서용돼 벼슬을 하여[爲徐州[署]郡仕]: 徐州는 徐州刺史部를 말한다. 『後漢書』「郡國志」에 따르면 徐州刺史部의 관내에는 東海郡, 琅邪國, 彭城國, 廣陵郡, 下邳國의 총 다섯 개의 郡國이 있었다. 서주자사의 치소는 오늘날 山東省 郯城縣에 해당한다. 이는 墓主인 繆紆가 徐州刺史部로부터 辟召를 받아 서주 관내 하에 있는 郡의 관직에 나아간 사정을 가리킨다.

[2] 徐州從事[徐州從事]: 徐州從事는 徐州刺史의 屬僚로 그 직무는 문서와 불법의 적발을 담당한다.

[3] 武原長行事[武原長行事]: 武原은 縣名이다. 『後漢書』「郡國志」에 따르면 彭城國 소속 8현 가운데 하나로 오늘날의 江蘇省 邳州市에 해당한다. 武原長의 '長'은 縣長을 말한다. 즉 繆紆는 本州에서는 從事를 담당함과 동시에 무원현의 장관도 겸임한 것이다.

[4] 사방의 백성들로부터 우러름을 받다가[民四假望] 假望: 假는 遐와 통한다. 『詩』,「大雅·文王之什·下武」에 대한 鄭玄의 箋에서 "이미 죽어서 먼 곳으로 올라간 것이다(旣沒登假)."라 했고, 이에 대해 『經典釋文』에

서는 사본에 따라 '假'는 '遐'로 된 것도 있다고 하였다. 따라서 假와 遐는 서로 통하므로 본문의 假望은 遐望으로 이해할 수 있다. 遐望은 멀리서 바라보는 것이다.

5 永壽[永壽]: 後漢 第8代 桓帝(재위 147~167)의 연호로 永壽 연호는 155년에서 157년까지 사용되었다.

6 太歲로는 乙未[太歲在乙未]: 고대 중국에서는 목성을 歲星이라고 하였는데 그 공전 주기는 약 12년으로 이는 地支의 순환 주기 12년과 일치한다. 이에 黃道를 12등분하고 이를 十二支에 배당하였다. 그런데 목성은 天球의 서쪽에서 동쪽으로 黃道를 일주하기 때문에 十二支의 순서와는 정반대가 되고 만다. 따라서 실제 목성(또는 歲星) 대신 동에서 서쪽으로 이동하는 太歲라는 행성을 가상으로 설정하여 이를 통해 紀年을 표기했다. 본문에서 말한 '太歲在乙未'는 太歲星이 황도상의 未方에 위치했음을 가리키며 干支로는 을미년이 된다. 桓帝 永壽 元年은 실제로 을미년에 해당하니 太歲를 기준으로 한 기년과 일치한다.

7 12월 7일에 … 丙申 10월이었다[十二月丙寅遭疾, 終卒至丙申十月]: 李陳本에서는 이 부분 원문의 句讀를 '十二月丙寅遭疾終卒至丙申十月'로 했고, 周本에서는 '十二月丙寅遭疾終, 卒至丙申十月'이라 했고, 毛本에서는 '十二月丙寅遭疾, 終卒, 至丙申十月'이라 했다. 李陳本과 毛本의 句讀에 따르면 繆紆는 12월 丙寅(곧 12월 7일)부터 병을 앓다가 끝내 죽은 시점이 그 이듬해인 병신년 10월이 된다. 한편 周本에 따르면 繆紆는 12월 丙寅에 병으로 죽고, 마친 것이 병신년 10월이 된다. 이에 따른다면 '마쳤다'라는 의미의 '卒'은 장례를 마친 것으로 이해될 수 있다. 그러나 '卒'앞에 장례와 관련된 葬과 관련한 별도의 언급이 없으며, 이는 뒤이어 언급된 繆紆 부인의 죽음과 장례를 표기하는 방식과도 부합하지 않는다. 이 문장에 뒤이은 명문에서 繆紆 부인은 '큰 병에서 일어나지 못하게 되었고, 10월에 장례를 지냈다(不起假疾, 其十月葬).'고

하여 죽음과 매장을 구분하고 있기 때문이다. 따라서 '병신년 10월'이 繆紆의 매장 완료 시점이라면 그 앞에 '葬'과 같은 표현이 나와야 한다. 이에 본고에서는 병신 10월을 繆紆의 매장 시점이 아닌, 그의 사망 시점으로 보았다.[8]

**8** 태세가 도로 한 바퀴 돌아 乙巳에 이르자[太歲旋夫周迄于乙巳]: 을사년은 後漢 桓帝 延熹 8년(165)에 해당한다. 즉 繆紆가 사망한 시점(156)으로부터 약 10년째에 해당하니, 이는 태세성의 공전주기 12년과 거의 일치한다. 따라서 태세가 도로 한 바퀴 돌아 을사에 이르게 되었다고 한 것이다.

**9** 일곱 번째 윤달이 든 丁巳日[七有[閏]□丁巳]: 周曉陸은 '七有[閏]□丁巳'의 '□'는 '月'이 결락된 것으로 보았다. 그에 따르면 이 문구는 윤7월 丁巳日로 윤7월 24일에 해당한다.[9]

**10** 큰 병[假疾]: 假는 遐와 같다 『漢書』, 「禮樂志」, 〈郊祀歌〉에서 "원방의 夷狄들이 內附하네(假狄合處)."라 했고, 이에 대해 顔師古는 "假는 바로 遐字이다(假卽遐字耳)."라고 한 것이 바로 그것이다. 따라서 본문의 假疾은 곧 遐疾로 큰 병환을 말한다.

**11** 매우 화려하였다[或黃或白]: 『詩』, 「小雅・甫田之什・裳裳者華」에서 "裳棣의 꽃이여. 혹은 누렇기도 하고 희기도 하구나(裳裳者華. 或黃或白)."라 했고, 이에 대해 『詩集傳』에서는 車馬와 威儀의 성대함을 말한

---

8) 필자는 拙稿(홍승현・박선희 共譯), 「중국고중세석각자료 해제 및 역주 1」, 『중국사연구』 96, 2015에서 繆紆墓誌의 기년을 155년으로 표기하였는데, 이는 원문의 丙申 十月을 繆紆의 장례를 마친 시점으로 보았고, 이 명문의 주인공이 繆紆라는 점에 착안했기 때문이다. 즉 필자는 繆紆의 사망시점을 기준으로 이 석각의 기년을 표기하였다. 그러나 본고에서는 2015년도 역주의 句讀를 수정하여 丙申 十月을 繆紆의 사망시점으로 보았다. 아울러 당시의 기년 표기는 이 墓誌의 각석시점에 대한 추정에 혼란을 초래할 우려가 있다고 생각된다. 이에 본고에서는 이상과 같은 사정들을 감안하여 繆紆墓誌의 기년을 연희 8년(165)으로 수정하였다.
9) 周曉陸, 앞의 글, 85쪽.

것이라고 하였다. 따라서 본문의 '或黃或白'은 墓主인 繆紆의 儀仗이 성대했음을 묘사한 것으로 보인다.

**12** 부인에게 경계하길[丁寧夫人]: 丁寧은 경계를 내보이는 것을 말한다. 『漢書』「谷永傳」에 따르면 "두 가지(일식과 월식)가 함께 발생한 것은 이를 통해 폐하에게 그 재앙이 멀지 않았음을 내보이려는 것입니다(二者同日俱發, 以丁寧陛下, 厥咎不遠)."라고 했고, 이에 대해 顔師古는 "정녕은 두 번, 세 번에 걸쳐서 말하여 보이는 것이다(丁寧, 謂再三告示也)."라고 주석하였다. 즉 繆紆가 죽기 전에 부인에게 장례를 검소하게 치르도록 미리 당부를 했다는 말이다.

**13** 명당[明堂]: 明堂은 『孟子』에서 말한 布政 목적의 건물(王者之堂也)이 아니라 무덤 내에 위치한 일종의 祭臺를 말한다. 『後漢書』「范冉傳」에 따르면 범염이 죽기 전에 "其明堂之奠, 干飯寒水, 飮食之物, 勿有所下(명당에 올리는 것으로는 마른 밥과 냉수로 할 것이며 음식물은 넣는 일이 없게 하라)."라고 유언했고, 이에 대해 唐 章懷太子는 여기서 말한 '明堂'은 神明이 머무는 堂으로 무덤 내부를 가리키는 것이라고 주석하였다(此言明堂, 亦神明之堂, 謂壙中也). 실제로 1982년 繆紆 무덤의 발굴 당시 무덤 내부 前室의 右側에 돌로 만들어진 제사용 상(祭案)이 놓여 있던 것으로 되어 있다.[10] 이러한 기물은 繆宇의 무덤에서도 확인되었다. 繆宇 무덤의 祭臺도 繆紆의 그것과 마찬가지로 前室의 우측에 위치했고 길이는 185cm, 너비 75cm, 높이 23cm인데, 발굴 보고서에서는 이 祭臺를 '石床'으로 표기하였다.[11] 이들 두 祭臺는 『後漢書』와 章懷太子의 주석에서 언급한 明堂과 부합한다고 할 수 있다. 이와 같은 이유로 繆宇, 繆紆 무덤에 설치된 돌로 된 祭臺는 무덤 내부를 뜻하는 明堂의 존재를 증명하는 중요한 유물자료라고 할 수 있다.

---

10) 李銀德·陳永清,「東漢永壽元年徐州從事墓志」,『文物』1994-8, 93쪽.
11) 南京博物院·邳縣文化館,「東漢彭城相繆宇墓」,『文物』1984-8, 24쪽.

**14** 다섯 세대가 지나고 난 후[恐五旹後]: '五世'와 관련하여 『禮記』 「喪服小記」에서는 "5세만에 옮기는 종이 있는데, 이는 고조를 계승하기 때문이다(有五世而遷之宗, 其繼高祖者也)."라고 하였다. 이는 鄭玄의 주석에 따르면 小宗의 사례를 들어 말한 것이다. 이에 대한 唐 孔穎達의 疏에 따르면 五世라는 것은 위로는 高祖부터 아래로는 현손(玄孫)의 子까지이다. 즉 고조 - 증조 - 조 - 부 - 자신 - 자 - 손 - 증손 - 현손까지가 오세의 범위에 해당한다. 이는 자기 자신을 기준으로 고조를 상한으로 할 경우에 五世가 되고, 자기 자신을 고조로 상정할 경우 그 하한이 현손까지로 역시 五世가 된다는 의미이다. 孔穎達에 따르면 현손의 子 단계가 되면, "합하여 옮긴다(則合遷徙)."라고 하였으니 이는 오세의 범위를 벗어났기 때문에 더 이상 별도로 제사 지내지 않고 신주를 함께 모아 이동시키는 것을 말한다. 즉 고조 이상은 제사지내지 않는다는 것이 되며 이는 혈연관계가 다하였기 때문이다(親盡). 따라서 이상을 종합하면 본문에서 말한 '五世後'는 이미 세대를 거듭하여 직계 혈연의 관계가 다한 까마득한 먼 미래를 의미하는 것으로 해석된다.

**15** 『춘추』의 의리를 잊지 말고 … 피하도록 하라[不忘春秋之義, 改諱辟尊字]: 여기서 말하는 『春秋』의 의리란 『春秋穀梁傳』에서 宋의 군주와 함께 살해된 孔父의 이름을 孔子가 쓰지 않은 것을 찬미하며 尊屬의 이름을 피하는 것을 의미하는 것으로 보인다.[12]

**16** 皇漢의 시절[皇漢之世]: '皇漢'의 '皇'은 '크다', '찬란하다'라는 의미이다. 따라서 '皇漢'은 '大漢'과도 통한다. 『文選』所收 班固의 〈西都賦〉에서 '듣자니 황한이 처음 기업을 열 적에(蓋聞皇漢之初經營也)'라고

---

12) 『穀梁傳』,「桓公二年」, "二年, 春, 王正月, 戊申. 宋督弒其君與夷, ○桓無王, 其曰王, 何也? 正與夷之卒也. 及其大夫孔父. ○孔父先死, 其曰及, 何也? 書尊及卑, 春秋之義也. 孔父之先死, 何也? 督欲弒君, 而恐不立, 於是乎先殺孔父, 孔父閑也. 何以知其先殺孔父也? 曰, 子既死, 父不忍稱其名; 臣既死, 君不忍稱其名. 以是知君之累之也. 孔, 氏; 父, 字諡也. 或曰, 其不稱名, 蓋爲祖諱也. 孔子故宋也."

하였으니 이미 後漢初부터 漢皇室에 대한 敬稱으로 皇漢이라는 용어가 사용되었음을 알 수 있다.

**17** 關內侯[關內侯]: 『後漢書』「百官志」에 따르면 關內侯는 19等爵 가운데 최고의 爵으로 봉토는 없고 소재하는 縣에서 租만 수취할 수 있다.

**18** 무덤은 封□에 있었는데 … 여기로 옮기게 되었다[冢在封□ … 故徙于玆]: 이에 따르면 繆紆가 사망하고 처음 매장된 묫자리는 현재의 위치가 아니었음을 알 수 있다. 繆紆의 후손들은 繆紆의 부친이 묻힌 '封□'라고 하는 곳을 吉地로 여겨서, 바로 그 근처로 繆紆의 무덤을 이장한 것이다.

### 【참고문헌】

(後漢)班固 撰, 『漢書』, 北京: 中華書局, 1997.
(劉宋)范曄 撰, 『後漢書』, 北京: 中華書局, 1997.

(前漢)毛亨 傳·(漢)鄭玄 箋·(唐)孔穎達 疏, 『毛詩正義』, 北京: 北京大, 2000.
(前漢)鄭玄 注·(唐)孔穎達 疏, 『禮記正義』, 北京: 北京大, 1999.
(晉)范寧 集解·(唐)楊士勛 疏, 『春秋穀梁傳注疏』, 北京: 北京大, 2000.
(後漢)趙岐 注·(宋)孫奭 疏, 『孟子注疏』, 北京: 北京大, 1999.
(宋)朱熹 集註, 『詩集傳』, 臺北: 臺灣中華書局, 1982.

(唐)陸德明, 『經典釋文』, 上海: 上海古籍, 1985.
(梁)蕭統 編, 『文選』, 上海: 上海古籍, 1997.

毛遠明, 『漢魏六朝碑刻校注 第1冊』, 北京: 線裝書局, 2008.
汪小烜, 「1990-1999新出漢魏南北朝墓志目錄」, 『魏晉南北朝隋唐史資料 第18輯』, 武漢: 武漢大學, 2001.
李銀德·陳永淸, 「東漢永壽元年徐州從事墓志」, 『文物』 1994-8.
趙超, 『古代墓誌通論』, 北京: 紫禁城, 2003.
周曉陸, 「繆紆墓志讀考」, 『文物』 1995-4.

# 〈西晉永平元年(291)菅洛墓誌〉

〈서진 영평 원년(291) 관락 묘지〉

양진성

【解題】

①〈徐夫人菅洛碑幷陰〉,〈晉待詔中郎將徐君夫人菅(洛)氏之墓碑〉, 〈徐君妻菅洛墓碑〉,〈菅夫人墓碑〉[1] ②西晉 永平 元年(291) ③1930년 河南省 洛陽 後坑村 出土 ④西安碑林博物館[2] ⑤石 ⑥圓首形으로 비의 상단에는 교룡(蛟龍)이 조각되어 있음. 길이(세로) 58cm · 너비 24cm(탁본 기준). 正面은 총 11행, 매 행의 글자 수는 16자, 隸書. 銘辭가 背面에 기록. 背面은 총 7행, 매 행의 글자 수는 10자, 隸書. 碑額의 題는 총 15자, 매 행의 글자 수는 5자, 隸書 ⑦〈탁본〉北圖 誌11 〈탁본 사진〉『漢魏南北朝墓誌集釋』;『北京圖書館藏 中國歷代石刻拓本匯編 1冊』;『鴛鴦七誌齋藏石』;『西安碑林書法藝術』;『漢魏六朝碑刻校注 第1冊』;『西安碑林 : 연세대학교 창립 113주년 기념』⑧『漢魏南北朝墓誌集釋』⑨『漢魏南北朝墓誌集釋』;『漢魏六朝碑刻校注 第1冊』⑩魏晉時期에 소형화 된 墓碑가 南北朝時期 정형화 된 墓誌의 성립에 영향을 줬음을 시사하는 석각자료로 평가된다.[3] 또한 현존하는 석각자료 가운데서 자식

이 아닌 사위가 처의 부모를 위해 조성한 희소한 사례로 지적된다.④ ⑪福原啓郎,「西晉の菅洛墓誌について」,『硏究論叢(京都外國語大學·京都外國語短期大學)』81(2013).

【 解 題 註 】

1 본 석각은 그 原石의 題名에서 '晉待詔中郞將徐君夫人菅氏之墓碑'라 했고, 그 상단부가 圓首形으로 되어 있으니 이 석각은 명칭상으로나 형식상으로나 碑에 해당한다. 그런데 『石刻題跋索引』, 『漢魏南北朝墓誌集釋』에서는 '徐夫人菅洛碑幷陰', 『鴛鴦七誌齋藏石』에서는 '菅夫人墓碑', 『漢魏南北朝墓誌彙編』에서는 '晉待詔中郞將徐君夫人菅(洛)氏之墓碑'라 하여 그 공식 명칭은 某碑라고 하면서도 이를 墓誌로 분류하였다. 이는 본 석각이 단순히 망자의 행적을 기술하고 운문으로 그 덕을 찬미하는 것에 그치지 않고, 망자의 사망일과 葬日, 葬地까지 기록했으며 그 위치가 무덤 내부였기 때문이다. 이는 남북조시기에 정형화 된 묘지의 형식과 일치한다. 선행의 저록과 목록에서 본 석각의 題名이 '某某之碑'임에도 불구하고 이를 묘지로 분류한 것도 이 때문이다. 이에 본 역주에서도 이상과 같은 분류에 의거하여 석각을 '墓誌'로 표기하였다.

2 福原啓郎에 따르면 이 묘지는 1930년에 출토된 지, 얼마 지나지 않아 郭玉堂의 주선을 통해 于右任의 소유로 넘어갔다. 그 후 于右任은 이를 西安碑林에 기증했고, 1938년 당시까지는 西安碑林에서 이를 소장했다. 그런데 1993년 西安碑林이 정식으로 西安碑林博物館이 되었을 당시 발행한 박물관 진열 목록상에서 菅洛墓誌는 확인되지 않는다. 그는 1991년에 건립된 陝西歷史博物館과 西安碑林이 분리되면서, 西安碑林

에서 소장하고 있던 原石이 陝西歷史博物館으로 넘어갔을 가능성이 있다고 보았다.[1] 그러나 1998년 연세대학교박물관에서 엮은 『西安碑林 : 연세대학교 창립 113주년 기념』에 따르면 이 묘지는 西安碑林에 소장 중인 것으로 되어 있고, 『西安碑林全集 第59卷』에서는 '徐君夫人菅洛 墓碑'라는 題名으로 수록되어 있다. 따라서 이상의 도록과 전집을 통해 이 묘지는 西安碑林에서 소장 중임을 알 수 있다.[2]

3 後漢代 墓碑의 경우, 무덤 밖에 건립되고 그 규모가 거대하였으나 위진 시대에는 비석의 건립을 불허하는 禁碑令이 제정되면서 후한대와 같은 비석을 세우는 것은 불가능하게 되었다. 이에 고관이나 귀족들은 비석을 외부에 세우는 대신 무덤 내부에 세우게 되었는데, 이에 따라 비석의 크기도 무덤의 구조에 영향을 받아 소규모화 하게 되었다.[3] 실제로 菅洛墓誌는 그 높이가 58cm에 불과하다. 한편 羅振玉은 『石交錄』에서 "晉人들의 墓誌는 모두 小碑로 되어 있고 壙中에 세웠는데 후대의 묘지가 [땅에]) 눕혀져 있는 것과는 다르다. 그러므로 [묘지의 덮개인] 蓋가 없고 額이 있는 것이다 예를 들어 徐君의 夫人管氏, 處士인 成君, 晉 沛國 張朗 등과 같은 세 개의 石이 額에 누구누구의 碑라고 적었고 그 형상이 상단부가 둥근 것이 漢代 碑石의 形制와 정확히 같다. 오직 [그 크기가] 작으냐 크냐의 차이일 뿐이다"라고 하여, 본문의 석각이 형태상으로는 비석이나 실제로는 墓誌라고 지적하였다.[4] 이는 위진시기 墓誌의 型制에 후한의 碑制가 여전히 강력한 영향을 미치고 있었음을

---

1) 福原啓郎, 「西晉の菅洛墓誌について」, 『研究論叢(京都外国語大學・京都外國語短期大學)』(2013), 3쪽.
2) 高峽 主編, 『西安碑林全集 第59卷』(廣州: 廣東, 1999), 11-13쪽.
3) 趙超, 『古代石刻槪論』(北京: 文物, 1997), 41-42쪽.
4) 羅振玉, 『石交錄』卷2, "晉人墓志皆爲小碑, 直立壙中, 與後世墓志平放者不同. 故無蓋而有額. 若徐君夫人管氏, 若處士成君, 若晉沛國張朗三石, 額幷經署某某之碑, 其狀圓首, 與漢碑形制正同. 惟小大異耳."

시사한다. 그러나 이 석각이 무덤 내부에 설치되어 墓主의 신상을 표기하는 기능을 수행하고 있다는 점, 그 석각의 내용의 묘주의 행적과 사망일, 葬日, 그리고 그의 행적을 찬미하는 운문의 銘辭로 구성되어 있다는 점 등에서는 묘지의 특징과 일치한다. 따라서 이 석각은 남북조시기 정형화 된 묘지가 출현하기 이전, 묘비에서 묘지로 이행하는 과정에서 출현한 일종의 '과도기적인 형태의 묘지'로 이해할 수 있다.

4 趙萬里에 따르면 사위가 처의 부모를 위해 조성한 석각으로는〈成晃碑〉와 본문의 碑 두 건밖에 확인되지 않는다고 하였다.5)〈成晃碑〉의 조성 연대는 西晉 惠帝 元康元年(291) 7월로 본문의〈菅洛墓誌〉와는 불과 2개월의 차이밖에 나지 않는다.〈成晃碑〉에서는 "大女夫河間東鄕訓, 深惟成君德行純厚, 情性款密, 善和遠近. 願其命齊南山, 極子堂養. 如何昊天, 未老彫喪. 路人行夫, 尙有哀傷, 況訓親屬, 豈不惆悵. 碑以敍之"6)라 하여 大女, 즉 장녀의 남편인 河間 東鄕의 訓이 이를 조성한 것으로 되어 있다.

【釋文】

(碑額)晉待詔中郞」將徐君夫人」菅氏之墓碑」(正面)夫人諱洛,　字勝, 代❶郡人也. 夫人淑質淸」和, 恭誠朗識. 年有十七, 始適徐氏. 雖生自」出於督孝之門, 而志存禮讓, 祗奉姑舅, 接」事夫主, 自始及終卅一年, 其謙讓之節, 柔」順之行, 曾無片言違慢之矢. ❷整脩中匱, 僕」御肅然. 是以姻族墓其義, 父黨貴其行. 宜」當等壽姜任, 永錫難老, 年五十有八, 以泰」康十一年五月廿七日罔. 以永平元年二」月十

---

5) 趙萬里,『漢魏南北朝墓誌集釋』, 37쪽.
6) 본고에서 참고한〈成晃碑〉의 釋文은 毛遠明,『漢魏六朝碑刻校注 2冊』, 301-302쪽을 참조.

九日附葬于洛之西南. 大女智❸崇, 不勝感慕罔極之哀, 財立墓碑, 略紀遺烈. 其辭曰: (背面)皇靈誕育, 惟嶽絳猗. 猗與夫人, 秉德淑清. 聡❹朗內識, 接物以誠. 曰仁者壽, 當享百齡, 昊天不弔, 大命中傾. 卜茲宅窕, 永卽幽冥. 遺孤号❺咷, 姻族涕零. 千秋萬歲, 何時復形. 嗚呼哀哉!

## 【釋文註】

1. 代: 이 부분은 이 석각의 銘文 가운데서 유일하게 마멸된 글자이다. 이를 제외한 나머지 글자들은 모두 상태가 양호하여 판독이 가능하다. 그러나 마멸된 부분도 현재 남아 있는 필획의 흔적으로 볼 때, '代'에 해당하므로 본고에서는 이를 '代'로 판독하였다.
2. 矢: 이 부분의 글자는 탁본에서 확인되는 자형상으로는 '矢'이다. 그러나 의미상으로는 '失'과 통한다.
3. 智: 이 글자는 '婿'의 이체자이다.
4. 聡: 이 글자는 '聰'의 이체자이다.
5. 号: 이 글자는 '號'의 이체자이다.

## 【譯文】

(碑額) 晉의 待詔❶이자 中郎將❷이었던 徐君❸의 夫人인 菅氏의 墓碑 부인의 휘는 洛이며 자는 勝으로 代郡❹사람이다. 부인은 훌륭한 자질에 청정하면서도 온화하고, 공경스럽고 진실하였으며 밝은 식견이 있었다. 나이 열일곱에 비로소 徐氏에게 시집을 갔

다. 본래 태생이 효성이 독실한 가문의 출신이었고, [그 스스로도] 禮讓[5]에 뜻을 두어 시부모를 공경히 받들고 남편을 섬김에 [시집을 온] 처음부터 [생을] 마치기까지 41년 동안 그 겸양의 몸가짐과 유순한 행실에 한 마디의 어긋남이나 나태한 과실이 없었다. 집안일[6]을 정연하게 다스림에 부리는 자들은 숙연해졌다. 이에 시댁 쪽[7] 사람들은 그 의를 사모했고,[8] 친정[9]에서는 그 행실을 높이 평가하였다. 마땅히 太姜, 大任[10]과 같은 운을 누리고, 길이길이 늙지 않으셨어야 했는데[11] 나이 쉰여덟, 泰康 11년(290)[12] 5월 27일에 세상을 마쳤다. 永平[13] 원년(291) 2월 19일, 洛의 서남쪽에 합장하였다. 큰 사위인 紫은 그립고 망극한 슬픔을 감당할 길이 없어 미력하나마 墓碑를 세우고[14] 남기신 행적을 대략 기록한다. 그 辭는 다음과 같다. 皇靈[15]이 낳으셨고, 산악이 내리셨도다.[16] 아.[17] 부인께서는 품으신 덕[18]이 맑으셨다. 총명하시어 식견을 안에 갖추셨고, 정성으로 사람을 대하셨도다. 仁者는 길이 산다 하였으니[19] 장수를 누리셨어야 했거늘, 하늘이 돕지 않아 수명[20]이 중간에 기울어지게 되었다. 점을 쳐서 묘역[21]를 이곳으로 삼아, 영원히 저승[22]에 머무시게 하였다. 남겨진 고아는 울부짖고, 姻族들은 눈물을 떨구는도다. 千秋萬歲가 지난들 언제 다시 뵐 수 있으리오. 아. 슬프도다!

【 譯 文 註 】

[1] 待詔[待詔]: 晉에서의 待詔는 미상이다. 晉에서 待詔라는 관직은 존재하지 않았으며, 待詔라는 별칭을 갖는 관직도 확인되지 않기 때문이다.

다만 이보다 앞선 漢의 경우 待詔는 두 가지를 의미했다. 하나는 정식의 관직이 아닌 관직의 발령을 기다리는 상태에 있는 사람들을 뜻했다.『漢書』「哀帝紀」에서 '대조인 夏賀良등이 赤精子에 대한 예언을 말하였는데(待詔夏賀良等言赤精子之讖)'라 한 것에 대한 唐 顔師古의 주석에서 인용된 後漢 應劭가 "여러 사람들이 材技로 불려오기는 하였으나 아직 정식의 관직이 없었으므로 待詔라 한 것이다(諸以材技徵召, 未有正官, 故曰待詔)."라고 한 것이 바로 그것이다. 다른 하나는 정식의 관직으로『漢官』에는 太史待詔, 靈臺待詔 등의 직함이 확인된다. 이들 待詔官들은 자신들이 소속된 부서의 고유한 업무를 수행했다.

② 中郎將[中郎將]: 中郎將은 中郎을 통솔하는 관원을 말한다.『漢書』「百官公卿表」에 따르면 漢 武帝때 宮殿의 掖門戶를 담당하는 관직으로 광록훈을 두었고, 그 속관으로 大夫, 郎, 謁者등이 있었는데 모두 秦나라 때의 관직에서 유래하였다. 이 가운데 낭은 문호를 경비하는 역할을 담당했는데, 이 낭은 다시 議郎, 中郎, 侍郎, 郎中등으로 구분되어 있었고 정원은 없었다. 중랑들은 五官中郎將, 左中郎將, 右中郎將에 분속되어 이들의 통솔을 받았다. 그 후 漢 平帝때 기존의 僕射를 虎賁郎으로 개칭하고, 이를 통솔하기 위한 관원으로 虎賁中郎將을 두었다.『晉書』「職官志」에 따르면 광록훈이 武賁中郎將(실은 호분중랑장)과 오관, 좌, 우중랑장을 통솔하는 것으로 되어 있으니 이를 통해 漢代의 중랑장제도가 晉에서도 그대로 계승되었음을 알 수 있다. 한편 同書 同志에 따르면 이와는 별개로 東, 西, 南, 北의 四中郎將, 匈奴, 羌, 戎, 蠻, 夷, 越中郎將, 平越中郎將 등이 있다고 하였다. 따라서 본문 묘비의 주인공인 菅洛의 남편인 徐君이 지냈다는 중랑장은 이 가운데 하나를 가리킨 것으로 보인다.

③ 徐君[徐君]: 본문의 '君'은 이름이 아닌 敬稱이다.『易』「家人」에서 "가인에게는 엄군이 있으니 [이는] 부모를 말한다(家人有嚴君焉, 父母之謂

也)."라고 했고, 『禮記』「內則」에서 "군이 먹기를 마치면 거둔다(君已食, 徹焉)."라고 한 것에 대해 漢 鄭玄이 "무릇 첩이 남편을 일러 '君'이라 한다(凡妾稱夫曰君)."라고 주석하였다. 이를 종합하면 君은 자식이 부모를 지칭하거나 부인이 남편을 부를 때, 사용하는 경칭임을 알 수 있다. 실제로 西晉 惠帝 元康 원년(291) 무렵에 작성된 것으로 추정되는 〈成晃碑〉는 본문의 묘비와 같은 시기의 것인데, 成晃의 경우 그의 본명은 晃이지만 정작 그 碑額에서는 '晉故處士成君之碑'라 하였으니 碑額에 사용된 '某君'의 '君'은 당시 墓主의 姓에 붙이는 관용적인 경칭임을 알 수 있다. 본문 묘비의 주인공인 菅洛의 남편은 대조와 중랑장을 지낸 것으로 되어 있으나 『晉書』, 『元和姓纂』, 『新唐書』「宰相世系表」 등에서 徐氏로 晉代에 중랑장을 지낸 인물은 확인되지 않는다. 따라서 본문의 徐君은 그의 姓이 '徐'라는 것을 제외하면 구체적인 생평이나 실명은 미상이다.

4 代郡[代郡]: 『晉書』「地理志」에 따르면 대군은 幽州 소속으로 그 치소는 오늘날의 河北省 陽高縣 서남에 해당한다.

5 禮讓[禮讓]: 예에 따르고 겸양하는 것을 말한다. 그 출전은 『論語』「里人」에서 "공자께서 말씀하시길, 禮와 讓으로 나라를 다스릴 수 있다면 무슨 어려움이 있겠는가라고 하셨다(子曰, 能以禮讓爲國乎, 何有)."라고 한 것에서 유래한다.

6 집안일[中匱]: 中匱는 곧 中饋로, 中饋는 부녀자가 집안에서 제사에 쓸 음식을 장만하는 일을 말한다. 『易』「家人」에서 "이루는 바 없이 안에서 음식을 장만하면 貞하여 길하리라(無攸遂, 在中饋, 貞吉)."라고 했고, 이에 대해 唐의 孔穎達은 그의 疏에서 "부인의 도는 겸손하고 공순한 것을 법도로 하여 이루려고 하는 것이 없게 해야 한다. 그가 주관하는 직무는 집안에서 음식을 장만하여 제사에 제공하는 것뿐이다(婦人之道, 巽順爲常, 無所必遂. 其所職主, 在於家中饋食供祭而已)."라고 하

였으니 中饋는 부녀자가 주관하는 집안일을 의미하는 것임을 알 수 있다. 즉 본문에서는 묘비의 주인공인 菅洛이 부녀자로서의 직무에 충실했음을 강조하기 위해 이와 같은 표현을 사용한 것이다.

7 시댁 쪽[姻族]: 姻族은 혼인을 매개로 이어진 宗族을 말하니, 여기서는 菅洛의 시댁, 즉 徐氏 가문의 사람들을 말한다.

8 의를 사모했고[墓其義]: 墓는 慕와 통한다. 『釋名』「釋喪制」에서 "墓는 [사모한다는 의미의] 慕이다. 효자가 그리워하는 장소이다(墓, 慕也. 孝子思慕之處也)."라고 하였으니 墓는 '사모한다'라는 의미의 慕와 통함을 알 수 있다.

9 친정[父黨]: 『禮記』「禮器」에서 "父黨이 움직임이 없다(父黨無容)."라고 했고, 이에 대해 唐 孔穎達은 그의 疏에서 "父의 族黨이 질박함을 가까이하여 섬기는 일에 있어서 [과도하게] 몸을 돌리고 읍하는 등의 동작이 없음을 말한 것이다(謂父之族黨, 是親質素, 故事之無有折旋揖讓之容)."라고 하였으니 父黨은 父系의 宗族을 통칭하는 표현임을 알 수 있다. 즉 본문 원문의 父黨은 菅洛의 친정, 다시 말해 菅氏 집안을 가리킨 것이라 할 수 있다.

10 太姜과 大任[姜任]: 본문의 원문은 '姜任'으로 되어 있다. '姜任'의 '姜'은 太姜으로 大姜이라고도 하는데, 그녀는 周나라 太王의 妃였다. '任'은 太任으로 大姙, 大妊, 太妊, 太任이라고도 하며, 周나라 季歷의 妃였다. 『史記』「周本紀」에 따르면 "태강은 막내인 계력을 낳았고, 계력은 태임에게 장가들었는데 모두 어진 부인으로 [태임은] 昌(곧 주나라의 문왕)을 낳았다(太姜生少子季歷, 季歷娶太任, 皆賢婦人, 生昌)."라고 하였다. 이상을 종합하면 태강은 주나라 문왕의 조모이며, 대임은 주나라 문왕의 모친에 해당한다.

11 길이길이 늙지 않으셨어야 했는데[永錫難老]: 본문의 원문은 '永錫難老'로 이는 『詩』「小雅・魯頌・泮水」에서 "이미 좋은 술을 마셨으니 길

이길이 不老를 주리로다(既飮旨酒, 永錫難老)."라고 한 것을 차용한 것이다. 이에 대해 鄭玄은 그의 箋에서 "이미 좋은 술을 마시게 하니 오랫동안 늙어가길 어렵게 하겠다는 것이다. 늙어가길 어렵게 한다는 것은 장수를 최고로 누리게 한다는 것이다(已飮美酒, 而長賜其難使老. 難使老者, 最壽考也)."라고 하였으니 실은 본문의 의미는 장수를 누리게 한다는 것임을 알 수 있다.

**12** 泰康 11년[泰康十一年]: 본문의 泰康은 곧 太康으로 西晉 武帝(재위 265~290)때 사용된 연호이다. 太康이라는 연호는 280~289년까지, 횟수로 10년 동안만 사용되었으므로 태강 11년은 존재할 수 없다. 290년 정월 무제는 기존의 太康을 太熙로 改元하였다. 그런데 같은 해 4월 무제는 사망하고, 같은 달 황태자가 즉위하니 그가 바로 惠帝(재위 290~301)이다. 혜제는 즉위하자마자 기존의 太熙를 다시 永熙로 개원하였다. 즉 290년 한 해 동안 太熙, 永熙 두 개의 연호가 사용되었던 것이다. 太熙에서 永熙로의 개원은 290년 4월의 일이고, 본문에 따르면 菅洛은 5월 27일에 사망한 것으로 되어 있으니 본문의 太康 11년은 사실은 永熙 元年이라 해야 한다. 즉 永熙로 개원된 직후에 菅洛이 사망한 것이다. 한편 실제로 이 비문이 작성된 시점은 본문에 따르면 적어도 惠帝 永平元年(291) 이후의 일이다. 비문 작성자의 입장으로 보면, 비문의 주인공인 菅洛의 사망시점을 추산함에 있어서 그녀가 바로 전해 5월 27일에 사망했다는 것은 분명하나, 그 달이 속하는 연호를 표기함에 있어서 지난 한 해 동안 연호가 두 차례나 바뀌었고, 또 그 시점이 정확히 언제인지를 확정하기 어려운 점이 있어서, 이전까지 사용된 태강연호를 그대로 준용한 것으로 추정된다.

**13** 永平[永平]: 西晉 惠帝가 사용한 연호로 291년 정월부터 3월까지만 사용되었다.

**14** 미력하나마 墓碑를 세우고[財立墓碑]: 원문의 '財'는 '纔'와 통하며 본

문에서는 '간신히', '조금이나마', '겨우'라는 의미 등으로 사용되었다. 『漢書』「文帝紀」에서 "태복은 지금 있는 말을 조금만 두는 것만으로도 족하다(太僕見馬遺財足)."라고 했고, 이에 대해 唐 顏師古는 "財와 纔는 같다. 纔는 적다는 것이다(財與纔同. 纔, 少也)."라고 주석하였으니 財는 纔와 서로 통함을 알 수 있다.

**15** 皇靈[皇靈]: 皇靈은 '天', 즉 '하늘'을 뜻한다. 墓主인 菅洛과 동시대를 살았던 左芬(?~300)[7]이 지은 〈萬年公主誄〉에서 "태어나는 것은 어찌하여 [그리도] 늦었고, 죽는 것은 어찌하여 [그리도] 빠르단 말인가. 가혹하도다. 皇靈이여. 그릇되도다. 司祿이여. 아. 슬프도다(生而何晩, 歿而何速. 酷矣皇靈. 謬哉司祿. 嗚呼哀哉)."라고 하였다.[8] 祠祿은 인간의 福祿을 담당하는 신이다. 〈만년공주뢰〉의 '황령'은 인간의 생사를 관장하는 초월적 존재인 동시에, 복록을 담당하는 祠祿보다도 상위에 있다. 본문의 '황령'도 바로 그 다음에 이어지는 문장에 따르면 墓主인 菅洛을 '낳으셨'다. 따라서 이상과 같은 용례를 감안하면 본문의 황령은 초월적 주재자인 천을 의미하는 것임을 알 수 있다.

**16** 산악이 내리셨도다[惟嶽絳猜]: 이 부분의 출전은 확실하지 않다. 다만 『詩』, 〈大雅・蕩之什・崧高〉에서 '산악이 신을 내리시어(唯嶽降神)'라고 하여, 본문과 유사한 문구는 확인된다. 墓誌 원문의 '惟嶽絳猜'와 『詩』 원문의 '唯嶽降神'에서 전자의 '維'와 후자의 '唯', 전자의 '絳'과 후

---

7) 左芬(또는 左棻)은 西晉 武帝(재위 265~290)의 후궁으로 貴人을 지냈는데 역사에서는 左貴嬪, 左九嬪이라고도 한다. 그녀는 서진시대 문장가로 명성을 떨쳤던 左思(?~305)의 누이기도 한다. 그녀 역시 문장을 잘 지었고, 그녀의 문학적 재능은 무제로부터도 인정을 받았다. 그리하여 무제는 생전에 그녀로 하여금 여러 차례 賦頌을 짓게 하였다고 한다. 본문에서 인용한 〈萬年公主誄〉도 그녀가 무제의 명을 받아 지은 것이다. 『晉書』「后妃傳 上」에 그녀의 간단한 약력과 문장들이 수록되어 있다. 左芬의 墓誌도 현존하고 있는데, 墓誌에서는 左芬이 左棻으로 되어 있다. 〈左棻墓誌〉의 탁본 사진과 석문은 毛遠明, 『漢魏六朝碑刻校注 2册』(2008), 328-329쪽 참조.

8) 『藝文類聚』, 「儲宮部公主」, 〈萬年公主誄〉.

자의 '降'은 서로 통한다. 그런데 문제가 되는 부분은 '猜'이다. '猜'와 '神'이 서로 그 의미가 통한 사례는 문헌상에서는 확인되지 않는다. '猜' 자는 문헌상의 용례로 보면, '시기하다', '질투하다', '의심하다' 등과 같이 주로 부정적 의미로 사용되었다. 한편 猜에는 '추정하다'라는 뜻도 있으나 이것으로도 '惟嶽絳猜'의 의미를 알 수는 없다. 더욱이 본문의 '猜'가 판독 상의 오류일 가능성도 없다. 〈관락묘지〉의 탁본 사진 상으로도 이 부분은 '猜'의 자형이 확실하기 때문이다. 따라서 이 부분의 의미를 명확하게 파악하기는 어렵다. 이에 본고에서는 '猜'자에 대한 번역은 보류하였다.9)

**17** 아[猗與]: 본문의 원문 '猗與'는 감탄사다. 『詩』, 〈周頌·臣之工之什·潛〉에서 "아름답도다. 칠수와 저수에는 물고기가 많이 잠겨 있도다(猗與漆沮, 潛有多魚)."라 했고, 이에 대해 鄭玄은 그의 箋에서 "의여는 찬미하는 말이다(猗與, 歎美之言也)."라고 하였다.

**18** 품으신 덕[秉德]: 『尙書』, 〈周書·君奭〉에서 '백성과 왕노릇 하는 사람들이 덕을 쥐고 구휼하는데 밝지 않음이 없어(百姓王人罔不秉德明恤)'라고 하였다.

**19** 인자는 길이 산다 하였으니[日仁者壽]: 『論語』, 「雍也」에서 "지혜로운 사람은 물을 좋아하고, 어진 사람은 산을 좋아한다. 지혜로운 사람은 움직이고, 어진 사람은 고요하다. 지혜로운 사람은 즐겁게 살고, 어진 사람은 장수한다(子曰, 知者樂水, 仁者樂山. 知者動, 仁者靜. 知者樂, 仁者壽)."라고 하였다.

**20** 수명[大命]: 본문의 원문은 大命으로 되어 있는데 이는 수명을 의미한

---

9) 福原啓郎도 『詩』, 〈大雅·蕩之什·崧高〉의 문구를 들어 墓誌 원문인 '惟嶽絳猜'와의 유사성을 지적하면서도 '絳猜'는 미상이라고 하였다. 다만 그는 이 부분을 "이 嶽神이 賢者를 내렸다"로 번역하였다. 福原啓郎, 「西晉の昔洛墓誌について」, 『硏究論叢(京都外國語大學·京都外國語短期大學)』 81(2013), 10쪽; 福原啓郎, 앞의 글, 5쪽.

다. 『史記』, 「春申君列傳」에서 "왕께서 만약 대명을 마치셨는데 태자가 없다면 양문군의 아들이 반드시 서서 후사가 될 것입니다(王若卒大命, 太子不在, 陽文君子必立爲後)."라고 하였다.

**21** 묘역[宅兆]: 본문의 원문은 '宅窆'인데, 여기서의 '窆'는 '兆'와 통한다. 『孝經』, 「喪親章」에서 "묘역을 점을 쳐서 [선택하여] 안장한다(卜其宅兆而安措之)"라 했고, 이에 대해 唐 玄宗(재위 712~755)은 "宅은 관이 들어가는 자리며, 兆는 무덤이다(宅, 墓穴也, 兆, 塋域也)."라고 주석하였다.

**22** 저승[幽冥]: 『六臣注文選』, 〈誄上・曹子建王仲宣誄〉에서 "아. 선생이여, 영원히 지하에 머무시게 되었습니다(嗟乎夫子, 永安幽冥)."라고 했고, 이에 대해 唐 呂向(?~742)은 "幽冥은 지하다(幽冥, 地下也)."라고 주석하였다. 따라서 원문 '幽冥'은 지하세계, 곧 저승을 의미하는 것임을 알 수 있다.

## 【참고문헌】

(前漢)司馬遷 撰, 『史記』, 北京: 中華書局, 1997.
(後漢)班固 撰, 『漢書』, 北京: 中華書局, 1997.
(後漢)劉熙 撰, 『釋名』, 臺北: 臺灣商務印書館, 1966.
(唐)房玄齡 等撰, 『晉書』, 北京: 中華書局, 1974.
(宋)歐陽修・宋祁 撰, 『新唐書』, 北京: 中華書局, 1975.

(曹魏)王弼 注・(唐)孔穎達 疏, 『周易正義』, 北京: 北京大, 2000.
(後漢)鄭玄 注・(唐)孔穎達 疏, 『禮記正義』, 北京: 北京大, 2000.
(唐)玄宗 注・(宋)邢昺 疏, 『孝經注疏』, 北京: 北京大, 1999.
(曹魏)何晏 注・(宋)邢昺 疏, 『論語注疏』, 北京: 北京大, 1999.

(唐)歐陽詢 編, 『藝文類聚』, 上海: 上海古籍, 1982.
(梁)蕭統 編・(唐)李善・呂延濟 等注, 『六臣注文選』, 北京: 中華書局, 1987.

(唐)林寶 撰,『元和姓纂』, 北京: 中華書局, 1994.

高峽 主編,『西安碑林全集 第59卷』, 廣州: 廣東, 1999.
羅振玉,『石交錄』(『石刻史料新編 4輯 6冊』收錄), 臺北: 新文豊, 2006.
毛遠明,『漢魏六朝碑刻校注 第2冊』, 北京: 線裝書局, 2008.
福原啓郎,「西晉の菅洛墓誌について」,『研究論叢(京都外國語大學·京都外國語短期大學)』 81, 2013.
北京圖書館金石組 編,『北京圖書館藏 中國歷代石刻拓本匯編 1冊』, 鄭州: 中州古籍, 1997.
西安碑林博物館·趙力光 編,『鴛鴦七誌齋藏石』, 西安: 三秦, 2013.
陝西省博物館·李域錚·趙敏生·雷冰 編著,『西安碑林書法藝術(增訂本)』, 西安: 陝西人民美術, 1997.
연세대학교 박물관 편,『西安碑林: 연세대학교 창립 113주년 기념』, 서울: 연세대학교 박물관, 1998.
趙萬里,『漢魏南北朝墓誌集釋』(『石刻史料新編 3輯 3冊』收錄), 臺北: 新文豊, 1979.
趙超,『古代石刻槪論』, 北京: 文物, 1997.

# 〈西晉永康元年(300)張朗墓誌〉

## 〈서진 영강 원년(300) 장랑 묘지〉

양진성

【解題】

①〈張朗墓碑〉,〈晉沛國相張朗碑〉,〈張朗碑幷陰〉,〈晉故沛國相張(朗)君之碑〉,〈張朗墓誌〉[1] ②西晉 永康 元年(300) ③1916년[2] 河南省 洛陽城 後營村(오늘날의 洛陽市 부근)[3] ④大倉集古館(日本 東京)[4] ⑤石 ⑥圓首形. 상단에는 龍이 조각되어 있음. 길이 55cm · 너비 27.7cm(탁본기준). 정면은 총 19행, 매 행의 글자 수는 19자, 隸書. 銘辭가 배면에 기록. 배면은 총 6행, 매 행의 글자 수는 10자, 隸書. 碑額의 題는 총 9자, 매 행의 글자 수는 3자, 隸書 ⑦〈탁본〉北圖 軸527.〈탁본 사진〉『書道全集 第四卷』;『中國墓誌精華』;『漢魏南北朝墓誌集釋』;『北京圖書館藏中國歷代石刻拓本匯編 2冊』;『漢魏六朝碑刻校注 2冊』; 佐藤利行,「張朗墓誌について」,『中國學論叢』11(1995); 福原啓郎,「西晉における墓誌成立の時代的背景: 張朗墓誌を例として」,『書論』40(2014) ⑧『循園古塚遺文跋尾』;『漢魏南北朝墓誌集釋』;『希古樓金石萃編』⑨『北京圖書館藏中國歷代石刻拓本匯編 2冊』;『漢魏南北朝墓誌集釋』;『漢魏南

北朝墓誌彙編』;『漢魏六朝碑刻校注 2冊』;『希古樓金石萃編』; 佐藤利行, 「張朗墓誌について」, 『中國學論叢』 11(1995); 福原啓郎, 「西晉における墓誌成立の時代的背景: 張朗墓誌を例として」, 『書論』 40(2014)⑤ ⑩魏晉時期에 소형화 된 墓碑가 南北朝時期 정형화 된 墓誌의 성립에 영향을 줬음을 시사하는 석각자료로 평가된다.⑥ 또한 이 석각은 자식이 고인이 된 아버지를 위해 그 문장을 직접 작성하고, 동시에 그 아버지의 諱를 直書한 특이한 사례로 지적된다.⑦ ⑪佐藤利行, 「張朗墓誌について」, 『中國學論叢』 11(1995); 福原啓郎, 「西晉における墓誌成立の時代的背景: 張朗墓誌を例として」, 『書論』 40(2014).

### 【 解 題 註 】

**1** 본 석각은 그 原石의 題名이 '晉故沛國相張君之碑'로 되어 있으니 공식적인 명칭은 碑라고 함이 옳다. 『希古樓金石萃編』에서는 '晉沛國相張朗碑', 『循園古塚遺文跋尾』의 경우 그 목록에서는 '張朗墓碣', 본문에서는 '張朗墓碑', 그리고 『書道全集』에서는 '張朗碑' 등으로 표기하였는데 이는 본 석각의 題名이 '某某之碑'로 명기된 것에 의거한 것으로 보인다. 한편 『循園古塚遺文跋尾』에서 이 석각을 '張朗墓碣'이라 한 것은 그 상단부가 원형, 즉 圓首形을 취하고 있기에 그 외형을 감안하여 '碣'이라 한 것으로 생각된다. 따라서 이 석각은 題名과 형태상으로는 碑라고 할 수 있다. 그런데 『漢魏南北朝墓誌集釋』에서는 이 석각의 題名을 '張朗碑幷陰', 『漢魏南北朝墓誌彙編』에서는 '晉沛國相張(朗)君之碑'라 하였으면서도 이를 晉代의 墓誌로 분류하였다. 『循園古塚遺文跋尾』 "刊

石玄堂, 蓋納諸壙中, 卽墓誌也. 乃不稱誌而稱碑, 圓首方趺一放碑式, 爲從來誌銘中所僅見者([張朗碑의 본문에서] 玄堂에 돌을 새긴다고 한 것은 壙中에 이를 넣는다는 것이니 바로 墓誌인 것이다. 그런데 誌라고 하지 않고 碑라고 한 것은 비석의 상단부가 둥글면서 방형의 받침을 놓은 것이 비의 형식으로 기존의 묘지명에서는 드물게 보이는 것이기 때문이다)."라 하여 이것이 외형상으로는 비이지만 실제로는 墓誌에 해당한다고 보았다. 『石刻題跋索引』에서도 이 석각을 墓誌로 분류하였다. 이는 이 석각이 墓主의 姓名, 貫籍, 出自, 行迹, 卒年, 葬日 등을 상세히 표기한 다음, 최후에는 그의 행적을 찬미하는 韻文인 銘辭가 첨부되어 있을 뿐만 아니라, 그 위치가 무덤의 밖이 아닌 壙中, 즉 무덤 내부에 위치하기 때문이다. 이는 후대의 정형화 된 墓誌의 격식과 내용상으로나 기능상으로나 모두 일치한다. 따라서 이 같은 유사성을 감안하여 선행의 著錄과 目錄에서는 이를 墓誌로 분류한 것이다. 이에 본 역주에서도 이에 따라 이 석각을 '墓誌'로 표기하였다.

2 〈張朗墓誌〉의 출토 시기, 출토 지점을 언급한 문헌들로는 『漢魏六朝碑刻校注』, 『希古樓金石萃編』, 『洛陽出土石刻時地記』, 『洛陽出土墓誌目錄』 등이 있는데, 출토 시기와 지점이 저마다 조금씩 다르다. 먼저 『漢魏六朝碑刻校注』에서는 이 묘지가 1916년 洛陽城 동북 20里 지점에 위치한 後營村 서북에서 출토되었다고 하였다. 그런데 『希古樓金石萃編』에서는 이 묘지가 甲子年(1924) 河南 偃師에서 출토되었다고 하였으며, 『洛陽出土石刻時地記』에서는 民國 15年(1926)년 洛陽城 동북 20里 지점에 위치한 後營村 서북에서 출토되었다고 하였다. 한편 『洛陽出土墓誌目錄』에서는 1926년 洛陽 營莊村 서북에서 이 묘지가 출토된 것으로 되어 있다. 현재 이 묘지는 일본 東京의 大倉集古館에 소장되어 있는데, 이는 관동대지진 때 파괴된 원석의 파편을 다시 수습하여 보수한 것이다. 관동대지진이 발생한 것은 1923년의 일이다. 이러한 사실

을 고려하면 〈張朗墓誌〉가 중국에서 일본으로 넘어간 시점은 아무리 늦어도 1923년을 넘어갈 수 없으므로, 1924년 또는 1926년에 이 석각이 출토되었다는 설명은 성립할 수 없다. 그러므로 이 석각의 출토 시기는 1916년으로 보는 것이 옳다. 이에 본고에서는 『漢魏六朝碑刻校注』와 마찬가지로 〈張朗墓誌〉의 출토시기를 1916년으로 보았다.

3 1916년 당시 後營村이 정확히 오늘날의 어느 지역에 해당하는 지는 확실하지 않다. 오늘날 洛陽市에만 後營村이라는 행정지명이 두 곳(洛陽市 洛龍區과 洛陽市 孟津縣) 존재하기 때문이다. 더욱이 『洛陽出土墓誌目錄』에서는 다른 문헌과 달리 본문 석각의 출토지점을 洛陽 營莊村(洛陽市 孟津縣)이라고 했고, 『希古樓金石萃編』에서는 河南 偃師라고 하였다. 그런데 본문에서 예로 든 著錄과 목록 문헌 모두 출토 지점과 관련한 근거를 제시하지는 않았기 때문에 현재로서는 어느 것이 옳은지를 확인할 길이 없다. 『北京圖書館藏中國歷代石刻拓本匯編』에서 본 석각의 출토지점을 '河南 洛陽'이라고만 표기한 것도 바로 이러한 사정을 고려했기 때문으로 보인다. 본고에서는 우선 출토 시점을 가장 정확하게 소개한 『漢魏六朝碑刻校注』에 따라 洛陽城 後營村으로만 표기하기로 한다.

4 『希古樓金石萃編』 卷10에 따르면 이 석각은 출토된 후 탁본이 떠지기는 하였으나 原石은 토착민이 감추었고, 이후 일본의 大倉氏라는 이에게 팔려간 것으로 되어 있다. 여기서의 大倉氏는 일본 최초의 私立美術館인 大倉集古館을 세운 大倉喜八郎(1837~1928)을 가리킨다. 『書道全集』의 〈晉沛國相張朗碑〉 해제에 따르면 1918년 6월, 일본의 關野貞이 낙양의 某골동품점에서 일본의 大倉集古館을 위해 이를 구매하여 이후 大倉集古館이 이 석각을 소장하게 되었다고 한다. 그러나 1923년 9월 1일에 발생한 관동대지진으로 인해 大倉集古館에 화재가 발생했고 비석도 파손되었다. 그 후 일본의 조각가인 新海竹太郎(1868~1927)에 의

해 원래의 형태로 복구되기는 하였지만 석각에 새겨진 글자는 원래의 모습을 잃게 되었다고 한다.[1] 그러나 『書道全集』에 수록된 원석 사진과 탁본은 모두 지진으로 파괴되기 이전의 것이기 때문에 원석의 면모를 확인하는 데는 문제가 없다.[2]

5 『希古樓金石萃編』에 수록된 釋文의 경우, 본 석각의 본문 가운데 '孤弱號摧'의 摧부터 "哀慕無窮. 心劔噎, 涕漣漣. 刊石玄堂, 銘我家風"까지 총 19자가 누락되어 있다.

6 趙超, 『古代石刻槪論』(北京: 文物, 1997), 41-42쪽. 羅振玉은 『石交錄』에서 "晉人들의 墓誌는 모두 小碑로 되어 있고 壙中에 세웠는데 후대의 묘지가 [땅에]) 눕혀져 있는 것과는 다르다. 그러므로 [묘지의 덮개인] 蓋가 없고 額이 있는 것이다 예를 들어 徐君의 夫人管氏, 處士인 成君, 晉 沛國 張朗 등과 같은 세 개의 石이 額에 누구누구의 비라고 적었고 그 형상이 상단부가 둥근 것이 漢代 碑石의 形制와 정확히 같다. 오직 [그 크기가] 작으냐 크냐의 차이일 뿐이다."라고 하여 실질적으로는 묘지의 기능을 수행했음에도 불구하고 그 형식과 명칭이 碑인 晉代의 석각 세 건을 들고 있다.[3] 이 가운데 羅振玉이 예로 든 '徐君의 夫人管氏'는 앞서 소개한 바 있는 〈西晉永平元年(291)菅洛墓誌〉를 말한다.

7 范壽銘의 『循園古塚遺文跋尾』에 따르면 이와 유사한 형식의 비각으로는 漢代의 〈魯峻碑〉와 唐의 〈令狐熙碑〉가 있다고 하였다. 〈魯峻碑〉의

---

1) 『書道全集 第四卷』(東京: 平凡社, 1931), 「解說」, 9쪽. 파괴된 이후 복원된 원석의 사진은 福原啓郎, 「西晉における墓誌成立の時代的背景: 張朗墓誌を例として」, 『書論』 40(2010), 76쪽 참조.
2) 〈張朗碑〉의 원석 사진은 앞의 책, 「圖版」, 2쪽, 탁본 사진은 「圖版」, 160-165쪽 참조. 關野貞에 따르면 『書道全集』에 수록된 〈張朗碑〉 탁본과 사진은 그가 낙양에서 이 석각을 구매할 때 작성한 것이라 한다. 앞의 책, 「解說」, 9쪽.
3) 羅振玉, 『石交錄』 卷2, "晉人墓志皆爲小碑, 直立壙中, 與後世墓志平放者不同. 故無蓋而有額. 若徐君夫人管氏, 若處士成君, 若晉沛國張朗三石, 額幷經署某某之碑, 其狀圓首, 與漢碑形制正同. 惟小大異耳."

경우[4] 건립 시점은 後漢 靈帝 喜平2年(173)이다. 그 碑額은 '漢司隸校尉忠惠公魯君碑'이며, 본문의 冒頭는 "君諱峻, 字仲巖"이라 하여 魯峻의 이름을 명기하고 있다. 그런데 이 비문의 하단에 따르면 "息叡不才, 弱冠而孤, 承堂弗構, 析薪弗何(荷). 悲蓼莪之不報, 痛昊天之靡嘉. 頫企有紀, 能不號嗟. 刊石敘哀."라 하여 魯峻의 아들인 '叡'가 부친의 죽음을 애도하며 비문을 짓고 각석을 주도한 것으로 되어 있다. 그리고 이러한 '叡'가 자식의 입장에서 아버지인 魯峻의 사적을 서술하면서 아버지의 이름을 별도로 기휘하지 않고, '君諱峻'이라 直書한 것이다. 范壽銘은 바로 이 같은 사실을 지적한 것이다. 〈張朗墓誌〉 이전 자식이 아버지의 諱를 直書한 비각으로는 현재까지는 〈魯峻碑〉가 유일하다.

### 【釋文】

(碑額)晉故沛」國相張」君之碑.
(正面)君諱朗, 字元明, 沛國相人也. 六國縱橫, 氏族殊流.」其先張老, 爲晉大夫, 納規趙武, 而反其侈靡. 自春」秋爰迄周末, 弈世相韓顯名戰國. 逯于子房, 黃父」授書. 高祖龍飛, 實賴良謨, 載藉嘉焉. 君其後也. 君」體質沖素, 芳絜淵淳, 儉以自居, 閨內有政, 澹墨靜」施, 善不已名, 是以其黨莫識厥誠. 撫育❶十子, 家教」脩明, 示導出處, 三綱有成, 咸佩銀艾, 重疊金紫, 策」命使符, 榮顯族氏, 父訓致也. 煢煢孤子, 聞乎舊史.」祖功宗德, 臣子所紀. 昔我慈孝, 清規遠擧, 甘於退」處, 榮不已慕, 居盈弗溢, 華繁是去. 墓兆肇今, 宗蒙」蔭祀, 宜亨永祠, 世傳胤祖. 可謂夾枝布葉, 有則百」之祚, 暉揚先烈,

---

[4] 이하 본고에서 인용한 〈魯峻碑〉의 탁본 사진과 釋文은 毛遠明, 『漢魏六朝碑刻校注 2 册』(北京: 線裝書局, 2008), 350-354쪽 참조.

沒而不朽者已. 春秋六十有七, 永康元年三月內戌, 顧念未遂, 奄忽
徂卒. 母氏內化,」盡中匱之禮, 溫慈柔惠, 有三母風. 年五十有六,
元康八年十二月戊申寢疾不興. 旻天不弔, 奪我考」妣, 出入屛營,
靡怙靡恃. 以父終之年十一月壬申」神遷后土, 合葬斯宇. 令終有淑,
遺敎顯融. 孤弱呺」摧, 哀慕無窮. 心宛噎, 涕漣漣. 刊石玄堂, 銘我
家風.」靈遷潛逝, 聲壽永宣. 其辭曰:」(背面)穆穆考妣, 逸逸其賢.
保德」含和, 受玆自乾. 率禮不越,」外肅內閑. 可移於官, 以爲」民先.
宜享億齡, 嵩嶽等年,」哀命不遂, 早世殞顚. 痛慕」罔極, 嘷訴昊天.


【 釋 文 註 】

**1** 『希古樓金石萃編』에서는 이 부분의 글자를 '有'로 판독하였으나 탁본
사진, 그리고 보수를 거친 原石의 사진 상으로 볼 때, '有'가 아닌 '育'의
자형이 뚜렷하다. 이에 본고에서는 이를 '育'으로 판독하였다.


【 譯 文 】

(碑額) 晉의 故人으로 沛國 相縣**1** 張君의 碑
君의 휘는 朗이고 자는 元明으로 沛國 相 사람이다. 六國이 합종
과 연횡을 하듯이**2** 씨족들도 갈래를 달리하게 되었다. 그 선조인
張老**3**는 晉의 大夫였는데, 趙武**4**에게 바로 잡을 것을 간언하여
사치스럽게 한 것을 반성하게 하였다.**5** 春秋로부터 周나라 말에
이르기까지 대대로 韓에서 相을 했고, 戰國時代에 이름을 떨쳤
다. 子房**6**에 와서는 黃父가 서적을 전수해주었다.**7** 高祖**8**가 제

업을 이룬 것[9]은 실로 良의 지모에 힘입은 바로 전적에 기재되어 이를 아름다운 일로 여겼다. 군은 그 후손인 것이다. 군은 자질이 담박하고, 고결하면서 심중이 깊었고 검소하게 생활하였는데, 집안에 일이 있으면 묵묵하게 있으면서 조용히 처리하고 끝내 이름을 드러내지 않기를 잘하였기에 그 집안사람들이 그의 노력에 의한 것임을 아는 자가 없었다. 열 명의 자제들을 양육함에 있어서 집안에서 가르치는 것은 분명하고 보이고 인도하는 것은 출처가 있었기에 三綱[10]이 이루어져서 모두가 은으로 된 印[11]을 찼고, 거듭하여 金紫[12]가 되었으며 策命과 使符[13]까지 있게 되어 씨족을 영광스럽게 하였으니 부친의 가르침으로 인한 소치였다. 외로운 처지의 고아가 옛 사적을 통해 듣기로는 祖宗의 공덕은 臣子가 기록하는 것이라 한다.[14] 과거 내가 효도를 할 적에 법도를 크게 행하려 하면 물러나 조용히 거처하는 것을 즐기셨고 영화로움을 끝내 바라지 않으셨으며, 부귀한 위치에 있으시면서도 넘침이 없으셨고 화려하고 번다한 것은 없애도록 하셨다. 묘역을 이제 조성함에 종족들이 그 가호에 힘입게 되었으니 영원토록 제사를 흠향하시게 하고 대대로 후손에게 전함이 옳다. 줄기에서 잎사귀가 뻗어나는 것처럼 자손이 번성하는 복록이 있었다[15]고 할 만하며 선대의 공업을 찬란히 밝히셨으니 [몸은] 돌아가셨음에도 영원하게 된 것이다. 춘추 예순 일곱, 永康 원년(300)[16] 3월 25일,[17] 생각이 미칠 겨를도 없이 문득 홀연히 세상을 마치셨다. 모친은 안에서 교화를 하여 집안일과 관련된 예를 다하셨고, 온화하고 자애로우며 유순함이 넘치셨으며, 三母[18]의 풍모가 있으셨다. 나이 쉰여섯, 元康[19] 8년(298) 12월 10일[20]에 병으로 드러눕게 되어 일어나지 못하게 되셨다. 하늘이 [나를] 불쌍히 여기지 않아 나의 부모를 앗아가고 방황하게 하여[21] 믿고 의지할 곳이 없게 되었다. 부친께서 임종하신 해(300)의 11월 15일에 땅으로 [모친의] 영구를 옮겨서[22] 이곳에 합장하게 되었다.[23] 아름답게 생을 마치심에 귀감이 되셨고, 남기신 가르침은 찬란히 빛났다. 외롭고 나약한 자식은 비통함에 울부짖으나 슬픔과 그리움을 다할 길이 없다. 마음은 살을 도려낸 것처럼 목이 메고 눈물은 그치지 않는다. 玄堂[24]에 각석을 하여 우리의 가풍을 기록하는 바이다. 신령이 자리를 옮기고 무덤이 완전히 없어지더라도 명성은 영원히 남을 것이다. 그 辭는 다음과 같다. 훌륭하신[25] 나의 부모,[26] 그 어지심이 빼어나시도다. 덕을 지키시고 온화함을 머금으셨으니, 이를 받으심은 하늘[27]로부터라네. 예를 따르되 넘어섬이 없게 하셨으며[28] 밖으로는 엄숙하게 하시고 안으로는 올바르게 하셨네. 관직으로 나가서서는 [이로써] 백성들을 인도할 만하셨네.[29] 장수를 누리시며, 嵩嶽[30]과 연치를 나란히 하셨어야 했건만 슬프게도 명을 이루지 못하시고, 세상을 일찍 떠나 돌아가셨네. 비통함과 그리움 다할 길 없어 하늘을 향해 울부짖노라.

### 【 譯 文 註 】

**1** 沛國 相縣[沛國相]: 『晉書』 卷14, 「地理志」에 따르면 沛國은 豫州 소속의 郡國가운데 하나이며 그 속현으로 相, 沛, 豐, 竺邑, 符離, 杼秋, 洨, 虹, 蕭 등의 9縣이 있었다. 이 가운데 相縣에 沛國의 치소가 있었다. 더욱이 碑額 바로 다음에 이어지는 碑文의 본문에서 '沛國相人'이라 하였

으니, 碑額의 '沛國相'은 沛國의 相(패국의 장관)이 아닌, 沛國의 相縣을 의미하는 것임을 알 수 있다. 相縣은 오늘날 중국 安徽省 淮北市 西北의 相山區 일대에 해당한다.

2 六國이 합종과 연횡을 하듯이[六國縱橫]: 『史記』「六國年表」의 冒頭에서 "육국의 강성함이 이로부터 비롯되었다. 군사를 강력하게 하여 적을 겸병하는 것에 힘썼고, 속임수를 사용하는 법을 도모함에 從衡과 長短을 논하는 설이 일어나게 되었다(六國之盛自此始. 務在彊兵幷敵, 謀詐用而從衡短長之說起)."라고 하였는데, 縱은 從과 통하고, 橫은 衡과 통한다. 六國은 戰國時代 秦을 제외한 韓, 魏, 趙, 齊, 楚, 燕의 여섯 나라를 말한다. 縱橫의 縱은 곧 從으로 合從을 의미하고 橫은 連橫을 뜻한다. 합종이란 강력한 秦에 대항하기 위해 나머지 육국이 공동의 연합을 결성하자는 논의이며, 연횡은 육국이 함께 秦을 섬겨서 생존을 도모해야 한다는 논의이다. 합종책의 대표주자는 蘇秦이고 연횡책의 대표주자는 張儀였다. 본문에서는 전국시대에 육국이 진에 대응하기 위해 합종과 연횡을 통해 이합집산을 하였듯이, 張氏의 일족도 이러한 움직임을 반복하면서 그 분파가 형성되었다는 것을 말한다.

3 張老[張老]: 張老는 인명이다. 그의 字는 孟으로 張孟이라고도 한다. 『國語』「晉語」6에는 晉의 趙文子가 冠禮를 마친 후, 晉의 大夫들을 만나는 대목이 나오는데, 그 가운데 "張老를 보고서 말하였다(見張老而語之)."라고 하여, 조문자가 張老라는 사람을 만나서 대화를 나눈 것으로 되어 있다. 이에 대한 三國 吳 韋昭의 주석에서 "장로는 진의 대부인 장맹이다(張老, 晉大夫張孟)"라고 하여 張老가 晉에서 대부를 지낸 인물임을 명기하고 있다. 또한 同書「晉語」8에서 "저 偃(즉 籍偃)은 부월을 가지고 張孟을 따르겠습니다(偃也以斧鉞從於張孟)."라고 한 것에 대한 주석에서는 "孟은 장로의 字다(孟, 張老字)."라고 하였으니 孟은 장로의 字임을 알 수 있다. 그러나 본문을 제외한 다른 문헌에서 沛國

張氏의 선조로 張老를 상정한 예는 확인되지 않는다.

4 趙武[趙武]: 춘추시대 晉의 大夫였던 趙朔의 아들이다. 趙文子라고도 한다. 『史記』 「趙世家」에는 그의 극적인 삶이 비교적 상세하게 기록되어 있다. 조무의 아버지인 조삭은 晉의 대부로 국정을 전담했다. 그런데 晉 景公 3년(전597) 그를 제거하고 晉 公室의 권력을 장악하려고 했던 대부 屠岸賈의 공격을 받아 조삭 자신은 물론이고 조씨 일족이 멸문을 당하고 말았다. 당시 조삭의 처는 그의 아이를 임신한 상태였는데, 그녀는 요행히 탈출에 성공하여 아들을 낳으니 그가 바로 조무이다. 그런데 조무의 처가 아들을 낳았다는 소식이 알려지자, 도안고는 다시 이를 수색하여 죽이고자 하였다. 이에 조삭의 문객이었던 公孫杵臼와 조삭의 친구인 鄭嬰이 다른 고아를 데려다가 조무와 바꿔치기하고, 잡으러 온 병사들에게는 그 고아를 조무라 속여 대신 죽게 함으로써 조무를 구하였다. 이후 정영은 조무를 데리고 산속에서 15년을 은거하였다. 마침내 경공 18년(전581) 조무, 정영은 진의 군주인 경공의 지원에 힘입어 도안고를 공격해 그 일족을 멸하고 잃었던 조씨 가문의 田邑을 회복하니, 이로써 조씨가 다시 흥하게 되었다. 이후 조무는 平公 때 正卿의 자리에 올랐고, 평공 13년(전545)에 죽으니 시호를 文子라고 하였다.

5 사치스럽게 한 것을 반성하게 하였다[反其侈靡]: 『國語』 「晉語」 8에 따르면 趙文子(즉 趙武)가 그의 宮室을 건축하면서 지붕의 뼈대인 서까래를 쪼고 이를 숫돌로 다듬는 공정을 하였다. 張老가 이것을 보고 조무에게 서까래를 쪼고 이를 숫돌로 연마하는 것은 천자, 제후만 가능하고, 대부는 쪼는 것만 가능할 뿐, 연마질은 할 수 없다고 하였다. 조무의 지위는 晉의 대부였기 때문에 그가 자신의 건물 서까래에 연마질까지 하는 것은 대부에게 허락된 제도를 벗어난 것으로 장로는 그 僭越을 지적한 것이다. 조무는 이러한 장로의 간언을 듣고 즉시 공사를

중단시켰고, 여기에 더하여 연마질 중에 있던 서까래를 그대로 두고 보존케 하여 자신의 과실을 후세에 보이도록 했다고 한다. 본문에서 장로가 간언을 하여 사치한 것을 되돌렸다는 것은 바로 이 같은 사정을 가리킨 것이다.

6 子房[子房]: 子房은 漢 高祖(재위 前202~195) 때 그의 謀臣이었던 張良의 字이다. 『史記』 「留侯世家」에 따르면 장량의 조부, 부친은 모두 전국시대 韓에서 재상을 지낸 사람들로 그의 집안은 한의 명문이었다. 그런데 그가 미처 한에서 벼슬을 하기도 전에 나라가 秦에 의해 멸망당하고 말았다. 이에 그는 당시 진의 군주인 始皇帝를 가문과 나라의 원수로 여기고 그를 암살하기 위해 刺客과 力士를 고용하였으나 모두 실패했다. 이후 한동안 잠적하다가 시황제가 죽고 전국 각지에서 반란이 일어났을 때, 그 또한 거병하였다. 그는 무리를 이끌고 劉邦과 합류, 이후 그의 책사로 활약하여 유방이 항우와의 경쟁에서 승리하고 漢朝를 건국하는데 기여하였다. 漢室이 건국된 후, 이러한 그의 공이 인정되어 그는 고조로부터 留侯에 봉해졌는데 이는 다른 창업 공신인 蕭何와 대등한 등급의 분봉에 해당했다. 말년에는 辟穀, 道引등과 같은 도가의 양생법에 심취했다고 한다.

7 黃父가 서적을 전수해 주었다[黃父授書]: 『史記』 「留侯世家」에 따르면 張良이 秦始皇의 암살에 실패하고 東海 연안을 떠돌던 시절, 우연히 어떤 신비한 노인을 만나 그로부터 책 한 편을 전수 받았다고 한다. 그 노인은 스스로를 '黃石'이라고 했고, 그가 전수한 책은 太公兵法이라 하였는데, 이는 周나라 文王, 武王을 보좌하여 주나라를 천하의 주인으로 만든 太公望 呂尙(또는 姜子牙)의 병법서라고 한다. 따라서 본문의 黃父는 장량에게 서적을 전한 자칭 '黃石'이라 한 노인을 가리키며, '서적'은 장량이 그 노인으로부터 전수 받은 병법서를 말한다.

8 高祖[高祖]: 漢王朝의 창업주인 劉邦을 말한다.

**9** 제업을 이룬 것[龍飛]: '龍飛'는 제위에 오르는 것을 말한다. 『易』「乾」에서 "나는 용이 하늘에 있으니 大人을 만나봄이 이롭다(飛龍在天, 利見大人)."라고 했고, 이에 대해 唐 孔穎達은 그의 疏에서 "성인이 용의 덕을 가지고 있으면 날아올라 天位에 거하게 된다(若聖人有龍德, 飛騰而居天位)."라고 하였으니, '龍飛'란 王者의 덕을 가진 자가 비상하여 천자의 자리에 오르는 것을 가리키는 말임을 알 수 있다.

**10** 三綱[三綱]: 『白虎通』「三綱六紀」에서 "三綱이란 것은 무엇을 말함인가? 君臣, 父子, 夫婦이다(三綱者, 何謂也? 君臣, 父子, 夫婦也)."라고 하였으니 三綱은 인간 사회에서 가장 기본이 되는 인간관계를 말한 것임을 알 수 있다. 또한 同書 同篇에서는 『禮』의 緯書인 『含文嘉』를 인용하여 "君爲臣綱, 父爲子綱, 夫爲婦綱."이라 하였다. 綱은 통솔한다는 의미이다. 즉 군주는 신하를, 아버지는 자식을, 남편은 아내를 거느림을 의미한다. 본문에서는 張朗의 훌륭한 훈육 덕분에 아버지와 아들을 중심으로 한 수직적인 질서와 규율이 제대로 잡혔다는 의미로 사용되었다.

**11** 은으로 된 印[銀艾]: 『後漢書』「張奐傳」에서 "내가 지금까지 벼슬살이를 하면서 열 번 정도 銀艾를 허리에 찼다(吾前後仕進, 十要銀艾)."라고 하였고 이에 대한 唐 章懷太子의 주석에서 "은으로 된 印에는 푸른색의 綬를 쓴다. 쑥으로 물을 들이기 때문에 艾라고 하는 것이다(銀印綠綬也. 以艾草染之, 故曰艾也)."라고 하였다. 秦・漢이래로 관리들은 관직의 고하에 따라 그 지위를 나타내기 위한 증표로 印, 즉 도장을 패용하였는데, 이때 이 도장에 꿰는 끈을 綬라고 하였다. 綬는 인끈인 것이다. 이 綬를 통해 도장을 허리에 차는 것이다. 관직에 따라 도장의 재질을 달리함은 물론이고 綬의 색깔도 달랐다. 가령 漢代의 경우 金印에 대해서는 紫綬를 썼고, 銀印에 대해서는 靑綬를 사용했다. 즉 銀印과 靑綬가 하나의 짝을 구성하는 것이다. 따라서 본문에서 말한 銀艾의 銀은 은으로 된 印이고, 艾는 이 印을 꿰는 끈인 靑綬를 달리 표현한 것

임을 알 수 있다. 靑綬는 艾草로 염색하기 때문에 艾라고 부른 것이다. 그러므로 본문의 銀艾는 실은 銀印靑綬를 가리키는 것이라고 할 수 있다. 『晉書』「輿服志」에 따르면 "淑妃, 淑媛, 淑儀, 修華, 修容, 修儀, 婕妤, 容華, 充華가 九嬪이며 銀印과 靑綬를 쓴다(淑妃, 淑媛, 淑儀, 修華, 修容, 修儀, 婕妤, 容華, 充華, 是爲九嬪, 銀印靑綬)."라 하여 황후를 제외한 그 아래의 후궁들이 銀印靑綬를 사용하는 것으로 되어 있고, 일반 관료들과 관련된 규정은 확인되지 않는다. 대신 南朝 劉宋의 경우 服制와 관련해서는 晉朝의 제도를 그대로 계승했기 때문에 『宋書』「禮志」의 服章 규정을 통해 晉朝의 印綬 패용 규정을 추정할 수 있다. 『宋書』「禮志」에 따르면 銀印靑綬를 착용하는 관직으로는 奮武護軍, 安夷撫軍·護軍, 軍州郡國都尉, 奉車, 駙馬, 騎都尉, 諸護軍將兵助郡都尉, 水衡, 典虞, 牧官, 典牧都尉, 度支中郎將·校尉·都尉, 司鹽都尉, 材官校尉, 王國中尉, 宜禾伊吾都尉, 監淮南津都尉, 騎都督·守, 王郡公侯郎中令·大農, 殿中郎將校尉, 都尉, 黃門中郎將校尉, 殿中太醫校尉·都尉, 關外侯, 圖像都匠行水中郎將·校尉·都尉 등이 있다. 즉 이에 따르면 장랑의 자제들은 이 범주에 속하는 관직 가운데 하나에 취임했을 가능성이 높다.

**12** 金紫[金紫]: 金紫의 金은 금으로 된 印을 말하고, 紫는 이 金印을 꿰는 데 사용하는 紫色의 인끈을 말한다. 즉 金紫는 金印紫綬를 뜻한다. 『晉書』「輿服志」에 따르면 金印紫綬는 諸王太妃·妃, 諸長公主·公主·封君이 착용한다고 하여 外命婦에 대한 규정만 확인된다. 대신 『宋書』「禮志」에 따르면 諸王世子, 縣, 鄕, 亭의 侯, 關內, 關中의 名號를 갖는 侯 등이 金印紫綬를 쓰는 것으로 되어 있다. 앞서 주**11**에서 확인한 바에 따르면 銀印靑綬는 王이나 郡公, 侯의 郎中令, 關外侯 등이었는데 金印紫綬는 王國의 世子, 縣의 侯, 關內侯, 關中侯와 같이 제후만 착용할 수 있고, 다른 관직은 확인되지 않는다. 따라서 이를 통해 금인자수는 적어도 제후로 분봉된 사람들만이 착용할 수 있으며, 이는 앞서 열

거된 銀艾(곧 銀印靑綬)보다 더 높은 등급을 상징하는 기물임을 알 수 있다. 즉 본문에서는 張朗의 자제들이 계속 승진을 거듭하여 金印紫綬의 착용이 가능한 수준의 지위, 다시 말해 적어도 소규모 제후의 지위에까지 올랐음을 말하고 있는 것이다.

**13** 策命과 使符[策命使符]: 策命은 策書를 통해 명을 내리는 것으로 三公을 임명할 때 사용한다. 後漢 蔡邕의 『獨斷』에 따르면 漢朝의 황제가 자신의 의지를 실현하기 위해 사용하는 문서로 策書, 制書, 詔書, 戒書의 사종이 있는데 이 가운데 책서의 경우 "제후왕과 삼공을 임명할 때 사용하고, 제후왕이나 삼공으로 그 지위에 있다 서거한 경우에도 역시 책서를 통해 그 행적에 대한 誄文을 짓고 諡號를 적어 내리는데, 제후에게 내릴 때의 策과 같이 한다. 삼공이 죄로 면직되는 경우에도 策을 내린다(以命諸侯王三公, 其諸侯王三公之薨于位者, 亦以策書誄諡其行而賜之, 如諸侯之策. 三公以罪免, 亦賜策)."이라 하였다. 즉 漢室에서 책서는 제후왕, 삼공의 임명, 그리고 삼공의 면직시에 사용된 기물임을 알 수 있다. 漢代의 삼공은 前漢의 경우 丞相, 太尉, 御史大夫였고, 後漢에서는 太尉, 司徒, 司空이었다. 晉朝의 경우 『晉書』「職官志」에 따르면 "太尉, 司徒, 司空은 古官으로 漢에서부터 魏에 이르기까지 이를 두어 三公으로 삼았다(太尉, 司徒, 司空, 並古官也. 自漢歷魏, 置以爲三公)."라고 하여 후한과 같았다. 使符는 곧 竹使符로 符節의 일종이다. 이는 중앙에서 지방에 관리를 파견하여 그 지역의 군대를 동원할 때, 그 통수권의 부여를 상징하는 증표로 중앙에서 지급하는 기물이다. 『漢書』「文帝紀」 前2年(前178) 9月조에서 "처음으로 군수에게 銅虎符와 竹使符를 주었다(初與郡守爲銅虎符, 竹使符)."라 했고, 이에 대한 唐 顔師古의 주석에서 인용된 後漢 應劭는 다음과 같이 말하였: "銅虎符는 第一에서 第五까지로 하며 국가에서 군대를 징발하기 위해 使者를 보내면, [사자가] 郡에 도착해서 [군의] 符와 합쳐보고 符가 부합

하면 그의 명을 따른다. 竹使符는 모두 가는 대나무 다섯 쪽을 사용하며 길이는 다섯 寸으로 하고 篆書를 새기며 第一에서 五까지로 한다(銅虎符第一至第五, 國家當發兵遣使者, 至郡合符, 符合乃聽受之. 竹使符皆以竹箭五枚, 長五寸, 鐫刻篆書, 第一至第五)." 이상의 사례를 종합하면 책명은 삼공이나 제후왕 같은 최고위의 관리 또는 제후만이 수여 받는 기물이며, 使符 역시 군대를 지휘할 수 있는 통수권을 허락받은 고위의 관료만이 수령 가능한 기물임을 알 수 있다. 그런데 晉朝에서 이상과 같은 책명과 사부의 수여는 東晉 安帝(재위 396~418) 義熙 12년(416), 晉에서 宋으로의 禪讓을 목전에 두고 있던 宋의 창업주인 劉裕를 宋公으로 봉하면서 수여한 것이 유일하다. 晉에서 이러한 기물들은 매우 특수한 인물에 한하여 예외적 특권을 인정하는 '殊禮'의 증표로 수여되는 것들이며 일반 관료들을 대상으로 그 지위의 변동에 수반하여 수여하는 기물은 아니었던 것이다. 그러므로 張朗의 아들들이 실제로 이러한 기물을 수여 받았을 가능성은 희박하다. 비문에서 말한 책명, 죽사부는 그들이 이를 실제로 수여받았다는 것이 아니라, 이에 비견할 정도로 높은 관직에 올랐음을 의미하는 표현으로 이해함이 옳을 것이다. 이는 자제들의 관력을 서술하는 방식을 통해서도 확인할 수 있다. 비문에서는 가장 먼저 銀艾(즉 銀印靑綬)가 나왔고, 이어서 金紫, 策命使符를 언급하고 있다. 이는 기물들을 단순히 나열한 것이 아니라 그 위상이 낮은데서 높은 순으로 차례로 배열한 것이다. 즉 본문의 이상과 같은 열거는 張朗의 자제들이 官界에서 차례로 승진에 승진을 거듭했음을 비유하기 위한 표현으로 생각된다.

**14** 祖宗의 공덕은 臣子가 기록하는 것이라 한다[祖功宗德, 臣子所紀]: 『釋名』, 「釋典藝」에 따르면 '碑'는 원래 매장시, 下棺을 위한 도르래를 끼우는 나무기둥으로 "臣子가 君父의 아름다운 공덕을 추모하기 위해 그 위에 글을 적었다(臣子追述君父之功, 美以書其上)."라고 하였다. 한편

『禮記』,「祭統」에서는 "銘이란 스스로 이름을 내는 것이다. 先祖의 아름다움을 칭송하고 이를 후세에 밝게 드러내는 것으로 스스로 이름을 낸다. 선조 된 이가 [행실이] 아름다움이 없지 않고, 나쁨이 없지 않다. [그러나] 銘의 의리는 아름다운 점을 일컫고, 나쁜 것은 일컫지 않는 것이니 이것이 효자, 효손의 마음이다(夫鼎有銘, 銘者自名也. 自名以稱揚其先祖之美, 而明著之後世者也. 爲先祖者, 莫不有美焉, 莫不有惡焉. 銘之義, 稱美而不稱惡, 此孝子孝孫之心也)."라고 하였다. 『禮記』에서 말한 '銘'은 이에 대한 鄭玄의 주석에 따르면 '쓰거나 새겨서 사적을 알리는 것(謂書之刻之以識事者也)'이다. 따라서 『釋名』의 '碑'도 銘의 일종에 해당한다. 이상을 종합하면 특정 기물에 돌아간 부모의 공덕을 글로 적거나, 그 글을 새기는 이유는 그것이 孝道를 실천하는 방법이기 때문이다. 墓主인 張朗의 자제들은 이 석각을 조성하고 거기에 그의 행적을 새긴 가장 근본적인 목적이 효도를 위한 것임을 밝히기 위해 이 같은 표현을 사용한 것이다.

**15** 자손이 번성하는 복록이 있었다[有則百之祚]: 『詩』「大雅·文王之什·思齊」에서 "大姒(문왕의 妃)가 아름다운 명성을 이으시니 아들이 백이나 되도다(大姒嗣徽音, 則百斯男)."라고 하였다. 즉 '則百'은 자손이 번성했음을 상징하는 표현이다.

**16** 永康[永康]: 西晉 惠帝의 연호로 300년부터 301년 4월까지 사용되었다.

**17** 3월 25일[三月丙戌]: 永康 元年(300) 3월 병술일은 戊申年 음력 3월 25일이고 양력으로는 4월 30일에 해당한다. 이에 따르면 본 석각의 주인공인 張朗은 233~234년 사이에 태어난 것으로 추정된다.

**18** 三母[三母]: 三母는 周나라의 세 賢母를 말한다. 『後漢書』「和熹鄧皇后紀」에 따르면 "有虞에게는 二妃가 있었고, 周室에는 三母가 있었다(有虞二妃, 周室三母)."라고 하였는데, 이에 대해 唐 章懷太子는 그의 주석에서 "三母는 [주나라의 시조인] 后稷의 어머니인 姜嫄, 文王의 어

머니인 大任, 武王의 어머니인 大姒를 말한다(三母, 謂后稷母姜嫄, 文王母大任, 武王母大姒也)."라고 하였다.

**19** 元康[元康]: 西晉 惠帝의 연호로 291년 3월부터 299년까지 사용되었다.

**20** 12월 10일[十二月戊申]: 元康 8년(298) 12월 무신일은 음력 12월 10일이고 양력으로는 299년 1월 28일에 해당한다. 이에 따르면 張朗의 부인은 242~243년 사이에 태어난 것으로 추정된다.

**21** 방황하게 하여[屛營]: 屛營의 屛과 營 모두 헤매고 방황한다는 의미를 갖고 있다. 『國語』「吳語」에서 "왕이 직접 홀로 나아가서 산림 속에서 헤매고 방황하였다(王親獨行, 屛營仿偟於山林之中)."라고 하였다.

**22** 영구를 옮겨서[神遷]: '神遷'은 곧 '遷神'과 통한다. 遷神은 시신을 옮기는 것을 의미한다. 『六臣注文選』「哀傷」, 〈寡婦賦〉에서 "죽고 사는 것이 길을 달리함을 슬퍼하면서 영구를 옮겨 안치하노라(痛存亡之殊制兮, 將遷神而安措)."라고 했고, 이에 대해 唐 李周翰은 그의 주석에서 "遷神安措는 영구를 옮겨 돌아가 장례를 치르는 것이다(遷神安措, 謂遷柩歸葬也)."라고 하였으니, 이를 통해 遷神은 시신을 옮기는 것임을 알 수 있다.

**23** 이곳에 합장하게 되었다[合葬斯宇]: 원강 8년(298) 12월 무신일(음력 12월 10일)에 먼저 장랑의 부인이 세상을 떠났고, 그로부터 2년 뒤인 영강 원년(300) 3월 병술일(음력 3월 25일)에 장랑이 사망했으며, 같은 해 11월 임신일(음력 11월 15일)에 먼저 사망했던 장랑 부인의 시신을 옮겨와 장랑의 무덤에 합장한 것이다.

**24** 玄堂[玄堂]: 玄堂은 무덤의 내부를 가리킨다. 『文選』〈齊敬皇后哀册文〉에서 "푸른 장막을 크게 펼치고 玄堂의 문을 엽니다(翠帟舒阜, 玄堂啟扉)."라고 한 것에 대해 唐 呂延濟가 "현당은 墓의 안이다(玄堂, 謂墓中也)."라고 주석한 것이 바로 그것이다. 본문의 '玄堂'이라는 표현은 張朗의 비석이 무덤 내부에 설치되었음을 입증한다.

**25** 훌륭하신[穆穆]: 『詩』,「大雅·文王之什·文王」에서 "아름다우신 문왕

이여(穆穆文王).”라 했고, 이에 대한 漢 毛亨의 傳에서는 "穆穆은 아름다운 것이다(穆穆, 美也).”라고 하였다. 그리고 이러한 毛傳에 대해 漢 鄭玄은 그의 箋에서 "穆穆하신 문왕이시어. 천자의 위용을 지니셨네. 아. 아름다우시도다(穆穆乎文王, 有天子之容. 於美乎).”라고 해석하였다. 한편 『禮記』「曲禮」 下에서는 "天子穆穆, 諸侯皇皇"이라 했고, 이에 대해 鄭玄은 이는 행동거지를 나타낸 것이라고 하였다(皆行容止之貌也). 그리고 이에 대한 唐 孔穎達의 正義에 따르면 '天子穆穆'은 '위엄이 넘치는 모양(威儀多貌也)'이다. 따라서 이상을 종합하면 穆穆은 외관이 아름답고 위엄이 넘치는 것을 묘사하는 표현임을 알 수 있다.

**26** 나의 부모[考妣]: 『禮記』「曲禮」에서 "살아있을 적에는 父, 母, 妻라 하고, 죽으면 考, 妣, 嬪이라 한다(生曰父, 曰母, 曰妻, 死曰考, 曰妣, 曰嬪).”라고 하였다. 즉 '考'는 돌아가신 아버지를 일컫고, '妣'는 돌아가신 어머니를 일컫는 표현이다. 즉 考妣는 故人이 된 부모를 의미한다. 본문의 銘辭는 장랑부부의 아들의 관점에서 서술되어 있다. 장랑과 그의 부인은 이미 故人이 되었기 때문에 본문의 작자는 이와 같은 표현을 사용한 것이다.

**27** 하늘[乾]: 여기서의 乾은 하늘을 의미한다.

**28** 예를 따르되 넘어섬이 없게 하셨으며[率禮不越]: 『詩』「商頌・長發」에서 "契께서 백성들로 하여금 예에 따르게 하고 이를 넘어서지 않게 하셨네(率履不越).”라 했고, 이에 대해 毛傳에서는 "履는 禮다(履, 禮也).”라고 하였다. 즉 履와 禮는 서로 통한다. 따라서 본문의 '率禮不越'은 실은 '率履不越'과 같고, 이는 실은 『詩』〈長發〉의 구절을 차용한 것임을 알 수 있다.

**29** 관직으로 나가서는 … 인도 할만 하셨네[可移於官, 以爲民先]: 『孝經』「廣揚名章」에서 "[君子는] 집에서는 [집안을] 잘 다스리기 때문에 [이러한] 다스림을 관으로 옮길 수 있다(居家理, 故治可移於官).”라고 했

墓誌 묘지 203

고, 이에 대해 唐 玄宗(재위 712~756)은 "군자가 거처하는 곳은 교화가 이루어지므로, [이를] 관으로 옮길 수 있는 것이다(君子所居則化, 故可移於官也)."라고 주석하였다. 이상을 종합하면 군자는 집안에 거처하면서 집안사람들을 잘 다스려 교화하고, 이를 정치에까지 확대하여 응용할 수 있다. 본문의 작자는 장랑의 몸가짐이『孝經』에서 말하는 군자와 부합했음을 강조하기 위해 이와 같은 표현을 사용한 것으로 보인다.

**30** 嵩嶽[嵩嶽]: 嵩嶽은 곧 嵩山으로 오늘날의 崇山(河南省 登封市 所在)이다. 한편『白虎通』「五嶽四瀆」에 따르면 嵩山은 嵩高山이라고도 하며 오악 가운데 하나이다.『白虎通』「五嶽四瀆」에서 인용된『尙書大傳』에서 "五岳은 대산, 곽산, 화산, 항산, 숭을 말한다(五岳, 謂岱山, 霍山, 華山, 恒山, 嵩也)."라 한 것이 바로 그것이다. 이에 따르면 嵩山은 五岳 가운데 中岳이 된다. 嵩山이 중악이 되는 이유에 대해『白虎通』「五嶽四瀆」에서는 다음과 같이 말하였다: "중앙이 崇高인 것은 어째서인가? 嵩은 높고 큼을 말하기 때문이다. 중앙의 嶽에 대해서 유독 高字를 붙인 것은 어째서인가? 중앙은 사방의 한 가운데에 거하면서 높기 때문에 崇高산이라고 하는 것이다." 이상을 종합하면 嵩山은 오악 가운데서 가장 높고 으뜸가는 산으로 인식되었음을 알 수 있다. 장랑의 자식들은 부모의 명운을 최고의 명산에 빗대어 그들의 부모가 이 같은 산처럼 변함없이 장수를 누리길 기원했던 것으로 보인다.

## 【참고문헌】

(東吳)韋昭 注,『國語』, 上海: 上海古籍, 1978.
(前漢)司馬遷 撰,『史記』, 北京: 中華書局, 1997.
(後漢)班固 撰,『漢書』, 北京: 中華書局, 1997.
(劉宋)范曄 撰,『後漢書』, 北京: 中華書局, 1997.

(梁)沈約 撰,『宋書』, 北京: 中華書局, 1974.
(唐)房玄齡 等撰,『晉書』, 北京: 中華書局, 1974.

(前漢)毛亨 傳·(後漢)鄭玄 箋·(唐)孔穎達 疏,『毛詩正義』, 北京: 北京大, 2000.
(曹魏)王肅 注·(唐)孔穎達 疏,『周易正義』, 北京: 北京大, 2000.
(後漢)鄭玄 注·(唐)孔穎達 疏,『禮記正義』, 北京: 北京大, 2000.
(唐)玄宗 注·(宋)邢昺 疏,『孝經注疏』, 北京: 北京大, 1999.

(淸)陳立 疏證,『白虎通疏證』, 北京: 中華書局, 1994.
(後漢)蔡邕,『獨斷』, 臺北: 臺灣商務印書館, 1965.
(梁)蕭統 編,『文選』, 上海: 上海古籍, 1997.
(梁)蕭統 編·(唐)李善·呂延濟 等注,『六臣注文選』, 北京: 中華書局, 1987.

羅振玉,『石交錄』(『石刻史料新編 4輯 6冊』收錄), 臺北: 新文豊, 2006.
劉承干,『希古樓金石萃編』(『石刻史料新編 1輯 5冊』收錄), 臺北: 新文豊, 1982.
毛遠明,『漢魏六朝碑刻校注 第2冊』, 北京: 線裝書局, 2008.
范壽銘,『循園古冢遺文跋尾』(『石刻史料新編 3輯 38冊』收錄), 臺北: 新文豊, 1986.
福原啓郎,「西晉における墓誌成立の時代的背景: 張朗墓誌を例として」,『書論』40, 2014.
北京圖書館金石組 編,『北京圖書館藏 中國歷代石刻拓本匯編 2冊』, 鄭州: 中州古籍, 1997.
趙萬里,『漢魏南北朝墓誌集釋』(『石刻史料新編 3輯 3冊』收錄), 臺北: 新文豊, 1979.
佐藤利行,「張朗墓誌について」,『中國學論叢』11, 1995.
中田勇次郎,『中國墓誌精華』, 東京: 中央公論, 1975.
『書道全集 第四卷』, 東京: 平凡社, 1931.

# 〈北魏延興二年(472)申洪之墓誌〉

〈북위 연흥 2년(472) 신홍지 묘지〉

홍승현

## 【解題】

①〈申洪之墓誌〉,〈北魏延興二年(472)十月東宮莫提申洪之墓誌〉,〈申洪之墓銘〉,〈延興二年(472)申洪之買地券〉 ②北魏 延興 2년(472) ③1940년대 山西省 大同市 부근 ④山西大同博物館 ⑤石 ⑥길이 53cm・너비 42cm.■ 사면에 높이 1cm, 너비 2.5~3cm의 邊框. 총 13 行, 50字. 前 10행 매 행 20字, 後 3행 매 행 15~18字❷ ⑦〈탁본사진〉「墓誌の起源について」;『中國書法鑑賞辭典』(局部);「申洪之墓誌」(全體, 局部);「一方鮮爲人知的北魏早期墓誌-申洪之墓誌」;「北魏早期平城墓銘析」;「北魏申洪之墓誌考釋」;「北魏≪申洪之墓銘≫及幾個相關問題」〈실물사진〉「北魏申洪之墓誌考釋」 ⑧없음 ⑨「墓誌の起源について」;「中國歷代墓券考略」;「北魏申洪之墓誌考釋」;「北魏≪申洪之墓銘≫及幾個相關問題」;「北魏買地券三種考釋」;「≪申洪之墓誌≫補釋」 ⑩전반부 10행까지는 墓誌, 후반부 3행은 買地券으로 구성되어 있다.❸ 동일한 방식으로 구성된 〈南朝輔國將軍墓誌〉❹와 함께 상층 계층에서 매지권을 사용했다는 증거이며 사

206 석각을 통해 본 동아시아 고중세 사회 - 중국 고중세 석각자료 연구

용 시 어떤 식으로 변용하였는가에 대해 단서를 제공하고 있다. 따라서 중국 매지권으로부터 〈百濟武寧王誌石〉으로의 流傳, 즉 매지권 문화의 동아시아적 유전을 밝혀줄 수 있는 석각이다. 묘지 부분을 살펴보면 정형화된 묘지의 모습에 상당히 근접해 있음을 알 수 있다.⁶ ⑪侯旭東,「北魏申洪之墓誌考釋」,『1~6世紀中國北方邊疆·民族·社會國際學術硏討會論文集』(北京: 科學, 2008); 殷憲,「北魏≪申洪之墓銘≫及幾個相關問題」,『山西大同大學學報(社科版)』24-1(2010); 魯西奇,「北魏買地券三種考釋」,『魏晉南北朝隋唐史資料』26(2010); 羅新,「≪申洪之墓誌≫補釋」,『出土文獻硏究 第9輯』(北京: 中華書局, 2010).

## 【 解 題 註 】

**1** 최초 보고자인 日比野丈夫와 池田溫의 보고다.¹⁾ 이와는 달리 중국 측 연구자인 殷憲과 侯旭東은 높이 60㎝, 너비 48㎝로 보고하였다.²⁾ 邊框의 너비를 포함했는가, 제외했는가의 차이가 아닐까 한다.

**2** 日比野丈夫는 후 3행의 행자 수를 17~18字라고 하였으나 탁본에서 확인할 수 있는 것처럼 15~18字로 본 侯旭東의 보고가 옳다.³⁾

**3** 일반적인 買地券과는 구성에 차이가 있다. 일반적으로 매지권은 ①토지 매매일, ②매입자(墓主), ③매도자, ④토지 위치와 크기, ⑤토지의

---

1) 日比野丈夫,「墓誌の起源について」,『江上波夫敎授古稀記念論集 民族·文化篇』(東京: 山川, 1977), 189쪽; 池田溫,「中國歷代墓券考略」,『東洋文化硏究所紀要』88(1981), 229쪽.
2) 殷憲,「北魏早期平城墓銘析」,『北朝硏究』1(2000), 26쪽; 侯旭東,「北魏申洪之墓誌考釋」,『1~6世紀中國北方邊疆·民族·社會國際學術硏討會論文集』(北京: 科學, 2008), 207쪽.
3) 차례대로 日比野丈夫, 앞의 글, 189쪽; 侯旭東, 앞의 글, 207쪽.

가격과 대금 지불일, ⑥입회인, ⑦정형화된 文言1(沽酒: 매도자와 매입자가 반씩 돈을 내어 술을 사 마신다는 계약 체결의 행위), ⑧정형화된 文言2(券爲約 혹은 券爲明: 계약 체결의 증거인 매지권을 만드는 행위)로 구성된다. 이에 반해 〈申洪之墓誌〉 후반부의 매지권은 매도자와 땅의 크기, 토지 가격 등만이 기록되어 있어 미신적 요소가 포함되기 전의 초기 매지권과 비교한다고 해도 계약의 증인, 대금 지불일, 守約의 文言 등 가장 기본적인 매지권의 구성 요소를 갖추지 못한 상태이다.

**4** 이해를 위하여 〈南朝輔國將軍墓誌〉의 전문을 제시하면 다음과 같다. "□□□輔國將軍濟晉二郡□」□□□本州功曹史齊康太守□氏父□□本州治中」□□□本州西曹史除天水太守□」□□□陽潘氏父惠宣除積射□□除漢□太守」□□射聲校尉輔國將軍濟陰太守郡□郎流宜都內史青州司馬帶□朱」衣直閣將軍鎭蠻護軍晉熙太守□流長水校尉安城王右頭司馬春秋□」□有三□於丹陽襌陵長幹裏□子歲四月十九日亡今葬江寧縣□其年」□月廿四日□於載□□□□生長松傑□□□□妻清河張氏」父□帝譚除□陵王□□□□越騎校尉除本縣令本郡垂除□南□宋二」郡太守□□□□□□□年五十一建安王正佐除海安縣令」□□□□□妻東海徐氏□父亮九流曉騎將軍山陽太守」□□□子英年十八妻彭城劉氏父道□」□□□子斌年十六妻東海徐氏父質奉朝請」□□□子鶯年十一妻□□武氏父會超左衛將軍太子右率越騎刺史豫州刺史黃門郎」□□太妹光妃適清河張□」□□父□騎將軍鎭蠻護軍□熙太守曆陽太守汝城縣開國男」□□□奉朝請除本縣縣令□□令」□□□□共墓東邊山北□所葬□□州墓北□□徐州墓燎□□」□□□□山嶺直出陳□□南宜出陳□墓至松城□於梁州墓燎道□」□□□□□本縣」□□□□□歲庚子八月五日雍州民□□□□□子英今訣建康民□」□□□□□東西南北四□□□□錢□□九千走卽錢地□□二」□□□□□□共所買地□之□□有公私志□一付□□子不□」□□□□□□

□□凶葬□去來取板橋大□使通流保無□礙□」□□□□□□□□□不能是了王要破□墓」□□□碩嶺長出入□」□□□□□□□□私□□土三百軍山墓還王葬如故侍立任供送估□□□□□□□□氏得私約不從侯令」□□□□□□□□□元子嗒□任□匚王買地以記."4)

5 〈申洪之墓誌〉는 ❶諱, ❷本籍, ❸家系, ❹人品, ❺官歷, ❻享年, ❼卒日, ❽卒地, ❾葬地, ❿哀悼辭 등으로 구성되어 있다. 정형화된 墓誌와 비교하면5) 이 가운데 誌額, 字, 諡號 및 追贈, 葬日, 銘辭가 없는데, 완비된 묘지에서도 시호 및 추증은 주로 고위 관직자에게서 볼 수 있기에 구성 요소의 결락으로 볼 수 없다. 그렇다면 이 묘지는 상당히 완비된 모습을 갖추고 있다고 봐야 할 것이고, 북위에서 〈馮熙墓誌〉 전 정형성을 갖춰 가는 묘지가 제작된 근거가 될 수 있을 것이다.

【釋文】

君姓申, 諱洪之, 魏郡 魏縣人也. 曾祖鍾, 前趙司徒・東」陽公. 祖道生, 輔國將軍・兗州刺史・金鄉縣侯, 子孫家」焉. 少遭❶屯蹇, 与兄直懃令乾之, 歸命于魏.」君識幹」強明, 行操貞敏. 孝友慈仁, 溫恭惠和. 兄弟同居, 白首」交懽.❷閨門怡怡, 九族式軌. 是以詮才委任, 甫授東宮」莫堤. 將闡茂績, 剋崇世業, 而降❸年不遐, 年五十有七,」以魏 延興二年十月五日, 喪於京師. 以舊墳懸遠, 歸」窆理難. 且羸

---

4) 朱國平・王奇志,「南京西善橋"輔國將軍"墓誌考」,『東南文化』112(1996), 47쪽.
5) 墓誌의 구성 요소에 관해서는 窪添慶文의 견해를 따랐다. 그가 규정한 정형화된 묘지의 구성 요소는 다음과 같다. ①標題(즉, 誌額) ②諱 ③字 ④姓 ⑤本籍 ⑥家系 ⑦品行 ⑧官歷을 중심으로 하는 經歷 ⑨卒日 ⑩享年 ⑪卒地 ⑫諡號와 葬費 등과 같은 追贈 ⑬葬日 ⑭葬地 ⑮銘辭. 窪添慶文,「遷都後の北魏墓誌に關する補考」,『東アジア石刻研究』5(2013), 1쪽.

> 博之葬, 蓋隨時矣. 考謀龜筮, 皆亦**[4]**云吉.」 遂築堂於平城 桑乾河南. 形隨化往, 德与時著. 敢剋」斯石, 以昭不朽.」
> 先地主文忸于吳提・賀賴吐伏延・賀賴吐根・」高梨高郁突**[5]**四人邊買地卅頃, 官絹百匹, 從來」卄一年. 今洪之喪靈, 永安於此, 故記之.

### 【釋文註】

**[1]** 魯西奇는 '曹'로 판독하였으나6) 拓本에 근거하여 '遭'로 읽었다.

**[2]** 殷憲, 魯西奇, 羅新은 '歡'으로 판독하였다.7) 탁본 상으로는 '懽'이 분명하다. 그러나 '懽', '驩', '歡'은 모두 통한다.

**[3]** 殷憲은 '障'으로 판독하고 '享'이 맞을 것으로 보았으나 의미상 '降'이 적절하여 따르지 않았다.8)

**[4]** 日比野丈夫는 '你'로, 殷憲은 '休'로, 池田溫과 魯西奇는 '称'으로 판독하였으나 의미상 '亦'이 적절하여 따르지 않았다.9)

**[5]** 殷憲은 2000년 글의 釋文에서는 '禿'으로 보았으나 2010년 글의 석문에서는 '突'로 읽었다. 그러나 본문에서는 역시 '高梨高郁禿'으로 기술하였다.10)

---

6) 魯西奇,「北魏買地券三種考釋」,『魏晉南北朝隋唐史資料』26(2010), 44쪽.
7) 殷憲,「北魏≪申洪之墓銘≫及幾個相關問題」,『山西大同大學學報(社科版)』24-1(2010), 27쪽; 魯西奇, 앞의 글, 44쪽; 羅新,「≪申洪之墓誌≫補釋」,『出土文獻研究 第9輯』(北京: 中華書局, 2010), 332쪽.
8) 殷憲, 앞의 글(2010), 27쪽.
9) 日比野丈夫, 앞의 글, 190쪽; 殷憲, 앞의 글(2010), 27쪽; 池田溫, 앞의 글, 230쪽; 魯西奇, 앞의 글, 45쪽.
10) 殷憲, 앞의 글(2000), 188쪽; 殷憲, 앞의 글(2010), 27쪽.

【譯文】

君의 姓은 申이고 諱는 洪之며 魏郡[1] 魏縣[2] 사람이다. 증조부 鍾[3]은 前趙[4]에서 司徒[5]를 지냈으며 東陽公이었다. 조부 道生[6]은 輔國將軍[7]·兗州[8]刺史[9]를 지냈고 金鄕縣[10]侯가 되어 자손들이 이로써 [정착하여 그곳에서] 家를 이루었다. [군은] 어려서 고달프고 순조롭지 못한 상황[11]을 만나 형 直懃令[12] 乾之와 함께 魏에 귀순하였다. 군은 학식과 재간이 있어 유능하고 총명하였으며 품행이 바르고 절조가 있었으며 의지가 굳고 민첩하였다. 효성스럽고 우애로웠으며[13] 인자하였고[14] 온화하며 공경스러웠으며[15] 은혜롭고 화순하였다.[16] 형제가 함께 살았는데 나이들어 머리가 희도록 함께 즐거워하였다.[17] [이로 인하여] 집안[18]이 화목하여[19] 친족들[20]의 규범이 되었다. 이로써 [나라가 군의] 재능을 헤아려 직무를 맡기니 비로소 東宮莫堤[21]를 제수하였다. 장차 혁혁한 공로를 드러내고 능히 世業을 세울 수 있었으나 하늘이 내려준 수명[22]이 짧아서 향년 57세로 위 延興 2년(473) 10월 5일 수도에서 사망하였다.[23] 舊墓[24]가 너무 멀리 떨어져 있어 돌아가 매장하는 것을 행하기 어려웠다.[25] 더구나 羸博의 장례[26]는 대개 時俗을 따르는 것임에야. 거북점과 시초풀점 모두 역시 상서롭다 말하였다. [따라서] 마침내 平城 桑乾河[27] 남쪽에 무덤을 만들었다.[28] 형체는 시간이 흐름에 따라 사라지지만 德은 세월이 갈수록 분명해진다. [이에] 감히 이 돌에 [군의 덕을] 새겨 밝혀 썩지 않게 하노라.

이전의 땅주인인 文忸于吳提,[29] 賀賴吐伏延,[30] 賀賴吐根,[31] 高梨高郁突[32] 4인에게 부근의 땅 20頃을 매입하였으니, [가격은] 官

絹<sup>33</sup> 백 匹<sup>34</sup>로 21년 전이다.<sup>35</sup> 지금 홍지의 시신이 이곳에서 영원히 안식을 취하고 있기에 그것을 기록한다.

### 【 譯 文 註 】

1. 魏郡[魏郡]: 前漢 高帝 12년(前195)에 설치되었으며 新王朝에서는 魏城이라 불렀다.[11] 治所는 鄴縣으로 지금의 河北省 臨漳縣 서남의 鄴鎭이다. 西晉 시기에는 司州에 속하였고 北魏 天興 4년(401)에 相州에 속하게 되었다. 東魏 天平 원년(534) 이곳에 建都하면서 魏尹으로 고쳤다. 北齊에서 淸都尹으로 다시 고쳤고, 北周 大象 2년(580) 다시 魏郡이 되었다. 東晉에서는 咸康 4년(338) 江蘇省 南京 부근에 僑置하였다. 이후 劉宋에서도 교치하고 冀州에 속하게 하였다. 北魏가 차지한 후에는 東魏郡이라 하였다.

2. 魏縣[魏縣]: 전한에서 설치하였고, 위군에 속하였다. 치소는 지금의 하북성 大名縣 서남쪽 魏城에 해당한다. 『水經注』「淇水」에서 인용한 應劭의 주석에 따르면 魏武侯의 別都였다.[12] 이로써 '魏'라는 이름을 얻었다. 북제 때 폐지하고 昌樂縣에 합쳤다. 隋 開皇 6년(586)에 復置하고 魏州에 속하게 하였다.

3. 증조부 鍾[曾祖鍾]: 『晉書』「石季龍載記」에 따르면 咸康 원년(335) 石虎가 石勒의 아들 弘을 폐하고 建武로 연호를 바꾸며 대대적인 인사 개편을 진행하는데, 이 때 墓主 신홍지의 증조부 신종은 侍中이 되었다.[13] 이후 後趙 건무(335~348) 후반기에 석호가 石宣과 石韜에게 殺

---

11) 『漢書』卷28上,「地理志」, "高帝置. 莽曰魏城. 屬冀州."
12) 『水經注』,「淇水」, "魏縣故城, 應劭曰: 魏武侯之別都也."
13) 『晉書』卷106,「石季龍載記上」, "咸康元年, 季龍廢勒子弘, 群臣已下勸其稱尊號. …

生拜除의 事務를 날에 따라 번갈아 심의·결정하고 다시 보고하지 말라고 명령하자 신종이 불가함을 諫言하는 기사가 등장한다. 이때 신종의 관직이 司徒로 나온다.[14] 신종이 언제까지 사도의 직을 수행하였는지는 정확하지 않다. 永和 6년(350) 冉閔이 石鑒을 살해하자 사도 신종을 비롯한 48인이 염민에게 尊號를 올렸다는 기록에 따르면,[15] 신종은 후조가 멸망할 때까지 사도의 직을 담당했던 것으로 보인다. 이후 신종은 冉魏에서 太尉를 지내다 前燕이 염위를 멸망시키고 염위 황실과 諸王·公卿 등을 遷徙시킬 때 薊(지금의 北京市 서남쪽)로 강제 이주되었다.[16] 묘지에서는 前趙의 사도로 기술하고 있으나 현재 사료에서는 후조 및 염위에서의 관직과 활동만을 단편적으로 확인할 수 있을 뿐이다.[17]

**4** 前趙[前趙]: 왕조명(304~329). 匈奴 劉淵에 의해 건국된 十六國 시기 胡族 국가 중 하나. 유연이 처음에 '漢'을 칭했기에 '漢趙'라고도 부른다. 羯族의 石氏가 새운 趙와 구별하여 '前趙'라고 하고, 석씨의 국가를 '後趙'라 한다. 산서성 북부에 거주하던 흉노는 서진 惠帝 시기 八王의 亂을 틈타 족장인 유연을 大單于로 옹립하였다. 304년 유연은 左國城(지금의 산서성 离石縣 북쪽)에서 漢王에 즉위하고 연호를 元熙로, 국호

---

改年曰建武. 以夔安爲侍中·太尉·守尙書令, 郭殷爲司空, 韓晞爲尙書左僕射, 魏槊·馮莫·張崇·曹顯爲尙書, 申鍾爲侍中, 郎闓爲光祿大夫, 王波爲中書令, 文武封拜各有差."

14) 『晉書』卷106, 「石季龍載記上」, "命石宣·石韜, 生殺拜除皆迭日省決, 不復啓也. 司徒申鍾諫曰: 「慶賞刑威, 后皇攸執, 名器至重, 不可以假人, 皆以防姦杜漸, 以示軌儀, …」 季龍不從."

15) 『晉書』卷107, 「石季龍載記下」, "永和六年, 殺石鑒, 其司徒申鍾·司空郎闓等四十八人上尊號于閔, …"

16) 『晉書』卷107, 「石季龍載記下」, "評送閔妻董氏·太子智·太尉申鍾·司空條攸·中書監聶熊·司隸校尉籍羆·中書令李垣及諸王公卿士于薊."

17) 이와 관련하여 侯旭東은 '前趙司徒'에서 '前'은 '前趙'의 '前'이 아닌 '과거'를 의미한다고 보았다. 侯旭東, 앞의 글, 209쪽.

를 '한'으로 칭하며 16국 호족 국가 중 가장 먼저 개국한다. 308년에는 황제를 칭하였고, 309년에는 平陽(지금의 산서성 臨汾市 서남쪽)으로 遷都하였다. 310년 유연이 사망하고 장자 劉和가 繼位하였지만 庶弟였던 劉聰에게 살해되었다. 318년 유총 사망 후 그의 아들 劉粲이 즉위하였지만 곧 靳准에게 살해되었다. 이 근준의 난은 곧 中山王 劉曜에 의해 진압되었다. 유요는 난을 진압하고 황제에 즉위하고, 국호를 '조'로 改稱하였다. 이후 石勒이 劉氏에 반대하며 趙王을 자칭하며 전조의 동쪽 영역을 탈취하여 '後趙'를 세운다. 이로부터 전조와 후조의 공방이 시작되었는데, 328년 洛陽城 서쪽에서 벌어진 전투에서 유요가 사로잡히며 전조는 사실상 멸망한다. 329년 석호가 長安으로부터 도주하여 上邽(지금의 甘肅省 天水市)에 머물던 太子 劉熙 및 전조의 百官들을 살해하며 전조는 멸망하였다.

5 司徒[司徒]: 『尙書』「舜典」에 따르면 최초의 司徒는 敎化를 담당하였다.[18] 周代 사도는 六卿 가운데 하나로 '地官司徒'라 하였는데,[19] 역시 그 직무는 나라의 교화를 담당하는 것이었다.[20] 秦에서는 丞相을 두는 대신 사도를 두지 않았고, 이어 漢도 이에 따랐다. 그러다 哀帝 元壽 2년(前1) 승상을 大司徒로 고치고[21] 大司馬·大司空과 함께 三公으로 삼았다. 後漢 光武帝 建武 원년(25)에 前將軍 鄧禹를 대사도로 삼았다가[22] 건무 27년(51) 朱祐의 건의로 '大'자를 없앴다. 후한의 사도는 백성을 교화하고 관리와 백성의 功課에 따라 상벌을 내리며, 郊祀 때에

---

18) 『尙書』, 「舜典」, "帝曰, 契, 百姓不親, 五品不遜, 汝作司徒, 敬敷五敎在寬."
19) 『漢書』 卷19上, 「百官公卿表上」, "夏·殷亡聞焉, 周官則備矣. 天官冢宰, 地官司徒, 春官宗伯, 夏官司馬, 秋官司寇, 冬官司空, 是爲六卿, 各有徒屬職分, 用於百事."
20) 『周禮』, 「地官·司徒」, "乃立地官司徒, 使帥其屬而掌邦敎, 以佐王安擾邦國. 敎官之屬: 大司徒, 卿一人. 小司徒, 中大夫二人."
21) 『漢書』 卷19上, 「百官公卿表上」, "孝惠·高后置左右丞相, 文帝二年復置一丞相. 有兩長史, 秩千石. 哀帝元壽二年更名大司徒."
22) 『後漢書』 卷16, 「鄧禹傳」, "建武元年, … 光武卽位於鄗, 使者持節拜禹爲大司徒."

犧牲을 살피고 나라에 큰일이 있을 때에 논의에 참여하는 등의 직임을 맡았다.23) 후한 말, 삼공을 폐지하고 다시 승상을 두었다. 三國 시대에는 太尉·司空과 함께 삼공이 되었는데, 이는 북위에서도 같았다.24)

**6** 조부 道生[祖道生]: 사서에서 확인할 수 없다. 다만『魏書』「申纂傳」에 따르면 신종의 자손들은 皇始(396~398) 초 북위 道武帝가 中山을 평정하던 때 남쪽으로 이주한 것으로 보인다. 신홍지와 마찬가지로 신종의 증손이었던 申纂은 濟陽(지금의 산동성 定陶縣)으로 이주하여 그곳에서 家을 이루었다고 하는데,25) 신홍지의 집안도 이 시기 남쪽으로 이주한 것이 아닐까 생각한다. 왜냐하면 신홍지의 조부인 도생이 輔國將軍·兗州刺史를 역임하고 金鄕縣侯를 지내는데, 금향현이 지금의 산동성 嘉祥縣 남쪽 阿城埠기 때문이다. 그러나 도생이 어느 왕조에서 入仕했는지는 불분명하다. 이 지역은 南燕, 동진, 劉宋에 속하게 되기 때문이다. 다만『宋書』「申恬傳」을 傍證으로 삼는다면 魏郡 申氏들은 유송에 들어와 관직을 얻은 것으로 보인다.26) 아마도 도생도 이 지역을 차지한 유송이 지역의 실력자였던 신씨들을 자사로 임명할 때 연주자사가 된 것이 아닐까 한다.27)

**7** 輔國將軍[輔國將軍]: 輔國將軍이 사서에 처음 등장하는 것은 후한대의

---

23) 『後漢書』志第24,「百官一」, "司徒, 公一人. 本注曰: 掌人民事. 凡教民孝悌·遜順·謙儉, 養生送死之事, 則議其制, 建其度. 凡四方民事功課, 歲盡則奏其殿最而行賞罰. 凡郊祀之事, 掌省牲視濯, 大喪則掌奉安梓宮. 凡國有大疑大事, 與太尉同."
24) 『通典』卷2,「職官二」, "後魏以太師·太傅·太保謂之三師, 上公也. 大司馬·大將軍謂之二大, 太尉·司徒·司空謂之三公."
25) 『魏書』卷61,「申纂傳」, "申纂者, 本魏郡人, 申鍾曾孫也. 皇始初, 太祖平中山, 纂宗室南奔, 家于濟陰."
26) 『宋書』卷65,「申恬傳」, "申恬字公休, 魏郡魏人也. 曾祖鍾, 爲石虎司徒. 高祖平廣固, 恬父宣·宣從父兄永皆得歸國, 並以幹用見知. 永歷青·兗二州刺史. 高祖踐阼, 拜太中大夫. 宣, 太祖元嘉初, 亦歷兗·青二州刺史."
27) 이와는 달리 侯旭東은 申洪之의 祖父 道生이 前燕에서 兗州刺史가 되었다고 보았다. 侯旭東, 앞의 글, 209쪽.

일로 후한 獻帝 建安 원년(196) 伏皇后의 부친인 伏完을 보국장군으로 삼았다.28) 유송에서는 輔師將軍으로 개칭하였다가 곧 원래대로 복원하였다. 官品은 3품이었다.

8 兗州[兗州]: ①九州의 하나. 『尙書』 「禹貢」과 『爾雅』 「釋地」에 따르면 濟水와 黃河 사이가 연주다.29) 『釋名』에 따르면 연주는 兗水에서 이름을 따온 것이다.30) ②전한 武帝 元封 5년(前106) 13刺史部의 하나로 설치하였다. 대략 지금의 산동성 서남부에서 河南省 남동부에 해당한다. 이후 행정 구역으로 변화하게 되는데 후한 시기 치소는 昌邑縣(지금의 산동성 巨野縣 동남)이었고, 魏晉 시기 廩丘(지금의 산동성 鄆城縣 서쪽)으로 옮겼다. 이 시기 이후로 관할 구역이 점차 축소되었다. 유송 때 瑕丘城(지금의 산동성 연주시)으로 치소가 다시 이전되었다. 수 大業 2년(606)에 魯州로 바꿨다가 唐 武德 5년(622) 다시 연주로 되돌렸다. 북위에서는 道武帝 天興 연간(398~404)에 설치하였고, 치소는 滑臺(지금의 하남성 동남 城關鎭)에 두었다. 후에 東郡으로 개칭하였다.

9 刺史[刺史]: 전한 무제 원봉 5년(前106) 설치한 감찰관. 전국을 13개 자사부로 편재하고 각 부마다 자사를 파견하여 지역의 豪强, 諸侯王, 郡守를 감찰하게 하였다. 秩 600石의 하급관이었으나 황제로부터 직접 명령을 받아 질 2,000석의 지방관을 감찰하였다. 관료 기구를 무시했던 무제의 통치를 상징적으로 보여주는 관직으로 이해된다. 元帝 시기 대신들의 반발로 잠시 폐지되었으나 다시 설치되었고, 成帝 시기에는 州牧으로 改稱되었다. 점차 직권이 확대되어 지방 군사·행정 장관으로 변모하였다.

10 金鄕縣[金鄕縣]: 후한 시기 설치. 山陽郡 隷下縣으로 치소는 지금의 산

---

28) 『後漢書』 卷10下, 「皇后紀下」, "建安元年, 拜完輔國將軍, 儀比三司."
29) 『尙書』, 「夏書·禹貢」, "濟·河惟兗州."; 『爾雅』, 「釋地」, "濟·河間曰兗州."
30) 『釋名』, 「釋州國」, "兗州, 取兗水以爲名."

동성 嘉祥縣 남쪽 阿城埠다. 현 서북쪽의 金鄕山에서 이름을 취하였다. 西晉 시기에는 高平國에 속하였고, 유송에서는 高平郡에 속하였다. 북위 때는 치소를 東緡縣城(지금의 산동성 금향현)으로 옮겼다. 수대 때 濟陽郡에 속하였고, 당대에는 연주에 속하였다.

**11** 고달프고 순조롭지 못한 상황[屯蹇]: 『周易』에서 '屯'과 '蹇'은 모두 '어려움'을 의미한다.31) 여기서 고달프고 순조롭지 못한 상황이 무엇인지 정확하게 알 수는 없다. 다만 이때 유송으로부터 북위로 신홍지 집안이 귀순할 수밖에 없었음은 짐작할 수 있다. 즉, 북위의 공격에 의해 강제로 이주당한 것으로 봐야 할 것이다. 이주한 시기에 대하여 魯西奇는 유송 泰始 연간(465~471)으로 보았으나,32) 이 경우 신홍지가 어려서 고달프고 순조롭지 못한 상황을 만났다는 내용과 호응하기 힘들다. 이와는 달리 殷憲은 북위 太武帝 神䴥 4년(431)을 주장하였다. 그는 『魏書』 「世祖紀」에 등장하는 신가 4년 2월 북위의 安頡·司馬楚之가 滑臺를 평정하고 劉義隆의 장군 朱脩之, 李元德 및 東郡太守 申謨를 사로잡아 돌아간 일을33) 신홍지가 어려서 만난 고달프고 순조롭지 못한 상황으로 파악하였다.34) 그러나 侯旭東은 16살은 이미 어리다고 할 수 없는 시기며, 활대는 남북이 서로 뺏고 뺏는 격전지로 申謨가 가족을 이끌고 이곳에서 從軍했다고 볼 수 없다 하였다. 그는 묘지에 신홍지의 부친이 등장하지 않는 것에 착안하여 신홍지가 어려서 부친을 일찍 여윈 것으로 해석하였다.35) 한편 洪承賢은 南朝 墓誌의 전통을 답습하고 있는 이 묘지에 銘辭가 없는 것에 착안하여 유송 元嘉 18년

---

31) 『周易』, 「屯卦」, "屯, 剛柔始交, 而難生."; 『周易』, 「蹇卦」, "蹇, 難也."
32) 魯西奇, 앞의 글, 47쪽.
33) 『魏書』 卷4上, 「世祖紀」, "二月辛酉, 安頡·司馬楚之平滑臺, 擒義隆將朱脩之·李元德及東郡太守申謨."
34) 殷憲, 앞의 글(2000), 188쪽; 殷憲, 앞의 글(2010), 27쪽.
35) 侯旭東, 앞의 글, 213쪽.

(441) 이전을 이주된 시기로 파악하였다.36)

**12** 直懃令[直懃令]: 신홍지의 형 乾之의 관직인 '직근령'은 사서에 보이지 않는다. 따라서 어떤 관직인지 알 수 없으며, 북위 귀순 전의 관직인지 귀순 후의 관직인지도 알 수 없다. 다만 지금까지의 연구에 따르면 '直懃'은 '直勤', '直勒'으로도 표기되며 唐代에는 '特勤'으로도 표기되었다고 한다. '직근'은 황실의 남성 혹은 宗室 諸王을 뜻한다.37) 羅新은 이를 '북위 종실 신분의 표지'라고 하였는데,38) 그렇다면 유송으로부터 귀순한 신홍지의 형이 받을 수 있는 것인가 하는 생각이 든다.

**13** 효성스럽고 우애로웠으며[孝友]: 『詩』「小雅・六月」에는 "누가 이 자리에 있는가, 효성스럽고 우애하는 張仲이로다."라는 구절이 있고, 이에 대해 『毛傳』은 "부모에게 잘하는 것을 '孝'라 하고, 형제에게 잘하는 것을 '友'라 한다."39)고 注解하였다.

**14** 인자하였고[慈仁]: 『莊子』「天下」에 "어짐으로 은혜로움을 삼고 의로움으로 원리를 삼으며 禮로써 행동의 기준을 삼고 음악으로 조화의 방법을 삼으며 온화하고 인자한 이를 君子라 부른다."40)라는 구절이 있다.

**15** 온화하며 공경스러웠으며[溫恭]: 『尚書』「舜典」의 "깊고 명철하며 文彩나고 밝으시며 온화하고 공경스러우시며 성실하고 독실하시니."라는 구절의 '溫恭'에 대해 唐의 孔穎達은 "온화한 얼굴빛과 공손한 용모

---

36) 南朝 墓誌 중 銘辭가 간각된 최초의 묘지인 顔延之에 의해 제작된 〈劉宋元嘉年間(424~453)王球墓誌〉는 최소한 왕구가 사망한 원가 18년(441) 이후에 제작되었을 것이다. 따라서 洪承賢은 유송 묘지의 전통을 따랐지만 명사가 없는 〈신홍지묘지〉를 〈왕구묘지〉 전의 남조 묘지 전통을 따른 것으로 파악하였다. 洪承賢, 「洛遷 이전 墓誌를 통해 본 北魏 墓誌의 展開」, 『中國史研究』 110(2017), 309-310쪽.
37) Boodberg, Peter A., "The Language of the T'o-Pa Wei", *Harvard Journal of Asiatic Studies*, Vol. 1 No. 2, 1936, p.172; 羅新, 「北魏直勤考」, 『歷史研究』 2004-5, 25-28쪽.
38) 羅新, 앞의 글(2004), 25-28쪽.
39) 『詩』, 「小雅・六月」, "侯誰在矣, 張仲孝友."[毛傳: 善父母爲孝, 善兄弟爲友.]
40) 『莊子』, 「天下」, "以仁爲恩, 以義爲理, 以禮爲行, 以樂爲和, 薰然慈仁, 謂之君子."

다."41)라고 주해하였다. 한편『詩』「商頌・那」에도 "오래된 옛날부터 先民들이 행함이 있으니 아침저녁으로 온화하고 공경스러워 제사를 행함에 정성스러움이 있었다."42)라는 구절이 있다.

**16** 은혜롭고 화순하였다[惠和]:『左傳』「昭公四年」에 "紂는 荒淫하고 포학한 짓을 하고 文王은 은혜롭고 화순하였기 때문에 殷나라는 이로써 멸망하고 周나라는 이로써 흥성하였으니 무릇 어찌 제후와 패권을 다투었기 때문이겠습니까!"43)라는 구절이 있다.

**17** 함께 즐거워하였다[交懽]:『孔子家語』「好生」에 "군자의 친함은 함께 즐거워할 만큼이면 족하고, 그 엄숙함은 예절에 맞을 만큼이면 족하다."44)라는 구절이 있다.

**18** 집안[閨門]:『禮記』「樂記」에 "집안에서 부자 형제가 함께 들으니 화친하지 않음이 없다."45)라는 구절이 있다.

**19** 화목하여[怡怡]:『論語』「子路」의 "간절히 옳은 일을 권하고 자세히 실천하기를 노력하며 서로 화목하다면 士라 할 수 있다."라는 구절에 曹魏의 何晏은 後漢 馬融의 "怡怡는 화순한 모양이다."는 말을 인용하여 주해하였다.46)

**20** 친족들[九族]: ①자신을 기준으로 위로 4세 高祖까지, 아래로 4세 玄孫까지를 의미한다.47) ②네 父族(五服의 同族, 姑母와 그 자녀, 姉妹와 그 자녀, 자기 딸과 그 자녀), 세 母族(母親의 父族, 모친의 母族, 모친

---

41)『尙書』,「舜典」, "濬哲文明, 溫恭允塞."[孔穎達疏: 和之色, 恭遜之容.]
42)『詩』,「商頌・那」, "自古在昔, 先民有作. 溫恭朝夕, 執事有恪."
43)『左傳』,「昭公四年」, "紂作淫虐, 文王惠和, 殷是以隕, 周是以興, 夫豈爭諸侯!"
44)『孔子家語』,「好生」, "君子之狎, 足以交歡; 其莊, 足以成禮."
45)『禮記』,「樂記」, "在閨門之內, 父子兄弟同聽之則莫不和親."
46)『論語』,「子路」, "切切偲偲, 怡怡如也, 可謂士矣."[何晏注: 怡怡, 和順之貌.]
47)『尙書』,「堯典」, "克明俊德, 以親九族."[孔安國傳: 以睦高祖・玄孫之親.];『詩』,「王風・葛藟」, "王族刺平王也. 周室道衰, 棄其九族焉."[鄭玄箋: 九族者, 據己上至高祖, 下及玄孫之親.]

의 자매족), 두 妻族(처의 부족, 처의 모족)을 합한 것을 의미한다.[48] ③네 父族(고모의 자녀, 자매의 자녀, 딸의 자녀, 자기의 同族), 세 母族(外祖父, 外祖母, 姨母의 자녀), 두 妻族(처의 父, 처의 母)을 합한 것을 말한다.[49] ④외조부, 외조모, 이모의 자녀, 처의 부친, 처의 모친, 고모의 자녀, 자매의 자녀, 딸의 자녀, 자기의 동족을 합한 것을 말한다.[50]

**2.1** 東宮莫堤[東宮莫堤]: 北族 고유의 관직명으로 추정되나 『魏書』에는 등장하지 않는다. 다만 『南齊書』 「魏虜傳」에 "막제는 刺史에 견준다."[51]라는 구절이 등장하여 당시 南人들이 북위의 莫堤를 자사와 같은 관직으로 이해했음을 알 수 있다. 이에 따라 侯旭東은 자사가 一州를 관할하는 民政 장관이라는 것에 착안하여 막제 역시 일정한 범위를 책임지는 관직일 것으로 이해하였다. 그리고 그 범위를 규정하는 것이 막제 앞에 冠帶한[52] '東宮'이라고 판단하여 동궁막제를 '東宮侍郎' 혹은 '東宮內侍長'으로 보았다.[53] 한편 羅新은 막제가 '書寫', '書記', '記錄'을

---

48) 『詩』, 「王風・葛藟」, "王族刺平王也. 周室道衰, 棄其九族焉."[孔穎達疏: 『異義』, 九族, 今 『戴禮』・『尚書』歐陽說云: 九族, 乃異姓有親屬者. 父族四: 五屬之內爲一族, 父女昆弟適人者與其子爲一族, 己女昆弟適人者與其子爲一族, 己之子適人者與其子爲一族. 母族三; 母之父姓爲一族, 母之母姓爲一族, 母女昆弟適人者爲一族. 妻族二: 妻之父姓爲一族, 妻之母姓爲一族.]

49) 『白虎通』, 「宗族」, "『尚書』曰: 「以親九族.」 族所以九何? 九之爲言究也, 親疏恩愛究竟也, 謂父族四, 母族三, 妻族二. 父族四者, 謂父之姓一族也, 父女昆弟適人有子爲二族也, 身女昆弟適人有子爲三族也, 身女子適人有子爲四族也; 母族三者, 母之父母一族也, 母之昆弟二族也, 母昆弟子三族也; 母昆弟男女皆在外親, 故合言之. 妻族二者, 妻之父爲一族, 妻之母爲二族, 妻之親略故父母各一族."

50) 『左傳』, 「桓公六年」, "親其九族, 以致其禋祀."[杜預注: 禋, 潔敬也. 九族謂外祖父・外祖母・從母子及妻父・妻母・姑之子・姉妹之子・女子之子・並己之同族, 皆外親有服而異族者也.]

51) 『南齊書』卷57, 「魏虜傳」, "莫堤, 比刺史."

52) 2001년 출토된 〈北魏正光三年(522)郭定興墓誌〉에는 "父諱沙, 庫部莫堤・濟陰太守, 清明柔亮, 世有嘉稱."이라는 구절이 나와 '莫堤' 앞에 권한의 범주를 규정하는 官府가 冠帶됨을 볼 수 있다. 이상 誌文은 羅新・葉煒, 『新出魏晉南北朝墓誌疏證』(北京: 中華書局, 2005), 95쪽을 참조.

의미하는 옛 突厥語 'bitig'에서 온 것이라고 하며 文書와 관련된 직책이라고 보았다.54) 즉 羅新의 견해에 따른다면 '동궁막제'는 동궁에서 문서를 총괄하는 담당자라고 할 수 있다.

2️⃣2️⃣ 하늘이 내려준 수명[降年]: 『尙書』, 「高宗肜日」에는 "하늘이 年數를 내려줌에 길기도 하고 길지 않기도 한 것은 하늘이 백성을 요절케 한 것이 아니라 백성이 중간에 천명을 끊기 때문입니다."라는 구절이 있으며 이에 대해 전한의 孔安國은 "하늘이 백성에게 수명을 내려줌에 의로운 자에게는 길게, 의롭지 못한 자에게는 길지 않게 내려줌을 말한 것이다."55)라고 주해하였다. 한편 後漢 蔡邕이 지은 〈後漢建寧二年(169)郭泰墓碑〉 중에 "하늘이 내려준 수명이 길지 않아 백성들이 슬퍼하도다(降年不永, 民斯悲悼)."56)라는 구절이 보인다.

2️⃣3️⃣ 수도에서 사망하였다[喪於京師]: 여기서 '京師'는 북위 수도 平城(지금의 山西省 大同市)을 말한다. 이로써 신홍지 집안은 북위 귀순 후 평성으로 천사되었음을 알 수 있다. 이와 관련하여 唐長孺는 북위에 의해 강제 천사된 靑齊 지역 士民들의 처지를 분석하였다. 그의 분석에 따르면 소수의 고급 지방관이나 장군들은 '客'으로서 우대받았고, 지역의 '民望'으로 불렸던 이들은 '平齊民'이라고 하여 평성 부근에 설치된 平齊郡으로 遷徙되었다.57) 마지막은 가장 하층으로 노비가 되어 북위의

---

53) 侯旭東, 앞의 글, 213-217쪽.
54) 羅新, 앞의 글(2010), 333-335쪽.
55) 『尙書』, 「高宗肜日」, "降年有永有不永, 非天夭民, 民中絶命."[孔安國注: 言天之下年與民, 有義者長, 無義者不長.]
56) 이상 碑文은 永田英正 編, 『漢代石刻集成 圖版·釋文篇』(京都: 同朋社, 1994), 176쪽을 참조.
57) 『魏書』卷24, 「崔玄伯傳」, "乃徙靑齊士望共道固守城者數百家於桑乾, 立平齊郡於平城西北北新城.";『魏書』卷50, 「慕容白曜傳」, "後乃徙二城民望於下館, 朝廷置平齊郡, 懷寧·歸安二縣以居之." 平齊郡은 北魏 皇興 3년(469)에 설치되어 司州에 속하였다. 治所는 지금의 山西省 大同市 서쪽이었다가 후에 朔州市 동남쪽으로 옮겼다.

장군이나 관료들에게 하사된 이들이다.58) 아마도 신홍지 집안은 두 번째 등급에 속했을 것으로 생각된다. 따라서 신홍지가 사망한 卒地가 경사, 즉 수도로 서술되었을 것이다.

**24** 舊墓[舊墳]: 여기서 말하는 '舊墳'은 조상들의 무덤, 혹은 조상들의 무덤이 모여 있는 무덤지를 말하는 것으로 북위에 귀순하기 전에 살았던 金鄕縣의 가족 묘지를 의미하는 것으로 생각된다.

**25** 너무 멀리 떨어져 있어 돌아가 매장하는 것을 행하기 어려웠다[懸遠, 歸窆理難]: 고향으로 돌아가 장례지내지 못한 것은 舊墓가 멀리 떨어져 있었기 때문이 아니라 太武帝의 禁令 때문이다. 당시 南人 중 북위로 귀순한 자들의 경우 모두 桑乾에서 장례지내야 한다는 규정이 있었다.59) 이 규정은 孝文帝 시기까지 폐지되지 않다가 太和 연간(477~499)에 폐지되었다. 따라서 신홍지 역시 조상들의 묘가 있는 靑齊 지역이 아닌 상건하 남쪽에 매장된 것이다.

**26** 嬴博의 장례[嬴博之葬]: 고향이 아닌 타지에서 장례 치르는 것을 말한다. 『禮記』「檀弓」에 따르면 延陵 季子, 즉 吳나라 季札이 齊나라에 갔다 돌아오는 도중에 그 長者가 사망하여 제나라의 嬴博에서 장사지내게 된다. 그 때 墓穴의 깊이는 일반적 기준보다 깊지 않았으며 殮은 계절에 맞는 時服을 사용하였고, 封墳의 길이도 겨우 묘혈을 가릴 정도로 모두 일반적인 기준보다 검소하게 진행하였다고 한다.60) 신홍지 집안은 고향으로 돌아가지 못하는 심정을 위로하기 위해 오나라 계찰이 그 장자를 위해 타향에서 장례 치른 사례를 서술한 것 같다.

**27** 桑乾河[桑乾河]: 河北省 북서쪽과 山西省 북부 朔州 朔城區 南河灣 일대

---

58) 唐長孺, 「北魏的青齊士民」, 『魏晉南北朝史論拾遺』(北京: 中華書局, 1983), 92-122쪽.
59) 『魏書』 卷38, 「王慧龍傳」, "時制, 南人入國者皆葬桑乾."
60) 『禮記』, 「檀弓」, "延陵季子適齊, 於其反也, 其長子死, 葬於嬴博之間. 孔子曰:「延陵季子, 吳之習於禮者也.」往而觀其葬焉. 其坎深不至於泉, 其斂以時服. 旣葬而封, 廣輪揜坎, 其高可隱也."

를 흐르는 강으로 永定河의 상류며 海河의 중요 지류다. 길이 506km, 유역 면적 2만 9,300㎢다. 해마다 桑葚, 즉 오디가 익어갈 무렵 강물이 마른다하여 '桑乾'이란 이름을 얻었다고 한다. 산서성 元子河와 恢河 두 하천이 삭주 부근에서 합쳐져 상건하가 된다. 영정하는 산서성 大同 남쪽에서 발원하여 하북성으로 들어가 동쪽으로 흐르다 官廳댐으로 흘러들어 가는 구간이다. 지류로는 壺流河·御河·渾河 등이 있으며, 간류에 册田 저수지가 있다. 盧溝河라고도 불리며 魏晉 시기에는 㶟水, 隋唐 시기에는 桑千河로 불렸다. 평성에서 약 60km 정도 떨어져 있다. 室山留美子에 따르면 당시 상건은 南人, 즉 南朝 투항자와 華北에 체류한 漢人 모두의 매장지로 규정되어 있었다고 한다.[61]

28 무덤을 만들었다[築堂]: 원문은 '築堂'으로 사전적으로는 '사당을 짓다'라고 해야 하겠으나, 묘지에서 '堂'은 '玄堂',[62] '黃堂',[63] '幽堂',[64] '泉堂'[65] 등으로 표현되며 무덤을 의미한다. 따라서 '축당'을 무덤을 만드는 것으로 이해하였다.

29 文忸于吳提[文忸于吳提]: 원래 땅 주인으로 北族으로 추정된다. 姓인 '文忸于'는 『魏書』「官氏志」에는 보이지 않는다. 대신 '勿忸于'가 보이는데, 洛陽 遷都 후 '于氏'로 바뀐다.[66] 또한 〈北魏和平二年(461)文成帝南巡碑〉와 〈北魏太和十八年(494)孝文帝弔比干文〉에 각각 '明威將軍·斛洛眞軍將·內三郎 万忸于忿提'[67]와 '司衛監 河南郡 万忸于勁'·'給事 河

---

61) 室山留美子,「北魏漢人官僚とその埋葬地選擇」,『東洋學報』87-4(2006), 437쪽.
62) 〈西晉永康元年(300)張朗墓誌〉;〈北魏延昌四年(515)王紹墓誌〉;〈北魏神龜二年(519)寇演墓誌〉.
63) 〈北魏熙平元年(516)元廣墓誌〉.
64) 〈北魏神龜二年(519)寇憑墓誌〉.
65) 〈北魏太和二十三年(499)元彬墓誌〉;〈北魏景明二年(501)元羽墓誌〉;〈北魏正始三年(506)寇臻墓誌〉.
66) 『魏書』卷113,「官氏志」, "勿忸于氏, 後改爲于氏."
67) 山西省考古研究所·靈丘縣文物局,「山西靈丘北魏文成帝≪南巡碑≫碑文考證」,『文

南郡 万忸乎[于]羍'·'顯武將軍 河南郡 万忸乎[于]吐拔'·'武騎侍郎 河南郡 万忸乎[于]澄'68)이 보이는데, 이 '万忸于'은 姚薇元에 의해 '于氏'가 됨이 증명되었다.69) 이후 연구자들은 '文忸于', '勿忸于', '万忸于'를 同音異譯으로 판단하거나70) 하나의 족을 서로 다른 한문으로 音譯한 것으로 판단하였다.71) '于氏'는 '漢人四姓'에 대응되는 '勳臣八姓' 중 하나다. 한편 羅新은 '文忸于'는 '不朽' 혹은 '永恒', 즉 '영원히 변치 않음'이란 의미를 가지며, 북족들이 흔히 이름으로 사용하는 '吳提'는 '光明'이란 의미를 갖는다고 하였다.72)

**30** 賀賴吐伏延[賀賴吐伏延]: 『魏書』 「官氏志」에 따르면 '勳臣八姓' 중 하나인 '賀賴氏'는 천도 후 '賀氏'가 되었다.73) 또한 같은 책에 따르면 北方 '賀蘭氏' 역시 '賀氏'가 되었다.74) 따라서 姚薇元는 여러 증거를 이용하여 '賀賴氏'와 '賀蘭氏'가 본래 하나의 성씨인데, 異譯한 것이라고 하였다.75) 그러나 이와는 달리 胡三省은 "대개 내지로 들어온 자들은 하뢰씨고, 북방에 남았던 이들은 하란씨다. 蘭과 賴의 語音이 바뀐 것뿐이다."76)라고 하였다.77) 이름인 '吐伏延'에 대하여 羅新은 '吐'는 突厥

---

物』1997-12, 75쪽.
68) [淸]王昶, 『金石萃編』(北京: 中國書店, 1991), 卷27-2右쪽.
69) 姚薇元, 『北朝胡姓考(修政本)』(北京: 中華書局, 2007), 58-60쪽.
70) 侯旭東, 앞의 글, 220쪽.
71) 羅新, 앞의 글(2010), 335쪽.
72) 羅新, 앞의 글(2010), 336-337쪽.
73) 『魏書』卷113, 「官氏志」, "賀賴氏, 後改爲賀氏."
74) 『魏書』卷113, 「官氏志」, "北方賀蘭, 後改爲賀氏."
75) 姚薇元, 앞의 글, 39쪽. 侯旭東은 '蘭'과 '賴'는 음이 서로 가까우니 '賀賴'과 '賀蘭' 역시 同音異譯이라 하였고, 羅新 역시 '하뢰씨'와 '하란씨'를 동일한 이름으로 보았다. 侯旭東, 앞의 글, 221쪽; 羅新, 앞의 글(2010), 338쪽.
76) 『資治通鑑』卷108, 「晉紀三十」, 孝武帝太元二十一年條, "蓋內人者爲賀賴氏, 留北方者爲賀蘭氏. 蘭·賴語轉耳."
77) 胡三省이 이렇게 해석한 것은 『魏書』 「官氏志」에 하란씨를 '北方賀蘭'으로 기술하였기 때문일 것이다. 그러나 羅新은 姓氏를 바꾼 代人은 모두 內遷해 있었다고 하며, 하

語 'ton(暾)'의 음역으로, '伏延'은 'bayan'의 음역으로 보았다.78)

**31** 賀賴吐根[賀賴吐根]: 羅新에 따르면 '吐根'은 돌궐어로 'togan' 혹은 'to으로 '狄干', '地干', '沓干', '醜歸', '度歸', '地鞬' 등으로 다르게 音譯되었다고 한다. 또한 'togan'의 뜻은 '隼'으로 美稱의 하나였다가 관직명 혹은 인명으로 쓰이게 되었다고 하였다.79)

**32** 高梨高郁突[高梨高郁突]: '高梨'는 성, '高郁突'은 이름이 아닐까 한다. 그런데 '고리'는 『魏書』나 『元和姓纂』에서 찾아 볼 수 없다. 殷憲은 '高梨'를 성으로 보았고, '郁突'을 이름으로 보았는데 차츰 漢姓의 영향을 받아 '高梨'가 '高'가 되어 '高郁突'가 되었을 것으로 추정하였다. 그리고 성과 이름 앞의 '高梨'를 '高麗'를 달리 쓴 것으로 보아 출신지를 의미한다고 파악하였다.80)

**33** 官絹[官絹]: 官府의 絹帛.81) 『魏書』「食貨志」에 따르면 북위 초기부터 태화 연간(477~499)에 이르기까지 사회적으로 화폐가 널리 사용되지 않았던 것 같다.82) 이에 대해 魯西奇는 魏晉 이래 화폐는 점차 유통 영역에서 퇴출되고 대신 물물교환이 이루어졌는데, 대체로 絹帛이 값을 치르는 데 기준이 되었다고 하였다.83) 『위서』「식화지」에 따르면 당시 絹이나 布에 정해진 규격이 있었는데 민간에서 견포를 직조할 경우 이를 무시하고 정해진 尺度를 準用하지 않았다고 한다. 이 때문에 효문제 延興 3년(473)에 다시 제도를 엄격히 정비하고 위반자를 처벌하

---

란씨가 북방에 남아 있었던 것은 아니라고 하였다. 羅新, 앞의 글(2010), 337쪽.
78) 羅新, 앞의 글(2010), 339쪽.
79) 羅新, 앞의 글(2010), 340쪽.
80) 殷憲, 앞의 글(2000), 189-190쪽; 殷憲, 앞의 글(2010), 26쪽.
81) 『魏書』卷33, 「王雲傳」, "在州坐受所部荊州戍主杜虞財貨, 又取官絹, 因染割易, 御史糾劾, 付廷尉."; 『魏書』卷62, 「李彪傳」, "如此, 民必力田以買官絹, 又務貯財以取官粟, 年登則常積, 歲凶則直給."
82) 『魏書』卷110, 「食貨志」, "魏初至於太和, 錢貨無所周流, 高祖始詔天下用錢焉."
83) 魯西奇, 앞의 글, 48쪽.

게 하였다고 한다.[84]

**34** 백 匹[百匹]: 『위서』「식화지」에 따르면 憲文帝 天安 연간(466~467) 과 皇興 연간(467~471)의 견 1필 가격은 千錢이었다.[85] 그러던 것이 太和 19년(497)이 되면 1필 당 200전까지 떨어진다.[86] 신홍지 집안이 토지를 매입한 것이 신홍지가 사망한 延興 2년(473)으로부터 21년 전이라고 하였으니 太武帝 正平 원년(451)이 된다. 이때는 견 1필에 천전이었을 때이니 백 필이면 10만 전, 1頃당 5천 전을 지불한 것이 된다.

**35** 21년 전이다[從來卄一年]: 신홍지의 무덤터를 21년 전에 매입했다는 것을 말한다. 여타 매지권에 무덤터를 구입하고 계약 즉시 문서를 만들었다든지("卽日丹書鐵券爲約"〈後漢建寧二年(169)王末卿買地券〉), 즉시 대금을 지불했다는 기록("錢卽日畢"〈後漢建寧四年(171)孫成買地券〉)은 흔히 나오지만 무덤터를 21년 전에 매입해 두었다는 기록은 특이하다. 이 석각의 경우 전반부는 묘지로, 후반부는 買地券으로 보는 것이 일반적인 이해기는 하지만 계약의 증인이라든지, 대금 지불일, 守約의 文言 등 가장 기본적인 매지권의 구성 요소를 갖추지 못한 상태이다.

【 참 고 문 헌 】

[後漢]班固 撰·[唐]顔師古 注, 『漢書』, 北京: 中華書局, 1997.
[劉宋]范曄 撰·[唐]李賢 等 注, 『後漢書』, 北京: 中華書局, 1997.
[北魏]酈道元 注·[民國]楊守敬·熊會貞 疏, 『水經注疏』, 南京: 江蘇古籍, 1989.

---

84) 『魏書』卷110, 「食貨志」, "舊制, 民間所織絹·布, 皆幅廣二尺二寸, 長四十尺爲一匹, 六十尺爲一端, 令任服用. 後乃漸至濫惡, 不依尺度. 高祖延興三年秋七月, 更立嚴制, 令一準前式, 違者罪各有差, 有司不檢察與同罪." 魯西奇는 '官絹'을 관부의 견직물이 아닌 관부가 정한 기준을 準用한 견직물로 이해하였다. 魯西奇, 앞의 글, 141-142쪽.
85) 『魏書』卷110, 「食貨志」, "至天安·皇興間, 歲頻大旱, 絹匹千錢."
86) 『魏書』卷110, 「食貨志」, "十九年, … 內外百官祿皆準絹給錢, 絹匹爲錢二百."

[梁]沈約 撰, 『宋書』, 北京: 中華書局, 1997.
[北齊]魏收 撰, 『魏書』, 北京: 中華書局, 1997.
[唐]房玄齡等 撰, 『晉書』, 北京: 中華書局, 1997.
[宋]司馬光 撰・[元]胡三省 音注, 『資治通鑑』, 北京: 中華書局, 1997.

[戰國]左丘明 傳・[晉]杜預 注・[唐]孔穎達 正義, 『春秋左傳正義』, 北京: 北京大, 1999.
[戰國]毛亨 傳・[後漢]鄭玄 箋・[唐]孔穎達 疏, 『毛詩正義』, 北京: 北京大, 1999.
[前漢]孔安國 傳・[唐]孔穎達 疏, 『尙書正義』, 北京: 北京大, 1999.
[後漢]鄭玄 注・[唐]孔穎達 疏, 『禮記正義』, 北京: 北京大, 1999.
[後漢]鄭玄 注・[唐]賈公彦 疏, 『周禮正義』, 北京: 北京大, 1999.
[後漢]劉熙 撰・[淸]澤沅 疏證, 『釋名疏證補』, 北京: 中華書局, 2008.
[曹魏]王弼 注・[唐]孔穎達 疏, 『周易正義』, 北京: 北京大, 1999.
[曹魏]何晏 注・[宋]邢昺 疏, 『論語注疏』, 北京: 北京大, 1999.
[晉]郭璞 注・[宋]邢昺 疏, 『爾雅注疏』, 北京: 北京大, 1999.

[戰國]莊周 撰・[淸]郭慶藩 集釋・王孝魚 點校, 『莊子集釋』, 北京: 中華書局, 1985.
[後漢]班固 撰・[淸]陳立 疏・吳則虞 點校, 『白虎通疏證』, 北京: 中華書局, 1994.
[曹魏]王肅 撰・王國軒等 譯注, 『孔子家語』, 北京: 中華書局, 2009.

[淸]王昶, 『金石萃編』, 北京: 中國書店, 1991.

唐長孺, 「北魏的青齊士民」, 『魏晉南北朝史論拾遺』, 北京: 中華書局, 1983.
羅新, 「北魏直勤考」, 『歷史硏究』 2004-5.
羅新・葉煒, 『新出魏晉南北朝墓誌疏證』, 北京: 中華書局, 2005.
羅新, 「≪申洪之墓誌≫補釋」, 『出土文獻硏究 第9輯』, 北京: 中華書局, 2010.
魯西奇, 『中國古代買地券硏究』, 廈門: 廈門大, 2014.
劉正成, 『中國書法鑑賞辭典』, 北京: 大地, 1989.
日比野丈夫, 「墓誌の起源について」, 『江上波夫教授古稀記念論集 民族・文化篇』, 東京: 山川, 1977.
山西省考古硏究所・靈丘縣文物局, 「山西靈丘北魏文成帝≪南巡碑≫碑文考證」, 『文物』 1997-12.
永田英正 編, 『漢代石刻集成 圖版・釋文篇』, 京都: 同朋社, 1994.
姚薇元, 『北朝胡姓考(修政本)』, 北京: 中華書局, 2007.
殷憲, 「一方鮮爲人知的北魏早期墓誌-申洪之墓誌」, 『北朝硏究』 29, 1998.
殷憲, 「北魏早期平城墓銘析」, 『北朝硏究』 1, 2000.
殷憲, 「北魏≪申洪之墓銘≫及幾個相關問題」, 『山西大同大學學報(社科版)』 24-1, 2010.
池田溫, 「中國歷代墓券考略」, 『東洋文化硏究所紀要』 88, 1981.

侯旭東,「北魏申洪之墓誌考釋」,『1~6世紀中國北方邊疆・民族・社會國際學術研討會論文集』, 北京: 科學, 2008.

Boodberg, Peter A., "The Language of the T'o-Pa Wei", *Harvard Journal of Asiatic Studies*, Vol. 1 No. 2, 1936.

# 〈北魏延興四年(474)司馬金龍妻欽文姬辰墓誌〉

## 〈북위 연흥 4년(474) 사마금룡 처 흠문희진 묘지〉

김성희

【解題】

①〈司馬金龍妻姬辰墓誌〉,〈司馬金龍妻欽文姬辰墓銘〉,〈欽文姬辰之銘〉,〈姬辰銘文〉 ②北魏 孝文帝 延興 4년(474) ③1965년 12월, 山西省 大同市의 동쪽으로 6.5km에 위치한 石家寨에서 발견. 묘지는 사마금룡묘의 후실 통로 중앙에 위치 ④山西省 大同市博物館 ⑤石 ⑥方形, 座는 없다. 길이 30cm, 너비 28cm, 두께 6cm, 총 130자. ■ 명문은 양면에 각석, 앞면은 8행, 뒷면은 4행. ■ 뒷면은 글자 크기가 4-5cm, 蓋字는 6cm 정도로 가장 크다 ⑦〈탁본사진〉山西省文物工作委員會,「山西大同石家寨北魏司馬金龍墓」,『文物』3期(1972); 殷憲,「北魏早期平城墓銘析」,『北朝研究』1期(2000) ⑧없음 ⑨『六朝墓誌檢要』;『漢魏南北朝墓誌彙編』;『漢魏六朝碑刻校注 三册』;『全北魏東魏西魏文補遺』 ⑩夫人 사마금룡과의 합장묘로 사마금룡은 晉의 황족 출신이며, 흠문희진은 독발부의 황족 출신이라는 점에서 胡漢 두 문화가 반영된 북위 전기 상층귀족의 喪葬風習을 잘 보여준다 ■ ⑪山西省文物工作委員會,「山西大同石

家寨北魏司馬金龍墓」, 『文物』 3期(1972); 宋馨, 「司馬金龍墓葬的重新評估」, 『北朝史硏究-中國魏晉南北朝史國際學術硏討會論文集』(北京: 商務, 2005); 張學鋒, 「墓志所見北朝的民族融合-以司馬金龍家族墓志爲線索」, 『許昌學院學報』 33-3(2014); 梁建波, 「關于北魏司馬金龍墓志的幾个問題」, 『河北北方學院學報』 31(2015).

【解題註】

1 殷憲은 각석의 외형에 대해 길이 29cm, 너비 27cm, 총 129자라 했다.[1]
2 현재까지 확인 가능한 묘지의 탁본은 앞면만으로 "… 朔州刺史·羽眞"까지만 기록되어 있다. 뒷면은 4행으로 되어 있다고 하나 탁본을 확인할 수 없다. 殷憲은 이 묘지를 洛陽 北邙體 方形墓誌의 효시로 보았다.[2]
3 묘지의 구성은 다음과 같다. ❶졸일 ❷묘주의 배우자의 본적 및 관작 ❸묘주의 부, 외조부의 관작 ❹묘주성명 순이다.

【釋文】

唯大代 延興四年歲在甲寅」十一月戊辰朔卄七日甲午. 河內溫」縣肥鄕❶ 孝敬里人, 使持節·侍」中·鎭西大將軍·開府儀同三伺·都」督梁 益 兗 豫諸軍事·領護南」蠻校尉·揚❷州刺史·羽眞·琅琊貞王」·

---

1) 殷憲, 「北魏早期平城墓銘析」, 『北朝研究』 1期(2000), 165쪽.
2) 그에 따르면 낙양 천도 이후 소위 북망체 묘지는 대다수가 방형에 덮개가 있는 형식이다. 그는 또한 劉宋 元徽 2년(474)에 각석된 〈明曇憘墓誌銘〉의 서체를 북망체로 보고, 이와 20여 년의 시간차가 나는 태화 20년(496)에 각석된 〈元楨墓志〉를 북위 최초의 북망체 묘지로 보았다. 殷憲, 앞의 글, 168쪽.

故司馬楚之嗣子, 使持節·侍」中·鎭西大將軍·朔州刺史·羽眞」·琅琊王金龍妻, 侍中·太尉·隴西王·直懃賀頭跋❸女, 乞伏 文照王」外孫女, 欽文姬辰銘」

【釋文註】

**1** 다수의 저록이 倍鄕으로 적고 있는데,[3)] 사서에서 해당 지명을 확인하지 못했다. 夫人 〈사마금룡묘지〉에는 肥鄕으로 되어 있다. 비향은 曹魏 黃初 2년(221) 설치한 縣으로 치소는 지금의 河北省 肥鄕 서남쪽이었다. 동위 天平 初(534~537)에 폐지했다가 수 개황 10년(590) 다시 설치했다.

**2** 『魏書』「司馬楚之傳」에 따르면 그는 都督梁益秦寧四州諸軍事·領護西戎校尉·揚州刺史를 추증받았으므로 여기서는 揚으로 석독했다.

**3** 殷憲은 賀頭跋의 賀는 『宋書』, 『資治通鑑』 등에 기록된 駕와 형태가 비슷해 생긴 駕의 誤字이며, 頭拔은 禿髮 혹은 拓跋의 轉音으로 意譯하면 源이 된다고 보았다.[4)]

【譯文】

아, 大代❶ 延興❷ 4년(474) 歲次가 甲寅에 있던 해 11월 戊辰이 초하루인 27일 甲午. 河內郡❸ 溫縣❹ 肥鄕 孝敬里 사람으로 使持節·

---

3) 趙超, 『漢魏南北朝墓誌彙編』(天津: 天津古籍, 1992), 35쪽; 毛遠明校注, 『漢魏六朝碑刻校注 三冊』(北京: 線裝書局, 2008), 268쪽.
4) 殷憲, 앞의 글, 169쪽.

> 侍中[5]·鎭西大將軍[6]·開府儀同三伺[7]·都督梁益兗豫諸軍事[8]·領護南蠻校尉[9]·揚州[10]刺史·羽眞[11]·琅琊貞王[이었던][12] 故 司馬楚之[13]의 嗣子이며, 사지절·시중·진서대장군·朔州[14]자사·우진·琅琊王이었던 金龍[15]의 妻이자 시중·太尉·隴西王[16]·直懃[17] 賀頭跛[18]의 딸이자, 乞伏[19]文照王[20]의 외손녀였던 欽文姬辰[21]의 銘[22]

### 【譯文註】

[1] 대대[大代]: 묘지가 각석된 延興 4년(474)은 국호가 魏인 시기이나 平城에 도읍을 두었던 태화 연간(477~499) 이전의 묘지들은 거의 대부분 魏 대신 代라는 국명을 사용하고 있다. 殷憲은 이것을 탁발정권에 대한 일종의 흠모 정서로 보았다.[5]

[2] 연흥[延興]: 북위 효문제의 연호로 471~476년이다.

[3] 하내군[河內郡]: 묘주의 嫡父인 司馬楚之와 夫人 사마금룡의 본적으로 前漢 高帝 2년(前205)에 설치한 郡이다. 치소는 懷縣(지금의 武陟縣 서남)이었다. 이들 司馬氏는 河內郡 출신으로 中古時期의 일류귀족 13姓 17家 중의 하나이며, 5품 이상의 고급 관료를 38명이나 배출했다.[6]

[4] 온현[溫縣]: 秦代 설치한 縣으로 치소는 지금의 河南省 온현 서남쪽이다. 한대에는 河內郡에 속했고, 위진에서도 이를 따랐다. 東魏 天平 연간(534~537) 치소를 지금의 온현 동북쪽으로 옮겼고, 북제에서는 현을 폐지했다.

---

5) 殷憲, 앞의 글, 171쪽.
6) 毛漢光, 『中國中古社會史論』(臺北: 聯經, 2002), 59-60쪽.

5 시중[侍中]: 본래 殿中을 왕래하며 奏事에 관여하던 관직을 말한다. 漢에서는 加官이었고 品秩은 正3品이었다. 曹魏와 兩晉·南朝에서는 4인을 두었다. 劉宋 文帝 이후 梁과 陳에 이르기까지 기밀을 관장했고 宰輔로 인식되었다. 北魏와 北齊에서는 6인을 두었으며, 품질은 正3品이었다. 諸公과 함께 國政을 논해 북위에서는 小宰相이라고 불렀다. 北周에서는 御伯·中大夫·納言 등으로 명칭이 바뀌었으며 天官府에 속했다.

6 진서대장군[鎭西大將軍]: 兩晉代 正2品의 將軍號로 주로 都督諸州軍事가 겸했다. 北魏 太和 17년(493) 太和前職員令에서는 從一品下, 太和 23년(499) 太和後職員令에서는 正二品이었다.

7 개부의동삼사[開府儀同三司]: 曹魏에서 처음 설치한 관명. 처음에는 삼공만 開府할 수 있었지만, 후한 헌제 때는 장군도 개부할 수 있었다. 위진 이후로는 加官이었고 북위, 북제에서는 종1품이었다. 북주 무제 建德 4년(575), 開府儀同大將軍으로 고쳤다.

8 도독양익연예제군사[都督梁益兗豫諸軍事]: 梁州·益州·兗州·豫州 4개 州의 軍事 문제를 지휘·감독하던 직책을 말한다. 위의 주들은 지금의 陝西省 남부와 四川省·雲南省 일대로 당시는 北魏의 영토가 아니었다. 『宋書』「索虜傳」에는 "使持節·侍中·都督梁益寧三州諸軍事인 司馬楚之가 남쪽의 壽春으로 향했다(使持節·侍中·都督梁益寧三州諸軍事 … 司馬楚之南趣壽春)."고 기록되어 있다.

9 영호남만교위[領護南蠻校尉]: 남방의 이민족을 관리하기 위해 설치한 관명 西晉 武帝 시기에 설치했다. 品秩은 第四品이었고 治所는 襄陽(지금의 湖北省 襄樊市)에 두었다. 東晉 初에 폐지했다가 다시 설치한 이래 建武 연간(494~498)까지 폐치를 반복했다. 북위에서는 護蠻校尉를 두었고 질은 3品下였다.

10 양주[揚州]: 전한 武帝 때 설치한 13刺史部의 하나로 관할구역은 지금의 安徽省 淮水와 江蘇省 長江 以南 및 江西·浙江·福建 3省, 湖北省

英山·黃梅·廣濟, 河南省 固始·商城 등이었다. 후한대의 치소는 歷陽縣(지금의 안휘성 和縣)이었고, 西晉에서는 建業(후에 建康으로 改名)에 치소를 두었다.

**1.1** 우진[羽眞]: 북위 전시대를 놓고 봤을 때 평성 시기에 많이 보인다. 선비 고유의 관직일 가능성이 있다.[7] 특히 평성 시기 이 관직에 제수된 인물들의 면면을 보면 非탁발부 출신이면서 북위 입국 후 戰功을 세운 경우가 많았다.[8] 특히 拓跋人들과 몽골인들은 官名, 혹은 직책을 맡은 사람을 표기하는 방식이 유사하다는 점에서 □□'眞'字는 몽고어·튀르크어의 '특정 事物을 맡는', '어떤 특정 임무를 행하는' 직책의 관직명의 接尾語로 보기도 한다.[9] 다만『魏書』및『北史』의 사마초지나 금룡의 본전에서는 그들이 羽眞의 직책을 맡았다는 기록을 찾을 수 없다. 〈사마금룡묘지〉에 기록된 우진은 그들이 雲中鎭大將이었다는 의미일 가능성은 있다.『北史』「司馬楚之傳」에 따르면, 그들은 雲中鎭大將·朔州刺史였다. 묘지에는 역시 그가 雲中鎭大將이었다는 기록은 없다.

**1.2** 낭야정왕이었던[琅琊貞王]: 琅邪郡을 封國으로 한 王을 지칭하며, 琅邪郡은 東晉 南朝에서 설치한 僑郡이다. 貞王은 사마초지의 시호다.

---

7) 毛遠明은 羽眞을 선비계 관명으로 보았다. 毛遠明校注, 앞의 책(2008), 268쪽.
8)『北史』卷54,「斛律金傳」, "斛律金 字阿六敦, 朔州敕勒部人也. 高祖倍侯利, 魏道武時內附, 位大羽眞, 賜爵孟都公.";『北史』卷65,「怡峰傳」, "怡峯, 字景阜, 遼西人也. 本姓默台, 因避難改焉. 高祖寬, 燕遼西郡守, 魏道武時歸朝, 拜羽眞, 賜爵長蛇公." 王國棉에 따르면, 지금까지 출토된 북위 묘지에서 우진을 기록한 묘지는 총 14기다. 王國棉,『墓志與北朝社會-以山西大同出土墓志爲主』, 山東大學 碩士學位論文(2011), 21-22쪽 참조.
9) 박한제,「魏晉南北朝時代 石刻資料와 '胡'의 서술-특히『魏書』의 敍述과 比較하여-」,『中國學報』70(2014), 18쪽. 박한제는 또한 羽眞이『元史』「兵志」에 나오는 '赤(či)'와 동일하다고 보았다. 羽眞과 유사하게 □□'眞'의 형태를 가진 관직으로는 直眞(『南齊書』卷57,「魏虜傳」, "國中呼內左右爲'直眞'."), 大羽眞(『北史』卷54,「斛律金傳」, "高祖倍侯利, 魏道武時內附, 位大羽眞, 賜爵孟都公.") 등이 있다. 한편 宋馨은 우진을 한대 '特進'이나 북위의 '受恩'의 직책일 가능성을 제기했다. 宋馨,「司馬金龍墓葬的重新評估」,『北朝史硏究-中國魏晉南北朝史國際學術硏討會論文集』(北京: 商務, 2005), 568쪽.

**13** 사마초지[司馬楚之]: 묘주인 흠문희진의 媤父다.10) 그의 이력과 관련해 〈흠문희진묘지〉와 『魏書』「司馬楚之傳」이 다소 차이를 보인다. 묘지에서는 그가 "都督梁益兗豫[州]諸軍事·領護南蠻校尉였다"고 했으나, 그의 본전은 그에게 "都督梁益秦寧四州諸軍事·領護西戎校尉를 추증했다"고 기록했다. 『宋書』「索虜傳」 역시 그가 "都督梁益寧三州諸軍事·領護西戎校尉였다."고 해 차이를 보인다. 〈흠문희진묘지〉는 延興 4년(474)에 각석되었고, 『魏書』는 北齊 天保 5년(554)에 완성되었기 때문에 생긴 차이일 수 있다.

**14** 삭주[朔州]: 북위에서 처음 설치한 州로 치소는 盛樂(지금의 내몽고자치구 和林格尒 북쪽)이었다. 正光 5년(524), 雲州로 고쳤다가 다시 懷朔鎭으로 고쳐 설치했다. 六鎭起義 때 기의군이 懷朔鎭을 점령하자 孝昌 연간(525~528), 병주 경내에 寄治했다 북주 때 폐지했다.

**15** 금룡[金龍]: 묘주의 夫로 司馬楚之와 河內公主의 소생이다. 父인 사마초지의 本傳에 附記되어 있는데 출생이나 나이에 대해 구체적인 기록은 없다.11) 묘지 역시 그와 관련한 자세한 기록은 없고, 그의 처인 〈흠문희진묘지〉에 기록된 내용은 그의 묘지와는 다소간의 차이가 있다. 그의 묘지에서는 그를 "使持節·侍中·鎭西大將軍·吏部尙書·羽眞·司空·冀州刺史·琅琊康王."이었다고 했는데, 〈흠문희진묘지〉에서는 "使

---

10) 사마초지는 북위 太武帝 泰常 4년(419) 당시 30세의 나이로 劉裕의 사마씨 토벌을 피해 북위로 귀순했다. 신가 3년(430), 安南大將軍·琅琊王에 제수되었고 이후 河內公主와 혼인했다. 북위 입국 후, 仇池와 유유 토벌에 공을 세워 시중·진서대장군·개부의동삼사·운중진대장·삭주자사에 제수되었다. 和平 5년(464), 75세를 일기로 사망했고 金陵에 배장되었다. 문성제가 都督梁益兗豫[州]諸軍事·征南大將軍·領護南蠻校尉·揚州刺史를 추증했고 貞王이라는 시호를 내렸다.
11) 다만 『魏書』「司馬楚之傳」에는 "어려서부터 부친의 풍모를 닮아 처음에 中書學生이 되었고, (조정에) 들어와 中散이 되었다. 顯祖가 東宮이었을 때 (그를) 발탁해 太子侍講으로 삼았다(少有父風. 初爲中書學生, 入爲中散. 顯祖在東宮, 擢爲太子侍講)."는 기록은 있다.

持節・侍中・鎭西大將軍・朔州刺史・羽眞・琅琊王이었다."고 했다. 그 이유는 각석 시기의 차이 때문일 것이다. 연흥 4년(474) 당시 그는 父의 작위를 승계해 삭주자사・운중진대장 등을 역임한 것으로 보인다. 다만 그의 묘지에 기록된 吏部尙書・司空・冀州刺史 등의 관직은 희진 사후 그가 추증받은 관직일 가능성이 크다. 『魏書』에서 그가 기주자사에 출임한 기록을 찾을 수 없다.

16 농서왕[隴西王]: 隴西郡 지역을 封國으로 한 王을 말한다. 隴西郡은 戰國時代 秦 昭襄王 28년(前279)에 설치한 郡이다. 치소는 狄道縣(지금의 감숙성 臨洮縣)이었다. 북위는 永安 3년(530) 이 곳에 渭州를 설치했다.

17 직근[直懃]: 毛遠明은 '貴人'이나 특별히 '왕자 혹은 황제의 자제'를 지칭하는 말로 보고, 直懃은 直勒의 誤記로 懃과 勒의 형태가 유사해 생긴 오류라고 했다.12) 사서에서는 直勤으로 쓴 경우도 확인할 수 있다.13)

18 하두발[賀頭跋]: 묘주의 父로 『宋書』, 『魏書』 등에 기록된 直懃駕頭拔, 곧 源賀를 말한다.14) 원하는 스스로를 하서왕 禿發傉檀의 아들이라고 했는데, (太武帝 때) 북위로 귀순했다. 독발부가 건립한 南涼은 414년 멸망했고, 태무제의 즉위연도는 424년이므로 禿發賀, 즉 원하가 북위에 입국한 것은 424년 이후의 일일 것이다.15) 태무제는 이런 그에게 源으로 改姓하게 하고 賀라는 이름을 하사했다. 그는 흠문희진이 죽은 5년 후인 479년에 죽었고, 金陵에 배장되었다.

19 걸복[乞伏]: 선비의 성씨 중 하나로 隴西 일대에서 활동했으며 그들이 원래 거주하던 乞伏山의 이름을 따 성씨로 삼았다.16) 『魏書』「官氏志」

---

12) 毛遠明校注, 앞의 글, 268쪽.
13) 『宋書』 卷60, 「索虜傳」, "開府儀同三司・淮南王直勤它大翰爲其後繼."
14) 『宋書』 卷95, 「索虜傳」, "… 直懃駕頭拔 … 領定・相之衆十萬, 出濟・兗, 直造彭城.";
『魏書』 卷37, 「司馬楚之傳」, "金龍初納太尉・隴西王源賀女."
15) 趙玉明, 「源姓禿發鮮卑考」, 『北方文物』 1期(2002), 62쪽.

에는 걸복씨에 대해 "乞扶氏가 후에 扶氏로 고쳤다(乞扶氏, 後改爲扶氏)"는 기록이 있다.17)

**20** 문조왕[文照王]: 西秦의 왕인 乞伏熾盤을 지칭하는 것으로 보인다.18) 희진의 父인 원하가 乞伏熾盤의 딸과 혼인했기 때문이다.

**21** 흠문희진[欽文姬辰]: 殷憲은 흠문희진 전체가 그녀의 이름이며 이를 簡稱해 姬辰이라 부른 것으로 이해했다.19) 『魏書』「司馬金龍傳」에서는 "금룡이 처음에 太尉이자 隴西王인 源賀의 딸에게 장가들었다(金龍初納太尉·隴西王源賀女)"고만 기록하고 그녀의 구체적인 이름은 적지 않았다.20)

**22** 명[銘]: 북위 초기 평성에서 발견된 墓石의 명칭은 碑,21) 銘,22) 銘記23) 등 다양하다. 〈司馬金龍妻欽文姬辰墓銘〉처럼 銘이란 명칭은 太和 8년(486)에 각석된 〈司馬金龍墓銘〉까지 계속적으로 나타난다.24) 특히 銘이란 명칭을 사용하는 경우는 銘額이나 銘題는 없고 다만 銘文 중에서만 나타내는 경우가 대부분이다.

---

16) 姚薇元, 『北朝胡姓考(修訂本)』(北京: 中華書局, 2007), 116쪽.
17) 이에 대해 姚薇元도 걸부씨가 걸복씨의 異譯이라는 기록을 들어 걸부씨를 걸복씨로 보았다. 姚薇元, 앞의 글, 114쪽.
18) 乞伏熾盤의 호칭과 관련해 宋馨과 殷憲은 『歷代建元考』를 근거로 文昭王으로 보았고(宋馨, 앞의 글, 565쪽; 殷憲, 앞의 글, 165쪽), 毛遠明도 照와 昭는 통한다고 보고, 문소왕 걸복씨를 隴西 일대의 鮮卑族姓이라고 하였다. 毛遠明校注, 앞의 책(2008), 268쪽.
19) 殷憲, 앞의 글, 165쪽.
20) 원하의 본전에는 그의 슬하에 源延, 源思禮, 源奐 등 3子만 기록되어 있다.
21) 興安 3년(454)에 각석한 〈韓弩眞妻王亿變碑〉가 대표적이다.
22) 〈孫恪墓銘〉(451~452), 〈申洪之墓銘〉(473), 〈司馬金龍妻欽文姬辰墓銘〉(474), 〈陳永夫婦墓銘〉(476) 등이 있다.
23) 연흥 6년(476)에 각석된 〈陳永夫婦墓磚銘〉은 "尙書令史陳永幷命婦劉夫人之銘記." 라고 적었는데, 殷憲은 여기서 記를 志의 전 단계로 이해했다. 殷憲, 앞의 글, 166쪽.
24) 殷憲은 대동시 일대에서 출토된 묘석 중 최초의 묘지명을 正始 원년(504)에 각석된 〈封和突墓誌銘〉으로 보았다. 殷憲, 앞의 글, 166쪽.

## 【참고문헌】

[梁]沈約 撰,『宋書』, 北京: 中華書局, 1997.
[北齊]魏收 撰,『魏書』, 北京: 中華書局, 1997.
[唐]李延壽 撰,『北史』, 北京: 中華書局, 1997.

毛遠明校注,『漢魏六朝碑刻校注 三册』, 北京: 線裝書局, 2008.
王壯弘·馬成名,『六朝墓誌檢要』, 上海: 上海書畵, 1985.
趙超,『漢魏南北朝墓誌彙編』, 天津: 天津古籍, 1992.
韓理洲 等 輯校編年,『全北魏東魏西魏文補遺』, 西安: 三秦, 2010.
梶山智史,『北朝隋代墓誌所在總合目錄』, 東京: 汲古書院, 2013.

박한제, 「魏晉南北朝時代 石刻資料와 '胡'의 서술-특히『魏書』의 敍述과 比較하여-」,『中國學報』70, 2014.
山西省大同市博物館·山西省文物工作委員會, 「山西大同石家寨北魏司馬金龍墓」,『文物』1972-3.
宋馨, 「司馬金龍墓葬的重新評估」,『北朝史硏究-中國魏晉南北朝史國際學術硏討會論文集』, 北京: 商務, 2005.
梁建波, 「關于北魏司馬金龍墓志的幾个問題」,『河北北方學院學報』31, 2015.
楊泓, 「北朝文化源流探討之一-司馬金龍墓出土遺物的再硏究」,『北朝硏究』1期, 2000.
姚薇元,『北朝胡姓考(修訂本)』, 北京: 中華書局, 2007.
殷憲, 「北魏早期平城墓銘析」,『北朝硏究』1期, 2000.
李凭,『北魏平城時代』, 北京: 社會科學文獻, 2000.
趙玉明, 「源姓禿發鮮卑考」,『北方文物』1期, 2002.

# 〈北魏延興五年(475)元理墓誌〉

〈북위 연흥 5년(475) 원리 묘지〉

홍승현

【解題】

①〈魏故處士元公墓誌〉,〈元理墓誌〉 ②北魏 延興 5년(475) 12월 27일 ③河南省 洛陽 출토. 구체적인 출토 지점과 위치는 알려지지 않았다 ④개인소장(于右任)을 거쳐 1938년부터 西安碑林博物館에서 소장 ⑤石 ⑥길이 31㎝, 너비 37㎝. 12行. 행 최대 글자 수 10字, [1] 총 115자 ⑦〈탁본사진〉『西安碑林全集 六函 59卷』;『鴛鴦七志齋藏石』;『漢魏六朝碑刻校注 第三册』 ⑧없음 ⑨『漢魏六朝碑刻校注 第三册』;「北魏≪給事君夫人韓氏墓誌≫與≪元理墓誌≫辨僞」 ⑩墓誌의 구성 요소 중 官職과 追贈, 葬地, 銘辭를 제외한 나머지 요소를 모두 갖추고 있다.[2] 誌額의 處士라는 표현에서 알 수 있는 것처럼 벼슬이 없었기에 관직과 추증이 없는 것은 자연스러운 현상으로 구성 요소의 결락이라고 할 수 없다. 따라서 구성 요소로만 본다면 장지와 명사만이 빠진 거의 완전한 묘지의 모습을 갖춰 이를 통해 北魏 묘지의 발전과 완성, 전파를 확인할 수 있다. 그러나 僞刻이 의심된다[3] ⑪馬立軍,「北魏≪給事君夫人韓氏

墓誌≫與≪元理墓誌≫辨僞」,『江漢考古』115(2010).

【 解 題 註 】

1️⃣ 열한째 줄 葬日을 刻石하면서 한 칸을 비워두었으며, 열둘째 줄 두 칸을 비우고 각석하였다. 열둘째 줄의 띄어쓰기는 어떤 이유인지 알 수 없다. 다만 열둘째 줄의 두 번째 칸은 돌 자체의 문제로 각석이 불가능했던 것 같다.

2️⃣ 〈元理墓誌〉는 ❶誌額, ❷諱, ❸字, ❹本籍, ❺家系, ❻品行, ❽卒日, ❾享年, ❿卒地, ⓮哀悼辭, ⓬葬日로 구성되어 있어 정형화된 묘지의 관습에서 ❼官歷 중심의 履歷, ⓫諡號 및 追贈, ⓭葬地, ⓯銘辭 등이 생략된 상태다.¹⁾ 그런데 元理의 경우 생전에 벼슬을 살지 않았기 때문에 장지와 명사만이 생략된 상태라고 할 수 있다.

3️⃣ 묘지에 등장하는 墓主의 祖父는 城陽王이며, 부친은 黃門侍郞이다. 여기서 성양왕은 元鸞을 말한다. 원란은『魏書』「景穆十二王傳」에 따르면 본래 숙부인 章武敬王의 爵을 계승하였으나 長子인 형 元多侯가 죽자 부친의 작을 세습하여 城陽王이 되었다. 슬하에 顯順, 顯魏, 顯恭, 顯和 등의 아들이 있었다고 하는데, 묘지에 기술된 黃門侍郞을 지낸 이에 대한 기록은 없다. 그러나 이것만으로 이 묘지를 위조라고 단정하기에는 이르다. 史書에 누락이 있을 수 있기 때문이다. 문제는 묘주인

---

1) 墓誌의 구성 요소에 관해서는 窪添慶文의 견해를 따랐다. 그가 규정한 정형화된 묘지의 구성 요소는 다음과 같다. ①標題(즉, 誌額) ②諱 ③字 ④姓 ⑤本籍 ⑥家系 ⑦品行 ⑧官歷을 중심으로 하는 經歷 ⑨卒日 ⑩享年 ⑪卒地 ⑫諡號와 葬費 등과 같은 追贈 ⑬葬日 ⑭葬地 ⑮銘辭. 窪添慶文,「遷都後の北魏墓誌に關する補考」,『東アジア石刻研究』5(2013), 1쪽.

원리의 사망 연도이다. 그가 49세의 나이로 사망한 延興 4년은 孝文帝 시기로 474년에 해당한다. 그런데 『위서』에 따르면 그의 조부인 원란이 38세의 나이로 사망한 것이 正始 2년, 즉 505년이다.[2] 따라서 38세로 사망한 조부보다 32년 앞서 사망한 손자가 49세였다는 계산이 나온다. 馬立軍과 梶山智史는 僞刻으로 판명하였다.[3]

### 【釋文】[4]

魏故處士元公墓誌.」君諱理, 字治民. 河南 洛陽」人. 城陽懷王之孫, 黃門侍」郎之子. 君寄蜉蝣於天地,」衆靈歸❶以精魄. 幼❷而吐納」榮華, 陶練國粹. 壯而才德,」播美❸于邦畿, 孝友照朗於」鄕邈. 忽以延興四年, 春秋」卌九, 終于第. 昊天不吊, 烏」乎痛哉. 哲人云亡,❹ 于差」悲矣. 延興五年十二月壬」申朔廿七日戊戌葬.❺

### 【譯文】

魏處士❶ 元公 墓誌. 君의 諱는 理고 字는 治民이다. 河南❷ 洛陽 사람이다.❸ 城陽懷王❹의 손자며 黃門侍郎❺의 아들이다.❻ 군이 하루살이와 같이 잠시❼ 천지에 의탁하니 여러 신령이 정신과 기백으로 (군에게) 귀속하였다. 어려서는 영화롭고 귀한 환경 속에서 나고 자라며 나라의 精粹를 도야하고 습득하였다. 장성하여서는

---

2) 元鸞에 대한 내용은 『魏書』 卷19下, 「景穆十二王傳」, 509-513쪽을 참조.
3) 馬立軍, 「北魏≪給事君夫人韓氏墓誌≫與≪元理墓誌≫辨僞」, 『江漢考古』 115(2010), 90쪽; 梶山智史, 『北朝隋代墓誌所在總合目錄』(東京: 汲古書院, 2013), 26쪽. 梶山智史의 경우 이유는 밝히지 않고, 僞刻 리스트에 〈元理墓誌〉를 포함시켰다.
4) 몇 글자('歸', '幼', '美', '亡', '葬')의 이체자를 제외하고 특기할 만한 것이 없어 釋文註는 생략한다.

才德을 겸비하여 나라에 아름다운 品德을 전파하였으며 鄕里⑧에는 효성과 우애를 밝고 환하게 비추었다. 갑자기 延興 4년(474) 49세의 나이로⑨ 집에서 돌아가셨다. 하늘⑩이 불쌍히 여기지 않았으니 오호 애통하도다. 哲人⑪이 돌아가셨으니 아⑫ 비통하도다. 연흥 5년(475) 초하루가 壬申日인 12월 27일 戊戌 장례를 치렀다.

【譯文註】

■1 處士[處士]: 본래는 才德을 갖췄으나 隱居하여 入仕하지 않은 이를 의미하였는데 점차 관직에 나가지 못한 이를 이르는 용어가 되었다. 元理가 생전에 벼슬하지 못하였기에 誌額에 處士라는 용어를 사용한 것으로 생각된다. 題額(곧 誌額)을 통해서 墓主의 官爵을 알 수 있다고 한 葉昌熾의 말처럼5) 誌額에는 주로 묘주의 관작이 서술된다. 그러나 작이 없고 생전에 벼슬하지 못한 경우에는 일반적으로 원리와 같이 처사라는 표현을 사용하였다. 한편 漢代에는 관작이 없는 경우 碑額에 '玄儒先生碑',6) '郭先生之碑'7) 등과 같이 '~先生'이라는 표현을 사용하였다.8)

■2 河南[河南]: ①지금의 黃河 이남 지역. ②지금의 河南省 일대. ③戰國 시기 韓과 魏의 하남은 지금의 하남성 洛陽市 以西 일대. ④전국 시기 秦 地로 지금의 하남 낙양 일대. 秦始皇 시기 三川郡이 설치되었고, 漢高

---

5) [淸]葉昌熾, 『語石』, 「碑版有資巧訂一則」, "撰書題額結銜, 可以考官爵."
6) [宋]洪适, 『隸續』卷5, 〈碑圖上〉, 〈後漢熹平三年(174)婁數墓碑〉, 340쪽.
7) [宋]洪适, 『隸釋』卷12, 〈後漢郭輔墓碑〉, 142쪽.
8) 이외에도 〈後漢熹平元年(172)吳仲山墓碑〉에는 '漢故民吳公碑'라는 내용의 碑額이 보인다.

祖 시기 河南郡으로 개명하였다. 後漢과 西晉에서는 河南尹으로 고쳤다. 이후 폐지되었다가 東晉 시기 安帝(재위 396~418)가 설치하였으나 후에 폐지되었다. 北魏 明元帝(재위 409~423) 때 復置되었다. 여기서는 ④의 내용으로 해석하였다.

③ 河南 洛陽 사람이다[河南洛陽人]: 『魏書』「高祖紀」에 따르면 孝文帝(재위 471~499)는 낙양 遷都 직후인 태화 19년(495) 4월에 詔를 내려 "낙양으로 이주한 백성들은 사망 후 하남에서 장례지내야 하고 북으로 돌아갈 수는 없다."9)고 명하였다. 이에 따라 황제를 따라 낙양으로 이주한 이들은 모두 하남 낙양을 本籍으로 삼게 된다.10) 원리 역시 이 조서에 따라 하남 낙양인으로 묘지에 기술되었을 것으로 생각한다. 그런데 문제는 원리가 사망한 것이 延興 4년(474)이고, 장례가 치러진 것이 그 다음 해인 연흥 5년이라는 점이다. 이 시기는 아직 천도 전으로 천도 이후 代人들이 하남 낙양을 貫籍으로 삼은 것이 기록될 수 없는 시기다. 따라서 이 구절은 이 묘지가 僞刻임을 증명하는 근거로 거론된다.

④ 城陽懷王[城陽懷王]: 城陽懷王 元鸞(468~505). 字는 宣明, 城陽康王 元長壽의 次子. 하남 낙양인이다. 처음에는 숙부 章武敬王의 후계자가 되었으나 형인 多侯가 일찍 사망함에 따라 돌아와 부친의 爵을 계승하였다. 건장한 체격에 武藝로 유명하였다. 효문제 시기 外都大官이 되었고 外職으로 나가 持節·都督河西諸軍事·征西大將軍·領護西戎校尉·涼州鎭都將軍이 되었다. 이후 涼州鎭이 州가 되면서 涼州刺史가 되었고 천도 후 食邑 千戶에 봉해졌으며, 使持節·征南大將軍·都督豫荊郢三州·河內山陽東郡諸軍事가 되었다. 赭陽을 공격하였으나 실패하고 패퇴한 것으로 인해 五百戶가 삭감되었으나 후에 도성을 留守한 功을 인정받아 本封이 회복되었고 二百戶가 增邑되었다. 宣武帝(재위 499~515) 초기

---

9) 『魏書』 卷7下, 「高祖紀下」, "丙辰, 詔遷洛之民, 死葬河南, 不得還北."
10) 『魏書』 卷7下, 「高祖紀下」, "於是代人南遷者, 悉爲河南洛陽人."

平東將軍・青州刺史가 되었고, 후에 安北將軍・定州刺史가 되었다. 佛道에 심취하여 五戒를 지켰으며 佛寺를 일으켜 백성들의 원망을 사기도 하였다. 正始 2년(505) 享年 38세로 사망하였다. 諡號는 懷王이다. 『魏書』 卷19下에 傳이 있다.

5 黃門侍郎[黃門侍郎]: 秦代 처음 설치되었다. 秦漢 시기 郎官 중 宮門(黃門) 내에서 給事하던 이들을 黃門郎 혹은 黃門侍郎이라 하였다. 『後漢書』 「百官志」에 따르면 후한 시기 처음으로 專官이 설치되었는데, 혹 給事黃門侍郎이라 부르기도 하였다. 秩은 六百石으로 少府에 속하여 황제의 좌우에서 近侍하였다.11) 『후한서』에서 인용한 『獻帝起居注』에 따르면 獻帝 시기 侍中과 급사황문시랑을 각 6인씩 설치하였으며, 詔令의 전달을 담당하였다. 잠시 侍中侍郎으로 이름이 바뀌었다 다시 황문시랑으로 복원되었다.12) 魏晉 시기를 거쳐 南北朝 시기에도 설치되었는데, 西晉 이후 점차 職任이 중요해지기 시작하였고, 남북조 시기에 들어가면 시중과 함께 詔命을 관장하며, 小門下로 불렸다.13) 北魏에서는 급사황문시랑의 정원이 사서에 누락되어 있다. 처음에 正3品이었다가 太和 말에는 正4品上이었다. 北齊는 6인을 두었고 품급은 북위를 따랐으며 맡은 일은 시중과 같았다

6 黃門侍郎의 아들이다[黃門侍郎之子]: 『魏書』 元鸞 本傳에 수록된 아들들은 顯順, 현순의 兄 顯魏, 현순의 次兄 顯恭, 현공의 동생 顯和 등이다. 이중 현순은 游擊將軍, 河內太守, 右將軍, 涼州刺史, 散騎常侍, 後將軍, 幷州刺史, 安北將軍, 安西將軍, 秦州刺史, 輔國將軍, 度支尙書, 鎭軍

---

11) 『後漢書』 志第26, 「百官三」, "黃門侍郎, 六百石. 本注曰: 無員. 掌侍從左右, 給事中, 關通中外."
12) 『後漢書』 志第26, 「百官三」, "獻帝起居注曰: 「帝初卽位, 初置侍中・給事黃門侍郎, 員各六人, 出入禁中, 近侍帷幄, 省尙書事. 改給事黃門侍郎爲侍中侍郎, 去給事黃門之號, 旋復復故."
13) 『南齊書』 卷16, 「百官志」, "給事黃門侍郎. 亦管知詔令, 世呼爲小門下."

將軍, 吏部尙書, 侍中, 征東將軍, 衛將軍, 右光祿大夫, 尙書左僕射, 車騎將軍, 儀同三司, 尙書令, 司州牧, 司徒, 侍中, 大司馬, 太尉公, 太保, 宗師, 錄尙書事 등을 역임하였다. 현위는 給事中, 司徒掾을 역임하였다. 현공은 揚州別駕, 北中郞將, 左將軍, 東徐州刺史, 安東將軍, 大司農卿, 中軍將軍, 荊州刺史, 使持節·都督晉建南汾三州諸軍事·鎭西將軍, 尙書左僕射, 西北道行臺, 晉州刺史를 역임하였고 사망 후 衛大將軍, 幷州刺史가 追贈되었으며, 車騎大將軍, 儀同三司가 重贈되었다. 현화는 孝靜帝 武定 연간(543~549) 말 관위가 大司馬에 올랐다. 따라서 『위서』를 통해서는 황문시랑을 역임한 원란의 아들, 즉 원리의 부친을 확인할 수는 없다.

**7** 하루살이와 같이 잠시[蜉蝣]: '蜉蝣'는 흔히 아침에 나 저녁에 죽는다고 해서 '하루살이'로 불린다.14) 실제로 성충은 먹이를 먹지 않으며, 매우 짧은 기간 동안 생존하지만 보통 하루 내지 2~3일 정도 살고, 卵胎性을 하는 것은 14일간 살기도 한다. 여기서는 49살에 사망한 원리의 짧은 생애를 비유한 것으로 보인다.

**8** 鄕里[鄕遂]: 『周禮』에 따르면 周나라에서는 王城 百里 안을 나누어 六鄕을 설치하고15) 매 향마다 鄕大夫로 하여금 정무를 처리하게 하였으며,16) 郊外 밖을 나누어 六遂를 설치하고 遂人으로 하여금 정무를 처리하게 하였다.17) 諸侯國에도 역시 향과 수를 두었다고 하는 데 일반

---

14) 『毛詩傳』,「曹風·蜉蝣」, "蜉蝣, 渠略也, 朝生夕死."
15) 『周禮』,「地官·司徒」, "鄕老, 二鄕則公一人. 鄕大夫, 每鄕卿一人."[鄭玄注: 鄭司農云, 百里內爲六鄕, 外爲六遂.];『國語』,「周語中」, "晉文公旣定襄王于郟, 王勞之以地, 辭, 請隧焉."[韋昭注: 隧, 六隧也. 『周禮』: 天子遠郊之地有六鄕, 則六軍之士也; 外有六隧, 掌供王之貢賦.]
16) 『周禮』,「地官·司徒」, "乃頒比法於六鄕之大夫, 使各登其鄕之衆寡·六畜·車輦."
17) 『周禮』,「地官·司徒」, "大喪, 帥六遂之役而致之, 掌其政令."[鄭玄注: 遂人主六遂, 若司徒之於六鄕也. 六遂之地, 自遠郊以達于畿, 中有公邑·家邑·小都·大都焉. 鄭司農云, 遂謂王國百里外.]

적으로 都城 밖 지역에 설치한 행정 구역으로 이해되고 있다. 毛遠明의 경우 '鄕里', '鄕間'으로 해석하며 묘주인 원리가 出仕하지 않은 관계로 '照朗於鄕遼'라고 표현한 것으로 보았다.[18] 그러나 앞의 구절에 '播美 於邦畿'라고 되어 있어 앞뒤 구절이 대구를 이루는 것일 뿐 원리가 출사하지 않은 것을 염두에 둔 표현으로 생각되지는 않는다.

⑨ 延興 4년 49세의 나이로[延興四年, 春秋卅九]: 연흥 4년 곧 474년에 향년 49세의 나이로 사망하였다는 기술에 따르면 원리는 426년에 출생한 것으로 볼 수 있다. 그렇다면 원리는 조부인 원란(468년 경 출생)보다 40여년 먼저 태어난 것이 된다. 이 묘지가 위각임을 알려주는 근거가 되는 구절이다.

⑩ 하늘[昊天]: 蒼天을 의미한다. 『尙書』「堯典」에 "이에 羲氏와 和氏에게 명하여 하늘을 공경히 따라서 해와 달과 성신을 기구로 관찰하여 백성들의 농사 시기를 공경히 주게 하셨다."[19]는 구절이 있다.

⑪ 哲人[哲人]: 사전적인 의미로는 '지혜로운 사람'이라는 뜻이나 여기서는 墓主에 대한 美稱으로 사용되었다. 묘주를 '철인'으로 표현한 사례는 北朝 묘지에서 다수 확인된다. '二氣交祥, 載生哲人'(〈北魏延昌三年(514)長孫史瑱墓誌〉), '哲人旣徂, 有識同嗟'(〈北魏正光四年(523)王基墓誌〉), '咸以哲人云亡, 邦國殄悴'(〈北魏孝昌元年(525)元懌之墓誌〉), '哲人云亡, 殄悴斯及'(〈東魏武定二年(544)元顯墓誌〉) 등이 있다.

⑫ 아[于差]: '差'는 '嗟'와 통한다.[20] 탄식의 의미이다.

---

18) 毛遠明 校注, 『漢魏六朝碑刻校注 第三冊』(北京: 線裝書局, 2008), 253쪽.
19) 『尙書』, 「堯典」, "乃命羲和, 欽若昊天, 曆象日月星辰, 敬授人時."
20) 『集韻』, 「麻韻」, "䰲·嗟·瑳·差, 咨邪切. 說文, 咨也. 一日痛惜也. 或作嗟, 古作䰲, 差亦書作䞈."

# 【참고문헌】

[戰國]左丘明 撰,『國語』, 上海: 上海古籍, 1998.
[劉宋]范曄 撰·[唐]李賢等 注,『後漢書』, 北京: 中華書局, 1997.
[梁]蕭子顯 撰,『南齊書』, 北京: 中華書局, 1997.
[北齊]魏收 撰,『魏書』, 北京: 中華書局, 1997.

[戰國]毛亨 傳·[後漢]鄭玄 箋·[唐]孔穎達 疏,『毛詩正義』, 北京: 北京大, 1999.
[前漢]孔安國 傳·[唐]孔穎達 疏,『尙書正義』, 北京: 北京大, 1999.
[後漢]鄭玄 注·[唐]賈公彦 疏,『周禮正義』, 北京: 北京大, 1999.

[宋]鄭度等 撰,『集韻』, 臺北: 學海, 1986.
[宋]洪适 撰,『隸釋·隸續』, 北京: 中華書局, 1986.
[淸]葉昌熾 撰·柯昌泗 評·陳公柔等 點校,『語石·語石異同評』, 北京: 中華書局, 1994.

高峽 主編,『西安碑林全集 六函 59卷』, 廣州: 廣東經濟; 臺北: 海天聯合出版, 1999.
馬立軍,「北魏≪給事君夫人韓氏墓誌≫與≪元理墓誌≫辨僞」,『江漢考古』115, 2010.
毛遠明 校注,『漢魏六朝碑刻校注 第三冊』, 北京: 線裝書局, 2008.
梶山智史,『北朝隋代墓誌所在總合目錄』, 東京: 汲古書院, 2013.
窪添慶文,「遷都後の北魏墓誌に關する補考」,『東アジア石刻硏究』5, 2013.
趙力光 編,『鴛鴦七志齋藏石』, 西安: 三秦, 1995.

# 〈北魏太和元年(477)宋紹祖墓誌〉

〈북위 태화 원년(477) 송소조 묘지〉

김성희

【解題】

①〈北魏宋紹祖墓誌〉②北魏 孝文帝 太和 元年(477) ③2000년 4월 山西省 大同市 永泊寺 鄕曹夫樓村. 墓道 북쪽 洞의 墳土에서 발견 ④未詳 ⑤塼 ⑥회색, 전·후면 모두 아무런 문양이 없고 길이 30cm·너비 15cm·두께 5cm. 예서체, 塼 한 면에 음각으로 3행 25자 각석. 글자 위에 붉은색으로 도색 ⑦〈탁본사진〉山西省考古研究所·大同市考古研究所,「大同市北魏宋紹祖墓發掘簡報」,『文物』7期(2001);『漢魏六朝碑刻校注 三册』⑧없음 ⑨『新出魏晉南北朝墓志疏証』;『漢魏六朝碑刻校注 三册』;『全北魏東魏西魏文補遺』⑩2000년 4월 당시 발굴된 묘장은 총 11개로 磚室墓가 5개, 土洞墓가 6개다. 묘장형식은 북방 유목사회의 묘장제도와 漢晉의 묘장제도가 함께 나타난다.[1] 특히 묘에서 발견된 石椁은 漢晉-隋唐 이전의 묘장에서는 찾아보기 어려운 독특한 형태라는 점에서 의미가 있다. 宋紹祖墓는 기년이 명확하고 石椁과 벽화가 아름다운 태화 연간의 유일한 묘장이다.[2] ⑪山西省考古研究

所・大同市考古硏究所,「大同市北魏宋紹祖墓發掘簡報」,『文物』7期(2001); 張慶捷・劉俊喜,「北魏宋紹祖墓兩處銘記析」,『文物』7期(2001); 張志忠,「北魏宋紹祖墓石椁的相關問題」,『北朝史硏究-中國魏晉南北朝史國際學術硏討會論文集』(北京: 商務, 2005); 吳松岩,「盛樂・平城地區北魏鮮卑・漢人墓葬比較分析」,『北方文物』4期(2008).

### 【解題註】

1 宋紹祖墓가 북방 유목사회의 묘장제도를 계승했다는 정황은 甲騎와 鷄冠帽를 쓴 輕裝騎兵 도용이 많다는 점에서 찾을 수 있다. 駱駝와 驢 도용이 많다는 점도 漢晉 묘장의 도용에서는 찾아보기 어렵다. 반면 前廊後室의 石椁, 대량의 隨葬陶俑, 특히 出行陶俑의 경우 牛車가 중심을 이룬다는 점 등에서 한진의 묘장제도를 계승했음을 확인할 수 있다. 벽화 속 인물들이 冠을 쓰고 있는 모습 또한 그렇다.[1]

2 묘지의 구성은 다음과 같다. ❶졸년 ❷관직 ❸작위 ❹본적 ❺묘주성명 순이다.

### 【釋文】

大代 太和元年, 歲次丁」巳. 幽州刺史・敦▨煌公, 敦」煌郡 宋紹祖之柩.」

---

[1] 山西省考古硏究所・大同市考古硏究所,「大同市北魏宋紹祖墓發掘簡報」,『文物』7期(2001), 37쪽.

## 【釋文註】

**1** 해당 지명과 관련해 敦으로 석독했다. 敦煌郡은 한대 甘肅省 돈황현에 두었던 郡으로, 북위에서는 鎭과 郡으로 개편했고 당에서는 西沙州·沙州·돈황군 등으로 번갈아 고쳤다.[2]

## 【譯文】

大代**1** [효문제] 太和 원년(477) 歲次가 丁巳에 있던 해. 幽州刺史**2**이자 敦煌公이었던 敦煌郡[출신] 宋紹祖**3**의 柩**4**

## 【譯文註】

**1** 대대[大代]: 묘지가 각석된 太和 원년(477)은 국호가 魏인 시기이나 平城에 도읍을 두었던 태화 연간(477~499) 이전의 묘지들은 거의 대부분 魏 대신 代라는 국명을 사용하고 있다. 殷憲은 이것을 탁발정권에 대한 일종의 흠모 정서로 보았다.[3]

**2** 유주자사[幽州刺史]: 유주는 지금의 하북성에 설치한 州로 『魏書』「地形志上」에 따르면, 당시 燕, 范陽, 漁陽郡 등의 3개 郡과 18개 縣에 39,580호와 140,536구를 관할하는 大州였다. 여기서 유주자사는 송소조가 사후 추증받은 관직일 가능성이 크다. 『魏書』 등의 사서에서 송소조의 유주자사 출임 기사를 확인할 수 없다.

**3** 송소조[宋紹祖]: 『魏書』 등의 사서에서 관련 기록을 찾을 수 없다. 다만

---

2) 『新唐書』卷40,「地理四」, "沙州敦煌郡, 下都督府. 本瓜州, 武德五年曰西沙州, 貞觀七年曰沙州."
3) 殷憲, 「北魏早期平城墓銘析」, 『北朝研究』 1期(2000), 171쪽.

묘지에 따르면 그는 돈황 출신으로 일찍이 유주자사를 역임했고 돈황공이라는 작위도 하사받았다. 吳松岩은 그가 太武帝의 北涼 평정 이후 平城으로 천사된 돈황 출신 宋繇의 일족과 관련이 있을 가능성을 제기했다.4) 돈황 출신 宋繇는 태무제가 北涼을 평정하자 [저거]목건을 따라 京師에 왔기 때문이다.5) 『魏書』에 기록된 돈황공에 봉해졌던 인물들의 면면을 보면, 송소조가 유주자사와 돈황공에 봉해졌다는 것은 사후에 追贈받았을 가능성이 있다. 송요 사후 그의 長子를 포함한 후손들의 작위가 강등된 사실을 보면 돈황공은 그들이 평성으로 천사되기 이전의 작위였을 수도 있다.

4 구[柩]: 『釋名』「釋喪制」에는, "죽어서 침상에 있는 것을 尸라 하고, 棺 속에 있는 것을 柩라 했다(在床曰尸, 在棺曰柩)."고 되어 있다. 즉 염을 한 시신을 넣은 관이 柩이고, 棺은 棺材의 통칭인 것이다.

【참고문헌】

[北齊]魏收 撰, 『魏書』, 北京: 中華書局, 1997.
[宋]歐陽修 撰·[宋]徐無黨 註, 『新唐書』, 北京: 中華書局, 1997.

羅新·葉煒, 『新出魏晉南北朝墓誌疏証』, 北京: 中華書局, 2005.
毛遠明校注, 『漢魏六朝碑刻校注 三冊』, 北京: 線裝書局, 2008.
王壯弘·馬成名, 『六朝墓誌檢要』, 上海: 上海書畫, 1985.
趙超, 『漢魏南北朝墓誌彙編』, 天津: 天津古籍, 1992.
韓理洲 等 輯校編年, 『全北魏東魏西魏文補遺』, 西安: 三秦, 2010.
梶山智史, 『北朝隋代墓誌所在總合目錄』, 東京: 汲古書院, 2013.

山西省考古研究所·大同市考古研究所, 「大同市北魏宋紹祖墓發掘簡報」, 『文物』 7期, 2001.
吳松岩, 「盛樂·平城地區北魏鮮卑·漢人墓葬比較分析」, 『北方文物』 4期, 2008.

---

4) 吳松岩, 「盛樂·平城地區北魏鮮卑·漢人墓葬比較分析」, 『北方文物』 4期(2008), 23쪽.
5) 『魏書』 卷52, 「宋繇傳」, "字體業, 敦煌人也. … 世祖并涼州, 從牧犍至京師."

殷憲,「北魏早期平城墓銘析」,『北朝研究』1期, 2000.
李凭,『北魏平城時代』, 北京: 社會科學文獻, 2000.

張慶捷·劉俊喜,「北魏宋紹祖墓兩處銘記析」,『文物』7期, 2001.
張志忠,「北魏宋紹祖墓石槨的相關問題」,『北朝史研究-中國魏晉南北朝史國際學術研討會論文集』, 北京: 商務, 2005.

# 〈北魏太和八年(484)司馬琅琊康王司馬金龍墓表〉

〈북위 태화 8년(484) 사마낭야강왕 사마금룡 묘표〉

김성희

【解題】

①〈司馬琅琊康王司馬金龍墓表〉,〈司馬金龍墓表〉 ②北魏 孝文帝 太和 8년(484) ③1965년 12월, 山西省 大同市 동쪽 6.5km에 위치한 泊寺鄕 石家寨에서 발굴. 묘에서 3기의 묘지가 출토되었는데, 그 중 둘은 사마금룡의 墓表[3]와 墓誌이고, 나머지 하나는 금룡의 처인〈欽文姬辰墓誌〉 ④大同市博物館 ⑤청회색의 石 ⑥금룡의 묘표는 길이 64.2cm, 너비 45.7cm, 두께 10.5cm, 총 66자가 篆書體로 새겨져 있다. 座는 길이 47cm, 너비 14.4cm, 誌蓋는 없다. 묘지는 길이 71cm, 너비 56cm, 두께 14.5cm로, 총 66자. 座는 길이 59.8cm, 너비 16.5cm, 두께 19.8cm. 半圓額碑形[2] ⑦〈탁본사진〉『漢魏六朝碑刻校注 三册』 ⑧없음 ⑨『全北魏東魏西魏文補遺』;『漢魏南北朝墓誌彙編』;『六朝墓誌檢要』;『漢魏六朝碑刻校注 三册』 ⑩사마금룡과 그의 처의 합장묘로 사마금룡 자신은 진의 황족 출신이며, 그의 처는 독발부의 황족 출신이라는 점에서 이 두 문화가 반영된 북위 전기 상층귀족의 상장풍습을 잘 보여준다. 특히 사

마금룡의 묘는 북위전기 묘장의 일반적인 특징인 전실묘로, 전후 두 개의 主室과 耳室, 그리고 甬道 등이 모두 갖춰진 대형 묘장이다.⁸ ⑪山西省大同市博物館·山西省文物工作委員會, 「山西大同石家寨北魏司馬金龍墓」, 『文物』 3期(1972); 宿白, 「盛樂·平城一帶的拓跋鮮卑-北魏遺跡-鮮卑遺跡輯錄之二」, 『文物』 11期(1977); 殷憲, 「北魏早期平城墓銘析」, 『北朝研究』 1期(2000); 宋馨, 「司馬金龍墓葬的重新評估」, 『北朝史研究-中國魏晉南北朝史國際學術研討會論文集』(北京: 文物, 2005); 梁建波, 「關于北魏司馬金龍墓志的幾个問題」, 『河北北方學院學報』 31期(2015).

### 【 解 題 註 】

**1** 사마금룡의 묘표가 출토된 위치는 여타의 묘지와는 달리 전토 가운데로, 이러한 방식은 산서 북부 혹은 감숙 일대의 묘장에서 주로 발견된다.1)

**2** 사마금룡의 묘표와 묘지 모두 碑의 형식을 띠고 있는데, 이것은 이후 북위에서 성행한 方形帶蓋 묘지와는 다소 차이점을 보인다.2)

**3** 謝寶富, 「北朝墓葬的地下形制研究」, 『湖北大學學報』 6期(1997), 64쪽. 묘지의 구성은 다음과 같다. ❶졸일 ❷본적 ❸관직 ❹봉작 ❺묘주 성명 순이다.

---

1) 王玉山, 「太原市南郊清理北齊墓葬一座」, 『文物』 6期(1963), 48-49쪽.
2) 山西省大同市博物館·山西省文物工作委員會, 「山西大同石家寨北魏司馬金龍墓」, 『文物』 3期(1972), 27쪽.

## 【釋文】

【碑額】司空」琅琊」康王」墓表」

【銘】維大代 太和八季」歲在甲子十一月」庚午朔十六日乙」酉. 代故 河內郡溫」縣肥鄉 孝敬里使」持節・侍中 鎭西大」將軍・吏部尙書・ 豻」眞・司空・冀州刺史」・琅琊康王, 司馬金」龍之銘

## 【譯文】

아, 大代❶ 太和 8년(484) 歲次가 甲子에 있던 해 11월 초하루가 庚午인 16일 乙酉. 代의 옛 河內郡 溫縣 肥鄉 孝敬里 출신으로, 使持節・侍中・鎭西大將軍・吏部尙書❷・豻眞・司空・冀州❸刺史・琅琊康王이었던 司馬金龍❹의 銘

## 【譯文註】

❶ 대대[大代]: 묘지가 각석된 延興 4년(474)은 국호가 魏인 시기이나 平城에 도읍을 두었던 태화 연간(477~499) 이전의 묘지들은 거의 대부분 魏 대신 代라는 국명을 사용하고 있다. 殷憲은 이것을 탁발정권에 대한 일종의 흠모 정서로 보았다.3)

❷ 이부상서[吏部尙書]: 관명. 曹魏에서는 選部를 吏部로 고치고 이부상서 1인을 두었는데 질은 3품이었다. 북위의 이부상서는 吏部・考功・主爵의 三曹를 통괄했으며 태화 17년(493) 태화전직원령에는 종1품하, 태화 23년(499) 태화후직원령에는 3품이었다. 북주에서는 吏部中大夫로 고쳤다.

---

3) 殷憲, 「北魏早期平城墓銘析」, 『北朝研究』 1期(2000), 171쪽.

③ 기주[冀州]: 前漢 武帝 때 설치한 13刺史部의 하나로 10개의 郡國을 감찰했다. 관할구역은 지금의 河北省 중남부와 山東省 西端, 河南省 北端 지역에 해당한다. 북위에서는 皇始 2년(397) 信都 함락 이후 영유하게 되지만 실제 통치가 이루어진 것은 아니었다. 자사 安同의 구체적인 행적을 확인할 수 있는 태무제 始光 4년(427) 이후에야 본격적인 지배가 가능했던 것으로 보인다.[4] 이후 기존의 貴鄕·襄國·廣川 등의 郡을 주변 지역에 병합시키는 행정체제의 개편을 통해 북위 후기에는 長樂郡·渤海郡·武邑郡 등 3郡 26縣을 관할했다.[5] 한편 묘지의 기록과 달리 『魏書』 「司馬楚之傳」에서는 그가 "太和 8년 죽었고, 大將軍·司空公·冀州刺史를 추증받았다(太和八年薨, 贈大將軍·司空公·冀州刺史)."고 했다. 그의 처 희진의 묘지에서는 그가 삭주자사였다고 했는데, 이것이 그의 생전의 實官이었을 가능성이 크다.

④ 사마금룡[司馬金龍]: 司馬楚之와 河內公主의 소생이다. 父인 사마초지의 本傳에 附記되어 있는데 출생이나 나이에 대해 구체적인 기록은 없다. 다만 『魏書』 「司馬楚之傳」에는 "어려서부터 부친의 풍모를 닮아 처음에 中書學生이 되었고, (조정에) 들어와 中散이 되었다. 顯祖가 東宮이었을 때 (그를) 발탁해 太子侍講으로 삼았다."[6]는 기록은 있다. 금룡은 희진 사후, 太武帝의 누이인 武威公主와 沮渠牧犍(재위 433~439)[7] 소생인 여성과 혼인해 司馬徽亮을 낳았다.[8] 그는 [희진보다 10년

---

4) 金聖熙, 「北魏의 河北 진출과 그 지배 과정-'生地'에서 '熟地'로-」, 『梨花史學硏究』 36(2008), 182쪽.
5) 勞榦, 「北魏州郡志略」, 『中央硏究院歷史語言硏究所集刊』 32(1961), 192-194쪽.
6) 『魏書』 卷37, 「司馬楚之傳」, "少有父風. 初爲中書學生, 入爲中散. 顯祖在東宮, 擢爲太子侍講."
7) 沮渠牧犍은 五胡十六國時代 北涼의 군주이며 沮渠蒙遜(재위 401~433)의 셋째 아들이다. 일찍이 酒泉太守와 燉煌太守를 역임했고, 후에 世子가 되었다. 태무제 연화 2년(433), 河西王의 지위를 물려받았다. 사신을 보내 北魏에 조공했으며, 涼州刺史 河西王에 拜授되었다. 劉宋에 表를 올려 『敦煌實錄』, 『謝艾集』, 『甲寅元歷』 등 책 154卷

늦히 태화 8년 사망했는데 대장군을 추증했고 시호는 강왕이었다.

## 【참고문헌】

[北齊]魏收 撰, 『魏書』, 北京: 中華書局, 1997.

北京圖書館金石組 編, 『北京圖書館藏中國歷代石刻拓本匯編 三冊』, 鄭州: 中州古籍, 1989: 1997.
毛遠明校注, 『漢魏六朝碑刻校注 三冊』, 北京: 線裝書局, 2008.
王壯弘·馬成名 編纂, 『六朝墓誌檢要』, 上海: 上海書畵, 1985.
趙超, 『漢魏南北朝墓誌彙編』, 天津: 天津古籍, 1992.
韓理洲等 輯校編年, 『全北魏東魏西魏文補遺』, 西安: 三秦, 2010.

梶山智史, 『北朝隋代墓誌所在總合目錄』, 東京: 汲古書院, 2013.

山西省大同市博物館·山西省文物工作委員會, 「山西大同石家寨北魏司馬金龍墓」, 『文物』 1972-3.
宋馨, 「司馬金龍墓葬的重新評估」, 『北朝史硏究-中國魏晉南北朝史國際學術硏討會論文集』, 北京: 商務, 2005.
宿白, 「盛樂·平城一帶的拓跋鮮卑-北魏遺跡-鮮卑遺跡輯錄之二」, 『文物』 1977-11.
梁建波, 「關于北魏司馬金龍墓志的幾个問題」, 『河北北方學院學報』 31, 2015.
楊泓, 「北朝文化源流探討之一-司馬金龍墓出土遺物的再硏究」, 『北朝硏究』 1989-1.
姚薇元, 『北朝胡姓考(修訂本)』, 北京: 中華書局, 2007.
殷憲, 「北魏早期平城墓銘析」, 『北朝硏究』 1期, 2000.
李凭, 『北魏平城時代』, 北京: 社會科學文獻, 2000.
趙玉明, 「源姓禿發鮮卑考」, 『北方文物』 1期, 2002.

---

을 바쳤다. 太延 5년(439), 北魏의 太武帝는 北涼을 멸망시키고 沮渠牧犍과 宗室 士民 3萬戶를 平城으로 遷徙했다. 이후 그를 征西大將軍 河西王에 임명하였다. 후에 모반 죄로 賜死되었다. 시호는 哀王이다.
8) 『魏書』卷37,「司馬楚之傳」, "後娶沮渠氏, 生徽亮, 即河西王沮渠牧犍女, 世祖妹武威公主所生也."

# 〈北魏太和八年(484)楊衆度磚誌〉

〈북위 태화 8년(484) 양중도 전지〉

김성희

【解題】

①〈楊衆度磚誌〉[1] ②北魏 孝文帝 太和 8년(484) ③2001년 5월, 山西省 大同市 七里村 남쪽으로 1km 떨어진 지점에서 발견 ④大同市考古研究所 ⑤청회색의 磚 ⑥세로로 긴 방형이며 忍冬紋 문양이 새겨져 있다. 길이 31-33cm, 너비 15cm, 두께 5cm, 명문은 1행 당 17 혹은 18자로 4행 총 71자. 字間은 2-2.5cm 정도이며 예서체 ⑦〈탁본사진〉張志忠, 「大同七里村北魏楊衆慶墓磚銘析」, 『文物』 10期(2006) ⑧없음 ⑨張志忠, 「大同七里村北魏楊衆慶墓磚銘析」, 『文物』 10期(2006) ⑩원래는 내용이 같은 4개의 墓塼이 있었는데, 그 중 하나가 묘의 封門에 온전한 상태로 남아 있다[2] ⑪殷憲, 「楊衆度墓磚銘研究」, 『中國書法』 6期(2007); 李凭, 「北魏平城郭城南緣的定位和與此相關的交通問題」, 『云岡文化研究』 4期(2009); 大同市考古研究所, 「山西大同沙岭新村北魏墓地發掘簡報」, 『文物』 4期(2014).

## 【解題註】

1. 묘주인 楊衆度의 이름에 관해서는 이견이 많다. 『魏書』, 『北史』 등에서는 그에 관련한 기록을 찾을 수 없고 그의 이름 중 특히 마지막 글자를 張志忠과 梶山智史는 慶으로 석독했고,[1] 李凭과 殷憲은 度로 석독했다.[2] 여기서는 『漢魏六朝碑刻異體字典』에 의거해 度로 석독했다. 특히 그의 본적은 당시 仇池 관할이던 略陽郡 淸水縣이고, 묘지에서 그를 仇池投化客으로 기록한 것으로 보아 그는 氐族 출신으로 구지왕의 방계이거나 족인이었을 가능성이 있다.
2. 묘지의 구성은 다음과 같다. ❶졸일 ❷묘주의 신분 및 성명 ❸관작 ❹향년 ❺추증 관작 ❻매장 위치 ❼묘주의 본적 순이다.

## 【釋文】

大代 太和八年, 歲在甲子, 十一月庚午朔. 仇池」投化客楊衆度, 代建威將軍・靈關❶子・建興太守,」春秋六十七, 卒. 追贈冠軍將軍・秦州刺史・淸水靖侯,❷葬于平城南十里. 略陽 淸水楊君之銘」

## 【釋文註】

1. 張志忠은 開로 석독했는데,[3] 사서에는 靈開라는 지명이 없다. 대신 靈關은 있다. 靈關은 지금의 사천성 寶興縣 남쪽에 있던 關隘를 지칭하는

---

1) 張志忠, 「大同七里村北魏楊衆慶墓磚銘析」, 『文物』 10期(2006), 82쪽; 梶山智史, 『北朝隋代墓誌所在總目錄』(東京: 汲古書院, 2013), 30쪽.
2) 殷憲, 「楊衆度墓磚銘研究」, 『中國書法』 6期(2007), 23쪽; 李凭, 「北魏平城郭城南緣的定位和與此相關的交通問題」, 『云岡文化研究』 4期(2009), 366쪽.
3) 張志忠, 앞의 글, 82쪽.

것으로 보이며,4) 零關이라고도 한다. 당은 武德 원년(618) 이 곳에 靈關縣을 설치했다 5년 뒤 폐지했다.5)

② 淸水 이하의 글자를 장지충은 靖使로 석독했다. 그는 靖字를 '평정하다', '안정시킨다'는 뜻으로 보고, 使字는 '명을 받들고 出使하다'는 뜻으로 해석했다. 靖使를 實官이 아닌 임시로 설치된 流外勳品으로 본 것이다.6) 殷憲은 『史記正義』 諡法解에서 "몸을 공손히 하고 말을 적게 함을 靖이라고 한 것(恭己鮮言之謂靖)"에 착안해 淸水侯를 사후 추증받은 爵號로, 靖을 諡號로 보았다.7) 이와 관련해 사서에서 지명(縣 혹은 郡) + 靖侯 형태의 封爵을 확인할 수 있다.8) 여기서도 추증받은 봉작의 하나로 이해해 淸水靖侯로 석독했다. 특히 淸水는 양중도의 본적인 略陽郡 淸水縣9)을 지칭하는 것으로 보인다.

【譯文】

大代■ 太和 8년(484) 歲次가 甲子에 있던 해 11월 庚午 朔. 仇池② 에서 [북위로] 항복해 귀화한 객③인 楊衆度는 代의 建威將軍·靈關子·建興④太守였고, 나이 67세에 죽었다. 冠軍將軍⑤· 秦州⑥ 刺

---

4) 『漢書』 券28上, 「地理志上」, "越嶲郡, 武帝元鼎六年開. 莽曰集嶲. 屬益州. … 縣十五: 靈關道, 臺登, 定莋, 會無, … 青蛉." 반면 『宋書』 卷28, 「符瑞中」에는 "咸寧二年十月庚午, 黃龍二見于漢嘉靈關."이라 하여 靈關이 漢嘉郡 관할로 되어 있다.
5) 『新唐書』 卷42, 「地理六」, "劍南道 雅州盧山郡, 縣五. 有和川·始陽·靈關·安國四鎭兵. … 唐初, 以州境析置濛陽·長松·靈關 … 六縣, 武德六年皆省."
6) 張志忠, 앞의 글, 83쪽.
7) 殷憲, 앞의 글, 23쪽.
8) 『梁書』 卷50, 「顏協傳」, "顏協字子和, 琅邪臨沂人也. 七代祖含, 晉侍中·國子祭酒·西平靖侯."
9) 『魏書』 卷106下, 「地形志下」, "秦州 略陽郡晉武帝分天水置. 領縣五 … 淸水前漢屬天水, 後漢罷, 晉復屬."

史・淸水靖侯를 추증했고, 平城에서 남쪽으로 십 리[떨어진 곳]에
7 장사지냈다. 약양군[略陽]8 청수현[淸水] 출신인 楊君의 銘

【 譯 文 註 】

1 대대[大代]: 묘지가 각석된 延興 4년(474)은 국호가 魏인 시기이나 平城에 도읍을 두었던 태화 연간(477~499) 이전의 묘지들은 거의 대부분 魏 대신 代라는 국명을 사용하고 있다. 殷憲은 이것을 탁발정권에 대한 일종의 흠모 정서로 보았다.10)

2 구지[仇池]: 五胡十六國의 하나. 西秦 元康 6년(296) 楊戊搜가 仇池公을 칭한 이후 宣武帝 正始 2년(505) 楊紹先이 北魏에 포로가 될 때까지 211년 동안 존속했고 22인의 君主가 있었다.11)

3 북위로 항복해 귀화한 객[投化客]: 投化란 본래 '항복해 귀화한다'는 뜻이다. 북위 평성시기 투화는 빈번한 人口流動 방식의 하나로 사서에서 몇몇 사례를 확인할 수 있다.12) 묘지에 따르면 그는 明元帝 泰常 2년(417)에 태어나 효문제 태화 8년(484) 67세의 나이로 죽었다. 그가 북

---

10) 殷憲,「北魏早期平城墓銘析」,『北朝硏究』1期(2000), 171쪽.
11) 仇池는 오호십육국 중에서 북위 다음으로 오래 존속했지만, 西燕・冉魏 등과 함께 十六國에는 포함되지 않는다. 학자에 따라 前仇池國(296~371), 後仇池國(386~443), 武都國(447~477), 武興國(478~553), 陰平國(477~580) 등으로 나누며, 楊戊搜가 세운 정권을 前仇池國이라고 한다. 楊戊搜 재위 때 武都와 陰平 2郡을 점령했고, 建興 元年(313), 楊難當이 梁州(治所는 지금의 陝西省 漢中市)를, 永和 5년(349)에 楊初가 西城(지금의 陝西省 安康縣 서쪽)을 함락시켜 漢水 상류 지역을 지배했다. 南北朝時代에 仇池王・武都王・武興王 등으로 책봉되었다. 북위 태무제 太平眞君 4년(443), 멸망했다.
12) 『魏書』卷27,「穆崇傳」, "但今荊揚不賓, 書軌未一, 方欲親御六師, 問罪江介. 計萬戶投化, 歲食百萬, 若聽其給也, 則蕃儲虛竭.";『魏書』卷63,「王肅傳」, "其從肅行者, 六品已下聽先擬用, 然後表聞; 若投化之人, 聽五品已下先即優授.";『魏書』卷70,「傅豎眼傳」, "樂陵與羊蘭隔河相對, 命琰遣其門生與靈越婢詐爲夫婦投化以招之."

위에 언제 귀화했는지는 명확하지 않지만 太武帝 太平眞君 4년(443) 5월, 장군 古弼이 구지를 대파하기 전후로 다수의 楊氏 일족이 북위에 귀부하는 그 시점일 가능성이 크다.13) 태평진군 7년(446) 7월이 되면, 북위는 지금의 감숙성 서쪽과 南洛谷鄕 일대에 仇池鎭을 설치했다가 다시 郡을 설치했다.14)

4 건흥[建興]: 建興郡은 五胡十六國時代 慕容永이 上黨郡을 나누어 설치한 郡으로 治所는 陽阿縣(지금의 山西省 陽城縣 서북쪽 大陽)이었다. 北魏 太武帝 太平眞君 9년(448) 이래 폐치를 반복했고 치소는 高都城이었다. 張志忠은 建興을 豫州 城陽郡 관할의 建興縣으로 보았는데,15) 건흥현은 太和 3년(479) 설치되었다 폐지되고 무정 초, 다시 설치되기 때문에 적합하지 않다.

5 관군장군[冠軍將軍]: 漢代부터 설치한 雜號將軍의 하나. 晉과 劉宋, 북위 태화 17년(493)에 단행된 太和前職員令에는 보이지 않는다. 태화 23년(499)에 단행된 太和後職員令에서는 從3품이다.

6 진주[秦州]: 晉 泰始 5년(269), 雍·凉·梁 三州를 나누어 설치한 州로 치소는 冀縣(지금의 감숙성 谷縣 동쪽)이었다. 북위에서는 渭河 상류 以西를 나누어 河州·凉州라 했고, 당에서는 隴右道에 속했다.

7 평성에서 남쪽으로 십 리 떨어진 곳에[平城南十里]: 平城은 당시 北魏의 도읍을 말하며,16) 秦代에 처음 설치했고 雁門郡 관할이었다. 治所는 지금의 山西省 大同市 東北 8里 古城村이었다. 후한 말에는 新興郡, 西

---

13) 『魏書』卷4下,「世祖紀下」, "夏四月, 武都王楊保宗謀反, 諸將擒送京師; 諸氐·羌復推保宗弟文德爲主, 圍仇池, 行幸陰山. 五月, 將軍古弼大破諸氐, 解仇池圍."
14) 『魏書』卷106下,「地形志下」, "南秦州眞君七年置仇池鎭, 太和十二年爲渠州, 正始初置. 治洛谷城."
15) 張志忠, 앞의 글, 83쪽.
16) 평성에 관한 역사지리적 이해를 위해서는, 李凭,『北魏平城時代』(北京: 社會科學文獻, 2000); 殷憲,「北魏平城考述」,『北朝硏究』7期(2010) 참조.

晉代에는 안문군에 속했다. 五胡十六國에서는 지금의 대동시 동북 古城村으로 치소를 옮겼다. 북위의 道武帝가 이 곳에 도읍을 정했고, 延和 원년(432) 萬年縣으로 고쳤다. 太和 17년(493) 平城縣으로 고치고 代郡의 치소로 삼았다가 孝昌 2년(526) 폐지했다. 묘지에서 '平城南十里'라고 한 것은 양중도묘가 평성에서 정남향으로 십 리 떨어진 곳에 있다는 의미다.17)

8 약양군[略陽]: 晉 泰始 연간 廣魏郡을 고쳐 설치한 郡으로 치소는 臨渭縣(지금의 天水市 동쪽)이었고 秦州에 속했다. 북위에서 치소를 隴城縣(후에 略陽縣으로 개칭, 지금의 秦安縣 동북 隴城)으로 고쳤다가 수 개황 2년(582) 폐지했다.

### 【참고문헌】

[後漢]班固 撰・[唐]顔師古 注,『漢書』, 北京: 中華書局, 1997.
[梁]沈約 撰,『宋書』, 北京: 中華書局, 1997.
[北齊]魏收 撰,『魏書』, 北京: 中華書局, 1997.
[唐]姚思廉 撰,『梁書』, 北京: 中華書局, 1997.
[宋]歐陽修・宋祁 撰,『新唐書』, 北京: 中華書局, 1997.

毛遠明校注,『漢魏六朝碑刻校注 三冊』, 北京: 線裝書局, 2008.
王壯弘・馬成名,『六朝墓誌檢要』, 上海: 上海書畵, 1985.
趙超,『漢魏南北朝墓誌彙編』, 天津: 天津古籍, 1992.
韓理洲等 輯校編年,『全北魏東魏西魏文補遺』, 西安: 三秦, 2010.
梶山智史,『北朝隋代墓誌所在總合目錄』, 東京: 汲古書院, 2013.

大同市考古研究所,「山西大同沙岭新村北魏墓地發掘簡報」,『文物』4期, 2014.

---

17) 陳夢家는 이 일대에 대한 실측을 통해 양중도묘가 평성 곽성에서 남쪽으로 8.8里 떨어져 있다고 지적했다. 陳夢家,「畝制與里制」,『考古』1期(1996). 李凭 역시 방위의 기준점으로 평성의 외곽인 郭城의 南門을 설정하고, 양중도묘가 당시 평성에서 남하해 幷州의 晉陽으로 연결되는 도로변에 위치했을 것으로 보았다.

姚薇元,『北朝胡姓考(修訂本)』, 北京: 中華書局, 2007.
殷憲,「北魏早期平城墓銘析」,『北朝研究』1期, 2000.
殷憲,「楊衆度墓磚銘研究」,『中國書法』6期, 2007.
李凭,『北魏平城時代』, 北京: 社會科學文獻, 2000.
李凭,「北魏平城郭城南緣的定位和與此相關的交通問題」,『云岡文化研究』4期, 2009.
張志忠,「大同七里村北魏楊衆慶墓磚銘析」,『文物』10期, 2006.

# 〈北魏太和十六年(492)蓋天保磚誌〉

〈북위 태화 16년(492) 개천보 전지〉

김성희

## 【解題】

①〈蓋天保磚誌〉,〈蓋天保墓磚銘〉 ②北魏 孝文帝 太和 16년(492) ③2005년, 山西省 大同市 동남쪽으로 3.5km 떨어진 沙岭村 동쪽 제방에서 발견[1] ④未詳 ⑤磚 ⑥길이 30cm, 너비 15cm, 두께 5cm. 명문은 두 부분으로 구성. 앞면은 3행과 1글자. 글자의 지름이 2cm, 총 55자이고, 뒷면은 글자의 지름이 4-5cm인 蓋興國父 4글자가 있는데, 蓋字가 6cm 정도로 가장 크다 ⑦〈탁본사진〉大同市考古硏究所,「山西大同七里村北魏墓葬發掘簡報」,『文物』, 10期(2006) ⑧없음 ⑨大同市考古硏究所,「山西大同七里村北魏墓葬發掘簡報」,『文物』10期(2006) ⑩지금까지 출토된 북위전기 묘지 중 새겨진 문자가 가장 많고, 내용도 가장 풍부[2] ⑪ 殷憲,「山西代同沙岭北魏壁畫墓題記硏究」,『4-6世紀北中國與歐亞大陸』(北京: 科學, 2006); 殷憲,「蓋天保墓磚銘考」,『北朝硏究』6期(2008); 李凭,「北魏平城郭城南緣的定位和與此相關的交通問題」,『云岡文化硏究』4期(2009); 李凭,「北魏蓋天保墓磚露的歷史信息」,『第一屆中日學

者中國古代史論壇文集』(北京: 中國社會科學, 2010); 大同市考古硏究所,「山西大同沙岭新村北魏墓志發掘簡報」,『文物』4期(2014).

【 解 題 註 】

■ 沙岭村 부근은 북위 묘장이 비교적 많이 집중된 지역으로 본래의 명칭은 沙陵이다. 2005년 전국 10대 考古 新發見이라고 평가받는 破多羅太夫人壁畵墓(太延 원년(435))를 포함해 12기의 북위 묘장이 출토되었다. 殷憲은 이 일대가 洛陽의 邙山과 마찬가지로 북위의 귀족 묘장구일 가능성을 제기했다.[1)]

■ 묘지의 구성은 다음과 같다. ❶졸일 ❷묘주의 관직 ❸묘주성명 ❹장례일 ❺묘지의 위치 및 방위 ❻墓葬의 특징 ❼立銘者의 순이다.

【 釋 文 】

(정면)
太和十六年二月廿九日, 積弩將軍蓋天保 喪. 三月十七日葬在臺東南八里坂上. 向定州大道 東一百六十步. 墓中無棺木, 西廂壁下作磚」牀.
(배면)
蓋興國■父.

---

1) 殷憲,「蓋天保墓磚銘考」,『北朝研究』6期(2008), 18쪽.

## 【釋文註】

**1** 묘주인 蓋天保의 子로 북위 묘지가 작성자의 이름을 표기하는 일이 거의 없는 상황을 감안하면 이례적이다. 남조 묘지는 '모모墓誌銘幷序'라는 제액 하에 작성자의 이름을 명기하는 경향이 있다. 2)

## 【譯文】

太和 16년(492) 2월 29일, 積弩將軍**1** 蓋天保**2**가 죽었다. 3월 17일 평성[臺]에서 동남쪽으로 8리 [떨어진] 언덕 위에 장사지냈다. **3**[그의 묘는] 定州**4**로 향하는 큰 도로에서 동쪽으로 160보 [떨어져] 있다.**5** 묘 안에는 棺木을 두지 않고, [묘실의] 서쪽 벽 아래에 벽돌로 평상을 만들[어 시체를 두]었다. **6** [묘주인 개천보는] 蓋興國의 부이다.

## 【譯文註】

**1** 적노장군[積弩將軍]: 후한에서 설치한 장군호의 하나로 閱兵·出征 등의 직무를 담당했다. 曹魏에서는 좌우로 나누어 각 1인을 두었고 4품이었다. 서진에서는 臺職으로 품질은 낮아졌지만 숙위병을 통솔하는 등 그 위세는 약해지지 않았다. 유송에 이르면 左右積弩將軍·積射將軍·強弩將軍 등은 태자의 속관으로 조정의 숙위병을 통령하지는 않았다. 북위에서는 태화 17년(493) 태화전직원령에서는 4品中, 태화 23년(499) 태화후직원령에서는 7品上이었다.3) 개천보가 사망한 것이

---

2) 梁鎭誠,「梁代 奉勅撰墓誌를 통해 본 墓誌銘의 定型化」,『中國史研究』105(2016) 참조.
3)『魏書』卷113,「官氏志」,"武奮將軍王·公國郞中令·積弩將軍·積射將軍·員外散騎侍

태화 16년이므로 당시 그의 장군호는 4품중이었을 것이다. 적노장군의 職掌과 관련해 太延 3년(437)에 각석된 〈太武帝東巡碑〉를 보면 素延이라는 적노장군이 나오는데, 천하에 활쏘기를 잘 하는 자였다.[4] 북제에서는 左右衛府 휘하에 25인을 두었고, 북주에서는 積弩司馬를 두었다.

② 개천보[蓋天保]: 묘주인 蓋天保와 아들 興國의 이름은 『魏書』 등 사서에는 보이지 않는다. 다만 慕容燕 정권 혹은 北燕 멸망 후 입국한 高句麗人이거나 遼東에 살던 蓋氏의 후예일 가능성이 있다.[5] 이와 관련해 『魏書』에 나오는 개씨 성을 가진 인물들을 보면 모두 5인인데 이 중 3인이 여성이다. ①효문제 文昭皇后 高氏의 모친인 蓋氏,[6] ②任城王 雲의 太妃인 蓋氏,[7] ③北周 楊忠의 母이자 隋 文帝의 祖母인 蓋氏[8]가 그들이다. 위의 여성들 역시 殷憲이 지적한 개천보의 출신과 크게 다르지 않아 보인다. 나머지 2인의 남성은 太武帝 때 반란을 일으켰던 盧水胡 출신의 蓋吳[9]와 「節義傳」에 입전된 魯郡 출신의 蓋儁이다.[10]

③ 평성에서 동남쪽으로 8리 떨어진 언덕 위에 장사지냈다[葬在臺東南八里坂上]: 臺는 당시 북위의 도읍이었던 平城으로 보았다.[11] 坂은 평성

---

郎・皇子中尉二大・二公參軍事二大・二公列曹行參軍開府祭酒 以前上階 … 右第七品."
4) 殷憲, 앞의 글, 15쪽.
5) 殷憲, 앞의 글, 15쪽.
6) 『魏書』卷13,「孝文昭皇后高氏傳」, "孝文昭皇后高氏, 司徒公肇之妹也. 父颺, 母蓋氏, 凡四男三女, 皆生於東裔."
7) 『魏書』卷19中,「任城王雲傳」, "雲以太妃蓋氏薨, 表求解任, 顯祖不許, 雲悲號動疾, 乃許之."
8) 『周書』卷19,「楊忠傳」, "追封母蓋氏爲北海郡君."
9) 『魏書』卷4下,「世祖紀下」, "九月, 盧水胡蓋吳聚衆反於杏城. 冬十月戊子, 長安鎭副將元紇率衆討之, 爲吳所殺. 吳黨遂盛, 民皆渡渭奔南山"
10) 『魏書』卷87,「蓋儁傳」, "魯郡蓋儁六世同居, 並共財產, 家門雍睦. 鄉里敬異. 有司申奏, 皆標門閭."
11) 『魏書』卷2,「太祖紀」, "以所獲高車衆起鹿苑, 南因臺陰, 北距長城, 東包白登, 屬之西山, 廣輪數十里"; 『北史』卷1,「太宗明元帝紀」, "五月丙寅, 還次雁門, 皇太子

곽성의 동쪽에 있던 언덕을 지칭하는 것으로 보인다.12)

4 정주[定州]: 北魏 天興 3년(400), 安州를 고쳐 설치한 州로 治所는 盧奴縣(北齊에서 安喜縣으로 고쳤으며, 지금의 河北省 定州市)이었다. 隋 大業 3년(607), 博陵郡으로 고쳤다가 大業 9년(613), 다시 高陽郡으로 고쳤다. 唐 武德 4년(621) 이후 定州, 博陵郡 등으로 번갈아 고쳤다. 북위 후기에는 中山郡·常山郡·鉅鹿郡·趙郡·博陵郡 등 5郡 30縣을 관할하였다.

5 그의 묘는 정주로 향하는 큰 도로에서 동쪽으로 160보 떨어져 있다[向定州大道東一百六十步]: 『魏書』「高祖紀上」의 "[효문제가 태화 6년(482)] 秋7월, 州郡에서 5만 명을 징발해 靈丘道를 구축했다(太和六年)秋七月, 發州郡五萬人治靈丘道)."는 기록에 근거한다면, 묘지에서 언급한 정주대도는 代郡 영구에서 남쪽으로 大山을 넘어 中山에 도착하는 영구도일 가능성이 있다.13) 사서에서는 飛狐道, 直道, 沙泉道, 靈丘道 등으로 기록하고 있는데, 시기나 수축단계에서 사용한 명칭의 차이에서 비롯된 것으로 보인다.14) 이 도로는 지금의 대동시 동남쪽으로부터 하북 경내로 진입하는 208국도를 말하며, 도로의 연장된 방향은 북위 평성 시

---

率留臺王公迎于句注之北." 李凭은 그 중에서도 특히 평성 郭城의 城墻을 가리키는 것으로 보았다. 李凭,「北魏平城郭城南緣的定位和與此相關的交通問題」,『云岡文化硏究』4期 (2009), 38쪽.

12) 평성 동쪽에 위치한 坂上의 존재에 관해서는, [淸]顧祖禹 撰·賀次君等 點校,『讀史方輿紀要』(北京: 中華書局, 2005) 卷44,「山西六」, 大同府大同縣條, "『城邑考』: '今城東五里無憂坡上有平城外郭, 南北宛然, 相傳後魏時故址."참조.

13) 『資治通鑑』卷135,「齊紀一」, 高帝建元元年條, "秋, 七月, 魏發州郡五萬人治靈丘道. 靈丘道, 自代郡靈丘南越大山至中山, 卽古之飛狐道也."

14) 북위시기 도로망에 관해서는, 前田正名,『平城の歷史地理學的硏究』(東京: 風間書房, 1979); 김성희,「北魏의 河北 경영과 山西·河北間 交通路 修築」,『歷史學報』98(2008) 참조. 한편 이러한 정주대도 위에 북위 황제의 순행과 관련된 2개의 名碑가 있는데, 太武帝 太延 3년(437)에 각석된〈皇帝東巡之碑〉와 文成帝 和平 2년(461)에 각석된〈皇帝南巡之頌〉이 바로 그것이다.

기부터 지금까지 기본적으로 변화가 없다. 대략적인 노선을 보면 평성에서 동남쪽으로 渾源, 靈丘, 太行山脈 동남쪽으로 연결되어 바로 定州에 도달한다. 대군으로부터 동북쪽으로 가면 上谷을 경유해 幽州의 薊일대로 연결되고, 동남쪽으로 향하면 青州와 齊州 등을 통해 河南과 淮河 유역까지 도달하게 된다. 즉 代北과 山東의 경계를 관통하는 동시에 劉宋, 南齊 등과 교류하는 데에도 필수경로였던 것이다.

6 묘 안에는 관목을 두지 않고, 묘실의 서쪽 벽 아래에 벽돌로 평상을 만들어 시체를 두었다[墓中無棺木, 西廂壁下作磚牀]: 묘 안에 관목을 만들지 않고 벽돌을 쌓아 올려 평상을 만들고 시체를 직접 그 위에 두었다는 의미다. 이러한 장례방식은 북위 평성 시기 이전에는 많이 보이지 않던 葬制인데 1988~2002년 사이 大同市 부근에서 발견된 8기의 북위 묘장 중 상당수는 이러한 방식이다.15) 西廂은 묘실의 서쪽을 의미하는 것으로, 개천보의 묘를 묘실의 서쪽 벽 아래에 두었다는 것이다. 이처럼 시신을 동쪽을 향하게 둔 것을 그들의 태양 숭배와 관련지어 설명하기도 한다.16)

## 【참고문헌】

[北齊]魏收 撰, 『魏書』, 北京: 中華書局, 1997.
[宋]司馬光 撰·[元]胡三省 注, 『資治通鑑』, 北京: 中華書局, 1997.
[唐]李延壽 撰, 『北史』, 北京: 中華書局, 1997.
[唐]令狐德棻 等撰, 『周書』, 北京: 中華書局, 1997.

---

15) 이 葬制의 몇 가지 특징을 보면, 대부분 磚室이고 묘실이 비교적 높다. 시체를 올려 놓는 床臺는 대부분 묘실의 북쪽이나 서쪽에 두었다. 다수의 묘장이 一室一床의 방식이다. 殷憲, 앞의 글, 22쪽; 大同市考古硏究所, 「山西大同沙岭新村北魏墓志發掘簡報」, 『文物』4期(2014), 15쪽 참조.
16) 殷憲, 앞의 글, 23쪽.

[淸]顧祖禹 撰·賀次君等 點校, 『讀史方輿紀要』, 北京: 中華書局, 2005.

梶山智史, 『北朝隋代墓誌所在總合目錄』, 東京: 汲古書院, 2013.

大同市考古研究所, 「山西大同沙岭新村北魏墓志發掘簡報」, 『文物』 4期, 2014.
姚薇元, 『北朝胡姓考(修訂本)』, 北京: 中華書局, 2007.
殷憲, 「北魏早期平城墓銘析」, 『北朝研究』 1期, 1999.
殷憲, 「山西代同沙岭北魏壁畵墓題記研究」, 『4-6世紀北中國與歐亞大陸』, 北京: 科學, 2006.
殷憲, 「蓋天保墓磚銘考」, 『北朝研究』 6期, 2008.
李凭, 「北魏平城郭城南緣的定位和與此相關的交通問題」, 『云岡文化研究』 4期, 2009.
李凭, 「北魏蓋天保墓磚露的歷史信息」, 『第一屆中日學者中國古代史論壇文集』, 北京: 中國社會科學, 2010.

# 〈北魏延昌三年(514)高琨墓誌〉

〈북위 연창 3년(514) 고곤 묘지〉

김성희

### 【解題】

①〈高琨墓誌〉 ②北魏 宣武帝 延昌 3년(514) ③1970년대, 大同市 東郊 小南頭村에서 발견[1] ④大同市博物館 ⑤石 ⑥誌蓋는 방형, 상부는 표주박 모양, 길이, 너비 모두 53.5cm, 墓誌 역시 방형으로 길이, 너비 모두 64cm, 楷書, 전체는 12행이고 각 행이 12자로 총 126자 ⑦〈탁본사진〉『漢魏六朝碑刻校注 四冊』 ⑧없음 ⑨『新出魏晉南北朝墓誌疏証』;『漢魏六朝碑刻校注 四冊』;『全北魏東魏西魏文補遺』;『北魏平城書迹二十品』 ⑩탁발종실인 元淑의 묘 부근에서 발견된 塼室墓. 지석은 마모가 많이 되어 결락자가 많다[2] ⑪王銀田,「元淑墓誌考釋-附北魏高琨墓誌小考」,『文物』8期(1989); 李凭,「北魏兩位高氏皇后族屬考」,『中國史研究』20期(2000); 苗威,「高肇家族的移民及其民族認同」,『民族學刊』7期(2011).

### 【解題註】

**1** 王銀田은 〈高琨墓誌〉가 1970년대 小南頭村 북쪽의 三皇墓라 칭해지는 묘장에서 처음 출토되었다고 보았다. 이 삼황묘는 선무제 延昌 3년(514), 高猛이 그의 부친인 高琨, 숙부인 高彦 및 조부모를 위해 墓誌를 重刻하고 封丘를 정비한 것이다.[1] 이후 1984년 大同市博物館이 東郊에서 元淑墓를 발굴할 때 그 부근인 소남두촌에서 고곤의 묘지를 발굴했다는 보고도 있다.

**2** 묘지의 구성은 다음과 같다. ❶지액 ❷각석일 ❸본적 ❹묘주의 관력, 봉작 ❺묘주성명 ❻부인의 본적, 성씨 ❼부의 성명, 관작 ❽모의 본적, 성씨의 순이다.

### 【釋文】

魏故使持節・都督冀瀛相幽平」五州諸軍事・鎭東大將軍・冀州」刺史・勃海郡開國公墓誌銘」. 延昌三年歲次甲午冬十月丙」子朔廿二日丁酉. 冀州 勃海郡」條❶縣崇仁鄕孝義里, 使持節・都」督冀瀛相幽平五州諸軍事・鎭」東大將軍・冀州刺史・勃海郡開」國公, 高琨字伯玉」, 夫人鉅鹿 □❷氏」, 父颺左光祿大夫・勃海郡開國公」, 母汝南 袁❸氏.

### 【釋文註】

**1** 毛遠明은 條와 脩가 서로 통한다고 보았다.[2] 고곤을 포함한 고씨 일족

---

1) 王銀田, 「元淑墓誌考釋-附北魏高琨墓誌小考」, 『文物』 8期(1989), 68쪽.
2) 毛遠明校注, 『漢魏六朝碑刻校注 四冊』(北京: 線裝書局, 2008), 261쪽.

의 본적에 관해『北史』와〈高植墓誌〉등에서는 그들을 발해 蓨縣 출신이라고 적었다.3) 반면 고곤의 누이인〈文昭皇后高照容墓誌〉에서는 그녀를 발해 條縣 출신이라고 적는 등 두 글자가 혼재되어 있다. 條縣은 전한 때 설치한 縣으로, 文帝 당시에는 蓨縣이라 했고 淸河郡 관할이었다. 치소는 지금의 하북성 景縣 남쪽으로 信都國 관할이었다. 후한에서는 勃海郡 관할로 고쳤고 북위 역시 渤海郡 관할로 脩縣이라고 했다.4)

② 고곤 부인의 성씨에 대해 그녀의 가계에 관한 구체적인 확인이 어렵고, 탁본 역시 판독이 불가하므로 석독하지 않았다.

③ 사서에서는 고양의 처를 蓋氏로 적었는데,5) 여기서는 袁으로 석독했다.6)

【譯文】

북위[魏]의 故 使持節・都督冀瀛相幽平州諸軍事・鎭東大將軍・冀州刺史❶・勃海郡❷開國公❸墓誌銘」延昌 3년(514) 歲次가 甲午에 있는 해 冬 10월 초하루가 丙子인 22일 丁酉.❹ 기주 발해군 條縣

---

3)『北史』卷80,「高肇傳」, "高肇 … 自云本勃海蓨人. 五世祖顧, 晉永嘉中, 避亂入高麗.";『全後魏文』卷57,〈濟靑相涼朔恒六州刺史高植墓志銘〉, 563쪽.

4)『魏書』卷106上,「地形志上」, "勃海郡漢高帝置, 世祖初改爲滄水郡, 太和二十一年復. 領縣四 … 脩 前漢・晉屬, 號脩, 後改."

5)『魏書』卷13,「孝文昭皇后高氏傳」, "孝文昭皇后高氏, … 父颺, 母蓋氏.";『魏書』卷83下,「高肇傳」, "北海王詳等奏: '颺宜贈左光祿大夫, 賜爵勃海公, 諡曰敬. 其妻蓋氏宜追封淸河郡君.' 詔可." 姚薇元은 蓋氏가 蓋樓氏를 고쳐 부른 것으로(『魏書』卷113,「官氏志」, "神元皇帝時, 餘部諸姓內入者 … 蓋樓氏, 後改爲蓋氏.") 羯胡의 하나라고 지적했다. 姚薇元,『北朝胡姓考(修訂本)』(北京: 中華書局, 2007), 164쪽.

6) 羅新・葉煒는 蓋와 袁의 모양이 비슷해 생긴 오류라고 보았다. 羅新・葉煒,『新出魏晉南北朝墓誌疏証』(北京: 中華書局, 2005), 74쪽.

崇仁鄕 孝義里 출신의 사지절·도독기영상유평주제군사·진동대장군·기주자사·발해군개국공이었던 高琨⁵은 字가 伯玉이고, 부인은 鉅鏕 출신의 □씨이며,⁶ 부 颺⁷은 左光祿大夫⁸·발해군개국공을 추증받았고, 모는 汝南郡⁹ 출신의 袁氏다.

## 【譯文註】

1. 기주자사[冀州刺史]: 『魏書』등의 사서에서 고곤이 기주자사에 출임했다는 기록은 찾을 수 없다. 추증받은 관직일 가능성이 크다. 『魏書』「高肇傳」은 "고조의 장형인 곤은 이른 나이에 죽었고, 都督五州諸軍事·鎭東大將軍·冀州刺史를 추증했다(肇長兄琨, 早卒. … 贈都督五州諸軍事·鎭東大將軍·冀州刺史)."고 기록했다.

2. 발해군[勃海郡]: 前漢 高帝 5년(前202)에 설치한 郡으로 渤海郡이라고도 한다. 치소는 지금의 河北省 滄州市 동남쪽이었다. 北魏 太武帝 시기에 滄水郡으로 고쳤다가 太和 21년(497), 다시 勃海郡으로 고쳤다. 이후 폐치를 반복했고 郡名 역시 滄州, 勃海郡, 棣州 등으로 바뀌었다.

3. 개국공[開國公]: 晉에서 처음 설치한 이래 유송, 남제, 양, 북위에 이르기까지 제1품의 관작이었다. 고곤의 관직에 관해서는 묘지와 사서의 내용이 대체로 일치한다. 다만 묘지에서는 그가 勃海郡開國公의 작위를 받았다고 했는데, 『魏書』「高肇傳」에서는 "[고조의 장형인] 그가 (부) 颺을 이어 勃海郡公에 봉해졌고, 都督五州諸軍事·鎭東大將軍·冀州刺史·勃海郡公을 추증했다."7)고 기록해 다소 차이는 있다.

---

7) 『魏書』卷83下, 「高肇傳」, "肇長兄琨, … 襲颺封勃海郡公, 贈都督五州諸軍事·鎭東大將軍·冀州刺史."

4 연창 3년(514) 세차가 갑오에 있는 해 동 10월 초하루가 병자인 22일 정유[延昌三年歲次甲午冬十月丙」子朔廿二日丁酉]: 延昌은 북위 宣武帝의 연호(512~515)로 묘지에서 언급한 '延昌 3년(514) 冬 10월 22일'은 고곤의 본전에서 선무제가 詔令을 내려 遷葬을 명령한 시기와도 일치한다.8) 고곤과 그의 부 高颺, 모 袁氏 모두 낙양천도 이전에 사망해 평성에 장사지냈다. 선무제는 조칙을 내려 [고곤의 동생인] 高肇에게 부형의 묘를 이장할 것을 명했으나 그는 직접 이장을 책임지지 않고 조카인 高猛을 代로 보내 鄕에 이장하게 했다. 결국은 발해군으로 이장하지는 못한 것으로 보인다.

5 고곤[高琨]: 『魏書』「高肇傳」에 따르면, 묘주인 그는 文昭皇太后의 兄인 高肇의 長兄으로 이른 나이에 죽었다. 그의 일가는 자신들을 발해 고씨라 했지만 그의 父 颺은 高祖 初, (高句麗에서) 동생 乘信 및 鄕人 韓內・冀富 등과 함께 입국해 厲威將軍・河間子에 제수되었다.9) 그의 동생인 高肇는 특히 선무제 때 권세를 누렸음에도 불구하고 夷土 출신이라 당시 명망가들에게 업신여김을 당했다.10) 그들은 고구려 출신일 가능성이 있다.11)

6 거록 출신의 □씨이며[鉅鹿□氏]: 鉅鹿은 秦代 설치한 郡으로 치소는 鉅鹿縣이다. 서진 때 鉅鹿國으로 고쳤다가 북위 때 다시 거록군으로 고쳤다. 북위 永安 연간(528~530), 거록군을 둘로 나누어 殷州(치소는 癭遙縣(지금의 寧晉 서남쪽)와 定州(치소는 曲陽縣(지금의 하북성 晉

---

8) 『魏書』卷83下,「高肇傳」, "(延昌)三年, 乃詔令遷葬. 肇不自臨赴, 唯遣其兄子猛改服詣代, 遷葬於鄕."
9) 『魏書』卷83下,「高肇傳」, "父颺, 高祖初, 與弟乘信及其鄕人韓內・冀富等入國, 拜厲威將軍・河間子."
10) 『北史』卷80,「高肇傳」, "肇出自夷土, 時望輕之."
11) 李凭,「北魏兩位高氏皇后族屬考」, 『中國史硏究』20期(2000), 50-51쪽; 苗威,「高肇家族的移民及其民族認同」, 『民族學刊』7期(2011), 1-2쪽.

縣 서쪽))에 편입시켰고 隋 初에 폐지했다. 고곤 부인의 성씨와 관련해 당시 鉅鹿 출신으로 북위에 입국한 자 중에 耿豪라는 인물이 있는데, 그의 선조는 劉曜와 石勒의 난을 피해 遼東에 살다가 燕 조정에 출사했고, 이후 북위에 귀의했다.12) 고곤의 외가가 경호 일가와 同族일 가능성도 있다.13)

**7** 부 양[父颺]: 고곤의 父인 高颺은 字가 法脩로, 효문제 때 동생 乘信 및 鄕人 韓內・冀富 등과 함께 입국해 厲威將軍・河間子에 봉해졌다. 그의 자녀에 관해서는 4子 3女, 5子 등 기록이 일치하지 않는데,14) 이는 高肇의 형인 高壽가 요절했기 때문으로 보인다.15) 고양의 작위는 장자인 고곤에게 세습되었고, 그의 작위는 또 다시 그의 아들 高孟에게 세습되었다.16)

**8** 좌광록대부[左光祿大夫]: 前漢 武帝 太初 원년(前104)에 설치한 관명. 처음에는 광록대부를 두었고 정 원은 없었다. 三國에서도 정원은 없고 3품이었다. 論議와 應對를 담당했으며 퇴직 관료나 조정의 顯職에 있는 사람에게 加官해 존중함을 표시했다. 晉에서는 左光祿大夫와 右光祿大夫로 구분했고 中二千石이었다. 晉 이후 南北朝時代까지는 대개 兼官이었다.

**9** 여남군[汝南]: 한대 설치한 郡으로 치소는 平輿縣(지금은 河南省)이었

---

12) 『周書』卷29,「耿豪傳」, "耿豪, 鉅鹿人也. 本名令貴. 其先避劉・石之亂, 居遼東, 因仕於燕. 曾祖超, 率衆歸魏."
13) 王銀田, 앞의 글, 68쪽.
14) 『魏書』「孝文昭皇后高氏傳」에서는 4子 3女라고 했고(『魏書』卷13,「孝文昭皇后高氏傳」, "孝文昭皇后高氏, 司徒公肇之妹也. 父颺, 母蓋氏, 凡四男三女, 皆生於東裔."), 『魏書』「高肇傳」에서는 5子를 두었다고 해 차이가 있다.
15) 『魏書』卷83下,「高肇傳」, "偃弟壽, 早卒. 壽弟即肇也."
16) 『魏書』卷83下,「高肇傳」, "肇長兄琨, 早卒. 襲颺封勃海郡公, … 詔其子猛嗣." 특히 고양의 딸 중 한 명은 효문제에게 시집갔는데 그녀가 바로 文昭皇后다. 그녀는 후에 宣武帝를 낳았다. 선무제는 즉위 이후 외삼촌인 高肇의 형제들을 徵召했고, 외조부인 颺이 사망한 후에는 左光祿大夫・勃海公을 추증했다.

다. 후한 이후 치소를 여러 차례 옮겼고 관할도 축소했다. 후한과 魏晉에서는 豫州에 속했다. 동진에서 치소를 懸瓠城(지금의 하남성 汝南縣)으로 옮겼고 劉宋에서는 이 곳에 司州를 僑置했다. 북위, 북제에서는 예주 관할이었다. 수 개황 초 폐지했다가 수 대업 연간 및 당 천보, 지덕 연간에는 蔡州와 豫州를 고쳐 다시 汝南郡이라 했다.

### 【참고문헌】

[北齊]魏收 撰, 『魏書』, 北京: 中華書局, 1997.
[唐]李延壽 撰, 『北史』, 北京: 中華書局, 1997.
[唐]令狐德棻 等撰, 『周書』, 北京: 中華書局, 1997.

羅新·葉煒, 『新出魏晉南北朝墓誌疏証』, 北京: 中華書局, 2005.
毛遠明校注, 『漢魏六朝碑刻校注 四冊』, 北京: 線裝書局, 2008.
韓理洲 等 輯校編年, 『全北魏東魏西魏文補遺』, 西安: 三秦, 2010.
梶山智史, 『北朝隋代墓誌所在總合目錄』, 東京: 汲古書院, 2013.

苗威, 「高肇家族的移民及其民族認同」, 『民族學刊』 7期, 2011.
姚薇元, 『北朝胡姓考(修訂本)』, 北京: 中華書局, 2007.
王銀田, 「元淑墓誌考釋 - 附北魏高琨墓誌小考」, 『文物』 8期, 1989.
李凭, 「北魏兩位高氏皇后族屬考」, 『中國史研究』 20期, 2000.

# 〈北魏神龜二年(519)文昭皇后高照容墓誌〉

## 〈북위 신구 2년(519) 문소황후 고조용 묘지〉

김성희

【解題】

①〈高照容墓誌〉,〈高照容陵誌〉,〈北魏文昭皇太后山陵誌銘幷序〉[1] ②北魏 孝明帝 神龜 2년(519) ③1946년 2월 4일 도굴, 그 해 12월 郭玉堂이 출토 지점에 대해 조사를 진행. 洛陽市 孟津縣 朝陽鄉 官莊村 동쪽으로 0.8km 떨어진 효문제의 長陵 북서쪽에 위치[2] ④洛陽市王城公園碑林 ⑤石 ⑥지석의 좌측은 파손, 길이 66cm, 너비 55cm, 두께 20cm. 원래는 1행 당 19자인데 현재 16행이 잔존[3] ⑦〈탁본사진〉『漢魏六朝碑刻校注 五冊』⑧없음 ⑨『漢魏南北朝墓誌彙編』;『新出魏晉南北朝墓誌疏證』;『漢魏六朝碑刻校注 五冊』;『全北魏東魏西魏文補遺』;『洛陽出土歷代墓志輯繩』28;『洛陽出土北魏墓誌選編』⑩북위 后妃의 묘지 중 하나로 낙양 北邙에 위치한 효문제의 長陵에 合葬되어 있어 이 시기 황실 귀족묘의 상황을 이해하는데 도움이 된다[4] ⑪河南省文化局文物工作隊,「洛陽北魏長陵遺址調查」,『考古』3期(1966); 李凭,「北魏兩位高氏皇后族屬考」,

『中國史硏究』20期(2000); 洛陽市第二文物工作隊, 「北魏孝文帝長陵的調査和鉆探 -洛陽邙山陵墓群考古調査與勘測項目工作報告」, 『文物』7期(2005); 苗威, 「高肇家族的移民及其民族認同」, 『民族學刊』7期(2011); 李凭, 「北魏孝文昭皇后高氏夢迹考實」, 『社會科學戰線』8期(2013); 苗霖霖, 「試析北魏孝文帝朝的四后之爭」, 『歷史學硏究』6期(2016).

【 解題註 】

1 梁鎭誠은 동진, 남조에서 황제나 황후, 태자빈 등을 대상으로 한 哀策이 지속적으로 작성되었던 정황과 다르게 북위에서는 황제나 황후를 대상으로 한 애책이 존재하지 않는다고 지적하면서 그러한 추정을 뒷받침하는 것이 바로 文昭皇太后의 墓誌라고 보았다.[1] 묘지의 제액은 애책이 아닌 誌銘, 즉 〈魏文昭皇太后山陵誌銘幷序〉인 것이다.

2 1946년 12월, 洛陽市 孟津縣 朝陽鄕 官莊村 부근에서 크기가 다른 2기의 토총이 발굴되는데, 두 토총 사이의 거리는 약 103m다. 북위의 척도로 환산하면 367.9尺 정도가 된다. 1步를 6척으로 계산하면 약 61.3보가 되어 『魏書』「孝文昭皇后高氏傳」에서 "장릉에서 서북쪽으로 60보 떨어져 있다."고 기록한 내용과 거의 일치한다.[2] 문소황후의 지석은 그 중 크기가 작은 小冢에서 발견되었다. 2기의 토총 중

---

1) 梁鎭誠, 「梁代 奉勅撰墓誌를 통해 본 墓誌銘의 定型化」, 『中國史硏究』105(2016), 44-45쪽.
2) 長陵을 포함해 北邙 일대에서는 23기의 元氏 묘지가 발견되었는데, 대체로 장릉을 중심으로 서북, 북, 동남 방향에 분포해 있다. 河南省文化局文物工作隊, 「洛陽北魏長陵遺址調査」, 『考古』3期(1966), 156쪽.

크기가 큰 것은 상대적으로 동남쪽에 위치했고 길이 35m, 너비 45m 다. 작은 것은 상대적으로 서북쪽에 위치했으며, 길이 23m, 너비 35m 다.

3 『洛陽出土北魏墓誌選編』에는 길이가 59.5cm, 너비가 49.5cm로 되어 있다.3)

4 묘지의 구성은 다음과 같다. ❶지액 ❷묘주 성명, 본적 ❸묘주의 배우자, 가계 등 가족 관계 ❹묘주의 생애 ❺이장일, 묘장 위치 ❻각석 의도, 기타의 순이다.

【釋文】

「魏 文昭皇太后山陵誌銘幷序」皇太后高氏, 諱照容, 冀州 勃海 條人. 高祖 孝文」❶皇帝之貴人, 世宗 宣武皇帝之母也. 遙源綿緖, □」方載史册, 豈寄略陳. 弱稟淵懿之靈, 夙體疎通之□」俗, 機明入神. 幼處素閑, 庶族仰德, 爰接帝幄. 椒女」❷樞之靈, 邁慶都之感. 是以延寵❸高祖, 誕載□□」, 母養萬國. 曾未龍飛, 遄棄萬壽, 以太和廿年□□」四更時, 薨乎洛宮. 悼軫❹皇闈, 慕切儲禁. □□□」武皇係運, 迺追尊曰❺皇太后. 時以軍國□□, □」飾舊塋, 兩紀于玆. 皇上追先帝之遺□□□□」逸, 粵筮三龜, 協從吉兆, 以神龜二年□□□□□」祔❻高祖 長陵之右. 天長地永, 大□□□□□□」□迺□□□鐫, 其銘曰」□□□□□□有憑於爍❼我□□□□□□」□□□□□□□□母則□□❽□□□□□□□□□」

---

3) 洛陽市文物局, 『洛陽出土北魏墓誌選編』(北京: 科學, 2001), 49쪽.

## 【釋文註】

1. '文'字와 '皇'字 사이 한 칸을 비워두고 각석했다. 이런 경우를 '平闕'이라 부르는데 그 중 여기서 사용된 방식은 글자를 비워두고 쓰는 闕字다. 공문서를 작성할 때 정치권력과 종교적 권위에 대해 서식에서 경의를 나타내는 방법을 규정한 것으로, 여기서는 孝文帝에 대한 경의를 표시한 것이다.

2. 문맥상 전설상의 제왕인 顓頊의 생모인 女樞로 추독해 女로 적었다.

3. '寵'字와 '高'字 사이 한 칸을 비워두고 각석했다. 효문제에 대한 경의를 표시한 闕字다.

4. '軫'字와 '皇'字 사이 한 칸을 비워두고 각석했다. 황제에 대한 경의를 표시한 闕字다.

5. '日'字와 '皇'字 사이 한 칸을 비워두고 각석했다. 황제에 대한 경의를 표시한 闕字다.

6. '祔'字와 '高'字 사이 한 칸을 비워두고 각석했다. 효문제에 대한 경의를 표시한 闕字다.

7. '광채가 번뜩이다, 빛나다'라는 뜻으로 보고 燦으로 추독했다.

8. 母가 문소황후의 어머니를 말한다고 하면, 正史에서는 그녀의 어머니를 蓋氏로 적었고,[4] 황후의 장형인 고곤의 묘지에서는 汝南 元氏로 적었다. 羅新·葉煒은 蓋와 袁의 모양이 비슷해 생긴 오류일 가능성을 제기했다.[5]

---

4) 『魏書』卷13,「孝文昭皇后高氏傳」, "孝文昭皇后高氏, 司徒公肇之妹也. 父颺, 母蓋氏, 凡四男三女, 皆生於東裔."
5) 羅新·葉煒,『新出魏晉南北朝墓誌疏証』(北京: 中華書局, 2005), 74쪽.

## 【譯文】

魏文昭皇太后[1]山陵[2]誌銘 및 序

皇太后 高氏는 휘는 照容이고 冀州 勃海郡 條縣 사람이다. 高祖 孝文皇帝[3]의 貴人[4]이고 世宗 宣武皇帝[5]의 어머니다. 아득히 먼 근원과 이어지는 실타래가 바야흐로 史冊에 실려 있으니 대개 [이에] 의지해 간략하게 기술하겠다. [문소황후는] 어려서부터 매우 깊고 훌륭한 영혼을 [물려] 받았고 일찍이 지혜롭고 활달한 습속을 체득해 총명함이 영묘한 경지에 이르렀다. 어려서는 평범한 가정에서 자랐고[6] 庶族이 되어서는 [주위에서] 덕을 우러러 보아[7] 이에 황궁에서 황제를 영접했다. 女樞의 영험을 후궁에 풍기고[8] 慶都의 감응을 뛰어넘었다.[9] 이로써 오래도록 고조의 총애를 얻어[10] □□을 낳고[11] 온 천하[의 백성들]을 정성껏 기르고 가르쳤다.[12] 일찍이 [아들이] 즉위하기 전에[13] 萬壽를 다하지 못해[14] 태화 20년(496) □□ 四更에 낙양궁에서 사망했다.[15] 황실은 슬퍼했고, 태자는 절절하게 그리워했다.[16] □□□선무제가 황위를 이어받고 곧 추존하여 이르기를 황태후라 했다.[17] 이 때 군국이 □□하여 [문소황후의] 옛 무덤을 [새로] 단장한 것이 [태화 20년에서] 지금에 이르러 兩紀 [즉 24년]이다.[18] 황상은 선제의 유□를 따라[19] □□□邀하고, 서법[筮]과 삼귀법[三龜]으로 [祔葬이 길한 지] 점을 치게 하고[20] [점괘가] 吉兆에 화합하니 [이에] 따라[21] 神龜 2년 □□□□□ 고조의 長陵 오른 편에 합장했다.[22] 하늘이 유구하고 땅이 영원하며 크게 □□□□□□. 이에 … 새기고 그 銘에서 이르기를 … □□□□□□有凭於鑠我□□… □□어머니는 □□ □□… □□.

墓誌 묘지 283

## 【譯文註】

**1** 문소황태후[文昭皇太后]: 북위 효문제의 后妃로 황흥 4년(470) 출생했다. 선무제 시기 전권을 행사했던 司徒 高肇가 그녀의 長兄이다. 그녀는 태화 6년(482)을 전후해 13세의 나이로 북위 조정에 들어왔다. 슬하에 宣武帝, 廣平王懷, 長樂公主 등을 두었고, 태화 20년(496) 사망했다. 시호는 文昭貴人이고, 태화 23년(499), 선무제 즉위 이후 文昭皇太后로 추존되었다.

**2** 산릉[山陵]: 제왕이나 황후의 능6)을 지칭한다.

**3** 효문황제[孝文皇帝]: 북위의 孝文帝(재위 471~499)를 지칭한다. 효문제는 獻文帝의 장자로 이름은 宏이다. 황흥 5년(471) 즉위해 延興으로 개원했다. 즉위 당시 年幼해 文明太后가 두 차례에 걸쳐 임조칭제를 했다. 태화 8년(485) 均田制, 이듬해 三長制를 시행했고, 태화 14년(490) 문명태후 사망 이후 親政을 시작했다. 태화 17년 낙양천도를 단행했고 이후 한화개혁을 실시했다. 태화 23년 南齊 親征 후 還軍 도중에 病死했다. 廟號는 高祖다.

**4** 귀인[貴人]: 후한 광무제 때 설치한 女官의 하나. 황후 다음의 지위에 해당한다.7) 묘주인 문소황후는 효문제와의 사이에 2남 1녀를 낳았지만 생전에는 貴人의 봉호를 받지 못하다가 사후에 文昭貴人을 추증받았다.8)

**5** 선무황제[宣武皇帝]: 효문제의 次子로 이름은 恪이다. 태화 7년(483) 출

---

6) [北魏]酈道元 注·楊守敬等 疏, 『水經注疏』 卷19(南京: 江蘇古籍, 1999), 「渭水下」, "秦名天子冢曰山, 漢曰陵, 故通曰山陵矣." 本朝의 先帝를 이르는 말로도 쓰인다. 『後漢書』 卷43, 「樂恢傳」, "今陛下思慕山陵, 未遑政事."

7) 『後漢書』 卷10上, 「皇后紀序」, "及光武中興, 斲彫爲朴, 六宮稱號, 唯皇后·貴人. 貴人金印紫綬, 奉不過粟數十斛."

8) 李凭은 문명태후 및 그의 일가의 시기심과 견제, 그리고 문소황후의 집안이 寒微했기 때문으로 보았다. 李凭, 「北魏孝文昭皇后高氏夢迹考實」, 『社會科學戰線』 8期(2013), 227쪽.

생했고, 장자인 임씨 소생의 元恂이 태화 20년(496) 12월 폐위된 후 이 듬해 정월 황태자가 되었다. 태화 23년 하4월 16세의 나이로 즉위할 당시 咸陽王禧, 王肅 등 6명이 輔政했다. 경명 2년(501) 親政을 시작하면서 종실을 배제하고 외척인 高肇를 중용했다. 재위 동안 조정의 기강이 해이해지고 불교가 유례없이 번성해 法慶 등이 기의를 주도하기도 했다. 연창 4년(515) 사망했다. 廟號는 世宗이다. 재위 기간은 499~515년이다.

6 어려서는 평범한 가정에서 자랐고[幼處素閒]: 고구려 출신인 문소황후 일가에 대해 설명한 것으로 보인다. 특히 毛遠明은 素閒을 '평범한 일반 寒素 가정'으로 보았다.9) 이와 관련해『魏書』「孝文昭皇后高氏傳」을 보면 "父는 [高]颺이고, 母는 蓋氏이며, 무릇 [슬하에] 4남 3녀인데, 모두 東裔에서 태어났다(父颺, 母蓋氏, 凡四男三女, 皆生於東裔)."고 했다. [그녀의 형인] 高肇의 본전에서도 그를 夷土 출신이라고 했다.10)

7 서족이 되어서는 주위에서 덕을 우러러 보아[庶族仰德]: 문소황후는 13세의 나이로 문명태후에 의해 입궁해 슬하에 2남 1녀를 두는 등 효문제의 총애를 얻었다. 그녀의 아버지 고양은 태화 연간(477~499) 고구려에서 북위에 입국해 厲威將軍·河間子에 봉해졌다. 그녀의 집안은 특히 5代祖인 高顧가 晉 永嘉 연간(307~313), 난을 피해 고구려에 입국한 夷土 출신이라 북위 입국 후에도 당시 명망가들이 그들을 업신여겼다.11) 결국 庶族은 고구려 출신인 그들의 북위 조정에서의 정치적 위치를 의미하는 것으로 볼 수 있다.

8 여추의 영험을 후궁에 풍기고[椒女樞之靈]: 女樞는 五帝의 한 명인 顓頊의 母이다. 여추는 밝은 빛이 무지개처럼 달을 꿰뚫고 환해지는 것을

---

9) 毛遠明校注,『漢魏六朝碑刻校注 五冊』(北京: 線裝書局, 2008), 43쪽.
10)『北史』卷80,「高肇傳」, "高肇 … 自云本勃海蓨人. … 肇出自夷土."
11)『北史』卷80,「高肇傳」, "高肇 … 自云本勃海蓨人. … 肇出自夷土, 時望輕之."

보고 感應해 전욱을 낳았다.12) 여기서는 뒷 구절과의 對句를 감안해 묘주인 문소황후의 풍모가 여추의 영험처럼 후궁에 퍼졌다는 정도로 해석할 수 있겠다.

⑨ 경도의 감응을 뛰어넘었다[邁慶都之感]: 慶都는 帝堯의 어머니이자 帝嚳의 부인이다. 여기서는 요임금의 母인 경도의 감응과 요임금의 비범한 출생을 문소황후와 宣武帝의 그것과 관련시키려 한 것으로 보인다.13) 문소황후 역시 어릴 적에 해가 그녀를 계속해서 쫓아다니며 밝게 비추어 평상 아래로 숨는 꿈을 꾼 적이 있다. 그녀의 이러한 꿈 내용을 들은 요동 사람 閔宗은 해가 君人의 德과 帝王의 象을 상징하는 것으로, 그녀가 장차 人君의 象을 지닌 사내아이를 낳을 것이라고 하였다. 그 사내아이가 바로 선무제였다.14)

⑩ 이로써 오래도록 고조의 총애를 얻어[是以延寵高祖]: 문소황후는 태화 6년(482)을 전후해 13세의 나이로 입궁해 태화 7년(483), 12년(488), 13년(489)에 각각 선무제, 광평왕회, 그리고 장락공주를 출산하고 태화 20년(496)에 사망했다. 이러한 정황을 의미하는 것으로 보았다.

---

12) [後漢]鄭玄 注 · [唐]賈公彦 疏, 『周禮正義』(北京: 北京大, 1999), 「兼義繫辭下」, "顓頊高陽氏, 黃帝之孫昌意之子, 母曰昌僕, 蜀山氏之女爲昌意正妃, 謂之女樞. 瑤光之星貫月如虹感. 女樞於幽房之宮, 生顓頊於弱水. 在位七十八年而崩."
13) 경도의 감응과 요임금의 비범한 출생은 다음과 같다. 경도는 결혼 후에 부모와 함께 작은 배를 타고 유람을 나왔다가 黃雲이 몰려오면서 회오리바람을 일으키고 그 속에서 赤龍의 형상이 나타나는 상황을 만나 적룡과 결합했고, 14개월 만에 堯를 낳았다. 경도가 적룡과 결합한 후 그림이 남겨져 있었는데 붉은색으로 인물이 그려져 있고 하늘이 도울 것이라는 글귀가 있었다. 그림 속 인물은 요임금의 모습과 똑같았다. 요임금은 원래 제곡의 다섯 아들 중 넷째였는데, 장자인 摯가 측근을 중용하고 향락을 일삼자 백성들이 그를 배반했고 자연재해도 빈발했다. 요는 13세에 陶에 책봉된 후 지를 대신해 즉위했다.
14) 『魏書』卷13, 「孝文昭皇后高氏傳」, "初, 后幼曾夢在堂內立, 而日光自窗中照之, 灼灼而熱, 后東西避之, 光猶斜照不已. … 颺以問遼東人閔宗. 宗曰: '夫日者, 君人之德, 帝王之象也.' … 昔有夢月入懷, 猶生天子, 況日照之徵. 此女必將被帝命, 誕育人君之象也.' 遂生世宗."

**1-1** □□을 낳고[誕載□□]: 誕載의 사전적 의미는 '태어나다, 탄생하다'인데, 여기서 '□□을 낳고'로 추독했다.

**1-2** 온 천하의 백성들을 정성껏 기르고 가르쳤다[母養萬國]: 萬國을 온 천하, 모든 나라로 이해해 [문소황후가] 온 천하의 백성들을 정성껏 기르고 가르친 자애로운 어머니였다는 의미로 보았다.

**1-3** 일찍이 아들이 즉위하기 전에[曾未龍飛]: 龍飛는 '제왕이 흥기하거나 즉위함'을 일컫는 말인데,15) 여기서는 문소황후 생전에 선무제가 제위에 오르지 못했던 정황으로 보았다. 이와 관련해 『魏書』「世宗紀」에서는 世宗 宣武皇帝의 母인 그녀를 단지 高夫人으로 칭했다.

**1-4** 만수를 다하지 못해[遄棄萬壽]: 문소황후는 13세의 나이로 태화 6년(482)을 전후해 입궁해 태화 20년(496) 사망했다. 사서의 기록대로라면, 27세 정도에 사망한 것인데 이러한 정황을 의미하는 것으로 보인다.16) 문명태후는 자신의 일족인 馮熙의 두 딸을 1차로 태화 12~13년에 입궁시켰고, 선무제와 같은 해에 태어난 장자 恂이 죽은 것은 그녀가 사망한 태화 20년의 일이다. 순의 친모인 林氏는 태화 7년 자귀모사 제도에 의해 죽임을 당했다. 이러한 일련의 과정은 馮氏 일족이 문소황후를 견제하기 위한 것이었을 가능성이 있다.17) 태화 20년 7월과 21년 7월에는 풍희의 두 딸인 폐황후 풍씨와 유황후가 황후에 책봉된다. 그녀의 죽음은 이러한 정황과 무관하지 않다.

---

15) 龍飛와 관련해 『易』「乾」에 이르기를, "나는 용이 하늘에 있으니 이는 자연의 모습과 같다(飛龍在天此自然之象猶)"고 했고, 이에 대해 孔穎達은 "만약 聖人이 龍德이 있으면 날아올라서 天位를 차지하게 된다(若聖人有龍德 飛騰而居天位)"고 주해했다.

16) 그녀의 죽음에 대해 『魏書』 卷13, 「孝文昭皇后高氏傳」에서는 다음과 같이 전한다. "[馮熙의 딸인]馮昭儀가 효문제의 총애를 얻어 은밀히 세종 선무제를 양육하려는 뜻이 있자 后가 몸소 代로부터 洛陽으로 가다가 [司州 관할인] 汲郡의 共縣에서 갑자기 죽었는데, 혹자는 소의가 사람을 보내 后를 죽였다고 말했다("及馮昭儀寵盛, 密有母養世宗之意, 后自代如洛陽, 暴薨於汲郡之共縣, 或云昭儀遣人賊后也.")."

17) 苗霖霖,「試析北魏孝文帝朝的四后之爭」,『歷史學硏究』6期(2016), 152쪽.

**15** 태화 20년(496)□□ 사경에 낙양궁에서 사망했다[以太和廿年□□四更時, 薨于洛宮]: 『魏書』「孝文昭皇后高氏傳」에서는 그녀가 代에서 낙양으로 가다가 汲郡의 共縣에서 갑자기 죽었다고 해 묘지의 기록과는 다소 차이가 있다.

**16** 황실은 슬퍼했고, 태자는 절절하게 그리워했다[悼軫皇闈, 慕切儲禁]: 皇闈는 '황궁의 문' 또는 '황궁'을 지칭하는데[18] 여기서는 皇室로 보았다. 儲禁은 '황위를 계승할 태자'로 해석했다. 儲宮이나 儲闈가 '태자가 사는 궁' 혹은 '태자'를 지칭하기 때문이다.[19] 이 부분은 문소황후의 죽음과 관련해 친모를 잃은 선무제와 황실 전체의 슬픔을 표현할 것으로 이해했다.

**17** □□□선무제가 황위를 이어받고 곧 추존하여 이르기를 황태후라 했다[□□□武皇係運, 迺追尊曰皇太后]: 武皇은 문소황후의 장자인 선무제를 지칭하는 것으로 보았다.[20] 『魏書』「世宗紀」에 따르면, 선무제는 태화 23년 하4월 丁巳에 魯陽에서 즉위했고, 같은 해 6월 戊辰에 皇妣를 추존해 문소황후라 했다.[21]

**18** 이 때 군국이 □□하여 문소황후의 옛 무덤을 새로 단장한 것이 태화 20년에서 지금에 이르러 양기 즉 24년이다[時以軍國□□, □飾舊塋, 兩紀于茲]: 문소황후가 태화 20년(496) 사망하자 효문제는 장릉의 동남

---

18) 『宋書』卷20, 「樂志二」, "震義載燿, 萬物咸覩. 嘉慶三朝, 禮樂備擧. 正元肇始, 典章暉明. 萬方畢來賀, 華裔充皇庭. 多士盈九位, 俯仰觀玉聲. 恂恂俯仰, 載爛其輝. 鼓鍾震天區, 禮容塞皇闈. 思樂窮休慶, 福履同所歸."
19) 『舊唐書』卷111, 「房琯傳」, "又與前國子祭酒劉秩・前京兆少尹嚴武等潛爲交結, 輕肆言談, 有朋黨不公之名, 違臣子奉上之體. 何以儀刑王國, 訓導儲闈."
20) 武皇의 사전적 의미는 크게 두 가지이다. ①漢 武帝를 이르는 말로 무제가 무력을 남용한 데에서 붙여진 호칭이다. 후에 무력 사용을 좋아하는 황제를 지칭하는 말로 쓰였다(『漢書』卷6, 「武帝紀」, "孝武皇帝, 荀悅曰:'諱徹之字曰通.' 應劭曰: '禮諡法『威强叡德曰武.'"). ②시호가 武人 황제를 지칭하는 말로도 쓰였다.
21) 『魏書』卷7, 「世宗紀」, "(太和)二十三年夏四月丁巳, 即皇帝位于魯陽, 大赦天下. 戊辰, 追尊皇妣曰文昭皇后."

쪽에 장사지냈는데 墓制가 낮고 좁아 山陵을 세워 終寧陵이라 칭했고, 孝明帝는 신구 2년(519) 장릉에서 서북쪽으로 60보 떨어진 곳으로 移葬했다. 여기서는 紀를 12년으로 간주해[22] 문소황후의 사망 이후 대략 24년 정도의 시간차를 두고 이장 작업이 진행된 것으로 보았다.

**19** 황상은 선제의 유□를 따라[皇上追先帝之遺□]: 皇上은 재위하고 있는 황제를 말하므로 여기서는 孝明帝(재위 515~528)를 지칭한다. 그의 이름은 詡이고 선무제의 次子다. 연창 4년(515) 6세의 나이로 즉위해 高陽王雍 등이 輔政했고 모인 胡太后가 임조청정을 했다. 정광 원년(520), 시중 元叉가 호태후를 대신해 전권을 행사했으나 효창 원년(525), 호태후와 원옹 등이 원차를 주살하고 다시 임조청정을 했다. 그는 호태후의 전권 행사에 불만을 품고 武泰 원년(528), 爾朱榮을 불러 들여 태후를 위협했으나 결국 독살당했다.

**20** 서법과 삼귀법으로 부장이 길한 지 점을 치게 하고[粵筮三龜]: 筮는 蓍草, 즉 '가새풀로 점을 치는 것'을 말하는데, 筮에서 사용하는 점대를 筮竹이라 하며 줄여서 筮라고 한다. 여기서는 장릉에 합장하는 것과 관련해 시초점을 쳤다는 의미다. 三龜는 거북을 이용해 그 길흉을 종합해 판단하는 것을 말한다.[23]

**21** 점괘가 길조에 화합하니 이에 따라[協從吉兆]: 점을 쳐서 祔葬이 길한지를 따져 보니 길하다는 의미다. 길조와 관련해서는 문소황후의 묘를 移葬하기 위해 終寧陵을 개장했을 때, 머리에 王字가 있는 흑색 뱀이 관 위에 있었는데 숨어서 [묘 밖으로 나오지도 않고] 움직이지도 않았다.[24] 여기서는 이 상황을 의미하는 것으로 보인다.

---

22) 『書』, 「畢命」, "旣歷三紀〈孔氏傳〉十二年日紀."
23) 『書』, 「金縢」, "乃卜三龜. 一習吉. 啟籥見書. 乃并是吉卜." 특히 점을 치는 세 가지 방법, 즉 玉兆, 瓦兆, 原兆의 三兆를 말하기도 한다(『周禮』, 「大卜」, "大卜掌三兆之灋. 一日玉兆. 二日瓦兆. 三日原兆.").
24) 『魏書』 卷13, 「孝文昭皇后高氏傳」, "初開終寧陵數丈, 於梓宮上獲大蛇長丈餘, 黑色, 頭

**22** 신구 2년 □□□□□ 고조의 장릉 오른 편에 합장했다[以神龜二年 □□□□祔高祖長陵之右]: 長陵은 洛陽市 孟津縣 朝陽鄕 官莊村에 위치해 있는 북위 효문제의 陵이다. 『魏書』「孝文昭皇后高氏傳」에 따르면, 문소황후가 태화 20년(496) 사망하자 장릉의 동남쪽에 장사지냈는데 墓制가 낮고 좁아 山陵을 세워 終寧陵이라 칭했다. 孝明帝가 신구 2년(519) 춘정월 정해에 장릉에서 서북쪽으로 60보 떨어진 곳으로 移葬했다.

【참고문헌】

[晉]范曄 撰,『後漢書』, 北京: 中華書局, 1997.
[梁]沈約 撰,『宋書』, 北京: 中華書局, 1997.
[北齊]魏收 撰,『魏書』, 北京: 中華書局, 1997.
[唐]李延壽 撰,『北史』, 北京: 中華書局, 1997.
[後晉]劉昫 等 撰,『舊唐書』, 北京: 中華書局, 1997.

[後漢]鄭玄 注·[唐]賈公彦 疏,『周禮正義』, 北京: 北京大, 1999.
[北魏]酈道元 注·[淸]楊守敬·熊會貞 疏,『水經注疏』, 南京: 江蘇古籍, 1989.

羅新·葉煒,『新出魏晉南北朝墓誌疏証』, 北京: 中華書局, 2005.
洛陽市文物工作隊,『洛陽出土歷代墓誌輯繩』, 北京: 中國社會科學, 1991.
洛陽市文物局,『洛陽出土北魏墓誌選編』, 北京: 科學, 2001.
毛遠明校注,『漢魏六朝碑刻校注 五冊』, 北京: 線裝書局, 2008.
趙超,『漢魏南北朝墓誌彙編』, 天津: 天津古籍, 1992.
韓理洲 等 輯校編年,『全北魏東魏西魏文補遺』, 西安: 三秦, 2010.
梶山智史,『北朝隋代墓誌所在總合目錄』, 東京: 汲古書院, 2013.

洛陽市第二文物工作隊,「北魏孝文帝長陵的調査和鉆探-洛陽邙山陵墓群考古調査與勘測項目工作報告」,『文物』7期, 2005.
苗霖霖,「試析北魏孝文帝朝的四后之爭」,『歷史學硏究』6期, 2016.

---

有'王'字, 蟄而不動. 靈櫬既遷, 置蛇舊處."

苗威, 「高肇家族的移民及其民族認同」, 『民族學刊』 7期, 2011.
姚薇元, 『北朝胡姓考(修訂本)』, 北京: 中華書局, 2007.
李凭, 「北魏兩位高氏皇后族屬考」, 『中國史研究』 20期, 2000.
李凭, 「北魏孝文昭皇后高氏夢迹考實」, 『社會科學戰線』 8期, 2013.
河南省文化局文物工作隊, 「洛陽北魏長陵遺址調査」, 『考古』 3期, 1966.

# 〈北魏劉賢墓誌〉[1)]

〈북위 유현 묘지〉

홍승현

【解題】

①〈劉戌主之墓誌〉,〈劉賢墓誌〉,〈北魏劉賢墓誌〉,〈朝陽劉賢墓誌〉,〈朝陽劉賢墓誌銘〉 ②연대 미상. 墓主의 卒年卒日 및 葬禮日, 刻石 시기가 기록되어 있지 않다. 그러나 중국학계에서는 대체로 孝文帝 洛陽 遷都(493) 이전으로 각석 시기를 추정하고 있는데, [1]「北魏劉賢墓誌」, 『遼寧省志: 文物志』, 『遼寧碑誌』에서는 452-465년으로 특정하고 있다 [2] ③1965년 10월 朝陽城 北西쪽 上臺村에서 출토. 1965년 9월 조양성 북서쪽 상대촌에서 磚室墓가 발견되었고, 10월에 행해진 정리 작업 중에 碑形의 墓誌를 발견하였다 ④ 遼寧省博物館 ⑤靑石 ⑥小型碑 형태. 圓首形. 길이 103cm, 너비 30.4cm, 두께 12cm. 앞·뒤 각 6行, 좌·우 3행. 앞·뒤·좌 매 행 11字, 우 매 행 9-10자. 총 194자 ⑦〈탁본사진〉「北魏劉賢墓誌」; 『北魏墓誌二十品』; 『遼寧省博物館藏墓誌精粹』; 『漢魏六朝碑刻校注 第七册』〈실물사진〉「北魏劉賢墓誌」 ⑧없음 ⑨「北魏劉賢墓誌」; 『遼寧省博物館藏墓誌精粹』; 『遼寧省志: 文物志』; 『遼寧碑誌』; 『漢魏六朝碑刻

校注 第七冊』;『全北魏東魏西魏文補遺』;「遼寧出土≪劉賢墓誌≫入窆年代獻疑」⑩洛陽 遷都 전 北魏 묘지가 완성되었다는 주장의 근거로 거론되는 묘지다.❸ 특히 窪添慶文은 〈劉賢墓誌〉가 〈劉宋大明八年(464)劉懷民墓誌〉의 영향을 받은 것으로 파악하였다.❹ 그러나 최근 王力春은 誌文에 등장하는 '臨泉郡'이 隋代 처음 설치되었다는 점과 墓主 유현의 아들 劉多興이 進士가 되었다는 기록 또한 隋 大業 연간에야 가능하다는 점을 들어 수대 제작된 것으로 파악하였다 ⑪曹汛,「北魏劉賢墓誌」,『考古』1984-7; 王力春,「遼寧出土≪劉賢墓誌≫入窆年代獻疑」,『蘭臺世界』2012-6.

---

1) 제작 연대가 기록되지 않은 〈劉賢墓誌〉는 많은 연구자들에 의해 北魏 시기, 그 중에서도 북위 초기의 것으로 比定되었다. 誌文 중에 '魏太武皇'라는 諡號가 기술되었다는 것이 그 이유다. 따라서 연구자들은 이 묘지를 太武帝 사후에 제작된 것으로 파악하였다. 문제는 제작 연대의 하한이라고 할 수 있는데, 최초 보고자인 趙汛은 文成帝가 사망한 和平 6년(465)을 하한으로 추정하였다. 그에 따르면 冀陽郡이 폐지되는 것이 太平眞君 8년(447)이므로 劉賢이 郡의 中正이 되었다면 447년 이전이 되고, 歿主는 그 이후에 된 것이다. 또한 그는 유현이 수주가 되어 재직한 시기가 길지 않을 것으로 추정하며, 이 묘지가 문성제 시기에 제작되었을 것이라 하였다. 그러나 이상의 주장을 뒷받침할 근거는 없는 상태다. 물론 그의 주장처럼 墓室의 형식이나 墓誌의 형식이 晉代風이라는 점은 이 묘지를 북위 초기 묘지로 추정할 수 있는 근거가 될 수 있겠으나 시기를 특정하는 것은 무리일 것이다. 紀年이 기술되지 않은 석각 자료의 연대를 비정할 경우 행정 구역의 置廢를 근거로 삼는 경우가 있다. 이 묘지 역시 冀陽郡과 臨泉郡이라는 행정 구역명이 등장하여 묘지 제작 연대를 비정하는 데 단서를 주고 있다. 墓主인 유현이 中正이 된 기양군은 태평진군 8년(447)에 昌黎郡과 합쳤다가 東魏 孝靜帝 武定 5년(547)에 다시 復置되는 郡이다. 따라서 유현이 기양군의 중정이 될 수 있는 시간은 태평진군 8년 이전이거나 무정 5년 이후여야 한다. 태무제가 452년 3월에 사망하기에 유현이 태평진군 8년 이전에 기양군 중정이 되었다고 추정하는 것에는 아무 무리가 없다. 그런데 마찬가지로 547년 이후 기양군이 復置되기 때문에 무정 5년 이후 중정이 되었다는 추정에도 무리는 없다. 혹 正始 원년(504)과 正光 원년(520) 각각 郡中正과 州中正이 폐지된 것을 근거로 유현이 중정이 된 시기를 태평진군 8년 이전으로 보고자 할 수도 있겠다. 그러나『魏書』및『通典』기사에 따르면 북위 멸망 전에 중정이 復治되었고(正光元年, … 十二月, 罷諸州中正, 郡縣定姓族, 後復), 北齊 시

기에도 지속적으로 중정이 설치되어(北齊選擧, 多沿後魏之制, 凡州縣皆置中正) 무정 5년 이후 유현이 기양군의 중정으로 재임할 수 있는 가능성은 충분하다. 요컨대 기양군의 경우 묘지의 기년을 추정하는 데 특별한 의미를 갖지 못한다. 이와 달리 임천현의 경우 사정이 좀 다르다. 우선 임천현은 살펴본 것처럼 북위 시기 설치된 적이 없다는 문제가 있다. 임천현이 처음 설치되는 상황을 전하는 최초의 기사는 『隋書』 「地理志」로 북제 시기에 설치한 蔚汾縣을 隋 大業 4년(605) 임천현으로 이름을 바꿨다고 한다. 이와 관련해서 「煬帝紀」 대업 4년조 기사에서도 "여름 4월 丙午日, 離石의 汾源·臨泉과 雁門의 秀容으로 樓煩郡을 삼았다(夏四月丙午, 以離石之汾源·臨泉, 雁門之秀容, 爲樓煩郡)."는 내용이 있어 임천현이 대업 4년 누번군의 屬縣이 되었음을 재확인할 수 있다. 수의 임천군은 『舊唐書』와 『新唐書』에 따르면 武德 연간에 臨津으로 이름이 바뀌고 貞觀 원년(627) 다시 이름이 合河로 변경되었다. 한편 唐朝는 종래 수나라의 太和縣을 臨泉縣으로 고쳐 北和州에 속하게 하였다가 정관 3년 북화주를 없애면서 石州에 속하게 한다. 사서에서는 이외에도 唐代 존재했던 또 다른 임천현을 확인할 수 있다. 바로 叢州에 소속되어 있던 임천현으로 정관 3년에 임천현 외에 寧遠縣, 臨河縣으로 총주를 설치하였다. 이 총주는 黨項 즉, 탕구트가 귀부함으로써 설치한 것으로 羈縻州다. 劍南道 松州都督府에 속하였다. 이상과 같이 사서에서 임천현은 대업 4년이 되어야 비로소 확인할 수 있다. 물론 임천현의 치폐만으로 이 묘지가 북위 이후 묘지라고 주장하는 것은 어려울 것이다. 그러나 묘지 안의 몇 몇 기술은 이 묘지를 북위 묘지로 보기 힘들게 한다. 예를 들어 '六番'에 대해 좀 더 살펴보자. 육번은 사전적으로는 夷狄을 통칭하는 용어로, 특별히 『漢語大詞典』과 『漢韓大辭典』은 당대 북방 소수 민족의 총칭으로 해석하고 있다. 실제로 사서 안에서 南北朝 시기 이전 육번이란 용어는 출현하지 않는다. 대신 『舊唐書』와 『新唐書』에서 安祿山과 史思明에 대해 "육번의 말을 이해하여 互市牙郞이 되었다." "육번어에 정통하여 互市郞이 되었다." "또 육번어를 이해하여 안록산과 같이 호시랑이 되었다." "육번의 뜻에 정통하여 역시 호시랑이 되었다." 등의 표현이 등장한다. 또한 『新五代史』에는 "四夷의 말에 능하였고 육번의 문자에 정통하였다."는 구절이 있어 시기적으로는 당대 이후 사용되었음을 알 수 있다. 이 석각이 대부분 연구자들의 주장처럼 북위 초기 석각이라면 南北朝 시기 '육번'이란 용어가 처음 등장하는 사례라 할 수 있을 것이지만, 가능성은 적어 보인다. 한편, 유현이 지냈던 관직 중 '東面都督'은 현재 사서에서는 발견할 수 없다. 북위 시기 '都督諸軍事' 외에 '~都督'이라는 관직명이 다수 보여 도독직의 분화가 확인된다. 그 사례를 보면 '西(東·北)道都督(480년, 『魏書』에 처음 등장하는 연도. 이하 동일)'이 대표적이고 이외에도 '北討都督(526년)', '討虜都督(孝昌初. 약 525년)', '東征都督(529년)' 등이 있다. 또한 '京畿都督(534년)', '大隴都督(527년)', '穎川防城都督(536년)'과 같이 지역명을 관대한 경우도 있으며, '大都督(524년)'이나 '中軍大都督(獻文帝時期. 466-471년)'과 같은 권한의 범주를 규정한 경우도 있다. '동면도독'과 같이 방위와 관련해서는 '中軍四面大都督(534년)'이 있다. 남조 문헌에서는 『梁書』에 '城北面都督'이, 『北齊書』에 '京畿南面都督'이 등장한다. 그리고 이후 『舊唐書』에 '四面都督'이란 표현이 등장한

【 解 題 註 】

**1** 毛遠明은 '北魏 早期'라고 추정하였고,[2] 遼寧省博物館은 洛陽 遷都(493) 이전으로 추정하였다.[3]

**2** 세 글은 墓誌의 제목을 제외하고는 동일한 내용으로 구성되어 있는데, 『遼寧省志: 文物志』와 『遼寧碑誌』가 최초 보고인 曹汛의 「北魏劉賢墓誌」의 내용을 그대로 轉寫한 것으로 보인다. 조신은 誌文의 '冀陽白公'이라는 구절을 근거로 묘지가 최소한 '冀陽郡'이 폐지된 太平眞君 8년(447) 보다는 이후에 제작되었다고 보았다. 또한 誌文에 太武皇라는 諡號가 쓰인 것을 근거로 묘지의 상한을 太武帝가 사망한 正平 2년(452)으로 추정하였다.[4] 그리고 墓主인 劉賢이 文成帝 시기(452~465)에 사망했을 것으로 추정하였다. 그러나 하한인 465년에 대한 근거는 박약한 상태다. 최근 王力春은 이 묘지를 隋代 제작된 것으로 보았으며, 일본의 梶山智史는 이를 北魏가 아닌 北朝 墓誌로 구분하여 연대 측정에 차이를 보이고 있다.[5]

**3** 〈劉賢墓誌〉는 ❶誌額, ❷諱, ❸字, ❹本籍, ❺家系, ❻品行, ❼官歷, ❽享年, ❾銘辭로 구성되어 있다. 정형화된 묘지를 기준으로 한다면[6] 卒

---

다. 이 중 북위의 도독 중 '동면도독'과 관련이 있을 것 같은 '중군사면대도독'의 경우 북위 孝莊帝 永熙 3년(534)이 되어야 등장한다. 실제로 도독직의 세분화는 孝文帝 太和 연간 이후의 경향이다. 따라서 방위를 관대한 '동면도독'이라는 관직이 북위 초기에 있었을 것 같지는 않다. 또한 그의 아들이 進士였다는 기술은 결정적으로 이 묘지가 낙양 천도 전 제작되었을 가능성을 희박하게 한다. 진사라는 용어는 科擧 이후에 등장하는 용어로 유현의 아들이 진사가 되었다는 기술은 과거 이후에 가능한 것이라 생각한다. 이상의 이유에서 〈유현묘지〉를 낙양 천도 이전 명사를 가진 유일한 묘지로 추정하는 것은 무리가 따른다고 생각한다.

2) 毛遠明 校注, 『漢魏六朝碑刻校注 第七冊』(北京: 線裝書局, 2008), 91쪽.
3) 遼寧省博物館, 『北魏墓誌二十品』(北京: 文物, 1990), 圖版說明 20.
4) 曹汛, 「北魏劉賢墓誌」, 『考古』 1984-7, 615쪽.
5) 王力春, 「遼寧出土《劉賢墓誌》入窆年代獻疑」, 『蘭臺世界』 2012-6, 58쪽; 梶山智史, 『北朝隋代墓誌所在總合目錄』(東京: 汲古書院, 2013), 104쪽.

日, 卒地, 葬日, 哀悼辭 등이 생략된 상태다. 〈北魏神龜二年(519)高道悅墓誌〉의 "지난 날 태화 시기 무덤 안에 [안치된 묘지에는] 記는 있었지만 銘은 없었다(銘昔太和之世, 壙內有記無銘)."라는 구절에 의해 기존의 일반적인 이해는 천도 전 명사를 갖춘 묘지는 없다는 것이었다. 따라서 〈유현묘지〉는 천도 이후 북위 묘지가 정형화되었다는 견해에 대한 반론의 근거로 사용되었다. 현재 보고된 북위 묘지 중 천도 이전 명사를 갖춘 유일한 묘지로 이해된다. 다만 제작 시기에 대해서는 이견이 존재한다.

4 窪添慶文 역시 최초 보고에서 추정한 제작 연도를 받아들여 〈유현묘지〉가 〈劉宋大明八年(464)劉懷民墓誌〉와 비슷한 시기에 제작되었으며 둘 다 동일하게 지액에 '~묘지'라는 표현이 등장하는 것을 근거로 두 묘지간의 영향 관계를 생각해 볼 수 있을 것이라 하였다.[7]

【釋文】

(誌額)劉成主之墓誌.
(正面)君諱賢, 字洛侯, 朔方人也. 其」先出自軒轅 黃帝, 下及劉累,」豢龍孔甲, 受爵於劉, 因土命」氏. 隨會歸晉, 留子處秦, 還復」劉氏, 以守先祀. 魏 太武皇帝」開定中原, 併有秦・隴, 移秦大」(右)姓, 散入燕・齊. 君先至營土, 因」遂家焉. 但營州邊塞, 地接六」蕃. 君梟雄果毅, 忠勇兼施, 冀」(後面)陽白公辟爲中正. 後爲臨泉 戍■主,

---

6) 墓誌의 구성 요소에 관해서는 窪添慶文의 견해를 따랐다. 그가 규정한 정형화된 묘지의 구성 요소를 다음과 같다. ①標題(즉, 誌額) ②諱 ③字 ④姓 ⑤本籍 ⑥家系 ⑦品行 ⑧官歷을 중심으로 하는 經歷 ⑨卒日 ⑩享年 ⑪卒地 ⑫諡號와 葬費 등과 같은 追贈 ⑬葬日 ⑭葬地 ⑮銘辭. 窪添慶文, 「遷都後の北魏墓誌に關する補考」, 『東アジア石刻研究』 5(2013), 1쪽.
7) 窪添慶文, 「墓誌の起源と定形化」, 『立正史學』 105(2009), 12쪽.

東面都督. 天不吊善, 殲」此名喆. 春秋六十有四, 奄致」薨殂.<sup>2</sup>州閭悲痛, 鐫石文銘. 其」詞曰, 芒芒天漢, 皎皎姮娥, 嗚」呼哀哉. 渠可奈何, 嗚呼哀哉.」(左)君息僧沼, 州西曹. 息多興」進士, 都督. 息貳興, 息康仁.」孫高和, 孫德素, 孫法愛.

【釋文註】

[1] 曹汛, 趙超, 毛遠明, 韓理洲等, 王力春은 '成'로 釋讀하였으며8) 王綿厚·王海萍, 遼寧省地方志編輯委員會辦公室, 王晶辰은 '戎'으로 석독하였다.9) 여기서는 '成'로 읽었다.

[2] 趙超, 韓理洲等, 王力春은 '殂'로 석독하였으며10) 曹汛, 毛遠明, 王綿厚·王海萍, 遼寧省地方志編輯委員會辦公室, 王晶辰은 '俎'로 석독하였다.11) 여기서는 '殂'로 읽었다.

【譯文】

劉成主[1]의 墓誌. 君의 諱는 賢이고 字는 洛侯[2]며 朔方[3] 사람이다.

---

8) 曹汛, 앞의 글, 615쪽; 趙超, 『漢魏南北朝墓誌彙編』(天津: 天津古籍, 1992), 502쪽; 毛遠明 校注, 앞의 글, 93쪽; 韓理洲 等輯校編年, 『全北魏東魏西魏文補遺』(西安: 三秦, 2010), 409쪽; 王力春, 앞의 글, 57쪽.

9) 王綿厚·王海萍 主編, 『遼寧省博物館藏墓誌精粹』(東京: 中敎, 2000), 46쪽; 遼寧省地方志編輯委員會辦公室, 『遼寧省志: 文物志』(瀋陽: 遼寧人民, 2001), 301쪽; 王晶辰 主編, 『遼寧碑誌』(瀋陽: 遼寧人民, 2002), 97쪽.

10) 趙超, 앞의 글, 502쪽; 韓理洲 等輯校編年, 앞의 글, 409쪽; 王力春, 앞의 글, 57쪽.

11) 曹汛, 앞의 글, 615쪽; 毛遠明 校注, 앞의 글, 93쪽; 王綿厚·王海萍 主編, 앞의 글, 46쪽; 遼寧省地方志編輯委員會辦公室, 앞의 글, 301쪽; 王晶辰, 앞의 글, 97쪽.

그 선조는 軒轅 黃帝[4]로부터 나와[5] 아래로 劉累[6]에 이르러 龍을 길들임으로써[7] 孔甲[8]을 [섬기니 그 공으로써] 劉 땅[9]에 封爵받아 [그] 땅이름으로써 氏를 삼았다.[10] [士]會[11]를 따라 晉으로 돌아갔으나 남은 자손들은 秦에 머무르며 劉氏 성으로 복귀하고[12] 선조의 제사를 지냈다. 魏 太武皇帝[13]가 中原[14]을 개척하여 평정하고[15] 秦[16]·隴[17] 지역을 병합한 후[18] 秦의 大姓을 이주시키니[19] 흩어져 燕[20]과 齊[21]땅으로 들어갔다. 군의 선조가 營土[22]에 이르러 인하여 마침내 [그곳에서] 家을 이루었다. 그러나 營州[23]는 邊塞로 땅이 六蕃[24]에 접해있었다. 군은 굳세고 의연하였으며 충성스러움과 용감함을 겸비하여 [드러내니] 冀陽[25]白公이 辟召하여 中正[26]으로 삼았다. 후에 臨泉[27]戍主, 東面都督[28]이 되었다. 하늘이 善한 것을 불쌍히 여기지 않으셔 이처럼 名哲한 이를 죽이셨구나. 春秋 64세에 갑자기 돌아가셨다. 온 마을이 비통해하며 돌을 쪼아 銘을 새겼다. 그 詞는 다음과 같다. 茫茫한[29] 은하수여, 皎皎한[30] 달[姮娥][31]이여, 오호 슬프도다. 저들도 어찌할 수 있겠는가, 오호 슬프도다. 군의 아들 僧沼는 州西曹[32]다. 아들 多興은 進士,[33] 都督이 되었다. 아들 貳興과 康仁이 있다. 손자 高和, 德素, 法愛가 있다.

【譯文註】

[1] 戍主[戍主]: 武官名. 戍란 邊地의 營壘나 城堡를 가리키는 것으로 戍主는 南北朝 시기부터 隋·唐代에 걸쳐 군사 거점인 수의 책임관을 의미한다. 수가 언제 처음 설치되는지는 정확하게 알 수 없으나 사서에 따

르면 晉代 처음 등장한다. 湖戍와 陝戍가 그것이다.12) 또한 비록 사서에서는 찾을 수 없지만 〈北魏景明四年(503)張整墓誌〉에는 '五世祖充, 晉末爲路川戍主'13)라는 내용이 있어 진대 路川戍도 설치되었던 것을 알 수 있다. 남북조 시기에는 남조와 북조가 모두 변경 지역에 수를 설치하여 변경 방위를 담당하게 하였다. 北魏의 수는 일반적으로 鎭보다 작은 軍陣으로 鎭 또는 州에 소속되어 있었다.14) 북위에서 수가 언제 처음 설치되었는지는 정확하게 알 수 없으나 『魏書』에 등장하는 수의 기사를 종합하면 늦어도 太和 시기(477~498)에는 수가 설치되어 있었음을 알 수 있다. 수에는 수주와 戍副가 설치되어 있었다.

② 洛侯[洛侯]: 이 '洛侯'라는 이름은 『魏書』에 네 차례 등장하는데 廣平王 元洛侯, 秦州長史를 지낸 陸眞의 부친 陸洛侯, 秦州刺史를 지낸 于洛侯, 秦益二州刺史·武都公 尉洛侯 등이 그들이다. 이들 중 3인은 鮮卑族이다. 이 때문에 〈劉賢墓誌〉의 최초 보고자인 曹汛은 '낙후'라는 이름을 선비어를 漢語로 音借한 것이라고 보았고, 이를 근거로 墓主 劉賢이 漢族이 아닌 선비족이라고 주장하였다.15)

③ 朔方[朔方]: 前漢 元朔 2년(前127)에 설치하였다. 治所는 朔方縣(지금의 內蒙古 杭錦旗 北什拉召일대). 관할 구역은 지금의 內蒙古 伊克昭盟 서북부 및 巴彦淖爾盟 後套地區에 해당한다. 後漢 시기에는 치소를 臨戎縣(지금의 내몽고 磴口縣 동북 布隆淖鄕 古城)으로 옮겼는데, 永和 5년(140)에는 五原縣(지금의 烏拉特前旗 동남)으로 다시 옮겼다. 建安 20

---

12) 『晉書』 卷74, 「石民傳」, "始置湖陝二戍."
13) 趙超, 앞의 글, 43쪽.
14) 北魏의 鎭·戍制度에 대해 고찰한 周一良의 연구에 따르면 북위 수 중 북변과 북서변에 설치된 수는 鎭에 소속되어 있었고, 남변에 설치된 수는 州에 소속되어 있었다고 한다. 周一良, 「北魏鎭戍制度考」, 『魏晉南北朝史論集』(北京: 中華書局, 1963), 205쪽. 原載: 『禹貢半月刊』 3-9(1935).
15) 曹汛은 이외에도 墓誌에 보이는 鮮卑族으로서 '洛侯'라는 이름을 지닌 사례를 4건 더 찾아내었다. 曹汛, 앞의 글, 616쪽.

년(215) 폐지되었다가 後趙 시기 朔方故城에 朔州 朔方郡을 설치하였다. 前秦 이후 폐지되었다가 북위 때 설치되어 夏州에 속하였다. 치소는 魏平縣(지금이 陝西省 子長縣)이었고, 관할 구역은 지금의 섬서성 子長·米脂·清澗·吳堡·綏德縣 및 子洲縣 대부분에 해당한다.

4 軒轅 黃帝[軒轅黃帝]: 전설에 따르면 少典氏의 아들로 본래 성은 公孫이고 후에 姬로 고쳤다고 한다. 軒轅의 언덕에 거처하였기에 軒轅氏로 불리며, 有熊에 建都하였기에 有熊氏로도 불린다. 伏羲·神農과 더불어 三皇으로 칭해지기도 하고, 顓頊·帝嚳·堯·舜과 더불어 五帝로 칭해지기도 한다. 華夏族의 조상으로 알려져 있다. 神農氏 말기에 출생하여 신농씨의 세력이 쇠미해져 諸侯들이 신농씨에게 朝會하지 않으며 세상이 혼란해지자 黃帝가 전쟁을 통해 제후들을 정벌하여 통합하였다고 한다. 阪泉의 들판에서 炎帝에게 승리하고, 蚩尤를 涿鹿의 들판에서 격파하며 최초로 中國을 통일하였다고 전해진다.16) 전해지는 이야기에 따르면 사방 토지를 측량하고 정리하였으며 五穀을 거두어 먹을 수 있도록 하였다고 한다. 또한 四時의 운행 법칙에 순응하여 백성들을 풍요롭게 하였다고 한다. 산자를 양육하고 죽은 자를 葬送하는 제도를 만들었다고도 한다. 집과 의복을 만들고 禮儀를 제정한 것으로 알려져 있다. 아들이 스물다섯이고, 그 중 姓氏를 세운 이가 열 넷이라고 한다.

5 그 선조는 軒轅 黃帝로부터 나와[其先出自軒轅黃帝]: 북위 墓誌 중 헌원 황제로부터 자신들의 出自를 명시한 것들이 몇 몇 있다. 예를 들어 〈北

---

16) 『史記』卷1, 「五帝本紀」, "軒轅之時, 神農氏世衰. 諸侯相侵伐, 暴虐百姓, 而神農氏弗能征. 於是軒轅乃習用干戈, 以征不享, 諸侯咸來賓從. 而蚩尤最爲暴, 莫能伐. 炎帝欲侵陵諸侯, 諸侯咸歸軒轅. 軒轅乃修德振兵, 治五氣, 蓺五種, 撫萬民, 度四方, 教熊羆貔貅貙虎, 以與炎帝戰於阪泉之野. 三戰, 然後得其志. 蚩尤作亂, 不用帝命. 是黃帝乃徵師諸侯, 與蚩尤戰於涿鹿之野, 遂禽殺蚩尤. 而諸侯咸尊軒轅爲天子, 代神農氏, 是爲黃帝."

魏熙平二年(517)陽平幽平王妃李氏墓誌〉,〈北魏正光二年(520)叔孫協墓誌〉, 〈北魏正光四年(523)奚眞墓誌〉,〈北魏孝昌二年(526)于纂墓誌〉,〈北魏孝昌三年(527)和邃墓誌〉,〈北魏建義元年(528)劉紹墓誌〉,〈北魏永安三年(530)王舒墓誌〉 등이다. 이 중 〈李氏墓誌〉와 〈王舒墓誌〉를 제외한 나머지는 모두 선비족의 묘지로 선비족들이 주로 자신들의 선조를 헌원황제로 삼고 있는 것을 말해준다. 이것은 拓跋氏가 자신들의 출자를 헌원 황제로 삼은 것[17])과 무관하지 않을 것이다.

6 劉累[劉累]: 陶唐氏의 후예로 중국 역사상 최초로 劉姓을 가진 이로 알려져 있다. 『史記』「夏本紀」에 따르면 豢龍[18])에게 龍 다루는 법을 배워 하늘이 孔甲에게 내려준 두 마리 용을 길들였다. 그 공으로 공갑으로부터 御龍氏라는 성을 하사받고 祝融의 후예인 豕韋의 일을 대신하게 되었다. 두 마리 용 중 수컷이 죽자 夏后에게 요리를 해서 바쳤는데, 하후가 다시 요구하자 두려워하여 떠났다고 한다.[19]) 『史記集解』에 따르면 魯縣으로 떠났다 한다(傳曰遷於魯縣). 夏나라 桀王 31년(前1845)에 111세로 사망하였다고 전한다.

7 龍을 길들임으로써[豢龍]: 『左傳』「昭公二十九年」 기사에 따르면 하늘이 공갑에게 黃河와 漢水에 각각 암수 두 마리씩 용을 내려주었으나 능

---

17) 『魏書』卷1,「序紀」, "昔黃帝有子二十五人, 或內列諸華, 或外分荒服, 昌意少子, 受封北土, 國有大鮮卑山, 因以爲號."
18) '豢龍'은 龍을 기른다는 뜻이다. 전설에 따르면 용을 잘 길들였던 사람의 姓氏였는데 차용하여 官名처럼 쓰이기도 하였다고 한다. 舜임금 때 董父라는 사람이 있어 마음대로 용을 길들이니 수많은 용들이 그의 주변에 날아들었다. 순임금이 이 이야기를 듣고 매우 기뻐하며 동보에게 환룡이라는 성을 하사하였다고 한다. 『左傳』,「昭公二十九年」, "昔有飂叔安有裔子, 曰董父實. 甚好龍, 能求其耆欲以飲食之. 龍多歸之, 乃擾畜龍以服事帝舜. 帝賜之姓, 曰董氏, 曰豢龍." 王嘉의 『拾遺記』「炎帝神農」에는 "以降露成池, 蓄龍爲圃. 及乎夏代, 世載綿絶, 時有豢龍之官."이라고 하여 환룡이 관명으로 사용되었다고 하였다.
19) 『史記』卷2,「夏本紀」, "陶唐旣衰, 其後有劉累, 學擾龍于豢龍氏, 以事孔甲. 孔甲賜之姓曰御龍氏, 受豕韋之後. 龍一雌死, 以食夏后. 夏后使求, 懼而遷去."

히 먹이지도 못하고 용을 잘 기른다는 환룡씨도 얻지 못하였다. 이때 유루가 환룡씨에게 용 다루는 법을 배워 용을 길들임으로써 공갑을 섬겼다고 한다.[20]

⑧ 孔甲[孔甲]: 姓은 姒, 氏는 夏后, 이름은 孔甲이다. 不降의 아들이고 扃의 조카며 廑의 당형제다. 하나라 14대 왕으로 알려져 있다(일설에는 16대 왕). 『史記』「夏本紀」에 따르면, 불강이 죽은 뒤에 그의 동생인 경이 왕위에 올랐고 경이 죽자 경의 아들인 근이 왕위를 이었다. 공갑은 사촌인 근이 죽은 뒤에 왕위에 올랐다. 『帝王世紀』「夏」에 경이 22년, 근이 20년 동안 왕위에 있었다고 기록된 것으로 보아,[21] 불강이 죽었을 때 공갑의 나이가 매우 어렸고 그래서 그 대신 숙부인 경이 왕위를 잇게 된 것으로 추정되고 있다. 한편, 『竹書紀年』에는 근이 왕위에 있었을 때 하늘에 10개의 해가 떠오르는 變怪가 있었다는 내용이 기록되어 있다.[22] 아마도 근에서 공갑으로 왕위가 계승되는 과정에 정치적 격변이 있었음을 상징적으로 표현한 것이 아닌가 한다. 전하는 바에 따르면 공갑은 왕위에 오른 뒤에 귀신 믿기를 좋아하고 음란함을 즐겼다고 한다. 따라서 공갑 시기부터 제후들이 하나라에 등을 돌리기 시작했다고 한다.[23]

⑨ 劉 땅[劉]: 땅이름으로서 劉는 春秋 시기 鄭나라의 邑으로 기록에 등장한다. 지금의 河南省 偃師市 서남쪽에 해당하는데, 『左傳』에 따르면 隱公 11년(前712) 周王이 정나라로부터 빼앗은 후(王取鄔·劉·蒍·邘之田於鄭) 大夫 劉子에게 采邑으로 주었다고 한다.

---

20) 『左傳』, 「昭公二十九年」, "帝賜之乘龍, 河漢各二, 各有雌雄. 孔甲不能食, 而未獲豢龍氏. 有陶唐氏旣衰, 其後有劉累學擾龍于豢龍氏, 以事孔甲, 能飮食之."
21) 『帝王世紀』, 「夏」, "帝扃, 一名帝禺, 或曰高陽, 在位二十二年. 帝廑, 一名項, 或曰東江, 在位二十年."
22) 『竹書紀年』, 「夏紀」, "天有妖孽, 十日並出, 其年胤甲陟."
23) 『史記』 卷2, 「夏本紀」, "自孔甲以來而諸侯多畔夏."

**10** 劉 땅에 封爵 받아 그 땅이름으로써 氏를 삼았다[受爵於劉, 因土命氏]: 『사기』나 『좌전』에는 공갑이 유루에게 '御龍'이라는 성씨를 내려주었다는(賜氏曰御龍) 기록은 있지만, 유루를 劉 땅에 分封했다는 기록은 없다. 다만 『史記正義』에서 인용한 『括地志』에 따르면 夏后 蓋가 유루의 손자를 大夏의 옛 터에 분봉하여 그를 侯로 삼았다고 한다(夏后蓋別封劉累之孫于大夏之墟爲侯). '유'로써 씨를 삼은 것과 관련하여서는 『新唐書』 「宰相世系表」에 "유씨는 祁姓으로부터 나왔다. 陶唐氏 堯임금의 자손이 아들을 낳았는데 그 손에 '유루'라는 글자가 있어, 그로써 이름을 삼았다."24)고 하는 기사가 있어, 땅이름에서 기인한 것은 확인할 수 없다.

**11** 士會[會]: 춘추 시기 晉나라의 大夫(약 前660~583). 『新唐書』 「宰相世系表」에 "능히 용을 길들여 夏를 섬겨 御龍氏가 되었으며 商에서는 豕韋氏가 되었고 周에서는 杜伯에 책봉되어 역시 唐杜氏라 불렸다. 宣王 때에 이르러 그 국이 멸망했다. 그 자손 隰叔이 晉으로 도망하여 士師가 되었고, 士蔿를 낳았다. 蔿는 成伯缺을 낳았고, 缺은 士會를 낳았다."25)는 기사가 있다. 士會의 姓은 祁고, 氏는 士다. 字는 季다. 隨와 范에 분봉되어 隨會 혹은 范會로도 불리며, 范武子로도 불린다. 晉襄公이 죽고 趙衰의 아들인 趙盾과 先蔑과 더불어 어린 靈公 대신 秦에 인질로 가 있던 公子 雍을 맞이하여 옹립하려고 하였다. 그러나 國人들의 반발과 책망을 두려워한 조순이 갑자기 영공을 옹립하여 즉위시키게 되면서 공자 옹을 晉으로 들어 보내려는 秦나라 군대와 그것을 막으려고 하는 晉의 군사가 격돌하게 되고 秦나라 병사가 크게 패하며 공자

---

24) 『新唐書』 卷71上, 「宰相世系表」, "劉氏出自祁姓. 帝堯陶唐氏子孫生子有文在手曰: 「劉累」, 因以爲名."
25) 『新唐書』 卷71上, 「宰相世系表」, "能擾龍, 事夏爲御龍氏, 在商爲豕韋氏, 在周封爲杜伯, 亦稱唐杜氏. 至宣王, 滅其國. 其子隰叔奔晉爲士師, 生士蔿. 蔿生成伯缺, 缺生士會."

옹도 그 와중에 사망하게 된다. 이 때문에 사회는 고국으로 돌아가지 못하고 秦으로 망명하게 된다. 그러나 사회가 秦을 위해 일하면서 공을 세우자 그를 두려워한 晉은 사회를 입국시키고자 하였고, 이로써 고국으로 돌아온 사회는 執政에 자리에 올랐다.

12 남은 자손들은 秦에 머무르며 劉氏 성으로 복귀하고[留子處秦, 還復劉氏]: 사회가 고국인 晉나라로 돌아간 후 秦에 남아 있던 이들에 대한 기록은 『신당서』 「재상세계표」에 남아 있는데, 진에 남은 자손들이 스스로를 유씨라고 했다고 한다.26)

13 太武皇帝[太武皇帝]: 북위의 세 번째 황제 拓跋燾(재위 423~451). 字는 佛狸. 明元帝 拓跋嗣의 장자, 모친은 明元密皇后 杜氏다. 422년 황태자로 册立되고 다음해 11월에 즉위한 후 해를 넘겨 424년 始光으로 改元하였다. 어려서부터 軍事에 천부적 자질을 보였다. 즉위 후 親征하여 夏·北燕·北凉 등을 멸망시켰으며 柔然을 비롯하여 山胡·鄯善·吐谷渾 등을 정벌하고, 북중국을 통일하며 十六國 시기를 종식시켰다. 남쪽으로는 劉宋을 공격하여 虎牢(지금의 하남성 滎陽 汜水鎭), 滑臺(지금의 하남성 滑縣 동쪽) 등의 요충지를 탈취하였다. 한편 안으로는 漢族 崔浩·高允 등을 기용하여 吏治를 정돈하고 중국적 왕조의 기초를 다졌다. 소박하고 검소한 생활방식과 호방한 기개를 가졌으며 솔직 담백한 성격으로 諫言을 잘 받아들였던 것으로 알려져 있다. 그러나 말년에는 잔혹한 형벌을 사용하기도 하였다. 452년 中常侍 宗愛에게 피살되어 45세의 나이로 사망하였다. 諡號는 太武皇帝며 廟號는 世祖다.

14 中原[中原]: '中原'이란 용어가 처음 등장하는 것은 『詩』로 「小雅·彤弓之什」 〈吉日〉에는 "漆沮 가에서의 좇음이여 천자께서 사냥하는 곳이로다. 저 들판 가운데를 보니 큰 짐승이 많이 있도다."27)라는 구절이

---

26) 『新唐書』 卷71上, 「宰相世系表」, "會適秦, 歸晉, 有子留於秦, 自爲劉氏."
27) 『詩』, 「小雅·彤弓之什·吉日」, "漆沮之從, 天子之所. 瞻彼中原, 其祁孔有."

보이고 같은 책「小雅·小旻之什」〈小宛〉에는 "들판 가운데 콩이 있거늘 서민들이 거두도다."28)라는 구절이 보인다. 鄭玄이 注解한 것처럼 여기서의 중원은 '原中' 혹은 '原野' 즉 들판을 가리킨다. 그러다 戰國 시기에 들어서면 중원은 광의로는 黃河 유역을, 협의로는 河南 일대를 가리키는 말이 된다.29) 이후에는 북중국을 가리키는 말로 사용되었다.30)

**15** 中原을 개척하여 평정하고[開定中原]: 태무제는 재위 다음해인 始光 원년(424)부터 柔然에 대한 공격을 개시하여 425년에는 유연을 고비사막 이북으로 퇴출시키는 데 성공한다. 이어 始光 3년(426) 12월 夏國 長安을 공격하여 함락시킴으로 인해 처음으로 關中 지역을 획득하였고, 427년 하국 수도 統萬城을 점령하였다. 이후 赫連氏를 완전히 토벌하기 위해 몇 차례에 걸친 전투를 거치기는 하였지만 결국 431년 하국이 土谷渾에게 멸망당하며 관중을 완전히 점령하게 된다. 또한 436년에는 北燕을 점령하며 遼河 유역을 획득하고, 439년에는 北涼마저 점령하면서 華北을 통일하고 마침내 十六國 시대를 종결짓는다. 아마도 이 구절은 태무제가 유연을 중국으로부터 몰아내고 하국의 영역인 관중 전역을 점령한 것을 의미하는 것으로 생각된다.

**16** 秦[秦]: 陝西省의 簡稱. 춘추 시기 秦國의 영토가 지금의 섬서성 지역에 위치하고 있어 이 지역을 '진'으로 칭하게 되었다. 기록에 따르면 西周 후기 秦始皇의 선조인 非子가 周王室의 말을 잘 키운 공으로 周孝王으로부터 秦땅(지금의 甘肅省 天水市 동남)을 받아 주의 附庸國이 되었다. 이후 진은 襄公 시기 犬戎의 공격으로부터 주실을 보존하고 平王의

---

28) 『詩』,「小雅·小旻之什·小宛」, "中原有菽, [鄭玄注: 中原, 原中也.] 庶民采之."
29) 『國語』,「晉語三」, "恥大國之士於中原, 又殺其君以重之, … 雖微秦國, 天下孰弗患?"
30) 『三國志』卷35,「諸葛亮傳」, "今南方已定, 兵甲已足, 當獎率三軍, 北定中原, 庶竭駑鈍, 攘除姦凶, 興復漢室, 還于舊都."

洛邑 遷都를 도운 공로로 주로부터 諸侯로 책봉되었다. 이때 진이 받게 된 영지가 岐山 이서 지역이었다. 따라서 이때부터 진국이 통할하게 된 지역이 섬서성 일부가 되었고, 穆公 시기 국력이 강성해지면서 동쪽의 晉國 영토를 잠식하며 완전히 관중 지역을 장악하게 된다. 이로써 진은 섬서의 간칭이 되었다.

**17** 隴[隴]: ①섬서와 감숙 지역으로 이어지는 山 이름.31) ②지금의 감숙성 일대의 지방.32) ③감숙성의 간칭.

**18** 秦·隴지역을 병합한 후[併有秦隴]: 439년 북량을 멸망시킨 태무제는 443년 감숙성 동남부에 자리 잡고 있던 氐族의 後仇池마저 멸망시키고 감숙 지역을 장악하게 된다. 이를 발판으로 445년에는 西域 鄯善을, 448년에는 焉耆와 龜茲를 격파하게 된다. 이 구절은 북량과 후구지를 멸망시키고 감숙지역까지 점령한 상황을 기술한 것으로 보인다.

**19** 秦의 大姓을 이주시키니[移秦大姓]: 태무제는 始光 3년(426) 赫連昌을 습격한 후 만여 家를 徙民시킨다.33) 이후 太延 원년(435)에는 詔를 내려 고아와 노인으로 혼자서 스스로 살아갈 수 없는 자를 제외하고 長安과 平涼의 백성들을 平城으로 사민하였다.34) 또한 태연 5년(439)에는 涼州 백성 3만을 평성으로 사민하였다.35)

**20** 燕[燕]: ①나라 이름. 周代 諸侯國의 하나로 姬姓의 同姓 제후국이다. 召公이 册封되었다. 지금의 河北省 북부 및 遼寧省 서부에 해당한다. 수도는 薊로 지금의 北京 서남쪽이다. 戰國 시기 七雄의 하나였으며

---

31) 『漢書』 卷6, 「武帝紀」, "行幸雍, 祠五畤. 遂踰隴, 登空同, 西臨祖厲河而還."[顔師古 注: 應劭曰: '隴, 隴阺阪也.' 卽今之隴山.]
32) 『東觀漢記』, 「隗囂傳」, "西城若下, 便可將兵南擊蜀虜. 人苦不知足, 旣平隴, 復望蜀."
33) 『魏書』 卷4上, 「世祖紀」, "十有一月戊寅, 帝率輕騎二萬襲赫連昌, 壬午, 至其城下, 徙萬餘家而還."
34) 『魏書』 卷4上, 「世祖紀」, "詔長安及平涼民徙在京師, 其孤老不能自存者, 聽還鄕里."
35) 『魏書』 卷4上, 「世祖紀」, "徙涼州民三萬餘家于京師."

秦에 의해 멸망당하였다. 북연으로도 불린다.36) 한편 주대 제후국 중 南燕으로 칭해지는 제후국도 존재하였다. 姞姓이 책봉된 곳으로 지금의 河南省 延津縣 동북부에 위치하였다.37) 16국 시기에 鮮卑 慕容氏가 세운 국가 역시 연인데, 前燕・後燕・西燕・南燕 등으로 나뉜다. 漢人 馮跋이 건국한 연은 北燕으로 칭해진다. ②하북성 혹은 하북성 북부의 별칭이다.

**21** 齊[齊]: ①나라 이름. 주대 제후국의 하나. 太公望이 책봉된 곳이다. 춘추 초, 국력이 강해지면서 桓公이 霸者가 되었다. 전국 시기 칠웅의 하나였고, 기원전 221년 진에 의해 멸망당했다. 南北朝 시기 長江 이남에 蕭道成에 의해 건국된 국가 역시 제로, 일반적으로 南齊로 칭해진다. 한편 북쪽에서는 高洋이 東魏로부터 禪讓을 받고 국가를 세웠는데, 역시 제다. 사서에서는 北齊로 칭한다. ②山東省 泰山 이북 黃河 유역과 膠東半島 지역을 일컫는다.

**22** 營土[營土]: '營' 땅을 말한다. 『尙書』「舜典」鄭玄注에 따르면 舜임금이 전국을 12개 州(冀州・兗州・青州・徐州・荊州・揚州・豫州・梁州・雍州・幽州・幷州・營州)로 구획하였는데(肇十有二州), 영주가 바로 그 중 하나다. 幽州와 더불어 지금의 遼寧 지역을 의미한다.

**23** 營州[營州]: 북위 太平眞君 5년(444)에 설치하였다. 치소는 지금의 요녕성 朝陽市인 龍城縣이었다. 관할 지역은 지금의 요녕성 서남부 大・小凌河, 六股河, 女兒河 유역 일대에 해당한다. 永安(528~529) 말에 폐지되었으나 동위 天平(535~537) 초에 복치되었다. 이후 차츰 관할 구역이 축소되다가 수 대업 초에 폐지되었고, 당 초 다시 설치되었다.

---

36) 『史記』卷34,「燕召公世家」, "周武王之滅紂, 封召公於北燕."
37) 『左傳』,「隱公五年」, "衛人以燕師伐鄭."[杜預注: 南燕國, 今東郡燕縣.] [孔穎達疏: 燕有二國, 一稱北燕, 故此注言南燕以別之.『世本』'燕國, 姞姓.'『地理志』'東郡燕縣, 南燕國, 姞姓, 黃帝之後也.']; 『史記』卷5,「秦本紀」, "宣公元年, 衛燕伐周, 出惠王, 立王子穨."[張守節正義: 燕, 南燕也.]

**24** 六番[六蕃]: 북방 夷狄을 통칭하는 용어. 그러나 남북조 시기 이전 史書에는 '六番'이란 용어가 출현하지 않는다. 다만 『舊唐書』와 『新唐書』에서 安祿山과 史思明을 소개하면서 "육번의 말을 이해하여 互市牙郞이 되었다."[38] "육번어에 정통하여 互市郞이 되었다"[39] "또 육번어를 이해하여 안록산과 같이 호시랑이 되었다."[40] "육번의 뜻에 정통하여 역시 호시랑이 되었다."[41] 등의 표현이 등장한다. 또한 『新五代史』「義兒・李存信傳」에는 "사이의 말에 능하였고 육번의 문자에 정통하였다."[42]는 구절이 있어 시기적으로는 당대 이후 사용되었음을 알 수 있다. 이 석각이 대부분 연구자들의 주장처럼 북위 초기 석각이라면 唐 이전 '육번'이란 용어가 처음 등장하는 사례라 할 수 있을 것이다.

**25** 冀陽[冀陽]: 冀陽이란 이름은 『晉書』에 처음 등장하나, 이 경우 郡의 이름은 아니고 慕容皝이 劉翔을 '冀陽鄕侯'로 책봉한 것이었다. 기양이 군의 이름으로 처음 등장한 것은 16국 시기 前燕이 冀州人들로 기양군을 만들면서다. 치소는 平剛縣으로 지금의 內蒙古 寧城縣 서남쪽 甸子鄕 黑城에 해당한다(일설에는 지금의 요녕성 源市 대릉하 남안이라고도 한다). 『魏書』에 따르면 태평진군 8년(447)에 昌黎郡과 합쳤다가 武定 5년(547)에 본래대로 회복하였다.[43] 北齊 때 폐지하였다.

**26** 中正[中正]: '中正'이 官名으로 처음 등장하는 것은 秦末 陳勝이 자립하여 楚王이 되었던 시기로 당시 중정은 群臣들의 잘못을 糾察하는 監察官이었다.[44] 이후 曹魏에서는 陳群의 건의에 따라 새로운 관리 선발

---

38) 『舊唐書』 卷200上, 「安祿山傳」, "解六蕃語, 爲互市牙郞."
39) 『新唐書』 卷225上, 「逆臣 安祿山傳」, "通六蕃語, 爲互市郞."
40) 『舊唐書』 卷200上, 「史思明傳」, "又解六蕃語, 與祿山同爲互市郞."
41) 『新唐書』 卷225上, 「逆臣 史思明傳」, "通六蕃譯, 亦爲互市郞."
42) 『新五代史』 卷36, 「義兒 李存信傳」, "能四夷語, 通六蕃書."
43) 『魏書』 卷106上, 「地形志」, "冀陽郡眞君八年倂昌黎, 武定五年復."
44) 『史記』 卷48, 「陳涉世家」, "陳王以朱房爲 中正, 胡武爲司過, 主司羣臣."

제도를 수립하는데, 중앙에서 각 군으로 중정을 파견하여 인물을 감식하게 하였다. 司馬懿가 曹爽을 패퇴시키고 나서 州에도 중정(州大中正)을 파견하게 되었다. 9등급으로 인물을 선발하였다고 하여 '九品官人法'이라고도 하고, 중정에 의해 인물이 선발된다고 하여 '九品中正制'라고도 불리는 이 관리 선발 제도는 수나라 초까지 유지되었다. 북위에서는 正始 원년(504)에 郡中正이 폐지되었고, 正光 원년(520) 諸州中正이 폐지되었다. 그러나 "정광 원년 12월, 諸州中正을 폐지하였다가 郡縣에서 姓族을 정할 필요에 의해 다시 復置하였다."45)라는 기록에 따르면 북위 멸망 전에 중정이 복치되었음을 알 수 있다. 또한 『通典』 기사에 따르면 北齊에서도 북위를 계승하여 州와 縣에 중정을 설치하여46) 중정은 隋 開皇 연간이 되어야만 비로소 완전히 폐지됨을 알 수 있다.47) 따라서 墓主인 劉賢이 冀陽郡의 中正으로 활동할 수 있을 수 있는 시기는 태평진군 8년 전이거나 무정 5년 이후가 되어야만 한다. 이 묘지를 북위 초기 묘지로 보고 있는 대부분의 연구자들의 견해에 따른다면 유현이 기양군의 중정으로 활동했던 시기는 태평진군 8년 이전이 될 것이다.

**27** 臨泉[臨泉]: ①隋 大業 4년(608) 北齊에서 설치한 蔚汾縣을 고쳐 설치하고, 樓煩郡에 속하게 하였다.48) 치소는 지금의 山西省 興縣 서쪽 黑峪口村의 남쪽이었다. ②唐 武德 3년(620) 太和縣을 고쳐서 설치하였다.49) 치소는 지금의 산서성 臨縣 북쪽 故縣村이었다. 『元和郡縣志』에 따르면 현으로부터 북쪽 백보 지역에 임천수가 있어 이로써 이름을 삼

---

45) 『魏書』 卷113, 「官氏志」, "(正光元年) 十二月, 罷諸州中正, 郡縣定姓族, 後復."
46) 『通典』 卷14, 「選擧二」, "北齊選擧, 多沿後魏之制, 凡州縣皆置中正."
47) 『通典』 卷14, 「選擧二」, "而九品及中正至開皇中方罷."
48) 『隋書』 卷30, 「地理志」, "臨泉. 後齊置, 曰蔚汾. 大業四年改焉."
49) 『舊唐書』 卷39, 「地理志」, "臨泉 隋太和縣. 武德三年, 置北和州, 改太和縣爲臨泉縣. 貞觀三年, 省北和州, 縣屬石州."

은 것이라 한다(臨泉水在縣北一百步, 縣因此水爲名). 貞觀 3년(629)에 石州에 속하게 되었다. ③당 정관 3년에 설치한 것으로 叢州에 속하였다. 치소는 지금의 四川省 松潘縣 북쪽 경계에 해당한다. 廣德 연간 (763~764) 이후 폐지되었다. 이 중 유현이 戌主를 지냈던 곳이 어딘지는 알 수 없다. 그러나 문제는 어떤 임천현도 북위 시기 설치되지 않았다는 점이다. 따라서 〈유현묘지〉의 제작 시기를 대업 연간에서 무덕 연간으로 보는 연구자도 있다.50)

**28** 東面都督[東面都督]: 史書에 '東面都督'이란 표현은 등장하지 않는다. 그러나 『梁書』에 '城北面都督'이, 『北齊書』에 '京畿南面都督'이 등장하고, 『舊唐書』에는 '四面都督'이란 표현이 등장한다. 三國 시기에는 幕府에서 領兵하는 자를 都督이라고 불렀다.51) 그러다 東晉 이후 고위 軍事長官을 지칭하게 된다.52) 위진남북조 시기 도독들은 흔히 持節權을 冠帶하여 '持節都督'으로 불리는데, 그 기원은 後漢 順帝 시기 馮緄이 持節都督揚州諸郡軍事가 된 것이다.53) 이후 魏文帝 黃初 원년(220) 都督諸州軍事가 처음 설치되었다.54) 그러나 아직까지 대부분의 도독들은 군사만을 전담할 뿐 刺史를 兼領하지는 않았다. 그러나 西晉 惠帝 이후로 대부분의 도독들은 자사를 겸령하였으며, 도독하는 주를 屬州로 삼았다. 이들의 統軍權은 都督, 監, 督으로 구분되었고, 持節權 역시

---

50) 王力春, 앞의 글, 58쪽.
51) 『三國志』 卷36, 「張飛傳」, "臨發, 其帳下將張達・范彊殺飛, 持其首, 順流而奔孫權. 飛營都督表報先主, 先主聞飛都督之有表也. …."
52) 『晉書』 卷24, 「職官志」, "江左以來, 都督中外尤重, 唯王導等權重者乃居之."
53) 『後漢書』 卷68, 「馮緄傳」, "順帝末, 以緄持節都督揚州諸郡軍事, 與中郎將滕撫擊破群賊, 遷隴西太守." 한편 〈後漢永康元年(167)馮緄墓碑〉에는 '督使徐揚二州'로 되어있다. 毛遠明 校注, 『漢魏六朝碑刻校注 第一冊』(북경: 線裝書局, 2008), 261쪽.
54) 『三國志』 卷9, 「曹仁傳」, "及卽王位, 拜仁車騎將軍, 都督荊・揚・益州諸軍事, 進封陳侯, 增邑二千, 幷前三千五百戶." 이와 관련하여 『晉書』 卷24, 「職官志」, "魏文帝黃初三年, 始置都督諸州軍事, 或領刺史."라고 하여 黃初 3년(222)에 都督州諸軍事가 설치된 것으로 기술하고 있다.

使持節, 持節, 假節의 단계로 구분되었다. 이 중 사지절은 二千石 이하를 처형할 수 있었고, 지절은 無官位者를 처형할 수 있는데 軍事와 관련된 경우 사지절과 동일하게 처형할 수 있었다. 마지막으로 가절은 오직 軍令을 어긴 자만을 처벌할 수 있었다.[55] 한편 북위의 경우 도독제군사 외에 '~도독'이라는 관직명이 다수 보인다. '西(東)道都督'이 대표적이고 이외에도 '北討都督', '討虜都督', '東征都督' 등이 있다. 또한 '京畿都督', '大隴都督', '穎川防城都督'과 같이 지역명을 관대한 경우도 있으며, '大都督'이나 '中軍大都督'과 같은 권한의 범주를 규정한 경우도 있다. 동면도독과 같이 방위와 관련해서는 '中軍四面大都督'이 있다. 북위의 경우 都督號가 세분화되기는 하였지만 여전히 도독은 고위 군사장관의 면모를 잃지 않고 있는 것으로 보인다. 이와는 달리 毛遠明은 북위에서 설치된 도독을 州府의 屬佐로 이해하며 대부분 하급 관리라고 하였지만 구체적인 근거를 제시하지는 않았다.[56]

**29** 茫茫한[茫茫]: ①넓고 먼 모양, 광활한 모양을 말한다. 『詩』「商頌·長發」에는 "홍수가 아득하고 아득하거늘 禹임금께서 下土의 지방을 다스리사."[57]라는 구절이 있다. ②아득히 먼 모양을 의미한다. 『左傳』「襄公四年」에 '광원한 땅을 우왕이 답사하여 천하를 九州로 나누시니'라는 구절이 있는데, 杜預는 이에 대해 "茫茫은 먼 모양이다."[58]라고 하였다. ③어둡거나 흐려서 모호한 모양을 말한다. 『文子』「上仁」에 "道라고 하는 것은 심원하고 가물가물하며 하늘의 위엄에 근거하고 하늘과 氣를 같이 한다."[59]라는 구절이 있다. ④번잡한 모양, 혹은 많은 모양

---

55) 『晉書』卷24, 「職官志」, "及晉受禪, 都督諸軍爲上, 監諸軍次之, 督諸軍爲下; 使持節爲上, 持節次之, 假節爲下. 使持節得殺二千石以下; 持節殺無官位人, 若軍事, 得與使持節同; 假節唯軍事得殺犯軍令者."
56) 毛遠明 校注, 앞의 글(7册), 94쪽.
57) 『詩』「商頌·長發」, "洪水茫茫, 禹敷下土方."
58) 『左傳』, 「襄公四年」, "芒芒禹跡,[杜預注: 茫茫, 遠貌] 畫爲九州."

을 의미한다. 『文選』에 수록된 〈補亡詩〉에 "많이 심어 잘 자란 곡식을 거두었다."란 구절에 李善은 "망망은 많은 모양이다"60)라고 주해하였다. ⑤바쁜 모양을 말한다. '忙'과 통한다. 『孟子』 「公孫丑上」에는 "송나라 사람이 그 싹이 자라지 않는 것을 민망히 여겨 뽑은 이가 있었는데, 총망히 돌아와 그 집 사람에게 일러 말하기를 '오늘은 피곤하구나, 내가 싹이 자라는 것을 도왔느니라!' 하였다."61)라는 구절이 있다. 여기서는 ①, ②의 뜻으로 쓰인 것으로 생각된다.

30 皎皎한[皎皎]: ①희고 깨끗한 모양. 『詩』 「小雅·白駒」에는 '깨끗하고 깨끗한 흰 망아지'62)라는 구절이 있다. ②밝은 모양. 『楚辭』 「遠游」에 "때때로 멀리 보이는 듯 하면서 정기가 밝게 왔다 갔다 하는도다."63)라는 구절이 있다. 여기서는 ②의 뜻으로 사용한 것으로 보인다.

31 달[姮娥]: 달을 의미하는 姮娥는 五帝의 한 사람인 帝嚳의 딸이자, 后羿의 妻. 대단한 미모의 소유자로 알려져 있다. 본명은 姮娥나 前漢 文帝(劉恒)를 避諱하여 嫦娥라고 하였다. 혹 常娥라고도 한다. 다양한 전설의 소유자로 항아와 후예가 一夫一妻制의 창시자라고도 하고, 西王母를 모시다가 남편인 후예를 위해 不死藥을 훔쳐 달에 가서 신선이 되었다고도 한다. 동진 이후 道敎 신화 속에 등장하는 항아는 月神太陰聖君과 합일되어 한 사람이 되는데, 도교에서 달을 陰의 정수로 이해하였기 때문이다. 그렇게 월신태음성군과 합일되면서 항아는 '月宮黃華素曜元精聖后太陰元君' 또는 '月宮太陰皇君孝道明王'으로 불리며 여신이 되었다.

---

59) 『文子』, 「上仁」, "道之言曰, 茫茫昧昧, 因天之威, 與天同氣."
60) 『文選』, 〈補亡詩〉, "芒芒其稼,[李善注: 芒芒, 多貌] 參參其穡."
61) 『孟子』, 「公孫丑上」, "宋人有閔其苗之不長而揠之者, 芒芒然歸, 謂其人曰:「今日病矣, 予助苗長矣!」"
62) 『詩』, 「小雅·白駒」, "皎皎白駒."
63) 『楚辭』, 「遠游」, "時髣髴以遙見兮, 精皎皎以往來."

32  州西曹[州西曹]: 州의 西曹. 한대 丞相과 太尉 소속 관리들이 曹로 나뉘어 일을 처리하였는데, 그 중 한 부서가 西曹다. 처음에는 百官들의 奏事를 담당하였는데, 후에는 主府 내의 관리 임용을 담당하였다. 正은 掾이라 칭하고 副는 屬이라 칭한다. 조위 시기에는 丞相, 大將軍, 司徒, 司空 등의 府에 西曹掾이 설치되었는데, 秩은 比四百石이었다. 진대와 남북조 시기에는 功曹를 서조라 하였다.

33  進士[進士]: ①고대에는 貢擧된 인재를 가리켰다.[64] ②賢士를 추천하는 것을 의미한다.[65] ③隋煬帝 시기 설치된 科擧의 과목 중 하나. 唐代에는 진사과에 응시한 모든 이들을 擧進士라 하고 中試者를 進士라 칭하였다. 후대에는 최종시험인 殿試 합격자를 이르는 표현이 되었다. 여기서는 ③의 뜻으로 해석해야 할 것인데, 그렇다면 이 묘지를 북위 초 묘지로 볼 수 없을 것이다.


## 【참고문헌】

[春秋]左丘明 撰, 『國語』, 上海: 上海古籍, 1998.
[前漢]司馬遷 撰·[劉宋]裵駰 集解·[唐]司馬貞 索隱·[唐]張守節 正義, 『史記』, 北京: 中華書局, 1997.
[後漢]班固 撰·[唐]顔師古 注, 『漢書』, 北京: 中華書局, 1997.
[後漢]劉珍等·吳樹平 校注, 『東觀漢記校注』, 鄭州: 中州古籍, 1987.
[晉]陳壽 撰·[劉宋]裵松之 注, 『三國志』, 北京: 中華書局, 1997.
[劉宋]范曄 撰·[唐]李賢 注, 『後漢書』, 北京: 中華書局, 1997.
[北齊]魏收 撰, 『魏書』, 北京: 中華書局, 1997.
[唐]房玄齡等 撰, 『晉書』, 北京: 中華書局, 1997.
[宋]歐陽修 撰·[宋]徐無黨 註, 『新唐書』, 北京: 中華書局, 1997.
[唐]魏徵 等撰, 『隋書』, 北京: 中華書局, 1997.

---

64) 『禮記』, 「王制」, "大樂正論造士之秀者, 以告於王, 而升諸司馬, 曰進士."[鄭玄注: 進士, 可進受爵祿也.]
65) 『墨子』, 「親士」, "歸國寶, 不若獻賢而進士."

[唐]杜佑 撰·王文錦·劉俊文 等點校,『通典』, 北京: 中華書局, 1988.
[唐]李吉甫 撰,『元和郡縣圖志』, 北京: 中華書局, 1983.
[後晉]劉昫 等撰,『舊唐書』, 北京: 中華書局, 1997.
[宋]歐陽修·宋祁 撰,『新唐書』, 北京: 中華書局, 1997.
[宋]歐陽修 撰·[宋]徐無黨 注,『新五代史』, 北京: 中華書局, 1997.
方詩銘·王修齡,『古本竹書紀年輯證』, 上海: 上海古籍, 1981.

[戰國]毛亨 傳·[後漢]鄭玄 箋·[唐]孔穎達 疏,『毛詩正義』, 北京: 北京大, 1999.
[戰國]左丘明 傳·[晉]杜預 注·[唐]孔穎達 正義,『春秋左傳正義』, 北京: 北京大, 1999.
[前漢]孔安國 傳·[唐]孔穎達 疏,『尙書正義』, 北京: 北京大, 1999.
[後漢]趙岐 注·[宋]孫奭 疏·[整理]廖名春·劉佑平,『孟子注疏』, 北京: 北京大, 1999.

[春秋]計然 撰·[唐]徐靈府 注·王利器 疏義,『文子疏義』, 北京: 中華書局, 2000.

[晉]王嘉 撰·[梁]蕭綺 錄·齊治平 校注,『拾遺記』, 北京: 中華書局, 1981.
[梁]蕭統 編·[唐]李善 注,『文選』, 北京: 中華書局, 1997.
陳子展 撰,『楚辭直解』, 上海: 復旦大, 1996: 1997.

遼寧省博物館,『北魏墓誌二十品』, 北京: 文物, 1990.
遼寧省地方志編輯委員會辦公室,『遼寧省志: 文物志』, 瀋陽: 遼寧人民, 2001.
毛遠明 校注,『漢魏六朝碑刻校注 第一冊』, 北京: 線裝書局, 2008.
毛遠明 校注,『漢魏六朝碑刻校注 第七冊』, 北京: 線裝書局, 2008.
梶山智史,『北朝隋代墓誌所在總合目錄』, 東京: 汲古書院, 2013.
窪添慶文,「墓誌の起源と定形化」,『立正史學』105, 2009.
王力春,「遼寧出土≪劉賢墓誌≫入窆年代獻疑」,『蘭臺世界』2012-6.
王綿厚·王海萍 主編,『遼寧省博物館藏墓誌精粹』, 東京: 中敎, 2000.
王晶辰 主編,『遼寧碑誌』, 瀋陽: 遼寧人民, 2002.
曹汛,「北魏劉賢墓誌」,『考古』1984-7.
趙超,『漢魏南北朝墓誌彙編』, 天津: 天津古籍, 1992.
周一良,「北魏鎭戍制度考」,『魏晉南北朝史論集』, 北京: 中華書局, 1963.
韓理洲等 輯校編年,『全北魏東魏西魏文補遺』, 西安: 三秦, 2010.
洪承賢,「洛遷 이전 墓誌를 통해 본 北魏 墓誌의 展開」,『中國史硏究』110, 2017.

# 〈武周久視元年(700)袁公瑜墓誌銘〉

〈무주 구시 원년(700) 원공유 묘지명〉

이진선

【解題】

①〈大周故相州刺史袁府君墓誌銘〉,〈袁公瑜曁妻孟氏志〉 ②武周 久視 원년(700) 10월 28일 ③河南省 洛陽市 출토. 출토 시기는 未詳[1] ④ 洛陽 千唐志齋[2] ⑤靑石 ⑥方形. 誌蓋 탁본 길이 57cm, 너비 56cm. 篆書. 총 3行, 每行 3字. 墓誌 탁본 길이 70cm, 너비 74cm.[3] 正書. 총 33行, 每行 32字. 平闕이 쓰인 행은 32자가 아니다. 武周 시기 재상 狄仁傑이 찬술하였고, 書法은 于志寧의 것이다 ⑦〈탁본사진〉『北京圖書館藏中國歷代石刻拓本匯編 19册』;『千唐志齋藏誌』;『千唐志齋』;『隋唐五代墓志彙編 洛陽卷 7册』;『唐代墓誌銘彙編附考 13册』;『新出唐墓志百種』;『西域碑銘錄』 ⑧『羅雪堂先生全集續編二』 ⑨(全體)『魏晉南北朝隋唐史資料』第8輯;『唐代墓誌彙編 上』;『全唐文補遺 1册』;『全唐文新編 3册』;『新出唐墓志百種』;『西域碑銘錄』. (部分)『洛陽市文物志』;『千唐志齋』;『洛陽與中國書法 第3卷 隋唐 五代』 ⑩이 묘지에는 원공유 본인과 부인 孟氏의 묘지가 기재되어 있다.『舊唐書』와『新唐書』에 원공유의

열전이 없어 이 비문을 통해 원공유의 행적과 가계를 살필 수 있다. 특히 원공유의 형제 〈武周久視元年袁公瑤墓誌〉와 원공유의 아들 〈武周久視元年袁承嘉墓誌〉가 함께 남아있어 이 묘지는 인물의 가계를 복원할 수 있는 좋은 사례이다. 또한 이 묘지는 唐 高宗代 西域史 연구에 매우 중요한 사료적 가치를 지닌다. 그의 관력을 보면 西州長史에 제수되었다가 庭州刺史가 되었고, 얼마 후 安西副都護로 옮겼다. 그의 묘지에서 漢代 鄭吉과 後漢代 班超라도 원공유보다 뛰어나지는 못할 것이라는 표현으로 보면, 서역에서의 공적이 뛰어났음을 알 수 있다. 麟德年間(664~665)의 내용이 기재된 펠리오 문서 P.2754「唐安西判集殘卷」에 의하면, 이 시기 원공유가 서주도독부장사로 있었고, 永隆元年(680) 振州로 유배되기 직전까지 安西副都護를 지냈던 것으로 보아 그가 서역에서 주로 활동했던 시기는 고종 치세 후반기로 추정된다. 나아가 동일한 활동 시기에 서역에서 그와 유사와 관직을 지냈던 王方翼의 神道碑와 杜懷寶의 造像記가 문헌과 실물로 전한다. 이 세 자료를 통해 고종 치세말의 서역 상황과 당시 서역관리기구 및 그 관직에 대한 자세한 정보를 얻을 수 있다[4] ⑪魯才全,「跋武周〈袁公瑜墓志〉」,『魏晉南北朝隋唐史資料 第8輯』(武漢: 武漢大學學報編輯部, 1986), 32-40, 67쪽; 黃正建,「從墓志看與武則天相關的幾位法官」,『武則天與廣元』(北京: 文物, 2014), 123-129쪽; 戴良佐 編著,『西域碑銘錄』(烏魯木齊: 新疆人民, 2013), 101-104쪽.

【 解 題 註 】

■1 『北京大學圖書館藏歷代墓志拓片目錄 上册』에서는 1929년에 낙양에서 출토되었다고 보고하였다.[1] 반면 『洛陽市文物志』에서는 정확한 출토 시기는 알 수 없지만 1935년을 전후하여 張鈁(1886~1966)이 수집한 뒤 千唐志齋에 소장한 것으로 보고하였다.[2] 출토 시기에 대해서는 확정할 수 없어 未詳이라고 하였다.

■2 河南省 洛陽市 新安縣 鐵門鎭 千唐志齋의 9호실 정면 왼쪽 하단 벽면에 전시되어 있다.

■3 묘지의 탁본에 대하여 『北京大學圖書館藏歷代墓志拓片目錄 上』에서는 길이 73cm·너비 74cm, 『千唐志齋藏誌』·『千唐志齋』·『西域碑銘錄』에서는 길이 70cm·너비 74cm, 『洛陽市文物志』에서는 길이 74cm·너비 75cm라고 보고하였다.[3] 여기서는 『千唐志齋藏誌』의 기록에 따랐다.

■4 이 묘지의 구성요소는 다음과 같다. ❶墓主의 성명과 본적 ❷가계 ❸묘주의 성품 ❹묘주의 행적 ❺묘주의 사망일과 사망지 ❻묘주에 대한 평가 ❼묘주 부인의 가계와 가문의 품격 ❽묘주 부인의 품행 ❾묘주 부인의 사망일과 사망지 ❿합장일 및 합장지 ⓫각석 배경 ⓬銘辭.

---

1) 北京大學圖書館金石組胡海帆·湯燕·陶誠 著, 『北京大學圖書館藏歷代墓志拓片目錄 上』(上海: 上海古籍, 2013), 328쪽.
2) 徐金星·黃明蘭 主編, 「唐代袁公瑜墓誌」, 『洛陽市文物志』(洛陽: 豫西報社印刷廠, 1985), 318쪽.
3) 北京大學圖書館金石組胡海帆·湯燕·陶誠 著, 앞의 책, 328쪽; 河南省文物研究所·河南省洛陽地區文管處 編, 『千唐志齋藏誌』(北京: 文物, 1984), 481쪽; 趙跟喜·郭也生·李明德·徐金星 著, 『千唐志齋』(北京: 中國旅遊, 1989), 85쪽; 戴良佐 編著, 『西域碑銘錄』(烏魯木齊: 新疆人民, 2013), 101쪽; 徐金星·黃明蘭 主編, 앞의 글, 318쪽.

## 【釋文】

(誌蓋) 大周故袁府君墓誌銘

(誌文) 大周故相州刺史袁府君墓誌銘幷序. 河北道安撫大使狄仁傑撰書」

君諱公瑜, 字公瑜, 陳郡 扶樂人[1]也. 嬀滿受封, 始爲列國. 濤塗得姓, 實建我家. 汝墳化」三老之風, 漢室推五公之貴, 布在惇史, 今可略焉. 曾祖虯, 魏車騎大將軍·行臺大都」督·汝陽郡開國公. 祖欽, 周昌城太守·汝陽郡開國公. 父弘, 唐 雍州 萬年縣令·舒」州刺史. 丙錫純嘏,[2] 世篤忠貞, 累仁積德, 傳龜襲紫, 汝潁之士, 以爲美談. 君體國懿姿, 承家」昭範, 含章踐軌, 貫理達微. 少有大節, 以射獵爲事, 嘗遇父老謂之曰, "童子有奇表, 必」佐帝王." 年十有五, 乃志于學, 談近古事, 若指諸掌. 年十九, 調補唐 文德皇后挽郎. 稍」晉州司士, 郡有事每命君奏焉. 君音儀閑雅, 聲動左右. 唐 文武皇帝歎曰, "朕求通事」舍人久矣, 今乃得之." 時以寺獄未清, 因稍君大理司直. 俄而烏[3]夷逆命, 鑾駕東征, 特」稍君幷州晉陽縣令. 尋遷大理寺丞. 宰劇有聲, 恤刑無訟, 人賴厥訓, 朝廷嘉焉. 遷都」官員外郎, 歷兵部·都官二員外, 尋拜兵部郎中. 張燈匪懈, 題柱增榮, 揔文武之司, 得」神仙之望.」[4] 今上倪丙伊始, 潛德未飛, 君早明沙麓之祥, 預辯舂陵之氣, 奉若丙命, 首建」[5]尊名, 故得保乂王家, 入紊邦政. 俄以君爲中書舍人, 又遷西臺舍人. 徐邈以儒宗見」重, 劉超以忠睿推名, 喩此聲芳, 未足連類. 遷司刑少常伯. 君素多鯁直, 志不苟容, 猜」禍之徒, 乘閒而起, 成是貝錦, 敗我良田. 尋出君爲代州長史. 又除西州長史. 驥足遲」迴, 殊非得坴. 鴈門奇舛,[6] 空負明時. 俄轉庭州刺史. 無何, 遷安西副都護. 君威雄素属,」信義久孚, 走㢑氏, 降⑦逐, 柳中罷柝, 葱右無塵, 雖鄭吉・班超, 不之加也. 惜乎忠而獲」謗, 信以見疑, 盜言孔甘, 文致□⁷罪, 永隆歲, 遂流君于振州. 久之遇赦, 將歸田里, 而權」思舞法, 陰風有司, 又徙居白州. 竄迹狼荒, 投身魑魅, 炎沙毒影, 窮海迷丙. 憂能傷生」, 命不可續, 享秊七十三, 垂拱元秊七月廿五⑦寢疾, 終于白州. 嗚呼哀哉! 永昌歲, 始」還鄧州, 權殯石溪里. 虞翻之弔, 但見青蠅, 王業之喪, 猶隨白𩥅. 如意䡮, 有」⁸制追贈君相州刺史. 恩加異代, 澤漏窮泉, 可謂生榮死哀, 歿而不朽. 前夫㞢孟氏, 隨」⁹車騎將軍陟之孫, 唐曺州刺史政之女. 玉林皆寶, 銀艾相暉, 壟積膏腴, 世多賢洙. 夫」㞢秉閨房之秀, 導苯苡之風, 母訓重於紗帷, 婦德光於綾障. 老萊之養, 未極斑衣, 張」胤之哀, 空留畫扇. 享秊卅五, 永徽六秊十囬五⑦, 終于京第. 嗚呼哀哉! 卽以久視元」秊十囬廿八⑦, 合葬于洛陽縣之北邙山. 㞢卜書生, 塋依烈士. 楊公返葬, 空餘大鳥」之悲, 魏主迴軒, 當有隻雞之酹. 孤子殿中省丞・奉宸大夫・內供奉忠恩等, 涙窮墳栢,」哀結楹書, 式撰遺風, 丕揚億廩. 其銘曰」, 峨峨碩德, 惟岳生焉. 顯顯英望, 允邦基焉. 服事臺閣, 厥功茂焉. 典司樞要, 其業光焉.」積毀銷骨, 老西垂焉. 微文獲戾, 投南海焉. 虞翻播弃, 死交趾焉. 溫序魂魄, 還故鄉焉.」遭逢⁽¹⁰⁾明運, 帝念嘉焉. 追贈幽壤,⁽¹¹⁾朝恩博焉. 北郭占墓, 啟滕銘焉. 西階祔葬, 從周禮焉. 樹之松檟, 神道寧焉. 刊彼金石, 休聲邈焉.

## 【釋文註】

① 측천 문자는 武則天(재위 690~705) 載初 원년(689) 정월에 鳳閣侍郎 宗秦客이 天·地 등 12글자를 만들어 바치면서 사용되기 시작하였고,[4] 中宗(재위 684, 705~710) 神龍 원년(705) 국호를 唐으로 회복하면서 사용하지 않게 되었다.[5] 〈원공유묘지〉에는 玊, 囝, 埀, 丙, 稺, 坓, 臣, ⓩ, 恖, 壐, 鳳의 측천문자가 보인다. 이하 석문에 보이는 측천 문자에 대한 설명은 생략하겠다.

〈正字-則天文字 대조표〉

| 正字 | 照 | 天 | 地 | 日 | 月 | 星 | 君 |
|---|---|---|---|---|---|---|---|
| 則天字 | 瞾瞾 | 兦丙 | 埊 | ⓩ囝 | ⓗ匨囝 | ○ | 雩鳯凮 |
| 正字 | 臣 | 載 | 初 | 年 | 除 | 正 | 授 |
| 則天字 | 恖 | 鳳鳯 | 壐 | 埀埀 | 禸 | 囸 | 穛穛 |
| 正字 | 證 | 聖 | 國 | 人 | 幼 | 生 | 應 |
| 則天字 | 譥䜍 | 埕 | 囻 | 玊 | 禹 | 匡 | 厏 |

② 묘지가 正書로 쓰였고 깨진 몇 글자를 제외하면 글자가 선명하게 남아 있어 판독에 이견이 거의 없다. 蝦에 대해서는 魯才全·『全唐文新編』·

---

4) 『資治通鑑』卷204, 載初元年正月條 및 胡三省 註 참조. 무측천은 周의 제도에 따라 建子月을 正月로 삼아 永昌 원년(689) 11월을 載初 원년 정월로 고치고, 그 해(690) 9월 임오(9일)에 다시 天授 원년으로 개원하고 국호를 周로 바꾸었다. 고종 사후 684~690년 동안은 황제가 중종과 예종이었으나 무측천이 섭정하였으므로 이 글에서는 편의상 무측천의 연호라고 기술하였다.
5) 『資治通鑑』卷208, 神龍元年(705)二月條, "甲寅, 復國號日唐. 郊廟·社稷·陵寢·百官·旗幟·服色·文字皆如永淳以前故事."

『唐代墓誌彙編』은 蝦로, 『新出唐墓志百種』・『西域碑銘錄』은 蝦로 판독하였다. 의미상 蝦가 적합하지만 비문에 보이는 자형에 따라 蝦로 판독하였다. 蝦와 蝦의 이체자 중 서로 비슷한 자형이 보이지 않아 蝦는 蝦를 잘못 새긴 것으로 생각된다.[6]

③ 鳥에 대해서는 『全唐文新編』・『唐代墓誌彙編』은 島로, 魯才全・『新出唐墓志百種』・『西域碑銘錄』은 鳥로 판독하였다. 비문에 보이는 자형에 따라 鳥로 판독하였다.

④ 今上 倪天은 무측천을 가리키며 황제를 지칭하기 때문에 今上을 높이기 위해 행을 바꾸는 平出이 사용되었다. 평출은 높여야 할 대상에 대해[7] 그 行을 비워두고 바꾸어 다음 행의 맨 처음에 다시 쓰는 것이다. 또한 闕字는 높여야할 대상에 대해 행을 바꾸지는 않지만 글자를 비워두고 쓰는 방식이다. 평출과 궐자는 平闕이라고 불렸는데, 정치적 권력과 종교적 권위에 대해 서식 상으로 경의를 나타내는 방법을 규정한 규칙이라고 할 수 있다.[8] 이러한 평궐식은 펠리오 문서 P.2504 「天寶令式表」에 '平闕式', '不闕式', '新平闕令', '舊平闕式' 등이 보인다.[9]

⑤ 제왕을 의미하는 尊名을 높이기 위해 글자를 비워두는 闕字가 사용되

---

6) 『十三經注疏正字』卷19, "疏馮馮至祖考上言, 百神爾主, 純蝦爾常."의 註, "上誤下蝦, 毛本誤蝦."

7) 당대에 규정된 평출 대상은 다음과 같다. 『唐六典』卷4, 「尙書禮部」, 禮部郎中員外郎조, "凡上表・疏・箋・啟及判・策・文章, 如平闕之式. [原註: 謂昊天・后土・天神・地祇・上帝・天帝・廟號・祧皇祖・妣・皇考・皇妃・先帝・先后・皇帝・天子・陛下・至尊・太皇太后・皇太后・皇后・皇太子皆平出, 宗廟・社稷・太社・太稷・神主・山陵・陵號・乘輿・車駕・制書・勅旨・明制・聖化・天恩・慈旨・中宮・御前・闕廷・朝廷之類幷闕字, 宗廟中・陵中・行陵・陵中樹木・待制・乘輿車中馬・擧陵廟名爲官, 如此之類, 皆不闕字. 若泛說古典, 延及天地, 不指說平闕之名者, 亦不平出. 若寫經史群書及撰錄舊事, 其文有犯國諱者, 皆爲字不成.]"

8) 岡野誠, 「唐代の平闕式についての一考察(上)」, 『法律論叢』87-4・5(2015), 132쪽.

9) 해당 문서의 도판은 上海古籍 法國國家圖書館 編, 『法國國家圖書館藏敦煌西域文獻 14 册』(上海: 上海古籍, 2001), 359-363쪽 참조.

었다. 이 묘지에서는 궐자에 세 칸을 비워두었다.

6️⃣ 舛은 『西域碑銘錄』에서만 歼(殱의 간체자)로 판독하였으나 비문에 보이는 자형에 따라 舛으로 판독하였다.

7️⃣ 글자가 깨져 판독할 수 없다.

8️⃣ 制는 제서를 의미하므로 이를 높이기 위해 글자를 비워두는 闕字가 사용되어 세 칸을 비워두었다.

9️⃣ 隨는 隋이다. 隋의 국호가 隨로 기록된 것에 대해서는 많은 논란이 있다. 顧炎武는 수 이전부터 당까지 隨와 隋는 통용되었고, 文帝改隨說이 반드시 정확한 것은 아니라고 설명하였다. 이후 일본에서도 宮崎市定 등이 文帝改隨說의 오류를 승인하였다. 한편 岑仲勉은 수대에는 분명히 국호가 隋였는데, 唐初에 隨로 바뀌고 中唐에 들어 점차 隋로 표시하게 되었다고 설명하였다. 이에 대하여 高橋繼男은 隋 文帝(재위 581~604)부터 당 태종 사이에 제작된 석각 자료를 분석·통계하여 태종대에 의도적으로 '隋'자에 '辶'자를 더해 '隨'로 표기했음을 증명하였다. 즉 隋代 국호의 사용은 '辶'가 없는 '隋'자가 92~94%를 차지하고, 특히 煬帝(재위 604~618) 시기에는 약 95%까지 이르렀다. 唐初 高祖(재위 618~626) 시기에는 수대의 표기 방식을 그대로 이어받아 '隋'의 용례가 약 95%를 차지하였다. 반면 태종 정관(627~649) 연간을 임의로 전기(627~638)와 후기(639~649)로 나눈다면, 전기에는 '隋'자가 약 21%, '隨'자가 약 79%를 차지하고, 후기에는 '隋'자가 약 10% 초반, '隨'자가 약 90% 미만을 차지하였다. 즉 국호 '隋'가 태종의 즉위 이후 '辶'자가 있는 '隨'로 변화한 것이다. 이는 『摩訶止觀』에 대해 湛然(711~782)이 주를 단 『止觀輔行傳弘決』에 "隋字는 … 글자에 본래 走가 없었지만, 唐이 흥기하자 隋는 이미 떠났으므로 이를 더한 것이다."라는 것과도 부합한다.10)

🔟 明運은 治世를 의미한다. 여기서는 무측천의 치세를 의미하므로 무

측천을 높이기 위해 글자를 비워두는 闕字가 사용되어 세 칸을 비워둔 것으로 생각된다. 앞 空負明時의 明時는 또한 치세를 의미하는데, 궐자가 사용되지 않았으므로 황제의 치세라기보다 원공유의 관직 생활을 지칭할 것으로 생각된다.

**11** 朝는 무측천의 조정을 가리킨다. 이에 闕字가 사용되어 세 칸을 비워두었다.

【譯文】

(지개) 大周 故袁府君의 墓誌銘

(지문) 大周 故相州刺史 袁府君의 墓誌銘 및 序. 河北道安撫大使 狄仁傑이 찬술하다.**1**

君은 諱가 公瑜이고 字가 公瑜이며**2** 陳郡 扶樂 사람이다.**3** 嬀滿이 봉작을 받아 비로소 列國이 되었다.**4** 濤塗는 姓을 얻어 진실로 우리 가문을 세웠다.**5** 汝墳이 三老의 풍교에 감화되고**6** 漢 왕실이 5公의 귀한 자리로 추대한 일**7**은 惇史에 드러나 있으니, 지금은 간략히 서술한다.**8** 증조부 虬는 [北]魏의 車騎大將軍**9**·行臺大都督**10**·汝陽郡開國公**11**이었다. 조부 欽은 [北]周의 昌城太守·汝陽郡開國公이었다.**12** 부친 弘은 唐의 雍州萬年縣令·舒州刺史를 지냈다.**13** 하늘이 큰 복을 내려주시니 대대로 忠貞을 두터이 하고**14** 仁德을 쌓아 고관대작을 이어갔으니,**15** 汝穎의 士가 이를 美談으로 여겼다.**16** 君은 나랏일은 자질을 아름답게 여기고 집안일은 규범을 밝혀**17** 아름다움을 간직하고 법도를 준수하였고 이치에 통달하고 일의 기미를 잘 알았다.**18** 어려서는 큰 절개를 품

---

10) 高橋繼男, 「唐初における國號〈隋〉字の字形変化:〈煬帝墓誌〉の発見によせて」, 『アジア文化研究所研究年報』 49(2014), 42-19쪽.

었으나 활쏘기와 사냥을 일삼았는데, 언젠가 만난 父老가 말하기를 "童子는 비범한 의표가 있으니 반드시 帝王을 보좌할 것이다."[19]라고 하였다. 15세에 곧 학문에 뜻을 두어 古事를 가까이 말함에 마치 손바닥을 들여다보듯이 하였다.[20] 19세에 唐 文德皇后의 挽郞으로 선발되었다.[21] 晉州司士에 제수되었는데,[22] 郡에 일이 있으면 매번 君에게 명하여 상주하게 하였다. 君은 음성이 기품 있고 아름다워 말을 하면 좌우를 움직이게 하였다.[23] 唐 文武皇帝[24]가 감탄하여 말하길 "짐이 通事舍人[25]을 구한지 오래되었는데, 지금 바로 얻었다."라고 하였다. 당시 [大理]寺의 옥사가 해결되지 않아 이에 君을 大理司直에 제수하였다.[26] 머지않아 동쪽 오랑캐가 천명을 거슬러 鑾駕가 동쪽으로 정벌을 갔는데[27] 특별히 君을 幷州晉陽縣令에 제수하였다.[28] 이윽고 大理寺丞으로 옮겼다.[29] 번잡한 일을 잘 주재하여 명성이 있었고 刑을 신중히 하고 송사가 없게 하자 사람들이 그의 훈시를 따르니 조정에서는 이를 기뻐하였다.[30] 都官員外郞으로 옮기고, 兵部·都官 두 員外를 역임하고,[31] 곧이어 兵部郞中에 임명되었다.[32] [밤에도] 불을 밝혀 게을리 하지 않아 황제께 총애를 받고 더욱 영예로워졌으며,[33] 文武의 직무를 총괄하여 神仙과 같은 명망을 얻었다.[34] 수上 倪天이 처음에 포부를 숨긴 채 일어나지 않았는데,[35] 君은 일찍이 沙麓의 상서로움을 밝히고 미리 舂陵의 기운을 분별하여[36] 天命을 받들어 먼저 尊名을 세웠으므로 王家를 보호하고 편안히 하여 국정에 참여할 수 있었다.[37] 머지않아 君을 中書舍人으로 삼고[38] 또 西臺舍人으로 옮겼다.[39] 徐邈이 유학의 종사로 존중받았고[40] 劉超가 충렬지사로 이름을 날렸는데,[41] 이 아름다운 명성으로 비유하여도 [君을] 같은 부류에 두기에는 부족하다.[42] 司刑 少常伯으로 옮겼다.[43] 君은 평소에 매우 강직하여 뜻을 구차히 영합하지 않아 해로운 무리가 틈을 타고 일어나 참소를 만들어 君을 해하였다.[44] 이윽고 君을 [바깥으로] 내보내 代州長史로 삼았다.[45] 또 西州長史에 제수하였다.[46] 인재는 이리저리 전전하며 특별히 출세하지 못하고, 雁門에서 더욱 어그러져 헛되이 밝은 시대만 보냈다.[47] 머지않아 庭州刺史가 되었다.[48] 얼마 후 安西副都護로 옮겼다.[49] 君은 본디 威雄이 높고 信義가 오래도록 빛나 月氏를 쫓아내고 日逐을 항복시키자[50] 柳中에서 경계를 하지 않아도 총령 이서가 평화로워 졌으니,[51] 비록 鄭吉과 班超라도 [君보다] 더 하지는 못할 것이다.[52] 애석하다! 충성스러우나 비방을 받고 신의가 있었으나 의심을 받아 참언이 매우 잘 꾸며져 교묘하게 □죄에 빠지게 되었는데,[53] 永隆 해(680)에 마침내 君을 振州로 유배시켰다.[54] 오랜 뒤 사면을 받아 고향으로 돌아가려 했는데, 권신이 법을 우롱하여 은밀히 有司에게 사주하니 또 옮겨서 白州에 거처하였다.[55] 척박한 땅으로 쫓겨나 황량한 변경에 버려지니[56] 남쪽 땅에서 건강을 해치고 외진바다에서 방황하였다.[57] 우환이 병이 되어 목숨을 이어갈 수가 없었으니, 향년 73세 垂拱 원년(685) 7월 25일 병을 앓다가 白州에서 생을 마쳤다.[58] 아 슬프도다! 永昌 해(689)에 비로소 鄧州로 돌아와 임시로 石溪里에 빈소를 두었다.[59] 虞翻의 조문에는 靑蠅만 있었으나[60] 王業의 죽음은 오히려 白虎도 따랐다.[61] 如意 초(692) 제서를 내려 君을 相州刺史로 추증하였다.[62] 은택은 후대에까지 더해지고 황천까지 미쳐서[63] 살아서는 영화를 누리고 죽어서는 애도를 받았으니, 죽었으되 [그 영예가] 쇠하지 않았다고 할 만 하다. 前夫人 孟氏는 隨 車騎將軍 陟의 손녀이며 唐 曹州刺史 政의 딸이다.[64] [부인의] 집안사람은 모두 보배여서 고관대작을 지냈으며, [가문에] 재산이 풍족하고 대대로 현숙한 사람이 많았다.[65] 부인은 閨房의 아름다움을 간직하고 아내로서의 도를 따랐으며,[66] 어머니의 가르침은 紗帳보다 귀중하게 여기고 부인의 덕은 綾障보다 빛났다. 노래자는 오래도록 색동옷을 입어 [부모를] 봉양하였고, 장부는 슬픔을 부채에 글로 남겼다.[67] 향년 35세 永徽 6년(655) 10월 5일 京師의 집에서 세상을 떠났다.[68] 아 슬프도다! 곧 久視 원년(700) 10월 28일에 洛陽縣의 北邙山에 합葬하였다.[69] 땅은 晝生으로 점치고 무덤은 烈士에 의거하였다.[70] 楊公은 돌아와 장례를 치를 때 공허히 큰 새의 슬픔만 남았지만, 魏主는 집으로 돌아오자 마땅히 보잘 것 없는 제물로라도 제사를 지냈다.[71] 孤子 殿中省丞·奉宸大夫·內供奉 忠臣 등이[72] 눈물을 흘리며 무덤을 만들고 유언을 가슴에 담으니, 찬술한 유풍이 오래도록 드날릴 것이다.[73] 명사는 다음과 같다. [명사] 위대하다 큰 덕이여 하늘이 내려주셨네.[74] 빛나구나 영망이여 진실로 나라가 의지하였구나.[75] 조정의 직무 수행하며 큰 공적 세웠네. 요직을 담당하며 빛나는 업적을 남겼도다.[76] 혹독한 참소를 받아 늙도록 서쪽 변경을 지켰네. 하찮은 글 때문에 죄를 얻어 남쪽 바닷가로 유배 갔구나.[77] 虞翻처럼 버려져 交趾에서 사망하였네. 溫序의 혼백처럼 故鄕으로 돌아왔네.[78] 밝은 세상을 만나 황제께서 가상히 여기셨네. 황천에서 추중 받았으니 조정의 은혜 깊도다.[79] 성곽 북쪽에 묘 자리를 마련하고 명문을 새기네.[80] 西階에 부인을 합장하니 周禮에 따랐도다.[8-1] 소나무, 오동나무 울창하니 묘 자리 편안하네.[8-2] 이 돌에 명을 새기니 아름다운 명성이여 영원하리라!

### 【 譯 文 註 】

[1] 河北道安撫大使 狄仁傑이 찬술하였다[河北道安撫大使狄仁傑撰書]: 적인걸(630~700)은 幷州 太原 사람으로 자가 懷英이고, 시호가 文惠이다. 明經科로 등용되어 汴州參軍에 임명되었다가 閻立本에게 발탁되어 幷州都督府 法曹에 천거되었다. 大理丞, 侍御史, 度支郎中, 寧州刺史, 地官侍郎, 魏州刺史 등을 역임하였다. 무측천 神功 원년(697) 同鳳閣鸞臺平章事가 되어 재상을 지냈다. 突厥이 趙州·定州 등을 공격하자 적인걸은 698년 10월 河北道安撫大使에 임명되었다. 이후 조정으로 돌아와 699년 12월 內史가 되었다.[11] 久視 원년(700) 9월 신축(26일)에 향년 71세로 卒하였다. 중종 때 司空으로 추증되고, 睿宗(재위 684~690, 710~712) 때 梁國公으로 추봉되었다.[12] 성력 3년(700) 5월 久視로 개원하였다. 奉宸府는 700년 6월 控鶴府에서 奉宸府로 개칭되었다.[13] 즉 적인걸이 이 묘지를 찬술한 시기는 700년 6월에서 9월 26

---

11) 『唐大詔令集』卷44,〈狄仁傑內史制〉, "…是屬銀青光祿大夫·守納言·上柱國·汝陽縣開國男. …可守內史, 散官·勳封如故. 主者施行. [原註: 聖歷三年十二月十八日, 韋嗣立平章事制]" 무측천이 周의 제도에 따라 건자월을 정월로 하였기 때문에 성력 3년 臘月은 서력으로 환산하면 699년 12월이다. 이에 『唐大詔令集』에서 성력 3년 12월 18일이라고 한 것이다.
12) 『舊唐書』卷89,「狄仁傑傳」;『新唐書』卷115,「狄仁傑傳」.
13) 『資治通鑑』卷206, 久視元年六月條, "改控鶴爲奉宸府, 以張易之爲奉宸令.";『新唐書』卷76,「高宗則天武皇后傳」, "久視初, 以控鶴監爲天驥府, 又改奉宸府, 罷監爲令." 한편 『舊唐書』卷6,「天武皇后本紀」, 聖歷二年二月條, "初爲寵臣張易之及其弟昌宗置控鶴府官員, 尋改爲奉宸府, 班在御史大夫下."라 하여 성력 2년에 봉신부가 설치된 것

일 사이일 것이다.14)

② 君은 諱가 公瑜이고 字가 公瑜이며[君諱公瑜, 字公瑜]: 대개 묘주의 諱와 字가 다르지만 간혹 諱와 字가 같은 경우가 있다. 이러한 사례는 〈원공요묘지〉에 "공은 휘가 公瑤이고, 자가 公瑤이다."라고 한 것에서도 볼 수 있다.

③ 陳郡 扶樂 사람이다[陳郡扶樂生也]: 陳郡은 당대의 陳州로 宛丘·太康 등 6개의 屬縣을 거느렸다. 그 중 扶樂縣은 高祖 武德 원년(618)에 설치된 陳州의 5개의 속현 가운데 하나였으나, 太宗 貞觀 원년(627) 현을 없애고 太康縣(지금 河南省 周口市 太康縣)으로 편입되었다.15) 『元和姓纂』에서는 원공유를 京兆 사람이라고 기술하였다.16) 그러나 〈원공유묘지〉, 〈원공요묘지〉, 〈원승가묘지〉에서 모두 陳郡 扶樂人이라고 하므로 원공유 일가의 본관은 陳郡 扶樂縣일 것이다.17)

④ 嬀滿이 봉작을 받아 비로소 列國이 되었다[嬀滿受封, 始爲列圀]: 嬀滿은 西周 시기 陳의 國君으로 성이 嬀이고 이름이 滿이며 胡公이라고도 불렸다. 堯가 舜에게 두 딸을 시집보내 嬀汭에 살게 했는데, 그 후손들이 그곳을 성씨로 삼아 嬀氏가 되었다. 周 武王이 商을 멸하고 순의 후손 규만을 찾아 딸 大姬와 결혼시키고 陳에 봉하였다.18) 그러므로 규

---

으로 전하지만, 『資治通鑑』과 『新唐書』의 기록에 따랐다.

14) 魯才全은 적인걸이 자신의 지위가 재상이고 또 명망이 높은데, 조칙을 받지 않은 상황에서 묘지에 재상의 명칭이 드러나는 것이 여의치 않았기 때문에 직전에 맡았던 관직 하북도안무대사를 대신 썼던 것이 아닐까 추정하였다. 魯才全, 앞의 글, 39-40쪽 참조.

15) 『舊唐書』卷38, 「地理一」, 河南道, 陳州(上)條; 『新唐書』卷38, 「地理二」, 河南道, 陳州·淮陽郡條.

16) 『元和姓纂』卷4, 「袁」, 京兆條, "狀云, 渙之後. 唐舒州刺史處弘, 生公瑜·公祀. 祀生暉, 中書舍人. 公瑜, 刑部侍郎, 生忠臣·仲將. 忠臣, 左羽林將軍·潁州刺史."

17) 魯才全, 앞의 글, 33쪽 참조.

18) 『史記』卷36, 「陳杞世家」, "陳胡公滿者, 虞帝舜之後也, 昔舜爲庶人時, 堯妻之二女, 居于嬀汭, 其後因爲氏姓, 姓嬀氏. 舜已崩, 傳禹天下, 而舜子商均爲封國, 夏后之時,

만의 시기에 비로소 열국이 되었다고 한 것이다.

5 濤塗는 姓을 얻어 진실로 우리 가문을 세웠다[濤塗得姓, 實建我家]: 袁濤塗는 嬀滿의 玄孫으로 춘추 陳 宣公 때 大夫였으며, 轅濤塗라고도 쓴다.[19] 원도도가 姓을 얻은 일은 〈後漢國三老袁良碑〉에서 "처음 父의 字로 씨를 삼고 姓을 袁으로 세웠다."[20]라는 기록에 보인다.[21] 한편 『新唐書』 宰相世系에서 "袁氏는 嬀姓에서부터 나왔다. 陳의 胡公 滿이 申公 犀侯를 낳고 …莊伯이 諸를 낳았는데 字를 伯爰이라고 하였다. 孫 宣仲濤塗가 邑 陽夏를 하사받아 조부[王父]의 字를 氏로 삼았다."라 하여 원도도가 氏를 얻었다고 전한다. 또한 이어서 "秦末에 후손 告가 난리를 피하여 河·洛 사이에 거처했는데, 少子 政이 袁을 氏로 삼았다."[22]는 기록도 보인다.

6 汝墳이 三老의 풍교에 감화되고[汝墳化三老之風]: 汝墳은 『詩』「國風·周南·汝墳」의 편명으로, 周 文王의 德化가 두루 미쳐 교화가 이루어졌음을 찬미한 시이다. 또한 汝墳은 汝南郡 女陰縣으로 王莽 시기에 汝墳이라고 불렸다.[23] 지금 安徽省 阜陽市 潁州 일부와 潁泉 일부이다. 三

---

或失或續, 至于周武王克殷紂, 乃復求舜後, 得嬀滿, 封之於陳, 以奉帝舜祀, 是爲胡公"(1575쪽).

19) 원도도에 대해서는 『史記』 卷36, 「陳杞世家」, 37年條 참조.
20) 『隷釋 三』 卷6, 〈國三老袁良碑〉, "嗣滿爲陳侯. 至玄孫濤塗, 初氏父字, 立姓曰袁."
21) 홍승현은 〈國三老袁良碑〉를 소개하고, 나아가 이 비를 통해 袁氏의 가계가 일가에 한정되지 않고 불특정 다수의 지역 사람들에게 공개되었는데, 이는 이 시기 豪族의 자립화나 지방 지배력의 증대와 관련된 것으로 설명하였다. 또한 〈國三老袁良碑〉에 대한 연구는 홍승현, 「墓碑의 출현과 後漢末 墓碑銘의 정형화」, 『中國古中世史硏究』 35(2015), 316-317쪽 참조.
22) 『新唐書』 卷74下, 「宰相世系四下」, 袁氏條, "袁氏出自嬀姓. 陳胡公滿生申公犀侯, 犀侯生靖伯庚, 庚生季子慆, 慆生仲牛甫, 甫生聖伯順, 順生伯他父, 他父生戴伯, 戴伯生鄭叔, 鄭叔生仲爾金父, 金父生莊伯, 莊伯生諸, 字伯爰, 孫宣仲濤塗, 賜邑陽夏, 以王父字爲氏. 宣仲生選, 選生聲子突, 突生惠子雅, 雅生頗, 奔鄭. 秦末, 裔孫告辟難居于河·洛之間, 少子政, 以袁爲氏."
23) 『漢書』 卷28上, 「地理志八上」, 汝南郡條, "女陰. [原註: 故胡國. 都尉治. 莽曰'汝墳'.]"; 『後

老는 교화를 담당하던 鄕官이다. 戰國時代의 魏에 삼로가 있었고, 秦代에는 鄕에 삼로를 두었으며 漢代에는 縣에 三老를 두었다. 후한 이후에는 郡에도 삼로가 있었다.[24] 〈後漢國三老袁良碑〉에서 언급하는 家系가 원공유와 같고,[25] 삼로가 교화를 담당하는 직책이므로 '三老의 풍교'가 지칭하는 인물은 後漢의 袁良이다.[26] 汝墳 지역의 사람들이 국삼로 원랑의 풍교에 감화되었음을 드러내어 그의 조상을 칭송한 것으로 생각된다.

7 漢 왕실이 5公의 귀한 자리로 추대한 일[漢室推五公之貴]: 5공은 漢을 섬긴 袁氏 가문의 다섯 公으로 후한의 袁安, 원안의 아들 敞, 손자 湯, 湯의 아들 逢과 逢의 동생 隗이다.[27] 이를 통해 원씨 가문이 漢代에 이미 귀한 집안이었음을 드러낸 것이다.

8 惇史에 드러나 있으니, 지금은 간략히 서술한다[布在惇史, 今可略焉]: 惇史는 덕이 있는 사람의 언행을 기록한 글로[28] 史書를 의미하는 것으로 보인다. '布在惇史, 今可略焉'이라는 표현[29]은 현창할 사안이 사서

漢書』, 志第二十, 「郡國二」, 豫州·汝南郡條, "汝陰本胡國." 杜預 註, "縣西北有胡城. 地道記有陶丘鄕. 詩所謂'汝墳'."
24) 『禮記』, 「禮運」, "故宗祝在廟, 三公在朝, 三老在學"; 『漢書』 卷19上, 「百官公卿表七上」, "十亭一鄕, 鄕有三老… 三老掌敎化."; 『漢書』 卷1上, 「高帝紀」, 二年二月條, "擧民年五十以上, 有脩行, 能帥衆爲善, 置以爲三老, 鄕一人, 擇鄕三老一人爲縣三老, 與縣令丞尉以事相敎, 復勿繇戍."
25) 陳郡 袁氏의 계보에 대해서는 矢野主稅, 『改訂魏晉百官世系表』(長崎: 長崎大, 1971), 5-8쪽 참조.
26) 원랑에 대해서는 『後漢書』 卷45, 「袁安傳」, "袁安字邵公, 汝南汝陽人也. 祖父良, 習孟氏易, 平帝時擧明經, 爲太子舍人. 建武初, 至成武令."
27) 『玉海』 卷134, 「官制」, 漢七相五公條, "袁氏四世五公, 安·敞·湯·逢·隗. 韋平父子至宰相." 또한 『後漢書』 卷45에 袁安, 원안의 아들 京, 敞, 玄孫 閎의 列傳이 전한다.
28) 『禮記』, 「內則」, "凡養老, 五帝憲, 三王有乞言, 五帝憲, 養氣體而不乞言, 有善則記之爲惇史."
29) 『全唐文』 卷249, 「李嶠八」, 〈攀龍臺碑〉條, "…焉奕於昭穆之間, 頡頏於公卿之位. 蓋詳諸惇史, 可得而略."; 『全唐文』 卷89, 房鄴, 〈少華山佑順侯碑頌〉條, "…乃刻貞珉, 永證惇史."

에도 적혀있으므로 이를 증명할 수 있다는 의미도 포함되었을 것으로 생각된다.

⑨ 車騎大將軍[車騎大將軍]: 거기장군은 漢 文帝(재위 前180~157) 원년(179) 薄昭를 車騎將軍으로 삼으면서 처음 사용되었다. 後漢 章帝(재위 75~87)가 즉위하자 西羌이 反하여 馬防을 行車騎將軍으로 삼아 정벌하게 했는데, 銀印과 靑綬를 주고 卿의 위에 자리하게 하였다. 和帝가 즉위한 뒤 竇憲을 거기장군으로 삼아 흉노를 정벌하게 했는데, 처음으로 金紫를 하사하여 司空 다음에 위치하였다. 曹魏 때는 車騎를 都督으로 삼았다. 북위 초에는 '大'자를 더하여 三司 위에 두었고, 太和 연간(477~499)에는 '大'자를 더하여 都督中外諸軍의 아래에 두었다. 隋에서는 車騎를 驃騎將軍府에 소속시켰다. 唐에서는 武德 연간에 거기장군을 설치하였다.[30]

⑩ 行臺大都督[行臺大都督]: 行臺는 魏晉 시기 정벌을 나갈 때 지방에 설치한 尙書省의 파견 기구이다. 曹魏 말 사마소가 諸葛誕을 토벌할 때 散騎常侍 裴秀 등을 행대로 삼아 종사하게 하였다. 北魏 때는 尙書大行臺라고 불렸는데, 별도로 官屬을 두었다. 北齊에서는 행대가 民事를 겸하여 다스렸고, 辛術로부터 시작되었다. 隋代에는 行臺省이라 불렸으며 尙書令, 左右僕射 각 1인, 主事 4인이 있었다. 唐初에도 행대를 설치하였고, 태종 貞觀 연간 이후에 폐지되었다.[31]

⑪ 汝陽郡開國公[汝陽郡開國公]: 汝陽郡은 東晉 때 豫州에 속한 군으로 汝南郡을 나누어 설치하였고 2현을 거느렸다.[32] 北魏에서는 豫州에 속하였고, 치소가 汝陽縣(지금 河南 商水縣 西北)에 있었으며 武津, 征羌

---

30) 『通典』 卷29, 「職官一」, 武官下, 大將軍幷官屬, 車騎將軍條; 『通典』 卷34, 「職官六」, 武散官, 驃騎將軍條.
31) 『通典』 卷22, 「職官四」, 尙書上, 行臺省條.
32) 『宋書』 卷36, 「州郡二」, 豫州條.

등 3현을 거느렸다. 北齊 시기에 이르러 郡을 폐지하였다.[33] 開國은 제후를 봉한다는 뜻이다. 開國公은 晉~隋唐代에 사용된 開國郡公·開國縣公의 약칭이다. 北魏에서는 王·開國郡公·散公·侯 등의 11등제였다.[34]

**12** 조부 欽은 北周의 昌城太守·汝陽郡開國公이었다[祖欽, 周昌城太守·汝陽郡開國公]: 昌城郡은 西魏 때 설치된 郡으로 劍南의 新州에 속하였으며, 치소는 昌城(지금 四川省 綿陽市 三台縣)이었다. 隋 開皇 연간(581~600) 초에 창성군을 폐지하였다.[35] 원공유의 아들 袁承嘉의 묘지에서도 "증조부 欽은 周의 伏波將軍·昌城太守·汝陽郡開國公이었다."[36]라는 기록이 보인다. 그런데 원공유의 형제 袁公瑤의 묘지에서는 증조부 원규 및 조부 원흠에 대해 '汝陽郡開國公'이 아닌 '汝陽郡開國男'으로 기록하여 봉작에 차이가 보인다.[37] 개국남은 잘못 각석된 것으로 생각된다. 북위에서도 郡의 개국남은 없다.

**13** 부친 弘은 唐의 雍州萬年縣令·舒州刺史를 지냈다[父弘, 唐雍州萬年縣令·舒州刺史]: 袁弘은 원공요의 묘지에서 "부친 處弘은 唐의 大理寺正·雍州萬年縣令·舒州諸軍事舒州刺史·柱國이다."라고 전한다. 원승가의 묘지에서도 조부의 이름을 處弘이라 하고,『元和姓纂』에서도 원공유의 부친을 "唐의 舒州刺史 處弘이 公瑜와 公玘를 낳았다."고 하

---

33) 『魏書』卷106中,「地形志中」, 豫州, 汝陽郡條;『隋書』卷30,「地理志中」, 豫州, 淮陽郡條.
34) 『通典』卷19,「職官一」, 要略, 封爵條.
35) 『隋書』卷29,「地理志上」, 梁州, 新城郡條, "郪 [原註: 舊曰伍城. 西魏改曰昌城, 仍置昌城郡. 開皇初郡廢. 大業初置新城郡, 改縣名焉.]"
36) 『全唐文新編』卷995,〈大周故朝散郎行鄧州司法參軍事袁府君墓誌銘幷序〉條, "曾祖欽, 周伏波將軍·昌城太守·汝陽郡開國公. 軍謀冠代, 行籠馬援之名. 吏道成規, 即闡魯恭之化."
37) 『全唐文補遺(千唐志齋新收墓志)』, 袁守一,〈大周故中大夫行司禮寺恭陵署令袁府君(公瑤)墓誌銘〉條, "曾祖虬, 魏車騎大將軍·行臺大都督·汝陽郡開國男."

여 그 이름이 處弘으로 전한다. 원공요 및 원승가의 묘지와 『元和姓纂』의 기록이 서로 부합하므로 원홍의 이름은 원처홍일 가능성이 높다.38) 雍州는 隋代의 京兆郡이었는데, 당 고조 武德 원년(618)에 옹주로, 무측천 天授 원년(690)에 京兆郡으로 고쳤다.39) 萬年縣은 지금의 陝西省 西安市이다. 隋代에는 大興縣이었다. 唐 武德 원년 萬年으로 고쳤다. 舒州는 지금의 安徽省 西南部이다. 隋代에는 同安郡이었는데, 당 무덕 4년(621) 舒州로 고쳤으며 懷寧 · 宿松 · 太湖 · 望江 · 同安 5縣을 거느렸다.40) 원공유의 집안이 부친 원처홍부터 당에서 관료로 활동하였음을 알 수 있다. 『唐刺史考全編』에서는 원처홍이 대략 태종 정관 연간(627~649)에 만년현령을 지냈을 것으로 추정하였다.41)

■14 하늘이 큰 복을 내려주시니 대대로 忠貞을 두터이 하고[丙錫純蝦, 世篤忠貞]: 天錫純蝦는 복을 받다는 의미이다. 『詩』「小雅 · 桑扈之什 · 賓之初筵」에 "너에게 큰 복을 내려주니 자손들이 편안하도다."라는 전거가 보인다. 또한 世篤忠貞은 대대로 忠誠과 貞正을 두터이 하는 것으로 『尙書』「周書 · 君牙」에 "너의 조부와 부친이 대대로 충정을 돈독히 하여 王家에 복무하여 그 공적을 이룬 것이 太常에 기록되어 있다."라는 전거가 보인다.

■15 仁德을 쌓아 고관대작을 이어갔으니[累仁積德, 傳龜襲紫]: 累仁積德은 선한 일을 하여 덕행을 쌓는 것이다. 漢代 公과 侯가 모두 紫綬와 龜紐 金印을 패용한 것에서 자수와 귀뉴금인은 고위관료를 상징한다.42) 집

---

38) 魯才全도 원승가의 묘지와 『元和姓纂』의 기록을 근거로 원공유 부친의 이름을 원처홍으로 추정하였다(魯才全, 앞의 글, 33-34쪽).
39) 『舊唐書』 卷38, 「地理一」, 關內道, 京兆府條; 『新唐書』 卷37, 「地理一」, 京兆府 · 京兆郡條.
40) 『舊唐書』 卷40, 「地理三」, 淮南道, 舒州(下)條; 『新唐書』 卷41, 「地理五」, 舒州 · 同安郡(上)條.
41) 郁賢皓, 『唐刺史考全編 3冊』(合肥: 安徽大學, 2000), 1742-1743쪽.
42) 『後漢書』 卷32, 「陰識傳」, "權族好傾, 后門多毀, 樊氏世篤, 陰亦戒侈, 恂恂苗胤, 傳龜

안의 품격을 높여 표현한 것이다.

16 汝穎의 士가 이를 美談으로 여겼다[汝穎之士, 以爲美談]: 汝穎은 汝州(지금 河南省 汝州市)와 穎州(지금의 安徽省 서북부)를 가리킨다. 汝州는 隋代의 襄城郡이었는데, 당 고조 무덕 4년(621) 王世充을 평정하고 伊州로 고쳤다. 태종 정관 8년(634) 伊州를 汝州로 고쳤다.43) 穎州는 漢代 汝南郡으로 隋代에는 汝陰郡이었다. 당 무덕 4년 왕세충을 평정하고 汝陰縣 서북쪽 10리에 信州를 두었다가 무덕 6년(623) 穎州로 고쳤다.44) 이 구절은 원공유의 집안이 汝州와 穎州에서 명망이 있었음을 드러낸 것으로 보인다.

17 君은 나랏일은 자질을 아름답게 여기고 집안일은 규범을 밝혀[君體囧懿姿, 承家昭範]: 體國은 體國經野로 나라를 세우거나 다스린다는 의미인데,45) 여기서는 '집안일(承家)'과 대비되는 나랏일로 해석하였다.

18 아름다움을 간직하고 법도를 준수하였고 이치에 통달하고 일의 기미를 잘 알았다[含章踐軌, 貫理達微]: 含章은 아름다운 바탕을 가지고 있다는 의미이다.46) 貫理達微는 세상의 이치를 꿰뚫어 기미, 즉 드러나지 않은 일도 잘 알았다는 의미이다. 이는 앞 구절의 나랏일과 집안일에 대응하는 것으로 보인다.

19 童子는 비범한 의표가 있으니 반드시 帝王을 보좌할 것이다[童子有奇

---

襲紫." 李賢 註, "恂恂, 恭順貌也, 公侯皆紫綬·金印·龜鈕, 見應劭漢官儀."
43) 『舊唐書』卷38, 「地理一」, 河南道, 汝州(望)條;『新唐書』卷38, 「地理二」, 汝州·臨汝郡條.
44) 『舊唐書』卷38, 「地理一」, 河南道, 穎州(中)條;『新唐書』卷38, 「地理二」, 穎州·汝陰郡條.
45) 『周禮』, 「天官·序官」, "惟王建國, 辨方正位, 體國經野, 高官分職, 以民爲極." 鄭玄 注, "體, 猶分也, 經謂爲之里數. 鄭司農云, 營國方九里, 國中九經九緯, 左祖右社, 面朝後市, 野則九夫爲井, 四井爲邑之屬是也."
46) 『易』, 「坤卦」, "六三. 含章可貞. 或從王事, 撫成有終." 孔穎達 疏, "章, 美野." 坤卦는 ䷁이다.

表, 必佐帝王]: 奇表는 비범한 의표로 『後漢書』 「李固傳」에 "이고의 모습에는 비범한 의표가 있다."[47]라는 구절에 보인다. 奇表는 군주, 妃, 신하 등의 인물이 그 지위에 합당한 才德을 갖추었음을 드러낼 때 자주 쓰이는 것으로 생각된다. 여기서는 제왕을 보좌할 인재에 합당한 인물임을 드러낸 것이다. 제왕을 보좌한다는 것은 이후의 묘지에서 관력이 나열되므로 관료가 된 일을 의미하는 것으로 생각된다.

**20** 15세에 곧 학문에 뜻을 두어 古事를 가까이 말함에 마치 손바닥을 들여다보듯이 하였다[粵十有五, 乃志于學, 談近古事, 若指諸掌]: 志于學은 학문에 뜻을 두는 나이로 15세이다(『論語』 「爲政」). 若指諸掌은 손바닥 위에서 들여다보는 것과 같이 쉽다는 의미이다(『論語』 「八佾」). 이는 학문에 정진하여 古事에 밝았음을 드러낸 것이다.

**21** 19세에 唐 文德皇后의 挽郞으로 선발되었다[粵十九, 調補唐文德皇后挽郞]: 挽郞은 출상할 때 영구를 끌고 挽歌를 부르는 사람이다.[48] 唐代의 만랑은 門蔭 자제 중에서 선발하였고 禮部에서 관장하였다. 그 인원은 200명으로 흰 베로 만든 深衣, 介幘을 입고 영구의 양쪽을 들었다.[49] 만랑은 대략 십대에서 이십대 사이의 인물을 선발했는데, 가장

---

47) 『後漢書』 卷63, 「李固傳」, "固貌狀有奇表, 鼎角匿犀, 足履龜文."
48) 『世說新語箋疏』 卷下之下, 「紕漏三十四」, 任育長條의 箋疏, "亡友高闓仙步瀛曰, 『北堂書鈔設官』部八引 『續漢書』百官志曰, '輼輬車拂挽爲公卿子弟, 六卿. 十人挽兩邊. 白素幘, 委貌冠, 都布衣也.' [今續漢志無此文] 可見挽郞之設, 起於後漢." 箋疏에 의하면 後漢 때 처음 挽郞을 두었고, 제왕의 만랑은 公卿의 子弟로 삼았던 것으로 보인다. 『晉書』 卷20, 「禮志中」, 凶禮條, "成帝咸康七年, 皇后杜氏崩…有司又奏, 依舊選公卿以下六品子弟六十人爲挽郞, 詔又停之."라고 하여 晉 成帝 咸康 7년(341)에는 확실히 만랑이 존재하였다고 할 수 있다.
49) 『通典』 卷86, 「凶禮八」, 喪制四, 挽歌, 大唐條, "挽郞二百人, 皆服白布深衣, 白布介幘, 助之挽兩邊, 各一緋."; 『通典』 卷15, 「選擧三」, 歷代制下, 大唐條, "而合入官者, 自諸館學生以降, 凡十二萬餘員. … 其外文武貢士及應制·挽郞·輦腳·軍功·使勞·徵辟·奏薦·神童·陪位, 諸以親蔭幷藝術百司雜直, 或恩賜出身受職不爲常員者, 不可悉數. 大率約八·九人爭官一員."

이른 경우 13세, 가장 늦은 경우 37세까지도 충임되었다.50) 원공유는 垂拱 원년(685) 7월 25일에 73세로 사망하였으므로 隋 文帝 大業 9년 (613)에 태어난 것으로 추정된다. 즉 19세는 정관 5년(631)으로 여전히 문덕황후(즉 長孫皇后)가 살아있을 때이다. 장손황후는 정관 10년 (636) 6월 기묘일에 붕어하여 같은 해 11월 경인일에 昭陵에 안장되었다.51) 따라서 원공유가 문덕황후의 만랑이 된 때는 정관 10년 6월 기묘일보다 빠를 수 없다. 그렇다면 문덕황후의 만랑이 된 원공유의 나이는 24세 이후가 되어야 할 것이다. 묘지에 보이는 오차는 연대가 오래되어 원공유의 나이에 착오가 있었던 것으로 생각된다.52) 李方은 원공유가 挽郞 출신으로 起家한 뒤 晉州司士 등을 지내고, 서역에서 西州長史, 庭州刺史, 安西副都護를 역임하였다고 설명하였다.53) 문덕황후 만랑으로 起家한 인물은 鄭元果가 文德皇后挽郞으로 起家하여 曹王府兵曹‧趙王府法曹가 되었고,54) 陸紹가 文德皇後挽郞으로 起家하여 韓王府兵曹參軍事에 임명되었다.55) 한편 〈大周證聖元年(695)洛州密縣令宋思眞墓誌〉에서 宋思眞이 貞觀 9년(639) 文德皇后挽郞에 선발되어 그 해 虢王府參軍事에 제수되었다고 전하는데,56) 이 역시 문덕황후가 살아있을 때 만랑이 되었다고 하므로 시간상의 오류가 보인다. 調補는 『漢書』「張敞傳」에 "황제가 尙書에게 명하여 縣令으로 調補한 자가 수

---

50) 劉琴麗, 「再論唐代的齊郞與挽郞」, 『江漢論壇』 9(2005), 92-93쪽.
51) 『舊唐書』 卷3, 「太宗本紀下」, 貞觀十年六月條, "己卯, 皇后長孫氏崩于立政殿. 冬十一月庚寅, 葬文德皇后於昭陵."
52) 魯才全, 앞의 글, 34쪽 참조.
53) 李方, 『唐西州官僚政治制度硏究』(哈爾濱: 黑龍江敎育, 2013), 102-103쪽.
54) 『全唐文』 卷65, 闕名13, 〈大唐故右衛中郞將兼右金吾將軍同安郡開國公鄭府君墓誌銘幷序〉, "公起家文德皇后挽郞, 解褐曹王府兵曹趙‧王府法曹."
55) 『全唐文補遺 第二輯』, 〈大唐故韓王府兵曹參軍延陵縣開國公陸(紹)君墓誌銘幷序〉, "起家文德皇后挽郞, 即拜韓王府兵曹參軍事."
56) 『全唐文補遺 第八輯』, 〈大周唐故朝議郞行洛州密縣令上騎都尉宋府君(思眞)墓誌銘幷序〉, "以貞觀九年, 解褐爲文德皇后挽郞. 其年除虢王府參軍事."

십인이었다."에 대하여 顔師古가 "調는 選이다."[57]라고 주를 달았다. 調補는 다른 관직으로 옮기는 '轉任'을 의미하기도 하지만, 여기서는 '起家'로서 만랑이 되었으므로 '선발'로 해석하였다.

**22** 晉州司士에 제수되었는데[稽晉州司士]: 晉州(지금 山西省 臨汾市)는 隋代의 臨汾郡으로 武德 원년(618)에 晉州로 고쳤다. 貞觀 12년(638) 치소를 平陽古城으로 옮겼다. 天寶 원년(742) 平陽郡으로 고쳤다가 乾元 원년(758) 진주로 복구하였다. 臨汾, 洪洞, 神山, 岳陽, 霍邑, 趙城, 汾西, 冀氏 8개 현을 거느렸다.[58] 司士參軍事는 上州에 1명 설치되었으며 종7품하이다. 나루터에 설치한 다리, 배와 수레, 舍宅, 온갖 공인의 각종 기예에 관한 일을 관장하였다.[59] 문덕황후 만랑에 선발된 뒤이므로 晉州司士를 지낸 원공유의 나이는 24세 이후일 것이다.

**23** 君은 음성이 기품있고 아름다워 말을 하면 좌우를 움직이게 하였다 [君音儀閑雅, 聲動左右]: 閑雅는 嫻雅 또는 文雅라고도 하며 고상하고 점잖다는 의미이다.[60] 이에 閑雅를 기품있고 아름답다고 해석하였다. 『後漢書』「何熙傳」에서 何熙가 後漢 和帝 永元 연간(89~105)에 謁者가 되어 殿中에서 의례를 도울 때 목소리가 좌우를 움직이게 하였다는 일이 전한다.[61] 이 구절은 뒤의 通事舍人의 직무와 관련이 있다.

---

57) 『漢書』卷76,「張敞傳」, "吏追捕有功, 上名尙書調補縣令者數十人." 師古曰, "調, 選也."
58) 『舊唐書』卷39,「地理二」, 河東道, 晉州條; 『新唐書』卷39,「地理三」, 河東道, 晉州·平陽郡條.
59) 『唐六典』卷30,「三府督護州縣官吏」, 上州條; 同書, 土曹·司士參軍條, "士曹·司士參軍掌津梁·舟車·舍宅·百工衆藝之事. 啟塞必從其時, 役使不奪其力, 通山澤之利以贍貧人, 致瓌異之貨以備國用, 是以官無禁利, 人無稽市."
60) 『後漢書』卷24,「馬勃傳」, "勃字叔陽, 年十二能誦詩·書. 常候援兄況. 勃衣方領, 能矩步, 辭言嫻雅, 援裁知書, 見之自失." 李賢 註, "嫻雅猶沈靜也, 司馬相如曰, '雍容嫻雅'."
61) 『後漢書』卷47,「何熙傳」, "何熙字孟孫, 陳國人. 少有大志. 永元中, 爲謁者. 身長八尺五寸, 善爲威容, 贊拜殿中, 音動左右. 和帝偉之, 擢爲御史中丞, 歷司隸校尉·大司農."

**24** 唐 文武皇帝[唐文武皇帝]: 太宗은 처음에 시호가 文皇帝이고 廟號가 太宗이었다. 高宗이 咸亨 5년(674) 시호를 太宗文武聖皇帝로 추중하였고, 玄宗이 天寶 8재(749) 太宗文武大聖皇帝로 추존하였으며, 天寶 13재(754) 太宗文武大聖大廣孝皇帝를 더하였다.[62] 묘지에 의하면 원공유를 발탁한 사람은 당연히 태종이다. 또한 적인걸이 비문을 작성할 당시 태종의 시호가 太宗文武聖皇帝였으므로 唐의 文武皇帝는 태종이다.[63]

**25** 通事舍人[通事舍人]: 통사사인은 秦의 謁者이다. 漢代에도 알자가 있었는데, 빈객을 돕고 문서를 받는 일을 관장하였고, 수염과 눈썹이 아름답고 목소리가 큰 사람을 뽑았다. 東晉 때 舍人과 通事가 謁者의 직임을 겸하게 하였다. 여기에서 通事舍人이라는 명칭이 비롯되었다. 唐代에는 謁者臺를 없애고, 通事舍人을 通事謁者로 고쳐 四方館에 속하게 하고, 이 사방관을 中書省에 속하게 하였다. 통사사인은 신하가 朝見할 때 황제에게 인도하여 맞아들이고 신하가 辭謝할 경우 殿庭에서 奏章을 전달하는 일을 관장하였다. 또 近臣이 入侍하거나 文武官이 반열에 나아가면 인도하여 들어가고 나가며 拜·起·出·入의 예절을 소리쳐 알렸다. 통사사인은 정원이 16인이고, 종6품상이다.[64] 원공유의 말소리가 기품있고 아름다워 통사사인으로 발탁된 것이다.

**26** 이에 君을 大理司直에 제수하였다[因稽君大理司直]: 大理는 漢 景帝(재위 前157~前141) 때 형옥을 관장하던 秦의 廷尉를 大理로 고쳤다. 북제와 수에서는 大理寺라 하였고, 당은 이를 따랐다. 北魏 永安 3년

---

62) 『資治通鑑』卷192, 貞觀元年條, "諱世民, 高祖次子也. 帝初諡文皇帝, 廟號太宗. 咸亨五年, 追諡太宗文武聖皇帝. 天寶八載, 追尊太宗文武大聖皇帝. 十三載, 又加尊太宗文武大聖大廣孝皇帝."
63) 『西域碑銘錄』, 104쪽의 註에서는 文武皇帝를 文皇帝는 文宗 李昂(재위 827~840), 武皇帝는 武宗 李瀍(재위 840~846)이라고 보았다. 그러나 시간상 문무황제는 문종과 무종이 아닌 태종이다.
64) 『唐六典』卷9,「中書省集賢院史館匭使」, 通事舍人條; 김택민 주편, 『譯註 唐六典 上』(신서원, 2003), 120-121쪽 참조.

(530) 御史中尉 高穆이 상주하여 처음으로 大理司直 10인을 두었다. 대리사직은 5품에 준하였고, 관청의 일반사무에는 관여하지 않고 오직 어사가 탄핵한 일만 다시 심리하였다. 당에서는 6인을 두었다.[65] 대리사직의 관품은 종6품상이다.[66]

**27** 머지않아 동쪽 오랑캐가 천명을 거슬러 鑾駕가 동쪽으로 정벌을 갔는데[俄而烏夷逆命, 鑾駕東征]: 烏夷는 중국의 동북쪽에 있는 민족을 가리키며 鳥獸의 가죽으로 옷을 해 입었으므로 烏夷라고 불렀다.[67] 여기서는 高句麗를 가리킨다. 鑾駕는 천자가 타는 수레로 여기서는 태종을 의미한다. 태종은 貞觀 19년(645) 요동으로 고구려 親征에 나섰고, 遼東城을 함락한 뒤 그 해 겨울에 돌아왔다.

**28** 특별히 君을 幷州晉陽縣令에 제수하였다[特稽君幷州晉陽縣令]: 幷州는 漢代 太原郡으로 晉陽 등 21개 현을 거느렸다.[68] 隋代에는 太原郡이었다. 당 武德 원년(618) 幷州總管으로 고치고 晉陽·太原·楡次·太谷·祁·陽直·壽陽·盂·樂平·交城·石艾·文水·遼山·平城·烏河·楡社 16현을 거느렸다. 무덕 4년(621)에는 上總管府로 고쳤다. 현종 개원 11년(723) 병주를 太原府로 바꾸었다.[69] 晉陽은 고조 이연이 진양의

---

65) 『唐六典』 卷18, 「大理寺鴻臚寺」, 大理寺條; 김택민 주편, 『譯註 唐六典 中』(신서원, 2005), 551-566쪽 참조.
66) 『舊唐書』 卷42, 「職官一」, 從第六品上階條에 의하면 대리사직의 관품은 종6품상인데, 武德令 시기에는 종7품상이었다고 한다. 『唐六典』에서도 대리사직의 관품은 종6품상으로 전한다. 어느 시기부터 종6품상으로 관품을 올린 것으로 보인다. 한편 대리사직의 관품 바로 앞에 起居郞·起居舍人·尙書諸司員外郞은 武德令 시기에 吏部員外郞의 경우 정6품상이고 諸司員外郞의 경우 정6품이었는데, 貞觀 2년에 고쳤다고 전한다. 그렇다면 대리사직의 경우도 정관 2년에 고쳤을 가능성이 있다.
67) 『漢書』 卷28上, 「地理志八上」, "烏夷皮服." 師古曰, "此東北之夷, 搏取鳥獸, 食其肉而衣其皮也. 一說, 居在海曲, 被服容止皆象烏也."
68) 『漢書』 卷28上, 「地理志八上」, 太原郡條.
69) 『舊唐書』 卷39, 「地理二」, 河東道, 北京·太原府條;『新唐書』 卷39, 「地理三」, 太原府·太原郡條.

號令堂에서 맹서하여 기병을 일으킨 곳이며, 지금의 山西省 太原市이다. 645년 태종이 고구려 친정에 나설 당시 원공유가 晉陽縣令에 임명된 것으로 보인다.[70] 당대의 현령은 현의 등급에 따라 京縣令은 정5품상, 畿縣令은 정6품상이었다.[71] 태종대는 아니지만 현종 개원 시기에 萬年·長安·河南·洛陽·奉先·太原·晉陽의 현령은 정5품상이었다.[72] 이때 '특별히[特]'는 대리사직 종6품상에서 병주진양현령 정5품상으로 파격적 제수를 통해 관품이 파격적으로 뛰어넘었기 때문일 것으로 생각된다.[73]

**29** 이윽고 大理寺丞으로 옮겼다[尋遷大理寺丞]: 大理寺丞은 晉 武帝 咸寧 연간(275~279)에 曹志가 상서하여 廷尉에 丞을 둘 것을 청하면서 처음 승이 설치되었다. 당대 大理寺丞은 6인으로 종6품상이다. 대리시의 6승은 각각 尙書省 六曹가 통섭하는 모든 관청과 州의 직무를 判하였다. 1승이 사안을 단죄할 때마다 나머지 5승이 서명[押]하였다.[74] 『舊唐書』 「李義府傳」에 "如意 원년(692) 무측천이 이의부와 許敬宗 …… 大理丞 袁公瑜 등 6인을 永徽 연간에 보좌한 공으로 …… 원공유를 江州刺史로 추증하였다."라는 기록에서 永徽 연간(650~656)에 원공유가 대리승이었던 것을 알 수 있다. 영휘 연간에 보좌한 공은 왕황후를 폐위하고 무소의를 황후로 세운 일이다(廢王立武). 이의부 등이 영휘 6년

---

70) 魯才全, 앞의 글, 34쪽.
71) 『新唐書』 卷49下, 「百官志四下」, 外官, 縣條.
72) 『舊唐書』 卷42, 「職官一」, 正第五品上階條, "萬年·長安·河南·洛陽·太原·晉陽·奉先·會昌縣令, [原註: 武德元年, 敕萬年·長安令爲正五品上. 七年定令, 改爲從五品. 貞觀初復舊也.]"; 『唐六典』 卷30, 「三府督護州縣官吏」, "萬年·長安·河南·洛陽·奉先·太原·晉陽, 令各一人, [原註: 萬年長安河南河陽奉先太原晉陽令各一人….] 正五品上."
73) 고구려 친정과 관련하여 병주에 특별성이 있었거나, 경현의 현령은 여타의 현과 다르게 정5품상이므로 특별한 경우일 가능성도 있다.
74) 『唐六典』 卷18, 「大理寺鴻臚寺」, 大理寺條; 김택민 주편(2005), 앞의 책, 559-563쪽 참조.

(655) 7월에 무소의를 황후로 올리자고 상소하여 그해 10월 무소의가 황후가 되었다. 『舊唐書』・『新唐書』「裴行儉傳」에서도 왕황후를 폐위할 무렵 원공유가 대리시의 관리였던 것을 알 수 있다.75) 그런데 『資治通鑑』에서는 영휘 6년 7월에 원공유가 御史中丞이었다고 전한다.76) 『大唐新語』에서도 당시 원공유는 어사중승이었다고 전한다.77) 어사중승은 정5품상이다.78) 魯才全은 묘지에 어사중승에 대한 언급이 없으므로 영휘 6년 당시 원공유는 대리시승이었고, 『資治通鑑』의 기록은 잘못된 것이라고 설명하였다.79) 대리승을 전후한 관직을 보면, 병주진양현령이 정5품상, 도관원외랑과 병부원외랑이 종6품상이다. 어사중승에서 대리시승이 되었든, 어사중승을 지낸 일 없이 대리시승이었든 관품으로만 보면, 원공유가 대리시승이 된 일은 약 6품계가 떨어진 일이다.

**30** 번잡한 일을 잘 주재하여 명성이 있었고 형을 신중히 하고 송사가 없게 하자 사람들이 그의 훈시를 따르니 조정에서는 이를 기뻐하였다[宰

---

75) 『舊唐書』卷84,「裴行儉傳」, "時高宗將廢皇后王氏而立武昭儀, 行儉以爲國家憂患必從此始, 與太尉長孫無忌・尙書左僕射褚遂良私議其事, 大理袁公瑜於昭儀母榮國夫人譖之, 由是左授西州都督府長史."; 『新唐書』卷108,「裴行儉傳」, "…大理袁公瑜摘語昭儀母."

76) 『資治通鑑』卷199, 永徽六年七月條, "是日, 代德儉直宿, 叩閤上表, 請廢皇后王氏, 立武昭儀, 以厭兆庶之心. 上悅, 召見, 與語, 賜珠一斗, 留居舊職. 昭儀又密遣使勞勉之, 尋超拜中書侍郎. [考異曰, 『舊』「傳」云,'高宗將立武后, 義府密申叶贊, 擢拜中書侍郎・同中書門下三品・監修國史, 賜爵廣平縣男.'『新書』「本紀」・年表皆云, '是歲七月, 義府爲中書侍郎參知政事.'『實錄』但云, '超拜中書侍郎.' 宰輔圖, '十一月, 自中書侍郎參知政事.' 今從之.] 於是衛尉卿許敬宗・御史大夫崔義玄・中丞袁公瑜皆潛布腹心於武昭儀矣."

77) 『大唐新語』卷12,「酷忍二十七」, "義府於是與敬宗及御史大夫崔義玄・中丞袁公瑜等, 觀時變而布腹心矣. 高宗召長孫無忌・李勣・于志寧・褚遂良, 將議廢立."

78) 『舊唐書』卷42,「職官一」, 正第五品上階條, "諫議大夫・御史中丞. [武德令, 從五品上. 貞觀令, 加入正五品上, 五年又加入四品. 如意元年復舊也.]"

79) 魯才全, 앞의 글, 35쪽.

劇有聲, 恤刑無訟, 㸌賴厥訓, 朝廷嘉焉]: 有聲은 명성이 있다 또는 칭송하다는 의미이다.80) 恤刑은 형을 신중하고 공정히 시행하는 것이다.81) 형벌을 삼가고 사람들이 그의 훈시를 따랐다82)는 것은 원공유가 대리시승으로서 직무를 잘 수행하였다고 칭송한 것이다.

**31** 都官員外郞으로 옮기고, 兵部・都官 두 員外를 역임하고[遷都官員外郞, 歷兵部・都官二員外]: 都官은 漢에서 司隷校尉를 두고 그 屬官으로 都官從事 1인을 두어 京師 官人의 不法을 관장하게 한 데서 비롯되었다. 隋 文帝는 원외랑을 두었고, 煬帝는 承務郞으로 고쳤다. 당 고조 무덕 3년(620) 도관원외랑으로 고쳤다. 도관원외랑은 형부 소속으로 1인이고 종6품상이다. 都官郞中과 원외랑은 隸人을 몰수, 배치하고 포로와 죄수를 장부에 기록하여 衣糧・藥療를 지급하고 소송과 雪免을 다스리는 일을 관장하였다.83) 兵部員外郞은 隋에서 開皇 6년(586) 兵部員外郞을 두었으며, 煬帝 때 兵曹承務郞으로 고쳤다. 唐은 다시 병부원외랑으로 고쳤고 2인을 두었으며 종6품상이었다. 龍朔 2년(662)에 司戎員外郞으로 고쳤고, 咸亨 원년(670)・光宅 원년(684)・神龍 연간(705~706)에 모두 曹의 명칭이 바뀜에 따라 개칭하고 復古하였다. 병부원외랑은 무관의 貢擧 및 여러 가지 청원의 일을 관장하였다.84) 뒤 구절의 '兵部・都官二員外'는 병부와 도관의 員外郞이거나 員外官을 의미할 테지만, 정확히 어떤 관직인지는 명확하지 않다. 員外官은 정식 관료 제도에 규정된 正員 이외에 따로 설치된 관이다. 唐代에는 고종

---

80) 『詩』, 「大雅・文王之什・文王有聲」, "文王有聲, 遹駿有聲."
81) 『尙書』, 「虞書・舜典」, "象以典刑, 流宥五刑, 鞭作官刑, 扑作教刑, 金作贖刑. 眚災肆赦, 怙終賊刑. 欽哉, 欽哉, 惟刑之恤哉." [傳]"舜陳典刑之義, 勅天下使敬之, 憂欲得中."
82) 『後漢書』 卷46, 「陳寵傳」의 讚, "陳・郭主刑, 人賴其平."에 유사한 용례가 보인다.
83) 『唐六典』 卷6, 「尙書刑部」, 都官郞中條; 김택민 주편(2003), 앞의 책, 617-621쪽.
84) 『唐六典』 卷5, 「尙書兵部」, 員外郞條; 김택민 주편(2003), 앞의 책, 476-477, 521-523쪽.

영휘 5년(654) 8월에 설치하였고 중종 神龍 연간(705~707) 이후 크게 늘어났다. 員外 가운데 同正員은 正員官과 같은 祿俸을 받았고, 단지 員外라고 한 것은 正員官의 절반에 해당하는 봉록을 받았다.[85] 영휘 7년(656) 정월에 顯慶으로 개원했는데, 영휘 6년 원공유가 대리시승이었고 이후 현경 4년(659)에 中書舍人이었으므로 현경 연간(656~661) 초 무렵에 그가 도관원외랑 등을 지낸 것으로 생각된다.

32 곧이어 兵部郎中에 임명되었다[尋拜兵部郎中]: 병부낭중은 隋初에 처음으로 兵部郎曹를 두었다. 당 무덕 초에 수의 법제를 따랐으나 무덕 3년(620)에 병부낭중으로 고쳤다. 龍朔 2년(662)에 司戎大夫로 고쳤고, 咸亨·光宅·神龍 연간에는 曹의 명칭이 바뀜에 따라 개칭하고 復古하였다.[86] 병부낭중은 정원이 2인이고, 종5품상이다.

33 밤에도 불을 밝혀 게을리 하지 않아 황제께 총애를 받고 더욱 영예로워졌으며[張燈匪懈, 題柱增榮]: 張燈匪懈은 밤낮으로 열심히 일하여 게을리 하지 않는 것이다. 『詩』「大雅·蕩之什·烝民」에 "밤낮으로 게을리 하지 않아 천자를 섬기는구나(夙夜匪解, 以事一人)."라는 구절이 보인다. 題柱는 郎官이 황제의 총애를 받음을 의미한다. 후한 靈帝가 尙書郎 田鳳이 단정한 몸가짐으로 들어와 上奏하는 것을 보고 궁전의 기둥에 그를 칭송하는 글을 썼다는 데서 유래하였다.[87] 이 구절은 원공유가 병부낭중으로 있으면서 황제의 총애를 받았음을 표현한 것으로 생각된다.[88]

---

85) 『舊唐書』卷4,「高宗本紀上」, 永徽六年八月條;『通典』卷19,「職官一」, 歷代官制總序 참조.
86) 『唐六典』卷5,「尙書兵部」, 兵部郎中條; 김택민 주편(2003), 앞의 책, 617-621쪽.
87) 『三輔決錄』, "長淩田鳳, 字季宗, 爲尙書郎, 儀貌端正, 入奏事, 靈帝目送之, 因題殿柱曰. 堂堂乎張, 京兆田郎."
88) 魯才全도 이와 같은 견해이며, 현존하는 『郎官石柱題名』에 兵部·刑部·工部 3부 낭관이 누락되어 원공유의 제명은 찾을 수 없다고 설명하였다(魯才全, 앞의 글, 34쪽 및 40쪽). 岑仲勉, 『郎官石柱題名新考訂』(北京: 中華書局, 2004)에는 현존하는 左司·

**34** 文武의 직무를 총괄하여 神仙과 같은 명망을 얻었다[揔文武之司, 得神仙之望]: 여기까지 원공유는 文德皇后挽郎, 晉州司士, 通事舍人, 大理司直, 幷州晉陽縣令, 大理寺丞, 都官員外郎, 兵部·都官二員外, 兵部郎中의 관직을 지냈다. 그러한 과정에서 그의 官歷과 업적을 찬미하기 위해 신선과 같은 명망을 얻었다고 표현한 것으로 생각된다.[89]

**35** 今上 倪天이 처음에 포부를 숨긴 채 일어나지 않았는데[今上倪丙伊始, 潛德未飛]: 倪天은 『詩』「大雅·文王之什·大明」에 "큰 나라에서 따님을 두셨으니 하늘에 비길 만한 여인이로다."라는 데에 보인다. 여기서 今上 倪天은 묘지를 쓸 당시의 황제인 무측천을 가리킨다. 始는 바로 뒤 구절과 관련하여 두 가지 가능성이 있다. 沙麓의 상서로움과 관련해서는 황후가 되기 전이고, 舂陵의 기운과 관련해서는 周를 개창하여 황제가 되기 이전으로 생각된다.

**36** 君은 일찍이 沙麓의 상서로움을 밝히고 미리 舂陵의 기운을 분별하여[君早明沙麓之祥, 預辯舂陵之氣]: 沙麓은 황태후나 황후를 칭송하는 말이다. 춘추 晉의 史官이 사록이 무너져 내리는 것을 보고 645년 뒤에 聖女가 날 것이라고 예언한 고사에서 유래하였다.[90] 고종이 武昭儀를 황후로 책봉하려 하자 長孫無忌 등의 조정대신이 이를 반대하였다. 이때 원공유는 고종의 편에서 무소의를 황후로 책봉하는 데 찬성하였다. 사록의 상서로움을 밝혔다는 것은 무소의의 황후 책봉에 원공유가 관

---

吏部·司封·司勳·考功·戶部·度支·金部·倉部·禮部·祠部·膳部·主客郎官의 石柱題名이 기재되어 있다.

89) 神仙之望은 『全唐文』 卷239, 〈大周封祀壇碑〉條, "鬼神無以祕其奧, 造化所以同其節, 鯤池象浦, 纔居侯甸之中, 細柳蟠桃, 未出王畿庭而失所, 銅掌著於漢日, 金莖營於魏代, 空竭神仙之望, 無階風化之美, 未有殊方送款, 爭馳就日之心."이라는 기록에 그 용례가 보인다.

90) 『漢書』 卷98, 「元后傳」, "元城建公曰, '昔春秋沙麓崩, 晉史卜之, 曰, 陰爲陽雄, 土火相乘, 故有沙麓崩. 後六百四十五年, 宜有聖女興. 其齊田乎. 今王翁孺徙, 正直其地, 日月當之. 元城郭東有五鹿之虛, 即沙鹿地也. 後八十年, 當有貴女興天下'云."

련되었음을 의미한다.91) 春陵은 후한 광무제의 고향으로92) 앞의 사록과 대비하면 황제를 지칭한다고 볼 수 있다. 원공유는 이미 고종 永隆 원년(680) 유배되고 무측천 垂拱 원년(685) 외지에서 사망하였다. 그러므로 무후가 황제로 즉위하는 데에 원공유가 관여했을 가능성은 매우 적다. 다만 사록과 대구를 이룬다는 점에서 이때 용릉이 가리키는 대상은 훗날 황제로 등극한 무측천일 것으로 추정된다.

37 天命을 받들어 먼저 尊名을 세웠으므로 王家를 보호하고 편안히 하여 국정에 참여할 수 있었다[奉若丙命, 首建尊名, 故得保乂王家, 入叅邦政]: 奉若天命은 천명을 받드는 것으로 『尙書』 「周書·康王之誥」에 "또한 큰 곰과 같은 용사와 두 마음을 품지 않은 신하들이 왕실을 보존하고 다스려서 상제에게 바른 명을 받으시니, 황천이 그 도를 순히 하시어 사방을 맡겨 주셨다."에 보인다. 尊名은 제왕의 칭호이다. 保乂는 편안하게 잘 다스리는 것으로 『尙書』 「周書·君奭」에 "君奭아! 하늘이 공평하여 하늘에 통하는 자를 장수하게 한다. 이에 殷을 보존하여 다스리게 했는데, 殷이 하늘을 이었다가 멸망하는 위엄에 걸렸다."에 보인다. 이는 '廢王立武'를 통해 요직에 참여한 것을 말한다. 즉 원공유는 그 공으로 국정에 참여해 中書舍人과 西臺舍人을 역임하였다.93)

38 머지않아 君을 中書舍人으로 삼고[俄以君爲中書舍人]: 中書舍人은 曹魏에서 中書에 通事舍人을 두었는데, 舍人通事라고도 불렸고 문서를 올리고 문장을 검토하는 일을 관장하였다. 晉初에 중서사인과 통사 각

---

91) 『資治通鑑』 卷199, 永徽六年七月條, "於是衛尉卿許敬宗·御史大夫崔義玄·中丞袁公瑜 皆潛布腹心於武昭儀矣" 및 "(八月)長安令裵行儉聞將立武昭儀爲后, 以國家之禍必自此始, 與長孫無忌·褚遂良私議其事. 袁公瑜聞之, 以告昭儀母楊氏, 行儉坐左遷西州都督府長史."
92) 『東觀漢記校注』 卷1, 「紀一」, 世祖光武皇, "在春陵時, 望氣者蘇伯阿望春陵城曰, '美哉. 王氣鬱鬱葱葱'."
93) 魯才全, 앞의 글, 36쪽.

1인이 있었다가 통사사인으로 합치고 奏를 올리는 일을 전담하였다. 수 양제 大業 3년(607) 4인으로 줄이고, 대업 12년(616)에 내서사인으로 고쳤다. 당 무덕 3년(620) 중서사인으로 고치고, 龍朔 2년(662) 西臺舍人으로, 咸亨 원년(670) 다시 中書舍人으로 고쳤다. 당대에는 6인을 두었으며 정5품상이다. 중서사인은 금중에서 侍奉하며 상주하는 문서를 올리고, 表·章의 내용을 의논하는 데 참여하는 것을 관장하였다. 또한 詔旨·制敕과 璽書·册命은 모두 典故를 살펴 초안을 만들고 황제께 재가를 청하여 내려오면 서명하여 이를 행하였다.[94] 『資治通鑑』 高宗 顯慶 4년(659) 7월조에 "許敬宗은 또 중서사인 원공유를 파견하여 黔州로 가서 다시 長孫無忌의 반역한 상황을 국문하게 하니, 도착하자 종손무기를 압박하여 스스로 목매어 죽게 하였다."라는 기록에서도 원공유가 중서사인이었음을 알 수 있다. 즉 그는 중서사인이 西臺舍人으로 바뀌는 662년 2월 전까지 중서사인이었을 것이다.

39 또 西臺舍人으로 옮겼다[又遷西臺舍人]: 西臺舍人은 곧 중서사인이다. 고종 龍朔 2년(662) 2월에 중서사인을 서대사인으로 고쳤다.[95] 당대에 서대사인이 쓰인 기간은 662~670년 동안이다. 『資治通鑑』에서 고종 용삭 2년(662) 10월에 원공유가 서대사인이었다고 전한다.[96] 그런데 서대사인이 곧 중서사인이라면 원공유의 묘지명에서 같은 관직을 '옮겼다(遷)'고 표현한 것은 의문이다.

40 徐邈이 유학의 종사로 존중받았고[徐邈以儒宗見重]: 徐邈(172~249)은 曹魏 燕國 薊縣 사람으로 자가 景山이며 시호가 穆侯이다. 曹操가 河朔

---

94) 『唐六典』 卷9, 「中書省集賢院史館匭使」, 中書舍人條; 김택민 주편(2005), 앞의 책, 105-110쪽.
95) 『舊唐書』 卷4, 「高宗本紀上」, 龍朔二年二月條.
96) 『資治通鑑』 卷201, 龍朔二年十一月條, "…左相許圉師之子奉輦直長自然, 遊獵犯人田, 田主怒, 自然以鳴鏑射之. 圉師杖自然一百而不以聞. 田主詣司憲訟之, 司憲大夫楊德裔不爲治. 西臺舍人袁公瑜遣人易姓名上封事告之, 上曰…."

을 평정할 때 丞相軍謀掾이 되어 守奉高令을 지내다가 입조하여 東曹議令史가 되었다. 위 건국 초에 尙書郞이 되었다. 文帝가 즉위한 뒤 譙相, 平陽太守, 安平太守, 穎川典農中郞將을 지내고 關內侯에 봉해졌다. 明帝가 즉위하자 涼州刺史로 옮겼다. 학교를 세우고 勸善하니 교화가 크게 행해졌다. 유학에도 밝았다. 또한 서역과 교류하자 서역의 국가들이 入貢하였다. 嘉平 원년(249) 향년 78세로 卒하였다.97)

**41** 劉超가 충렬지사로 이름을 날렸는데[劉超以忠晉推名]: 劉超(?~329)는 東晉 琅邪 臨沂 사람으로 자가 世瑜이며 시호가 忠이다. 유초는 젊었을 때 지향하던 바가 있어 縣의 小吏가 되었는데, 차츰 승진하여 琅邪國記室掾이 되었다. 충성스럽고 삼가며 청렴하여 元帝에게 발탁되었다. 明帝가 錢鳳을 정벌하는 데 종군하여 零陵伯에 봉해졌다. 蘇峻이 모반하자 左衛將軍이 되었다가 왕의 군대가 패배한 뒤 右衛將軍이 되어 成帝를 모셨다. 소준이 車駕를 石頭城으로 옮기자 懷德令 匡術, 建康令 管斾 등과 몰래 모의하여 황제를 탈출시키려 했는데, 일이 누설되어 죽었다. 유초는 성품이 謙愼하고 세 황제를 섬겨 총애 받았음에도 불구하고 교만하지 않아 士人의 공경을 받았다.98) 忠愼은 충성스럽고 삼가다는 의미인데, 앞 구절 '유학의 종사(儒宗)'와 대구를 맞추기 위해 '忠烈之士(忠晉)'라고 해석하였다.

**42** 이 아름다운 명성으로 비유하여도 君을 같은 부류에 두기에는 부족하다[喩此聲芳, 未足連類]: 聲芳은 아름다운 명성이다.99) 원공유를 徐邈과 劉超에 비유하여 칭송한 것이다.

**43** 司刑少常伯으로 옮겼다[遷司刑少常伯]: 司刑少常伯은 刑部侍郞으로 1인이며 정4품하이다. 형부시랑은 周의 秋官小司寇中大夫에 해당한다.

---

97)『三國志·魏書』卷27,「徐邈傳」.
98)『晉書』卷70,「劉超傳」.
99)『宋書』卷85,「王景文傳」의 論.

한 이래 尙書와 侍郎은 당대 郎中의 職任과 같았다. 수 양제 때 刑部侍郎을 설치하였고, 당은 이를 따랐다. 용삭 2년(662) 사형소상백으로 개칭하였다.100) 형부시랑은 형부상서와 함께 천하의 刑法 및 徒隸에 대한 句覆과 關禁의 政令을 관장하였다.101) 원공유는 좌천되어 麟德 원년(664) 경에 西州長史였던 것으로 볼 때, 용삭 2년(662)에서 용삭 3년(663)에 西臺舍人과 司刑少常伯을 지냈을 것으로 추정된다.

**44** 君은 평소에 매우 강직하여 뜻을 구차히 영합하지 않아 해로운 무리가 틈을 타고 일어나 참소를 만들어 君을 해하였다[君素多鯁直, 志不苟容, 猜禍之徒, 乘閒而起, 成是貝錦, 敗我良田]: 鯁直은 강직함 또는 솔직함이다.102) 猜禍는 의심하여 손해를 끼치는 것이다.103) 이에 해로운 무리라고 해석하였다. 貝錦는 『詩』「小雅・小旻之什・巷伯」에 나오는 말로 남을 참소하는 자가 사람의 작은 허물로 큰 죄를 꾸며 죄에 빠뜨림을 비유한다. 良田은 『漢書』「五行志」에서 成帝 시기의 동요 중에 "구불구불한 길은 낭전을 해치고 참언하는 말은 사람 사이의 善人을 어지럽힌다."104)라는 구절이 보인다. 良田은 善人과 같은 피해대상을 가리키므로 묘지에서는 원공유를 지칭하는 것으로 생각된다. 이에 君이라고 해석하였다. 당시 용삭 3년(663) 4월 李義府가 除名되어 雟州로 유배되고, 그의 아들과 사위는 庭州로 유배되었다.105) 원공유도 이의부의 일파이므로 그의 실각으로 인해 함께 공격을 받아 좌천되었을 것으로 추정된다.106)

---

100) 『舊唐書』卷43, 「職官二」, 尙書都省, 刑部條.
101) 『唐六典』卷6, 「尙書刑部」, 侍郎條; 김택민 주편(2003), 앞의 책, , 547쪽.
102) 『後漢書』卷61, 「黃琬傳」.
103) 『漢書』卷90, 「王溫舒傳」.
104) 『漢書』卷27中之上, 「五行志・言羞」, 詩妖條, "成帝時童謠又曰, '邪徑敗良田, 讒口亂善人. 桂樹華不實, 黃爵巢其顚. 故爲人所羨, 今爲人所憐'."
105) 『資治通鑑』卷201, 龍朔三年四月條.
106) 원공유의 좌천 시기에 대하여 魯才全은 咸亨 3년(672) 許敬宗의 사망 후 조정에서

**45** 이윽고 君을 바깥으로 내보내 代州長史로 삼았다[尋出君爲代州長史]: 代州(지금 山西省 代縣)는 한대 廣武縣으로 후한과 晉도 한과 같았다. 수 문제가 代州로 고치고, 양제가 처음으로 대주를 폐지하고 雁門郡으로 하였다. 당 무덕 원년 代州에 總管府를 두고 代·忻·蔚 세 주를 관할하게 하다가 무덕 5년에 총관부를 폐지하였다. 무덕 6년 대주를 두었다. 鴈門, 五臺, 繁畤, 崞, 唐林 5현을 거느렸다.107) 중도독부의 장사는 1인이며 정5품상이므로 대주장사는 정5품상일 것이다. 원공유는 정4품하의 사형소상백에서 정5품상의 대주장사로 貶職되었다.108)

**46** 또 西州長史에 제수하였다[又除西州長史]: 西州는 한대 車師前王의 王庭이었는데, 西域長史와 戊己校尉가 모두 이곳에 치소를 두었다. 晉 成帝 咸和 연간에 高昌郡을 두었고, 북위 때는 高昌國이었다. 당 정관 14년(640) 高昌國을 평정하여 西州를 두고 安西都護府를 설치하였다. 천보 원년 交河郡으로 고치고 건원 원년 서주로 복구하였다. 덕종 정원 7년(791) 吐蕃에게 함락되었다. 高昌, 交河, 柳中, 蒲昌, 天山 5현을 거느렸다.109) 서주는 지금의 新疆 吐魯番市이다. 서주장사는 중도독부 장사로 정5품상이다. 대주장사와 서주장사는 같은 품계이지만, 지리적

---

함께하는 권세 있는 조력자가 없었고, 고종이 上元 원년(674) 무후의 책봉에 반대했던 장손무기의 관작을 회복하여 이러한 상황 속에 원공유가 적대 세력에게 공격을 받아 폄직되었으며, 그 시기는 上元 원년 9월 혹은 그 무렵 것이라고 추정하였다. 魯才全, 앞의 글, 36쪽.

107) 『舊唐書』 卷39, 「地理二」, 河東道, 代州·中都督府條; 『新唐書』 卷39, 「地理三」, 代州·鴈門郡條.

108) 魯才全은 674년 장손무기 등의 관작 복구로 인해 원공유가 좌천되었고, 그 시점은 674년 9월 혹은 그 이후라고 추정하였다(魯才全, 앞의 글, 36쪽). 李方 역시 이와 같은 견해이다(李方, 앞의 글, 263쪽). 다만 그 배경과 시점에 대해서는 서주장사로 임지를 옮긴 것과 관련하여 검토의 여지가 있다.

109) 魯才全, 앞의 글, 37쪽. 『通典』 卷174, 「州郡四」, 古雍州下, 交河郡·西州條; 『舊唐書』 卷40, 「地理三」, 河西道, 西州中都督府條; 『新唐書』 卷40, 「地理四」, 隴右道, 西州·交河郡條.

위치상 서주가 대주보다 중앙에서 멀리 떨어진 외곽이므로 이 역시 좌천으로 볼 수 있다.110) 李方은 3년에 한 번 임지를 이동하는 규정에 따른다면, 원공유는 674년 9월 혹은 그 이후에 대주장사로 좌천되었다가 儀鳳 2년(677)에 서주장사로 이동해야 한다. 하지만 의봉 2년에서 3년 (678) 사이의 西州北館廚 문서에 원공유의 서명이 없으므로 그가 서주장사로 좌천된 시기는 上元 3년(676), 즉 儀鳳 원년의 일이라고 설명하였다.111) 郁賢皓는 대략 상원에서 의봉 연간의 일로 추정하였다.112) 한편 펠리오 문서 P.2754「唐安西判集殘卷」의 25행~53행에 보이는 판문은 裴都護 左右의 士達·運達 등의 사람이 사사로이 龜茲에서 서주로 돌아간 일에 대한 것이다.113) 문서의 25행에 보이는 '裴都護'는 安西都護 裴行儉이고,114) 45행에 보이는 '公瑜奉符之後'의 公瑜는 원공유이다. 도독부의 장사는 차관으로서 모든 사무를 관리하고 각 조를 통판하는 일을 관장하였다.115) 즉 이 사건에 대해 판을 내린 사람은 통판관

---

110) 辻正博은 당대의 貶官에 대하여 貶官地는 中原 지방 보다도 山南·江南一嶺南道인 경우가 많지만 양자에는 큰 차이는 없다고 하면서 지리적 차이는 없다고 설명하였다. 辻正博,「唐代貶官考」,『唐宋時代刑罰制度の硏究』(京都: 京都大學學術出版會, 2010), 325-458쪽.
111) 李方,『唐西州官吏編年考證』(北京: 中國人民大學, 2010), 31-32쪽.
112) 郁賢皓,『唐刺史考全編 1冊』, 450-451쪽.
113) P.2754「唐安西判集殘卷」문서의 원문은 http://idp.bnf.fr에서 열람할 수 있다. 또한 녹문은 楊一凡·徐立志 主編,『歷代判例判牘 第一冊』(北京: 中國社會科學, 2005), 133-139쪽;『全唐文新編 16冊』, 11393-11395쪽 참조. 이 문서의 行에 대해서는 필자에 따라 견해가 다른데, 이 글에서는『歷代判例判牘』에 따랐다. 이 문서는 여러 개의 판문으로 구성되어 있다. 이에 대하여『全唐文新編』에서는 총 4개의 판문으로 구분하였다. 그 중 3번 째 판문은 裴都護에 대한 일로 25행~53행까지이다. 반면 劉子凡은 총 8개의 판문으로 구분하고, 이 중 배도호에 대한 일은 3번째 24행~38행, 5번째 41행~52행으로 추정하였다. 劉子凡,「法藏敦煌 P.2754文書爲西州都督府長史袁公瑜判集考」,『敦煌硏究』5(2015), 73쪽. 劉子凡의 행 계산은『歷代判例判牘』과 1행의 차이가 있지만, 내용상의 차이는 없다.
114)『舊唐書』卷84,「裴行儉傳」, "麟德二年, 累拜安西大都護, 西域諸國多慕義歸降, 徵拜司文少卿.";『新唐書』卷108,「裴行儉傳」.

인 서주도독부장사 원공유이다. 이 문서의 편년에 따라 원공유가 서주도독부장사로 좌천된 시기를 추정할 수 있을 것이다. 劉子凡은 이미 고종 麟德 원년(664) 11월 하순에 勅文이 安西로 보내졌으므로 원공유가 서주도독부장사였던 시기는 麟德 원년 11월 이전이며, 이러한 배경에는 龍朔 3년(663) 이의부가 嶲州로 유배된 사건이 있었다고 설명하였다.116) 즉 원공유가 좌천되어 인덕 연간에 서주도독부장사였던 것을 확인할 수 있다.

**47** 인재는 이리저리 전전하며 특별히 출세하지 못하고, 雁門에서 더욱 어그러져 헛되이 밝은 시대만 보냈다[驥足遲迴, 殊非得坐, 鴈門奇舛, 空負明時]: 驥足은 뛰어난 인재를 비유하는 말로117) 여기서는 원공유를 의미한다. 遲回는 이리저리 전전하는 것이다.118) 得地는 입신하여 출세하다는 의미이다.119) 雁門은 당의 代州로 지금의 山西省 代縣이다. 즉 이 구절은 원공유가 代州로 좌천되고 대주에서 더욱 상황이 나빠져 西州로 任地를 옮겨 이리저리 전전하였음을 드러낸 것이다.

**48** 머지않아 庭州刺史가 되었다[俄轉庭州刺史]: 庭州는 漢代 烏孫, 後漢代 車師後王의 땅으로 대대로 북방민족이 거주하던 곳이었다. 정관 연간(627~649) 阿史那賀魯가 부락을 이끌고 內附하자 그 땅을 정주로 삼았다. 무측천 長安 2년(702) 경 이곳에 北庭都護府를 설치하였다. 金滿 · 輪臺 · 蒲類 세 현을 거느렸다. 정주는 지금 新疆 維吾爾自治區 吉木薩爾 일대이다.120) 원공유가 정주자사를 지낸 시기에 대해 『唐刺史

---

115) 『唐六典』 卷30, 「三府督護州縣官吏」, "尹·少尹·別駕·長史·司馬掌貳府·州之事, 以紀綱衆務, 通判列曹. 歲終則更入奏計."
116) 劉子凡, 앞의 글, 78쪽 참조.
117) 『三國志』 卷37, 「龐統傳」.
118) 『魏書』 卷96, 「司馬昌明傳」.
119) 그 용례는 후대이긴 하지만, 元 李壽卿, 「伍員吹簫」 4折에 "我父親其時便說, 有一子是個村廝憨郎, 久以後你須得地, 略把眼照覷休忘."라는 구절이 보인다.
120) 『舊唐書』 卷40, 「地理三」, 河西道, 北庭都護府條; 『新唐書』 卷40, 「地理四」, 隴右道,

考全編』에서는 대략 상원 연간에서 의봉 연간 사이일 것으로 추정하였다.121) 원공유는 인덕 연간(664~665) 무렵에 서주도독부장사를 지내고 永隆 원년(680) 유배되기 전, 그 사이에 庭州刺史122)와 安西副都護를 지냈다.

**49** 얼마 후 安西副都護로 옮겼다[無何, 遷安西副都護]: 安西都護府는 태종 貞觀 14년(640) 고창을 멸하고 9월 西州에 설치되었으며, 이후 서역 정세에 따라 그 치소가 西州(지금 新疆 維吾爾自治區 동남쪽 高昌 廢址)와 龜玆(지금 新疆 維吾爾自治區 高車 東郊 皮朗 舊城)로 이동하였고, 天山 남북을 통할하였다.123) 안서도호부는 大都護府 혹은 上都護府였는데, 그 시기별 등급은 명확하지 않다. 도호부의 大都護는 1인으로 종2품이고 副大都護는 1인으로 종3품이며 副都護는 2인으로 정4품상이다. 상도호부의 도호는 1인으로 정3품이고 부도호는 2인으로 종4품상이다. 도호와 부도호는 관할지역의 이민족을 위무하고, 외적의 침입을 평정하며, 간악한 흉계를 정탐하고, 반란을 정벌하는 일을 관장하였다.124) 永隆 원년(680) 유배되기 직전까지 원공유가 안서부도호로 재직했을 것으로 생각된다.

---

北庭大都護府條;『通典』卷174, 州郡四, 庭州條.
121) 郁賢皓,『唐刺史考全編 1册』, 隴右道, 北庭都護府(庭州)條, 527-528쪽.
122) 州刺史는 上州가 종3품, 中州가 정4품상, 下州가 정4품하였다. 庭州의 정확한 등급은 전하지 않는다.
123) 안서도호부의 관할 범위는 천산 남북 즉, 지금 알타이산맥 이서와 咸海 이동, 아무다리야 유역과 파미르 고원의 동쪽과 서쪽, 타림 분지의 대부분 지역으로 생각된다. 다만, 662년에 金山都護府가 설치되어 천산 이북을 관할한 것으로 추정되고, 武則天 長安 2년(702) 혹은 3년(703)에는 北庭都護府가 庭州에 설치되었다. 이렇게 볼 때 안서도호부의 관할 범위가 시기별로 어떻게 달랐는지, 금산도호부나 북정도호부 관할 범위와의 관계도 재검토해 볼 여지가 있다.
124)『唐六典』卷30,「三府督護州縣官吏」참조. 한편, 대도호부의 부대도호는『新唐書』卷49下,「百官四下」, 外官, 都護府條에 '二人', 부도호는『舊唐書』卷44,「職官三」, 州縣官員, 都護府條에 '四人'으로 되어 있다.

50 君은 본디 威雄이 높고 信義가 오래도록 빛나 月氏를 쫓아내고 日逐을 항복시키자[君威雄素厲, 信義久孚, 走匜氏, 降㋐逐]: 月氏는 본래 敦煌과 祁連 사이에 살았으나 기원전 3세기 무렵 흉노가 서쪽으로 이동하면서 아무다리아 지역으로 이동하여 大月氏國을 세웠다. 日逐은 匈奴王의 명칭이다. 뒤에서 원공유를 정길과 반초에 비유했는데, 월지를 쫓아내고 일축을 항복시킨 일은 鄭吉의 업적과 관련이 있다.125) 이 구절은 서역에 재직 중이던 원공유의 업적을 찬미한 것이다.

51 柳中에서 경계를 하지 않아도 총령 이서가 평화로워 졌으니[柳中罷柝, 葱右無塵]: 柳中(지금 新疆 鄯善縣 서남쪽)은 西州의 속현으로 정관 14년에 설치되었다. 정원 연간에 토번에게 빼앗겼다. 罷柝은 경계를 해제하거나 야경 도는 일을 폐지하는 것이다. 류중의 경계를 하지 않음은 이곳이 당의 영역이므로 경계를 하지 않아도 평화롭다는 의미일 것이다. 葱右는 葱嶺 이서 지역을 가리킨다. 塵에는 전란이라는 의미가 있는데, 이에 '전란이 없다', '평화롭다'는 의미로 해석하였다.

52 비록 鄭吉과 班超라도 君보다 더 하지는 못할 것이다[雖鄭吉·班超, 不之加也]: 鄭吉(?~前49)은 漢代 會稽 사람으로 시호는 繆侯이다. 병사로 수차례 서역에 종군하여 서역의 國情과 풍습을 익혔다. 宣帝 때 侍郎이 되어 渠黎를 관리하였고, 군대를 일으켜 車師를 격파하고 衛司馬로 옮겼다. 神爵 연간 匈奴의 혼란을 틈타 日逐王이 한으로 항복하자 그를 長安으로 호송하였다. 정길이 車師를 격파하고 일축왕을 항복시키자 위세가 서역에 떨쳐 西域都護에 임명되었다. 이때부터 도호가 두어졌다. 그 뒤 황제가 정길을 安遠侯로 봉하였다.126) 班超(33~102)는 後漢 扶風 平陵 사람으로 자가 仲升이다. 明帝 永平 16년(73) 奉車都尉 竇固의 흉노 토벌에 따라가 공을 세워 인정을 받았다. 이후 31년간 서

---

125) 『漢書』卷70, 「鄭吉傳」.
126) 『漢書』卷70, 「鄭吉傳」.

역에서 여러 나라를 정벌하였다. 將兵長史, 西域都護, 射聲校尉 등을 지냈다. 永元 14년(102) 8월 낙양으로 돌아왔으나 다음 달 향년 71세에 병으로 卒하였다.127) 정주자사, 안서부도호를 지낸 원공유의 업적을 정길과 반초에 빗대어 표현하였지만, 원공유가 구체적으로 서역에서 어떤 역할을 하였는지는 명확하지 않다.

**53** 참언이 매우 잘 꾸며져 교묘하게 □죄에 빠지게 되었는데[盜言孔甘, 文致□罪]: 盜言은 참소하는 말이다.128) 文致는 법조문을 왜곡하여 무고한 사람을 죄로 얽는 것이다. '□죄'는 그의 죄명인데, 글자를 판독할 수 없어 어떠한 죄인지 확인할 수 없다. 사서에도 그의 유배와 관련된 죄명은 전하지 않는다.

**54** 永隆 해에 마침내 君을 振州에 유배시켰다[永隆歲, 遂流君于振州]: 영륭 해는 고종의 연호로 680년 8월부터 681년 10월까지 사용되었다. 이 묘지에서 永隆과 永昌을 '歲'라고 표현했는데, 이는 원년을 가리키는 것으로 보인다. 振州(지금 廣東省 崖縣 西北 崖城鎭)는 수의 臨振郡이었다. 당 무덕 5년 振州를 두었고, 천보 원년에 臨振郡으로 고쳤다가 乾元 원년에 振州로 복구하였다. 寧遠, 延德, 吉陽, 臨川, 落屯 5현을 거느렸다.129) 이 구절은 안서부도호로 있다가 참소를 받아 永隆 원년에 振州로 유배된 것을 말한다.

**55** 오랜 뒤 사면을 받아 고향으로 돌아가려 했는데, 권신이 법을 우롱하여 은밀히 有司에게 사주하니 또 옮겨서 白州에 거처하였다[久之遇赦, 將歸田里, 而權悪舞法, 陰風有司, 又徙居白州]: 田里는 고향이다. 舞法은 법조문을 왜곡하는 것이다. 風은 諷과 통가자이고, 陰諷은 은밀히

---

127) 『後漢書』卷47, 「班超傳」.
128) 『詩』, 「小雅·節南山之什·巧言」, "盜言孔甘, 亂是用餤." 孔穎達 疏, "險盜之人, 其言甚甘, 使人信之而不已."
129) 『舊唐書』卷41, 「地理四」, 嶺南道, 振州條; 『新唐書』卷43上, 「地理七上」, 嶺南道, 振州·延德郡條; 『通典』卷184, 「州郡十四」, 古南越, 延德郡·振州條.

사주하는 것이다. 원공유는 振州에서 오랫동안 유배 생활을 하다가 사면을 받았으나 고향으로 돌아가지 못하고 白州에 머물게 되었다. 白州는 수대 合浦郡 合浦縣이다. 당 무덕 4년에 南州를 설치하였고, 무덕 6년에 白州로 고쳤다. 京師로부터 6175里 떨어진 곳이다.[130] 백주는 지금 廣西壯族自治區 玉林市 博白縣이다.

**56** 척박한 땅으로 쫓겨나 황량한 변경에 버려지니[竄迹狼荒, 投身魑魅]: 竄迹은 도망하여 숨는 것이다. 狼荒은 거칠고 먼 변경 땅이다.[131] 魑魅는 황량하고 먼 변방이다.[132] 앞에서 거처를 백주로 옮겼다고 하므로 먼 변방을 가리키는 狼荒과 魑魅는 白州를 의미하는 것으로 생각된다.[133]

**57** 남쪽 땅에서 건강을 해치고 외진바다에서 방황하였다[炎沙毒影, 窮海迷天]: 炎은 '남쪽', 沙는 '물가'를 의미하므로 炎沙는 白州가 위치한 남쪽 해안지방을 일컫는다고 생각된다. 毒은 '해치다', 影은 '자취', '肖像'이라는 의미에서 '신체' 또는 '건강'을 가리키는 것으로 해석하였다. 남방에 瘴氣가 있어 원공유가 남쪽 변경에 은거할 때 건강을 해친 것으로 생각된다. 窮海는 외지고 먼 해변으로, 炎沙와 대구이다. 天은 앞의 海와 대응하는 하늘로 보는 것이 타당하다. 迷에는 깊이 '빠지다', '헤매다'라는 뜻이 있다.[134] 이에 길을 잃고 방황한다는 의미로 해석하였다.

---

130) 『舊唐書』卷41,「地理四」, 嶺南道, 白州(下)條.
131) 唐 柳宗元,〈南省轉牒欲具江國圖令盡通風俗故事〉詩, "聖代提封盡海壖, 狼荒猶得紀山川"의 集註, "童宗說曰, '狼荒, 荒遠之地'."
132) 『春秋左傳』, 文公十八年條, "投諸四裔, 以禦螭魅." 杜預 註, "螭魅, 山林異氣所生, 爲人害者."
133) 狼朧은 중국 남방 민족의 이름으로 白州가 남방에 위치했던 것과도 연관이 있을 것으로 생각된다.
134) 窮迷는 끝까지 미혹에서 헤어나지 못한다는 의미가 있다. 그 용례는 『全上古三代秦漢三國六朝文(全晉文)』卷62,「孫綽二」,〈喩道論〉, "若窮迷而不遷者, 非辭喩之所感."에 보인다.

58 향년 73세 垂拱 원년 7월 25일 병을 앓다가 白州에서 생을 마쳤다[享
年七十三, 垂拱元年七月廿五㋑寢疾, 終于白州]: 묘주의 나이, 사망일,
사망지이다. 垂拱은 685~688년간 사용되었다.

59 永昌 해에 비로소 鄧州로 돌아와 임시로 石溪里에 빈소를 두었다[永
昌歲, 始還鄧州, 權殯石溪里]: 鄧州는 진시황이 천하를 평정하고 南陽郡
을 둔 곳이다. 당 무덕 2년 鄧州로 고치고, 천보 원년에 南陽郡으로 고
쳤다가 건원 원년에 다시 등주로 복구하였다. 穰, 南陽, 新野, 向城, 臨
湍, 內鄕, 菊潭 7개 현을 거느렸다.135) 등주는 지금 河南省 鄧州市 鄧縣
이다. 永昌은 689 정월부터 10월까지 사용되었고, 그 해 11월에 載初 元
年으로 개원하였다. 이때 임시로 등주의 석계리에 빈소를 둔 까닭은 원
공유의 아들 袁承嘉가 당시에 鄧州司法參軍으로 있었기 때문이다.136)

60 虞翻의 조문에는 靑蠅만 있었으나[虞翻之弔, 但見靑蠅]: 우번(164~233)
은 삼국 吳 會稽 餘姚 사람으로 자가 仲翔이다. 會稽太守 王朗이 발탁
하여 功曹에 임명하였다. 孫策이 회계를 정벌할 때 우번은 부친의 喪을
당했는데, 손책과 싸우다 패배한 왕랑을 東部候官까지 따라가 營護하
였다. 노모를 봉양하러 다시 회계로 돌아오자 손책이 공조에 임명하였
다. 우번이 富春縣長으로 있을 때 손책이 죽자 長吏들이 喪에 가기 위
해 떠났는데, 우번은 인근 縣의 山民이 난을 일으킬까 우려하여 부춘에
머물며 상복을 입었다. 그 뒤 후한에서 侍御史로 임명하였는데 취임하
지는 않았다. 孫權이 임명하여 騎都尉가 되었다. 우번은 성품이 강직
하고 세속과 타협하지 않아 誹謗을 많이 받았다. 交州로 쫓겨났다가
그곳에서 70세에 卒하였다.137) 靑蠅之弔는 살아서는 자기를 알아주는

---

135) 『通典』 卷177,「州郡七」, 荊河州, 南陽郡·鄧州條;『舊唐書』 卷39,「地理二」, 山南
道, 鄧州條;『新唐書』 卷40,「地理四」, 山南道, 鄧州·南陽郡條.
136) 魯才全, 앞의 글, 39쪽.
137) 『三國志』 卷57,「虞翻傳」.

사람이 없고 죽어서는 조문객이 없음을 이르는 말로 쓰인다.

**61** 王業의 죽음은 오히려 白虎도 따랐다[王業之喪, 猶隨白虎]: 王業은 자가 子香으로 후한 和帝 때 荊州刺史를 지냈다. 자사로 있은 지 7년 동안 교화가 행해졌다. 왕업이 枝江에서 卒하였는데, 백호 두 마리가 그 옆에서 宿衛하다가 상여가 떠나자 州의 경계까지 따라왔다가 홀연히 사라졌다. 이에 백성이 碑를 세워 '枝江白虎墓'라 하였다고 한다.138) 묘지가 작성되기 이전 원공유는 이미 相州刺史로 추증을 받았다. 이 구절은 우번의 죽음과 대조하고 왕업의 고사를 인용하여 원공유가 죽어서도 칭송을 받았다고 비유한 것이다.

**62** 如意 초 제서를 내려 君을 相州刺史로 추증하였다[如意蓙, 有制追贈君相州刺史]: 相州는 한의 魏郡으로 북위 道武帝 때 相州로 고쳤다. 수대에 魏郡이었다가 당 무덕 원년 相州로 고쳤다. 安陽, 堯城 등 11개 현을 거느렸다.139) 如意는 692년 4월부터 8월까지 사용되었다. 『舊唐書』 卷82, 「李義府傳」에 의하면, 여의 원년에 영휘 연간 무후를 도운 공(즉 廢王立武)으로 원공유는 江州刺史에 추증되었다고 하지만, 『新唐書』 卷223上, 「李義府傳」에서는 상주자사에 추증되었다고 전한다.140) 원공유와 원승가의 묘지에서 상주자사에 추증되었다고 하므로 강주자사에 추증되었다는 것은 오류이다.141)

---

138) 『搜神記』 卷11, 白虎墓條, "王業, 字子香, 汉和帝時爲荊州刺史. 每出行部, 沐浴齋素, 以祈於天地, 當啟佐愚心, 无使有枉百姓. 在州七年, 惠風大行, 苛慝不作, 山无豺狼. 卒於枝江, 有二白虎低頭曳尾, 宿衛其側. 及喪去, 虎逾州境, 忽然不見. 民共爲立碑, 號曰枝江白虎墓."

139) 『通典』 卷178, 「州郡八」, 古冀州上, 鄴郡·相州條; 『舊唐書』 卷39, 「地理二」, 河北道, 相州條; 『新唐書』 卷39, 「地理三」, 河北道, 相州·鄴郡條.

140) 『舊唐書』 卷82, 「李義府傳」, "如意元年, 則天以義府與許敬宗·御史大夫崔義玄·中書舍人王德儉·大理正侯善業·大理丞袁公瑜等六人, 在永徽中有翊贊之功, 追贈義府揚州大都督, 義玄益州大都督, 德儉魏州刺史, 公瑜江州刺史."; 『新唐書』 卷223上, 「李義府傳」, "如意中, 贈義府揚州大都督, 崔義玄益州大都督, 王德儉·袁公瑜魏·相二州刺史, 各賜實封."

63 은택은 후대에까지 더해지고 황천에까지 미쳐서[恩加異代, 澤漏窮泉] 異代는 후세로, 『漢書』卷100上, 「幽通之賦傳」에 "공자의 문장은 신의가 있어 麒麟을 부르는구나, 漢에서 후대에게 追封하였다."에 그 용례가 보인다. 窮泉은 황천으로 『文選』 潘安仁의 〈悼亡詩〉 3首 중 첫 번째 시에 "그대 황천으로 돌아가니 저승은 아득히 멀구나."에 그 용례가 보인다. 廢王立武 공신의 아들 역시 長安 원년(701)에 實封을 하사받았는데, 원공유의 아들 殿中丞 忠臣은 실봉 200戶를 하사받았다.[142] 이 구절은 사망한 원공유와 그의 자손에게 은택이 내려졌음을 표현한 것이다.

64 前夫人 孟氏는 隨 車騎將軍 陟의 손녀이며 唐 曹州刺史 政의 딸이다[前夫人孟氏, 隨車騎將軍陟之孫, 唐曹州刺史政之女]: 隨는 隋이다. 曺는 曹와 통가자이다. 曹州는 한대의 梁國이다. 수에서는 濟陰郡이었다. 당 무덕 4년 曹州로 고쳤다. 濟陰, 考城 등 6현을 거느렸다.[143] 『唐刺史考全編』에서는 원공유의 부인 맹씨가 영휘 6년(655) 35세의 나이로 사망하였으므로 孟政이 대략 정관 연간에 曹州刺史를 지냈을 것으로 추정하였다.[144]

65 부인의 집안사람은 모두 보배여서 고관대작을 지냈으며, 가문에 재산이 풍족하고 대대로 현숙한 사람이 많았다[玉林皆寶, 銀艾相暉, 坴積膏腴, 世多賢淑]: 玉林은 仙境에 있다는 숲이다. 한편 玉樹는 신선이 사는 곳에 있다는 나무인데, 타인의 훌륭한 子弟를 이르는 말로 쓰이기도 한

---

141) 魯才全, 앞의 글, 38-39쪽.
142) 『舊唐書』卷82, 「李義府傳」, "長安元年, 又賜義府子左千牛衛將軍湛及敬宗諸子實封各三百戶, 義玄子司賓卿基・德儉子殿中監璿實封各二百五十戶, 善業子太子右庶子知一・公瑜子殿中丞忠臣實封各二百戶."
143) 『通典』卷177, 「州郡七」, 古荊河州, 曹州條; 『舊唐書』卷38, 「地理一」, 河南道, 曹州(上)條; 『新唐書』卷38, 「地理二」, 河南道, 曹州・濟陰郡條.
144) 『唐刺史考全編 2册』, 河南道, 曹州(濟陰郡)條, 988-989쪽.

다. 이는 晉 太傅 謝安 집안의 子弟에 대한 고사에서 유래하였다.[145] 林과 樹가 의미상 유사하다고 한다면, 옥림 역시 훌륭한 집안의 자제를 가리킨다고 볼 수 있다. 銀艾는 은으로 만든 관인과 녹색의 인끈으로 한대 녹봉이 2천 석 이상의 관원이 패용하던 데서 고관을 이르는 말로 쓰인다.[146] 이에 부인의 집안이 좋다는 의미로 보았다. 地積膏腴은 토지가 비옥하다는 의미에서 재산이 풍족하다고 해석하였다. 이 구절은 부인이 좋은 가문 출신임을 표현한 것으로 생각된다.

66 부인은 閨房의 아름다움을 간직하고 아내로서의 도를 따랐으며[夫生秉閨房之秀, 導芣苢之風]: 芣苢는 『詩』「國風·周南·芣苢」에 보인다. 이에 대하여 毛序에서는 "부이는 후비의 아름다움이니 화평해지면 부인이 자식이 있음을 즐거워한다."고 하였다. 이에 아내의 도를 따른다고 해석하였다. 이 구절은 부녀자의 덕을 말한 것이다.

67 노래자는 오래도록 색동옷을 입어 부모를 봉양하였고, 장부는 슬픔을 부채에 글로 남겼다[老萊之養, 未極斑衣, 張胤之哀, 空留畫扇]: 老萊子는 춘추 楚 사람으로 효성이 지극했는데, 70세에 아이 행세를 하며 색동옷을 입고 부모를 기쁘게 해드렸다는 일화가 있다(『孟子』「萬章上」). 斑衣는 색동옷이다. 張敷는 劉宋 시기의 관리로 字가 景胤이고 吳郡 사람이다. 그가 태어날 때 어머니가 돌아가셨는데, 10세 즈음에 어머니의 유품을 구하자 그림이 그려진 부채 하나만 남아 있었고, 이에 슬피 울며 부채에 글을 남겼다.[147] 원승가 등의 효성을 드러낸 것으로 생각된다.

68 향년 35세 永徽 6년 10월 5일 京師의 집에서 세상을 떠났다[享秊卅

---

145) 『世說新語』 卷上之上, 「言語二」, "謝太傅問諸子姪, '子弟亦何預人事, 而正欲使其佳' 諸人莫有言者, 車騎答曰, '譬如芝蘭玉樹, 欲使其生於階庭耳'."
146) 『後漢書』 卷65, 「張奐傳」.
147) 『宋書』 卷62, 「張敷傳」.

五, 永徽六秊十圅五②, 終于京第]: 묘주 전부인의 사망일과 사망지이다. 永徽는 고종의 첫 번째 연호로 650~656년까지 사용되었다. 영휘 6년은 655년이다.

69 곧 久視 원년 10월 28일에 洛陽縣의 北邙山에 合葬하였다[卽以久視元秊十圅卅八④, 合葬于洛陽縣之北邙山]: 묘주와 묘주 부인의 합장일은 久視 원년 10월 28일이고, 합장지는 北邙山(지금 河南省 洛陽市 북쪽)이다. 久視는 무측천의 연호로 700년 5월부터 701년 정월까지 사용되었다. 701년 정월에 大足 원년으로 개원하였다.

70 땅은 書生으로 점치고 무덤은 烈士에 의거하였다[塋卜書生, 塋依烈士]: 地卜은 장지를 점쳐 선택하는 것이다. 『通典』 「凶禮」에 "점을 쳐 땅을 선택하고 처음 의례와 같게 한다."148)는 구절에서 그 용례가 보인다. 장지를 점쳐 선택하다고 해석할 경우 銘辭에서 말하는 '占墓'와도 부합한다. 書生과 烈士가 장지 택일과 무덤 조성, 그 규모에 어떠한 연관이 있었는지를 알려주는 사료는 찾을 수 없지만, 한자의 字句대로 해석하였다.

71 楊公은 돌아와 장례를 치를 때 공허히 큰 새의 슬픔만 남았지만, 魏主는 집으로 돌아오자 마땅히 보잘 것 없는 제물로라도 제사를 지냈다[楊公返葬, 空餘大鳥之悲, 魏主迴軒, 當有隻雞之酹]: 魏主는 曹操이고, 隻雞는 보잘 것 없는 제물이다. 후한 말의 橋玄이 아직 명성을 얻기 전의 조조를 보고 천하를 평안하게 할 수 있는 인재라고 평하자 조조는 교현을 知己로 여겼다. 후에 조조가 교현의 묘에 조문한 일에서 유래된 고사가 변변치 못한 제물을 가리키는 '한 말의 술과 닭 한 마리(隻雞斗酒)'이다.149) 그런데 '楊公返葬, 空餘大鳥之悲'가 무엇을 지칭하는지 명

---

148) 『通典』 卷85, 「凶禮七」, 喪制三, 將葬筮宅, 大唐條, "大唐元陵儀注, '旣定陵地, 擇地, 使就其所卜筮之 … 又擇地卜筮如初儀.' 其百官以下儀制, 具開元禮."
149) 『後漢書』 卷51, 「橋玄傳」.

확하지 않다. 銘辭의 '溫序魂魄, 還故鄕焉' 구절과 대응한다고 보면 楊公은 溫序를 지칭할 가능성이 있지만, 溫序가 楊公이라는 흔적이 보이지 않아 정확히는 알 수 없다. 溫序는 후한 사람으로 광무제 건무 6년(30) 護羌校尉로서 襄武를 순행할 때 적에게 사로잡혀 자결하였다. 광무제가 이를 가엽게 여겨 시신을 낙양으로 옮겨와 장례를 치르게 하였다.

**72** 孤子 殿中省丞・奉宸大夫・內供奉 忠臣 등이[孤子殿中省丞・奉宸大夫・內供奉忠悳等]: 孤子는 아버지를 여읜 아들 혹은 아버지는 여의고 어머니만 모시고 있는 사람이 喪中에 있을 때 자신을 가리키는 말이다. 殿中省은 황제의 일상을 담당하는 시봉 기구이다. 북위 때 殿中監을 둔 것을 시작으로 북제 때 殿中局을 두어 문하성에 속하였으며 수 때 殿內局으로 고쳤다가 大業 3년(607)에 殿內省으로 고쳤다. 당은 이를 전중성으로 고쳤다. 전중성은 尙食局・尙藥局・尙衣局・尙舍局・尙乘局・尙輦局의 官屬을 거느렸다. 殿中丞은 수 양제 때 1인을 두었고 종5품이었다가 당에서는 2인으로 증가하였고, 龍朔 2년(662) 중어대부로 바꾸었다가 함형 원년에 복고하였다. 전중승은 殿中監의 일을 判하고 아울러 稽失을 勾檢하며 베낀 목록을 살펴서 서명하는 일을 관장하였다.150) 奉宸府는 聖曆 2년(699) 控鶴府를 설치하고, 구시 원년(700) 控鶴監을 天驥府로 고치고 6월에 또 奉宸府로 고친 것이다. 奉宸大夫는 10인으로 左右 각 5명이며 5품상이다.151) 內供奉은 좌우에서 황제를 侍奉하는 관원으로, 대개 다른 관함을 함께 가지고 있지만 정식 관직은 아니다. 당대에는 中書省, 門下省, 御史臺에 供奉이 있었고, 무측천 수공 연간에는 拾遺・補闕에 內供奉을 두었다.152) 앞서 언급하였듯이 원충신은 장안 원년에 實封 200戶를

---

150) 『唐六典』 卷11, 「殿中省」, 殿中監條.
151) 『通典』 卷25, 「職官七」, 諸卿上, 諸牧監條.
152) 『通典』 卷21, 「職官三」, 門下省, 補闕拾遺條; 『通典』 卷22, 「職官六」, 御史臺, 侍御

하사받았다.

**7·3** 눈물을 흘리며 무덤을 만들고 유언을 가슴에 담으니 찬술한 유풍이 오래도록 드날릴 것이다[淚窮墳栢, 哀結楹書, 式撰遺風, 丕揚億廙]: 측백 나무는 墳墓의 주변에 심는 나무의 하나이다.153) 哀結은 슬픔이 가슴에 쌓여 맺히는 것이다.154) 楹書는 遺言, 遺書를 이르는 말이다. 晏嬰이 죽을 때 기둥을 파서 글을 넣어 두고 아들이 자란 뒤에 보게 한 고사에서 유래하였다.155) 丕揚은 크게 宣揚하는 것이고,156) 億載는 아주 오랜 시간을 말한다.

**7·4** 위대하다 큰 덕이여 하늘이 내려주셨네[峨峨碩德, 惟岳生焉]: 峨峨는 『詩』「大牙·文王之什·棫樸」, "璋瓚을 받들어 높이 올리니"에 대하여 주자는 "峨峨는 盛壯함이다."라고 주를 달았다. 이에 위대하다고 해석하였다. 碩德은 큰 덕이다.

**7·5** 빛나구나 영망이여 진실로 나라가 의지하였구나[顯顯英望, 允邦基焉]: 顯顯은 『詩』「大牙·生民之什·假樂」에 "아름답고 즐거운 군자여 훌륭한 덕이 빛나는 구나."라는 용례가 보인다.

**7·6** 조정의 직무 수행하며 큰 공적 세웠네. 요직을 담당하며 빛나는 업적을 남겼도다[服事臺閣, 厥功茂焉, 典司樞要, 其業光焉]: 臺閣은 상서성을 가리키는데,157) 원공유가 상서성과 관련된 직임을 맡았던 일은 비문이나 여타의 사료에 보이지 않는다. 이에 여기서는 원공유가 조정에서 지낸 관직을 지칭하는 것으로 해석하였다. 樞要는 핵심·관건을 의

---

史條.
153) 『周禮注疏』卷22, 「冢人」의 疏, "案『春秋緯』云, '天子墳高三刃, 樹以松. 諸侯半之, 樹以柏. 大夫八尺, 樹以欒. 士四尺, 樹以槐. 庶人無墳, 樹以楊柳'."
154) 『晉書』卷61, 「周謨傳」.
155) 『晏子春秋』, 「雜下三十」, "晏子病, 將死, 鑿楹納書焉, 謂其妻曰, '楹語也, 子壯而示之'."
156) 『漢書』卷81, 「匡衡傳」.
157) 『後漢書』卷49, 「仲長統」, 法誡篇, "光武皇帝慍數世之失權, 忿彊臣之竊命, 矯枉過直, 政不任下, 雖置三公, 事歸臺閣." 鄭玄 註, "臺, 閣謂尙書也."

미하는데, 관직에서는 요직으로 볼 수 있다.158) 이 구절은 원공유가 관직생활을 하면서 공적이 많았다고 찬미한 것이다.

77 혹독한 참소를 받아 늙도록 서쪽 변경을 지켰네. 하찮은 글 때문에 죄를 얻어 남쪽 바닷가로 유배갔구나[積毀銷骨, 老西垂焉, 微文獲戾, 投南海焉]: 원공유가 참소를 받아 대주장사로 좌천되고, 서역을 전전하다가 끝내는 振州에 유배되었던 것을 가리킨다.

78 虞翻처럼 버려져 交趾에서 사망하였네. 溫序의 혼백처럼 故鄕으로 돌아왔네[虞翻播弃, 死交趾焉, 溫序魂魄, 還故鄕焉]: 虞翻은 交州로 쫓겨나 그곳에서 70세에 卒하였다. 溫序는 후한 시기 인물로 太原 祁縣 사람이고, 자는 次房이다. 후한 광무제 건무 2년(26) 騎都尉 弓裏戍가 北州를 평정할 때 侍御史로 천거되었다. 武陵都尉로 옮겼다가 병으로 관직에서 물러났다. 건무 6년(30) 護羌校尉가 되어 襄武를 순행할 때에 涼州를 차지한 隗囂의 別將 苟宇에게 사로잡혀 투항을 권고 받았으나 자결하였다. 광무제가 이를 듣고 가엽게 여겨 從事 王忠을 보내 시신을 거두어 돌아오게 하였다. 이에 낙양에 이르러 장례를 치루었다.159) 이 구절은 원공유가 白州에서 사망하고, 鄧州에 임시 빈소를 두었다가 다시 낙양으로 돌아와 장례를 치른 일을 虞翻과 溫序에 비유한 것이다.

79 밝은 세상을 만나 황제께서 가상히 여기셨네. 황천에서 추증 받았으니 조정의 은혜 깊도다[遭逢明運, 帝念嘉焉, 追贈幽壤, 朝恩博焉]: 원공유는 무측천 여의 초(692)에 相州刺史로 추증되었다. 이때 치세는 무측천의 치세이다.

80 성곽 북쪽에 묘 자리를 마련하고 명문을 새기네[北郭占墓, 啓滕銘焉]: 北郭은 외성의 북쪽 또는 성 밖의 교외를 의미하는데,160) 여기서 북곽

---

158) 『後漢書』 卷26, 「韋彪傳」.
159) 『後漢書』 卷81, 「溫序傳」.

은 묘주와 그 부인의 합장지인 북망산을 가리킨다. 啓는 새긴다는 의미이다.

81 西階에 부인을 합장하니 周禮에 따랐도다[西階祔葬, 從周禮焉]: 西階는 堂의 서쪽 계단을 이르는 말인데,『禮記』「檀弓」에 공자가 자공에게 하는 말에서 주나라 사람이 시신을 안치한 위치가 나온다. 즉 "夏后氏는 東階 위에 殯을 하였으니, 아직도 조계에 있는 것이다. 殷人은 두 기둥 사이에 빈을 하였으니, 빈객과 주인을 끼고 있는 것이다. 周人은 西階 위에 빈을 하였으니, 오히려 빈객으로 대우한 것이다."161)라고 하였다. 부인을 서계에 안치하였으므로 주례에 따랐다고 한 것으로 보인다.

82 소나무, 오동나무 울창하니 묘 자리 편안하네[樹之松檟, 神道寧焉]: 앞에서 측백나무[栢]이 나왔던 것과 다르게 銘辭에서는 松檟를 심었다고 하는 차이가 있다. 神道는 혼령이 다닌다는 무덤 앞의 길로 墓道이다.

〈附表1〉 원공유의 가계

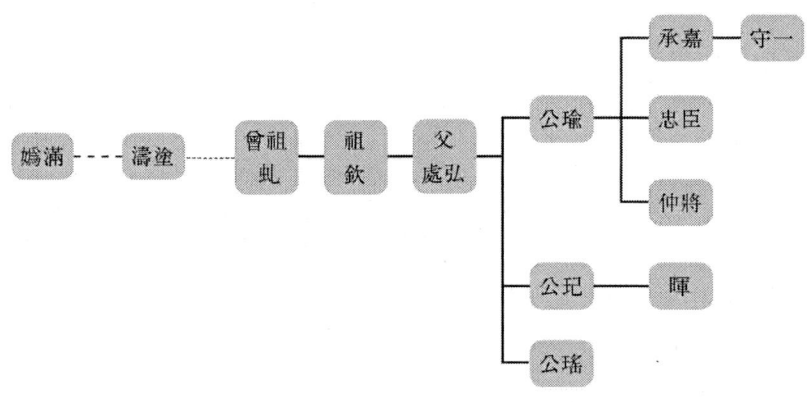

---
160)『春秋左傳』, 襄公二年條, "齊人葬莊公於北郭." 杜預 註, "兵死不入兆域, 故葬北郭."
161)『禮記』,「檀弓上」, "夫子曰, '賜. 爾來何遲也. 夏后氏殯於東階之上, 則猶在阼也. 殷人殯於兩楹之間, 則與賓主夾之也. 周人殯於西階之上, 則猶賓之也. 而丘也殷人也. 予疇昔之夜, 夢坐奠於兩楹之間. 夫明王不興, 而天下其孰能宗予. 予殆將死也'."

〈附表2〉 원공유 연표

| 皇帝 | 年代(西曆) | 나이 | 官歷 | 비고 |
|---|---|---|---|---|
| 태종 | 貞觀10년(636) 이후 | 24세 이후 | 文德皇后 挽郎 | 묘지 19세 |
| | | | 晉州司士 | |
| | | | 通事舍人 | |
| | | | 大理司直 | |
| | 정관19년(645) | 33 | 幷州晉陽縣令 | |
| 고종 | 영휘6년(655) | 43 | 大理寺丞으로 廢王立武에 가담 | |
| | 顯慶年間 (656~661) 초 | | 都官員外郞, 兵部·都官 두 員外역임 | |
| | | | 兵部郞中 | |
| | 현경4년(659) | | 中書舍人으로 長孫無忌를 국문 | |
| | 龍朔2년(662) 이후 | 50 | 西臺舍人 | |
| | | | 司刑少常伯 | |
| | | | 代州長史로 좌천 | |
| | 麟德年間 (664-665) | 52-53 | 西州長史로 재직 | P.2754 |
| | | | 庭州刺史 | |
| | | | 安西副都護 | |
| | 永隆元年(680) | 68 | 振州에 유배 | |
| 무측천 | 垂拱元年(685) | 73 | 白州에서 사망 | |
| | 永昌元年(689) | | 鄧州 石溪里에 가매장 | |
| | 如意元年(692) | | 相州刺史로 추증 | |
| | 久視元年(700) | | 洛陽縣 北邙山에 부인 孟氏와 合葬 | |

# 【참고문헌】

[前漢]司馬遷 撰・[劉宋]裴駰 集解・[唐]司馬貞 索隱・[唐]張守節 正義, 『史記』, 北京: 中華書局, 1997.
[後漢]班固 撰・[唐]顔師古 注, 『漢書』, 北京: 中華書局, 1997.
[劉宋]范曄 撰・[唐]李賢等 注, 『後漢書』, 北京: 中華書局, 1997.
[晉]陳壽 撰・[劉宋]裴松之 注, 『三國志』, 北京: 中華書局, 1997.
[梁]沈約 撰, 『宋書』, 北京: 中華書局, 1997.
[北齊]魏收 撰, 『魏書』, 北京: 中華書局, 1997.
[唐]房玄齡等 撰, 『晉書』, 北京: 中華書局, 1997.
[唐]魏徵 撰, 『隋書』, 北京: 中華書局, 1997.
[後晉]劉昫 撰, 『舊唐書』, 北京: 中華書局, 1975.
[宋]歐陽修 撰・[宋]徐無黨 注, 『新唐書』, 北京: 中華書局, 1997.
[宋]司馬光 撰・[元]胡三省 注, 『資治通鑑』, 北京: 中華書局, 1976.

[戰國]毛亨 傳・[後漢]鄭玄 箋・[唐]孔穎達 疏, 『毛詩正義』, 北京: 北京大, 1999.
[戰國]左丘明 傳・[晉]杜預 注・[唐]孔穎達 正義, 『春秋左傳正義』, 北京: 北京大, 1999.
[前漢]孔安國 傳・[唐]孔穎達 疏, 『尙書正義』, 北京: 北京大, 1999.
[曹魏]王弼 注・[唐]孔穎達 疏, 『周易正義』, 北京: 北京大, 1999.
[後漢]鄭玄 注・[唐]孔穎達 疏, 『禮記正義』, 北京: 北京大, 1999.
[後漢]鄭玄 注・[唐]賈公彦 疏, 『周禮正義』, 北京: 北京大, 1999.
[曹魏]何晏 注・[宋]邢昺 疏, 『論語注疏』, 北京: 北京大, 1999.

[梁]蕭統 編, [唐]李善・呂延濟・劉良・張銑・呂向・李周翰 注, 『六臣注文選』, 北京: 中華書局, 1987.
[唐]李林甫 等撰, 『唐六典』, 北京: 中華書局, 1992.
[唐]林宝 等撰, 『元和姓纂』, 北京: 中華書局, 1994.
[唐]杜佑 撰, 『通典』, 北京: 中華書局, 1988.
[淸]嚴可均 輯, 『全上古三代秦漢三國六朝文』, 上海: 上海古籍, 2009.
[淸]董誥 等編, 『全唐文』, 北京: 中華書局, 1987.
周紹良 主編, 『全唐文新編』, 長春: 吉林文史, 2000.
吳鋼 主編, 『全唐文補遺(千唐志齋新收墓志)』, 西安: 三秦, 1994~2007.
河南省文物研究所・河南省洛陽地區文管處 編, 『千唐志齋藏誌 上』, 北京: 文物, 1984.
趙跟喜・郭也生・李明德・徐金星 著, 『千唐志齋』, 北京: 中國旅遊, 1989.
陳長安 主編, 『隋唐五代墓志彙編 洛陽卷 7冊』, 天津: 天津古籍, 1991.
毛漢光 撰, 『唐代墓誌銘彙編附考 13冊』, 台灣: 中央研究院歷史語言研究所, 1994.
趙文成・趙君平 編選, 『新出唐墓志百種』, 杭州: 西泠印社, 2010.

北京圖書館金石組 編, 『北京圖書館藏中國歷代石刻拓本匯編 19册』, 鄭州: 中州古籍, 1989.
北京大學圖書館金石組胡海帆·湯燕·陶誠 著, 『北京大學圖書館藏歷代墓志拓片目錄 上』, 上海: 上海古籍, 2013.
戴良佐 編著, 『西域碑銘錄』, 烏魯木齊: 新疆人民, 2013.
羅振玉, 『羅雪堂先生全集續編二』, 臺灣: 大通書局有限公司, 1989.

矢野主稅, 『改訂魏晉百官世系表』, 長崎: 長崎大, 1971.
戴良佐 編著, 『西域碑銘錄』, 烏魯木齊: 新疆人民, 2013.
郁賢皓, 『唐刺史考全編(全五册)』, 合肥: 安徽大學, 2000.
李方, 『唐西州官僚政治制度研究』, 哈爾濱: 黑龍江教育, 2013.
李方, 『唐西州官吏編年考證』, 北京: 中國人民大學, 2010.

岡野誠, 「唐代の平闕式についての一考察(上)」, 『法律論叢』 87-4·5, 2015.
高橋繼男, 「唐初における國號〈隋〉字の字形變化:〈煬帝墓誌〉の發見によせて」, 『アジア文化研究所研究年報』 49, 2014.
魯才全, 「跋武周〈袁公瑜墓志〉」, 『魏晉南北朝隋唐史資料 第8輯』, 武漢: 武漢大學學報編輯部, 1986.
劉琴麗, 「再論唐代的齊郎與挽郎」, 『江漢論壇』 2005-9.
劉子凡, 「法藏敦煌 P.2754文書爲西州都督府長史袁公瑜判集考」, 『敦煌研究』 2015-5.
徐金星·黃明蘭 主編, 「唐代袁公瑜墓誌」, 『洛陽市文物志』, 洛陽: 豫西報社印刷廠, 1985.
黃正建, 「從墓志看與武則天相關的幾位法官」, 『武則天與廣元』, 北京: 文物, 2014.

# 買地券

## 매지권

# 〈後漢建初六年(81)麋嬰買地券〉

〈후한 건초 6년(81) 미영 매지권〉

홍승현

## 【解題】

①〈武孟子買田玉券〉,〈漢建初玉買地券〉,〈建初買地券〉,〈漢建初買地玉券〉,〈漢建初六年(81)十一月武孟子男麋嬰買冢田券〉,〈建初六年武孟子買地玉卷〉,〈建初六年武孟子男麋嬰墓券〉,〈建初六年武孟子買地券〉 ②後漢 建初 6년(81) ③1892년 山西 忻州 ④上海博物館 ⑤玉. ⑥길이 약 7.6cm · 너비 약 4.8cm.[1] 10行 매 행 8字~11字. 隸書 ⑦〈탁본〉北圖 善拓 318〈탁본사진〉『壬癸金石跋』;『匋齋臧石記』;『蒿里遺珍』;『北京圖書館藏 中國歷代石刻拓本滙編 1冊』⑧『壬癸金石跋』;『匋齋臧石記』;『蒿里遺珍』⑨『匋齋臧石記』;『地券徵存』;『蒿里遺珍』;『希古樓金石萃編』;『中國法制史研究 土地法·取引法』;「中國歷代墓卷略考」;「漢代買地券考」;「黃泉の國の土地賣買-漢魏六朝買地券考」;『中國歷代契約會編考釋』;「後漢時代の墓券に關する一考察」;「早期買地券·鎭墓文整理與研究」;「漢代買地券的實質·淵源與意義」;「漢代の告知文·鎭墓文·買地券に見られる冥界(上)」⑩미신적인 요소가 첨가되

기 전 초기 買地券의 모습❷을 보이는 의미 있는 매지권이다❸ ⑪ 吳天穎,「漢代買地券考」,『考古學報』1982-1; 江優子,「後漢時代の墓券に關する一考察」,『佛敎大學大學院紀要』33(2005).

【解題註】

❶ 『匋齋臧石記』의 기록이다.[1] 『北京圖書館藏 中國歷代石刻拓本滙編 1册』에는 길이 7cm, 너비 4cm로 되어 있다.[2]

❷ 초기 買地券은 실제의 토지 매매 문서와 큰 차이가 없어, 연구자들 중에는 이를 현실의 토지 문서로 파악하기도 하였다.[3] 이해를 위해 居延에서 출토된 실제 토지 문서를 제시하면 다음과 같다. "☐置長樂里樂奴田卅五返. 賈錢九百, 錢畢已. 丈田卽不足, 計返數環錢. 旁人淳于次 · 孺王充 · 鄭少卿. 古酒旁二升, 皆飮之[ … 장락리 악노로부터 토지 35반을 매입하였다. 가격은 전 9백으로 대금은 이미 지불하였다. 토지를 측량하여 계약상의 약속한 토지의 면적보다 부족하면 반수를 계산하여 돈을 돌려받는다. 입회인은 순우차 · 유왕충 · 정소경이다. 입회인을 위해 술 2승을 내어 함께 마셨다.]." 〈甲2544A · 2544B〉; 〈乙557 · 4〉.[4]

❸ 매지권의 구성은 다음과 같다. ❶토지 매매일(葬禮日) ❷매입자(墓主) ❸매도자(先住者) ❹토지의 면적 ❺토지의 가격 ❻토지의 四至 ❼매

---

1) [淸]端方,『匋齋臧石記』(『石刻史料新編 1輯 11冊』(臺北: 新文豊, 1977) 수록), 9쪽.
2) 北京圖書館金石組 編,『北京圖書館藏中國歷代石刻拓本滙編 1冊』(鄭州: 中州古籍, 1989: 1997), 28쪽.
3) 대표적으로 仁井田陞을 들 수 있는데, 그는 買地券을 무덤을 만들기 위해 실제의 토지를 매매한 증거라고 보았다. 자세한 내용은 仁井田陞,『中國法制史硏究 土地法 · 取引法』(東京: 汲古書院, 1959), 400-461쪽을 참조.
4) 中國社會科學院考古硏究所 編,『居延漢簡 甲乙篇』(北京: 中華書局, 1980), 乙280쪽.

매 입회자 ❽정형화된 文言(沽酒).

## 【釋文】

(正面)
建初六年十一月十六日乙」酉. 武孟子男靡嬰買」馬煕宜❶朱大弟小卿」冢」田. 南廣九十四步, 西長六」十八步, 北廣六十五, 東長
(背面)
七十九步, 爲田二十三畝」奇百六十四步. 直錢十苗」二千. 東陳田比」介, 北西南」朱少比介. 時知券約趙」滿·何非. 沽酒各二斗.

## 【釋文註】

❶ 楊守敬을 비롯한 대부분의 중국학자들은 두 번째 글자를 '煕'로 세 번째 글자를 '宜'으로 보았다.[5] 단 張傳璽는 두 번째 글자를 '起'로 보았다.[6]

## 【譯文】

[後漢] 建初 6년(81) 11월 16일 乙酉. ❶ 武孟子❷의 아들 靡嬰❸이 馬煕宜❹에 사는 朱의 큰 동생 小卿의 무덤 터❺를 매입하였다. 남으로 너비가 94步, 서로 길이가 68보, 북으로 너비가 65[보],❻ 동

---

5) [民國]楊守敬,『壬癸金石跋』(『楊守敬集 8』(武漢: 湖北人民, 1997) 수록), 998쪽; [淸]端方, 앞의 글, 9쪽; 吳天穎,「漢代買地券考」,『考古學報』1982-1, 23쪽; 黃景春,「早期買地券·鎭墓文整理與硏究」, 華東師範大 박사학위논문(2004), 62쪽; 魯西奇,「漢代買地券的實質·淵源與意義」,『中國史研究』2006-1, 49쪽.
6) 張傳璽 主編,『中國歷代契約會編考釋』(北京: 北京大, 1995), 45쪽.

으로 길이가 79보로 총 23畝와 나머지 164보다. 가격은 전 10만 2천이다.■ 동으로는 陳氏의 땅과 경계를 맞대고■ 있으며, 북·서·남으로는 朱少■의 땅과 경계를 맞대고 있다. 당시 계약을 알고 있는 이■는 趙滿과 何非다. 각기 2斗■의 술을 사서 마셨다.

### 【 譯 文 註 】

■ 後漢 建初 6년(81) 11월 16일 乙酉[建初六年十一月十六日乙酉]: 紀年은 年號 + 年數 + 月數(朔旦干支 생략) + 日數 + 日序干支의 방법으로 서술하였다.

■ 武孟子[武孟子]: 楊守敬과 江優子는 '武孟子'를 사람 이름으로 보았다.[7] 한편 매지권이 일반적으로 '묘주의 생전의 지위 + 거주지 + 성명'의 방식으로 서술되는 것을 고려하면 '武孟'을 지명으로 '子'를 '남자'로 해석할 수도 있을 것이다.[8] 그러나 여기서는 사람 이름으로 해석하였다.

■ 靡嬰[靡嬰]: 楊守敬은 다른 연구자들과는 달리 '靡嬰'을 '靡'와 '嬰', 두 사람으로 파악하였다.[9]

■ 馬熙宜[馬熙宜]: 매도자의 이름인지 매도자의 거주지인지 정확하지 않은데, 楊守敬은 매도자의 이름으로 보아 원문의 토지를 두 명 소유의 땅으로 해석하였다.[10] 그런데 매지권이 ①墓主의 사망년월일(토지 매매일), ②묘주의 생전의 지위 + 거주지 + 성명, ③先住者 거주지 + 성

---

7) [民國]楊守敬, 앞의 글, 998쪽; 江優子, 「後漢時代の墓券に關する一考察」, 『佛敎大學大學院紀要』 33(2005), 66쪽.
8) 張傳璽, 앞의 글, 45쪽.
9) [民國]楊守敬, 앞의 글, 998쪽.
10) [民國]楊守敬, 앞의 글, 998쪽. 대부분의 중국학자들도 이 설을 따라 토지를 두 사람 공동의 토지로 이해하였다.

명 + 구매지, ④구매지 가격, ⑤지불 날짜, ⑥구매지 경계 ⑦거래의 입회인(중인), ⑧문제가 발생할 때의 처벌 규정 文言, ⑨계약의 엄중한 실천을 규정하는 문언으로 구성된다면 '馬熙宜'를 매도자의 거주지로 볼 수 있지 않을까 한다. 여기서는 지명으로 파악하였다.

⑤ 무덤 터[冢田]: '墓田', 즉 묘지로 사용할 땅을 의미한다.

⑥ 북으로 너비가 65보[北廣六十五]: '步'가 탈루된 것으로 생각된다.

⑦ 가격은 전 10만 2천이다[直錢十苗二千]: '苗'는 문맥상 '萬'으로 읽어야 할 것이다. 羅振玉은 이에 대해 공간상 '萬'字의 상부만 刻字하고 하부를 생략한 것이라고 하였다.[11]

⑧ 경계를 맞대고[比介]: '介'는 '界'를 의미한다.

⑨ 주소[朱少]: 대부분의 연구자들이 매도자인 朱小卿으로 파악한다.[12]

⑩ 당시 계약을 알고 있는 이[時知券約]: 여타 매지권에서 '旁人'으로 표현되는 계약의 입회인, 중인을 말한다. '券'은 바로 계약 문서, 즉 매지권을 의미한다.

⑪ 2두[二斗]: 端方은 '斗'를 '千'으로 보았으나,[13] 羅振玉은 '斗'가 타당하다고 하였다.[14]

## 【참고문헌】

[淸]端方, 『匋齋藏石記』(『石刻史料新編 1輯 11册』 수록), 臺北: 新文豊, 1977.
[民國]羅振玉, 『地券徵存』, 臺北: 大通書局, 1973.
[民國]羅振玉, 『蒿里遺珍』(『羅振玉學術論文集 第三集』 수록), 上海: 上海古籍, 2013.

---

11) [民國]羅振玉, 『蒿里遺珍』(『羅振玉學術論文集 第三集』(上海: 上海古籍, 2013) 수록), 419쪽.
12) [民國]楊守敬, 앞의 글, 998쪽; 黃景春, 앞의 글, 63쪽; 江優子, 앞의 글, 66쪽.
13) [淸]端方, 앞의 글, 9쪽.
14) [民國]羅振玉, 앞의 글, 419쪽.

[民國]楊守敬,『壬癸金石跋』(『楊守敬集 8』 수록), 武漢: 湖北人民, 1997.
劉承幹,『希古樓金石萃編』(『石刻史料新編 1輯 5~6冊』 수록), 臺北: 新文豊, 1977

江優子,「後漢時代の墓券に關する一考察」,『佛教大學大學院紀要』33, 2005.
魯西奇,「漢代買地券的實質・淵源與意義」,『中國史研究』2006-1.
富谷至,「黃泉の國の土地賣買-漢魏六朝買地券考」,『大阪大學敎養部研究集錄』36, 1987.
北京圖書館金石組 編,『北京圖書館藏中國歷代石刻拓本滙編 1冊』, 鄭州: 中州古籍, 1989: 1997.
吳天穎,「漢代買地券考」,『考古學報』1982-1.
仁井田陞,『中國法制史研究 土地法・取引法』, 東京: 汲古書院, 1959.
張傳璽 主編,『中國歷代契約會編考釋』, 北京: 北京大, 1995.
中國社會科學院考古研究所 編,『居延漢簡 甲乙篇』, 北京: 中華書局, 1980.
池田溫,「中國歷代墓卷略考」,『東洋文化研究所紀要』88, 1981.
許飛,「漢代の告知文・鎭墓文・買地券に見られる冥界(上)」,『中國學研究論集』26, 2011.
黃景春,「早期買地券・鎭墓文整理與研究」, 華東師範大 박사학위논문, 2004.

# 〈後漢延熹四年(161)鍾仲游妻買地券〉

〈후한 연희 4년(161) 종중유 처 매지권〉

홍승현

【解題】

①〈鍾仲游妻鎭墓券〉,〈漢延熹四年鍾仲游妻鎭墓券〉〈漢延熹四年(161)九月平陰縣鍾仲游妻鎭墓券〉,〈漢延熹四年鍾仲游妻買地券〉,〈漢延熹四年鍾仲游妻墓券〉 ②後漢 延熹 4년(161) ③河南 孟津 ④東京 中村書道博物館 ⑤鉛 ⑥木牘形. 4행, 1~3행 41~42字, 4행 7字. 隷書 ⑦〈摹寫本〉『貞松堂集古遺文 下』⑧『貞松堂集古遺文 下』⑨『貞松堂集古遺文 下』;『歷代著錄吉金目』;『中國法制史研究 土地法·取引法』;「民俗資料としての墓券-上代中國人の死靈觀の一面」;「中國歷代墓卷略考」;「漢代買地券考」;「黃泉の國の土地賣買-漢魏六朝買地券考」;「早期買地券·鎭墓文整理與硏究」;「後漢時代の墓券に關する一考察」;「漢代の告知文·鎭墓文·買地券に見られる冥界(上)」⑩天帝의 死者가 冥界의 관리들과 墓域의 관리에게 鎭墓를 명령하는 鎭墓文의 형식이 보인다[1] ⑪吳天穎,「漢代買地券考」,『考古學報』1982-1; 黃景春,「早期買地券·鎭墓文整理與硏究」, 華東師範大 박사학위논문(2004); 江優子,「後漢時代の墓

券に關する一考察」,『佛教大學大學院紀要』33(2005).

【 解題註 】

■ 鎭墓文에서 볼 수 있는 冥界의 관리들과 정형화된 文言(如律令)으로 인해 대부분의 연구자들은 이 買地券을 鎭墓券이라고 이름 하였다. 진묘문은 冢墓를 鎭安하는 한편 산자들의 안전을 희구하기 위해 陶甁이나 陶罐(혹은 石이나 鉛)에 쓴, 天帝의 使者가 지하의 관리에게 亡者의 무덤으로의 입문을 알리는 형식의 鎭魂文을 의미한다.[1] 진묘문의 일반적인 구성은 다음과 같다. ①亡者의 사망년월일 + ②天帝의 使者 + ③冥界의 主神·官吏 및 諸神 + ④묘주의 성명 + ⑤사자의 혼을 진혼하는 표현(解謫) + ⑥자손의 번영을 희구하는 표현(除殃) + ⑦'如律令'과 같은 정형구. 따라서 ❶토지 매매일(葬禮日, 즉 망자의 사망년월일) ❷天帝의 사자와 冥界의 관리들 ❸매입자(墓主) ❹토지의 가격 ❺境界封과 壓鎭物 ❻매매 입회자 ❼守約 文言 ❽정형화된 文言(如律令)으로 되어 있는 이 매지권이 진묘문의 성분을 공유하고 있음을 알 수 있다.

【 釋文 】

(正面)

延熹四年九月丙辰朔卅日乙酉直閉. 黃帝告丘丞·墓伯·地下二千石·墓左·墓右·主墓獄史·墓門亭長, 莫不」皆在. 今平陰偃人鄕

---

1) 鎭墓文에 대해서는 尹在碩, 「중국 고대『死者의 書』와 漢代人의 來世觀-鎭墓文을 중심으로-」,『中國史研究』90(2014)을 참조.

> 莨富里 鍾仲游妻, 薄命蚤死. 今來下葬, 自買萬世冢田, 賈直九萬九千, 錢卽日畢. 四角立封, 中央明堂, 皆有尺六桃卷·錢布·鈆人.❶ 時證知者, 先□曾王父母, □□□氏知也. 自今以後, 不得干□主人.❷
> (背面)
> 有天帝教, 如律令.

## 【釋文註】

❶ 黃景春은 '鈆'을 '鉛'의 異體字로 보았다.2) 여타 진묘문에서 '鉛人'의 존재가 다수 확인되어3) 여기서는 黃景春의 견해를 따라 '연인'으로 읽었다.

❷ 이 구절의 표점과 띄어쓰기, 결락자에 대해서는 연구자별로 차이가 있다. ①時證知者□□曾□□□□□□□自今以後不得干□□人(羅振玉; John Calvin Ferguson).4) ②時證知者□□曾□□□□□□自今以後不得干□□人(原田正己).5) ③時證知者, 先世曾王父母, □□□氏知也. 自今以後, 不得干擾, 主人(池田溫).6) ④時證知者先□曾王父母□□□氏知也. 自今以後, 不得干主人(吳天穎).7)

---

2) 黃景春,「早期買地券·鎭墓文整理與硏究」, 華東師範大 박사학위논문(2004), 64쪽.
3) 〈靈寶楊氏鎭墓文〉·〈長安張氏鎭墓文〉·〈後漢建和元年(147)加氏鎭墓文〉 등 많은 진묘문에 '鉛人'이란 표현이 등장하는 것을 볼 수 있다.
4) [民國]羅振玉,『貞松堂集古遺文 下』(北京: 北京圖書館, 2003), 356~357쪽; John Calvin Ferguson,『歷代著錄吉金目』(臺北: 商務, 1971), 1147쪽.
5) 原田正己,「民俗資料としての墓券-上代中國人の死靈觀の一面」,『フィロソフィア』45 (1963), 7쪽.
6) 池田溫,「中國歷代墓卷略考」,『東洋文化硏究所紀要』88(1981), 215쪽.
7) 吳天穎,「漢代買地券考」,『考古學報』1982-1, 31쪽.

【 譯 文 】

[後漢] 延熹 4년(161) 초하루가 丙辰일인 9월 30일 乙酉 閉日.[1] 黃帝[2]가 丘丞·墓伯·地下二千石[3]·墓左·墓右·主墓獄史·墓門亭長[4]에게 알리니 모두 각각 제자리에 있어야 한다. 지금 平陰縣[5]의 偃人鄕 萇富里의 鍾仲游의 처가 박명하여 일찍 죽었다. 지금 장례를 치르려함에 스스로 萬世의 무덤 터[6]를 구입하니 가격[7]은 구만 구천[8]이고 지불은 당일에 완료하였다. [묘지의] 네 모서리에 封을 세워 [경계를 지었다.][9] [무덤 안] 중앙에는 제단[10]이 있는데, 모두 1尺 6寸의 桃卷[11]·錢布[12]·鉛人[13]이 있다. 이 때 [계약의 내용을] 아는 입회인[14]은 先□曾王父母, □□□氏다.[15] 이후로 [이 묘지의] 주인을 범할 수 없다.[16] 天帝[17]의 敎가 있으니 律令과 같이 처리하라.[18]

【 譯 文 註 】

[1] 後漢 延熹 4년(161) 초하루가 丙辰日인 9월 30일 乙酉 閉日[延熹四年九月丙辰朔卅日乙酉直閉]: 紀年은 年號 + 年數 + 月數 + 朔旦干支 + 日數 + 日序干支 + 建除十二直의 형태로 표현되었다. 建除十二直은 建除十二神이라고도 불리는 吉凶을 담당하는 열 두 신을 말한다. 각각은 建·除·滿·平·定·執·破·危·成·收·開·閉다. 閉日은 장례지내고 화장실을 만들며 文券을 만드는 것은 마땅하나 건물을 수리 건조하며 흙을 다루는 일과 出行과 이사에는 부적합한 날로 알려져 있다.

[2] 黃帝[黃帝]: 지하 세계의 최고신인 天帝를 보좌하며 천제의 명령을 수행하는 신. 천제의 使者로 冥界의 諸神에게 명령을 내리며, 鎭墓를 책임

지는 역할을 담당한다. 때로는 天帝와 동격의 신으로 등장하기도 한다.8) 劉昭瑞는 『淮南子』 「覽冥訓」의 '黃神'을 高誘가 '黃帝之神'으로 주해한 것9)을 근거로 鎭墓文에 왕왕 등장하는 황신을 황제와 동일한 신으로 보았다.10)

③ 丘丞·墓伯·地下二千石[丘丞·墓伯·地下二千石]: 죽은 자들을 위해 명계를 관장하는 신들 혹은 관리를 의미한다. 이외에도 진묘문에 등장하는 冥界의 관리로는 東冢侯·西冢侯·地下擊埴卿·倉林君·武夷王·北冢公伯·蒿(耗)里君·蒿里父老·墓(莫)主·墓(莫)皇(墓黃)·墓(莫)故夫人·墓臽·東阡·西阡·南陌·北陌 등이 있다.11) '耗里'는 '蒿里'로 본래는 산 이름으로 알려져 있다. 전하기를 泰山12)의 남쪽에 위치한 죽은 자를 장례지내는 곳이다. 흔히 묘지를 말한다.

④ 墓左·墓右·主墓獄史·墓門亭長[墓左·墓右·主墓獄史·墓門亭長]: 墓域의 地神 또는 일족의 冢墓를 관장하는 관리를 의미한다. 이외에도 진묘문에 등장하는 묘역의 관리로는 中央墓主·冢丞·冢令·主冢司令·魂門(墓門)亭長·魄(伯)門卒史·冢中游徼 등이 있다.13)

---

8) 黃帝가 天帝와 동격의 신으로 등장하는 대표적인 진묘문은 〈後漢韓城閭氏鎭墓文〉으로 여기에는 '黃帝使者'라는 표현이 등장하여 황제가 진묘의 명령을 내리는 사자를 파견하는 최고신으로 등장한다. 劉昭瑞, 『漢魏石刻文字繫年』(臺北: 新文豊, 2001), 222쪽.
9) 『淮南子』, 「覽冥訓」, "西老折勝, 黃神嘯吟."[高誘注: 黃帝之神, 傷道之衰, 故嘯吟而長嘆也.]
10) 劉昭瑞, 「論"黃神越章"-兼談黃巾口號的意義及相關問題」, 『歷史研究』 1996-1, 125쪽.
11) 자세한 내용은 小南一郎, 「漢代の祖靈觀念」, 『東方學報』 66(1994), 49~50쪽을 참조. 이러한 관리들의 位階는 현실 세계의 官界를 모방한 것으로 일찍이 原田正己에 의해 지적되었다. 原田正己, 앞의 글, 8쪽.
12) 尹在碩에 의하면 泰山은 治鬼의 기능을 수행하는 최고의 冥府이자 神格으로 현세의 관료 조직과 동일한 구조로 이루어진 地官 조직을 구축하여 治鬼의 일을 담당하였다고 한다. 尹在碩, 앞의 글, 36쪽. 태산의 치귀 기능 및 그 관념에 대해서는 許飛, 「「泰山治鬼」の形成年代考-漢代の鎭墓文を中心に-」, 『中國中世文學研究』 60(2012)을 참조.
13) 자세한 내용은 小南一郎, 앞의 글, 49-50쪽을 참조. 江優子는 이들이 결국 그 집안의

5 平陰縣[平陰]: 지금의 河南省 孟津縣으로 본 매지권이 출토된 곳이기도 하다. 이하 지명은 찾지 못하였다.
6 무덤 터[冢田]: '墓田' 즉 墓地를 말한다.
7 가격[賈直]: '價値'를 말한다.
8 구만 구천[九萬九千]: 토지의 가격이 현저하게 높아지는 것은 매지권의 미신적 색채가 농후해지는 것을 반영한다고 할 수 있을 것이다.[14] 이후 매지권에는 '九萬九千九百九十九貫文'이라는 표현이 다수 발견되고, 대표적으로 五代十國 시기 南漢의 매지권인 〈南漢大寶五年(962)十月 內侍省馬氏二十四娘買地券〉에는 '玖萬玖阡玖佰玖拾玖貫玖佰玖拾玖文 玖分玖毫玖厘'라는 극단적 토지 가격이 등장하기도 한다. 일반적으로 홀수는 陽數라 여겨졌고 그 중에서도 9는 老陽이라 해서 極陽數라 인식되었다. 따라서 매지권에서 '九九之數'를 사용하는 것은 陽의 기운을 극대화하여 陰의 기운인 亡者나 冥界의 신을 진압하려는 의도라고 할 수 있다.[15]
9 묘지의 네 모서리에 封을 세워 경계를 지었다[四角立封]: 〈後漢光和五年(182)劉公則買地券〉에 '四角封界'라는 표현이 등장하고 〈後漢建寧四年(171)孫成買地券〉에 "무덤 동서남북에 큰 돌로써 경계를 삼았다(田東西南北, 以大石爲界)."라는 표현이 등장하여 봉을 세워 경계를 삼거나 큰 돌을 세워 경계를 삼는 것을 알 수 있다. 따라서 본문에 경계를 삼는다는 표현은 등장하지 않으나 "봉을 세워 경계를 지었다."고 해석하였다.

---

祖先을 의미할 것이라고 보았다. 江優子, 「漢墓出土の鎭墓甁について-銘文と墓內配置に見える死生觀」, 『鷹陵史學』 29(2003), 13쪽.
14) 吳天潁은 이 買地券을 미신적 색채가 농후한 乙形 매지권으로 분류하고 이를 가장 오래된 을형 매지권으로 보았다. 吳天潁, 앞의 글, 30쪽.
15) 洪承賢, 「六朝 買地券의 계통과 매지권 문화의 동아시아적 전개-〈武寧王買地券〉의 역사적 위치에 대하여-」, 『中國古中世史硏究』 45(2017), 152쪽.

**10** 제단[明堂]: 『後漢書』「獨行 范冉傳」에서 李賢은 明堂을 무덤 안에 위치한 것으로 註解하였다.16) 따라서 명당은 무덤 안에 설치한 제단으로 생각된다.

**11** 桃卷[桃卷]: 壓鎭에 이용된 물건으로 생각된다. 다른 매지권에서는 '桃券' 대신 '鉛券',17) '鐵券'18) 등이 보이기도 한다.

**12** 錢布[錢布]: 압진에 이용되는 물건인 화폐를 말한다. 布는 고대 사용된 자귀 모양의 화폐를 말한다.

**13** 鉛人[鈆人]: 압진에 사용된 물건. 연인은 진묘문에 등장하기도 하지만 실제로 무덤 안에 壓鎭物로 매장되기도 하는데, 묘주를 대신하여 저승에서 勞役을 제공할 대리자로 이해되고 있다.19)

**14** 이 때 계약의 내용을 아는 입회인[時證知者]: 매매에 입회한 증인을 말한다. 다른 매지권에서는 흔히 '傍人'으로 표현된다.

**15** 先□曾王父母, □□□氏다[先□曾王父母, □□□氏知也]: '先□曾王父母'에 대해서 江優子는 先祖가 아닐까 하였다.20)

**16** 이후로 이 묘지의 주인을 범할 수 없다[自今以後, 不得干□主人]: 守約의 文言이다. 黃春生은 '主人'을 '生人'으로 보았으나21) 여기서는 수약의 문헌으로 파악하여 묘주를 표현하는 '主人'으로 읽었다.

**17** 天帝[天帝]: 鎭墓의 명령을 내리는 최고신.

**18** 律令과 같이 처리하라[如律令]: 계약의 효력이 율령에 정한 것같이 집

---

16) 『後漢書』卷81, 「獨行 范冉傳」, "其明堂之奠,[李賢注: 此言明堂, 亦神明之堂, 謂壙中也.] 干飯寒水, 飮食之物, 勿有所下."
17) 〈後漢光和二年(179)王當買地券〉에 '鉛券尺六爲眞'이라는 표현이 등장한다.
18) 『貞松堂集古遺文』卷15에 수록되어 있는 〈殘鎭墓券 二〉에는 '丹書鐵券'이라는 표현이 등장한다.
19) 鉛人에 대한 자세한 사항은 趙晟佑, 「後漢魏晉 鎭墓文의 종교적 특징과 道敎-五石을 중심으로-」, 『東洋史學硏究』117(2011), 64-65쪽을 참조.
20) 江優子, 앞의 글, 8쪽.
21) 黃春生, 앞의 글, 64쪽.

행되어야 한다는 의미로 흔히 진묘문의 정형화된 종결어로 이해된다. 행정 문서의 형식을 차용한 것으로 알려져 있다.22) 매지권과 진묘문에는 이와 같은 정형화된 종결어가 크게 다섯 종류로 대별되어 나타난다. ①如律令, ②急急如律令 혹은 急如律令, ③如天帝律令 혹은 有天帝教如律令, ④他如律令 혹은 他如天帝律令, ⑤기타 - 當律令, 爲析令, 別律令. 이와는 달리 〈後漢熹平四年(175)蘇氏買地券〉背面의 〈後漢光和七年(184)鎭墓文〉에는 '如天帝使者律令'이란 표현이 등장한다. 이것은 이 진묘문이 僞作이라는 주장의 근거가 되는데, 인간 세계에서 율령의 반포가 최고 통수권자의 권한인 것처럼, 지하 세계에서도 최고 통수권자인 천제에 의해서만 정해지기 때문이다.23)

## 【참고문헌】

[劉宋]范曄 撰·[唐]李賢 等 注, 『後漢書』, 北京: 中華書局, 1997.

劉文典 撰·馮逸·喬華 點校, 『淮南鴻烈集解』, 北京: 中華書局, 1994.

[民國]羅振玉, 『貞松堂集古遺文 下』, 北京: 北京圖書館, 2003.

江優子, 「漢墓出土の鎭墓瓶について-銘文と墓內配置に見える死生觀」, 『鷹陵史學』 29, 2003.
呂志峰, 「東漢鎭墓文考述」, 『東南文化』 2006-6.
北京圖書館金石組 編, 『北京圖書館藏中國歷代石刻拓本滙編 1冊』, 鄭州: 中州古籍, 1989: 1997.
小南一郎, 「漢代の祖靈觀念」, 『東方學報』 66, 1994.
吳榮曾, 「鎭墓文中所見到的東漢道巫關系」, 『文物』 1981-3.

---

22) 吳榮曾, 「鎭墓文中所見到的東漢道巫關系」, 『文物』 1981-3, 56쪽; 呂志峰, 「東漢鎭墓文考述」, 『東南文化』 2006-6, 75-76쪽.
23) 許飛, 「漢代の告知文·鎭墓文·買地券に見られる冥界(上)」, 『中國學研究論集』 26(2011), 111쪽.

吳天穎,「漢代買地券考」,『考古學報』1982-1.
原田正己,「民俗資料としての墓券-上代中國人の死靈觀の一面」,『フィロソフィア』45, 1963.
劉昭瑞,「論"黃神越章"-兼談黃巾口號的意義及相關問題」,『歷史研究』1996-1.
劉昭瑞,『漢魏石刻文字繫年』,臺北: 新文豊, 2001.
尹在碩,「중국 고대『死者의 書』와 漢代人의 來世觀-鎭墓文을 중심으로-」,『中國史研究』90, 2014.
仁井田陞,『中國法制史研究 土地法・取引法』,東京: 汲古書院, 1959.
趙晟佑,「後漢魏晉 鎭墓文의 종교적 특징과 道教-五石을 중심으로-」,『東洋史學研究』117, 2011.
池田溫,「中國歷代墓卷略考」,『東洋文化研究所紀要』88, 1981.
許飛,「「泰山治鬼」の形成年代考-漢代の鎭墓文を中心に」,『中國中世文學研究』60, 2012.
許飛,「漢代の告知文・鎭墓文・買地券に見られる冥界(上)」,『中國學研究論集』26, 2011.
洪承賢,「六朝 買地券의 계통과 매지권 문화의 동아시아적 전개-〈武寧王買地券〉의 역사적 위치에 대하여-」,『中國古中世史研究』45, 2017.
黃景春,「早期買地券・鎭墓文整理與研究」, 華東師範大 박사학위논문, 2004.
John Calvin Ferguson,『歷代著錄吉金目』,臺北: 商務, 1971.

# 〈後漢建寧四年(171)孫成買地券〉

〈후한 건녕 4년(171) 손성 매지권〉

홍승현

## 【解題】

①〈漢孫成鉛買地券〉,〈孫成買地券〉,〈孫成買地鉛卷〉,〈漢建寧四年(171)九月雒陽左駿廐官大奴孫成買田券〉,〈東漢建寧四年(171)九月雒陽縣孫成買田鉛券〉,〈建寧四年孫成買地券〉,〈建寧四年孫成墓券〉 ②後漢 建寧 4년(171) ③洛陽 ④東京 中村書道博物館 ⑤鉛 ⑥길이 1척 6촌 6분·너비 1촌 3분.[1] 3행 不等字. 隸書 ⑦〈탁본〉臺灣中央研究院 등록호 187813-052; 上海圖書館·北京大圖書館 收藏. 구체적인 내용은 未詳〈탁본사진〉「斋中至寶 羅振玉與漢代買地券」⑧상해도서관 수장 탁본에 端方·李葆恂·羅振玉·黃土陵의 題記가 수록[2] ⑨『地券徵存』;『蒿里遺珍』;『芒洛塚墓遺文續編』;『中國法制史研究 土地法·取引法』;「民俗資料としての墓券-上代中國人の死靈觀の一面」;「中國歷代墓卷略考」;「漢代買地券考」;「黃泉の國の土地賣買-漢魏六朝買地券考」;「早期買地券·鎭墓文整理與研究」;「後漢時代の墓券に關する一考察」;「漢代買地券的實質·淵源與意義」;「漢代の告知文·鎭墓文·買地券に見られる

冥界(上)」;「斎中至寶 羅振玉與漢代買地券」 ❿가장 전형적인 매지권으로 이해되고 있다.❸ 羅振玉에 따르면 이 매지권 출현 이후 이 매지권을 모방한 僞買地券이 다수 등장하였다❹ ⓫吳天穎,「漢代買地券考」,『考古學報』1982-1; 黃景春,「早期買地券·鎭墓文整理與硏究」, 華東師範大 박사학위논문(2004); 江優子,「後漢時代の墓券に關する一考察」,『佛敎大學大學院紀要』33(2005); 魯西奇,「漢代買地券的實質·淵源與意義」,『中國史硏究』2006-1; 仲威,「斎中至寶 羅振玉與漢代買地券」,『收藏』2014-15.

【 解 題 註 】

■ 池田溫의 보고에 따랐다.1)
■ 仲威,「斎中至寶 羅振玉與漢代買地券」,『收藏』2014-15, 96-97쪽.
■ 買地券 구성은 다음과 같다. ❶토지 매매일(葬禮日) ❷매입자(墓主) ❸매도자(先住者) ❹토지의 위치와 크기 ❺토지 가격 ❻토지의 四至 ❼정형화된 文言1(매입자의 권한) ❽정형화된 문언2(매입자의 권한) ❾境界石 ❿매매의 입회자 ⓫정형화된 문언3(沽酒).
■ 〈孫成買地券〉을 모방한 대표적인 僞刻으로는〈前漢建武中元元年(56) 徐勝買地券〉과〈前漢黃龍元年(前49)諸葛敬買地券〉을 들 수 있다. 이들 매지권은 기년, 매입자, 매도자, 증인 등을 제외하면 구조상 진품인 〈孫成買地券〉과 동일하다.2)

---

1) 池田溫,「中國歷代墓券考略」,『東洋文化硏究所紀要』88(1981), 219쪽.
2) [民國]羅振玉,『蒿里遺珍』(『羅振玉學術論文集 第三集』(上海: 上海古籍, 2013) 수록), 420쪽. 보다 구체적인 내용은 洪承賢,「後漢 買地券의 분류와 역사적 지역적 특징」,『中國史硏究』101(2016), 11-15쪽.

## 【釋文】

建寧四年九月戊午卄八日乙酉, 左駿廐官大奴孫成, 從洛陽男子張伯始, 賣所名有廣德亭部羅佰田一町. 賈錢萬五千, 錢卽日畢. 田東比張長卿, 南比許仲異, 西盡大道, 北比張伯始. 根生・土著毛物, 皆孫成. 田中若有尸死, 男卽當爲奴, 女卽當爲婢, 皆當爲孫成趣走給使. 田東西南北, 以大石爲界. 時傍人樊永・張儀・孫龍・異姓樊元祖, 皆知張[1]約. 沽酒各半.

## 【釋文註】

[1] 張傳璽에 의하면 북경대 소장의 탁본에는 '張'이 아닌 '倦'으로 되어 있다고 한다.3)

## 【譯文】

[後漢] 建寧 4년(171) 초하루가 戊午日인 9월 28일 乙酉[1] 左駿廐官[2]의 大奴[3] 孫成이 洛陽 남자 張伯始로부터 [장백시의] 名義로 되어 있는[4] 廣德亭部[5] 羅佰[6] 토지 1町[7]을 매입하였다.[8] 토지의 가격[9]은 錢 만 5천으로 당일 모두 지불하였다. 토지는 동으로는 張長卿의 땅에 접해있고 남으로는 許仲異의 땅에 접해있으며, 서로는 큰 길에 접해있고 북으로는 장백시의 땅에 접해있다. 백곡을 비롯한 곡물[10]과 그 땅에서 자라는[11] 모든 식물[12]은 모두 손성의 것이다. 만일 토지에서 시체가 나오면[13] 남자라면 '奴'로

---

3) 張傳璽 主編, 『中國歷代契約會編考釋』(北京: 北京大, 1995), 50쪽.

삼고 여자라면 '婢'로 하여 모두 손성의 노예로 삼아 열심히 일하게 할 것이다.■14 토지의 동서남북에는 큰 돌로 경계를 삼았다. 계약의 증인은 樊永·張儀·孫龍과 異姓■15 樊元祖로 모두 계약의 내용을 안다.■16 매입자와 매도자가 각각 반씩 술을 사서 마신다.

【 譯 文 註 】

■1 後漢 建寧 4년(171) 초하루가 戌午日인 9월 28일 乙酉[建寧四年九月戌午卄八日乙酉]: 紀年은 年號 + 年數 + 月數 + 朔旦干支 + 日數 + 日序干支로 표기하였다.

■2 左駿廐官[左駿廐官]: 漢代 太僕 소속의 乘輿와 御馬를 관리하던 관이다.4)

■3 大奴[大奴]: 顔師古에 따르면 신체가 장대한 노비를 의미한다.5)

■4 名義로 되어 있는[所名有]: '名'은 자신의 이름으로 점유하는 것을 의미한다.6)

■5 廣德亭部[廣德亭部]: '행정 구역 이름 + 행정 구역 단위 + 관할 범위를 표현하는 部'의 전형적인 형식으로 표현되어 있다. 현재 확인되는 '廣德'은 縣名으로 광덕현은 安徽省 서남쪽에 해당한다. 後漢 시기에는 丹陽郡에 속하였다. 漢代 지방 행정은 郡-縣 二級制를 기본으로 鄕-亭-里의 하급 단위로 구성되어 있었다.7) '部'는 '亭'이 관할하던 지역을 의미

---

4) 『後漢書』 卷志25, 「百官二」, "右屬太僕. 本注曰: 舊有六廐, 皆六百石令, 中興省約, 但置一廐. 後置左駿 令·廐, 別主乘輿御馬, 後或幷省."
5) 『漢書』 卷63, 「武五子 昌邑哀王髆傳」, "過弘農, 使大奴善以衣車載女子."[師古曰: 凡言大奴者, 謂奴之尤長大者也.]
6) 『漢書』 卷93, 「佞幸 鄧通傳」, "(通)竟不得名一錢, 寄死人家."
7) 『漢書』 卷19上, 「百官公卿表上」, "大率十里一亭, 亭有長. 十亭一鄕, 鄕有三老·有秩·

한다.8)

6 羅佰[羅佰]: '羅陌'을 말한다. 여기서 '羅'는 『楚辭』 「招魂」의 王逸의 注처럼 '列'의 의미로 읽는 것이 좋을 듯하다.9) 굳이 해석한다면 '두렁이 연속된 토지' 정도가 될 것이다.

7 町[町]: 토지의 단위로 『氾勝之書』에 따르면 넓이가 1장 5촌, 길이가 4장 8척에 해당한다.10)

8 매입하였다[賣]: 문맥에 따라 '買'로 읽어야 한다.

9 가격[買]: '買'는 '價'의 古字다.11)

10 백곡을 비롯한 곡물[根生]: '根生'은 뿌리에 의존하여 생장하는 '百穀'을 말한다.12)

11 그 땅에서 자라는[土著]: '土著'의 사전적인 뜻은 '대대로 거주한 지방'이나, 여기서는 '그 토지에 속한(사는)' 이라는 뜻으로 해석될 수 있을 것 같다. 한편 黃景春은 '土著'를 '땅 속의 물건'으로 해석하였다.13)

---

嗇夫 · 游徼. … 縣大率方百里, 其民稠則減, 稀則曠, 鄉 · 亭亦如之, 皆秦制也. 列侯所食縣曰國, 皇太后 · 皇后 · 公主所食曰邑, 有蠻夷曰道. 凡縣 · 道 · 國 · 邑千五百八十七, 鄉六千六百二十二, 亭二萬九千六百三十五."

8) 김병준은 '亭部'를 亭長의 관할 범위라고 하였다. 김병준, 「진한제국의 변경 이민족 지배와 부도위」, 『전통시대 동아시아의 외교와 변경기구』(서울: 동북아역사재단, 2013), 142쪽. '亭部'이외에도 '鄉部' 혹은 '田部'라는 표현을 문헌에서 확인할 수 있다. 이에 대해 이성규는 '部'는 본래 일정한 구역을 의미한다고 하며, 구체적으로는 각종 행정 단위 또는 특정 관리의 관할 지역 또는 종족 집단(특히 주변 민족)을 의미한다고 하였다. 이성규, 「중국 군현으로서의 낙랑」, 『낙랑문화연구』(서울: 동북아역사재단, 2006), 84쪽. 한편 이와는 달리 '部'를 '小城堡'로 이해하기도 한다. 周世榮, 「有關馬王堆古地圖的一些資料和幾方漢印」, 『文物』 1976-1, 29쪽.

9) 『楚辭』, 「招魂」, "軒輬既低, 步騎羅些."[王逸注: 羅, 列也.]

10) 『氾勝之書』, 「區種法」, "以畝爲率: 令一畝之地, 長十八丈, 廣四丈八尺; 當橫分十八丈作十五町; 町間分爲十四道, 以通人行, 道廣一尺五寸; 町皆廣一丈五寸, 長四丈八尺."

11) 『禮記』, 「王制」, "命市納賈, [鄭玄注: 賈, 謂物貴賤厚薄也.] 以觀民之所好惡, 志淫好辟."

12) 『尙書』, 「皋陶謨」, "曁稷播, 奏庶艱食鮮食."[馬融注: 艱, 難也. … (難)作根, 云曰根生之食, 謂百穀.]

13) 黃景春, 「早期買地券 · 鎭墓文整理與研究」, 華東師範大 박사학위논문(2004), 68쪽.

12 모든 식물[毛物]: '毛物'은 토지에서 자라나는 식물을 총칭한다.[14] 한편 이와는 달리 鄭玄은 길고 가는 털을 가진 짐승이라 注解하였다.[15]

13 만일 토지에서 시체가 나오면[田中若有尸死]: 후기 매지권의 특징적인 文言으로 토지 매입자의 권한을 나타내는 것 중의 하나다. 구입한 토지 안에서 죽은 시신이 발견될 경우에 대해 규정한 문언이다.

14 열심히 일하게 할 것이다[趣走給使]: 토지 매입자, 즉 토지의 주인을 위해 분주히 돌아다니며 노역을 제공하는 것을 의미하는 것으로, 남자를 奴로 여자를 婢를 삼아 복역시키는 것을 말한다.

15 異姓[異姓]: 『大戴禮記』 「衛將軍文子」에 등장하는 異姓에 대한 盧辯의 해석을 따라[16] 姻戚을 의미하는 것으로 보는 연구자도 있으나,[17] 이성을 입회인 중 한 사람의 이름으로 해석하는 연구자도 있다.[18]

16 모두 계약의 내용을 안다[皆知張約]: 여타 매지권에도 등장하는 정형구로 '皆知券約'(〈光和元年(178)曹仲成買地券〉)으로 서술되기도 한다. 입회인들이 계약의 내용을 증명할 수 있다는 의미다. 黃景春은 '張約' 중 '張'을 매도자인 張伯始로 이해하였다.[19] 그러나 '張約'을 '장백시의 계약'으로 해석하기보다는 '[위에서] 나열한 계약'으로 해석하는 것이 좋을 것 같다.

---

그러나 〈漢侍廷里父老偉約束石券〉의 보고자도 '得收田上毛物穀實'이라는 구절에 대해 '땅 위에서 거두는 모든 생산물'로 해석하여 '土著'를 땅 밑의 물건으로 이해하기는 쉽지 않다. 黃史斌, 「河南偃師縣發現買田約束石券」, 『文物』 1982-12, 19쪽.

14) 『左傳』, 「隱公三年」, "澗谿沼沚之毛."[杜預注: 谿, 亦潤也. 沼, 池也. 沚, 小渚也. 毛, 草也.]; 『左傳』, 「昭公七年」, "食土之毛,[杜預注: 毛, 草也.] 誰非君臣."
15) 『周禮』, 「地官·大司徒」, "以土會之灋, 辨五地之物生, 一曰山林, 其動物宜毛物,[鄭玄注: 毛物, 貂·狐·貒·貉之屬, 縟毛者也.] 其植物宜早物, 其民毛而方."
16) 『大戴禮記』, 「衛將軍文子」, "夫子信其仁, 以篇異姓."[盧辯注; 謂以兄之子妻也.]
17) 黃景春, 앞의 글, 68쪽.
18) 仲威, 「斋中至寶 羅振玉與漢代買地券」, 『收藏』 2014-15, 96쪽.
19) 黃景春, 앞의 글, 68쪽

# 【참고문헌】

[後漢]班固 撰·[唐]顔師古 注,『漢書』, 北京: 中華書局, 1997.
[劉宋]范曄 撰·[唐]李賢等 注,『後漢書』, 北京: 中華書局, 1997.

[戰國]左丘明 傳·[晉]杜預 注·[唐]孔穎達 正義,『春秋左傳正義』, 北京: 北京大, 1999.
[前漢]戴德 撰·[北周]盧辯 注,『大戴禮記』, 北京: 商務, 1937.
[前漢]孔安國 傳·[唐]孔穎達 疏,『尙書正義』, 北京: 北京大, 1999.
[後漢]鄭玄 注·[唐]孔穎達 疏,『禮記正義』, 北京: 北京大, 1999.
[曹魏]王弼 注·[唐]孔穎達 疏,『周易正義』, 北京: 北京大, 1999.

[前漢]氾勝之 著,『氾勝之書』, 鄭州: 河南敎育, 1994.
陳子展 撰,『楚辭直解』, 上海: 復旦大, 1996: 1997.

[民國]羅振玉,『地券徵存』, 臺北: 大通書局, 1973.
[民國]羅振玉,『芒洛塚墓遺文續編』(『石刻史料新編 1輯 19冊』 수록), 臺北: 新文豊, 1977.
[民國]羅振玉,『蒿里遺珍』(『羅振玉學術論文集 第三集』 수록), 上海: 上海古籍, 2013.

江優子,「後漢時代の墓券に關する一考察」,『佛敎大學大學院紀要』 33, 2005.
김병준,「진한제국의 변경 이민족 지배와 부도위」,『전통시대 동아시아의 외교와 변경기구』, 서울: 동북아역사재단, 2013.
魯西奇,「漢代買地券的實質·淵源與意義」,『中國史硏究』 2006-1.
冨谷至,「黃泉の國の土地賣買-漢魏六朝買地券考」,『大阪大學敎養部硏究集錄』 36, 1987.
吳天穎,「漢代買地券考」,『考古學報』 1982-1.
原田正己,「民俗資料としての墓券-上代中國人の死靈觀の一面」,『フィロソフィア』 45, 1963.
이성규,「중국 군현으로서의 낙랑」,『낙랑문화연구』, 서울: 동북아역사재단, 2006.
仁井田陞,『中國法制史硏究 土地法·取引法』, 東京: 汲古書院, 1959.
張傳璽 主編,『中國歷代契約會編考釋』, 北京: 北京大, 1995.
周世榮,「有關馬王堆古地圖的一些資料和幾方漢印」,『文物』 1976-1.
仲威,「齋中至寶 羅振玉與漢代買地券」,『收藏』 2014-15.
池田溫,「中國歷代墓卷略考」,『東洋文化硏究所紀要』 88, 1981.
許飛,「漢代の告知文·鎭墓文·買地券に見られる冥界(上)」,『中國學硏究論集』 26, 2011.
洪承賢,「後漢 買地券의 분류와 역사적 지역적 특징」,『中國史硏究』 101, 2016.
黃景春,「早期買地券·鎭墓文整理與硏究」, 華東師範大 박사학위논문, 2004.

# 〈孫吳黃武四年(225)浩宗買地券〉

〈손오 황무 4년(225) 호종 매지권〉

홍승현

【解題】

①〈吳黃武買地券〉,〈九江男子浩宗買地券〉,〈浩宗買地券〉,〈吳浩宗買地券〉,〈吳黃武四年十一月九江男子浩宗買丘券〉,〈三國吳黃武四年買地磚券〉,〈孫吳黃武四年浩宗磚券〉,〈黃武四年浩宗買地券〉,〈黃武四年浩宗墓券〉②孫吳 黃武 4년(225) ③淸 道光 20년(1840) ④磚 ⑤未詳 ⑥탁본 기준 길이 24cm・너비 10cm. 5行, 行字不等 ⑦〈탁본〉北圖 誌5364〈摹寫本〉『安徽通志金石古物考稿』⑧『陶齋金石文字跋尾』;『蒿里遺珍』;『安徽通志金石古物考稿』⑨『陶齋金石文字跋尾』;『地券證存』;『蒿里遺珍』;『安徽通志金石古物考稿』;『中國法制史研究 土地法・取引法』;「民俗資料としての墓券-上代中國人の死靈觀の一面」;「中國歷代墓卷略考」;"Land Contracts and Related Document";「黃泉の國の土地賣買-漢魏六朝買地券考」;『中國歷代契約會編考釋』;「北山談藝錄續編」;「早期買地券・鎭墓文整理與研究」;「吳晉南朝買地券・名刺和衣物疏的道教考古研究」;「六朝買地券叢考」;「西王母と東王公の冥界とのかかわり-六

朝買地券を中心に-」;「東漢至南北朝墓券研究」⑩전체적으로는 '鎭墓買地券'의 성격을 띠나 북중국의 買地券과는 다른 독특한 내용들이 등장한다❶ ⑪魯西奇,「六朝買地券叢考」,『文史』75(2006).

### 【解題註】

❶ '如律令'이라는 구절이 등장하여 '鎭墓買地券'의 성격을 갖고 있음을 알수 있으나 解謫과 除殃의 내용이 사라져 구성상으로는 전형적인 매지권에 가깝다. 본 매지권의 구성은 다음과 같다. ❶토지 매매일(葬禮日) ❷매입자(墓主) ❸사망월과 사망지 ❹매도자 ❺토지의 위치와 크기 ❻토지가격 ❼토지의 四至 ❽입회인(증인) ❾정형화된 문언(如律令). 亡者가 아닌 神이 매도자로 등장하거나 입회자로는 鶴이나 물고기 같은 의인화된 동물이 등장하는 등 허구성이 더욱 강해지며 한편으로 정형화된 표현이 등장한다.[1]

### 【釋文】

黃武四年十一月癸卯朔廿八庚午. 九江男子浩宗, 以□月」客死豫章. 從東王公・西王母買南昌東郭一丘. 賈」[直][錢]❶五千. 東邸甲乙, 西邸庚辛, 南邸丙丁, 北邸壬癸. 以日」[主]❷月副. 時任知卷者,❸」雒陽 金僮子・鷸與魚, 鷸飛上」[天],❹ 魚下入淵. 郭師・吳□. [以]❺」卷書爲明, 如律令.

---

[1] 洪承賢,「三國~南朝 買地券의 특징과 성격」,『中國古中世史研究』40(2016), 139-145쪽을 참조.

【釋文註】

1. 일반적인 매지권 서술 방식에 따르면 토지의 매매 가격은 '賈錢三千一百(〈後漢建寧二年(169)王末卿買地券〉)', '賈直九萬九千(〈後漢延熹四年(161)鍾仲游妻買地券〉)', '買直錢萬(〈光和二年(179)王當買地券〉)' 등으로 표현된다. 따라서 결락된 두 글자를 [直][錢]으로 확정하였다.
2. '月副'에 따라 앞의 결락자는 '主'로 확정하였다.
3. '以日□月副時'로 본 白彬2)을 제외하고 대부분의 연구자들이 "以日□月副. 時任知卷者."로 표점하였다. 다만 池田溫은 "以日□月副時任, 知卷者雒陽金僮子‧鶴與魚."로 표점하였다.3)
4. 문맥에 따라 결락자를 '天'으로 보았다.
5. 탁본 상으로는 확인할 수 없으나 문맥상 '以'라고 여겨 확정하였다.

【譯文】

[孫吳] 黃武 4년(225) 초하루가 癸卯日인 11월 28일 庚午. 1 九江郡 2 남자 浩宗이 □월에 豫章郡 3에서 객사하였다. 4 東王公 5과 西王母 6로부터 南昌 7 동쪽 外城의 무덤 터 한 곳 8을 매입하였다. 가격은 전 오천이다. 9 동으로는 甲乙에, 10 서로는 庚辛에, 11 남으로는 丙丁, 12 북으로는 壬癸에 다다랐다. 13 해를 主로 삼고 달을 副로 삼아 14 [약속하였다.] 이때 문서의 [내용을] 보증하고 아는 자 15는 洛陽의 金僮子 16와 鶴과 물고기[魚] 17로, 학은 위의 하늘로 날아가고 물고기는 아래의 못으로 들어간다. 18 [이외 입

---

2) 白彬, 「吳晉南朝買地券‧名刺和衣物疏的道教考古研究」, 『中國道教考古 3』(北京: 線裝書局, 2006), 818쪽.
3) 池田溫, 「中國歷代墓卷略考」, 『東洋文化研究所紀要』 86(1981), 224쪽.

회인으로] 郭師와 吳□이(가) 있다.[19] 문서로써 증명을 삼으니, 律令과 같이 행하라.[20]

### 【譯文註】

[1] 孫吳 黃武 4년(225) 초하루가 癸卯日인 11월 28일 庚午[黃武四年十一月癸卯朔卄八庚午]: 紀年은 年號 + 年數 + 月數 + 朔旦干支 + 日數 + 日序干支로 표기되었다. 黃武는 孫吳 大帝 孫權의 첫 번째 연호로 222~229년이다.

[2] 九江郡[九江]: 秦代 설치. 治所는 壽春縣으로 지금의 安徽省 壽縣이다. 관할 지역은 지금의 안휘, 河南 淮水 이남, 湖北 黃區 이동 및 江西省 전체에 해당한다. 경내에 '九江'이란 강이 있어 군의 이름으로 삼았다고 한다. 진나라 말에 서쪽 지역을 잘라 衡山郡을 설치하였으며, 이후 漢楚 쟁패 시기에 남쪽 지역을 나눠 廬江郡과 豫章郡을 설치하였다. 漢高祖 4년(前203) 淮南國이 되었다가 武帝(재위 前141~87) 元狩(前122~117) 초 다시 구강군이 되었다. 曹魏 黃初 2년(221)에 구강군을 회남국으로 삼았다.[4] 따라서 당시 구강군은 손오가 아닌 曹魏에 속해있었음을 알 수 있다. 『三國志』「孫權傳」에 따르면 建安 18년(213)에 "廬江·九江·蘄春·廣陵으로부터 10여 만 호가 모두 동으로 강을 넘으니 江西가 마침내 텅 비게 되고 合肥 이남으로는 오직 皖城만이 남게 되었다."[5]고 하여 이미 後漢 말에 구강군의 인구가 강을 넘어 남쪽으로 이주한 것을 알 수 있다.[6] 이 매지권의 묘주인 浩宗 역시 후한 말 혼란기에 구강군에

---

4) 『三國志』卷20,「邯鄲懷王邕傳」, "黃初二年封淮南公, 以九江郡爲國黃初二年封淮南公, 以九江郡爲國."

5) 『三國志』卷40,「孫權傳」, "建安十八年, … 自廬江·九江·蘄春·廣陵戶十餘萬皆東渡江, 江西遂虛, 合肥以南惟有皖城."

서 豫章郡으로 이주한 이주민으로 보인다.

3 豫章郡[豫章]: 한고조 6년(前201) 구강군의 남쪽 경계를 나누어 설치하였다. 치소는 南昌縣으로 지금의 강서성 南昌市 동쪽에 해당한다.[7] 『水經注』「贛水」에 인용된 應劭의 『漢舊儀』에 따르면 '예장'이란 이름은 녹나무[樟樹]가 庭 가운데 자라 그로써 郡의 이름을 삼은 것이라 한다.[8] '예장'은 枕木과 樟木을 병칭해서 부르는 이름이다.

4 객사하였다[客死]: 타향이나 타국에서 사망한 것을 이르는 말이다. 구강군 출신이었던 호종이 예장군에서 사망하게 되어 '객사'라 표현한 것이다.

5 東王公[東王公]: 신화 속에 등장하는 仙人. 男仙의 名籍을 관장한다고 알려져 있다. 흔히 西王母와 함께 등장하여 西王母의 남편으로 이해된다.[9] 동왕공이 처음 등장하는 문헌은 『神異經』인데, 「東荒經」에 "동황산 가운데 큰 석실에 동왕공이 살고 있다. 키는 1장으로 머리는 희고 사람의 형상을 하고 있으나 새의 얼굴에 호랑이 꼬리를 달고 있으며 한 마리 흑곰을 머리에 이고 좌우를 둘러본다."[10]고 하였다. 그러나

---

6) 『宋書』 卷35, 「州郡一」에서도 "三國時, 江淮爲戰爭之地, 其間不居者各數百里, 此諸縣並在江北淮南, 虛其地, 無復民戶."라고 하여 이 지역 인구가 대거 남으로 이주했음을 설명하고 있다.
7) 『水經注』,「贛水」, "漢高祖六年, 始命灌嬰定豫章, 置南昌縣, 以爲豫章郡治, 此卽灌嬰所築也."
8) 『水經注』,「贛水」, "應劭『漢官儀』曰: 豫章, 樟樹生庭中, 故以名郡矣."
9) 東王公이 西王母의 남편이 되어 등장하는 것과 관련하여 許飛는 서왕모가 가진 墓主의 性的生活을 加護하는 역할이 강화된 것이라고 하였다. 그는 漢代 화상석과 銅鏡의 銘文을 분석한 결과를 근거로 서왕모는 昇仙의 주관자라는 역할에서 墓主의 성생활을 가호하고 자손의 번영을 수호하며, 출세와 재산 증식을 돕는 신으로 변화해 간다고 하였다. 요컨대 절대의 始祖神으로부터 보통의 여신이 되었다가 동왕공과 함께하며 민간 생활에 밀착된 庶民의 神으로 변모했다고 하였다. 許飛, 「西王母と東王公の冥界とのかかわり-六朝買地券を中心に-」, 『中國學研究論集』 28(2012), 39-42쪽.
10) 『神異經』,「東荒經」, "東荒山中有大石室, 東王公居焉. 長一丈, 頭髮皓白, 人形鳥面而虎尾, 載一黑熊, 左右顧望."

『신이경』은 前漢 東方朔이 지었다고는 하나 대체로 晉代 이후 동방삭에게 假託한 것이라는 설이 유력하여, 실제로 동왕공이 처음 등장하는 문헌은 후한 趙曄이 지은『吳越春秋』로 생각된다.『오월춘추』「句踐陰謀外傳」에는 "東郊를 세워 陽氣를 제사지내고 東皇公이라 이름하였으며, 西郊를 세워 陰氣를 제사지내고 서왕모라 이름하였다."11)는 기록이 나온다. 화상석에서도 동왕공의 출현은 서왕모에 비해 늦은 것으로 보고되고 있는데, 巫鴻은 2세기를 그 출현 시기로 보고 있다.12)

6 西王母[西王母]:『爾雅』에 따르면 古國의 이름이다.13) 따라서 서왕모를 본래 서쪽에 존재하던 원시 부족의 명칭 또는 그 부족장으로 이해하기도 한다.14)『山海經』에서 묘사하는 서왕모는 半人半獸의 모습을 하고 역병과 형벌을 주관하는 凶神이었다.15) 그러다 한대에 이르러 서왕모는 長生信仰의 대상이 된다.16) 그러나 한대 서왕모의 신격은 아직 하나로 확정된 것은 아니었다.17) 그러다 이후『太平經』에 "사람들로 하

---

11) 『吳越春秋』,「句踐陰謀外傳」, "立東郊以祭陽, 名曰東皇公. 立西郊以祭陰, 名曰西王母."
12) Wu Hung, *The Wu Liang Shrine-The Ideology of Early Chinese Pictorial Art*, Stanford University Press, Stanford, California. 1989. p.108. 陝西 지역의 화상석을 분석한 李淞 역시 동왕공이 서왕모보다 늦은 107년에서 150년 사이에 출현하였다고 분석하였다. 李淞,「從"永元模式"到"永和模式"-陝北漢代畫像石中的西王母圖像分期研究」,『考古與文物』2000-5, 60쪽. 한편 동왕공이 출현하는 가장 이른 기년을 가진 銅鏡도 元興 원년(105)의 것으로 보고되어, 대략 後漢 중기 이후 동왕공이 출현한 것으로 볼 수 있을 것 같다. 林裕己,「漢·三國·六朝紀年鏡銘集成05」,『古文化談叢』56(2007), 63쪽.
13) 『爾雅』,「釋地」, "觚竹·北戶·西王母·日下,[郭璞注: 觚竹在北, 北戶在南, 西王母在西, 日下在東, 皆四方昏荒之國.] 謂之四荒."
14) 賈艶紅,「略論漢代民間的西王母信仰」,『山東師範大學學報(人社版)』48-3(2003), 84쪽; 張宏偉,「西王母神話演變過程及原因新探」,『蘭州工業高等專科學校學報』17-6(2010), 82쪽.
15) 『山海經』,「西山經」, "西王母其狀如人, 豹尾虎齒而善嘯, 蓬髮戴勝, 是司天之厲及五殘."
16) 『淮南子』,「覽冥訓」, "譬若羿請不死之藥於西王母, 恒娥竊以奔月, 悵然有喪, 無以續之."
17) 張影과 鄒曉東의 연구에 따르면 한대 서왕모는 長生不死와 관련하여 숭배의 대상이기도 하였지만 다른 한편 月神의 대표기도 하였고, 복을 증대시키고 吉祥을 내려주는 신으로도 기능하였다고 한다. 張影·鄒曉東,「西王母的神格發展與漢代西王母崇拜」,

여 서왕모처럼 장수하게 한다."18)와 같은 기사와『博物志』의 "老子가 말하길, 온 백성이 서왕모의 통솔을 받는다.",19)『漢武帝內經』의 "서왕모가 그것을 내 보이며 말하기를, 이것은『五嶽眞形圖』입니다. 어제 靑城의 여러 신선들이 내게 와서 요청하였기에 지나는 길에 가져다주어야 합니다."20)와 같은 기사들은 서왕모가 道敎의 女仙으로 변화했음을 보여줄 뿐 아니라 심지어는 道經의 傳受者로 등장하여 단순히 장생의 도를 전수하는 이가 아님을 보여준다.

7 南昌[南昌]: 한고조 6년에 설치한 예장군의 치소. 지금의 강서성 남창시 동쪽에 해당한다.

8 동쪽 外城의 무덤 터 한 곳[東郭一丘]: '東郭'을 남창현 예하 행정구역인 鄕의 이름으로 볼 수도 있을 것이고,21) 동쪽 교외로 볼 수도 있을 것이다.22) 여기서는 동쪽 외성으로 보았다.『方言』에 따르면 函谷關 동쪽 지역에서는 '무덤[冢]'을 '丘'라고 하였다 한다.23)

9 가격은 전 오천이다[賈直錢五千]: 매입한 토지의 가격을 말한다. '賈'는 '價'의 古字다.24)

10 동으로는 甲乙에[東邸甲乙]: '邸'는 '至', '達'의 뜻이다.25) 天干의 첫 번

---

『古籍整理硏究學刊』5(2013), 90쪽. 예를 들어『焦氏易林』의 "(后)稷爲堯使, 西見王母, 拜請百福, 賜我善子('坤之・噬嗑')."; "中田靑黍, 以享王母, 受福千億, 所求大得('小畜之・豊')."과 같은 기사는 서왕모가 복을 내려주는 존재였음을 잘 보여준다. 차례대로 尙秉和 遺稿・張善文 校理,『尙氏易學存稿校理 第2卷-焦氏易林注』(北京: 中國大百科全書, 2005), 26, 175쪽.
18)『太平經』,「丙部之四」, "使人壽若西王母."
19)『博物志』,「雜說上」, "老子云, 萬民皆付西王母."
20)『漢武帝內經』, "王母出以示之曰, 此五嶽眞形圖也. 昨靑城諸仙就我求請, 當過以付之."
21) 黃景春,「早期買地券・鎭墓文整理與硏究」, 華東師範大 박사학위논문(2004), 154쪽.
22) Terry F. Kleeman, "Land Contracts and Related Document",『中國の宗敎・思想と科學』(東京: 圖書刊行會, 1984), p.24.
23)『方言』, "冢, 秦晉之間謂之墳, … 自關而東謂之丘, 小者謂之塿, 大者謂之丘."
24)『禮記』,「王制」, "命市納賈,[鄭玄注: 賈, 謂物貴賤厚薄也.] 以觀民之所好惡, 志淫好辟."
25)『史記』卷29,「河渠書」, "令鑿涇水自中山西邸瓠口爲渠."[張守節正義: 邸, 至也.]

째인 '甲'은 五行에서 '木'의 代稱으로 樹木·장작·숲 등을 두루 이르며, 방위는 동쪽에 해당한다.26) 천간의 두 번째 '乙'은 본래 초목의 싹이 구불구불한 모양을 의미하는 것으로,27) 갑과 같이 나무를 상징한다. 따라서 오행으로는 목, 방위로는 동쪽에 해당한다.

**11** 서로는 庚辛에[西邸庚辛]: '庚'은 천간 중 일곱 번째로 방위로는 서쪽에,28) 오행으로는 '金'에,29) 계절로는 '가을'에 해당한다.30) '辛'은 천간 중 여덟 번째로 『說文解字』에 따르면 계절로는 '가을', 오행으로는 '금'에 해당한다.31) 따라서 방위는 서쪽에 해당한다.

**12** 남으로는 丙丁[南邸丙丁]: '丙'은 천간의 세 번째로 방위로는 남쪽에 해당하고,32) 오행으로는 '火'에 속한다.33) '丁'은 천간의 네 번째로 역시 오행으로는 '화'에 속하며 방위는 남쪽에 해당한다. '병'은 '陽火'를 의미하고, '정'은 '陰火'를 의미한다.

**13** 북으로는 壬癸에 다다랐다[北邸壬癸]: '壬'은 천간의 아홉 번째로 오행으로는 '水'에 속하고 방위로는 북쪽에 해당한다.34) '癸'는 천간의 열 번째로 역시 오행으로는 '수'에 속하고, 방위로는 북쪽에 해당한다.

**14** 해를 主로 삼고 달을 副로 삼아[以日主月副]: 정확히 어떤 의미인지 알 수 없다. 동일 유형의 매지권에서 볼 수 없는 특별한 내용이다.

**15** 문서의 내용을 보증하고 아는 자[任知卷者]: '任'은 '擔保', '保證'의 의

---

26) 『淮南子』,「天文訓」, "甲子受制.[高誘注: 甲, 木也. 木王東方, 故施柔惠.] 則行柔惠."
27) 『說文解字』,「乙部」, "乙, 象春艸木冤曲而出."
28) 『左傳』,「哀公十三年」, "若登首山以呼曰'庚癸乎'."[杜預注: 庚, 西方.]
29) 『左傳』,「昭公三十一年」, "庚午之日."[孔穎達疏: 庚是西方之日, 金也.];『淮南子』,「天文訓」, "其日庚辛."[高誘注: 庚·辛, 皆金也.]
30) 『史記』 卷27,「天官書」, "秋, 日庚·辛."
31) 『說文解字』,「辛部」, "辛, 秋時萬物成而孰, 金剛味辛."
32) 『說文解字』,「丙部」, "丙, 位南方."
33) 『素問』,「藏氣法時論」, "心主夏, 其日丙丁."[王冰注: 丙丁爲火.]
34) 『淮南子』,「天文訓」, "甲·乙·寅·卯, 木也. 丙·丁·巳·午, 火也. 戊·己·四季, 土也. 庚·辛·申·酉, 金也. 壬·癸·亥·子, 水也.";『說文解字』,「壬部」, "壬, 位北方也."

미다.35) 池田溫은 日月(任者)과 金僮子・鶮・魚(知者)를 모두 보증인 또는 입회자(증인)로 보았다.36) 한편 손오 시기 매지권은 아니나 〈劉宋元嘉九年(432)王佛女買地券〉에는 知者로 '東皇父・서왕모'가 任者로 '王子僑', 傍人으로 '張亢根'이 등장한다.

**16** 洛陽의 金僮子[雒陽金僮子]: 洛陽 출신의 方士로 보인다. 許飛는 金僮子를 정체불명자로 아마도 神이 아닐까 하였지만,37) 黃景春은 한대 방사들이 不老不死를 자칭하면서 흔히 '某僮子'라는 이름을 사용하였다고 하였다.38) 〈東晉升平五年(361)周芳命妻潘氏衣物疏〉에 문서 작성자로서 '東海僮子'가 등장하여 '동자'가 방사임을 알 수 있다.

**17** 鶴과 물고기[鶮與魚]: '鶮'는 '鶴'의 古字다.39) 許飛는 〈西晉永寧二年(302)大中大夫買地券〉의 "若有問誰所書, 是魚."라는 표현에 따라 문서에 등장하는 학과 물고기를 매지권을 제작한 사람으로 파악하였다. 그는 매지권의 작자를 사람이 아닌 학이나 물고기로 기술한 것은 산자가 유령과 관련되는 것을 피하기 위한 것이라 하였다.40) 한편 白彬은 『傳授三洞經戒法籙略說』에 따라 물고기를 道敎의 三官(天官, 地官, 水官) 중 수관의 사자로41) 파악하였다.42) 그러나 근거가 된 道經이 손오 시기보다 후대에 편찬된 것이기에 물고기를 수관의 사자로 단정하기 힘들다. 다만 물고기가 도교의 수관인 河伯과 관련되었다는 것은 〈西晉永寧二年(302)汝陰太守侯□買地券〉의 "若有問誰所書? 是漁. 魚所在, 深水游, 欲得者, 河伯求."라는 구절에서도 확인할 수 있는데, 역시 본 매지

---

35) 『素問』, 卷69, 「趙充國傳」, "臣任其計可必用也."[師古注: 任, 保也.]
36) 池田溫, 앞의 글, 224쪽.
37) 許飛, 앞의 글, 43쪽.
38) 黃景春, 앞의 글, 155쪽.
39) 『史記』卷6, 「秦始皇本紀」, "卒屯留・蒲鶮反, 戮其屍."[索隱注: 鶮, 古'鶴'字.]
40) 許飛, 앞의 글, 43쪽.
41) 『傳授三洞經戒法籙略說』, 「金魚・玉魚」, "魚爲陰虫, 水官之使."
42) 白彬, 앞의 글, 922-923쪽.

권이 제작된 225년보다 약 80년 후대의 관념이기에 본 매지권에 등장하는 학과 물고기를 도교의 삼관 신앙과 연결할 수 있을지 모르겠다.

**18** 학은 위의 하늘로 날아가고 물고기는 아래의 못으로 들어간다[鶴飛上天, 魚下入淵]: 이 계약을 보증하는 입회자(증인)들의 소재지가 쉽게 닿지 못하는 하늘과 못임을 밝혀 이들을 死靈의 해코지로부터 보호하고자 하는 것이 아닐까 한다. 張傳璽는 '魚下入淵'은 마땅히 '魚入深淵'이 되어야 한다고 하였다.[43] 그러나 앞 구절 '鶴飛上天'과 대구를 이루려면 '漁入下淵'이 더 타당해 보인다.

**19** 이 외 입회인으로 郭師와 吳□이(가) 있다[郭師·吳□]: 郭師와 吳□이라는 이름이 등장하나 어떤 역할인지 附記된 설명이 없어 이들의 성격을 파악하기 어렵다. 앞 문장과 연결된 것으로 파악하여 김동자·학·물고기 외의 입회인으로 보았다. 대부분의 연구자들은 吳□를 '吳光'으로 보았으나, 張傳璽는 '吳信'으로 보았다.[44]

**20** 율령과 같이 행하라[如律令]: 계약의 효력이 율령에 정한 것같이 집행되어야 한다는 의미로 흔히 鎭墓文의 정형화된 종결어로 이해된다. 현실의 행정 문서의 형식을 차용한 것으로 알려져 있다.[45] 매지권과 진묘문에는 이와 같은 정형화된 종결어가 크게 다섯 종류로 대별되어 나타난다. ①如律令, ②急急如律令 혹은 急如律令, ③如天帝律令 혹은 有天帝教如律令, ④他如律令 혹은 他如天帝律令, ⑤기타-當律令, 爲析令, 別律令.

---

43) 張傳璽 主編, 『中國歷代契約會編考釋』(北京: 北京大, 1995), 105쪽.
44) 張傳璽 主編, 앞의 글, 105쪽.
45) 吳榮曾, 「鎭墓文中所見到的東漢道巫關系」, 『文物』 1981-3, 56쪽; 呂志峰, 「東漢鎭墓文考述」, 『東南文化』 2006-6, 75-76쪽.

## 【참고문헌】

[前漢]司馬遷 撰・[劉宋]裴駰 集解・[唐]司馬貞 索隱・[唐]張守節 正義, 『史記』, 北京: 中華書局, 1997.
[後漢]趙曄 原著・周生春 輯校, 『吳越春秋輯校匯考』, 上海: 上海古籍, 1997.
[晉]陳壽 撰・[劉宋]裴松之 注, 『三國志』, 北京: 中華書局, 1997.
[北魏]酈道元 注・[民國]楊守敬・熊會貞 疏, 『水經注疏』, 南京: 江蘇古籍, 1989.
[梁]沈約 撰, 『宋書』, 北京: 中華書局, 1997.

[後漢]鄭玄 注・[唐]孔穎達 疏, 『禮記正義』, 北京: 北京大, 1999.
[晉]郭璞 注・[宋]邢昺 疏, 『爾雅注疏』, 北京: 北京大, 1999.
[後漢]揚雄 撰・[淸]戴震 疏, 『方言疏證』, 臺北: 中華書局, 1975.

[後漢]許愼 撰・[淸]段玉裁 注, 『說文解字注』, 上海: 上海古籍, 1988.

[前漢]東方朔 撰, 『神異經』, 北京: 中華書局, 1991.
[晉]張華 撰・范寧 校證, 『博物志校證』, 北京: 中華書局, 2014.
尙秉和 遺稿・張善文 校理, 『尙氏易學存稿校理 第2卷-焦氏易林注 上・下』, 北京: 中國大百科全書, 2005.
袁珂 校注, 『山海經校注』, 上海: 上海古籍, 1980.
劉文典 撰・馮逸・喬華 點校, 『淮南鴻烈集解』, 北京: 中華書局, 1994.

[淸]翁大年, 『陶齋金石文字跋尾』(『石刻史料新編 1輯 26册』 수록), 臺北: 新文豐, 1977.
[民國]羅振玉, 『地券徵存』, 臺北: 大通書局, 1973.
[民國]羅振玉, 『蒿里遺珍』(『羅振玉學術論文集』 수록), 上海: 上海古籍, 2013.
[民國]徐乃昌, 『安徽通志金石古物考稿』(『石刻史料新編 3輯 11册』 所收), 臺北: 新文豐, 1986.
張傳璽 主編, 『中國歷代契約會編考釋』, 北京: 北京大, 1995.

『太平經』(『正統道藏』 수록), 臺北: 藝文印書館, 1962.
『漢武帝內經』(『正統道藏』 수록), 臺北: 藝文印書館, 1962.
『素問』(『正統道藏』 수록), 臺北: 藝文印書館, 1962.
『傳授三洞經戒法籙略說』(『正統道藏』 수록), 臺北: 藝文印書館, 1962.

賈艷紅, 「略論漢代民間的西王母信仰」, 『山東師範大學學報(人社版)』 48-3, 2003.
魯西奇, 「六朝買地券叢考」, 『文史』 75, 2006.
羅操, 「東漢至南北朝墓券研究」, 華東師範大 박사학위논문, 2015.

呂志峰,「東漢鎭墓文考述」,『東南文化』2006-6.
李淞,「從"永元模式"到"永和模式"-陜北漢代畵像石中的西王母圖像分期研究」,『考古與文物』2000-5.
白彬,「吳晉南朝買地券・名刺和衣物疏的道敎考古硏究」,『中國道敎考古 3』,北京: 線裝書局, 2006.
富谷至,「黃泉の國の土地賣買-漢魏六朝買地券考」,『大阪大學敎養部硏究集錄』36, 1987.
施蟄存,『北山談藝錄續編』, 上海: 文匯, 2001.
吳榮曾,「鎭墓文中所見到的東漢道巫關系」,『文物』1981-3.
原田正己,「民俗資料としての墓券-上代中國人の死靈觀の一面」,『フィロソフィア』45, 1963.
仁井田陞,『中國法制史硏究 土地法・取引法』, 東京: 汲古書院, 1959.
張宏偉,「西王母神話演變過程及原因新探」,『蘭州工業高等專科學校學報』17-6, 2010.
張影・鄔曉東,「西王母的神格發展與漢代西王母崇拜」,『古籍整理硏究學刊』5, 2013.
池田溫,「中國歷代墓卷略考」,『東洋文化硏究所紀要』86, 1981.
許飛,「西王母と東王公の冥界とのかかわり-六朝買地券を中心に-」,『中國學硏究論集』28, 2012.
洪承賢,「三國~南朝 買地券의 특징과 성격」,『中國古中世史硏究』40, 2016.
黃景春,「早期買地券・鎭墓文整理與硏究」, 華東師範大 박사학위논문, 2004.
Terry F. Kleeman, "Land Contracts and Related Document",『中國の宗敎・思想と科學』, 東京: 圖書刊行會, 1984.
Wu Hung, *The Wu Liang Shrine-The Ideology of Early Chinese Pictorial Art*, Stanford University Press, Stanford, California. 1989.

# 〈孫吳神鳳元年(252)孫氏買地劵〉

〈손오 신봉 원년(252) 손씨 매지별〉

홍승현

【解題】

①〈三國吳神鳳元年三月土地賣買文書〉,〈吳神鳳元年三月會稽亭侯綏遠將軍孫鼎買冢劵〉,〈神鳳元年地券〉,〈三國吳神鳳元年會稽孫鼎買地磚券〉,〈吳孫氏墓劵〉,〈東吳神鳳元年孫鼎磚券〉,〈吳神鳳元年孫氏買地券〉,〈會稽亭侯幷錢塘水軍綏遠將軍買地劵〉 ②孫吳 神鳳 원년(252) ③浙江 杭州 ④磚 ⑤東京大 東洋文化硏究所 ⑥길이 12.8cm・너비 9.5cm・두께 2.8cm.[1] 6行, 行字不等 ⑦〈탁본사진〉『中國法制史硏究 土地法・取引法』⑧『攈古錄』⑨『中國法制史硏究 土地法・取引法』;「中國歷代墓卷略考」;「黃泉の國の土地賣買-漢魏六朝買地券考」;「一方罕見的吳磚-神鳳元年地券及其書法」;『中國歷代契約會編考釋』;「北山談藝錄續編」;「吳晉南朝買地券・名刺和衣物疏的道敎考古硏究」;「早期買地券・鎭墓文整理與硏究」;「六朝買地券叢考」 ⑩浙江型 매지권의 하나로 '劵'이라는 용어가 있어 '墓劵' 또는 '劵券'으로도 불린다[2] ⑪田衡銘,「一方罕見的吳磚-神鳳元年地券及其書法」,『文物天地』1991-4.

## 【解題註】

① 이 수치는 池田溫의 보고[1]에 따른 것이고, 田衡銘은 15.4cm · 너비 10cm · 두께 4cm로 보고하였다.[2] 이 매지권이 현재 東京大 東洋文化硏究所에 소장되어 있기에 여기서는 池田溫이 보고한 수치를 따랐다.

② 구성은 다음과 같다. ❶매입자(墓主) ❷매도자 ❸매입물 ❹토지의 四至 ❺토지가격과 대금 지불일 ❻입회인(증인) ❼정형화된 文言1(當律令) ❽매매일(葬禮日) ❾정형화된 文言2(破莂大吉) ❿제작자.

## 【釋文】

(正面)會稽亭侯幷領錢唐水軍·綏遠 將軍, 從土①公買冢城一丘. 東 · 南極 鳳凰山巓, 西極湖, 北極山盡. 直錢八 百萬, 卽日交畢. 日月 爲證, 四時 爲任. 有私約者, 當律令. 大吳 神鳳元年壬申三月, 破 莂大吉.

(左側面)神鳳元年壬申三月六日孫鼎作莂.

## 【釋文註】

① 施蟄存은 '山'으로 읽었으나, 탁본에 따르면 '土'가 분명하다.[3]

---

1) 池田溫, 「中國歷代墓卷略考」, 『東洋文化硏究所紀要』 86(1981), 225쪽.
2) 田衡銘, 「一方罕見的吳磚-神鳳元年地券及其書法」, 『文物天地』 1991-4.
3) 施蟄存, 『北山談藝錄續編』(上海: 文匯, 2001), 148쪽.

## 【譯文】

會稽亭侯❶며 領錢塘水軍❷·綏遠將軍❸이 土公❹으로부터 무덤 터❺ 한 곳❻을 매입하였다. 동남으로는 鳳凰山 꼭대기에 이르렀고❼ 서로는 호수에 이르렀으며, 북으로는 산 끝에 이르렀다. 가격은 錢 팔백 만이고 대금은 그날 당일 지불하였다.❽ 해와 달이 증인이며 四時가 보증인이다.❾ 私約이 있다면 律令에 따라 처리하라.❿ 大吳 神鳳 원년(252) 壬申 3월,⓫ '大吉'[이란 글자가] 쓰인 刻을 나누었다.⓬ 신봉 원년 임신 3월 6일, 孫鼎⓭[이] 별을 만들었다.

## 【譯文註】

❶ 會稽亭侯[會稽亭侯]: 史書에 보이지 않는다. 亭侯는 『通典』에 따르면 前漢 시기 설치되는데,4) 『史記』와 『漢書』에서는 확인되지 않는다.5) 이후 後漢 시기에 들어 다수의 亭侯가 등장하여 실제로 정후의 책봉은 후한대에 들어와 행해진 것이 아닐까 생각된다. 三國 시대의 경우 曹魏에서는 文帝 시기 嗣王의 庶子를 정후로 책봉했다고 하지만,6) 정후가 반드시 사왕의 서자에게만 내려진 것은 아니었다. 『통전』에 따르면 王·公·侯·伯·子·男의 6등 다음으로 縣侯, 亭侯, 關內侯가 뒤를 이었다. 손오에서는 侯, 鄕侯, 정후가 발견된다. 정후 중 특정 지역명을 冠

---

4) 『通典』, 卷31, 「職官 歷代王侯封爵」, "漢初, … 凡列侯, 金印紫綬, 大者食縣, 小者食鄕·亭, 得臣其所食吏民."

5) 司馬貞은 『史記索隱』에서 姚氏의 말을 인용하여 「周亞夫列傳」에 등장하는 許負라는 河內 溫출신의 老嫗가 高祖 劉邦으로부터 '鳴雌亭侯'에 책봉되었다고 하였지만(姚氏 按: 楚漢春秋高祖封(許)負爲鳴雌亭侯, 是知婦人亦有封邑), 여타 史書에서는 확인할 수 없다.

6) 『三國志』卷3, 「文帝紀」, "初制封王之庶子爲鄕, 嗣王之庶子爲亭侯, 公之庶子爲亭伯."

帶한 정후로는 '樂鄕亭侯', '新陽亭侯', '高陵亭侯', '徐陵亭侯', '東陽亭侯' 등이 있는데, '會稽亭侯'는 찾을 수 없었다. 會稽는 지금의 浙江省 紹興市다.

2 領錢唐水軍[領錢唐水軍]: 역시 사서에 보이지 않는다. 錢唐縣 예하의 水軍을 통령하던 관직으로 보인다. 전당현은 秦나라 때 처음 설치되었는데, 회계군에 속하였다. 후한 초에 폐지되었다 후한 말 다시 復置되어, 吳郡에 속하였다. 치소는 浙江省 杭州市로 본 매지권이 출토된 지역과 같다.

3 綏遠將軍[綏遠將軍]: 孫吳의 雜號將軍 중 하나. 『三國志』에는 '綏遠將軍'이 세 차례 등장한다. 우선 建安 9년(204) 孫權(재위 222~252)이 宗室인 孫瑜를 임명하였고, 221년에는 張昭가 조위의 사신 邢貞에 의해 임명되었다. 五鳳 2년(255) 이후 陸凱가 임명되었다. 除授된 세 사람은 宗室 또는 고위의 重臣으로 손오에서 綏遠將軍이 결코 낮은 位階가 아님을 알 수 있다. 이 매지권의 묘주가 이러한 고위의 수원장군에 임명되었다면 사서에서 이름을 확인하는 것이 가능하지 않았을까.

4 土公[土公]: 土伯과 같은 地神으로 생각된다.

5 무덤 터[冢城]: 墳墓, 즉 무덤을 의미한다.

6 곳[丘]: ①고대 토지 구획의 단위로 사방 4里에 해당한다.7) ②토지의 한 구획. 여기서는 ②의 뜻에 따라 뙈기, 배미의 뜻으로 해석하였다.

7 鳳凰山 꼭대기에 이르렀고[極鳳凰山巔]: '極'은 '이르다', '도달하다'의 뜻이다.8) '鳳凰'이란 이름의 산은 중국 전역에서 수없이 확인된다. 山西省에서만 네 곳이 확인되고(太谷·潞城·代·古縣), 遼寧省에서도 두 곳이 확인된다(鳳城·朝陽市). 본 매지권에서 기술한 산으로 가장 가능

---

7) 『周禮』, 「地官·小司徒」, "九夫爲井, 四井爲邑, 四邑爲丘.[鄭玄注: 四井爲邑, 方二里. 四邑爲丘, 方四里.]

8) 『詩』, 「小雅·綿蠻」, "豈敢憚行, 畏不能極."[鄭玄箋: 極, 至也.]

성 있는 곳은 아마도 현재 浙江省 杭州市 남쪽에 위치한 봉황산일 것이다.9) 그러나 구체적인 산 이름이 아닐 가능성도 배제할 수 없다.

⑧ 대금은 그날 당일 지불하였다[卽日交畢]: 토지 대금을 당일 지불하였다는 의미다. 이외 '錢卽日畢(〈後漢建寧二年(169)王末卿買地券〉)', '卽日錢畢(〈熹平五年(176)劉元壹買地券〉)'로도 표현된다. 李成九는 현실의 매매 계약의 대금이 즉시 지불되지 않는 사례에 비추어 이는 매지권만의 고유한 표현이라고 보았다. 그에 따르면 이 구절은 매지권이 지체 없이 지하 세계로 보내져 土神의 노여움을 잠재움으로써 죽은 자의 안전을 도모하고자 하는 유족의 염원이 반영된 것이다.10)

⑨ 해와 달이 증인이며 四時가 보증인이다[日月爲證, 四時爲任]: 매도자에 이어 증인과 보증인마저 인간이 아닌 日月과 四時로 매지권의 정형화를 보여주는 구절이다.

⑩ 私約이 있다면 律令에 따라 처리하라[有私約者, 當律令]: '私約'은 官의 政法과 달리 개인들 사이에 맺은 사사로운 약속을 의미한다. 〈北宋太平興國九年(984)馬隱等買地券〉에는 "관부의 정법이 있어, 사사로이 맺은 약속을 가지고 계약을 정하지 않는다(官有政法, 不取私約爲定)."라는 구절이 나와, 계약이 공신력 있는 규정에 의해 처리되어야 함을 말하고 있다. 따라서 이 구절도 개인들 사이의 약속이 있다면 율령에 준하여 율령에 위배되지 않는다면 효력을 갖고, 위배된다면 효력을 가질 수 없다는, 요컨대 개인들 사이의 약속은 율령에 위배되지 않아야 한다는 의미를 갖고 있는 것으로 생각된다. 한편 李顯冬은 이 구절을 "계약인들 사이에 맺어진 사사로운 계약은 법령과 동일한 의미를 갖는다."라고 해석하였다.11) 여기서는 따르지 않았다.

---

9) 『太平寰宇記』, 「江南東道五・杭州・錢塘縣」, "在縣南三里. 有鳳凰欲飛之象."
10) 李成九, 「漢代의 死後世界觀」, 『中國古中世史硏究』 38(2015), 149쪽.
11) 李顯冬, 「"民有私約如律令"考」, 『政法論壇』 25-3(2007), 93쪽.

**1 1** 大吳 神鳳 원년(252) 壬申 3월[大吳神鳳元年壬申三月]: 紀年은 國號 + 年號 + 年數 + 干支 + 月數의 형식으로 표현되었다. 손오 매지권에서 기년을 표기하면서 국호가 기술된 유일한 사례이다.12) 神鳳은 손권의 여섯 번째 연호로 252년 2월부터 4월까지 사용되었다.

**1 2** '大吉'이란 글자가 쓰인 莂을 나누었다[破莂大吉]: 계약의 당사자인 매도자와 매입자가 '大吉'이란 글씨를 쓴 계약의 증표인 莂을 나누어 각기 보관하는 것을 의미한다. 이렇게 둘로 나눈 것을 계약의 양자가 가지고 있다 합쳐 계약의 증표로 삼는 것이다. 〈後漢建寧元年(168)馬衡將買地莂〉에는 '合莂大吉'이라 하여 나누었던 두 별을 합쳐 계약의 증표로 삼은 것이 기술되어 있다. 『釋名』「釋書契」에 따르면 "별은 '나누다[別]'의 뜻이다. 중앙에 크게 글씨를 쓰고 가운데를 깨뜨려 나눈다."13)고 하여 符節의 의미를 가지고 있음을 알 수 있다.14) 이와 관련하여 錢大昕은 "옛 사람들은 券을 나눈 것을 '別'이라 칭하였는데, 마치 지금 사람들이 계약 문서의 문자를 합치는 것과 같다."15)고 하였다. 이 매지권은 매지권을 나누어 계약의 증표로 삼는 행위를 보다 구체적으로 표현하고 있다.

---

12) 孫吳 시기 매지권과 兩晉 시기 매지권 중 國號가 기술 된 것은 각기 1건씩으로 국호가 기술된 것이 특이 사항이다. 그러나 南北朝 시기가 되면 국호를 기술하는 것이 보편화된다. 남조 매지권 17건 중 국호를 확인할 수 있는 것은 8건이고, 글자가 결락되어 확정할 수 없지만 가능성을 가진 것까지 합치면 모두 10건에 달한다.
13) 『釋名』, 「釋書契」, "莂, 別也, 大書中央, 中破別之也."
14) 鄭司農은 『周禮』「小宰」의 "聽稱責, 以傳別."에 대하여 "傳別은 券書를 말하는 것이다. 傳이라는 것은 문서에 약속을 명확하게 드러낸 것이다. 別이란 둘이다. 두 사람이 각기 하나씩을 갖는다(傳別, 謂券書也. 傳傳約束於文書. 別, 別爲兩, 兩家得一也)."라고 하였고, 鄭玄은 "傳別은 하나의 札에 큰 글씨를 써서, 가운데 글자 부분에서 나눈 것이다. 傳別은 옛날에는 '傳辨'이라고 하였는데, 鄭大夫는 '符別'이라 읽었다(傳別, 謂爲大手書於一札, 中字別之. 傳別, 故書作'傳辨', 鄭大夫讀爲'符別')."고 하였다.
15) 錢大昕, 『潛研堂金石文跋尾』(『嘉定錢大昕全集 陸』(南京: 江蘇古籍, 1997) 수록), 44쪽, "古人稱分券爲'別', 若今人合同文字也."

**13** 孫鼎[孫鼎]: 매지권 좌측에 기술된 이름으로 묘주는 아니고 이 매지권의 제작자다. 施蟄存은 묘주의 아들로 파악하였다.16)

## 【참고문헌】

[前漢]司馬遷 撰·[劉宋]裵駰 集解·[唐]司馬貞 索隱·[唐]張守節 正義, 『史記』, 北京: 中華書局, 1997.
[晉]陳壽 撰·[劉宋]裵松之 注, 『三國志』, 北京: 中華書局, 1997.
[唐]杜佑 撰·王文錦·劉俊文 等 點校, 『通典』, 北京: 中華書局, 1988.
[宋]樂史 撰·王文楚 等 點校, 『太平寰宇記』, 北京: 中華書局, 2007.

[漢]毛亨 傳·[漢]鄭玄 箋·[唐]孔穎達 疏, 『毛詩正義』, 北京: 北京大, 2000.
[漢]鄭玄 注·[唐]賈公彦 疏, 『周禮注疏』, 北京: 北京大, 2000.
[漢]劉熙 撰·[淸]畢沅 疏證, 『釋名疏證補』, 北京: 中華書局, 2008.

[淸]吳式芬 撰, 『攈古錄』, 北京市: 中國書店 2009.
[淸]錢大昕 撰, 『潛硏堂金石文跋尾』(『嘉定錢大昕全集 陸』 수록), 南京: 江蘇古籍, 1997.

魯西奇, 「六朝買地券叢考」, 『文史』 75, 2006.
白彬, 「吳晉南朝買地券·名刺和衣物疏的道敎考古硏究」, 『中國道敎考古 3』, 北京: 線裝書局, 2006.
富谷至, 「黃泉の國の土地賣買-漢魏六朝買地券考」, 『大阪大學敎養部硏究集錄』 36, 1987.
施蟄存, 『北山談藝錄續編』, 上海: 文匯, 2001.
李顯冬, 「"民有私約如律令"考」, 『政法論壇』 25-3, 2007.
仁井田陞, 『中國法制史硏究 土地法·取引法』, 東京: 汲古書院, 1959.
張傳璽 主編, 『中國歷代契約會編考釋』, 北京: 北京大, 1995.
田衡銘, 「一方罕見的吳磚-神鳳元年地券及其書法」, 『文物天地』 1991-4.
池田溫, 「中國歷代墓卷略考」, 『東洋文化硏究所紀要』 86, 1981.
黃景春, 「早期買地券·鎭墓文整理與硏究」, 華東師範大 박사학위논문, 2004.

---

16) 施蟄存, 앞의 책, 148쪽.

# 〈孫吳五鳳元年(254)黃甫買地券〉

〈손오 오봉 원년(254) 황보 매지권〉

홍승현

【解題】

①〈五鳳元年黃甫買地券〉,〈五鳳元年黃甫磚券〉,〈黃甫墓券〉②孫吳 五鳳 원년(254) ③1980년, 南京 ④磚 ⑤미상 ⑥M1-길이 38.7cm・너비 7.1cm・두께 3.1cm, M2-길이 37.5cm・너비 6.8cm・두께 3.5cm. 3行, 1~2行 29字・3行 18字[1] ⑦〈탁본사진〉「南京郊外四座吳墓發掘簡報」⑧없음 ⑨「南京郊外四座吳墓發掘簡報」;「吳晉南朝買地券・名刺和衣物疏的道敎考古硏究」;「早期買地券・鎭墓文整理與硏究」;「六朝買地券叢考」;「東漢至南北朝墓券硏究」⑩南京과 江蘇省을 중심으로 하는 지역적 특성을 보여주는 독특한 내용들이 등장한다. 매도자로 天과 地가 등장하며, 토지 대금 지불과 관련하여 '雇錢'이란 용어가 사용되었다.[2] ⑪南京市博物館,「南京郊外四座吳墓發掘簡報」,『文物資料叢刊』8(1983).

【 解 題 註 】

1. 1980년 南京 中央門 밖 幕府山에서 발굴된 4基의 孫吳 시기 묘 중 2기에서 五鳳 원년의 기년을 가진 買地券이 각기 1점씩 출토되었다(M1, M2). 두 매지권은 구성에서 동일하나 M2 매지권이 토지 四至의 기술 중 '南至丙丁'이란 내용이 누락되어 있다. 여기서는 완전한 M1 매지권을 분석 대상으로 하였다.[1)]

2. 매지권의 구성은 다음과 같다. ❶토지 매매일 ❷매입자(墓主) ❸토지의 위치 ❹매도자 ❺토지 가격 ❻토지의 四至 ❼守約의 文言 ❽정형화된 문언(如天帝律令).

【 釋 文 】[2)]

五鳳元年十月十八日. 大男九江 黃甫年八十. 今於莫府山後南邊起冢宅,」從天買地, 從地買宅. 雇錢三百. 東至甲庚, 西至乙辛, 北至壬癸, 南至丙丁. 若有」爭地, 當詣天帝, 若有爭宅, 當詣土伯. 如天帝律令.

【 譯 文 】

[孫吳] 五鳳 원년(254) 10월 18일.❶ 九江郡 大男❷ 皇甫 나이 여든. ❸ 지금 莫府山❹ 뒤 南邊에 무덤❺을 조영하고자, 天神으로부터 땅을 사고, 地神으로부터 陰宅을 샀다. 雇用의 대가로 錢 삼백을 지

---

1) 買地券 출토에 관한 자세한 사항은 南京市博物館,「南京郊外四座吳墓發掘簡報」,『文物資料叢刊』 8(1983), 1-7쪽을 참조.
2) 釋文 관련 특별한 이견이 없기에 釋文註는 생략하였다.

불하였다.⑥ 동으로는 甲庚에 이르렀고 서로는 乙辛에 이르렀으며,⑦ 북으로는 壬癸에 이르렀고 남으로는 丙丁에 이르렀다. 만일 땅에 대해 다툼이 생긴다면 天帝에게 갈 것이며 집에 대해 다툼이 생긴다면 土伯에게 갈 것이다.⑧ 天帝의 律令과 같이 행하라.

【 譯 文 註 】

① 孫吳 五鳳 원년(254) 10월 18일[五鳳元年十月十八日]: 紀年은 年號 + 年數 + 月數 + 日數의 형식으로 표기되어 干支는 모두 생략된 상태이다. 五鳳이란 연호는 역사상 두 번 등장한다. 첫째는 前漢 宣帝(재위 前74~49)의 여섯 번째 연호로 기원전 57~55년이고, 둘째는 孫吳 孫亮(재위 252~258)의 두 번째 연호로 254~255년에 해당한다. 이 매지권이 삼국 시기 吳 墓에서 출토되었기에 여기서는 254년에 해당한다.

② 大男[大男]: 성인 남자를 말한다.3) 京都大 簡牘研究班은 居延에서 발견된 簡牘을 근거로,4) 15세 이상의 남자로 보았다.5)

③ 나이 여든[年八十]: 墓主의 享年이다. 묘주의 향년은 매지권에서는 잘 보이지 않는 내용이고, 墓碑나 墓誌의 일반적인 구성 요소다.

④ 莫府山[莫府山]: 현재 江蘇省 南京市 북부에 위치한 '幕府山'을 말한다. 본 매지권이 출토된 곳이기도 하다. '石灰山'으로도 불린다. 『建康志』가 인용한 『輿地志』에 따르면 東晉 丞相 王導의 幕府가 설치되면서 이

---

3) 『管子』, 「海王」, "終月, 大男食鹽五升少半, 大女食鹽三升少半, 吾子食鹽二升少半."
4) 甘肅文物考古研究所外 編, 『居延新簡』(北京: 文物, 1990), 〈E.P.T40:27〉, "第十五隊卒 陳齊. 子大男恭年十五, 三石六日取."
5) 京都大學人文科學研究所簡牘研究班, 『漢簡語彙 中國古代木簡辭典』(東京: 岩派書店, 2015), 366쪽.

름을 얻었다고 한다.6) 그러나 본 매지권을 통해 막부산이란 지명이 이미 손오 시기부터 사용되었음을 알 수 있다.

5 무덤[冢宅]: '冢宅'은 墳墓를 의미한다.7) 여기서 '宅'은 '陰宅'으로 '冢'과 같이 무덤의 뜻을 갖는다.

6 雇用의 대가로 전 삼백을 지불하였다[雇錢三百]: 매지권에서 대금 지불이 일반적으로 '賈錢 + 가격', '賈直 + 가격', '買直 + 가격' 등으로 기술되는 것과는 달리 '雇錢'이라 하여 고용에 대한 대가를 지불하는 것으로 표현되었다.8)

7 동으로는 甲庚에 이르렀고 서로는 乙辛에 이르렀으며[東至甲庚, 西至乙辛]: 五方을 간지에 배당할 경우 동은 甲乙에 해당하고, 서는 庚辛에 해당한다. 각석의 오류일 것이다.

8 만일 땅에 대해 다툼이 생긴다면 天帝에게 갈 것이며 집에 대해 다툼이 생긴다면 土伯에게 갈 것이다[若有爭地, 當詣天帝, 若有爭宅, 當詣土伯]: 앞 구절에서 땅[地]을 天神에게 사고 집[宅]을 地神에게 샀기에, 그와 관련한 분쟁이 발생한다면 분쟁 해결을 위해 天帝와 土伯에게 간다는 의미다. 따라서 天과 천제, 地와 토백은 같은 신에 대한 다른 표현임을 알 수 있다. 계약의 유효함과 매지권의 내용이 분명함을 설명하는 守約의 文言이다.

---

6) 『建康志』,「山川」, "在城北西北二十里, 周回三十里, 高七十丈."[按『輿地志』, 在臨浙縣東八里. 晉元帝自廣陵渡江, 丞相王導建幕府於此山, 因名焉.]
7) 『水經注』,「淄水」, "北門外東北二百步, 有齊相晏嬰冢宅."
8) 『後漢書』卷78,「宦者 張讓傳」, "黃門常侍輒令譴呵不中者, 因强折賤買, 十分雇一."[李賢注: 雇謂酬其價也.] '雇錢'이란 용어가 사용된 것에 대해서는 洪承賢,「三國~南朝 買地券의 특징과 성격」,『中國古中世史研究』40(2016), 145-146쪽을 참조.

## 【참고문헌】

[劉宋]范曄 撰・[唐]李賢 等 注,『後漢書』, 北京: 中華書局, 1997.
[北魏]酈道元 注・[民國]楊守敬・熊會貞 疏・段熙仲 點校・陳橋驛 復校,『水經注』, 南京: 江蘇古籍, 1989.
[宋]周應合 撰,『建康志』, 臺北: 臺灣商務, 1983.

黎翔鳳 撰・梁運華 整理,『管子校注』, 北京: 中華書局, 2006.

甘肅文物考古研究所外 編,『居延新簡』, 北京: 文物, 1990.
京都大學人文科學研究所簡牘研究班,『漢簡語彙 中國古代木簡辭典』, 東京: 岩派書店, 2015.
南京市博物館,「南京郊外四座吳墓發掘簡報」,『文物資料叢刊』8, 1983.
魯西奇,「六朝買地券叢考」,『文史』75, 2006.
羅操,「東漢至南北朝墓券研究」, 華東師範大 박사학위논문, 2015.
白彬,「吳晉南朝買地券・名刺和衣物疏的道教考古研究」,『中國道教考古 3』, 北京: 線裝書局, 2006.
窪添慶文,「墓誌の起源とその定型化」,『立正史學』105, 2009.
洪承賢,「三國~南朝 買地券의 특징과 성격」,『中國古中世史研究』40, 2016.
黃景春,「早期買地券・鎭墓文整理與研究」, 華東師範大 박사학위논문, 2004.

# 〈孫吳永安五年(262)彭盧買地券〉

〈손오 영안 5년(262) 팽로 매지권〉

홍승현

### 【解題】

①〈永安五年鉛地券〉,〈吳永安五年七月丹楊郡石城縣□□校尉彭盧買地券〉,〈東吳永安五年彭盧鉛券〉,〈永安五年彭盧買地券〉,〈永安五年彭盧墓券〉 ②孫吳 永安 5년(262) ③1956년,[1] 湖北 武漢 ④鉛 ⑤未詳 ⑥길이 27.4cm[2]・너비 7.5cm・두께 0.25cm. 5行, 결락된 글자가 많아 정확한 글자 수를 알 수 없으나 行字不等으로 판단됨 ⑦〈摹寫本〉「武漢出土的兩块東吳鉛券釋文」 ⑧없음 ⑨「武漢出土的兩块東吳鉛券釋文」;「中國歷代墓卷略考」;「中國人の土地信仰についての一考察」;「黃泉の國の土地賣買-漢魏六朝買地券考」;「吳晉南朝買地券・名刺和衣物疏的道教考古研究」;「早期買地券・鎭墓文整理與研究」;「六朝買地券叢考」 ⑩孫吳・兩晉 매지권 중 유일하게 後漢 買地券에 등장하는 冥界官吏와 解除觀念이 등장하는 매지권이다.[3] ⑪程欣人,「武漢出土的兩块東吳鉛券釋文」,『考古』1965-10.

## 【解題註】

■1 池田溫은 1959년이라고 서술하였으나¹⁾ 최초 발굴 보고에 따라 1956년으로 기술하였다.²⁾

■2 池田溫은 27.5cm로 서술하였으나³⁾ 최초 발굴 보고에 따라 27.4cm로 기술하였다.⁴⁾

■3 買地券의 구성은 다음과 같다. ❶토지 매매일(葬禮日) ❷매입자(墓主) + 사망일 + 사망지 ❸冥界의 관리 ❹매도자 ❺토지의 면적 ❻토지의 四至 ❼토지가격과 대금 지불일 ❽守約의 文言 ❾입회인(증인) ❿정형화된 문언(如律令).

## 【釋文】

永安五年七月辛丑朔十二日壬子, 丹楊石城都鄕□□校尉彭盧, 年五十九, 寄居沙羨縣界□」物故. 今歲吉良, 宿得天食, 可以建□, 造作無坊. 謹請東陵西陵・暮伯丘丞・南栢北栢・地下二千石・□」土公神□. 今造百世□冢, □[從]■丘父土主, 買地縱橫三千步. 東西南北□界示得. 價錢萬五千, □□」■日畢. 諸神不得捍道. 如□□地, 當得□豆□, 當桃卷復堯■□ ┐神示□」□□□春得. 知者東王公・西王母. 如律令.

---

1) 池田溫,「中國歷代墓卷略考」,『東洋文化硏究所紀要』86(1981), 225쪽.
2) 湖北省文物管理委員會,「武昌蓮溪寺東吳墓淸理簡報」,『考古』1959-4, 189쪽.
3) 池田溫, 앞의 글, 225쪽.
4) 湖北省文物管理委員會, 앞의 글, 190쪽.

【釋文註】

■1 지금까지 살펴본 孫吳 시기 매지권에 따른다면('從東王公·西王母'〈浩宗買地券〉, '從天買地, 從地買宅'〈黃甫買地券〉, '從土公'〈孫氏買地莂〉) 결락된 □□ 중 한 글자는 '從(~로부터)'이 될 가능성이 높다. 따라서 '從'으로 확정하였다.

■2 대금 지불에 관한 관용적인 표현으로는 '錢卽日畢', '卽日交畢', '卽日錢畢'이 흔히 사용되는데, 판독 가능한 글자를 염두에 두면 결락된 자는 '錢卽'이 될 것이다. 그러나 결락된 글자의 정확한 수를 알 수 없어 단정하기는 어렵다.

■3 황경춘은 '堯'를 '華'로 읽었다.[5]

【譯文】

[孫吳] 永安 5년(262) 초하루가 辛丑日인 7월 12일 壬子.■1 丹楊郡 ■2 石城縣■3 都鄕 □□校尉■4 彭盧, 나이 59세, 沙羨縣■5 경계 … 타향살이하다 죽었다.■6 올해는 吉하고 상서로운 해로 줄곧 자연[의 기(은혜)]를 받을 수 있어■7 □을 세울 수 있고,■8 만드는 데 방해가 없다.■9 [아래와 같은 내용을] 삼가 東陵西陵·暮伯丘丞·南陌北陌·地下二千石 … 土公神□■10에게 청한다. 지금 백세의 □冢■11을 만들려 丘父土主로부터■12 縱橫 3천步의 토지를 매입하였다. 동서남북 □경계는 볼 수 있다. [토지의] 가격은 만 오천 전으로 … 당일 지불하였다.■13 모든 신은 [亡者가 가는] 길을 막을 수 없다.■14 만일 땅에 … [하고자 한다면]■15 □콩이 □되고 桃券이 다

---

5) 黃景春,「早期買地券·鎭墓文整理與硏究」, 華東師範大 박사학위논문(2004), 164쪽.

> 시 … 신이 … ▣⁶□□□ 봄이 된다. [계약을] 아는 이는 東王公과 西王母다. 律令과 같이 행하라.

【 譯 文 註 】

① 孫吳 永安 5년(262) 초하루가 辛丑日인 7월 12일 壬子[永安五年七月辛丑朔十二日壬子]: 紀年은 年號 + 年數 + 月數 + 朔旦干支 + 日數 + 日序干支의 형식으로 기술되었다. 永安은 孫吳 景帝 孫休(재위 258~264)의 연호로 258~264년이다.

② 丹楊郡[丹楊]: '楊'은 '陽'과 통하여, '丹楊'은 '丹陽'이다. 秦 통일 이후 설치한 鄣郡이 漢景帝 4년(前153) 江都王의 封地가 되었다가, 武帝 元封 2년(前109) 단양군이 되었다. 治所는 宛陵縣으로 지금의 安徽省 宣州市에 해당한다. 통할 지역은 지금의 안휘성 장강 이남에서 江蘇省 大茅山과, 浙江省 天目山 이서 및 新安江 중상류 지역에 해당한다. 손오 시기 치소를 建鄴, 즉 지금의 南京市로 옮겼다.

③ 石城縣[石城]: 단양군 隷下의 縣으로 前漢 시기 설치하였다. 치소는 지금의 안휘성 貴池市 서남쪽 70리 지점의 灌口鄕 石城村에 해당한다. 『三國志』 「程普傳」에 따르면 丹陽都尉의 소재지도 石城이었다.[6]

④ □□校尉[□□校尉]: 탁본상 결락으로 인하여 정확한 校尉名을 알 수 없다. 교위는 武官으로 『史記』「張耳列傳」에 따르면 秦에서 左右校尉를 설치했던 것이 처음이다.[7] 지위는 將軍 아래였고, 한대부터 상설직이 되었다. 漢武帝 시기 中壘・屯騎・步兵・越騎・長水・胡騎・射聲・虎

---

6) 『三國志』卷55, 「程普傳」, "後徙丹楊都尉, 居石城, … 進攻黃祖於沙羡, 還鎭石城."
7) 『史記』卷89, 「張耳列傳」, "於是陳王以故所善陳人武臣爲將軍, 邵騷爲護軍, 以張耳・陳餘爲左右校尉, 予卒三千人, 北略趙地."

賁의 8校尉가 설치되었고, 이후 직무에 따라 다양한 교위가 설치되었다. 손오에서는 8교위 외에도 建武·平東·滅賊·奮威·督軍·昭義·安南·忠義·武猛·武威·折衝·先登·破賊·奮武·城門·參軍 등의 교위가 있었다.

5 沙羨縣[沙羨縣]: 전한 시기 설치되어 江夏郡에 속하였다. 이후 建安 25년(220) 武昌郡에 속하게 되었다. 치소는 지금의 湖北省 武漢市 武昌縣 서쪽 金口鎭에 해당한다. 손오 太平 원년(256)에 폐지되었다가 西晉 太康 원년(280)에 復置된다. 따라서 이 買地券이 만들어진 시기에 사선현은 폐지된 상태다.

6 타향살이하다 죽었다[寄居 … 物故]: '寄居'는 타향이나 남의 집에 더부살이 하는 것을 말한다.8) '寄寓' 혹은 '寓居'라고도 한다. 단양군 석성현 출신인 묘주 彭盧가 사선현의 경계에서 사망하게 된 것을 두고 타향살이 했다고 한 것이다. '物故'는 '죽음'을 의미한다.9)

7 줄곧 자연의 기(은혜)를 받을 수 있어[宿得天食]: '天食'은 『莊子』 成玄英 疏에 따르면 "자연으로부터 받는다."10)는 뜻이다. 여기서는 자연이 베풀어주는 氣 혹은 은혜의 뜻으로 해석하였다.

8 □을 세울 수 있고[可以建□]: 정확한 의미를 알 수 없으나 무덤을 조영하는 것과 관련 있는 구절로 생각된다.

9 만드는 데 방해가 없다[造作無坊]: 池田溫은 '坊'을 '妨'과 통한다 하였다.11) 무덤을 만드는 데 토지신을 비롯하여 冥界의 諸神들로부터 방해가 없을 것임을 말하는 것이다. 한대에는 무덤을 조영하는 것을 토지

---

8) 『漢書』 卷45, 「息夫躬傳」, "躬歸國, 未有第宅, 寄居丘亭."
9) 『漢書』 卷54, 「蘇武傳」, "前以降及物故, 凡隨武還者九人."[顔師古注: 物故謂死也, 言其同於鬼物而故也.]
10) 『莊子』, 「德充符」, "聖人不謀, 惡用知? 不斲, 惡用膠? 無喪, 惡用德? 不貨, 惡用商? 四者, 天鬻也. 天鬻者, 天食也."[成玄英疏: 鬻, 食也. 食, 稟也. 天, 自然也.]
11) 池田溫, 앞의 글, 225쪽.

신에 대해 죄를 진 것으로 보고 亡者를 위해 토지신에게 사죄를 해서 그 죄를 해소해야 한다는 관념이 있었다.12) 후한 말 매지권에 비해 뚜렷하지 않지만 죽은 자를 위한 '解謫'의 관념이 투영된 구절이라 할 수 있다.

**10** 東陵西陵・暮伯丘丞・南陌北陌・地下二千石 … 土公神□[東陵西陵・暮伯丘丞・南栢北栢・地下二千石・□土公神□]: 죽은 자들을 위해 冥界를 관장하는 신들 혹은 관리를 의미한다. 이들 명계의 관리들은 주로 鎭墓文에서 등장하였으나 〈後漢延熹四年(161)鍾仲游妻買地券〉에 처음 등장한 후 光和 연간(178~183) 이후에는 대부분의 매지권에 등장하게 된다. 이 중 東陵西陵과 土公神□은 한대 매지권에는 등장하지 않았던 신들이다. 이 지역의 독특한 습속이 북방의 매지권과 혼합되면서 나타난 현상이라고 생각한다. 池田溫은 '暮'는 '墓'와, '栢'은 '陌'과 통한다고 보았다.13) '暮伯丘丞'은 여타 매지권과 진묘문에서는 흔히 '丘丞墓伯'으로 등장한다.

**11** 백세의 □冢[百世□冢]: 〈鍾仲游妻買地券〉에는 '萬世冢田'이라는 표현이 등장하여 영구히 영유할 무덤을 조영함을 기술하였다. 아마도 '□冢'도 무덤을 의미하는 단어일 것이라 생각한다. 그런데 魏晉南北朝 시기 일반적인 매지권에서 무덤은 '冢宅(〈黃甫買地券〉, 〈孫吳永安二年(259)陳重買地券〉, 〈孫吳永安四年(261)大女買地券〉, 〈劉宋元嘉十年(433)徐副買地券〉, 〈劉宋元嘉卄一年(444)仁化買地券〉, 〈梁普通元年(520)何靖買地券〉)', '冢郭(〈孫吳天册元年(275)丹陽買地券〉, 〈徐副買地券〉, 〈仁化買地券〉)', '冢業(〈北魏太和元年(477)郭盉給買地券〉)' 등으로 표현되어 본 매지권의 '□冢'과는 다소 다르다. 다만 〈徐副買地券〉에는 '丘冢'이라는 표현이 등장한다.

---

12) 『論衡』, 「解除」, "世間繕治宅舍, 鑿地掘土, 功成作畢, 解謝土神, 名曰'解土'."
13) 池田溫, 앞의 글, 225쪽.

**12** 丘父土主[丘父土主]: 토지를 매도하는 매도자다.

**13** 당일 지불하였다[□匚日畢]: 매지권 구성 요소 중 하나인 대금 지불에 관한 표현이다.

**14** 모든 신은 亡者가 가는 길을 막을 수 없다[諸神不得捍道]: 역시 진묘문에 등장하는 '해적' 관념이 투영된 구절이다. 후한 말에 제작된 〈後漢光和二年(179)王當等買地券〉과 〈後漢光和五年(182)劉公則買地券〉에는 '地下不得何(苟)止'라는 구절이 나온다. 여기서 '何(苟)止'는 '呵止' 혹은 '訶止'와 통하여 '꾸짖어 저지하다'란 뜻이다. '地下'는 '지하의 관리'를 의미한다. 즉, 亡者가 지하세계로 들어가는 것을 지하의 관리가 제지하지 않는다는 뜻으로, 망자가 무사히 지상에서 지하로 들어갈 수 있다는 것을 보증하는 구절이다. 〈武威磨咀子女子□寧鎭墓文〉에도 '毋□苟留'라고 하여 역시 망자가 冢次로 돌아가는 것을 '막아 저지하지 말라'는 기술이 보인다.

**15** 만일 땅에 … 하고자 한다면[如□□地]: 결락된 글자로 인해 정확한 뜻을 알 수는 없지만 묘주인 彭盧가 매입한 땅에 대해 누군가가 소유권을 주장하는 등의 분쟁을 야기하는 것을 의미하는 듯하다.

**16** □콩이 □되고 桃券이 다시 … 신이 … [當得□豆□, 當桃卷復堯匚㇈神示匚]: 〈王當等買地券〉에는 "익힌 콩에서 싹이 돋고 연권에 꽃이 피며 달걀이 울어야지만 이에 여러 신들이 서로 허락할 것이다(待焦大豆生, 鉛卷華榮, 鷄子之鳴, 乃與諸神相聽.)."라는 불가능한 일이 일어나야만 목적한 바를 신들이 허락할 것이라는 구절이 등장한다. 결락된 글자로 인해 단정할 수는 없지만 **15**와 연결되어 누군가 彭盧의 땅에 소유권을 주장하는 것과 같은 분쟁을 일으킨다면 불가능한 일이 일어나야만 신이 허락할 것이라는 의미가 기술된 것으로 생각된다. '桃券'은 '복숭아나무로 만든 券書'의 뜻이다. 『藝文類聚』에서 인용한 『歲時記』와 『典術』에 따르면 복숭아나무가 邪氣를 누르고 귀신을 제압하

는 힘을 지녔음을 알 수 있다.14) 진묘문에서 종종 鎭壓物의 하나로 등장한다.

## 【참고문헌】

[前漢]司馬遷 撰·[劉宋]裴駰 集解·[唐]司馬貞 索隱·[唐]張守節 正義, 『史記』, 北京: 中華書局, 1997.
[後漢]班固 撰·[唐]顔師古 注, 『漢書』, 北京: 中華書局, 1997.
[晉]陳壽 撰·[劉宋]裴松之 注, 『三國志』, 北京: 中華書局, 1997.

[戰國]莊周 撰·[淸]郭慶藩 集釋·王孝魚 點校, 『莊子集釋』, 北京: 中華書局, 1985.
[後漢]王充 撰·黃暉 校釋, 『論衡校釋』, 北京: 中華書局, 1990.

[唐]歐陽詢 撰·汪紹楹 校, 『藝文類聚』, 上海: 上海古籍, 1965.

魯西奇, 「六朝買地券叢考」, 『文史』 75, 2006.
白彬, 「吳晉南朝買地券·名刺和衣物疏的道教考古硏究」, 『中國道敎考古』, 北京: 線裝書局, 2006.
富谷至, 「黃泉の國の土地賣買-漢魏六朝買地券考-」, 『大阪大學敎養部硏究集錄』 36, 1987.
原田正己, 「中國人の土地信仰についての一考察」, 『白初 洪淳昶 還曆紀念史學論叢』, 서울: 螢雪, 1982.
程欣人, 「武漢出土的兩塊東吳鉛券釋文」, 『考古』 1965-10.
池田溫, 「中國歷代墓卷略考」, 『東洋文化硏究所紀要』 86, 1981.
湖北省文物管理委員會, 「武昌蓮溪寺東吳墓淸理簡報」, 『考古』 1959-4.
黃景春, 「早期買地券·鎭墓文整理與硏究」, 華東師範大 박사학위논문, 2004.

---

14) 『藝文類聚』 卷第86, 「菓部上 桃」, "歲時記, 桃者, 五行之精. 壓伏邪氣, 制百鬼, … 典術曰, 桃者五木之精也. 今之作桃符著門上, 壓邪氣, 此仙木也,"

# 〈東晉咸康四年(338)朱曼妻薛氏買地券〉

〈동진 함강 4년(338) 주만 처 설씨 매지권〉

홍승현

【解題】

①〈朱曼妻薛買地券〉,〈晉朱曼妻薛買地券〉,〈晉朱曼妻薛買地宅券〉,〈晉咸康四年二月朱曼妻薛買地券〉,〈東晉咸康四年丹徒縣朱曼妻薛買地石券〉,〈東晉咸康四年朱曼妻薛氏石券〉,〈咸康四年朱曼妻薛氏買地宅券〉,〈咸康四年朱曼妻薛氏墓卷〉 ②東晉 咸康 4년(338) ③ 1896년, 浙江 溫州 平陽縣 ④石 ⑤未詳 ⑥길이 30cm・너비 17.2cm・두께 8.5cm. 8行, 1~7行 14字・8行 9字 ⑦〈탁본사진〉「晉朱曼妻薛買地宅券」 ⑧『希古樓金石萃編』 ⑨『地券徵存』;『希古樓金石萃編』;『中國法制史研究 土地法・取引法』;「墓券文に見られる冥界の神とその祭祀」;「中國歷代墓卷略考」; "Land Contracts and Related Document";「黃泉の國の土地賣買-漢魏六朝買地券考」;『中國歷代契約會編考釋』;「吳晉南朝買地券・名刺和衣物疏的道教考古研究」;「早期買地券・鎭墓文整理與研究」;「六朝買地券叢考」 ⑩ 江南에서 출토된 모든 유형의 買地券의 특징이 나타난다■ ⑪方介堪,「晉朱曼妻薛買地宅券」,『文物』1965-6.

## 【解題註】

**1** 기존 연구에 따르면 三國~兩晉 시기 강남에서 등장하는 매지권은 南昌과 武昌에서 출토된 A형, 安徽에서 출토된 B형, 浙江에서 출토된 C형, 江蘇省의 南京과 江寧縣에서 출토된 D형으로 구분된다. 처음에는 각기 지역적 특성을 강하게 띠었으나 차츰 시간이 지나며 각 유형의 매지권들의 특성이 혼합되게 된다.[1] 본 매지권의 구성은 다음과 같다.
❶매매일(葬禮日) ❷매입자(墓主) ❸매도자 ❹매입물 ❺토지의 四至 ❻토지가격과 대금 지불일 ❼정형화된 문언1(守約) ❽입회자(중인) ❾정형화된 文言2(如天帝律令).

## 【釋文】

晉 咸康四**❶**年二月壬子朔四日乙卯.」吳故舍人・立節都尉晉陵 丹徒 朱曼」故妻薛, 從天買地, 從地買宅. 東極甲」乙, 南極丙丁, 西極庚辛, 北極壬癸, 中」極戊己, 上極天, 下極泉. 直錢二百萬,」 卽日交畢. 有誌薛地, 當詢**❷**天帝, 有誌」薛宅, 當詢土伯. 任知者東王公・西王」母.**❸** 如天帝律令. 夬**❹**

## 【釋文註】

**1** 최초 보고자인 方介堪은 三으로 보아 '咸康 三年'으로 釋讀하였는데,[2] 그 경우 朔旦干支와 日序干支가 일치하지 않는다.

**2** '詢'을 '詣'로 판독하기도 하나 대부분 '詢'으로 판독하여, 여기서도 '詢'

---

1) 洪承賢,「三國~南朝 買地券의 특징과 성격」,『中國古中世史硏究』40(2016), 138쪽.
2) 方介堪,「晉朱曼妻薛買地宅券」,『文物』1965-6, 48쪽.

으로 읽었다. 탁본 상으로는 확정하기 어렵다.

3 탁본에 의하면 '母' 앞에 한 칸이 있다. 刻字 여부는 불투명한데, 劉承幹과 方介堪은 '皇'자가 있는 것으로 보아 '西王皇母'라고 읽었다.[3] 여기서는 따르지 않았다.

4 方介堪에 의하면 '合'과 '同'이란 두 글자를 幷寫한 半截體다.[4]

【譯文】

東晉 咸康 4년(338) 초하루가 壬子日인 2월 4일 乙卯.[1] 吳나라에서 舍人과 立節都尉를 지낸[2] 晉陵郡[3] 丹徒縣[4] 朱曼[5]의 죽은 처 薛氏가 天神으로부터 땅을, 地神으로부터 집을 매입하였다. 동으로는 甲乙에 이르고 남으로는 丙丁에 이르렀으며, 서로는 庚辛에 이르렀고 북으로는 壬癸에 이르렀으며, 중앙으로는 戊己에 이르고[6] 위로는 하늘[天], 아래로는 黃泉에 이르렀다.[7] 대금으로 전 이백만을 당일 모두 지불하였다. [만일] 설씨의 땅에 뜻이 있다면[8] 天帝에게 물어야 할 것이고, 설씨의 집에 뜻이 있다면 土伯에게 물어야 할 것이다. [계약을] 보장하고 아는 이는 東王公과 西王母다. 天帝의 律令과 같이 행하라. 合同.[9]

【譯文註】

1 晉 咸康 4년(338) 초하루가 壬子日인 2월 4일 乙卯[晉咸康四年二月壬子朔四日乙卯: 紀年은 國號 + 年號 + 年數 + 月數 + 朔旦干支 + 日數 + 日

---

3) 劉承幹, 『希古樓金石萃編』(『石刻史料新編 1輯 5冊』(臺北: 新文豊, 1977) 수록), 3939쪽; 方介堪, 앞의 글, 48쪽.
4) 方介堪, 앞의 글, 48쪽.

序干支의 형태로 기술되었다. 兩晉 買地券 중 기년을 기술하며 국호를 쓴 유일한 예다. 咸康은 東晉 成帝(재위 325~342)의 두 번째 연호로 335~342년이다.

② 吳나라에서 舍人과 立節都尉를 지낸[吳故舍人·立節都尉]: 이미 사망한 墓主 남편의 官歷이 기록된 부분이다. 舍人은 『周禮』에 따르면 궁중의 재정과 수비를 담당하던 관이었다.5) 이후 秦漢 시기 太子의 屬官이 되었으며, 魏晉 시기에는 詔令의 전달을 담당하게 된다. 『三國志』에 등장하는 사인은 太子舍人·東宮舍人이라고 하여 태자의 속관으로 등장하는데, 단 한 차례 등장하는 『三國志·吳書』의 사인도 태자사인이다. 따라서 본 매지권의 사인도 태자사인이 아닐까 한다. 실제로 『삼국지·오서』에 등장하는 태자 속관으로는 太子太傅, 太子少傅, 太子中庶子, 太子右部督, 太子洗馬, 太子輔義都尉, 太子庶子, 태자사인 등이 있다. 立節都尉는 사서에서 찾을 수 없었다.

③ 晉陵郡[晉陵]: 본래는 孫吳가 會稽 無錫 서쪽을 나누어 屯田으로 삼은 것을 西晉 시기에 郡으로 삼은 毗陵郡이었다.6) 이후 永嘉 5년(311) 東海王 越의 세자 毗를 비릉군에 책봉하면서 避諱하여 晉陵으로 고쳤다.7) 揚州에 속하며 치소는 丹徒縣이다.

④ 丹徒縣[丹徒]: 秦에서 처음 설치하고, 회계군에 속하게 하였다. 後漢 시기에 들어 吳郡에 속하였으며, 孫吳 嘉禾 3년(234) 武進郡으로 고쳤다. 西晉 太康 2년(281) 다시 丹徒縣으로 고치고 비릉군의 치소로 삼았다. 지금의 江蘇省 丹徒市 동남쪽 丹徒鎭이다.

⑤ 朱曼[朱曼]: 劉承幹의 『希古樓金石萃編』에 수록된 唐 吳承志의 跋文에

---

5) 『周禮』, 「地官·舍人」, "舍人掌平宮中之政, 分其財守, 以法掌其出入者也."
6) 『晉書』卷15, 「地理下」, "吳分會稽無錫已西爲屯田, 置典農校尉. 太康二年, 省校尉爲毗陵郡."
7) 『晉書』卷15, 「地理下」, "又以毗陵郡封東海王世子毗, 避毗諱, 改爲晉陵."

따르면 朱曼은 孫休의 妃인 朱夫人의 친척으로 雲陽侯 朱據의 손자이며, 孫皓때 驃騎將軍을 지낸 朱宣의 동생이다. 오승지는 주만은 손휴의 태자인 孫䨲의 태자사인이었는데, 元興 원년(264) 손만이 豫章王이 되면서 그를 따라 당시 臨海郡 橫陽縣으로 이주하여 이곳에서 사망하였다고 하였다.[8] 임해군 횡양현은 지금의 절강성 蒼南縣에 해당한다. 그러나 오승지는 주만을 손휴 주부인의 인척으로 추정하는 것에 대해 특별한 근거를 제시하지는 않았다. 손호 시기 형인 주선이 駙馬가 되어 표기장군까지 지냈던 것을 생각하면 동생인 주만이 전황제의 태자를 따라 유배되다시피 한 삶을 살았으며, 다시는 고향으로 돌아오지 못했다는 해석에는 의문이 든다.

⑥ 중앙으로는 戊己에 이르고[中極戊己]: '戊'는 天干의 다섯 번째고 '己'는 여섯 번째로 오행으로는 '土', 오방으로는 '中央'에 해당한다.[9]

⑦ 위로는 하늘, 아래로는 黃泉에 이르렀다[上極天, 下極泉]: '天'은 여타 매지권에서 '九天' 혹은 '蒼天', '倉天'으로도 등장한다. '泉'은 '黃泉' 혹은 '黃', '九地'로도 등장한다. 구입한 토지의 경계가 없음을 가장 높은 하늘과 가장 깊은 곳 황천으로 표현한 것으로 생각된다. 이와는 달리 李成九는 이것을 한대인의 모순된 내세관을 반영하는 관용구로 보았는데, 亡者의 귀착지를 仙界와 冥界 두 곳으로 보는 관념이 만들어낸 결과라 하였다.[10]

⑧ 만일 설씨의 땅에 뜻이 있다면 [有誌薛地]: '誌'는 '志'와 통한다. 여기서는 '의지', '지향'의 의미로 해석하였다. 즉, '설씨의 땅에 이의가 있다면'

---

8) 劉承幹, 『希古樓金石萃編』(『石刻史料新編 1輯 5册』(臺北: 新文豊, 1977) 수록), 3940-3941쪽.
9) 『說文』, 「戊部」, "戊, 中宮也."; 『漢書』 卷21上, 「律曆志」, "五六者, 天地之中合," [孟康曰: 天陽數奇, 一三五七九, 五在其中. 地陰數耦, 二四六八十, 六在其中. 故曰天地之中合.]; 『呂氏春秋』, 「季夏」, "中央土, 其日戊己." [高誘注: 戊己, 土日. 土, 王中央也.]
10) 李成九, 「漢代의 死後世界觀」, 『中國古中世史硏究』 38(2015), 129-130쪽.

의 뜻으로 보았다.

⑨ 合同[크]: '합동'은 '계약서', '約定', '定款'의 의미다. 魯西奇는 이 '합동'이 본 매지권의 정식 명칭이라고 하였다.11)

## 【참고문헌】

[唐]房玄齡等 撰, 『晉書』, 北京: 中華書局, 1997.

[後漢]鄭玄 注・[唐]賈公彦 疏, 『周禮正義』, 北京: 北京大, 1999.

[民國]羅振玉, 『地券徵存』, 臺北: 大通書局, 1973.
劉承幹, 『希古樓金石萃編』(『石刻史料新編 1輯 5冊』수록), 臺北: 新文豊, 1977.

魯西奇, 「六朝買地券叢考」, 『文史』 75, 2006.
白彬, 「吳晉南朝買地券・名刺和衣物疏的道敎考古研究」, 『中國道敎考古』, 北京: 線裝書局, 2006.
富谷至, 「黃泉の國の土地賣買-漢魏六朝買地券考」, 『大阪大學敎養部研究集錄』 36, 1987.
原田正己, 「墓券文に見られる冥界の神とその祭祀」, 『東方宗敎』 29, 1967.
仁井田陞, 『中國法制史硏究 土地法・取引法』, 東京: 汲古書院, 1959.
張傳璽 主編, 『中國歷代契約會編考釋』, 北京: 北京大, 1995.
池田溫, 「中國歷代墓卷略考」, 『東洋文化硏究所紀要』 86, 1981.
洪承賢, 「三國~南朝 買地券의 특징과 성격」, 『中國古中世史硏究』 40, 2016.
黃景春, 「早期買地券・鎭墓文整理與硏究」, 華東師範大 박사학위논문, 2004.
Terry F. Kleeman, "Land Contracts and Related Document", 『中國の宗敎・思想と科學』, 東京: 圖書刊行會, 1984.

---

11) 魯西奇, 「六朝買地券叢考」, 『文史』 75(2006), 135쪽.

# 〈劉宋元嘉十年(433)徐副買地券〉

〈유송 원가 10년(433) 서부 매지권〉

홍승현

【解題】

①〈徐副地券〉,〈劉宋元嘉十年(433)徐副買地石券〉,〈徐副買地券〉,〈劉宋元嘉十年徐副買地券〉,〈宋元嘉十年徐副買地券〉,〈元嘉十年徐副墓券〉 ②劉宋 元嘉 10년(433) ③1977년, 湖北 長沙 ④石 ⑤未詳 ⑥길이 33cm・너비 26cm・두께 2cm. 17行, 매 행 17字~36字, 行字不等 총 493字 ⑦〈탁본사진〉「長沙出土南朝徐副買地券」;「徐副地券中天師道史料考釋」 ⑧없음 ⑨「長沙出土南朝徐副買地券」;「徐副地券中天師道史料考釋」;「吳晉南朝買地券・名刺和衣物疏的道敎考古硏究」;「早期買地券・鎭墓文整理與硏究」;「六朝買地券叢考」,「南朝買地券綜論」 ⑩南朝 매지권 중 道敎的 요소를 포함한 전형적인 매지권 중 하나다. ⑪長沙市文物工作隊,「長沙出土南朝徐副買地券」,『湖南考古學輯刊』1, 1982; 王育成,「徐副地券中天師道史料考釋」,『考古』1993-6.

## 【解題註】

**1** 南朝 買地券을 분석한 기존의 연구에 따르면 남조 매지권은 첫째, 매지권의 기본적 요소를 포함하면서 道教 관련 내용을 포함하는 것(A유형), 둘째, 도교 관련 내용만을 포함하고 매지권의 구성 요소를 갖추지 못한 것(B유형-道教買地券), 셋째, 매지권의 요소만을 가진 것(C유형)으로 구분할 수 있다.1) 이 기준에 따른다면 이 매지권은 B유형의 '도교 매지권'으로 구분할 수 있을 것이다. 魯西奇는 이 매지권을 道教 信徒가 사용했던 전형적인 매지권이라 하였다.2) 매지권의 구성은 다음과 같다. ❶葬禮日 ❷冥界의 관리 ❸墓主의 신상과 사망일 ❹무덤 조영의 이유 ❺무덤의 四至 ❻무덤지의 크기와 守約의 문언 ❼보증인 ❽鎭魂과 解除 ❾정형구(如~詔書律令).

## 【釋文】

宋元嘉十年太歲癸酉十一月丙申朔廿七日壬戌辰時. 新出太上老君苻勅, 天一・地二, 孟仲」四季, 黃神・后土, 土皇・土祖, 土營・土府, 土文・土武, 土墓上・墓下, 墓左・墓右・墓中央五」墓主者, 丘丞・墓伯, 冢中二千石, 左右冢侯, 丘墓掾史, 營土將軍, 土中督郵, 安都」丞, 武夷王, 道上游邏將軍, 道左將軍, 道右將軍, 三道將軍, 蒿里父老, 都」集伯長, 營域亭部, 墓門亭長, 天罡・太一・登明・功曹・傳送隨斗十二神等. 荊州」長沙郡 臨湘縣 北鄉 白石里男**1**官祭酒代元治黃書契令徐副, 年五十九歲, 以去**2**壬」申十二月廿六日, 醉酒壽終. 神歸三天, 身歸三泉, 長安蒿里. 副先人丘者□墓」**3**乃

---

1) 洪承賢,「三國~南朝 買地券의 특징과 성격」,『中國古中世史研究』40(2016), 161쪽.
2) 魯西奇,「六朝買地券叢考」,『文史』75(2006), 139쪽.

> 在三河之中, 地宅俠迮, 新創立此. 本郡縣鄉里立作丘冢, 在此山
> 塸中. 遵奉」太上諸君・丈人道法, 不敢選時擇日, 不避地下禁忌,
> 道行正眞, 不問龜筮, 今已於此山塸」爲副立作宅兆. 丘墓營域, 東
> 極甲乙, 南至丙丁, 西接庚辛, 北至壬癸, 上極青天, 下座」黃泉. 東
> 仟佰, 各有丈尺, 東西南北地皆屬副. 日月爲證, 星宿爲明, 卽日葬
> 送. 板到」之日, 丘墓之神, 地下禁忌, 不得禁呵, 誌訝墳墓宅兆.[4]
> 營域冢郭, 閉繫亡者」魂魄, 使道理開通. 丘墓諸神咸當奉板, 開示
> 亡人道地, 安其尸形, 沐浴冠」帶. 亡者開通道理, 使無憂患, 利護生
> 人. 至三會吉日, 當爲丘丞諸神言」功舉遷, 各加其秩祿, 如天曹科
> 比. 若有禁呵, 不承天法, 誌訝冢宅, 不」安亡人, 依玄都鬼律治罪.
> 各愼天憲, 明永奉行. 一如太清玄元上三天」無極大道太上老君地
> 下女靑詔書律令.

## 【釋文註】

① 王育成과 魯西奇는 '白石里界'로 보아 '백석리 경계'라고 읽었다.[3] 그러나 탁본의 글자는 '男'자의 이체자로 보여, '男官祭酒'로 보는 것이 타당할 것 같다.

② 王育成은 '年五十九歲以去'로 표점하였다.[4]

③ □墓: 정확하게 판독할 수 없는 상태다. 대부분의 연구자들은 동일한 유형의 〈南齊永明三年(485)劉凱買地券〉의 '舊墓'라는 표현에 주목하여 이 글자를 '舊'자로 판독하였다. 이와는 달리 王育成과 黃景春은 '鸞'으

---

3) 王育成,「徐副地券中天師道史料考釋」,『考古』1993-6, 572쪽; 魯西奇, 앞의 글, 139쪽.
4) 王育成, 앞의 글, 572쪽.

로 보았는데,5) 특히 黃景春은 도교 신도들이 흔히 사망하는 것을 '乘鸞升仙'이라고 하는 것에서 착안하여 '鸞墓'라고 판독하였다.6)

4 많은 연구자들이 '不得禁呵誌訝'로 표점하였지만 뒤에 등장하는 "若有禁呵, 不承天法, 誌訝冢宅, 不安亡人, 依玄都鬼律治罪."라는 구절에 따라 "不得禁呵, 誌訝墳墓宅兆"로 표점하는 것이 타당하다고 생각한다.

【譯文】

劉宋 木星이 癸酉에 머무르는 元嘉 10년(433) 초하루가 丙申日인 11월 27일 壬戌 辰時.**1** 新出太上老君**2**이 符勅**3**을 내려 天‧地, 四季의 신, 黃神‧后土, 土皇‧土祖, 土營‧土府, 土文‧土武, 土墓上‧土墓下, 墓左‧墓右‧墓中央五墓主者, 丘丞‧墓伯, 冢中二千石, 左右冢侯, 丘墓椽史, 營土將軍, 土中督郵, 安都丞, 武夷王, 道上游邏將軍‧道左將軍‧道右將軍, 三道將軍, 萬里父老, 都集伯悵, 營域亭部, 墓門亭長, 天罡‧太一‧登明‧功曹‧傳送 … 隨斗十二神**4** 등에게 명한다. 荊州**5** 長沙郡**6** 臨湘縣 北鄉 白石里의 男官祭酒**7**‧代元治**8** 黃書契令**9** 徐副가 59세의 나이로 지난 원가 9년 壬申年**10** 12월 26일 사망하였다. **11** [사람이 죽으면] 혼은 三天**12**으로 돌아가고 몸은 三泉**13**으로 돌아가니, 영구히 萬里에서 편안하리라.**14** 서부 선조의 무덤**15**은 □墓**16**로 三河 중에 있어 땅과 집이 비좁아**17** 새롭게 이곳에 세운다. 본군‧향‧리에 무덤을 세우니 이 산등성이**18** 안에 있다. 太上諸君과 太上丈人**19**의 道法**20**을 받들어 감히 [길한] 시간과 날짜를 선택하지 않고 땅의 禁

---

5) 王育成, 앞의 글, 572쪽.
6) 黃景春,「早期買地券‧鎭墓文整理與研究」, 華東師範大 박사학위논문(2004), 221쪽.

믊를 피하지 않았으며,[21] 正眞의 道[22]를 수행하여 龜甲과 蓍草를 이용하여 점을 쳐 묻지 않고[23] 지금 이 산등성에 서부를 위해 무덤을 만들었다. 무덤의 영역은 동으로는 甲乙에 이르고 남으로는 丙丁에 이르렀으며, 서로는 庚辛에 접했고 북으로는 壬癸에 이르렀다. 위로는 靑天에 이르렀고 아래로는 黃泉에 자리 잡았다. 동쪽의 阡陌[24]은 각기 크기가 있으니 동서남북의 땅 모두가 서부에게 속한다. 해와 달이 중명하고 별들이 명백히 하니,[25] 당일 장사지내 떠나보낸다. 문서[板][26]가 도착하는 날 무덤의 신과 지하 금기의 官[27]은 [망자를] 꾸짖어 제지하거나 금지할 수 없고, 무덤을 소란케 할 수 없다.[28] 무덤을 획정하여 망자의 魂魄을 가두고 [29] 道理를 통하게 하라.[30] 무덤의 신들은 모두 문서를 받들어 망자가 가야할 길을 계시하고 시체를 편안히 하며 깨끗이 씻기고 의복을 갖추게 하라.[31] 망자가 가야할 길이 열리면 산 자는 우환이 없고 이로움과 보호를 받게 된다.[32] 三會의 吉日[33]에 이르면 丘丞[을 비롯한] 모든 신들이 功을 논하여 [하늘에] 천거함에 따라 각기 그 秩祿을 더하면 장차 天曹에서 科比할 것이다.[34] 만약 [망자를] 꾸짖어 제지하여 天法을 받들지 않으며, 무덤을 보호하지 않아 망자를 불안하게 한다면 『玄都鬼律』[35]에 따라 죄를 다스릴 것이다. 각기 天憲을 삼가 받들어 밝고 영구히 봉행하라. 마치 太淸玄元上三天無極大道,[36] 太上老君, 그리고 地下女靑[37]의 令과 같이 [행]하라.

## 【譯文註】

1. 劉宋 木星이 癸酉에 머무르는 元嘉 10년(433) 초하루가 丙申日인 11월 27일 壬戌 辰時[宋元嘉十年太歲癸酉十一月丙申朔廿七日壬戌辰時]: 紀年은 國號 + 年號 + 年數 + 年干支 + 月數 + 朔旦干支 + 日數 + 日序干支의 형태로 표기되었다. 太歲는 木星으로 歲星이라고도 한다. 목성은 운행이 다른 행성에 비해 안정되어 있고 거의 12년이 걸려 하늘을 일주하기 때문에 天空을 12등분하여 목성이 머무르는 위치의 별자리 이름으로 그 해[年]를 기록하였다. 따라서 목성을 세성이라 하였고, 이러한 기록법을 '歲星紀年法'이라 한다. 이후 천공 12개 구획을 12支로 하고 이를 10干과 연결하여 60甲子로 해를 구별하여 표시하게 되었다. 목성이 癸酉에 머무른다는 것은 계유년이란 뜻이다. 辰時는 오전 9~11시 사이를 말한다. 장례일로 買地券에서는 통상 계약일에 해당한다.

2. 新出太上老君[新出太上老君]: 道敎의 최고신인 老子를 말한다. 五斗米道의 창시자인 張陵이 다른 교단 조직과 구별하여 노자를 신격화하면서 사용한 용어로 알려져 있다. 劉宋 초에 성립된『三天內解經』에 따르면 後漢 順帝 시기 노자가 스스로의 號를 '新出老君'으로 삼았다고 한다.7) 王育成은 '新出太上老君'은 天師道가 노자를 신성화하면서 사용한 용어이기에 이 용어가 사용되었다는 것은 묘주가 천사도의 신도라는 증표라 하였다.8)

3. 符勅[苻勅]: '苻'는 '符'와 통한다.『釋名』에 따르면 使者에게 주어 임금의 명령을 전하게 하는 증표를 말한다.9) 여기서는 신출태상로군이 발

---

7)『三天內解經』卷上, "以漢安元年壬午歲五月一日, 老君於蜀郡渠亭山石室中, 與道士張道陵將詣崑崙大治新出太上. 太上謂世人不畏眞正而畏邪鬼, 因自號爲新出老君. 卽拜張爲太玄都正一平氣三天之師, 付張正一明威之道·新出老君之制."
8) 王育成, 앞의 글, 572쪽.
9)『釋名』,「釋書契」, "符, 付也. 書所勅命於上, 付使, 傳行之也. 亦言赴也, 執以赴君命也."

한 '神符'를 말함이다. 따라서 '符勅'은 신부를 첨부한 勅令을 의미한다.

4 天・地, 四季의 신, 黃神・后土, 土皇・土祖, 土營・土府, 土文・土武, 土墓上・土墓下, 墓左・墓右・墓中央五墓主者, 丘丞・墓伯, 冢中二千石, 左右冢侯, 丘墓掾史, 營土將軍, 土中督郵, 安都丞, 武夷王, 道上游邏將軍・道左將軍・道右將軍, 三道將軍, 蒿里父老, 都集伯倀, 營域亭部, 墓門亭長, 天罡・太一・登明・功曹・傳送 … 隨斗十二神[天一・地二, 孟仲四季, 黃神・后土, 土皇・土祖, 土營・土府, 土文・土武, 土墓上・墓下, 墓左・墓右・墓中央五墓主者, 丘丞・墓伯, 冢中二千石, 左右冢侯, 丘墓掾史, 營土將軍, 土中督郵, 安都丞, 武夷王, 道上游邏將軍・道左將軍・道右將軍, 三道將軍, 蒿里父老, 都集伯倀, 營域亭部, 墓門亭長, 天罡・太一・登明・功曹・傳送隨斗十二神]: 신출태상로군의 칙령을 받아 망자의 무덤을 보호하는 天地・四時, 地祇 및 冥界의 관리들이다. 이 중 '安都丞・黃神・丘丞・墓伯・冢中二千石・左右冢侯・丘墓掾史・武夷王' 등은 前漢 告地策과 後漢 매지권에서 이미 출현하였다. 이에 반해 '土'자를 冠帶한 '土皇・土祖, 土營・土府, 土文・土武, 土墓上・墓下' 및 '道'자가 관대되거나 포함된 '道上游邏將軍・道左將軍・道右將軍, 三道將軍' 등은 전한대 고지책이나 후한대 매지권에서는 볼 수 없었던, 다른 계통의 신들로 생각된다. 이 중 江陵 高臺18號 漢墓에서 발굴된 전한 文帝 7년(前173) 木牘에서 처음 등장하는 '安都丞'은 명계의 관리로서 이승에서 발부한 고지책을 수령하는 자(보고의 대상)로 등장한다. 여기서 '안도'는 연구자에 따라 묘주의 고향으로 파악되기도 하나,[10] 亡者의 영혼이 편히 쉴 수 있는 지하 세계에 대한 은유로서 허구의 지명으로 봐야 할 것 같다.[11] 한편 '武夷王'은 흔히 '武夷君'으로 등장하는데, 『史記』와 『漢書』

---

10) 張俊民, 「江陵高臺18號墓木牘釋文淺析」, 『簡帛硏究二〇〇一』(桂林: 廣西師大, 2001), 290쪽; 汪桂海, 「漢代簡牘中的告地策資料」, 『簡帛硏究二〇〇六』(桂林: 廣西師大, 2008), 247쪽.

에 등장하는 山神으로 乾魚를 이용하여 제사지낸다고 한다.12) 후한 매지권에 이미 등장한 명계의 신으로는 '蒿里父老'도 있다. '호리'라는 가상의 지명에 한대 지역 사회에서 교화를 담당했다고 알려져 있는 '부로'가 결합된 형태로, '호리'는 泰山의 남쪽에 위치한 죽은 자를 장례지내는 곳으로 알려져 있다. 흔히 墓地를 말하는데13) 여기서는 죽은 자가 돌아가는 곳을 의미한다. 이러한 산 자와 죽은 자를 분리하고 그들의 거처를 구분하는 '生死異路'의 관념은 진묘문의 영향을 받은 것으로 알려져 있다.14) 이외에도 진묘문에는 죽은 자의 거처로 '호리' 외에 '陰'·'自藏'·'大(太 또는 泰)山'·'郭'·'棺槨' 등이 나와 산 자의 거처인 '陽'·'高臺'·'長安'·'城' 등과 구분된다. 후한대 민간에는 '生死異路' 관념이 일반적으로 퍼져 있었던 것으로 보인다. '天罡·太一·登明·功曹·傳送 … 隨斗十二神'의 경우 원문에는 결락이 없지만 원래 '十二神'이 모두 서술되지 않고 天罡·太一·登明·功曹·傳送만 서술되어 있어 말줄임표로 표시하였다. '십이신'은 '十二月將'으로도 불리는데, 陰陽家의 六壬術15)에서 말하는 해와 달이 만나는 열 두 곳을 이르는 말이다. 점치는 도구인 六壬式盤에 구현되어 있는데, 그 식반 중심에는 북두칠성 즉 斗魁가 그려져 있어 '隨斗十二神'이라고도 한다. 구체적으로는 다음과 같다.

---

11) 張金光, 『秦制硏究』(上海: 上海古籍 2004), 810쪽.
12) 『史記』 卷28, 「封禪書」, "武夷君用乾魚."[索隱 顧氏案: "地理志云建安有武夷山, 溪有仙人葬處, 卽漢書所謂武夷君. 是時旣用越巫勇之, 疑卽此神.]
13) 『漢書』 卷63, 「武五子 廣陵厲王胥傳」, "蒿里召兮郭門閱, 死不得取代庸, 身自逝."[顔師古注: 蒿里, 死人里.]
14) 尹在碩, 「중국 고대 『死者의 書』와 漢代人의 來世觀-鎭墓文을 중심으로-」, 『中國史硏究』 90(2014), 38-39쪽.
15) 六壬術이란 陰陽五行을 운용하여 길흉을 점치는 방법의 하나로 遁甲·太甲과 합하여 三式이라 한다. 오행은 水로 시작하고, 天干 중 壬·癸가 水에 속한다. 그 중 壬은 陽水고 癸는 陰水인데, 음을 버리고 양을 취해 그 이름을 壬이라 하며, 六十甲子 중에는 壬이 6개가 있어(壬申, 壬午, 壬辰, 壬寅, 壬子, 壬戌) 그 이름을 六壬이라 한다고 한다. 두 나무접시를 이용하여 干支와 時辰이 나온 부위에 따라 길흉을 판단한다.

| | | | |
|---|---|---|---|
| 1 | 登明16) | 亥將 | 正月將 |
| 2 | 天魁17) | 戌將 | 二月將 |
| 3 | 從魁18) | 酉將 | 三月將 |
| 4 | 傳送19) | 申將 | 四月將 |
| 5 | 勝先20) | 未將 | 五月將 |
| 6 | 小吉21) | 午將 | 六月將 |
| 7 | 太一22) | 巳將 | 七月將 |
| 8 | 天罡23) | 辰將 | 八月將 |
| 9 | 太衝24) | 卯將 | 九月將 |
| 10 | 功曹25) | 寅將 | 十月將 |
| 11 | 大吉26) | 丑將 | 十一月將 |
| 12 | 神后27) | 子將 | 十二月將 |

16) 〈南齊永明三年(485)劉覬買地券〉에서는 '徵明'으로 되어 있다.『夢溪筆談』「象數一」에서는 다음과 같이 그 뜻을 해석하고 있다. "六壬天十二辰之名, 古人釋其義曰: 正月陽氣始建, 呼召萬物, 故曰登明, … 余按'登明'者, 正月三陽始兆於地上, 見龍在田, 天下文明, 故曰登明."

17)『夢溪筆談』,「象數一」, "二月物生根魁, 故曰天魁, … (余按)'天魁'者, 斗魁第一星也. 斗魁第一星抵於戌, 故曰天魁."

18)『夢溪筆談』,「象數一」, "三月華葉從根而生, 故曰從魁, … (余按)'從魁'者, 斗魁第二星也. 斗魁第二星抵於酉, 故曰從魁."

19)『夢溪筆談』,「象數一」, "四月陽極無所傳, 故曰傳送, … (余按)'傳送'者, 四月陽極將退, 一陰欲生, 故傳陰而送陽也."

20)『夢溪筆談』,「象數一」, "五月草木茂盛, 踰於初生, 故曰勝先, … (余按)'勝先'者, 王者向明而治, 萬物相見乎此, 莫勝莫先焉."

21)『夢溪筆談』,「象數一」, "六月萬物小盛, 故曰小吉, … (余按)'小吉'者, 夏至之氣, 大往小來, 小人道長, 小人之吉也. 故爲婚姻酒事之事."

22)『夢溪筆談』,「象數一」, "七月百穀成實, 自能任持, 故曰太一, … (余按)'太一'者, 太微垣所在, 太一所居也."

23) 〈南齊永明三年(485)劉覬買地券〉에서는 '天剛'으로 되어 있다.『夢溪筆談』,「象數一」, "八月枝條堅剛, 故曰天罡 … (余按)'天罡'者, 斗剛之所建也."

5 荊州[荊州]: 전한 元封 5년(前106)에 설치한 '十三刺史府'의 하나. 관할 지역은 지금의 湖北, 湖南, 貴州, 廣西, 廣東의 일부분이다. 이후 행정구역으로 변화한다. 후한 시기에는 지금의 호남성 常德市에 치소를 두었으며, 初平 원년(190)에는 劉表가 襄陽, 즉 지금의 호북성 襄樊市 襄陽城으로 치소를 옮긴다. 東晉 시기 지금의 호북성 荊沙市인 江陵縣에 治所를 두었다.

6 長沙郡[長沙郡]: 戰國 시기 秦에서 설치하였다. 치소는 臨湘縣으로 지금의 호남성 장사시에 해당한다. 『사기』「天官書」와 『方輿勝覽』에 따르면 그 이름은 별의 이름에서 따왔다고 한다.[28] 전한 高祖 시기 長沙國이 되었다가 후한 시기 다시 군이 復置되었다.

7 男官祭酒[男官祭酒]: 『三天內解經』에 따르면[29] 五斗米道 초기에 장릉에 의해 男女祭酒가 설치되었음을 알 수 있다. 좨주는 오두미도의 직책으로 오두미도를 학습하여 신봉하게 된 자를 의미하는데 여러 신도들을 統領한다.[30] 오두미도는 별도의 관리를 설치하지 않고 좨주를 통해 신도들을 다스렸던 것으로 알려져 있다.[31] 이들 좨주는 귀신과 교류할 수 있는 주술적·종교적 능력을 가진 司祭 또는 神官을 의미하며

---

24) 『夢溪筆談』,「象數一」, "九月木可爲枝幹, 故曰太衝 … (余按)'天衝'者, 日月五星所出之門戶, 天之衝也."
25) 『夢溪筆談』,「象數一」, "十月萬物登歲, 可以會計, 故曰功曹, … (余按)'功曹'者, 十月歲功成而會計也."
26) 『夢溪筆談』,「象數一」, "十一月月建在子, 君復其位, 故曰大吉, … (余按)'大吉'者, 冬至之氣, 小往大來, 君子道長, 大人之吉, 故主文武大臣之事."
27) 『夢溪筆談』,「象數一」, "十二月爲酒醴以報百神, 故曰神后, … (余按)十二月子位, 北方之中, 上帝所居也. 神后, 帝君之稱也."
28) 『史記』卷27,「天官書」, "軫爲車, 主風. 其旁有一小星, 曰長沙.";『方輿勝覽』, 卷23, "郡以長沙星得名."
29) 『三天內解經』, "立二十四治, 置男女官祭酒, 統領三天正法 …."
30) 『三國志』卷8,「張魯傳」, "魯遂據漢中, 以鬼道教民, 自號'師君'. 其來學道者, 初皆名'鬼卒'. 受本道已信, 號'祭酒'. 各領部衆, 多者爲治頭大祭酒."
31) 『三國志』卷8,「張魯傳」, "不置長吏, 皆以祭酒爲治, 民夷便樂之."

오두미도의 敎區인 '治'의 책임자다. 따라서 본 매지권에서 묘주인 徐 副가 '남관좨주'의 직책을 가지고 있었다는 것은 파괴되었던 교단 조직 이 유송 시기 들어 어느 정도 복원되었음을 의미하는 것이라 생각된 다.

8 代元治[代元治]: '治'는 신도들을 관할하기 위해 오두미도에서 설치한 교구를 말한다. 오두미도는 太平道가 설치한 '方'과 같은 교구인 '치'를 설치하여 신도를 관할하였는데, 『三洞珠囊』「二十四治品」에 따르면 장릉이 '치'를 설치할 때, 上八治(陽平治·鹿堂治·鶴鳴治·漓沅治·葛 貴治·庚除治·秦中治·眞多治), 中八治(昌利治·隸上治·涌泉治·稠稉 治·北平治·本竹治·蒙秦治·平蓋治), 下八治(雲台治·㴲口治·後城 治·公慕治·平岡治·主簿治·玉局治·北邙治)의 24치를 두었다. 이후 추가로 四別治·八游治·八品配治를 두는데, 그 중 팔품배치는 平公治· 公慕治·天台治·賴鄕治·樽領治·代元治·利里治·漓沅治다. 원문의 '代元治'는 하팔치 중 '운태치'에 배당된 것이다.

9 黃書契令[黃書契令]: 王育成은 '黃書契'를 도교 8契 중에 하나로 보았으 며, '黃書契令'은 황서계를 문서로 만들어 반포한 令으로 보았다.[32] 白 彬은 '황서계령'을 '황서계를 令으로 받았다'는 뜻을 지닌 敎階로 이해 하였다.[33] 黃景春은 천사도 道官의 職名으로 보았으나, 구체적인 직무 는 알 수 없다고 하였다.[34] 여기서는 직명으로 보았다.

10 지난 원가 9년 壬申年[以去壬申]: 여기서 '以去'는 지나간 과거를 의미 한다. 장례가 치러지는 元嘉 10년에서 지난 임신년은 바로 전해인 원 가 9년이다.

---

32) 王育成, 앞의 글, 571쪽.
33) 白彬, 「吳晉南朝買地券·名刺和衣物疏的道教考古研究」, 『中國道教考古 3』(北京: 線 裝書局, 2006), 900쪽.
34) 黃景春, 「早期買地券·鎭墓文整理與硏究」, 華東師範大 박사학위논문(2004), 221쪽.

**11** 사망하였다[醉酒壽終]: '醉酒壽終'은 南朝 매지권에 등장하는 사망했음을 표현하는 관용구. 〈梁天監四年(505)買地券〉에도 동일한 표현이 등장한다. 이외에도 '醉酒命終'(〈劉宋元嘉十六年(439)蕭謙買地券〉, 〈梁大通五年(533)周當易買地券〉), '醉命終'(〈劉宋元嘉二十一年(444)田和買地券〉) 등으로 표현된다.

**12** 三天[三天]: 도교에서 말하는 三淸天으로 淸微天・禹餘天・大赤天을 말한다. 각기 始氣・元氣・玄氣에 의해 이루어졌다.[35] 삼천은 도교의 최고신이 거주한다고 여겨지는 天界로 元始天尊은 淸微天玉淸境에, 靈寶天尊은 禹餘天上淸境에, 道德天尊은 大赤天太淸境에 거주한다고 전한다.

**13** 三泉[三泉]: 三重泉이라고 하는 지하 깊은 곳을 말한다. 흔히 사람이 죽어 묻히는 곳을 의미한다.

**14** 영구히 萬里에서 편안하리라[長安萬里]: 여기서 '長安'은 죽은 자가 거주하는 '호리'에 대응하는 산 자들의 공간을 표현한 지명이 아니라, "오랫동안 편안하다."는 뜻이다.

**15** 선조의 무덤[先人丘者]: 대부분의 연구자들은 '先人'으로 판독하였으나 백빈은 '先入'으로 보았다. 그에 따르면 "서부가 사망한 후 먼저 무덤에 묻혔으나, 구묘가 삼하 가운데 있어 …."로 해석된다.[36] 즉, 원가 9년 12월 26일에 사망한 후 三河의 땅에 있는 무덤에 매장하였으나, 舊墓가 협소하여 새로운 무덤을 조성하여 지금 원가 10년 11월 27일에 매장한다고 이해한 것이다. 여기서는 따르지 않았다.

**16** □墓[□墓]: 정확하게 판독할 수 없으나 앞의 '선조의 무덤'이라는 구

---

35) 『道敎義樞』卷7, "三天. 最上號曰太歲, 是道境極地, 妙氣本一. 唯此, 太歲生玄・元・始三氣, 化爲三淸天. 一曰淸微天玉淸境, 始氣所成. 二曰禹餘天上淸境, 元氣所成. 三曰大赤天太淸境, 玄氣所成"

36) 白彬, 앞의 글, 850쪽.

절에 따라 '舊墓'가 아닐까 한다. 여기서는 확정하지 않았다.

**17** 비좁아[俠迮]: '俠'은 '狹'과 통하고, '迮'은 '窄'과 같다.

**18** 산등성이[山堽]: '堽'은 '岡'과 통한다. 산등성이 또는 산봉우리, 산비탈을 의미한다.

**19** 太上諸君과 太上丈人[太上諸君·丈人]: '太上'은 도교에서 가장 높고 존경하는 신의 이름 앞에 통상적으로 관대하는 것으로, 존숭함을 나타낸다. 黃景春은 '丈人'은 도교 신선의 호칭이라고 하였다.[37] 그렇다면 '太上諸君'은 도교의 위대한 최고신들을 칭하는 것이고, '太上丈人'은 도교의 위대한 신선들을 지칭하는 것으로 이해할 수 있겠다. 『太上正一呪鬼經』에는 "臣重啓太上大道君, 太上老君, 太上丈人, 天師·嗣師·系師等三師."라고 하여 '태상제군'은 '太上大道君'과 '太上老君'임을 알 수 있다. 이 중 '태상대도군'은 동진 시기 천사도의 최고신으로, 줄여서 '大道', '太上'으로도 불리고 '太淸玄元上三天太上'으로도 불리는 절대도를 신격화한 것이다. 이 神格은 동진 이전에는 보이지 않았던 신격으로,[38] 이후 유송 시기부터는 '太淸玄元無上三天無極大道' 또는 '太淸玄元上三天無極大道'로 불리게 된다.

**20** 道法[道法]: 도교의 敎義를 말한다.

**21** 감히 길한 시간과 날짜를 선택하지 않고 땅의 禁忌를 피하지 않았으며[不敢選時擇日, 不避地下禁忌]: 유송 시기 지어진 『陸先生道門科略』에는 집을 짓고 무덤을 조성하거나, 이사를 하는 일에 대해 길한 시간과 날짜를 점치지 않는 것, 금기를 피하지 않는 것이 천사도의 규약임

---

37) 黃景春, 앞의 글, 221쪽.
38) 『晉書』에도 '大道'가 신격임을 알려주는 기사가 있다. 王羲之의 둘째 아들이었던 王凝之는 孫恩의 공격이 임박하였을 때 대도에게 鬼兵을 요청하는 기도를 한다. 『晉書』 卷80, 「王凝之傳」, "王氏世事張氏五斗米道, 凝之彌篤. 孫恩之攻會稽, 僚佐請爲之備. 凝之不從, 方入靖室請禱, 出語諸將佐曰:「吾已請大道, 許鬼兵相助, 賊自破矣.」 旣不設備, 遂爲孫恩所害."

을 말하고 있다.39) 또한 『赤松子章曆』「出喪下葬章」에서도 出喪하여 매장할 때 점복을 행하지 않고 꺼려 피하는 것이 없음을 말하고 있다.40) 이 뿐만 아니라 『육선생도문과략』에서는 "神은 마시고 먹지 않는다(神不飮食)."고 하여 귀신에게 犧牲이나 술을 바쳐 제사지내는 것을 금지하고 있음을 알 수 있다. 小林正美는 이것은 이 시기 천사도가 민간 신앙과는 다른 독자의 종교적 교의와 높은 도덕적 규율을 가진 종교 집단으로서 성립되어 가고 있었기 때문에 나타난 현상이라고 보았다.41)

**22** 正眞의 道[正眞]: 『洞玄靈寶道學科儀』「滅度品」에 따르면 '正眞'이 '정진의 도'라는 것과 도교의 교의라는 것을 알 수 있다.42)

**23** 龜甲과 蓍草를 이용하여 점을 쳐 묻지 않고[不問龜筮]: 고대에는 占卜에는 龜甲을 이용하고, 筮에는 蓍草를 이용하여 그 모양과 수로 길흉을 알았다고 한다.43)

**24** 동쪽의 阡陌[東仟佰]: '仟佰'은 '阡陌'이다. 黃景春은 '東'자 뒤에 '西'자가 누락된 것으로 보았다.44) 뒤에 각기[各]라는 표현이 등장하는 것으로 보아 방향을 나타내는 글자가 더 있는 것이 문맥상 타당해 보인다. 〈蘭謙買地券〉에는 "東仟西佰, 各有丈尺."이라 되어 있다. '천맥'은 田의 길로 『史記正義』에 따르면 남북의 길을 '천'이라 하고, 동서의 길을 '맥'이라 한다. 다만 河東에서는 그와 달리 동서의 경계가 '천'이고 남북의

---

39) 『陸先生道門科略』, "盟威淸約之正敎. 盟威法, 師不受錢, 神不飮食, 謂之淸約. 治病不針灸湯藥, 惟服符首罪, 改行章奏而已. 居宅安塚, 移徙動止, 百事不卜日問時, 任心而行, 無所避就, 謂之約. 千精萬靈, 一切神祇, 皆所廢棄, 臨奉老君三師, 謂之政敎."
40) 『赤松子章曆』, 「出喪下葬章」, "某奉屬淸眞, 委誠道氣, 不復從師卜問, … 臣按某爲道民, 事與俗殊, 送終葬死, 無所諱忌, 一心之民, 在可哀愍."
41) 小林正美, 『中國の道敎』(東京: 創文社, 1998), 31쪽.
42) 『洞玄靈寶道學科儀』, 「滅度品」, "科曰. 凡是道學, …修長生之業, 習正眞之道."
43) 『尙書』, 「大禹謨」, "鬼神其依, 龜筮協從."[蔡沈集傳: 龜, 卜. 筮, 蓍.]
44) 黃景春, 앞의 글, 222쪽.

경계가 '맥'이라고 하였다.[45] 이에 따르면 '천맥'은 토지의 경계이다.

**25** 해와 달이 증명하고, 별들이 명백히 하니[日月爲證, 星宿爲明]: 해와 달, 그리고 별이 이 계약의 입회자, 증인임을 말하는 것이다.

**26** 문서[板]: 망자가 죽어서 지하 세계로 들어갈 때 명계의 신에게 전하는 문서를 의미하는 것으로 생각된다. 가장 대표적인 것으로는 전한 시기 過所 문서를 모방한 고지책을 들 수 있을 것이다. 여기서는 본 매지권을 의미하는 것으로 보인다.

**27** 지하 금기의 官[地下禁忌]: 『적송자장력』에는 '里域路次禁忌之官'이라 하여 마을의 담장이나 길 안에 금기의 官이 있는 것이 서술되어 있다. 따라서 지하의 금기를 주관하는 관리, 즉 명계의 관리로 이해하였다.

**28** 망자를 꾸짖어 제지하거나 금지할 수 없고, 무덤을 소란케 할 수 없다 [不得禁呵, 誌訝墳墓宅兆]: '呵'는 '訶'와 통하며, '저지한다'는 뜻이다. 망자가 지하 세계로 들어가는 것을 지하의 관리가 제지하지 않는다는 뜻으로, 망자가 무사히 지상에서 지하로 들어갈 수 있다는 것을 보증하는 구절이다. '誌訝'와 관련하여 白彬은 '誌'는 '致'와 통한다고 하며, 그 뜻을 망자의 무덤을 소란스럽게 하는 것으로 보았다.[46] 즉, '놀라게 하다'라는 뜻으로 해석한 것 같다. 여기서는 이 해석을 따랐다. '宅兆'는 '묘지'를 의미한다.[47] '墳墓宅兆' 전체를 '무덤'으로 해석하였다. 망자에 대한 鎭魂의 의미를 가진 구절이다.

**29** 무덤을 획정하여 망자의 魂魄을 가두고[營域冢郭, 閉繫亡者魂魄]: 黃景春은 '冢郭'을 '棺槨'으로 보았으나,[48] 여기서는 무덤으로 보았다. '閉繫'는 '잡아 가둔다'는 의미로 망자의 혼백이 떠돌아다니지 못하도록 무

---

45) 『史記』 卷5, 「秦本紀」, "商鞅爲田開阡陌."[司馬貞索隱引『風俗通』: 南北曰阡, 東西曰陌. 河東以東西爲阡, 南北爲陌.]
46) 白彬, 앞의 글, 851쪽.
47) 『孝經』, 「喪親」, "卜其宅兆而安措之."[唐玄宗注: 宅, 墓穴也. 兆, 塋域也.]
48) 黃景春, 앞의 글, 222쪽.

덤 안에 가두는 것을 의미한다. 『적송자장력』「新亡灑宅逐注卻殺章」에 따르면 사람이 죽으면 혼백이 흩어져 八殺·雌雄·咎注·喪車·魃魈 등의 殃殺의 鬼가 되어 살아 있는 사람을 해코지한다고 하였다.[49] 따라서 무덤 신들과 지하의 관리들은 망자의 혼백이 흩어져 앙살의 악귀가 되는 것을 막기 위해 망자의 혼백을 무덤에 가두는 일을 하는 것이다.

**30** 道理를 통하게 하라[使道理開通]: 『적송자장력』「開通道路章」에는 이제 막 죽은 망자의 혼백은 다시 태어나 轉生하기 전에 어떤 길을 가야 할지 몰라, 在世 기간 동안 군중을 살해하고 상처 입히는 일을 하니 막힌 길[道路]을 통하게 해주어야 한다는 내용이 등장한다.[50] 이러한 '開通道路'는 「新亡遷達開通道路收除土殃斷絶復連章」에서는 '開通道理'로 나오는데, 역시 망자의 혼백이 산 사람에게 '注復'[51]하지 못하게 하기 위함이다.

**31** 깨끗이 씻기고 의복을 갖추게 하라[沐浴冠帶]: 『적송자장력』「沐浴章」에는 여러 신들에게 망자의 시신을 씻겨 이승에서의 죄를 제거하고 굴레에서 벗어나게 하여 광명을 얻고 쾌락 속에서 소요할 수 있게 해달라는 내용이 등장한다.[52] 본 매지권의 내용 역시 망자의 육신을 씻

---

49) 『赤松子章曆』,「新亡灑宅逐注卻殺章」, "臣按人死之日, 魂魄流散, 化成八殺·雌雄·咎注·喪車·魃魈, 或出或上, 還重殺害, 纏綿宅內, 伺候衰缺, 復欲中傷, 注害生人."
50) 『赤松子章曆』,「開通道路章」, "未測亡人新逝已來, 魂魄不知託生何道. 恐在世之日, 殺害衆生, 傷損物命, 繫閉三途, 未蒙解脫. … 伏聞太上大道有解拔之科, 濟度亡魂之法, 謹賫法信, 獻五方靈官, 薦拔亡人魂魄, 闇通道路, 無有窒礙."
51) 趙晟佑는 『釋名』과 魏晉隋唐代 醫書의 해석에서 '注'를 屍體와의 접촉에 의해 발생하는 전염성이 매우 강한 질병으로 간주하는 것에 근거하여, 이것을 死者의 영혼에서 변화한 殺·殃이 살아있는 사람, 주로 가족의 신체에 침입하여 병을 일으키는 것으로 해석하였다. 또한 '復'도 '주'와 크게 다르지 않을 것이라고 보았다. 趙晟佑,「中世 中國 生死觀의 一面과 道教」, 『中國古中世史研究』 25(2011), 200~206쪽을 참조.
52) 『赤松子章曆』,「沐浴章」, "臣今謹爲伏地拜章, 上請沐浴君吏·沐浴夫人·洗浣玉女千二百人, 鑒臨亡人, 沐浴身形, 洗垢除穢, 去離桎梏, 得睹光明, 逍遙快樂, 衣食自然, 無

김으로써 이승의 죄를 제거하는 解謫에 대해 기술한 것이다. 한편 『적송자장력』「賣亡人衣物解罪謫遷達章」에는 망자의 혼백의 죄목과 刑名을 없애주고 풀어주며, 목욕을 시키고 의복을 갖추게 하여 福堂으로 승천할 수 있게 해주고 善家에서 환생하게 해달라는 기도의 내용이 보인다.[53]

32 망자가 가야할 길이 열리면 산 자는 우환이 없고 이로움과 보호를 받게 된다[亡者開通道理, 使無憂患, 利護生人]: 망자에 대해 해적이 행해지면 자연히 산 자는 망자로부터 해코지를 받지 않게 된다는 의미로 산자의 재앙을 제거하는 除殃의 내용이 기술된 것이다. 이외에도 『적송자장력』에서 "망자가 불안하면 살아있는 자들에게 소동을 일으킨다."[54] "亡靈이 불안하면 殃殺이 산자와 그 자손에게 미친다."[55] "무덤이 평온하면 신명이 산자를 이롭게 한다."[56] 등 망자가 안정되어야 살아 있는 자에게 해가 미치지 않는다는 내용을 찾는 것은 어렵지 않다.

33 三會의 吉日[三會吉日]: 『육선생도문과략』에 의하면 三會는 正月七日 上會, 七月七日 中會, 十月五日 下會로, 신도들은 각기 소속된 治에 모여 師의 설법을 듣고 가족의 생사 여부를 보고하여 戶籍(道科宅錄)의 변동 사항을 기록하게 한다.[57] 또한 『적송자장력』「三會日」에 의하면 그날은 모든 天神과 地祇가 모이는 날로 章을 올리고 度와 法籙을 받으며, 남녀 모두가 德을 행하고 功을 베푼다. 또한 災禍가 소멸되어 흩어지며 모든 禁制가 소멸하는 날이기도 하다.[58]

---

諸乏少, 安穩塚墓, 祐利生人, 以爲效信."
53) 『赤松子章曆』,「賣亡人衣物解罪謫遷達章」, "一切放某魂魄, 削去罪目, 解除刑名, 放囚出徒, 沐浴冠帶, 遷昇福堂, 反胎化生, 還於善門, …."
54) 『赤松子章曆』,「謝五墓章」, "致使亡人不安, 擾動生人."
55) 『赤松子章曆』,「又大塚訟章」, "亡靈不安, 殃及生人子孫."
56) 『赤松子章曆』,「沐浴章」, "安穩塚墓, 祐利生人."
57) 『陸先生道門科略』, "令以正月七日・七月七日・十月五日, 一年三會, 民各投集本治, 師當改治錄籍, 落死上生, 隱實口數, 正定名簿, 三宣五令, 令民知法."

**34** 丘丞을 비롯한 모든 신들이 功을 논하여 하늘에 천거함에 따라 각기 그 秩祿을 더하면 장차 天曹에서 科比할 것이다[當爲丘丞諸神言功擧遷, 各加其秩祿, 如天曹科比]:『猶龍傳』「度漢天師」에 따르면 삼회의 기일은 각기 특색이 있는데, 정월 7일은 '擧遷賞會', 7월 7일은 '慶生中會', 10월 5일은 '建功大會'라 이른다. 이들 삼회일에 天·地·水 三官은 올려진 章의 功過를 살펴 符錄·契令·經法 등을 내려준다.[59] 이때 章의 작성자는 좨주로『女青鬼律』에 따르면 남녀 좨주는 모든 生民을 살펴서 忠賢한 자를 찾고, 도덕이 있는 자를 공손히 따르고 이름을 적어, 하늘에 올려 신선이 될 수 있게 한다.[60] 이러한 좨주의 작업이 바로 '言功擧遷'이다.『적송자장력』에 따르면 공을 평가하여 추천할 때 그 등급은 1등~100등, 100등~1,000등으로 구별되는데, 이렇게 올린 내용을 天曹에서 등급을 매겨 관부에 이름을 올리고 적합하게 배치하여 안정된 직분을 준다.[61]

**35** 『玄都鬼律』[玄都鬼律]:『女青鬼律』을 말하는 것이다. 본래는『女青玄都鬼律』이라 하였다. 동진 중엽 이후 천사도에서 편찬한『여청귀율』은 현행 道藏 洞神部 戒律類에 속하며 본래 8권이었으나 현재 6권만이 남아 있다.[62] 天地가 처음 생겼을 때와는 달리 天皇 원년 이후 사람들

---

58) 『赤松子章曆』,「三會日」, "右此日宜上章言功, … 其日, 天帝一切大聖俱下, 同會治堂, 分形布影, 萬里之外, 響應齊同. 此日上章, 受度法籙, 男女行德施功, 消災散禍, 悉不禁制."

59) 『猶龍傳』卷5,「度漢天師」, "又三會日, 以正月七日名擧遷賞會, 七月七日名慶生中會, 十月十五日名建功大會. 此三會日, 三官考覈功過, 受符錄·契令·經法者, 宜依日齋戒, 呈章賞會, 以祈景福."

60) 『女青鬼律』卷6, "男女祭酒, 一切生民, 急相核實, 搜索忠賢, 恭慕道德, 按名列言, … 祭酒領錄, 條列上天, 有勞顯報, 位登神仙."

61) 『赤松子章曆』,「爲天地神祇言功章」, "上請天官役使吏兵, 及天地水三官, 前後水陸行諸道逕州縣鄉亭里域諸官君正氣, 助道興化者, 從正月十月已來, 天官吏兵有功勞者, 悉乞爲言功, 遷加爵秩, 從一等至百等, 從百等至千等, 如天曹科品, 錄署便曹穩職, 無令失意有恨者."

이 大道를 믿지 않아 五方에 逆殺이 횡행하고 疫氣가 점차 흥기하였으며, 호랑이와 이리와 같은 맹수가 거대해지고 벌레와 뱀의 사악한 기운도 날로 자심해졌다. 또한 매일 매일의 千鬼를 신이 억제하지 못하였다. 이 모든 상황을 大道로도 금하지 못하고 天師 역시 다스리지 못해 천하가 방종해지고 흉흉해지니 天上大道가 차마 이를 묵과하지 못하시고 천하 귀신의 이름과 길흉의 術을 적은 『귀율』 8권을 천사 장도릉에게 주었다고 한다.[63] 이에 따른다면 『여청귀율』은 천하의 '醜逆祅邪不正之鬼' 즉 '邪魅妖殃'을 통제하기 위한 呪法임을 알 수 있다.[64]

**36** 太淸玄元上三天無極大道[太淸玄元上三天無極大道]: 『三天內解經』에 처음 등장하는 유송 시기 천사도의 최고신을 말한다. 동진 시기까지도 일반적으로 '대도'로 등장하였다. 이후 『上淸黃書過度儀』 「八生」에서는 新出太上老君이 상위의 최고신으로 변화하며 그 등급에 변화가 생긴다.

**37** 地下女青[地下女青]: '女青'은 도교 문헌에서 도교 최고신들의 使者로 등장하는데, 『玄都中宮鬼律』을 관장하며 모든 귀신들을 鎭伏시키는 위력을 지니고 있다.[65]

---

62) 『女青鬼律』의 성립연대 및 권수 등에 대한 것은 小林正美, 앞의 글, 376-378쪽과 白彬・代麗鵑, 「試從考古材料看≪女青鬼律≫的成書年代和流行地域」, 『宗教學研究』 2007-1을 참조.

63) 『女青鬼律』 卷1, "天地初生, 元氣施行, 萬神布氣, 無有醜逆祅邪不正之鬼, 男孝女貞, 君禮臣忠, 六合如一, 元有患害. 自後天皇元年以來, 轉生百巧, 不信大道, 五方逆殺, 疫氣漸興, 虎狼萬獸, 受氣長大, 百蟲蛇魅, 與日滋甚. 天有六十日, 日有一神. 神直一日, 日有千鬼飛行, 不可禁止. 大道不禁, 天師不勅, 放縱天下, 凶凶相逐. 唯任殺中民, 死者千億. 太上大道不忍見之, 二年七月七日日中時下此鬼律八卷, 紀天下鬼神姓名吉凶之術, 以勅天師張道陵, 使勅鬼神, 不得妄轉東西南北."

64) 『女青鬼律』 卷4, "天師稽首, 敢承先王之道, 制民勅鬼, 今當以盟威正一之氣・女青鬼律役使天下邪魅妖殃, 助興興化." 小林正美는 『女青鬼律』을 '呪鬼經典'이라고 표현하였다. 小林正美, 앞의 책, 207쪽.

65) 道敎 문헌 안에서 女青이 어떻게 서술되어 있는지에 대한 자세한 내용은 黃景春, 「早期道敎神仙女青考」, 『中國道敎』 2003-4를 참조.

# 【참고문헌】

[前漢]司馬遷 撰·[劉宋]裴駰 集解·[唐]司馬貞 索隱·[唐]張守節 正義,『史記』, 北京: 中華書局, 1997.
[後漢]班固 撰·[唐]顔師古 注,『漢書』, 北京: 中華書局, 1997.
[晉]陳壽 撰·[劉宋]裴松之 注,『三國志』, 北京: 中華書局, 1997.
[唐]房玄齡等 撰,『晉書』, 北京: 中華書局, 1997.

[前漢]孔安國 傳·[唐]孔穎達 疏,『尙書正義』, 北京: 北京大, 1999.
[後漢]劉熙 撰·[淸]畢沅 疏證,『釋名疏證補』, 北京: 中華書局, 2008.
[唐]李隆基 注·[宋]邢昺 疏,『孝經注疏』, 北京: 北京大, 1999.

[宋]沈括 撰·胡道靜 校證,『夢溪筆談校證』, 上海: 上海古籍, 1987.

『三天內解經』(『正統道藏』 수록), 臺北: 藝文印書館, 1962.
『道敎義樞』(『正統道藏』 수록), 臺北: 藝文印書館, 1962.
『陸先生道門科略』(『正統道藏』 수록), 臺北: 藝文印書館, 1962.
『赤松子章曆』(『正統道藏』 수록), 臺北: 藝文印書館, 1962.
『洞玄靈寶道學科儀』(『正統道藏』 수록), 臺北: 藝文印書館, 1962.
『猶龍傳』(『正統道藏』 수록), 臺北: 藝文印書館, 1962.
『女青鬼律』(『正統道藏』 수록), 臺北: 藝文印書館, 1962.

魯西奇,「六朝買地券叢考」,『文史』 75, 2006.
白彬,「吳晉南朝買地券·名刺和衣物疏的道敎考古硏究」,『中國道敎考古 3』, 北京: 線裝書局, 2006.
白彬·代麗鵑,「試從考古材料看≪女青鬼律≫的成書年代和流行地域」,『宗敎學硏究』 2007-1.
小林正美,『中國の道敎』, 東京: 創文社, 1998.
易西兵,「南朝買地券綜論」,『東南文化』 209, 2009.
汪桂海,「漢代簡牘中的告地策資料」,『簡帛硏究二○○六』, 桂林: 廣西師大, 2008.
王育成,「徐副地券中天師道史料考釋」,『考古』 1993-6.
尹在碩,「중국 고대『死者의 書』와 漢代人의 來世觀-鎭墓文을 중심으로-」,『中國史硏究』 90, 2014.
張金光,『秦制硏究』, 上海: 上海古籍, 2004.
長沙市文物工作隊,「長沙出土南朝徐副買地券」,『湖南考古學輯刊』 1, 1982.
張俊民,「江陵高臺18號墓木牘贖文淺析」,『簡帛硏究二○○一』, 桂林: 廣西師大, 2001.
趙晟佑,「中世 中國 生死觀의 一面과 道敎」,『中國古中世史硏究』 25, 2011.
洪承賢,「三國~南朝 買地券의 특징과 성격」,『中國古中世史硏究』 40, 2016.

黃景春, 「早期道敎神仙女靑考」, 『中國道敎』 2003-4.
黃景春, 「早期買地券·鎭墓文整理與硏究」, 華東師範大 박사학위논문, 2004.

# 鎭墓文

## 진묘문

# 〈後漢永平三年(60)鎭墓文〉

〈후한 영평 3년(60) 진묘문〉

홍승현

【解題】

①〈後漢永平三年鎭墓文〉,〈後漢永平三年鎭墓瓶〉**❶** ②後漢 永平 3년(60) ③1999년 8월 咸陽市 咸陽教育學院 ④土陶瓶 ⑤未詳 ⑥口徑 10cm・肩徑 14cm・底徑 8.5cm・높이 25.2cm, 朱書 8행 70여자 ⑦〈摹寫本〉「咸陽教育學院漢墓淸理簡報」 ⑧없음 ⑨「咸陽教育學院漢墓淸理簡報」;「漢永平三年朱書陶瓶考釋」;「後漢鎭墓瓶集成」;「漢代の告知文・鎭墓文・買地券に見られる冥界(上)」;「중국 고대『死者의 書』와 漢代人의 來世觀-鎭墓文을 중심으로-」 ⑩紀年이 확인되는 가장 이른 시기의 鎭墓文으로**❷** 壓鎭의 도구인 五石이 陶瓶 안에 들어 있었다**❸** ⑪咸陽市文物考古研究所,「咸陽教育學院漢墓淸理簡報」,『文物考古論集』(西安: 三秦, 2000); 劉衛鵬,「漢永平三年朱書陶瓶考釋」,『文物考古論集』(西安: 三秦, 2000).

## 【解題註】

1. 현재 後漢 시기의 것으로 보고된 鎭墓文은 대략 60여 개에 이르는데,[1] 대부분 陶甁 혹은 陶罐 표면에 鎭安의 글을 쓴 것이다. 따라서 '鎭墓甁' 또는 '鎭墓罐'이라는 표현으로 자주 등장한다. 이후 魏晉南北朝 시기에 들어서면 石과 鉛으로 재료가 다양해진다.
2. 진묘문의 구성은 다음과 같다. ❶紀年 ❷天帝의 使者 ❸자손(生者)의 번영을 희구하는 표현(除殃) ❹死者의 魂을 鎭魂하는 표현(解謫) ❺壓鎭物品과 鎭墓의 방법 ❻정형구(如律令)
3. 鎭墓甁 안에 4cm 길이의 백색 砂質 돌조각, 2cm 길이의 황색 사질 돌조각, 세 개의 남색과 청회색 돌맹이가 들어 있었다고 보고되었다.[2]

## 【釋文】

<u>永平初三年十月」</u>九日丙申. 黃神使者□地置」根, 爲人立先. 除央去咎,■利後」子孫. 令死人无適, 生人无患.」建立大鎭, 慈・礜・雄

---

1) 鎭墓文의 수량은 그것을 집성한 연구자에 따라 차이가 있다. 최근 집성자들 중 尹在碩은 58개, 許飛는 67개, 鈴木雅隆은 64개를 소개하였다. 발굴 보고를 정리하는 과정에서 나온 차이기도 하지만 방법론적으로 복수의 진묘문을 처리하는 과정에서 차이가 발생한 것이다. 예를 들어 後漢 熹平 원년(172)에 제작된 陳叔敬의 鎭墓文은 조금씩의 차이가 있는 3개가 전해지고 있는데, 尹在碩과 許飛는 이것을 하나로 처리한 데 반해 鈴木雅隆은 2개로 처리했으며, 劉昭瑞는 3개로 처리하였다. 또한 買地券과 진묘문의 구분이 모호한 墓券에 대한 서로 다른 견해가 진묘문의 수량 차를 만들어 내기도 하였다. 예를 들어 〈後漢延熹四年(161)鍾仲游妻買地券〉을 尹在碩은 鎭墓文으로 파악하였다. 劉昭瑞, 『漢魏石刻文字繫年』(臺北: 新文豊, 2001); 鈴木雅隆, 「後漢鎭墓甁集成」, 『長江流域文化研究所年報』 5(2007); 許飛, 「漢代의 告知文・鎭墓文・買地券에 보이는 冥界(上)」, 『中國學硏究論集』 26(2011); 尹在碩, 「중국 고대『死者의 書』와 漢代人의 來世觀-鎭墓文을 중심으로-」, 『中國史硏究』 90(2014).
2) 咸陽市文物考古研究所, 「咸陽教育學院漢墓清理簡報」, 『文物考古論集』(西安: 三秦, 2000), 232쪽.

> 黃・曾靑・」丹沙,❷ 五石會精. 辰藥輔神,」冢墓安寧, 解□❸□草,」
> □□爲盟, 如律令.

### 【釋文註】

❶ '爲人立先除央去咎'에 대해선 표점에 이견이 있다. 劉衛鵬, 鈴木雅隆, 許飛는 '爲人立先. 除央去咎'로 표점하였고,3) 尹在碩은 '爲人立先除央去咎'로 읽었다.4) 여기서는 劉衛鵬, 鈴木雅隆, 許飛의 표점을 따랐다.

❷ 許飛는 "建立大鎭, 慈・礜・雄黃・曾靑・丹沙"로 표점하였고,5) 나머지 연구자들은 모두 "建立大鎭・慈・礜・雄黃・曾靑・丹沙"로 보았다. 여기서는 許飛의 표점을 따랐다.

❸ 윤재석은 '狼'으로 보았다.6)

### 【譯文】

> [後漢] 永平 3년(60) 10월 9일 丙申.❶ 黃神의 使者❷가 토지를 매입하여 무덤 터를 조영하니❸ 살아있는 이들을 위해 [그] 선조의 무덤을 만든 것이다.❹ [이로써] 재앙을 제거하고❺ 후손을 이롭게 하고자 한다. 죽은 자에게는 죄가 없게 하고❻ 산 자에게는 우환이 없게 하라. 大鎭을 세우고❼ 慈・礜・雄黃・曾靑・丹沙❽ 五石에서

---

3) 劉衛鵬,「漢永平三年朱書陶瓶考釋」,『文物考古論集』(西安: 三秦, 2000), 164쪽; 鈴木雅隆, 앞의 글, 201쪽; 許飛, 앞의 글, 123쪽
4) 尹在碩, 앞의 글, 54쪽.
5) 許飛, 앞의 글, 123쪽.
6) 尹在碩, 앞의 글, 54쪽.

정기를 모아 [약을 만들라.]⑨ 神藥으로 神을 보좌하여⑩ 冢墓가 안녕하게 하고, 解□□草와 □□를 盟으로 삼으라. 율령과 같이 하라.

## 【譯文註】

1 後漢 永平 3년(60) 10월 9일 丙申[永平初三年十月九日丙申]: 紀年은 年號 + 月數 + 日數 + 日序干支로 표기되었다. '永平'은 역사적으로 다섯 차례 확인된다. 後漢 明帝 58~75년, 西晉 惠帝 291년, 北魏 宣武帝 508~512년, 高昌 麴玄喜 549~550년, 前蜀 王建 911~916년이다. 이 陶甁이 발굴된 墓가 전형적인 漢墓임이 밝혀져 영평은 후한 명제의 연호임을 알 수 있다. 영평 3년은 기원후 60년이다. 그러나 영평 3년 10월 9일은 '丙申'이 아닌 '辛亥'로 잘못이다. 한편 '初三年'의 '初'는 일반적인 기년법에서는 볼 수 없었던 표기다.

2 黃神의 使者[黃神使者]: 지하 세계를 총괄하는 黃神의 사자로 冥界의 諸臣에게 명령을 내리며, 鎭墓를 책임지는 역할을 담당한다. 일반적으로 지하 세계를 관장하는 최고신으로는 天帝가 등장하는데, 이 진묘문에서는 황신이 천제와 동일한 역할을 하는 神格으로 등장한다. 그러나 다른 진묘문에서 황신은 천제의 사자로 등장하여[7] 진묘를 담당 또는 보증하고,[8] 죽은 자의 鬼籍을 관장하는 역할을 담당하기도 한다.[9] 혹

---

7) 〈後漢張氏鎭墓文〉 중 '天帝使者黃神越章', 〈後漢光和二年(179)殷氏鎭墓文〉 중 '天帝神師黃神越章' 등이 대표적이다.
8) 尹在碩은 '封黃神越章之印(〈後漢陽嘉二年曹伯魯鎭墓文〉)'을 天帝使者가 鎭墓를 보증하기 위하여 黃神越章之印을 封하는 것이라고 해석하였다. 尹在碩, 앞의 글, 35쪽.
9) 〈後漢熹平二年(173)張叔敬鎭墓文〉, "黃神生五嶽, 主生人錄, 召魂召魄, 主死人籍."

자는 진묘문에 왕왕 출현하는 黃帝를 황신과 동일신으로 보기도 한다.10) 禚振西는 황신을 토지신으로 파악하였다.11) 趙晟佑는 '黃神使者'를 종교인을 지칭하는 것으로 보았다.12)

③ 토지를 매입하여 무덤 터를 조영하니[□地置根]: 황신의 사자가 행한 진묘 행위 중 하나로 생각된다. 흔히 진묘문의 구성상 최고신의 사자가 등장하면 그 뒤로 冥界의 主神이나 官吏에게 亡者의 무덤으로의 입문을 알리거나13) 鎭魂이나 진묘의 행위14)가 등장하는 것이 일반적이다. '□地'의 경우 결락된 글자로 인해 정확한 뜻을 알 수는 없는 상태인데, 劉衛鵬은 진묘문이 매지권과 흡사한 점이 많다는 것을 근거로 '買地'로 읽었다.15) 한편 뒤 구절 '爲人立先'과 대구를 이루는 것으로 보아 '爲土置根'이라고 볼 수도 있을 듯하다. 여기서는 토지를 매입하는 것으로 해석하였다. '置根'은 분명하지 않으나〈後漢熹平元年(172)陳叔敬鎭墓文〉에는 '立冢墓之根'이라는 표현이 등장하여, '무덤의 근간을 설치하는(또는 세우는) 것'으로 해석할 수 있을 것 같다. 여기서는 무덤 터를 조영하는 것으로 해석하였다.

④ 살아있는 이들을 위해 그 선조의 무덤을 만든 것이다[爲人立先]: 劉衛鵬

---

10) 劉昭瑞, 「論"黃神越章"-兼談黃巾□號的意義及相關問題」, 『歷史研究』 1996-1, 125쪽. 이외에도 吳榮曾과 小南一郎도 황제와 황신이 동일 신격이라고 추정한 바 있다. 吳榮曾, 「鎭墓文中所見到的東漢道巫關系」, 『文物』 1981-3, 61쪽; 小南一郎, 「漢代の祖靈觀念」, 『東方學報』 66(1994), 42쪽.

11) 禚振西, 「曹氏朱書罐考釋」, 『考古與文物』 1982-2, 89쪽

12) 趙晟佑, 「後漢魏晉鎭墓文의 종교적 특징과 道教-五石을 중심으로-」, 『東洋史學研究』 117(2011), 54쪽.

13)〈後漢初平四年王氏妻鎭墓文〉, "初平四年十二月乙朔十八日丙申直危, 天帝使者謹爲王氏之家, 後死黃母當歸舊閱, 慈告丘丞・莫(墓)伯・地下二千石・萬里君・莫黃・莫主・莫故夫人・決曹尙書令."

14)〈弘農楊氏鎭墓文〉, "天帝使者, 謹爲楊氏之家, 鎭安隱冢墓, 謹以鉛人金玉, 爲死者解適, 生人除罪過, 瓶到之後, 令母人爲安."

15) 劉衛鵬, 앞의 글, 165쪽.

은 '人'을 '生人' 즉, 살아있는 이들로 보았으며, '先'을 '先人' 즉, 죽은 선조로 보았다.16) 이에 따르면 '立先'이란 선조의 무덤을 조성한 것을 의미한다.17) 그러나 尹在碩은 물음표를 달아 놓기는 했지만 '人'을 '鉛人'으로 보아 "鉛人을 세워 殃咎를 제거한다."고 해석하였다.18)

5 이로써 재앙을 제거하고[除央去咎]: 진묘문에 등장하는 상투적인 표현 중의 하나. '除'는 解除 혹은 消除를 의미한다. '央'은 '殃'과 통하니 災殃 혹은 殃禍를 의미한다. '咎'는 殃과 같은 뜻이다. 『尙書』 「大禹謨」의 '天降之咎'에 대하여 孔穎達은 '天降之殃咎'라고 하였다.

6 죽은 자에게는 죄가 없게 하고[令死人无適]: '解謫'으로 표현되는 사자의 혼을 진혼하는 용어로 역시 진묘문에 등장하는 상투적인 표현 중 하나다. 죽은 자를 위해 그의 죄과를 해소한다는 의미다. 『漢書』 顔師古 注에 따르면 '適'은 '謫'으로 罪過, 懲罰의 의미를 갖는다.19) 『說文解字』에서는 '謫'을 '罰'이라 注解하였다. 吳榮曾은 漢代 이후 민간에서는 미신의 영향을 받아 토지를 움직이는 것(動土)을 토지신에 대한 瀆犯으로 이해했기에 땅에 무덤을 조성한 것을 사자가 토지신에 대해 죄를 진 것으로 보고 사자를 위해 그의 죄과를 해소해 주어야 한다고 생각했다고 분석하였다.20)

7 大鎭을 세우고[建立大鎭]: 劉衛鵬은 '鎭'을 道敎에서 方士들이 사용한 神物의 일종이라고 해석하였다.21) '大鎭'이란 壓鎭을 위해 사용한 壓鎭物

---

16) 劉衛鵬, 앞의 글, 165쪽.
17) 張勛燎・白彬, 「東漢墓葬出土解注器和天師道的起源」, 『中國道敎考古 1』(北京: 綫裝書局, 2006), 133~134쪽.
18) 尹在碩, 앞의 글, 54쪽.
19) 『漢書』 卷31, 「項籍傳」, "適戍之衆, 不亢於九國之師."[師古曰: 「適讀曰謫, 謂罪罰而行也. 亢, 當也, 讀與抗同.」]
20) 吳榮曾, 앞의 글, 57쪽. 이와 관련된 내용이 『論衡』에 다음과 같이 등장한다. 『論衡』, 「解除」, "世間繕治宅舍, 鑿地掘土, 功成作畢, 解謝土神, 名曰「解土.」"
21) 劉衛鵬, 앞의 글, 165쪽.

品이라 생각된다. 혹 陶瓶을 의미하는지도 모르겠다.

⑧ 慈·礜·雄黃·曾靑·丹沙[慈·礜·雄黃·曾靑·丹沙]: 흔히 五石으로 불리는 다섯 가지 광물로 道士들이 鍊丹할 때 사용하는 것으로 알려져 있다.22) 이들 다섯 광물은 차례대로 北, 西, 中央, 東, 南의 五方과 黑, 白, 黃, 靑, 赤의 五色에 상응하는 것으로 알려져 있는데,23) 모두 辟邪의 기능을 가졌다고 한다.24) 즉, '대진'과 더불어 오석 역시 壓鎭物이라는 것을 알 수 있는데, 다른 진묘병 안에서도 나와 일반적인 압진물이었음을 알 수 있다.25) 이에 대하여 趙晟佑는 오석은 진묘문이 적혀 있는 陶瓶 안에 담겨있는 경우가 일반적이라며, 당시 鎭墓라는 것은 진묘문 한 가지만이 아니라 도병 안에 담긴 오석과 도병 표면에 적힌 진묘문이 함께 기능하여 이루어지는 방식이었다고 보았다.26)

⑨ 五石에서 정기를 모아 약을 만들라[五石會精]: 『太淸石壁記』에 따르면 五石은 모두 五星의 精氣로 丹砂는 熒惑의 정기, 磁石은 辰星의 정기, 曾靑은 歲星의 정기, 雄黃은 鎭星의 정기, 礜石은 太白의 정기라고 한다.27) 이와 같은 오석의 정기로 藥을 만들어 인간이 복용하면 長生不死한다고 한다. 따라서 본문은 '五石會精'이라고만 되어 있지만 '약을

---

22) 『抱朴子內篇』, 「登涉」, "五石者, 雄黃·丹砂·雌黃·礜石·曾靑也. 皆粉之, 以金華池浴之, 內六一神爐中鼓下之, 以桂木燒爲之, 銅成以剛炭煉之, …."
23) 『太淸石壁記』, 卷中, "曾靑者, 東方靑帝木行靑龍之精. 丹砂者, 南方赤帝火行朱雀之精. 白礜石者, 西方白帝金行白虎之精. 磁石者, 北方黑帝水行玄武之精. 雄黃者, 中央黃帝土行黃龍之精."
24) 자세한 내용은 趙晟佑, 앞의 글, 59쪽을 참조.
25) 西安 和平門外 4號墓의 初平 4年 紀年의 鎭墓瓶 내부에서는 礜石으로 추정되는 흰색 광물이 발견되었고, 洛陽 東郊 史家灣 漢墓에서 발견된 永壽 2年 紀年의 鎭墓瓶에는 曾靑으로 추정되는 환약 형태의 물질이 다량 담겨 있었다. 唐金裕, 「漢初平四年王氏朱書陶瓶」, 『文物』 1980-1, 95쪽 ; 蔡運章, 「東漢永壽二年鎭墓瓶文考略」, 『考古』 1989-7, 650쪽.
26) 趙晟佑, 앞의 글, 60쪽.
27) 『太淸石壁記』, 卷上, "五石者, 是五星之精. 丹砂, 太陽熒惑之精. 磁石, 太陰辰星之精. 曾靑, 少陽歲星之精. 雄黃, 后土鎭星之精. 礜石, 少陰太白之精."

만든다'는 내용을 부가하여 번역하였다.

**10** 神藥으로 神을 보좌하여[辰藥輔神]: 尹在碩은 '辰藥'을 특별히 해석하지 않고 약의 일종으로 해석하였으나,[28] 劉衛鵬은 '辰'를 '의지하다'로 해석하였다. 한편 '藥'은 '神藥'이라고 하며, 앞의 오석을 이용하여 만든 것이라 해석하였다.[29]

## 【참고문헌】

[後漢]班固 撰·[唐]顏師古 注, 『漢書』, 北京: 中華書局, 1997.

[後漢]王充 撰·黃暉 校釋, 『論衡校釋』, 北京: 中華書局, 1990.
[晉]葛洪 撰, 『抱朴子內篇』, 北京: 中華書局, 1985.

『太淸石壁記』(『正統道藏』 수록), 臺北: 藝文印書館, 1962.

唐金裕, 「漢初平四年王氏朱書陶瓶」, 『文物』 1980-1.
小南一郞, 「漢代の祖靈觀念」, 『東方學報』 66, 1994.
鈴木雅隆, 「後漢鎭墓瓶集成」, 『長江流域文化硏究所年報』 5, 2007.
吳榮曾, 「鎭墓文中所見到的東漢道巫關系」, 『文物』 1981-3.
劉昭瑞, 「論"黃神越章"-兼談黃巾口號的意義及相關問題」, 『歷史硏究』 1996-1.
劉昭瑞, 「漢魏鎭墓文」, 『漢魏石刻文字繫年』, 臺北: 新文豊, 2001.
劉衛鵬, 「漢永平三年朱書陶瓶考釋」, 『文物考古論集』, 西安: 三秦, 2000.
尹在碩, 「중국 고대 『死者의 書』와 漢代人의 來世觀-鎭墓文을 중심으로-」, 『中國史硏究』 90, 2014.
禚振西, 「曹氏朱書罐考釋」, 『考古與文物』 1982-2.
張勛燎·白彬, 「東漢墓葬出土解注器和天師道的起源」, 『中國道敎考古 1』, 北京: 綾裝書局, 2006.
趙晟佑, 「後漢魏晉鎭墓文의 종교적 특징과 道敎-五石을 중심으로-」, 『東洋史學硏究』 117, 2011.
蔡運章, 「東漢永壽二年鎭墓瓶文考略」, 『考古』 1989-7.

---

28) 尹在碩, 앞의 글, 54쪽.
29) 劉衛鵬, 앞의 글, 167쪽.

咸陽市文物考古研究所,「咸陽敎育學院漢墓淸理簡報」,『文物考古論集』, 西安: 三秦, 2000.
許飛,「漢代の告知文・鎭墓文・買地券に見られる冥界(上)」,『中國學硏究論集』26, 2011.

# 〈後漢陽嘉二年(133)曹伯魯鎭墓文〉

〈후한 양가 2년(133) 조백로 진묘문〉

홍승현

## 【解題】

①〈曹氏朱書罐〉,〈後漢陽嘉二年曹伯魯鎭墓罐〉,〈東漢陽嘉二年陶瓶朱書〉,[1]〈戶縣曹伯魯鎭墓文〉,〈陽嘉二年(133)八月瓶〉,〈陽嘉二年曹伯魯鎭墓文〉 ②後漢 陽嘉 2년(133) ③1972년 陝西省 戶縣 朱家堡 ④陶罐 ⑤未詳 ⑥높이 18cm, 口徑 9.5cm, 底徑 22cm, 沿寬 2cm. 朱書 11행 매 1행 1자~8자, 합계 97자 ⑦〈摹寫本〉「陝西戶縣的兩座漢墓」 ⑧없음 ⑨「陝西戶縣的兩座漢墓」;「中國歷代墓卷略考」;「曹氏朱書罐考釋」;「漢代の祖靈觀念」;「後漢時代の鎭墓陶書に關する一考察」;「東漢天帝使者類道人與道敎起源」;『漢魏石刻文字繫年』;「漢墓出土の鎭墓瓶について-銘文と墓內配置に見える死生觀」;「早期買地券・鎭墓文整理與硏究」;「漢代の告知文・鎭墓文・買地券に見られる冥界(上)」 ⑩陝西 지역에서 발견된 鎭墓文 중 生死異路의 관념이 등장한 가장 이른 기년의 진묘문이다. 비교적 정형화된 진묘문의 형태를 지니고 있다.[2] ⑪禚振西,「陝西戶縣的兩座漢墓」,『考古與文物』1980-1; 禚振西,「曹氏朱書罐考釋」,『考古與文物』1982-2.

## 【解題註】

❶ '甁'이라고도 불리지만 최초의 보고에 따르면 陶甁이 아닌 陶罐이다.[1]
❷ 鎭墓文의 구성은 다음과 같다. ❶紀年 ❷天帝의 使者 ❸자손의 번영을 희구하는 표현(除殃) ❹사자의 혼을 진혼하는 표현(解謫) ❺壓鎭物品과 鎭墓의 방법 ❻정형구(如律令).

## 【釋文】

陽嘉二年八月」己巳朔六日甲戌, 徐.」天帝使者, 謹爲」曹伯魯之家, 移」央去咎, 遠之千里.」咎□❶大桃,❷不得留.」□□至之鬼所, 徐」□□. 生人得九, 死人」得五, 生死異路, 相」去萬里. 從今以長」保孫子, 壽如金」石, 終無凶. 何以爲信.」神藥厭塡, 封」黃神鉞章之印. 如律」令.

## 【釋文註】

❶ 禚振西는 결락된 글자를 '印'으로 보았다. 그는 兩漢 시기 方士들이 桃印・桃杖을 이용하였던 것에 착안하여 '咎□'을 복숭아나무로 만든 '咎印'으로 복원하였다. 그러나 구체적으로 이것이 어떤 물품이며, 어떤 기능을 하는지에 대해서는 언급하지 않았다. 劉昭瑞와 黃景春, 許飛는 □를 '殃'으로 복원하여 '咎殃'으로 보았다.[2] 여기서는 '咎殃'으로 본 것

---

1) 禚振西,「陝西戶縣的兩座漢墓」,『考古與文物』 1980-1, 45쪽.
2) 禚振西,「曹氏朱書罐考釋」,『考古與文物』 1982-2, 82쪽; 劉昭瑞,『漢魏石刻文字繫年』(臺北: 新文豊, 2001), 180쪽; 黃景春,「早期買地券・鎭墓文整理與研究」, 華東師範大 박사학위논문(2004), 89쪽; 許飛,「漢代の告知文・鎭墓文・買地券に見られる冥界(上)」,『中國學硏究論集』 26(2011), 126쪽.

을 따랐다.
② 劉昭瑞는 '逃'로 읽었다.3)

【譯文】

[後漢] 陽嘉 2년(133) 초하루가 己巳日인 8월 6일 甲戌,❶ 除日.❷ 天帝의 使者❸가 삼가 曹伯魯❹의 家를 위하여 재앙을 옮기고 근심을 제거하여 멀리 천 리 떨어진 곳으로 보냈다. [재앙은] 커다란 복숭아나무❺로 인해 머무를 수가 없다. … 이 鬼所에 이르러 … 을 제거하였다. 산 사람은 아홉을 얻고, 죽은 이는 다섯을 얻으니❻ 生死는 다른 길로 서로 만 리가 떨어져 있다.❼ 지금 이후로 길게 손자를 보살피니 金石과 같이 장수할 것이며 끝내 재앙이 없을 것이다.❽ 무엇으로써 信標❾를 삼을 수 있는가. 神藥❿으로써 冢墓를 壓鎭⓫하고 黃神鉞章의 도장⓬으로 封하라. 律令과 같이 행하라.⓭

【譯文註】

① 後漢 陽嘉 2년(133) 초하루가 己巳日인 8월 6일 甲戌[陽嘉二年八月己巳朔六日甲戌]: 紀年은 年號 + 年數 + 月數 + 朔旦干支 + 日數 + 日序干支로 표기되었다. 陽嘉는 後漢 順帝의 두 번째 연호로 132~135년이다.

② 除日[徐]: 일반적인 鎭墓文의 기년 표기법에 따르면 일간지 다음에는 建除十二直(神)이 서술된다. 그것은 建·除·滿·平·定·執·破·危·成·收·開·閉의 순인데, 夏曆에서 정월은 '建寅之月'로 '寅'이 '建'이 되고

---

3) 劉昭瑞, 앞의 글, 180쪽.

'卯'는 '除'가 된다. 2월은 '建卯之月'로 '卯'가 '建'이 되고, '辰'이 '除'가 된다. 이 방법을 따라 8월은 '建酉之月'로 '酉'가 '建'이 되고, '戌'이 '除'가 된다. 양가 2년 8월 6일의 일서간지는 '甲戌'로 建除十二直은 '除'에 해당한다. 따라서 '徐'는 '除'로 읽어야 할 것이다. 除日은 '除舊布新'의 象으로 除服·療病·避邪·出行·嫁娶하기 좋은 날로 알려져 있다.

3 天帝의 使者[天帝使者]: 지하 세계의 최고신인 天帝를 보좌하여 천제의 명령을 수행하는 신. 冥界의 諸神에게 명령을 내리며, 鎭墓를 책임지는 역할을 담당한다. 이 진묘문에서는 '封黃神鉞章之印'이라는 구절에 의해 '天帝使者'가 黃神임을 알 수 있다. 그러나 황신은 때로는 천제와 동격의 신으로 등장하기도 한다. 한편 禚振西는 '천제사자'를 兩漢 方士들이 상용하던 術語라고 보며, '천제사자'는 방사들이라고 보았다.[4]

4 曹伯魯[曹伯魯]: 墓主로 볼 수 있을지 정확하지 않다. 〈後漢建和元年(178) 加氏鎭墓文〉과 〈後漢初平四年(193) 王氏妻鎭墓文〉에는 각각 '爲加氏之家'·'爲王氏之家'라는 표현 뒤로 '加亡'·'後死黃母'라고 하여 묘주인 '加'와 '黃母'가 등장한다. 따라서 이 경우 曹伯魯를 묘주로 단정하기는 쉽지 않다.

5 커다란 복숭아 나무[大桃]: 복숭아나무는 『藝文類聚』에서 인용한 『歲時記』에 따르면 壓邪와 制鬼의 효험을 지닌 것으로 나온다.[5] 이에 대하여 黃景春은 漢代 方士나 道人들은 桃印이나 桃椎를 이용하여 귀신을 쫓았다고 하였다.[6] 이와는 달리 劉昭瑞는 '桃'를 '逃'로 읽어 '재앙이 멀리 달아난' 으로 해석하였다.[7]

---

4) 禚振西,「曹氏朱書罐考釋」,『考古與文物』1982-2, 88쪽. 劉昭瑞 역시『太平經』의 "爲天地中和陰陽行方, 名爲治病使者. 比若人有道而稱使者, 神人神使也."라는 구절을 근거로 '天帝使者'는 당시 巫祝이나 方士의 自稱이었을 것으로 보았다. 劉昭瑞,「≪太平經≫與考古發現的東漢鎭墓文」,『世界宗教研究』1992-4, 112쪽.
5)『藝文類聚』,「果部上」,『歲時記』, 桃者五行之精, 壓伏邪氣, 制百鬼."
6) 黃景春, 앞의 글, 90쪽.

6 산 사람은 아홉을 얻고, 죽은 이는 다섯을 얻으니[生人得九, 死人得五]: 9와 5가 정확하게 생사에 어떻게 관련되었는지는 불투명하다. 다만 『晉書』「天文志」의 기사에 의하면 尾宿 九星이 生育을 주관함을 알 수 있다.[8] 禚振西에 따르면 兩漢 시기 方士들이 이것을 근거로 '生人得九'의 瑞應을 杜撰한 것이라 하였다. 마찬가지로 『後漢書』「五行志」의 "輿鬼尸星主死亡, 熒惑入之爲大喪."이라는 기사 속의 死亡을 주관하는 輿鬼尸星이 鬼宿의 다섯 번째 별이란 것으로부터 방사들이 '死者得五'라는 구절을 추출해 냈을 것이라 해석하였다.[9]

7 生死는 다른 길로 서로 만 리가 떨어져 있다[生死異路, 相去萬里]: 진묘문 특유의 내세관이 투영된 구절이다. 尹在碩에 따르면 사후 세계에 대한 漢代人들의 일반적 인식은 기본적으로 현세와 내세의 동질성을 강조하는 '事死如事生'[10]이나, 진묘문의 내세관은 현세에 비해 훨씬 독립적이고 체계적이라고 하였다.[11] 실제로 진묘문 중에는 산자와 사자를 엄격히 분리하고 그들의 거처나 귀속처를 달리하고 서로 간여하지 않는 존재들로 그려지고 있다.[12]

---

7) 劉昭瑞, 앞의 글(2001), 180쪽.
8) 『晉書』卷11,「天文志」, "尾九星, 後宮之場, 妃后之府. 上第一星, 后也; 次三星, 夫人; 次星, 嬪妾, … 尾亦爲九子, 星色欲均明, 大小相承, 則後宮有敘, 多子孫." 尾宿가 하늘 동쪽에 위치하는 것과 『史記』「律書」의 "南至於尾, 言萬物始生如尾也."라는 구절이 미수가 만물을 주관한다는 관념을 만들어 냈던 것 같다.
9) 禚振西, 앞의 글, 89쪽.
10) 『左傳』,「哀公十五年」.
11) 尹在碩, 「중국 고대 『死者의 書』와 漢代人의 來世觀-鎭墓文을 중심으로-」, 『中國史硏究』 90(2014), 38-39쪽. 그러나 『後漢書』에 '死生路異'라는 구절의 등장은 당시인들이 삶과 죽음을 분리하고 별개의 세계로 인식했음을 알려준다. 특히 친구인 張劭의 장례식에서 움직이지 않는 관을 향해 范式이 "行矣元伯! 死生異路, 永從此辭."라고 하고, 곧이어 관이 움직였다는 『後漢書』「范式傳」의 일화는 당시 민간에서 '生死異路'의 관념이 일반적이었음을 말해준다. 이에 대해 東賢司는 범식이 관을 향해 했던 말은 장례 시에 사용했던 '喪語'라고 하였다. 東賢司, 「後漢時代の鎭墓圖書に關する一考察」, 『二松學舍大學大學院文學硏究科紀要』 8(1994), 410쪽.

8 金石과 같이 장수할 것이며 끝내 재앙이 없을 것이다[壽如金石, 終無凶]: 후손의 안녕을 기원하는 전형적인 吉祥語의 하나로, 진묘의 목적 중 하나인 산자를 위한 除殃의 염원이 투영된 구절이다.

9 信標[信]: '信'은 '符契' 또는 '證憑'을 의미한다.13)

10 神藥[神藥]: 鎭墓의 방법의 하나로 신에게 神藥을 바치는 것이 종종 등장한다. 즉, 壓鎭物이다. 신약은 주로 五石을 정제하여 만드는 것으로 나타난다.

11 壓鎭하고[厭塡]: '厭'은 '壓'과 통한다.14) '塡'은 '鎭'과 통하며, '安定'의 의미다.15)

12 黃神越章의 도장[黃神越章之印]: '黃神'은 天帝의 使者로 鎭墓를 책임지는 역할을 담당한다. 흔히 黃帝와 동일한 신으로 파악되기도 한다. 禚振西는 〈南齊永明三年(485)劉顗買地券〉의 '黃神·后土·土皇·土祖·土營·土府·土文·土武'라는 구절을 근거로 黃神과 土神의 친연성을 주장하며, 황신을 토지신으로 파악하였다.16) 劉昭瑞는 『後漢書』의 기사17)와 『唐開元占經』에 인용된 『春秋元命苞』의 기사18)를 근거로 '越

---

12) 〈後漢建和三年(149)鎭墓文〉, "生人有里, 死人有鄕."; 〈後漢熹平元年(172)陳叔敬鎭墓文〉, "生人上就陽, 死人下歸陰, 生人上高臺, 死人深自藏, 生死各自異路."; 〈後漢熹平四年(175)胥氏鎭墓文〉, "生人屬西長安, 死人屬東大山."; 〈後漢初平元年(190)郭氏鎭墓文〉, "生人入城, 死人生郭."; 〈後漢密縣后土郭鎭墓文〉, "死人行陰, 生人行陽, 各自有分畫, 不得復交通."; 〈後漢延熹九年(166)韓袆興鎭墓文〉, "生人自有宅舍, 死人自有棺槨, 生死異處, 無與生人相索."
13) 『墨子』, 「號令」, "大將使人行, 守操信符. 信不合, 及號不相應者, 伯長以上輒止之."
14) 『史記』 卷8, 「高祖本紀」, "秦始皇帝常曰「東南有天子氣」, 於是因東游以厭之."
15) 『史記』 卷106, 「吳王濞列傳」, "上患吳·會稽輕悍, 無壯王以塡之."[司馬貞索隱: 塡, 音鎭.]; 『漢書』 卷1下, 「高帝紀下」, "塡國家[顔師古注: 塡與鎭同. 鎭, 安也.], 撫百姓, 給餉餽, 不絕糧道, 吾不如蕭何."
16) 禚振西, 앞의 글, 89쪽.
17) 『後漢書』 卷82下, 「方術 徐登傳」, "又趙炳, 字公阿, 東陽人, 能爲越方."[李賢注: 越方, 善禁呪也.]
18) 『春秋元命苞』, "傳說主祝章, 巫官也; 章, 請號之聲也."

章'을 특정한 종교적 術語로 보았다. 『抱朴子內篇』「登涉」의 기사에 따르면 '黃神越章之印'은 인간에게 해를 끼치는 귀신이나 짐승으로부터 몸을 보호하는 특수한 도구로 보인다.19)

**13** 律令과 같이 행하라[如律令]: 진묘문 말미에 나오는 정형구. 서술한 진묘의 내용이 율령과 같이 행해져야 한다는 뜻이다.

## 【참고문헌】

[前漢]司馬遷 撰·[劉宋]裴駰 集解·[唐]司馬貞 索隱·[唐]張守節 正義, 『史記』, 北京: 中華書局, 1997.
[後漢]班固 撰·[唐]顔師古 注, 『漢書』, 北京: 中華書局, 1997.
[劉宋]范曄 撰·[唐]李賢等 注, 『後漢書』, 北京: 中華書局, 1997.
『春秋元命苞』(安居香山·中村璋八 編, 『重修 緯書集成』 수록), 東京: 明德, 1985.

[唐]歐陽詢 撰·汪紹楹 校, 『藝文類聚』, 上海: 上海古籍, 1965.
吳毓江 撰·孫啓治 点校, 『墨子校注』, 北京: 中華書局, 1993.

江優子, 「漢墓出土の鎭墓瓶について-銘文と墓内配置に見える死生觀」, 『鷹陵史學』 29, 2003.
東賢司, 「後漢時代の鎭墓陶書に關する一考察」, 『二松學舍大學大學院文學研究科紀要』 8, 1994.
小南一郎, 「漢代の祖靈觀念」, 『東方學報』 66, 1994.
王育成, 「東漢天帝使者類道人與道教起源」, 『道家文化研究』 16, 1999.
劉昭瑞, 「≪太平經≫與考古發現的東漢鎭墓文」, 『世界宗教研究』 1992-4.
劉昭瑞, 『漢魏石刻文字繫年』, 臺北: 新文豊, 2001.
尹在碩, 「중국 고대『死者의 書』와 漢代人의 來世觀-鎭墓文을 중심으로-」, 『中國史研究』 90, 2014.
禚振西, 「陝西戶縣的兩座漢墓」, 『考古與文物』 1980-1.
禚振西, 「曹氏朱書罐考釋」, 『考古與文物』 1982-2.

---

19) 『抱朴子內篇』, 「登涉」, "古之入山者, 皆佩黃神越章之印. 其廣四寸, 其字一百二十, 以封泥著所住之四方各百步, 卽虎狼不敢近其內也. … 不但只辟虎狼, 若山川社病血食惡神能作福禍者, 以印封泥, 斷其道路, 則不復能神矣."

池田溫,「中國歷代墓卷略考」,『東洋文化研究所紀要』88, 1981.
許飛,「漢代の告知文・鎭墓文・買地券に見られる冥界(上)」,『中國學研究論集』26, 2011.
黃景春,「早期買地券・鎭墓文整理與研究」, 華東師範大 박사학위논문, 2004.

# 〈後漢熹平二年(173)張叔敬鎭墓文〉

〈후한 희평 2년(173) 장숙경 진묘문〉

홍승현

【 解 題 】

①〈漢張叔敬墓避央瓦盆文〉,〈漢熹平二年(173)十二月張叔敬鎭墓盆〉,〈漢張叔敬朱書陶缶〉,〈張叔敬鎭墓文〉,〈熹平二年(173)十二月瓶〉,〈熹平二年張叔敬鎭墓文〉 ②後漢 熹平 2년(173) ③1935년 山西省 忻州市 ④瓦盆 ⑤未詳 ⑥朱書 23行 219자[1] ⑦〈摹寫本〉 「由王謝墓誌的出土論到≪蘭亭序≫的眞僞」 ⑧없음 ⑨「由王謝墓誌的出土論到≪蘭亭序≫的眞僞」;「鎭墓文に見られる冥界の神とその祭祀」;「漢張叔敬朱書陶瓶與張角黃巾敎的關係」;「中國歷代墓卷略考」;「漢代の祖靈觀念」;「後漢時代の鎭墓圖書に關する一考察」;「東漢天帝使者類道人與道敎起源」;『漢魏石刻文字繫年』;「後漢時代の鎭墓瓶における發信者について」;「早期買地券・鎭墓文整理與硏究」;「漢代の告知文・鎭墓文・買地券に見られる冥界(上)」;「중국 고대『死者의 書』와 漢代人의 來世觀-鎭墓文을 중심으로-」 ⑩ 지금까지 발견된 鎭墓文 중 墓域을 다스리는 地神名과 冥界의 地官 및 諸神의 위계 관계가 가장 잘 드러난 진묘문으로 알려져 있

다■ ⑪陳直,「漢張叔敬朱書陶甁與張角黃巾敎的關係」,『文史考古論叢』(天津: 天津古籍, 1988).

### 【 解題註 】

■ 외형, 행자수에 관한 사항은 실물이 전하지 않고 오직 陳直의 기록에 의해서만 알려져 있다.[1] 석문은 郭沫若의 것이 가장 오래된 것이나[2] 행바꿈을 한 석문은 진직의 것이 가장 오래 된 것이다.

■ 鎭墓文의 구성은 다음과 같다. ❶紀年 ❷天帝使者 ❸冥界의 主神·官吏 및 諸神 ❹墓主 성명 ❺사자의 혼을 진혼하는 표현(解謫) ❻壓鎭物과 鎭墓의 방법 ❼자손의 번영을 희구하는 표현(除殃) ❽정형구(急急如律令).

### 【 釋文 】[3]

<u>熹平二年十二月乙巳朔十六日</u>」庚申, 天帝使者告<u>張氏之</u>」家三丘五墓·墓左·墓右·中央」墓主·塚丞·塚令·主塚司」令·魂門亭長·塚中遊」徼等; 敢告移丘丞·墓」伯·地下二千石·東塚侯·西塚伯·地下擊犆卿·秏」里伍長等. 今日吉良, 非」用他故, 但以死人<u>張叔</u>

---

1) 陳直,「漢張叔敬朱書陶甁與張角黃巾敎的關係」,『文史考古論叢』(天津: 天津古籍, 1988), 390-391쪽, "一九三五年春間, 晉省修築同蒲路工程中, 掘得熹平二年張叔敬陶缶, 朱書二十三行, 共二百一十九字.", "曾見馬鏡淸著有《漢張叔敬墓避央瓦盆文》附考釋一卷, 此書外間流傳不多."
2) 郭沫若,「由王謝墓誌的出土論到《蘭亭序》的眞僞」,『郭沫若全集 歷史篇 第三卷 奴隸制時代·史學論集』(北京: 人民, 1984), 665쪽. 原載:『文物』1965-6.
3) 모든 연구자가 곽말약과 진직의 釋文을 轉寫하여 이용하였기에 석문을 둘러싼 이견은

敬,」薄命蚤死, 當來下歸」丘墓, 黃帝生五嶽,」主生人錄, 召魂召魄, 主死人」籍. 生人築高臺, 死人歸」深自狸, 眉須以落下, 爲」土灰. 今故上復除之藥,」欲令後世無有死者. 上黨」人參九枚, 欲持代生人, 鉛人」持代死人. 黃豆・瓜子死人持」給地下賦, 立制牡厲, 辟」除土咎, 欲令禍殃不行. 傳」到, 約勅地吏, 勿復煩擾張」氏之家, 急急如律令.

【 譯 文 】

[後漢] 熹平 2년(173) 초하루가 乙巳日인 12월 16일 庚申.[1] 天帝使者가 張氏家의 三丘五墓・墓左・墓右・中央墓主・塚丞・塚令・主塚司令・魂門亭長・塚中遊徼[2] 등에게 고하여 丘丞・墓伯・地下二千石・東塚侯・西塚伯・地下擊犆卿・耗里伍長[3] 등에게 다음과 같이 감히 고하여 전하게 한다.[4] 오늘은 吉하고 祥瑞로운 날로 다른 이유가 아니라 단지 死人 張叔敬이 박명하여 일찍 죽어[5] 지하로 내려와 무덤으로 돌아오기 때문이다. 黃神은 五嶽을 낳고 산 자의 錄을 주관하며, 魂과 魄을 부르고 죽은 자의 籍을 주관한다.[6] 산 자는 高臺를 쌓고 죽은 자는 깊은 땅 속으로 돌아가 스스로를 묻으며[7] 눈썹도 수염[8]도 떨어져 흙먼지가 된다. 지금 그러한 까닭에 復除의 藥[9]을 진상하니 후세 중에는 죽는 자가 나오지 않기를 바란다. 上黨[10]의 人蔘 9매를 가지고 산 자를 대신하고자 하고 鉛人[11]으로 죽은 자를 대신하게 하고자 한다. 黃豆와 瓜子를 죽은 자가 지니고 가 지하의 賦稅로 내게 한다.[12] 牡厲를 세워

없다. 따라서 여기서는 釋文註를 생략하였다.

> **13** 土咎를 제거하고 **14** 재앙이 일어나지 않게 하고자 한다. 통행중[傳]이 도착하면 **15** 지하의 관리에게 약속하여 단속하길 다시는 장씨의 가를 괴롭히고 어지럽게 하지 말라. 신속히 律令과 같이 행하라. **16**

### 【譯文註】

**1** 後漢 熹平 2년(173) 초하루가 乙巳日인 12월 16일 庚申[熹平二年十二月乙巳朔十六日庚申]: 기년은 年號 + 年數 + 月數 + 朔旦干支 + 日數 + 日序干支로 표기되었다. 熹平은 後漢 靈帝의 두 번째 연호로 172~177년이다.

**2** 三丘五墓·墓左·墓右·中央墓主·塚丞·塚令·主塚司令·魂門亭長·塚中遊徼[三丘五墓·墓左·墓右·中央墓主·塚丞·塚令·主塚司令·魂門亭長·塚中遊徼]: 墓域을 주관하는 묘역의 관리(혹은 神)들이다. 이 중 魂門亭長는 墓門亭長으로도 등장한다.[4] 이외에도 主墓獄史가 있다.[5] 江優子는 이들이 결국 그 집안의 祖先을 의미하는 것으로 보았다.[6]

**3** 丘丞·墓伯·地下二千石·東塚侯·西塚伯·地下擊犆卿·耗里伍長[丘丞·墓伯·地下二千石·東塚侯·西塚伯·地下擊犆卿·耗里伍長]: '丘丞' 이하는 冥界의 관리로 이외에도 倉林君·武夷王·北冢公伯·蒿(耗)里君·蒿里父老·墓(莫)主·墓(莫)皇(墓黃)·墓(莫)故夫人·墓㕣·東阡·西阡·南陌·北陌이 있다.

---

4) 〈後漢永和六年(141)陶鑵墓文〉; 〈劉宋元嘉十九年(442)姉女賣地券〉; 〈南齊永明三年(485)劉覬買地券〉.
5) 자세한 내용은 小南一郞, 「漢代の祖靈觀念」, 『東方學報』 66(1994), 49-50쪽을 참조.
6) 江優子, 「漢墓出土の鎭墓瓶について-銘文と墓内配置に見える死生觀」, 『鷹陵史學』 29(2003), 13쪽.

4 전하게 한다[移]: '移'는 행정 문서 처리 과정을 보여주는 용어로, '(문서를) 이송하다, 전달하다'의 뜻을 가지고 있다.[7] 진묘문에서 최고신의 명령이 처리되는 것은 현세의 문서 행정과 유사한 것으로 알려져 있다.[8] 이 鎭墓文을 통해서는 鎭墓가 天帝 → 天帝使者 → 묘역을 주관하는 하급신 → 명계를 관장하는 상급신의 순서로 이루어지고 있음을 알 수 있다.

5 박명하여 일찍 죽어[薄命蚤死]: 買地券과 진묘문에 등장하는 상투어 중 하나.

6 黃神은 五嶽을 낳고 산자의 錄을 주관하며, 魂과 魄을 부르고 죽은 자의 籍을 주관한다[黃帝生五嶽, 主生人錄, 召魂召魄, 主死人籍]: 天帝의 使者인 黃帝의 역할을 말하는 것이다. 사망하게 되면 황제가 죽은 자의 혼백을 불러 죽은 자의 名簿에 이들의 이름을 기재하는 것을 말한다. 생시 호족에 등재되는 것과 같이 죽어서도 지하세계의 호적에 등재된다는 당시인들의 인식이 반영된 것으로 보인다.[9] '五嶽'은 일반적으로 東嶽 泰山, 西嶽 華山, 中嶽 嵩山, 南岳 霍山, 北嶽 恒山을 말한다. 한편 黃景春은 '黃帝生五嶽'에서 '生'을 '生長, 居住'로 보아 황제가 오악에서 생활하는 것으로 해석하였다.[10] '錄'은 '祿'과 통한다. 江優子는 '祿'을 '貧富貴賤'으로 해석하였다.[11]

7 산 자는 高臺를 쌓고 죽은 자는 깊은 땅 속으로 돌아가 스스로를 묻으며[生人築高臺, 死人歸深自狸]: 生死異路의 관념이 표현된 상투어 중

---

7) 京都大學人文科學硏究所簡牘硏究班編, 『漢簡語彙中國古代木簡辭典』(東京: 岩波書店, 2015), 12쪽.
8) 尹在碩, 「중국 고대 『死者의 書』와 漢代人의 來世觀-鎭墓文을 중심으로-」, 『中國史硏究』 90(2014), 33쪽.
9) 尹在碩, 앞의 글, 37쪽.
10) 黃景春, 「早期買地券·鎭墓文整理與硏究」, 華東師範大 박사학위논문, 2004, 126쪽.
11) 江優子, 앞의 글, 12쪽.

하나다. 산 자가 주로 陽, 지상을 거처로 삼는 것과 달리 죽은 자는 陰, 지하를 거처로 삼는 것을 보여준다. '貍'는 '埋'이다.12)

8  수염[須]: '須'는 '鬚'이다. 『漢語大辭典』에 따르면 후대로 갈수록 '鬚'로 사용되었다고 한다.

9  復除의 藥[復除之藥]: '藥'은 진묘문에 흔히 등장하는 '神藥'을 의미하는 것으로 생각되며, '復除'는 신약의 효험을 의미하는 것으로 생각된다. 그 중 '除'는 '解除'의 의미로 생각되는데, '復'의 뜻은 정확하지 않다. 혹은 '復除'를 '免하다'로 해석하여 재앙을 면하게 하는 신약으로 해석할 수도 있을 것 같다.

10  上黨[上黨]: 『本草綱目』「草部一 人參」에 따르면 上黨이 유명한 인삼의 산지임을 알 수 있다.13)

11  鉛人[鉛人]: 흔히 죽은 자를 대신해서 재앙을 받음으로써 死人解謫의 목적을 달성하는 壓鎭物로 알려져 있다.14) 한편 〈後漢建和元年(147)加氏鎭墓文〉에는 鉛人의 역할이 '能春', '能炊', '上車能御', '把筆能書'라고 나와 있어 죽은 이의 대리자만이 아니라 죽은 이의 지하 생활을 보조하는 존재로 등장하고 있다.

12  지하의 賦稅로 내게 한다[給地下賦]: 죽어서 지하 세계의 호적에 등재되는 이유로 생각된다. 즉, 현세에서와 마찬가지로 사후 세계에서도 호적에 등재되어 賦稅를 담당하게 되는 것을 말하고 있다.

13  牡厲를 세워[立制牡厲]: '牡厲'는 연구자에 따라 '악귀'15) 또는 '陽石'16)

---

12) 『墨子』, 「備城門」, "機長六尺, 貍一尺." [孫詒讓詁: 貍, 道藏本作狸, 下同. 案貍, 薶之借字, … 薶, 備梯篇作埋, 俗字.]
13) 『本草綱目』, 「草部一 人參」, "人參, 生上黨山谷及遼東, …根與人形者, 有神."
14) 〈靈寶楊氏鎭墓文〉·〈長安張氏鎭墓文〉·〈長安加氏鎭墓文〉에도 '鉛人'이란 표현이 등장한다.
15) 江優子, 앞의 글, 30쪽.
16) 黃景春은 牡厲는 雄黃이나 硫黃의 일종으로 壓鎭의 역할을 담당하는 것으로 보았다. 黃景春, 앞의 글, 126쪽.

으로 해석되고 있다. 따라서 '모려'를 '악귀'로 파악한 江優子는 이 구절을 '즉시 모려를 억누르고'라고 해석하였다. 尹在碩은 '制를 세워 모려를 막고'로 해석하였다.17) 이와 관련하여『抱朴子內篇』「金丹」에는 모려가 金丹을 만드는 재료로 등장하고 있다.18) 여기서는 壓鎭物로 보고자 한다.

14  土咎를 제거하고[辟除土咎]: 일반적으로 무덤을 조성한 것을 사자가 토지신에 대해 죄를 진 것으로 보는 인식에 따라19) 사자를 위해 토지에 대해 진 그의 죄과를 해소해 주는 것을 의미한다.

15  통행증이 도착하면[傳到]: '傳'은 '통행증'을 의미한다.20)

16  신속히 律令과 같이 행하라[急急如律令]: 진묘문 말미에 등장하는 상투어로 공문서의 종결어와 같다.

## 【 참 고 문 헌 】

[後漢]班固 撰·[唐]顔師古 注,『漢書』, 北京: 中華書局, 1997.

[後漢]王充 撰·黃暉 校釋,『論衡校釋』, 北京: 中華書局, 1990.
[晉]葛洪 撰,『抱朴子內篇』, 北京: 中華書局, 1985.
[明]李時珍 撰,『本草綱目』, 서울: 法仁文化社, 1988.
吳毓江 撰·孫啓治 点校,『墨子校注』, 北京: 中華書局, 1993.

江優子,「漢墓出土の鎭墓甁について-銘文と墓內配置に見える死生觀」,『鷹陵史學』29, 2003.

---

17) 尹在碩, 앞의 글, 47쪽.
18)『抱朴子內篇』「金丹」, "當先作玄黃. 用雄黃水·礬石水·戎鹽·鹵鹽·礜石·牡厲·赤石脂·滑石·胡紛各數十斤, 以爲六一泥."
19)『論衡』,「解除」, "世間繕治宅舍, 鑿地掘土, 功成作畢, 解謝土神, 名曰解土."
20)『漢書』卷90,「酷吏 甯成傳」, "乃解脫, 詐刻傳出關歸家." [師古曰:「…傳, 所以出關之符也.」]

江優子,「後漢時代の鎭墓甁における發信者について」,『佛教大學大學院紀要』32, 2004.
京都大學人文科學研究所簡牘研究班編,『漢簡語彙中國古代木簡辭典』, 東京: 岩波書店, 2015.
郭沫若,「由王謝墓誌的出土論到≪蘭亭序≫的眞僞」,『郭沫若全集 歷史篇 第三卷 奴隷制時代・史學論集』, 北京: 人民, 1984.
東賢司,「後漢時代の鎭墓圖書に關する一考察」,『二松學舍大學大學院文學研究科紀要』8, 1994.
小南一郎,「漢代の祖靈觀念」,『東方學報』66, 1994.
王育成,「東漢天帝使者類道人與道敎起源」,『道家文化研究』16, 1999.
原田正己,「墓券文に見られる冥界の神とその祭祀」,『東方宗敎』29, 1967.
劉昭瑞,『漢魏石刻文字繫年』, 臺北: 新文豊, 2001.
尹在碩,「중국 고대『死者의 書』와 漢代人의 來世觀 - 鎭墓文을 중심으로 -」,『中國史研究』90, 2014.
池田溫,「中國歷代墓卷略考」,『東洋文化研究所紀要』88, 1981.
陳直,「漢張叔敬朱書陶甁與張角黃巾敎的關係」,『文史考古論叢』, 天津: 天津古籍, 1988.
許飛,「漢代の告知文・鎭墓文・買地券に見られる冥界(上)」,『中國學研究論集』26, 2011.
黃景春,「早期買地券・鎭墓文整理與研究」, 華東師範大 박사학위논문, 2004.

# 造塔記
# 造像記

## 조탑기 · 조상기

# 〈北魏神瑞元年(414)淨悟法師舍利塔記〉

〈북위 신서 원년(414) 정오법사 사리탑기〉

소현숙

## 【解題】

①〈淨悟浮圖記〉 ②北魏 神瑞 元年(414) ③未詳 ④未詳[1] ⑤石으로 추정 ⑥탁본 기준, 높이와 너비 모두 37㎝. 조탑기 16行, 每行 5~12字, 모두 167字 ⑦〈탁본〉國圖 各地6040; 淑德 軸6188 〈탁본사진〉『北京圖書館藏中國歷代石刻拓本匯編 3冊』;『漢魏六朝碑刻校注 3冊』⑧없음 ⑨『漢魏六朝碑刻校注 3冊』⑩현존하는 가장 이른 시기의 승려 사리탑 조성기이다 ⑪李櫹,『杞芳堂讀碑記』(杭州: 西泠印社, 2014).

## 【解題註】

[1] 실물의 流傳 상황을 전혀 알 수 없으며, 현재는 탁본만 전하고 있다.

**【釋文】**

大魏 神瑞元年甲寅, 沙門淨悟」藏眞浮圖記.」
淨悟法師, 遠公師之法派也. 幼」姿性了悟, 道力貞堅. 初落髮于」天台□隱寺, 後渡江遠游關隴.」遂□□□太乙山之雲❶岩寺. 品」行高□, 廣建道場. 衆擅❷越大會」香花. 師棲玆寺十七年, 於永興」四年冬十二月圓寂於法堂. 蓮」華現影, 貝葉生香. 爰訊❸神瑞元」年正月, 衆建浮圖, 藏師眞骸, 用」示千秋, 萬禩❹永記. 西方佛界同」臻舍利以勗.」施化力主花之僧,」大檀越主任妙宗仝造,」香火院主陳起善.❺

**【釋文註】**

❶ 毛遠明은『漢魏六朝碑刻校注 3冊』에서는 '靈'의 이체자로 판독했으나,1) 그의 다른 저작인『漢魏六朝碑刻異體字典(下)』의〈淨悟浮圖記〉언급 부분에서는 '雲'의 이체자로 소개했다.2) 臺灣 國家敎育硏究院의 '敎育部 異體字字典' 홈페이지에서도 '雲'의 이체자로 분류했다.

❷ '擅'은 '檀'의 오기이다. '檀越'은 범어 Dānapati(陀那鉢底)를 한역한 것으로 施主를 지칭한다. '檀那'라고도 한다.

❸ 訊은 '輒'의 오기로 생각한다.

❹ 禩는 祀의 古字이다.

❺ 이 사리탑기는 刻日(紀年), 제목, 사리탑 주인공의 행적과 사망, 圓寂 당시의 奇異, 사리탑 조성 시기, 사리탑의 조성, 사리탑을 만든 목적, 발원, 사리탑 조성자의 순으로 구성되어 있다.

---

1) 毛遠明,『漢魏六朝碑刻校注 3冊』(北京: 綫裝書局, 2008), 218쪽.
2) 毛遠明,『漢魏六朝碑刻異體字典(下)』(北京: 中華書局, 2014), 1156쪽.

【譯文】

북위 神瑞 원년 甲寅年,[1] 사문 淨悟[2]의 사리를 넣은 부도[3]기. 淨悟 법사는 慧遠[4]의 계파[5]다. 어려서 불성을 가지고 있었으며, [6] 도력이 매우 견고하였다.[7] 처음 天台山의 □隱寺[8]에서 출가했으며,[9] 훗날 강을 건너[10] 멀리 關隴 지역으로 가서 활동[遊歷]했다. 마침내 太乙山[11]의 雲巖寺[12]에서…하였다. 품행이 높고…, 널리 도량을 건립하고 여러 檀越[13]을 모아 대회를 열고 香火[14]를 공양했다. 정오법사는 이 사찰에서 17년을 머무르다가 永興 4년[15] 12월 겨울 법당에서 원적했다.[16] [이때] 연화가 모습을 드러내고 불경에서 향이 났다.[17] 이에 바로[18] [다음해인] 신서 원년 정월에 여럿이 모여 부도를 세우고 법사의 사리를 넣었다. 이것으로써 [그의] 죽음을 드러내 보이고 만년동안 제사를 지내 영원히 기억하고자 한다.[19] 서방의 극락[20]에 왕생하고자 하는 사람들이 함께 이르러 사리[21]로써 [왕생에] 힘쓰고자 한다. 교화주는 花之僧이며,[22] 大檀越主[23] 任妙宗이 함께 만들었다. 香火院主[24]는 陳起善이다.

【譯文註】

[1] 북위 神瑞 원년 甲寅年[大魏神瑞元年甲寅]: 북위 신서 원년은 갑인년으로 414년에 해당한다. 북위는 386년 拓跋珪(道武帝 재위 386~409)가 국호를 '代國'에서 '大魏'로 바꾸고, 398년 平城(현재의 山西省 大同市)으로 천도하였다. 409년에는 道武帝를 이어 그의 장남 明元帝(재위 409~423)가 즉위한다. 명문에 출현하는 永興이나 神瑞 등의 연호는 모

두 명원제 시기의 것이다. 조탑기에 의하면 淨悟는 414년 장안 以西에 위치한 太乙山에서 원적했는데, 북위가 장안을 점령한 것은 426년 겨울 太武帝 시기이다. 그러므로 명문 속의 永興이나 神瑞 등의 북위 연호는 타당하지 않다. 그러므로 이 조탑기는 위작일 가능성을 배제할 수 없다.

2 사문 淨悟[沙門淨悟]: 현존하는 고승전류의 문헌에서는 4세기 후반에서 5세기 초 사이에 활동한 승려 淨悟에 대한 기록을 찾을 수 없다.

3 사리를 넣은 부도[藏眞浮圖]: '藏眞'은 뒤에 나오는 '藏師眞骸'와 같은 뜻이다. '眞'과 '眞骸'는 법사의 사리를 의미하는 것으로 봐야 한다. 그러므로 본문 속 '사리를 넣은 부도'는 정오법사의 원적 이후 그의 사리를 넣은 부도를 지칭한다. 浮圖는 Buddha의 음역이다. 梁 慧皎(497~554) 편찬의 『高僧傳』, 북제 魏收(507~572) 편찬의 『魏書』「釋老志」에서는 '浮圖'를 두 가지 의미로 사용하였다. 첫째, 부처를 지칭하며, 동의어로 浮屠, 佛陀 등이 있다.3) 둘째 사리를 안치한 stupa, 혹은 thupa, 즉 塔을 의미하며, '佛圖'라고도 불렀다.4) 그런데 동위 연간(534~550)에 편찬된 『洛陽伽藍記』에서는 후자의 의미, 즉 탑을 지칭하는 경우가 많으며, 후대에도 역시 주로 탑을 지칭할 때 사용하였다.

4 慧遠[遠公師]: 중국 淨土敎의 開祖로 알려진 동진 승려 慧遠(334~416)이다. 『高僧傳』卷6에 그의 전기가 있는데, 고승전류 서적에서 그를 '遠公'으로 지칭하는 경우가 많다. 산서성 雁門郡 출신으로 어려서부터 유

---

3) 『魏書』卷114, 「釋老志」, "浮屠正號曰佛陀, 佛陀與浮圖聲相近, 皆西方言, 其來轉爲二音. 華言譯之則謂淨覺, 言滅穢成明, 道爲聖悟."

4) 『魏書』卷114, 「釋老志」, "魏明帝曾欲壞宮西佛圖. 外國沙門乃金盤盛水, 置於殿前, 以佛舍利投之於水, 乃有五色光起, 於是帝歎曰, 自非靈異, 安得爾乎？ 遂徙於道東. 爲作周閣百間. 佛圖故處, 鑿爲濛氾池, 種芙蓉於中. 後有天竺沙門曇柯迦羅入洛, 宣譯誡律, 中國誡律之始也. 自洛中構白馬寺, 盛飾佛圖, 畫迹甚妙, 爲四方式. 凡宮塔制度, 猶依天竺舊狀 而重構之, 從一級至三五七九. 世人相承, 謂之「浮圖」, 或云「佛圖」. 晉世, 洛中佛圖 有四十二所矣. 漢世沙門, 皆衣赤布, 後乃易以雜色."

교 경전을 공부했으나 21세 되던 354년 동생과 함께 佛圖澄(232~348)의 제자인 釋道安(312~385)의 문하에 들어가 25년 동안 그를 사사하였다. 365년부터는 도안과 함께 襄陽에서 활동하였다. 東晉 孝武帝 太元 3年(378) 苻堅(재위 357~385)의 前秦이 襄陽을 공격하고 도안을 장안으로 데려가자, 혜원은 도안의 命으로 제자 수십 인과 함께 남하하여 荊州 上明寺에 住하였다. 이후 386년 江西省 廬山에 東林寺를 창건, 원적할 때까지 이곳에서 계율을 지키며 도안의 般若學을 계승하고, 禪定을 닦는 출세간적인 山林佛敎의 육성에 힘썼다. 당시 劉遺民(352~410), 雷次宗(386~448), 宗炳(375~443) 등 많은 문인들과 교류하며 白蓮社를 결성했으며, 罽賓 출신 승려 僧伽提婆와 佛馱跋陀羅(359~429)등을 여산에 불러 小乘 阿毗曇學과 禪學 등을 닦았다. 한편 廬山에 般若台를 건립, 그곳의 無量壽佛像 앞에서 齋를 올리며 西方極樂世界에의 왕생을 서원했다. 그의 저술로는 대략 20여 종류가 현존하는 것으로 알려져 있지만 시기가 분명한 것은 404년, 즉 혜원이 71살에 찬술한 〈沙門不敬王者論〉과 413년 저술한 〈佛影銘〉 뿐이다.[5]

5 계파[法派]: 불교 내부의 계파 혹은 '敎團'을 의미한다. 그런데 '法派'라는 단어는 明淸시대에 자주 등장하는 표현으로 중국 고대에는 거의 사용되지 않았던 용어다. 본문에서는 정오법사가 혜원과 같은 계파나 교단에 속하는 것으로 소개하고 있다. 정오가 혜원과 마찬가지로 서방극락의 왕생을 발원한 때문에 이런 표현을 사용한 것으로 추정된다. 조탑기의 조성 연대로 미루어 정오는 혜원과 동시기에 활동한 사람이며, 혜원보다 일찍 원적하였다. 그러므로 그를 동시기에 활동한 혜원의 계파로 본 점은 조금 이해하기 어렵다. 또한 정오가 활동했던 관중 지역

---

5) 혜원에 대한 자세한 논의는 鎌田茂雄 著, 章輝玉 譯, 『中國佛敎史 第2卷 受容期의 佛敎』(서울: 장승, 1993), 331-396쪽 참조. 〈沙門不敬王者論〉은 『弘明集』卷5와 『廣弘明集』卷15에 각각 수록되어 있다.

에는 401년 장안에 들어온 鳩摩羅什(344~413, 또는 350~409)의 교단이 왕성하게 활동하고 있었다. 그러므로 文頭에서 "淨悟法師, 遠公師之法派也."라고 하여 혜원과 연결시킨 것은 의문이다.

6 어려서 불성을 가지고 있었으며[幼姿性了悟]: 姿性은 품행이나 성격을 가리킨다. 了悟는 불교 용어로서 內心의 佛性, 즉 마음을 밝게 하여 청정한 佛性을 깨닫는 '明心見性'을 말한다.

7 도력이 매우 견고하였다[道力貞堅]: '道力'은 修道를 통해 얻은 功力이다. '貞堅'의 '貞'은 堅定하여 미혹되지 않거나[6] '貞石'의 표현에서 보듯 돌처럼 매우 견고함을 의미한다.[7]

8 天台山의 □隱寺[天台□隱寺]: 天台山은 浙江省 中東部, 즉 寧波, 紹興, 金華, 溫州 등 네 도시가 접하는 곳에 위치하고 있다.[8] 이 곳은 梁~隋代에 걸쳐 활동했던 천태대사 智顗(538~597)가 주석하던 國淸寺가 있던 곳으로 매우 유명하다. 현존하는 고승전류의 기록에서는 천태산에 소재한 사찰로서 '…隱寺'를 찾을 수 없다.

9 출가했으며[落髮]: 落髮은 머리를 자르고 출가하는 것을 뜻한다.[9]

10 강을 건너[渡江]: 절강 지역에서 강을 건너 섬서성 중부의 關中 지역과 감숙성 동부 일대 지역인 關隴 지역으로 갔으므로 여기의 江은 '長江'을 지칭한다.

11 태을산[太乙山]: 終南山[10]으로 비정하기도 하며 太白山으로 보기도 한

---

6) 『釋名』, "貞, 定也. 精定不動惑也."
7) 毛遠明, 앞의 글, 1192쪽.
8) 『隋書』卷31, 「地理志」, "臨海舊曰章安, 置臨海郡. 平陳, 郡廢. 縣改名焉. 有赤山天台山."
9) 북위 靈太后 胡氏의 출가에서도 동일한 표현이 사용되었다. 『魏書』卷13, 「皇后列傳」, "及武泰元年, 尒朱榮稱兵渡河, 太后盡召肅宗六宮皆令入道, 太后亦自落髮. 榮遣騎拘送太后及幼主於河陰. 太后對榮多所陳說, 榮拂衣而起. 太后及幼主並沉於河. 太后妹馮翊君收瘞於雙靈佛寺. 出帝時, 始葬以后禮而追加諡."
10) 終南山은 南山으로도 불린다. 秦嶺山脈의 일부로 西安市 藍田縣에서 寶雞市 眉縣에

다.[11] 毛遠明은 태을산을 終南山으로 보고, 이를 太一山으로 부른다고 했
다.[12] 태백산은 秦嶺山脈의 主峰으로 섬서성의 眉縣 남부와 太白縣·周至
縣에 걸쳐 있다.[13] 佛典類 기록에서 태을산의 명칭은 南宋代(1127~1279)
승려 本覺이 편집한 『釋氏通鑑』 卷6에서 靜藹法師(534~578)와 관련하여
출현한다. 여기에서 北周 武帝(재위 560~578)의 폐불 당시 정애가 무
제를 피해 종남산에서 태을산으로 옮겨 간 것으로 기록하고 있다.[14]
당의 道宣(596~667)은 『續高僧傳』에서 靜藹를 '靜藹'로 표기했는데,
그가 '북주 무제의 폐불을 피해 종남산에서 태백산으로 숨어들어갔다'
고 기록하고 있다.[15] 그렇다면 『釋氏通鑑』에서 언급한 태을산은 태백
산이 될 것이다.

**12** 운암사[雲岩寺]: 5~6세기 관중 일대에 위치했던 운암사에 대한 기록
은 현재까지는 찾을 수 없다.

**13** 단월[檀越]: '檀越'은 뒤에 나오는 '大檀越主'의 '檀越'과 같다. 檀越은
범어 Dānapati의 한어 음역으로 施主를 뜻한다. 檀那, 陀那鉢底로도
쓴다. Dānapati를 그대로 음사한 것이 陀那鉢底인데, '陀那'는 '施'를,

---

걸쳐 분포하고 있다. 북조 시대와 隋唐代 많은 승려와 도사들이 종남산에 주석하였
는데, 당대 율종 승려 道宣律師가 이 지역에서 활동한 인물로 유명하다.
11) 『中國古今地名大詞典』編纂委員會, 『中國古今地名大詞典(上)』(上海: 上海辭書, 2005), 417쪽.
12) 毛遠明, 앞의 글, 218쪽.
13) 『中國古今地名大詞典(上)』, 423쪽.
14) 『釋氏通鑑』 卷6, "法師靜藹…帝引對極陳毁教禍福報, 應帝爲改容, 顧業已成, 既行之詔不可返, 因謝遣之. 藹退而泣曰, 大教陀塞, 吾何忍矣. 遂遁入終南山, 帝尋欲官之, 遣衛士求藹. 藹聞徙入太乙山, 衛士不獲而返." 『卍新續藏』 76册, No.1516, 62쪽.
15) 『續高僧傳』 卷23, 「靜藹傳」, "初武帝知藹志烈, 欣欲見之. 乃勅三衛二十餘人, 巡山訪覓氈衣道人. 朕將位以上卿共治天下. 藹居山幽隱追蹤不獲, 後於太一山錫谷潛." T50, No.2060, 627쪽上; 『續高僧傳』 卷12, 「道判傳」, "(釋道判)逢靜藹法師, 諮詢道務, 慧業沖邈淹歷五周朝夕聞問, 方登階漸. 會武帝滅法, 與藹西奔于太白山, 同侶二十六人, 逃難巖居不忘講授." T50, No.2060, 517쪽上(T는 『大正新修大藏經』의 약칭임. 이하 동일).

'鉢底'는 '主'를 뜻한다.

14 향화[香花]: 부처 앞에 바치는 향과 꽃 등의 공양물로 香華로도 쓴다.

15 永興 4년[永興四年]: 북위 영흥 4년은 412년이다.

16 법당에서 원적했다[圓寂於法堂]: '圓寂'은 "여러 덕을 원만히 성취하고 여러 악을 멸했다(諸德圓滿, 諸惡寂滅)"는 뜻으로,16) 부처나 승려의 사망을 지칭한다. '般涅槃', '涅槃' '入寂' 등과 동의어이다. 法堂은 불법을 說하는 講堂이다.

17 연화가 모습을 드러내고 불경에서 향이 났다[蓮華現影, 貝葉生香]: 인도에서는 불교 경전의 내용을 종려나무科에 속하는 '貝多羅樹'('多羅樹'로도 칭함)의 잎', 즉 貝葉에 기록했다. 그리하여 패엽은 불경의 대명사로 사용되었다. 12월 한겨울에 연화가 꽃을 피우고 불교 경전에서 향내가 났다고 하여 정오법사 원적의 神異를 묘사한 것이다

18 바로[訊]: 訊은 '輒'으로 생각한다.

19 이것으로써 그의 죽음을 드러내 보이고 만년 동안 제사를 지내 영원히 기억하고자 한다[用示千秋, 萬禩永記]: '千秋'는 세월의 유구함을 표현하기도 하나, 뒤에 나오는 萬禩로 미루어 여기서는 죽음을 완곡하게 표현한 것으로 봐야 한다.17)

20 서방의 극락[西方佛界]: 西方은 아미타불이 常住하는 서쪽의 극락이다. 佛界는 十界18) 가운데 하나로서 여러 부처들의 境界, 즉 불국토이다.

---

16) 丁福保 編, 『佛學大辭典』(北京: 文物, 1984), 1170쪽.
17) 『戰國策』,「燕策二」, "太后千秋之後, 王棄國家, 而太子即位, 公子賤於布衣."
18) 十界는 十法界라고도 한다. 地獄, 餓鬼, 畜生, 阿修羅, 人間界, 天界 등 6종의 迷界(중생의 세계)와 聲聞, 緣覺, 菩薩, 佛界 등 4종의 悟界로 나뉜다. 이 가운데 지옥, 아귀, 축생은 貪, 瞋, 癡의 三毒으로 인한 죄악을 범한 결과 태어나서 고통을 받는 곳이기 때문에 三惡道라고 한다. 阿修羅는 지혜는 다소 있으나 의심과 질투가 많고 싸움을 좋아하는 神의 세계이며, 人間界는 과거에 五戒나 中品의 십선을 실천한 이가 태어나는 세계이다. 天界는 殊勝한 十善을 닦은 이들이 태어나는 세계이다. 4종의 오계 가운데 성문과 연각은 小乘의 修行者이다. 성문은 四諦와 八正道의 이치를 남에게 들

㉑ 사리[舍利]: 범어 śarīra의 음역으로 舍利子라 부르기도 한다. 사리는 석가모니 유체를 화장한 후 남은 유골과 骨灰 등은 물론 그의 두발과 손톱 등도 모두 포괄하는 범칭이다.[19] 석가모니 뿐 아니라 승려들의 유골도 사리라 불렀다. 후에는 불교 경전 역시 法舍利란 이름으로 지칭되었다.

㉒ 교화주 花之僧[施化力主花之僧]: '施化力主'는 교화를 담당한 자를 지칭하는 것으로 생각하는데, 유사한 표현을 찾아보기 어렵다. 게다가 '花之僧'이란 표현도 거의 없는데, 일반적으로 불교 조상기나 조탑기에서 '…主' 뒤에는 이름이 나오므로 '花之僧'은 教化主의 이름일 가능성이 크다.

㉓ 大檀越主[大檀越主]: 시주자들 가운데 대표 시주자를 지칭하며, '大檀越'로도 쓴다.

㉔ 香火院主[香火院主]: 香火는 '燒香燈火'의 줄임말로 공양물의 하나인 香과 燈을 지칭한다.[20] 『續高僧傳』에는 '香火'를 都講, 維那, 梵唄, 唱導 등과 함께 나열하고 있어,[21] 불교 의례에서 향을 피우고 등불을 밝히는 일을 담당하는 승려 등을 또한 '향화'로 불렀음을 알 수 있다. 이 조탑기에서는 이런 일을 담당하는 부서로서 '향화원'을 두고 이곳 책임자를 '香火院主'로 칭한 것으로 추정한다. 향화가 또한 불교를 믿는 세속

---

고 배워 阿羅漢이 되기를 이상으로 사는 불제자이며, 연각은 외부의 가르침에 의하지 않고 스스로 인연의 사리를 관찰함으로써 깨우침을 얻는 성자이다. 자기만의 깨우침을 목적으로 삼아 산림에 은둔하여 세상 사람들을 교화하지 않기 때문에 獨覺이라 불리기도 한다. 이와 달리 보살은 깨달음을 추구하는 사람임과 동시에 타인을 깨우치고자 노력하는 존재이다. 佛은 모든 법의 진리를 깨달아 모든 번뇌를 끊은 완성자이다.

19) 『魏書』卷114,「釋老志」, "佛既謝世, 香木焚尸. 靈骨分碎, 大小如粒, 擊之不壞, 焚亦不燋, 或有光明神驗, 胡言謂之舍利. 弟子收奉, 置之寶瓶, 竭香花, 致敬慕, 建宮宇, 謂爲塔. 塔亦胡言, 猶宗廟也, 故世稱塔廟."
20) 丁福保 編, 앞의 글, 808쪽.
21) 『續高僧傳』卷1,「菩提流支傳」, "都講香火維那梵唄咸亦須之": "香火梵音禮拜唱導" T50, No.2060, 429쪽.

인을 의미하는 경우도 다수 출현한다. 이 경우 香火知識,[22] 香火同邑,[23] 香火邑義,[24] 香火因緣[25] 등으로 표현하며, 그냥 '향화'로 표현하는 경우도 있다.[26]

### 【참고문헌】

(北齊)魏收 撰,『魏書』, 北京: 中華書局, 1997.
(唐)魏徵 等 撰,『隋書』, 北京: 中華書局, 1997.

(漢)劉向 集錄,『戰國策』, 上海: 上海古籍, 1988年 2印.
(漢)劉熙 撰,『釋名』,『文淵閣四庫全書 第221册・經部215』, 臺北: 臺灣商務印書館, 1983.

(唐)道宣 撰,『續高僧傳』,『大正新修大藏經』50冊, No.2060.
(宋)本覺 撰,『釋氏通鑑』,『卍新續藏』76冊, No.1516.

北京圖書館金石組 編,『北京圖書館藏中國歷代石刻拓本匯編 3冊』, 鄭州: 中州古籍, 1989.
毛遠明 校注,『漢魏六朝碑刻校注』, 北京: 線裝書局, 2009.
韓理洲 等 輯校編年,『全北魏東魏西魏文補遺』, 西安: 三秦, 2010.

毛遠明,『漢魏六朝碑刻異體字典(下)』, 北京: 中華書局, 2014.
丁福保 編,『佛學大辭典』, 北京: 文物, 1984.
『中國古今地名大詞典』編纂委員會,『中國古今地名大詞典(上)』, 上海: 上海辭書, 2005.

鎌田茂雄 著, 章輝玉 譯,『中國佛敎史 第2卷 受容期의 佛敎』, 서울: 장승, 1993.
李楷,『杞芳堂讀碑記』, 杭州: 西泠印社, 2014.

---

22) 韓理洲 等 輯校編年,『全北魏東魏西魏文補遺』(西安: 三秦, 2010), 681쪽.
23)『全北魏東魏西魏文補遺』, 508쪽.
24)『全北魏東魏西魏文補遺』, 569쪽.
25)『全北魏東魏西魏文補遺』, 590쪽.
26)『全北魏東魏西魏文補遺』, 562쪽, "又願香火, 一切含生及善知識…託生西方."

# 〈北凉承陽二年(426)馬德惠造塔記〉

〈북량 승양 2년(426) 마덕혜 조탑기〉

소현숙

【解題】

①〈馬德惠石塔銘〉[1] ②北凉 承光 2년(426) ③清 光緒 연간 酒泉 石佛寺灣子[2](현 酒泉城 내 西南方) 출토, 1955년 酒泉 文殊山 石窟寺 유지 내 저장실에서 다시 발견돼 세상에 알려짐[3] ④甘肅省博物館 소장 ⑤砂巖 ⑥서역의 奉獻 佛塔形. 殘高 34cm, 底徑 16cm. 發願文 4行, 每行 6~8字 ⑦〈탁본 사진〉『甘肅佛教石刻造像』; 『北凉石塔藝術』; 『北凉石塔研究』〈실물 사진〉『甘肅佛教石刻造像』; 『北凉石塔藝術』; 『北凉石塔研究』 ⑧없음 ⑨『隴右金石錄附校補』;[4] 『魏晋南北朝敦煌文獻編年』; 『全三國兩晉南朝文補遺』 ⑩ 가장 이른 시기 중국 탑으로 알려진 14기의 '北凉石塔' 가운데서 제작 시기가 가장 빠르다 ⑪史岩,「酒泉文殊山的石窟寺院遺址」,『文物參考資料』1956-7; 王毅,「北凉石塔」,『文物資料叢刊(一)』(北京: 文物, 1977); 張寶璽 編著,『甘肅佛教石刻造像』(蘭州: 甘肅人民美術, 2001); 殷光明,『北凉石塔研究』(新竹: 覺風佛教藝術文化基金會, 1999).

【 解 題 註 】

**1** 이른바 '北凉石塔'으로 불리는 石塔群 가운데 하나이다. '북량석탑'은 모두 14기로 甘肅省 河西走廊에서 12기(武威 1기, 酒泉 6기, 敦煌 5기), 新疆 투르판 지역에서 2기가 발견되었다. 모두 인도 및 서역의 覆鉢形 탑의 형태를 띠고 있다. 제작 시기는 대부분 北凉(397~439) 시기로 추정되어 '북량석탑'으로 불린다. 14기 가운데 기년을 알 수 있는 석탑은 承陽(承光) 2년(426) 馬德惠塔, 承玄 원년(428) 高善穆塔, 承玄 2년(429) 田弘塔, 緣禾(延和) 3년(434) 白雙阜塔, 緣禾(延和) 4년(435) 索阿後塔, 太緣(太延) 2년(436) 程段兒塔 등 6기이다. '북량석탑'은 일반적으로 8각형의 塔基, 圓柱形의 塔腹, 塔肩, 塔刹 등 네 부분으로 구성되어 있다. 탑기는 팔면에 각각 1인의 인물을 표현하고 해당 인물의 두부 위에 8卦를 표현하며,1) 탑복에는 불교 경전의 일부 내용과 발원문 등을 음각하였다. 그리고 탑견의 8面에는 7佛과 보살형의 미륵을 음각했다.

**2** 출토지를 '石佛灣子'으로 표현한 경우도 있다.2)

**3** 張寶璽 編著,『甘肅佛敎石刻造像』(蘭州: 甘肅人民美術, 2001), 202쪽.

**4** 〈承陽石幢〉의 표제 아래 수록되어 있는데, 전문은 다음과 같다. "令狐颯書承陽二年歲在丙寅次于鶉火十月□日食 □□百心於酒泉西城立爲父母新亡."3)

---

1) 마덕혜탑의 基壇 부분은 높이 약 8.6cm로, 8개의 면마다 畵像(모두 4남4녀)이 陰刻되어 있다. 각 인물상의 두부 위에는 8卦의 부호를 하나씩 새겼는데, 震卦에서 시작해 艮卦로 끝이 난다. 인물상의 한편, 혹은 양편에도 제기가 있는데 우측 제기는 卦名과 그것이 상징하는 人倫이며, 좌측 제기는 공양인의 이름 등이다. 순서대로 배열하면 다음과 같다. 1.마손이 심함(☳, 震長男 으로 추정); 2.☰【右】巽中女【左】惠□女; 3.☲【右】離中女【左】惠父寅安; 4.☷【右】地母【左】惠母恩在; 5.☱【右】□少女【左】沙門曇智; 6.☰【右】乾父【左】惠□女; 7.☵【右】□少南【左】□師南保兒; 8.☶【右】艮仲南【左】旁題 없음(殷光明,『北凉石塔研究』(新竹: 覺風佛敎藝術文化基金會, 1999), 26-27쪽).
2) 張寶璽 編著,『甘肅佛敎石刻造像』(蘭州: 甘肅人民美術, 2001), 202쪽.

## 【釋文】

❶令狐颯書. ❷承陽二年歲在丙」寅, ❸次于❹鶉火十月五」日, 馬德惠於酒泉」西城立, 爲父母報恩. ❺

## 【釋文註】

❶ 書寫者의 이름 앞에는 僧伽提婆4)가 長安에서 漢譯한『增一阿含經』卷42,「結禁品」제46의 부분이 22행에 걸쳐 선각되어 있다. '聞如是'에서 시작해 '是名得道'로 끝나는 내용은 '十二因緣'을 설명한 것이다. '十二緣起'라고도 불리는 '십이인연'은 인과에 의해 '과거, 현재, 미래' 등 三世 동안 끊임없이 이어지며 사람으로 하여금 윤회의 고리에서 빠져나올 수 없게 하는 '無明, 行, 識, 名色, 六處, 觸, 受, 愛, 取, 有, 生, 老死' 등의 12가지를 지칭한다. 현존하는 12개의 북량석탑에는 모두 '십이인연'이 線刻되어 있는데, 스스로를 말법 시대에 살고 있다고 인식한 사람들이 미래불인 미륵이 일찍 세상에 내려와 중생들에게 12인연을 설법해줌으로써 無上道를 얻고자 하는 바람과 관련이 있다.

❷ '書'를『全三國兩晉南朝文補遺』는 '결락'으로 보았지만,5) 탁본 상태를 보면 '書'가 확실하다. '書'는 앞쪽에 선각한『增一阿含經』의 經文을 書寫한 이를 지칭한다.

❸ 丙寅을 '戊寅'으로 읽은 경우도 있다.6) 대부분의 학자가 '丙寅'으로 읽

---

3) [民國]張維 纂,『隴右金石錄附校補』:『石刻史料新編 第一輯 21-地方類』(臺北: 新文豊, 1977), 16343쪽; 國家圖書館善本金石組,『先秦秦漢魏晉南北朝石刻文獻全篇 二』(北京: 北京圖書館, 2003), 729쪽.

4) 북인도 罽賓 출신 승려로 前秦 苻堅의 요청으로 建元 연간(365~384) 長安에 와 飜經 작업을 하였다.

5) 韓理洲 等 輯校編年,『全三國兩晉南朝文補遺』(西安: 三秦, 2013), 181쪽.

었고, 承光 2년이 丙寅年에 해당하므로 '丙寅'이 타당할 것이다.

4 많은 저록에서 '於'로 표기했지만,7) 탁본에 따라 '于'로 표기했다.

5 이 조탑기는 刻日(紀年)과 星次, 造塔者(發願者) 성명, 조탑 지역, 발원 내용 순서로 구성되어 있다.

【譯文】

令狐颯이 씁니다.1 承陽2 2년 星次3가 鶉火4에 있는 병인년 10월 5일에 馬德惠가 부모의 은혜에 보답하기 위해 酒泉5의 西城에 세웁니다.

【譯文註】

1 令狐颯이 씁니다[令狐颯書]: 令狐颯을 비롯한 令狐氏는 돈황 大族으로 西凉(400~421)이 北凉에게 멸망한 후 많은 사람들을 위해 사경[抄經]을 했다.8)

2 承陽[承陽]: 사서에 기록된 중국의 역대 연호 가운데 '承陽'은 없다. 투르판 출토 문서와 일부 석각 및 문헌 자료를 살펴보면 북량에서는 자신들의 연호를 썼을 뿐만 아니라, 다른 강대국이나 왕조의 연호를 奉行했다. 이를 통해 '承陽'을 夏 赫連勃勃(재위 407~425)의 '承光'으로 추정한 학자도 있다.9) 그러나 혁련발발은 425년 사망했고, 赫連昌(재위 425~428)

---

6) 史岩,「酒泉文殊山的石窟寺院遺址」,『文物參考資料』1956-7, 56쪽.
7) 『全三國兩晉南朝文補遺』, 181쪽; 殷光明, 앞의 글, 38쪽.
8) 孔令梅·杜鬥城,「十六國北朝時期敦煌令狐氏與佛敎關系探究」,『敦煌研究』 2010-5, 99-101쪽.
9) 朱雷,「出土石刻及文書中北凉沮渠氏不見于史籍的年號」,『出土文獻研究』(北京: 文獻, 1985), 207쪽.

이 그의 뒤를 이어 왕위를 계승한 후 연호를 '承光'이라 바꾸었다. 承光 2년은 426년으로 丙寅에 해당하여 이 조탑기의 간지와 부합한다. 북량에서 '承光'이 아닌 '承陽'을 쓴 이유에 대해서는 잘못 알고 썼다는 설, 緣禾(延和) 3년(434) 白雙㫪塔과 緣禾(延和) 4년(435) 索阿後塔에서 보듯10) 북량에서는 음이나 뜻이 같으면 다른 글자로 대체하는 경우가 종종 있었으므로 이 경우도 여기에 해당한다고 보는 설 등 두 가지가 있다. 즉 '陽'자가 '光'자를 대체했다고 보는 것이다.11)

③ 星次[次]: '성차'는 고대 중국에서 星辰의 운행과 절기의 변환을 설명하기 위한 분류법으로, 黃·赤道帶를 서쪽에서 동쪽 방향으로 12등분 하여 星次라 한 것이다. 12차는 『左傳』, 『國語』, 『爾雅』 등에 처음 출현하는데, 주로 木星의 位置를 표현하는데 사용되어 한대 이후 정형화되었다. 12星次는 '壽星, 大火, 析木, 星紀, 玄枵, 娵訾, 降婁, 大梁, 實沈, 鶉首, 鶉火, 鶉尾' 등으로, 赤道의 經度를 동일하게 나눈 것이다. 명대 말기 유럽 천문학의 유입 이후 12次의 이름을 가지고 黃道 12宮의 명칭을 번역하게 되어 이때부터 황도를 12등분 한 것을 12차로 부르게 되었다. 한편, 인간의 화복이 星象과 관련이 있다고 보고 그 길흉을 점치기 위해 하늘의 12차, 또는 28수에 상응하여 땅위의 지역을 12로 나누고 12分野라 칭하였다.

④ 鶉火[鶉火]: 12성차 가운데 하나로, 12辰의 午에 해당하며(양력 7월 7일에서 8월 7일 사이), 28宿 가운데 柳·星·張의 3宿가 여기에 해당한다. '次于鶉火'는 地支의 '午'에 해당하므로 析木에 해당하는 발원문의 '丙寅'과 부합하지 않는다.

---

10) 두 탑의 명문은 각각 "涼故大沮渠緣禾三年歲次甲戌七月上旬"과 "涼皇大沮渠緣禾四年歲在亥三月廿九日"로 되어 있어 북량 시대에 제작되었음이 확실하다. 그런데 북량에서는 緣禾라는 연호가 없다. 명문의 간지는 당시 북위의 延和 3년과 4년의 간지와 부합하고 있어 '緣禾'는 북위 '延和'임을 알 수 있다.
11) 殷光明, 앞의 글, 63-64쪽.

5 酒泉[酒泉]: 감숙성 河西走廊의 서쪽에 위치하고 있다. 전한 무제 때 설치된 河西4郡 가운데 하나로 元狩 2年(前121) 설치되었다.[12] 5호16국 시대에는 차례로 前凉(301~376), 後凉(384~403)과 西凉 등의 영토였으나 421년 北凉의 沮渠蒙孫(재위 401~433)이 서량을 멸망시킴으로써 北凉 영토가 되었다.

## 【참고문헌】

(漢)班固 撰,『漢書』, 北京: 中華書局, 1997.

[民國]張維 纂,『隴右金石錄附校補』(『石刻史料新編 第一輯 21册』수록), 臺北: 新文豊, 1977.
國家圖書館善本金石組,『先秦秦漢魏晉南北朝石刻文獻全篇 二』, 北京: 北京圖書館, 2003.
韓理洲 等 輯校 編年,『全三國兩晉南朝文補遺』, 西安: 三秦, 2013.

孔令梅·杜鬥城,「十六國北朝時期敦煌令狐氏與佛教關系探究」,『敦煌研究』2010-5.
史岩,「酒泉文殊山的石窟寺院遺址」,『文物參考資料』1956-7.
王毅,「北凉石塔」,『文物資料叢刊(一)』, 北京: 文物, 1977.
饒宗頤,『魏晉南北朝敦煌文獻編年』, 臺北: 新文豊, 1973.
殷光明,『北凉石塔研究』, 新竹: 覺風佛教藝術文化基金會, 1999.
張寶璽 編著,『甘肅佛教石刻造像』, 蘭州: 甘肅人民美術, 2001.
張寶璽 編著,『北凉石塔藝術』, 上海: 上海辭書, 2006.
朱雷,「出土石刻及文書中北凉沮渠氏不見于史籍的年號」,『出土文獻研究』, 北京: 文獻, 1985.

---

12)『漢書』卷6,「武帝本紀」, "(元狩二年)秋, 匈奴昆邪王殺休屠王, 並將其衆合四萬餘人來降, 置五屬國以處之. 以其地爲武威酒泉郡."

# 〈北凉太緣(太延)二年(436)程段兒造塔記〉

## 〈북량 태연 2년(436) 정단아 조탑기〉

소현숙

### 【解題】

①〈程段兒造石塔記〉 ②北凉 太緣 2년(436) ③1969년 9월, 酒泉 專署街 南巷 공사현장에서 高善穆塔과 함께 발견, 발견 당시 두 탑은 지표에서 약 2m 아래의 마모된 殘石 아래에 세워져 있었음 ④甘肅省 酒泉博物館 소장 ⑤靑灰色 砂頁巖 ⑥서역의 奉獻佛塔 形. 높이 43cm, 底徑 12cm. 發願文 6行, 每行 9~10字 ⑦〈실물 및 탁본 사진〉『北凉石塔硏究』;『甘肅佛敎石刻造像』;『北凉石塔藝術』 ⑧없음 ⑨『全三國兩晉南朝文補遺』;『中國歷代紀年佛像圖典』;『甘肅佛敎石刻造像』 ⑩탑의 조성연대를 前凉 太緣 2년(337)으로 본 경우도 있다. 그럴 경우 이 소탑은 이른바 '北凉石塔'으로 불리는 14기의 조상탑 가운데 가장 이른 사례가 된다. 그러나 다른 13기의 북량석탑과 명문과 형태 등이 매우 유사하여 북량 제작으로 추정하는 게 타당할 것이다. ⑪王毅,「北凉石塔」,『文物資料叢刊(一)』(北京: 文物, 1977); 殷光明,『北凉石塔硏究』(新竹: 覺風佛敎藝術文化基金會, 1999).

## 【解題註】

1. 酒泉 專署街 南巷 공사 현장은 馬德惠塔 등 4기의 북량석탑이 발견된 지점에서 멀지 않은 곳으로, 전체적으로 石佛灣子 지역에 속한다.[1] 그리하여 출토 지점을 石佛灣子로 기록한 경우도 있다.[2]
2. 석회암이라는 설도 있으나,[3] 여기서는 감숙 현지 학자의 설명을 따랐다.[4]

## 【釋文】

[1]勸書令狐廉嗣. 凉[2]太緣二年歲在丙子六月中」旬, 程段兒自惟薄福, 生值末」世, 不覩佛典, 自竭爲父母合」家, [3]立此石塔形像. [4]願以此」福, 成無上道. 並及命過秋」官女・妻陵男, 亦同上願.[5]

## 【釋文註】

1. 발원문의 앞부분에는 〈마덕혜탑〉과 마찬가지로『增一阿含經』卷42, 「結禁品」제46의 내용이 22행에 걸쳐 선각되어 있다.
2. '惟'로 읽은 경우도 있으나,[5] 탁본을 살펴보면 '凉'이 확실하여 북량을 지칭함을 알 수 있다
3. '闔家'로 읽은 경우도 있지만,[6] 탁본에 따라 '合家'로 쓴다.

---

1) 殷光明,『北凉石塔研究』(新竹: 覺風佛敎藝術文化基金會, 1999), 33쪽.
2) 張寶璽 編著,『甘肅佛敎石刻造像』(蘭州: 甘肅人民美術, 2001), 203쪽.
3) 金申,『中國歷代紀年佛像圖典』(北京: 文物, 1994), 433쪽.
4) 張寶璽 編著, 앞의 글, 203쪽.
5) 韓理洲 等 輯校編年,『全三國兩晉南朝文補遺』(西安: 三秦, 2013), 150쪽.
6)『全三國兩晉南朝文補遺』, 150쪽.

④ 金申은 후반부를 " 願以此」福, 成無上道並及命過秋官, 女妻, 陵男, 亦同上願."으로 석문했다.
⑤ 이 조탑기는 寫經者의 성명, 刻日, 造塔者(發願者) 성명. 조탑 동기, 조탑 내용, 발원 내용, 조탑 동기, 발원 내용의 순서로 구성되어 있다.

【 譯 文 】

권서 令狐廉嗣.❶ 北凉 太緣❷ 2년 丙子年 6월 중순, 程段兒는 스스로가 薄福하여 말세에 태어나❸ 불법을 보지 못했다❹고 생각하고 있습니다. 스스로 힘을 다해 부모와 온 집안❺을 위해 이 석탑 형상을 세웁니다. 이 복❻으로 인하여 무상의 도를 이루기를.❼ 아울러 고인이 된❽ 女官 秋氏❾와 아내 陵男 역시 위의 발원처럼 無上道를 이루기를 바랍니다.

【 譯 文 註 】

❶ 권서 令狐廉嗣[勸書令狐廉嗣]: 令狐氏는 돈황 大族으로 西凉(400~421)이 北凉(397~439)에게 멸망한 후 많은 사람들을 위해 사경[抄經]을 했다. 그 일족 가운데 하나인 영호렴사가 寫經者로 등장하는 경우는 이 정단아탑 이외에 투르판 출토 사경 잔편에서도 찾을 수 있다(자세한 내용은 아래 ❷항을 참조). '勸書'는 불경의 書寫를 권유하여 서사한 사람을 지칭한다.

❷ 太緣[太緣]: 현존하는 史書에는 '太緣' 연호가 없지만, 투르판 출토 寫經 잔편 가운데 '太緣'의 연호가 출현한다. 말미에 〈佛說首楞嚴三昧經卷下〉의 제기가 붙은 사경의 경우, 제기의 뒤에 "維太緣二年歲在丙子四

月中旬令狐廉嗣於酒泉, 勸助爲優婆塞史良奴寫此經…"의 글귀가 이어진다. 이 사경이 정단아탑과 밀접한 관계가 있음은 동일한 연호 이외에도, 제기 속 令狐廉嗣가 바로 정단아탑 경문의 마지막에 나오는 "勸書令狐廉嗣" 속의 인물과 동일인으로 보이기 때문이다. 사경과 석탑은 同年에 두 달 간격으로 제작되었다. 그러므로 사경은 酒泉에서 만들어진 후 누군가에 의해 투르판으로 이동한 것으로 추정할 수 있다.7)

'太緣'이 과연 어느 왕조의 연호인가에 대해서는 두 가지 주장이 있다. 東晉 孝武帝 '太元(376~398)'으로 보는 것과 북위 '太延(435~440)'으로 보는 것이다. 전자는 '緣'과 '元'이 발음이 유사한 점, 前涼(301~376)에서 동진의 연호를 쓴 점,8) 太元 2년은 丁丑이나 元年이 丙子이므로 여기서는 간지상 오류가 있지만 이런 현상이 흔하다는 점 등을 들고 있다.9) 후자는 북량에서 일찍이 北魏(386~534)의 연호를 奉行했다는 점 등을 들어 북위의 太延으로 보고 이 석탑을 436년 제작으로 본다.10) 한편 이 석탑은 함께 발견된 承玄 원년(428) 高善穆塔과 형식과 양식이 거의 유사하여, 제작 시기가 고선목탑과 멀지 않은 것으로 추정할 수 있다. 다시 말해 제작 시기가 前涼까지는 올라가지 않을 것이다. 그러므로 여기서는 후자의 주장을 따른다.

❸ 말세에 태어나[生值末世]: 末世는 末法時期를 의미한다. 많은 불교 경전에는 석가모니 입멸 후 불법이 행해지는 500년의 正法 시기, 교법은 있지만 사람들의 믿음이 형식에 치우쳐 절과 탑 등을 세우는 일에만 힘

---

7) 黃文弼, 『吐魯番考古記』(北京: 中國科學院, 1954), '遺物說明', 26-27쪽.
8) 『晉書』 卷14, 「地理志 上」, "是時中原淪沒, 元帝徙居江左, 軌乃控據河西, 稱晉正朔, 是爲前涼."
9) 金申, 앞의 글, 433-434쪽. 『全三國兩晉南朝文補遺』도 金申의 설을 소개하고 이를 따르고 있다(150쪽). 그런데 두 사람은 막상 太緣 2년을 東晉의 孝武帝 太元 연간(376~398)보다 이른 前涼의 太緣 2년(337)으로 추정하였다. 착오로 보인다.
10) 殷光明, 앞의 글, 73-74쪽.

쓰는 像法 시기(500년 혹은 1000년), 그리고 불법이 사라진 末法 시기가 차례로 이어진다는 기록이 등장한다. 이와 같은 설법은 인도와 중앙아시아에서 불교의 쇠락 등과 연결되면서 실제로 말법의 시대가 도래했다는 위기감을 사람들에게 안겨주었다. 중국에서는 말법의 시기에 대한 인식이 북위 太武帝(재위 423~452)의 446년 廢佛 정책 이후로 시작되었다고 보아왔다. 그러나 북량석탑 가운데 緣禾(延和) 3년(434) 白雙皇塔과 太緣 2년(436) 程段兒塔에서 각각 '生値末法'과 '生値末世'의 자구가 출현, 북위 태무제 폐불 이전부터 말법 사상이 출현했음을 보여주고 있다. 그런 의미에서 상술한 두 조탑기는 중국에서 현존하는, 가장 이른 시기의 말법 사상과 관련한 실물 자료라 할 수 있다.

북량 시기의 말법 사상은 북량에서 활동하며 421년 『大般涅槃經』을 처음 漢譯한 曇無讖(385~433)과 관련이 깊다. 그는 正法 오백년, 像法 일천년, 末法 일만 년으로 보았다.[11] 이와 같은 담무참의 말법 사상은 南岳慧思(515~577)의 『南嶽思大禪師立誓願文』에서도 출현하는 등[12] 중국의 말법 사상 흥기에 큰 영향을 미쳤다. 慧思는 석가모니의 탄생을 周 昭王 24년 甲寅年(前1147)으로 보고 말법의 시작을 434년으로 보았다.[13]

**4** 불법을 보지 못했다[不觀佛典]: 佛典은 佛法이다. 말세에 처했으므로 佛의 正法을 보지 못했음을 안타깝게 여기는 것이다.

**5** 온 집안[合家]: 유사한 표현으로 '合門' 등이 있다.

---

11) 蕭統 編, 李善 注, 『文選』 卷59, 〈王簡棲頭陀寺碑文〉의 注. "正法既沒, 象教陵夷: 曇無羅讖曰, 釋迦佛正法住世五百年, 像法一千年, 末法一萬年."

12) "我聞如是 釋迦牟尼佛悲門三昧觀衆生品本起經中說, 佛從癸丑年七月七日入胎, 至甲寅年四月八日生 至壬申年年十九, 二月八日出家. 至癸未年年三十, 是臘月月八日得成道. 至癸酉年年八十, 二月十五日方便入涅槃. 正法從甲戌年至癸巳年, 足滿五百歲止住. 像法從甲午年至癸酉年, 足滿一千歲止住. 末法從甲戌年至癸丑年, 足滿一萬歲止住." 『大正新修大藏經』 46册, No.1933, 786쪽中下(이하 『大正新修大藏經』은 T로 약칭하며, 册은 생략한다).

13) 殷光明, 앞의 글, 139-140쪽.

6 복[福]: 功德, 즉 '善業을 쌓는[積善]' 행위를 의미한다.

7 무상의 도를 이루기를[成無上道]: 無上道는 부처가 얻은 최고의 도를 지칭하는 것으로[14] '無量道', '(最)正覺', '無上菩提'와 같은 뜻이다. '成無上道'는 무상의 도를 얻어 成佛의 경지에 이르는 것이다.

8 고인이 된[命過]: 돈황 지역에서 출토한 □吉德塔(敦煌市博物館 소장)의 명문에서 보듯 '命過'는 '見在', 즉 '現在'의 반대 개념으로 쓰이고 있다.[15] 이 단어는 남북조 시대 조상기에서 자주 출현하는 것으로, 이미 사망한 인물 앞에 붙여 故人을 지칭한다.

9 女官 秋氏[秋官女]: '官女'는 궁중의 여관 가운데 하나이지만,[16] 造塔記가 민간의 발원이므로 여기에서는 추씨 성을 가지고 官署에서 일했던 여성을 지칭한 것으로 볼 수 있다.

【참고문헌】

[晉]范曄 撰, 『後漢書』, 北京: 中華書局, 1997.
[北齊]魏收 撰, 『魏書』, 北京: 中華書局, 1997.

---

14) 『法華經』 卷2, 「方便品」, "正直捨舍方便, 但說無上道." T9, No.262, 9쪽; 『法華經』 卷16, 「如來壽量品」, "每自作是意, 以何令衆生, 得入無上道, 速成就佛身." T9, No.262, 43쪽中.

15) "…將」是福願與七世」父母兄弟□親」及一切衆生共成」無量道」命過□番」命過掘冊」命過掘橋」命過生生」見在善沙□」見在吉冊」見在□□」見在□□」見在妻」見在□ㄷ ㄱ妙」見在」□□ㄷ." 殷光明, 앞의 글, 39쪽.

16) 毛遠明, 『漢魏六朝碑刻校注 5冊』(北京: 綫裝書局, 2008), 139-140쪽. 毛遠明은 官女를 尙書類의 하나로 正3品類에 해당하는 것으로 보았다(140쪽). 아마 『魏書』 卷13, 「皇后列傳」의 "後置女職, 以典內事. 內司視尙書令·僕. 作司·大監·女侍中三官視二品. 監, 女尙書. 美人·女史·女賢人·書史·書女·小書女五官. 視三品. 中才人·供人·中使女生·才人·恭使宮人視四品. 春衣·女酒·女饗·女食·奚官女奴視五品." 기록을 토대로 '官女'를 '才人'보다 한 등급 높은 3품류로 추정한 듯하다.

[梁]蕭統 編, [唐]李善 注, 『文選』, 北京: 中華書局, 2006年 6印.

『法華經』, 『大正新修大藏經』 9冊, No. 262.
[陳]慧思 撰, 『南嶽思大禪師立誓願文』, 『大正新修大藏經』 46冊, No. 1933.

毛遠明, 『漢魏六朝碑刻校注 5冊』, 北京: 綫裝書局, 2008.
韓理洲 等 輯校編年, 『全三國兩晉南朝文補遺』, 西安: 三秦, 2013.
金申, 『中國歷代紀年佛像圖典』, 北京: 文物, 1994.

王毅, 「北凉石塔」, 『文物資料叢刊(一)』, 北京: 文物, 1977.
殷光明, 『北凉石塔研究』, 新竹: 覺風佛教藝術文化基金會, 1999.
張寶璽 編著, 『甘肅佛敎石刻造像』, 蘭州: 甘肅人民美術, 2001.
黃文弼, 『吐魯番考古記』, 北京: 中國科學院, 1954.

# 〈劉宋元嘉二十五年(448)□熊造像記〉

〈유송 원가 25년(448) □웅 조상기〉

소현숙

【解題】

①〈□熊造像記〉②宋 元嘉 25년(448) ③清 光緒 8년(1882) 사천성 成都 萬佛寺址 출토로 전함 ④清 광서 26년(1900) 端方 소장, 이후 여러 사람의 손을 거쳐 1955년 이래 北京 故宮博物院 소장[1] ⑤회색의 거친 砂巖 ⑥현존 상의 높이 65㎝.[2] 조상기는 사각 대좌에 새겨져 있는데, 탁본 높이 36㎝, 너비 75㎝. 명문은 우측에서 시작해 背面으로 이어짐. 우측은 11행, 每行 4자의 구성. 배면은 4행이며 매 행의 글자 수는 불규칙함 ⑦〈탁본〉중국 北京 國家圖書館 章673〈탁본 사진〉『北京圖書館藏中國歷代石刻拓本匯編 2册』;『四川出土南朝佛敎造像』〈원석 사진〉『石佛選粹』;『世界美術大全集-東洋編 第3卷 三國·南北朝』;『四川出土南朝佛敎造像』⑧『匋齋藏石記』⑨『北京圖書館藏中國歷代石刻拓本匯編 2册』;『全三國兩晉南朝文補遺』⑩남조 최초의 석각 조상기로 알려졌으나 위작의 가능성을 제기하는 학자도 있음.[3] 대좌의 정면에는 중앙에 박산향로, 그 좌우에 사자 두 마리가 대칭으로 배치

되었으며, 왼쪽에는 공양인의 행렬이 묘사됨 ⑪石松日奈子,「南北朝前期の佛教美術」, 曾布川 寬・岡田 健 責任編集,『世界美術大全集-東洋編 第3卷 三國・南北朝』(東京: 小學館, 2000); 四川博物院・成都文物考古硏究所・四川大學博物館,「附錄 二. 兩件存疑造像-2.故宮博物院藏存疑造像」, 四川博物院・成都文物考古硏究所・四川大學博物館 編著,『四川出土南朝佛教造像』(北京: 中華書局, 2013).

【 解 題 註 】

1 고궁박물원 소장품을 집록해 놓은 故宮博物院 編,『故宮博物院藏品大系 雕塑編6-金石造像』(北京: 紫禁城・安徽美術, 2009)에는 이 불상이 수록되지 않았다.

2 이 상은 원래 탁본만 떠돌 뿐 조상과 그 소재지를 알 수 없었는데, 1995년 李靜杰의『石佛選粹』를 통해 처음으로 상의 모습과 소장처가 공개되었다.[1] 이 석상은 擧身 광배를 가진 불좌상이다. 현존 모습 가운데 두부와 광배, 그리고 목 아래 通肩大衣의 옷깃, 두 손 등은 모두 보수한 것이다. 현재 출토지가 확실한 남조의 불교 조상 가운데 가장 이른 것은 南齊(479~502) 시대의 것으로, 모두 인도식이 아닌 漢化된 형식의 가사를 입고 있다. 반면 이 석상은 일본 永靑文庫 소장 元嘉 14년(437) 금동불이나 원가 28년(451) 금동불처럼 U자형 衣文이 중앙에서 좌우 대칭으로 표현되는 통견의 대의를 걸치고 있다.

3 보수된 主尊의 두부, 두광 이외에 주존 우측에 아주 조그맣게 표현된

---

1) 李靜杰,『石佛選粹』(北京: 中國世界語, 1995), 도56 및 220쪽 설명.

협시보살, 대좌의 두 마리 사자 등이 남조의 보살, 사자 등의 형상과 완전히 다른 점을 근거로 의문을 제기하고 있다.2)

【釋文】

元嘉廿五」年太歲□」子, 始康郡」晉豊❶縣□」熊造一□」亮佛相」❷
□」光坐高三」尺一石佛」.❸□父母幷」熊身及兒」子起, 願無」亮壽」
佛國生. 七月廿三日」立.❹

【釋文註】

❶ 韓理洲의 『全三國兩晉南朝文補遺』는 封으로 읽었다.3)
❷ 亮은 量과 통하며,4) 相은 像과 통한다.5)
❸ '三尺'을 '二尺'으로 읽고 "造一□亮佛相, □光坐高三尺一石佛"을 "造一□亮佛相□, 坐高二尺, 一石佛"로 읽은 경우도 있다.6) 이 경우 해석은 "한 구의 무량불상을 만들었다. 앉은 높이가 2척인 석불 한 구다"가 된

---

2) 四川博物院 成都文物考古研究所·四川大學博物館, 「附錄 二. 兩件存疑造像-2.故宮博物院藏存疑造像」, 四川博物院 成都文物考古研究所·四川大學博物館 編著, 『四川出土南朝佛敎造像』(北京: 中華書局, 2013), 272쪽.
3) 韓理洲 等 輯校編年, 『全三國兩晉南朝文補遺』(西安: 三秦, 2013), 231쪽.
4) 毛遠明, 『漢魏六朝碑刻異體字典(上)』(北京: 中華書局, 2014), 533쪽.
5) 동일한 사례는 〈北周天和5年(570)邑子30人造像記〉의 "敬造釋迦相一區"에서 찾을 수 있다(金申 編著, 『海外及港臺藏歷代佛像-珍品紀年圖鑑』(太原: 山西人民, 2007), 160쪽). 이 명문은 보살상의 대좌 배면에 새겨져 있는데, 명문의 석가상과 달리 조상은 보살상이다. 아마도 후대에 별개로 만들어진 보살상을 북주 시대의 대좌 위에 안치한 것으로 추정된다.
6) 『全三國兩晉南朝文補遺』, 231쪽.

다. 그러나 일반적으로 조상의 수량을 표현할 때는 '造像1軀'처럼 수량이 가장 뒤에 표현된다. 한편, 탁본을 자세히 살펴보면 '二尺'의 '二'는 三에 가깝다. 晉의 1척은 대략 24.2cm이므로 2척이면 48.4cm, 3척이면 72.6cm가 된다. 현재 공개된 사진의 비례로 볼 때, 주존의 坐高는 대략 40cm~45cm로 추정된다. 그러므로 조상기의 글자를 2척으로 보면 대략 좌상의 높이와 맞아떨어지지만, 3척으로 보면 큰 차이가 난다. 그러므로 탁본을 토대로 '2척'을 '3척'으로 보고, □안에 들어갈 말을 '通'으로 보면, "광배에서 臺座까지의 총 길이가 3척1촌인 석불이다"의 해석이 가능하다. 현재 이 상은 광배까지 포함하여 잔고 65cm인데, 광배의 경우 현재 보수된 것보다 조금 높았을 것으로 보여 대략 명문에서 제시한 수치와 맞는다. 이처럼 구체적 수치를 제시한 사례로는 〈北魏建義元年(528)常申慶造像記〉의 "造玉石像壹軀, 高二尺仵",[7] 하북성 定州 修德寺址 출토〈東魏武定3年(545)郭元賓造像記〉의 "造玉像壹區, 高尺七"[8] 등이 있다.

4 이 조상기는 조상의 건립 해[年], 造像者(發願者)의 貫籍과 성명, 조상의 제재, 조상의 크기, 조상의 재질, 발원 대상, 발원 내용, 그리고 조상의 건립 月日 순서로 기록되어 있다.

【譯文】

원가 25년(448) □子年[1] 始康郡 晉豊縣[2] □熊[3]이 무량수불상[4] 한 구를 만들었는데, 광배에서 대좌까지의 총 높이가 3척1촌인 석불입니다.[5] 부모와 웅 본인, 그리고 자식을 위해 만들었으며, [모두가] 무량수불국에 태어나기를 기원합니다. 7월 23일 세웁니다.

---

7) 韓理洲 等 輯校編年, 『全北魏東魏西魏文補遺』(西安: 三秦, 2010), 522쪽.
8) 馮賀軍, 『曲陽白石造像研究』(北京: 紫禁城, 2005), 162쪽 No.43.

## 【譯文註】

■1  원가 25년(448) □子年[元嘉廿五年太歲□子]: 원가 25년은 서기 448년 으로 '戊子'년이다. 그러므로 원문의 박락 부문은 '戊'로 추정할 수 있다.

■2  始康郡 晉豊縣[始康郡晉豊縣]: 『宋書』에 의하면 시강군은 益州(현재의 사천성 成都) 아래의 군으로 晉 安帝 때 설치되었다. 진풍현은 당시 그 아래 설치된 4개의 현 가운데 하나다.9) 그런데 『南齊書』에는 시강군 아래 설치된 현으로 진풍현의 이름이 빠져 있어 남제에 이르러 폐치된 것으로 보인다10).

■3  □웅[□熊]: 결락되어 성은 알 수 없다.

■4  무량수불상[□亮佛相]: 조상기 뒤쪽에 '無亮壽佛國'에 태어나기를 기원하고 있어 '亮' 앞의 '□'는 '無'가 되며, 무량불상은 무량수불상을 지칭한다. 無量壽佛은 아미타불의 또 다른 이름이다. 산스크리트어 Amitāyus의 漢譯으로 수명이 한량없는 부처를 이른다. 『阿彌陀經』에 "이 부처는 광명이 무량하여 시방을 비치니 나라에 장애 있는 곳이 없다. 그러므로 아미타라 부른다…이 부처의 수명이 그 대중에게 미침이 무량무변희 아승지겁이므로 아미타불이라 부른다."고 한 데서 보듯 아미타불은 '無量壽'와 '無量光(Amitābha)' 등 두 가지 의미를 가지고 있다. 중국에서 남북조시대까지는 주로 무량수불로 불렸으며 6세기 후반부터 점차 아미타불로 부르는 경향이 증가하며, 당대에 이르면 거의 아미타불로 정착한다. 아미타불은 과거세에 法藏比丘가 48誓願을 세워 성불한 것으로, 현재 서방의 극락정토를 주재하고 있다. 아미타불과 극락의

---

9) 『宋書』卷38,「州郡四」, "始康太守, 關隴流民, 晉安帝立. 領縣四. 戶一千六十三, 口四千二百二十六. 寄治成都: 始康令, 晉安帝立; 新城子相, 晉安帝立; 談令, 晉安帝立; 晉豊令, 晉安帝立."
10) 『南齊書』卷15,「州郡下」, "始康郡: 康晉, 談, 新成."

정토를 묘사한 경전으로는 이른바 '淨土三部經'으로 불리는 『無量壽經』, 『阿彌陀經』, 『觀無量壽經』 등이 있다.

5 광배에서 대좌까지의 총 높이가 3척1촌인 석불입니다[□光坐高三尺一石佛]: 높이를 나타낼 때 擧高[11]나 全高[12]를 사용한 경우도 있지만, '通高'를 사용한 경우가 가장 많다. 미국 펜실베이니아대학 박물관 소장 북제 武平 6년(575) 조상기에는 "敬造碑像一區, 通高八尺像"[13]이라 썼는데, 현재 이 상의 총 높이가 210cm에 이르러 대략 명문의 수치와 부합한다. 이밖에도 通高를 사용한 사례로는 남조 양 天監 15년(516) 완성된 절강성 剡縣의 彌勒石像 조상기의 "像身光焰通高十丈"이 있다.[14] 한편 '광배에서 대좌까지'라고 구체적으로 설명하는 경우도 있다. 남제 禪靈寺 瑞石像 조상기는 "석가모니상을 조성했는데, 불신의 앉은 높이가 3척5촌, 광배에서 대좌까지의 총 높이가 6척5촌(造釋迦文像, 身坐高三尺五寸, 連光及座通高六尺五寸)"이라고 구체적으로 설명하고 있는데,[15] 여기서도 총 높이를 설명하면서 역시 '通高'를 사용했다. 한편 唐의 玄奘法師(602~664)가 인도 구법 여행 후 인도에서 7구의 상을 가지고 귀국했는데, 이 상들을 설명한 대목에서는 본 〈宋元嘉25年(448)□熊造像記〉처럼 6구의 불상 높이를 표현할 때 '通光座高'를 사용하고 있다.[16] 이밖에 '通光連夫(趺)'로 쓰는 경우도 있

---

11) 〈東魏武定元年(543)道俗90人造像〉에서 "擧高七尺"이란 표현을 썼는데(『全北魏東魏西魏文補遺』, 597쪽), 현재 이 상의 높이가 2m로(河南博物院, 『河南佛敎石刻造像』(鄭州: 大象, 2009), 164쪽) 대략 1척의 북위척을 28cm 정도로 보면 명문 속 높이가 196cm가 되어 실재 상의 높이와 부합하고 있음을 알 수 있다. 이밖에 '擧高'란 표현을 쓴 조상기는 〈北魏正光4年(523)趙首富等造像記〉, 북위 또는 동위 시대 제작으로 추정되는 〈陽城洪懸等造像記〉 등이 있다(『全北魏東魏西魏文補遺』, 501쪽, 678쪽).

12) 〈東魏武定2年(544)蘇豊洛造像記〉, 『全北魏東魏西魏文補遺』, 604쪽.

13) 金申 編著, 앞의 글, 113쪽.

14) [宋]志磐 撰, 『佛祖統紀』, 『大正新修大藏經』49冊, No.2035, 347쪽上(이하 『大正新修大藏經』은 T로 약칭하며, 冊은 생략한다).

15) [唐]道世 撰, 『法苑珠林』卷12, T53, No.2122, 379쪽下.

으며,17) 이를 간략하게 '光趺 + 크기'로 쓴 경우도 다수 있다.18)

## 【참고문헌】

[梁]沈約 撰, 『宋書』, 北京: 中華書局, 1997.
[梁]蕭子顯 撰, 『南齊書』, 北京: 中華書局, 1997.

[宋]志磐 撰, 『佛祖統紀』, 『大正新修大藏經』 49冊, No.2035.
[唐]慧立 撰, 『大唐大慈恩寺三藏法師傳』, 『大正新修大藏經』 50冊, No.2053.
[唐]道世 撰, 『法苑珠林』, 『大正新修大藏經』 53冊, No.2122.

[淸]端方 撰, 『匋齋臧石記』(『石刻史料新編 第一輯 11冊』에 수록), 臺北: 新文豊, 1977.
北京圖書館金石組, 『北京圖書館藏中國歷代石刻拓本匯編 2冊』, 鄭州: 中州古籍, 1989.
韓理洲 等 輯校編年, 『全北魏東魏西魏文補遺』, 西安: 三秦, 2010.
韓理洲 等 輯校編年, 『全三國兩晉南朝文補遺』, 西安: 三秦, 2013.

金申 編著, 『海外及港臺藏歷代佛像-珍品紀年圖鑑』, 太原: 山西人民, 2007.
四川博物院·成都文物考古研究所·四川大學博物館 編著, 『四川出土南朝佛教造像』, 北京: 中華書局, 2013.
曾布川 寬·岡田 健 責任編集, 『世界美術大全集-東洋編 第3卷 三國·南北朝』, 東京: 小學館, 2000.
李靜杰, 『石佛選粹』, 北京: 中國世界語, 1995.
河南博物院, 『河南佛敎石刻造像』, 鄭州: 大象, 2009.

---

16) [唐]慧立 撰, 『大唐大慈恩寺三藏法師傳』 卷6, "摩揭陀國前正覺山龍窟留影金佛像一軀, 通光座高三尺三寸. 擬婆羅痆斯國鹿野苑初轉法輪像, 刻檀佛像一軀, 通光座高三尺五寸. 擬憍賞彌國出愛王思慕如來刻檀寫眞像, 刻檀佛像一軀, 通光座高二尺九寸. 擬劫比他國如來自天宮下降寶階像, 銀佛像一軀, 通光座高四尺. 擬摩揭陀國鷲峯山說法花等經像, 金佛像一軀, 通光座高三尺五寸. 擬那揭羅曷國伏毒龍所留影像, 刻檀佛像一軀, 通光座高尺有五寸. 擬吠舍釐國巡城行化, 刻檀像等." T50, No.2053, 252쪽 中. 동일한 표현은 『大唐西域記』 卷12와 『開元釋敎錄』 卷8에도 출현한다.
17) 〈北魏熙平元年(516)彌勒像造像記〉, "通光連夫 一丈六尺", 金申 編著, 앞의 글, 31쪽.
18) 〈北魏武泰元年(528)陳天寶造像記〉; 〈東魏武定4年(546)道穎等造像記〉, 『全北魏東魏西魏文補遺』, 521-522쪽, 610쪽.

毛遠明, 『漢魏六朝碑刻異體字典(上)』, 北京: 中華書局, 2014.

四川博物院 成都文物考古研究所·四川大學博物館, 「附錄 二. 兩件存疑造像-2.故宮博物院藏存疑造像」, 四川博物院 成都文物考古研究所·四川大學博物館 編著, 『四川出土南朝佛教造像』, 北京: 中華書局, 2013.
馮賀軍, 『曲陽白石造像研究』, 北京: 紫禁城, 2005.

## 게재지 일람

▶ 墓記

〈新天鳳三年(16)萊子侯刻石〉,「中國 古中世 石刻資料 解題 및 譯註 1」,『中國史研究』96(2015. 6)에 수록.

〈後漢建武二十八年(52)三老諱字忌日記〉,「中國 古中世 石刻資料 解題 및 譯註 1」,『中國史研究』96(2015. 6)에 수록.

〈後漢永建三年(128)王孝淵墓銘〉, 미발표.

▶ 墓碑

〈前漢河平三年(前26)麃孝禹刻石〉,「中國 古中世 石刻資料 解題 및 譯註 1」,『中國史研究』96(2015. 6)에 수록.

〈後漢永初七年(113)張禹碑〉, 미발표.

▶ 頌德碑・紀功碑

〈後漢中平三年(186)張遷碑〉, 미발표.

〈唐麟德元年(664)劉仁願紀功碑〉,「「劉仁願紀功碑」의 해석과 당조의 백제 고토 지배방식」,『사림』61(2017. 7)에 수록.

▶ 墓誌

〈後漢延平元年(106)馬姜墓誌〉,「中國 古中世 石刻資料 解題 및 譯註 1」,『中國史研究』96(2015. 6)에 수록.

〈後漢元嘉元年(151)繆宇墓誌〉,「中國 古中世 石刻資料 解題 및 譯註 1」,『中國史研究』96(2015. 6)에 수록.

〈後漢永壽元年(155)繆紆墓誌〉,「中國 古中世 石刻資料 解題 및 譯註 1」,『中國史研究』96(2015. 6)에 수록.

〈西晉永平元年(291)菅洛墓誌〉, 미발표.

〈西晉永康元年(300)張朗墓誌〉, 미발표.

〈北魏延興二年(472)申洪之墓誌〉,「洛遷 이전 墓誌를 통해 본 北魏墓誌의 展開-馮熙墓誌 前史-」,『中國史研究』110(2017.10)에 수록.

〈北魏延興二年(474)欽文姬辰墓誌〉,「동아시아 古中世 石刻資料解題 및 譯註 Ⅳ」,『中國史研究』107(2017.04)에 수록.

〈北魏延興五年(475)元理墓誌〉,「洛遷 이전 墓誌를 통해 본 北魏墓誌의 展開-馮熙墓誌 前史-」,『中國史研究』110(2017.10)에 수록.

〈北魏太和元年(477)宋紹祖墓誌〉,「동아시아 古中世 石刻資料解題 및 譯註 IV」,『中國史研究』107(2017.04)에 수록.

〈北魏太和八年(484)司馬金龍墓誌〉,「동아시아 古中世 石刻資料解題 및 譯註 IV」,『中國史研究』107(2017.04)에 수록

〈北魏太和八年(484)楊衆度墓誌〉,「동아시아 古中世 石刻資料解題 및 譯註 IV」,『中國史研究』107(2017.04)에 수록.

〈北魏太和十六年(492)蓋天保墓誌〉,「동아시아 古中世 石刻資料解題 및 譯註 IV」,『中國史研究』107(2017.04)에 수록.

〈北魏延昌三年(514)高琨墓誌〉,「동아시아 古中世 石刻資料解題 및 譯註 IV」,『中國史研究』107(2017.04)에 수록.

〈北魏神龜二年(519)文昭皇后高照容墓誌〉,「동아시아 古中世 石刻資料解題 및 譯註 IV」,『中國史研究』107(2017.04)에 수록.

〈北魏劉賢墓誌〉,「洛遷 이전 墓誌를 통해 본 北魏墓誌의 展開-馮熙墓誌 前史-」,『中國史研究』110(2017.10)에 수록.

〈武周久視元年(700)袁公瑜墓誌銘〉,「〈武周久視元年(700)袁公瑜暨妻孟氏墓誌銘〉譯註」,『中國古中世史研究』49(2018.08)에 수록.

▶ 買地券

〈後漢建初六年(81)靡嬰買地券〉,「동아시아 古中世 石刻資料 解題 및 譯註 III」,『中國古中世史研究』37(2015.08)에 수록.

〈後漢延熹四年(161)鍾仲游妻買地券〉,「동아시아 古中世 石刻資料 解題 및 譯註 III」,『中國古中世史研究』37(2015.08)에 수록.

〈後漢建寧四年(171)孫成買地券〉,「동아시아 古中世 石刻資料 解題 및 譯註 III」,『中國古中世史研究』37(2015.08)에 수록.

〈孫吳黃武四年(225)浩宗買地券〉,「魏晉南北朝 買地券 譯註 및 解題」,『中國古中世史研究』39(2016.02)에 수록.

〈孫吳五鳳元年(254)黃甫買地券〉,「魏晉南北朝 買地券 譯註 및 解題」,『中國古中世史研究』39(2016.02)에 수록

〈孫吳神鳳元年(252)孫氏買地劵〉,「魏晉南北朝 買地券 譯註 및 解題」,『中國古中世史研究』39(2016.02)에 수록.

〈孫吳永安五年(262)彭盧買地券〉,「魏晉南北朝 買地券 譯註 및 解題」,『中國古中世史研究』39(2016. 02)에 수록.

〈東晉咸康四年(338)朱曼妻薛氏買地券〉,「魏晉南北朝 買地券 譯註 및 解題」,『中國古中世史研究』39(2016. 02)에 수록.

〈劉宋元嘉十年(433)徐副買地券〉,「魏晉南北朝 買地券 譯註 및 解題」,『中國古中世史研究』39(2016. 02)에 수록.

▶ 鎭墓文

〈後漢永平三年(60)鎭墓文〉,「동아시아 古中世 石刻資料 解題 및 譯註 Ⅲ」,『中國古中世史研究』37(2015.08)에 수록.

〈後漢陽嘉二年(133)曹伯魯鎭墓文〉,「동아시아 古中世 石刻資料 解題 및 譯註 Ⅲ」,『中國古中世史研究』37(2015.08)에 수록.

〈後漢熹平二年(173)張叔敬鎭墓文〉,「동아시아 古中世 石刻資料 解題 및 譯註 Ⅲ」,『中國古中世史研究』37(2015.08)에 수록.

▶ 造塔記・造像記

〈北魏神瑞元年(414)淨悟法師舍利塔記〉,「동아시아 古中世 石刻資料 解題 및 譯註 Ⅱ」(鄭在均 共著),『中國史研究』97(2015.8)에 수록.

〈北涼承陽二年(426)馬德惠造塔記〉,「동아시아 古中世 石刻資料 解題 및 譯註 Ⅱ」(鄭在均 共著),『中國史研究』97(2015.8)에 수록.

〈北涼太緣(太延)二年(436)程段兒造塔記〉,「동아시아 古中世 石刻資料 解題 및 譯註 Ⅱ」(鄭在均 共著),『中國史研究』97(2015.8)에 수록.

〈劉宋元嘉二十五年(448)□熊造像記〉, 미발표.

# 색인

## ㄱ
가무중(賈武仲) 142, 144~146, 148, 150~151
개천보(蓋天保) 265~268, 270
경씨역(京氏易) 153~154, 156
고곤(高琨) 272~277, 282
곡성현장(穀城縣長) 86, 94
관락(菅洛) 171~174, 177~182
군연(郡掾) 38, 41~42
기공비(紀功碑) 10, 106~107, 111

## ㄷ
대길(大吉) 406~407, 410, 439
대노(大奴) 388~389
대대(大代) 230~232, 249~250, 255, 259~261
도권(桃券) 383, 419, 423
도호(都護) 110, 118, 133, 147, 316, 325, 336, 352~365
동왕공(東王公) 394~395, 397~398, 418~420, 426~427
동진(東晉) 32, 200, 212, 215, 233~234, 243, 278, 280, 310, 312, 331, 338, 347, 414, 425, 428, 440, 443, 448~449, 486~487, 502
동한(東漢) 75~76, 152, 160

## ㅁ
마강(馬姜) 141~146, 148~151
말법(末法) 495, 502~503
말세(末世) 501~503
명(銘) 83, 102, 201, 232, 237, 255, 259, 261, 281, 283, 296~298, 319, 363
명당(明堂) 162, 164, 168, 379, 383

명덕황후(明德皇后) 145~148, 150
묘비(墓碑) 7, 10, 21~23, 26~29, 37, 49~50, 53, 55, 59, 171~180, 186, 414
묘지(墓誌) 5, 7, 10, 37, 141~144, 148~149, 151~153, 155, 159, 161, 167, 171~174, 181, 186~187, 189, 206~207, 209, 213, 217~218, 222~223, 226, 229~230, 232, 234~236, 239~241, 243, 246, 249~251, 253~256, 259, 261, 263, 265~267, 269, 272~273, 275~276, 279~282, 288, 292~297, 299~301, 309, 313, 315~318, 320, 322, 327~328, 332~333, 335~336, 338, 341, 344, 348, 354, 357, 365, 375, 380, 382~383, 414, 445
무량수불 509~510
무상도(無上道) 495, 500~501, 504
무우(繆宇) 152~155, 157, 161, 168
무우(繆紆) 159~161, 165~168, 170
문소황태후(文昭皇太后) 276, 280~281, 283~284

## ㅂ
배행검(裴行儉) 345, 350
백제(百濟) 110, 118, 132~135
보국장군(輔國將軍) 208~209, 211, 215~216, 244
부도(浮圖) 485~486
부인(夫人) 60, 144~146, 148, 150, 160, 162, 164, 166, 168, 172~176, 178~179, 189, 202~203, 237, 273~275, 277, 286, 315, 317, 326, 358~360, 364~365
북량석탑(北凉石塔) 494~495, 499~500, 503
북위(北魏) 115, 123, 206, 209, 212,

215~218, 220~222, 225, 229~230, 232~
237, 239, 243~244, 248, 250, 253~256,
258, 260~263, 265~270, 272, 274~280,
284~285, 290, 292~296, 299~300, 304,
307~311, 313, 331~332, 338, 349, 357,
361, 458, 483, 485~486, 488, 490, 497,
502~503

ⓢ
사리    485~486, 491
사마금룡(司馬金龍)  229, 232, 253~256
삼로(三老)   26, 29~33, 91, 318, 323,
    329~330
서군(徐君)   172~175, 177~178, 189
서역(西域)   92, 110, 119, 134, 306, 316,
    336, 347, 352~354, 363, 493~494, 499
서왕모(西王母)  312, 394~395, 397~399,
    401, 418~420, 427
서주(徐州)   108, 115, 152, 154, 159~
    162, 164~165, 208, 307, 349~350
서주장사(西州長史) 316, 318, 325, 336,
    348~350, 365
서진(西晉)   32, 53~54, 122, 124, 171,
    174, 178, 180~181, 185, 201~202, 212~
    213, 217, 233~234, 243~244, 262, 267,
    276, 310, 421, 428, 458
선무제(宣武帝)  243, 261, 272~273, 276,
    283~284, 286~289, 458
송덕비(頌德碑)  10
송소조(宋紹祖)  248~251
수주(戍主)   293, 296~299, 310
신약(神藥)   458, 462, 465~466, 469, 477
신출태상노군(新出太上老君)  432, 434,
    436

ⓞ
안서부도호(安西副都護) 316, 318, 352,
    354
안향후(安鄕侯)  55
양중도(楊衆度)  258~260, 263
여율령(如律令)  384, 394, 402, 473
연인(鉛人)   307, 379~380, 383, 459~460,
    474, 477
원가(元嘉)   152~154, 158, 215, 217, 431~
    432, 434, 436, 441~442, 506~510
원공유(袁公瑜)  315~316, 323, 328, 330,
    332~334, 336~338, 340~358, 362~365
위(魏)    100, 108, 111, 115, 209, 211~212,
    232, 242, 250, 255, 261, 274, 296, 298,
    318~319, 323, 330
유인원(劉仁願)  106~108, 120~125, 133~
    134
육번(六蕃)   294, 308
인끈    149, 154, 157, 197~198, 359

ⓩ
장랑(張朗)   173, 185, 189, 197~204
장우(張禹)   53, 55~56, 59~61, 64~66, 68,
    70~76
장천(張遷)   81, 86, 93~94, 99~102
정주자사(庭州刺史) 316, 325, 336, 351~
    352, 354, 365
직근령(直懃令)  209, 211, 218
진위(眞僞)   82

ⓒ
처사(處士)   173, 178, 189, 239, 241~242
천제(天帝)   321, 377~381, 383~384, 402,
    413~415, 426~427, 448, 456, 458, 465~
    467, 469, 473~474, 476
측천문자(則天文字)  320

ⓔ
탕음령(蕩陰令)  81, 83, 85

태위(太尉)　55, 58, 64, 66~69, 71, 73~74, 130, 199, 213, 215, 231~232, 236~237, 245, 313, 341
태화(太和)　222, 225~226, 230, 232~233, 237, 243~244, 248~250, 253, 255~263, 265~269, 274~275, 281, 283~288, 290, 295~296, 299, 331
토공(土公)　407~408, 418~419, 422

㉠
패국(沛國)　173, 189~191, 193~194
팽성(彭城)　108, 115, 122, 153~155, 157, 161~162, 165, 208, 236
펠리오 문서　316, 321, 350
평성(平城)　210~211, 221, 223, 232, 234, 237, 250~251, 255, 257, 259, 261~263, 267~270, 276, 306, 339, 485

㉡
합장(合葬)　151, 176, 191, 193, 202, 229, 279, 283, 289~290, 319, 326, 360, 364~365
현당(玄堂)　187, 189, 191, 193, 202, 223

『현도귀율(玄都鬼律)』　433~434
호걸(豪傑)　38, 41, 43
황신(黃神)　381, 432, 434, 437, 456~459, 465~467, 469~470, 474, 476
효문제(孝文帝)　222, 225, 229, 232, 241, 243, 248, 250, 253, 258, 261, 265, 268~269, 277, 279, 282, 284~285, 287~288, 290, 292, 295
후한(後漢)　26~27, 32, 36~38, 41~42, 44, 49, 53, 64, 66, 69, 71, 74, 81, 85, 90, 95~96, 134, 141, 145~153, 156~161, 166~167, 170, 173, 177, 190, 199, 214~216, 219, 221, 233~234, 243~244, 262, 267, 274, 278, 284, 299, 310, 316, 330~331, 335, 337, 343, 345, 349, 351, 353, 356~357, 360~361, 363, 371, 373~374, 377, 380, 386, 388~389, 396, 398, 407~408, 417, 422~423, 428, 436~438, 440, 455~458, 464, 466, 472, 475
흠문희진(欽文姬辰)　229, 231~232, 235~237